U0856244

མུ་ལི་བོད་རིགས་རང་སྐྱོང་རྫོང་གི་ལོ་རིམ་མེ་ལོང་།

木里藏族自治县年鉴

༢༠༡༥

2015

མུ་ལི་བོད་རིགས་རང་སྐྱོང་རྫོང་ལོ་རིམ་མེ་ལོང་རྩོམ་སྒྲིག་ཨུ་ཡོན་ལྷན་ཁང་གིས་རྩོམ་སྒྲིག་བྱས།

木里藏族自治县年鉴编纂委员会　编纂

开明出版社

图书在版编目（CIP）数据

木里藏族自治县年鉴. 2015／木里藏族自治县年鉴编纂委员会编.
—北京：开明出版社，2015.12
ISBN 978－7－5131－2442－3

Ⅰ.①木…　Ⅱ.①木…　Ⅲ.①木里藏族自治县—
2015—年鉴　Ⅳ.①Z524.24

中国版本图书馆 CIP 数据核字（2015）第 277560 号

责任编辑：刘永胜
装帧设计：四川标点文化发展有限公司

木里藏族自治县年鉴（2015）
编者：木里藏族自治县年鉴编纂委员会
出版：开明出版社
（北京市海淀区西三环北路 25 号青政大厦 6 层　邮编 100089）
印刷：四川墨池印务有限公司
发行：全国新华书店
开本：889×1194mm　1/16
印张：27.5
字数：700 千字
版次：2015 年 12 月第 1 版
印次：2015 年 12 月第 1 次印刷
定价：220.00 元

མུ་ལི་བོད་རིགས་རང་སྐྱོང་རྫོང་སྲིད་འཛིན་ས་ཁུལ་དབྱེ་མཚམས་ཀྱི་དཔེ་རིས།

木里藏族自治县行政区划图

四川

内部川图

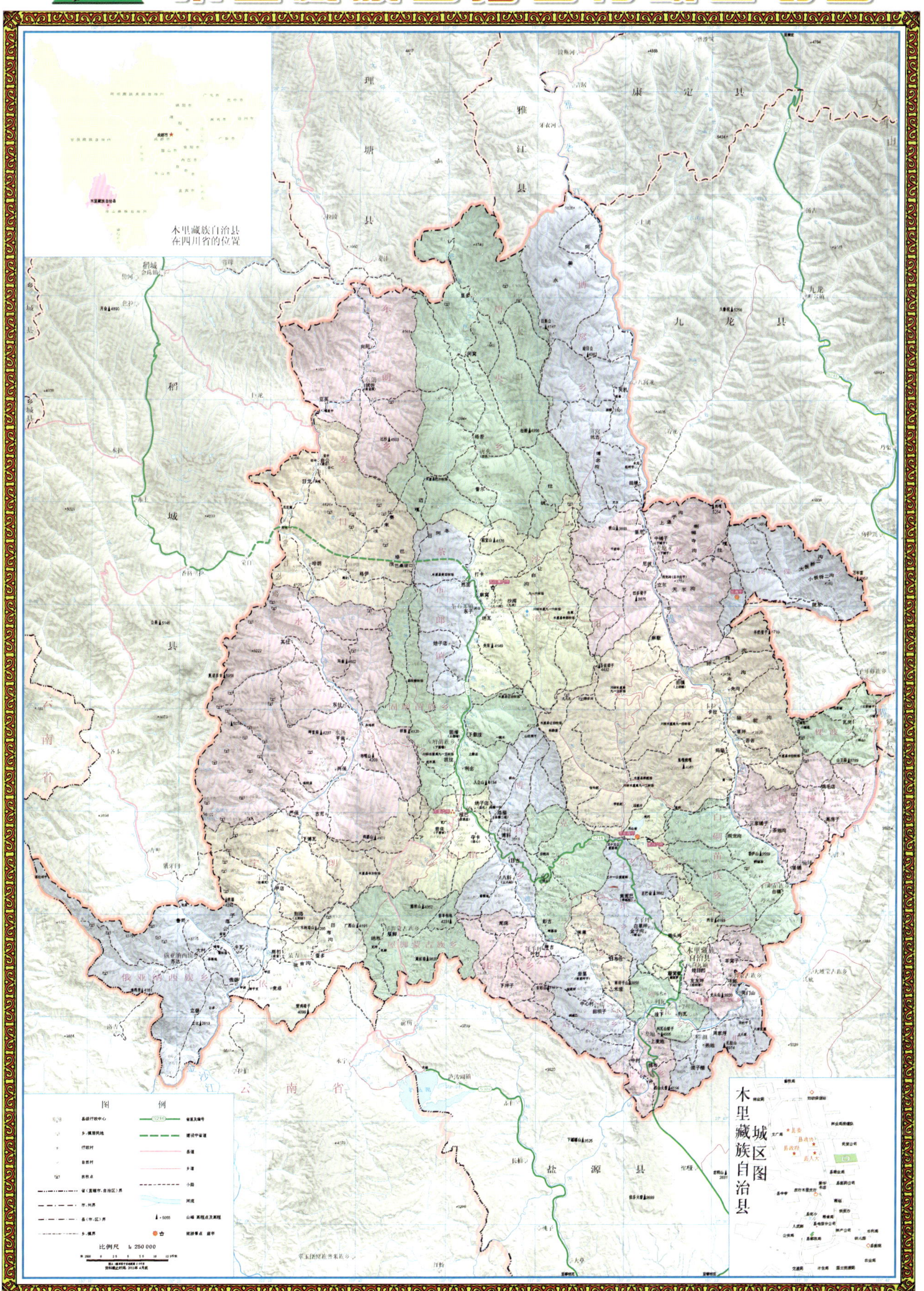

成都地图出版社 编制

二零一一年五月

数字木里 /// 2014

行政区域面积	13252.7 平方公里
地区生产总值	26.1233 亿元
第一产业增加值	5.0725 亿元
第二产业增加值	13.6159 亿元
第三产业增加值	7.4349 亿元
民营经济增加值	12.1033 亿元
粮食总产量	4.9771 万吨
肉类总产量	1.0991 万吨
社会消费品零售总额	5.3865 亿元
全社会固定资产完成投资	80.9066 亿元
地方财政一般预算收入	4.9447 亿元
地方财政一般预算支出	15.9252 亿元
年末金融机构存款余额	36.7528 亿元
年末金融机构贷款余额	20.0301 亿元
保费收入	0.2408 亿元
城镇居民人均可支配收入	21260 元
农民人均纯收入	5963 元
中小学在校生数	18214 人
广播综合覆盖率	95%
电视综合覆盖率	95%
新型农村合作医疗制度参合率	99.46%

·领导调研·

2014年3月9日，四川省委常委、省委组织部部长范锐平（前排中）在木里调研

2014年3月，四川省以工代赈办主任罗飞龙（中）一行在木里调研以工代赈和易地扶贫搬迁工作

2014年4月15日，凉山州人民政府州长罗凉清（前排中）在木里大寺调研

2014年10月15日，四川省残联办公室主任马小平（中）在木里调研

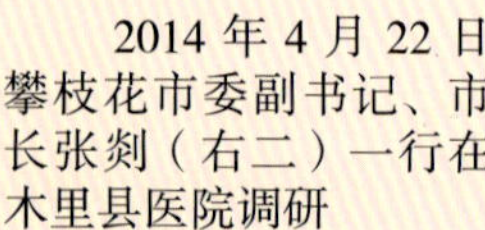

2014 年 4 月 22 日攀枝花市委副书记、市长张剡（右二）一行在木里县医院调研

2014年7月10日，四川省委组织部副部长、省人社厅厅长、省公务员局局长王建军（右二）一行在下麦地乡调研人社管理工作

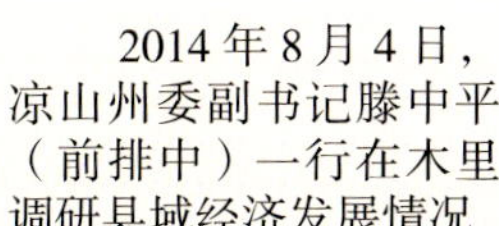
2014 年 8 月 4 日，凉山州委副书记滕中平（前排中）一行在木里调研县域经济发展情况

2014 年 8 月 19 日，凉山州委常委、州人民政府常务副州长胡云（右三）在木里县第二水厂调研

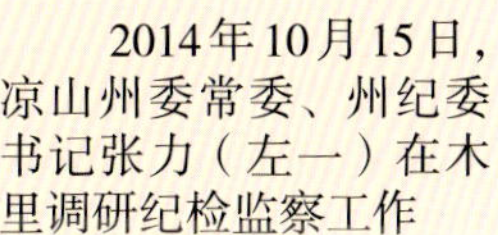
2014年10月15日，凉山州委常委、州纪委书记张力（左一）在木里调研纪检监察工作

2014 年 4 月 22 日，州委组织部部长冯斌（左二）视察木里县卫生局工作

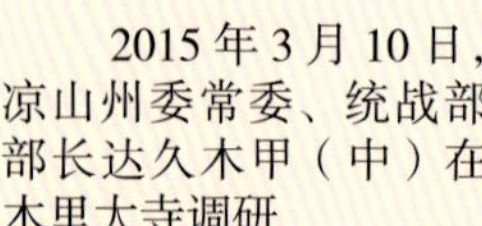

2015 年 3 月 10 日，凉山州委常委、统战部部长达久木甲（中）在木里大寺调研

2014 年 6 月 4 日，凉山州政府副州长朱学雷（中）在木里调研

2014年3月，凉山州纪委副书记商拉批（左一）在木里县下麦地乡调研基层纪检组织建设工作

2014年2月22日，四川省森林公安局刑侦处处长姜宏星（中）督察派出所执法办案场所建设情况

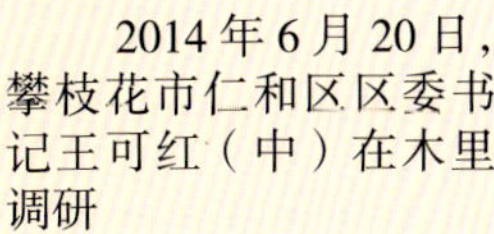

2014年6月20日，攀枝花市仁和区区委书记王可红（中）在木里调研

2014 年 9 月 26 日，攀枝花市国税局局长陈力功（中）在木里调研

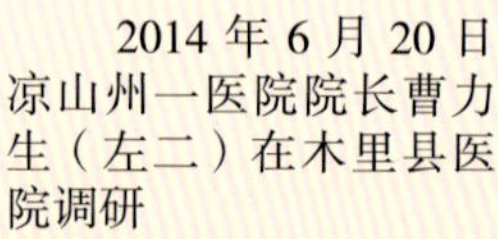

2014 年 6 月 20 日凉山州一医院院长曹力生（左二）在木里县医院调研

2014 年 10 月 25 日，四川省森林公安局调研员雷永成（右三）一行在木里调研

县委书记张振国（左）慰问退休老干部

人大主任杨乔包（左一）在鸭嘴河调研电站生产情况

县长伍松（右三）在后所乡调研中药材产业发展情况

政协主席杨克祖（右三）在麦地龙乡水电移民安置区调研

会议·活动

2月12日，木里县召开党的群众路线教育实践活动动员大会

2月12日，木里县召开党的群众路线教育实践活动督导工作会议

2 月 12 日，木里县召开学习习近平总书记系列重要讲话精神集中宣讲会

2 月 13 日，凉山州委宣讲团在我县宣讲党的十八届三中全会精神

3月6日，召开木里藏族自治县十二届人民代表大会第三次全体会议

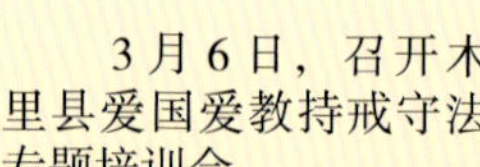

3月6日，召开木里县爱国爱教持戒守法专题培训会

3月7日，召开木里县群众路线教育民族宗教政策和民族团结教育专题培训会

3月7日，召开中共木里县纪律检查委员会第十三届四次全体会议

3月7日，召开木里县群众路线教育身边的先进典型事迹宣讲会

3月9日，召开省委第二巡视组巡视木里县工作动员会

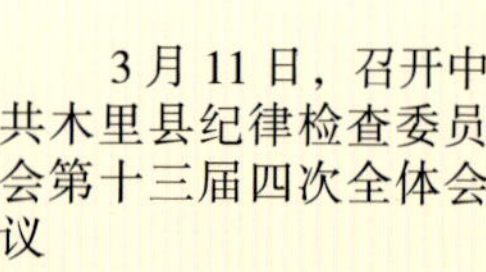

3月11日，召开中共木里县纪律检查委员会第十三届四次全体会议

4月3日，召开木里县森林草原防火工作会议

4月22日，召开攀枝花市－凉山州·木里援藏工作座谈会

5月7日，召开2014年防汛暨地质灾害防治工作会议

5月15日，召开执法人员通用法律知识培训会议

5月26日，举办2014年政务信息公开培训会

6 月 17 日，召开木里县部门负责人集中廉政约谈会

7 月 15 日，召开木里县 2014 年征兵工作会议

8 月 19 日，召开木里县 2014 年经济工作会议

11月5日，召开川滇两省六县公安机关维护藏区稳定工作联席会议

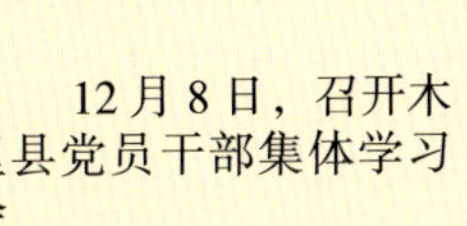

12月8日，召开木里县党员干部集体学习会

12月15日，召开木里县林业工作会议

2014 年 2 月，木里县森林公安局民警何小平荣获“2013 年感动凉山十大人物”奖

2014 年 3 月，攀枝花市中心医院向木里县医院捐赠价值 150 万元的 DR 设备

4 月 17 日，木里县农村实用技术培训班开班

5 月 12 日，举行 2014 年模拟地震应急联运演练

2014年4月13日，凉山州州民政局、州慈善总会、州二医院、县政府、县民政局领导“贫困家庭白内障患者医疗救助”活动启动仪式

5月13日，木里县举办坚定不移推进木里跨越发展专题讲座

5月13日，木里县基层政权建设专题培训班开班

5月15日，举办依法治县专题讲座

5月20日，木里县司法局举办法律进校园活动

5 月 19 日进行依法治省法律服务活动

5 月 19 日四川省司法厅、木里县法制办等部门在县中学举办依法治省法律讲座

6 月 10 日，举行 2014 年木里县食品安全宣传周活动启动仪式

5 月 30 日，关心下一代“五老”志愿者慰问困难儿童

7 月 14—16 日，棠湖中学校长刘凯带领八大学科专家到木里县中学开展教研活动

7月14日，国际电子电气工程学会学士、香港城市大学副校长薛泉教授莅临木里县中学

8月7日，木里县举行“凉山州节能灯捐赠进村活动”

9月10日，木里俄亚乡小学教师王偏初参加最美乡村教师颁奖典礼

11月3日，木里县网络协同办公专题培训班开班

12月12日，举行2014年凉山州第四批重点项目（木里县）集中开工仪式

·单位照片·

木里藏族自治县纪委监察局

凉山州纪委书记张力在木里县纪委办公区调研

走基层送温暖

2014年，木里县纪委监察局设纪检监察一室、纪检监察二室、办公室（干部室）、案件审理室、党风政风监督室、信访室、控告申诉室、预防腐败室及社会评价中心，共有职工23人。2014年，纪委监察局强化监督、执纪、问责，共收到来信来访54件，立案27件，受党政纪处分28人，其中：乡科级干部11人，一般干部10人，村级干部7人；同时向28个县级部门派驻纪检组长，并设立29个乡镇纪委。

马背廉政宣传队

县纪委副书记、监察局局长张晓松到芽租乡督查干部在岗情况

木里县纪检干部参加凉山州纪检监察系统演讲比赛

木里藏族自治县人力资源和社会保障局

职工大会

木里县人力资源和社会保障局是根据《中共木里县委 木里县人民政府关于印发〈木里县人民政府机构改革实施意见〉的通知》（木委办〔2011〕6号）设立的县政府序列的正科级部门，工作内容涵盖就业培训、社会保障、收入分配、人事管理、人才队伍、劳动关系等六大方面。内设办公室、公务员管理股、工资福利股、职改股（木里藏族自治县职称改革领导小组办公室）、退管股、劳动监察股（木里藏族自治县劳动监察大队）、调解仲裁管理股和人事劳动争议仲裁院等7个机构；下设木里县社会保险事业管理局、木里县就业服务管理局、木里县城镇职工医疗保险管理中心等3个直属事业单位。共有职工36人。

学习群众路线教育实践活动文件

开展职业技能培训活动

组织农村技术人员赴攀枝花培训

木里藏族自治县国土局

陪同张振国书记对土地开发项目进行现场调研

职工学习会

国土局承担着保护与合理利用土地资源、矿产资源的责任，是贯彻执行国家有关国土资源调控政策、措施和法律、法规的工作部门。2014年，木里县国土资源局设办公室、执法监察股、矿产资源管理股、地籍及建设用地股、规划股、审批股、财务股、纪检监察督查室8个股室，下属机构：木里县地质环境监测站、木里县土地矿产开发整理储备交易中心、木里县国土资源局执法监察大队、6个基层国土资源所。有职工48人。

了解农民对征地拆迁的建议意见及诉求

销毁非法采金的柴油发电机

进行地质灾害巡查

木里藏族自治县农业和科学技术局

2014 年农业业务工作会议

木里藏族自治县农业和科学技术局是县人民政府主管全县农业、农业经济和综合管理种植业、农垦及全县科技、农机的职能部门，2014 年内设综合办公室（行政审批股）、农能办、农技站、科教站、经作站、土肥站、植检站、农经站、种子站、科技管理站、农机监理站 10 个站、室（办）。年末行政编制 5 名，机关工勤人员编制 1 名，事业编制 79 名，实有在编人数 62 人。

地膜玉米

深入田间进行玉米测产

调研中药材（玛卡）基地

凉山州科技局领导调研大棚蔬菜种植管理

木里藏族自治县林业局

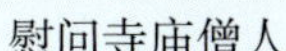
慰问寺庙僧人

林业产业推广介绍

木里藏族自治县林业局，简称木里县林业局，是县人民政府工作部门。2014年设办公室、行政审批股、森林防火办公室，下属事业单位设天保办、退耕办、自然保护中心、森林病虫害检疫站、资源林政管理站、野生动物保护站，有在职职工67人，其中：公务员9人，机关工勤2人，事业人员56人。主要职责是研究拟定全县森林生态环境建设、森林资源保护和国土绿化的方针、政策，组织起草有关的规划、设计并监督实施。

林业棚户区（危旧房）改造竣工验收

群众路线走基层调研

森林抚育

项脚管护站竣工验收

木里藏族自治县卫生局

木里县卫生局负责全县卫生系统行政综合管理、制度建设、综合协调等工作。2014 年，设办公室、人事股、医政股、防保股、地方病防治办公室、应急办公室、计划财务统计股、审计股。

召开全县卫生工作培训会

在学校开展健康教育大会

艾滋病宣传日宣传活动

县领导调研县医院创建二级甲等医院准备工作

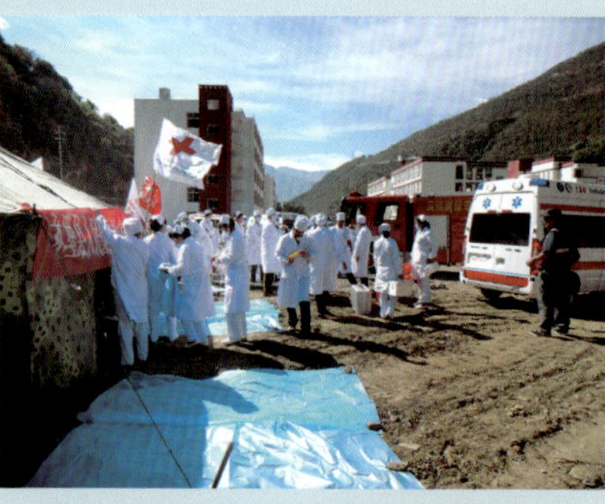
模拟乔瓦镇 6.9 级地震应急联动演练

木里县人民医院创建二级甲等医院反馈会

木里藏族自治县人口和计划生育局

木里藏族自治县人口和计划生育局是人民政府控制人口数量、提高人口素质的行政管理部门，2014年内设办公室、政策法规股、规划统计股、财务股、流动人口管理办公室、宣传教育科技股。年末机关行政编制10名，其中领导职数4名，局长1名，副局长2名，纪检组长1名，机关工勤人员编制1名。

教育实践活动动员大会

第25个世界人口日宣传活动

慰问困难僧人

“三下乡”宣传活动

安排部署孕前优生健康检查工作

木里玛咖

玛咖酒

玛卡茶

在海拔 3200 米的地方种植玛卡

晾晒玛咖

木里德康玛咖初加工（果、片、粉）

新鲜玛咖

《木里藏族自治县年鉴》编纂委员会
（2015年6月）

顾　问： 张振国（县委书记）
伍　松（县委副书记、县政府县长）
熊帷茗（县委副书记）

主　任： 贾德全（县委常委、县政府常务副县长）
陆建平（县委常委、县委组织部长）

副主任： 罗晓强（县委办公室主任）
邓洪明（县政府办公室主任）
曾英奎（县史志办公室主任）

委　员： 须发茂（县人大办公室主任）
向友色（县政协办公室主任）
王泽军（县委办副主任、保密局局长、稳维办主任）
毛小珍（县人力资源和社会保障局局长）
武　金（县财政局局长）
胡启华（县教育局局长）
扎西旦珠（县统计局局长）
罗永忠（县文化广电新闻出版和体育旅游局局长）
买文权（县档案局局长）
边玛降初（县委宣传部副部长、外宣办主任）
田尚春（县史志办年鉴股股长）

《木里藏族自治县年鉴》编纂委员会办公室设在县志办，由田尚春同志兼任办公室主任，负责日常工作。

木里藏族自治县年鉴编辑部

名誉总编： 张振国　伍　松

总　　编： 熊帷茗　贾德全

副 总 编： 邓洪明　曾英奎

主　　编： 曾英奎

副 主 编： 鲁绒多丁　田尚春

责任编辑： 曾英奎　鲁绒多丁　田尚春　郭　娟

图　　片： 刘仁勇　苗　杰　马　楠　呷　龙　相关单位提供

编辑说明

一、《木里藏族自治县年鉴（2015）》是在中共木里藏族自治县委领导下，由木里藏族自治县人民政府主办、木里藏族自治县党史与地方志办公室承办、木里藏族自治县年鉴编纂委员会编辑部组稿、编辑的全面反映2015年木里藏族自治县政治、经济、文化和社会发展等等的大型综合性工具书，旨在为各级领导和部门科学决策、掉定发展规划提供依据，为科研和教学工作提供新的信息、为招商引资、商贸活动提供权威资讯，为国内外各界人士了解、认识木里提供参考，为加快建设美丽富饶文明和谐新木里藏区提供资政服务。

二、《木里藏族自治县年鉴（2015）》坚持马列主义、毛泽东思想，坚持中国特色社会主义理论体系，坚持科学发展观，力求全面体现地方特色、民族特色、时代特色，做到思想性、科学性、可读性相统一，全面、系统、综合地反映2014年度木里藏族自治县各条战线、各行各业在物质文明、精神文明、政治文明、社会文明、生态文明建设中取得的新成就、新进展、新举措、新经验和出现的新问题。

三、《木里藏族自治县年鉴（2015）》内容包括县级领导干部名录、大事记、特载、党委、人大、政府、政协、群众团体、司法、军事、经济·贸易、农林牧水、工业、公共建设、财税·金融·保险、教育·文化·科学技术、医疗卫生·旅游体育、人民生活、乡镇概况、附录、索引等21个类目，176个分目，共计70万字。

四、《木里藏族自治县年鉴（2015）》文体结构由类目、分目、条目三个层次构成，类目、分目、条目标题分别用不同字体加以区别，条目标题均用黑体字加“【　】”提示。

五、《木里藏族自治县年鉴（2015）》所用资料、图片、数据均由有关单位撰写提供，文字、语言、体例由木里藏族自治县年鉴编辑部把关，并经所属单位领导审核送编。主要经济指标数据均采用县统计局统计数据。全书由木里藏族自治县年鉴编纂委员会审定，公开出版发行。

六、《木里藏族自治县年鉴（2015）》采用现代语体文记述，力求言简意赅、文风朴实、语言流畅、图文并茂；印刷装帧大方美观，特点突出、特色鲜明。

七、《木里藏族自治县年鉴（2015）》在组稿、编辑过程中，得到全县各乡镇、县级各部门、各企事业单位以及驻县有关单位的通力合作与大力支持，在此一并致谢，并向所有关心和支持年鉴编纂工作的领导和同志们表示衷心感谢！同时真诚欢迎社会各族各界人士提出宝贵意见，协助我们把木里年鉴越办越好。

木里藏族自治县年鉴编辑部

2015 年 6 月 1 日

目 录

政　协

群众团体

司　法

军　事

经济　贸易

农林牧水

工 业

公共建设

财税·金融·保险

教育 文化 科学技术

医疗卫生 旅游体育

人民生活

乡、镇概况

附　　录

索　　引

Contents

The List of leaders of Muli Tibetan Autonomous County

Events

Special Report

Party Committee

NPC

Government

CPPCC

Mass Organization

Judicature

Military

Economic Commerce

Agriculture Forestry Animal husbandry Water Conservancy

Industry

Public Construction

Taxation Bank Insurance

Education Culture Science Technology

Health Care, Tourism Sports

People's Life

Overviews of the Villages and Towns

Appendix

Index

木里藏族自治县县级领导干部名录

The List of leaders of Muli Tibetan Autonomous County

木里藏族自治县县级领导干部名录

中共木里藏族自治县委员会

县委书记：张振国

县委副书记：伍松（藏族）、呷绒翁丁（藏族）、熊帷茗

县委常委：高晓、王锋、沐年若（~2014.4）、贾德全（彝族）、甘正友（藏族）、马国发（藏族）、苟顶才（援藏干部，~2014.7）、甲央其扎（藏族）、杨晓军（藏族）、王雪松（援藏干部，~2014.7）、杨单祖（藏族）、肖玉成（2014.4~）、陈继川（援藏干部，2014.9~）

木里藏族自治县人大常委会

县人大党组书记、主任：杨乔包（蒙古族）

副主任：杜基次尔（藏族）、袁定强、苏长明（彝族）、龙长生（藏族）

木里藏族自治县人民政府

县　长：伍松（藏族，县委副书记）

副县长：高晓（县委常委、常务副县长）、苟顶才（县委常委、常务副县长、援藏干部，~2014.7）、王雪松（县委常委、援藏干部，~2014.7）、陈继川（县委常委、常务副县长、援藏干部，2014.7~）、杨文才、李金智（彝族）、赵宁（公安局长）、阿央青（女、藏族）、王开军、陈进（援藏干部），包小强（援藏干部，2014.7~）、鲜小林（援藏干部，2014.10~）

木里大寺管委会主任：黄龙布（藏族，2014.8~）

木里藏族自治县政协领导名录

主　席：杨克祖（藏族）

副主席：香根·边玛仁青（藏族）、陈福云（布依族）、翁依偏初（藏族）、肖启模、苏拉志（彝族）、仁青偏初（藏族）

大事记（2014）

Events

大事记

1月6日，县委副书记、县长伍松在西昌参加凉山州委经济工作暨城镇化工作会议。

1月9日，四川省召开推进依法治省工作电视电话会议。县委书记张振国，县委副书记、县长伍松，县委常委、县纪委书记贾德全，县人大副主任杜基次尔，县政协副主席陈福云，县政协副主席苏拉志在木里分会场参加会议。

△木里县派出3个检查督导组分片区开展2014年森林（草原）防火大检查工作。第一组由副县长王开军带领县护办、川林五处和木里局人员到雅砻江片区督导检查；第二组由县委副书记呷绒翁丁带领相关人员到水洛河片区检查；第三组由县林业局局长何呷绒带县林业局和县护办人员到木里河片区检查。

△县委常委、常务副县长苟顶才主持召开木里县2014年春运安全工作会议，安排部署木里县2014年春运安全相关工作。

1月10日，根据中共木里县委办公室、木里县人民政府办公室《关于做好2014年元旦春节期间慰问工作的通知》（木委办〔2013〕92号）文件精神，县委书记张振国带领县委办、组织部、县委老干部局走访看望居住在县城的14名县级老领导。

△县政府副县长李金智在西昌参加锦屏库区塌坡移民安置会议。

△县委副书记、县长伍松听取县财政、国税、地税、统计、水务、农办、项目办等部门工作汇报。

1月11日，县委副书记、县长伍松带领相关部门负责人开展2014年元旦春节慰问工作，看望慰问了特困职工、贫困党员及“双拥”家属。

1月12日，凉山州残联理事长张建英、纪检组长沙萍、办公室主任魏峰一行到木里走访慰问贫困残疾人，为贫困残疾人提供“温暖万家行”服务。

1月14日，凉山州民政局机关党委书记石正文一行对木里县2013年防震减灾工作目标任务完成情况进行考核，县政府副县长王开军陪同。

1月14日－15日，凉山州交通运输局副局长卢汉荣一行在木里县检查农村道路交通建设和安全生产工作，县政府副县长杨文才陪同，并就木里县相关工作进行汇报。

△锦屏一级水电站库区淹没复建羊棚子机耕道工程竣工验收。县委副书记熊帷茗，县政府副县长杨文才、李金智及县级相关部门负责人参与验收。

1月15日，凉山州消防支队副支队长余培荣一行对木里县2013年消防站项目建设情况进行督查。

△县委副书记、县长伍松，县政府副县长杨文才在木里分会场参加全国安全生产电视电话会议。

△县委常委、常务副县长高晓主持召开木里县食品安全委员会成员单位会议，专题研究木里

县生猪检疫及口蹄疫防治工作，安排部署相关工作。

1月16日，县委副书记、县长伍松主持召开十二届木里藏族自治县政府第十五次常务会议。会议通报了2013年主要经济指标完成情况，提出了2014年经济奋斗目标和工作重点，研究相关保障措施，安排部署近期相关工作。

1月20日，四川省委召开党的群众路线教育实践活动第一批总结暨第二批部署会议第一次全体会议。县四大班子领导及法检两长在木里分会场参加会议。

△木里县十三届县委第31次常委会议召开。会议传达学习中央党的群众路线教育实践活动转段动员大会上习近平总书记讲话精神，传达四川省委、凉山州委经济工作会议精神，传达四川省依法治省工作电视电话会议精神。通报2013年经济指标完成情况，并对2014年经济工作进行安排。同时还对木里县“走基层、解难题、办实事、惠民生”活动下步工作进行安排部署，研究部分乡科级领导干部调整方案。

△木里县召开2014年宗教界代表人士新春谈心会。县委、县政府、县政协相关领导出席会议。

△木里县召开十三届县委第六次全体会议暨维护藏区稳定工作会议。县四大班子领导、法检两长出席会议。

1月21日，木里县政府召开食品安全委员会第一次全体会议暨食品药品监管职能划转交接会议。县委副书记、县长伍松，县委常委、常务副县长高晓、苟顶才，县委常委、瓦厂片区党工委书记、瓦厂镇党委书记杨晓军，县政府副县长杨文才参加会议。

1月22日－23日，木里县委副书记熊帷茗带领县委组织部、县委老干部局干部职工逐户走访慰问居住在西昌的18名县级老领导、离退休干部。

1月23日，木里藏族自治县十二届政府第五次全体会议召开。县委副书记、县长伍松，县委副书记呷绒翁丁，县委常委、常务副县长高晓、苟顶才，县委常委、副县长王雪松，县委常委、瓦厂片区党工委书记、瓦厂镇党委书记杨晓军，县人大办副主任龙长生，县政府副县长杨文才、李金智、王开军、陈进，县政协副主席肖启模参加会议。

1月24日，县委副书记、县长伍松在木里分会场参加四川省委农村工作电视电话会议。

1月25日，县委常委、常务副县长高晓在西昌参加凉山州财税工作会议。

1月25－26日，县政府副县长李金智在成都参加锦屏一级水电站水库地灾治理小金河大桥左岸桥台岸坡塌岸处治设计报告评审会。

1月26日，县委副书记、县长伍松在项脚乡调研基层群众工作，并视察羊窝子村通村公路建设情况。

1月，创建二级甲等综合医院评审工作省级专家组在组长方勇、凉山州卫生局信息中心伍良全主任的带领下一行17名专家，对木里县医院创建二级甲等综合医院全面开展评审验收工作。

2月7日，凉山州推进依法治州工作电视电话会议召开。县委副书记、县长伍松，县政协主席杨克祖，县委常委、瓦厂片区党工委书记、瓦厂镇党委书记杨晓军在木里分会场参加会议。

2月8日，凉山州党的群众路线教育实践活动工作会议召开。县委副书记、县政府县长伍松，县政协主席杨克祖，县政府副县长杨文才，县政府副县长李金智，在木里分会场参加会议。

△县委副书记、县长伍松主持召开木里县森林草原防火紧急会议。

2月10日，县委副书记、县长伍松到县森林草原防火指挥部办公室检查指导工作。

2月11日，县委副书记、县长伍松在木里分会场参加国务院第二次廉政工作电视电话会议。

△木里县十三届县委第33次常委扩大会议召开。县四大班子主要领导及各片区工委领导参

加会议。

2 月 12 日，木里县召开“党的群众路线教育实践活动”工作会议。县委书记张振国要求全县各级党员领导干部听党话、跟党走、感党恩、守党纪，党群连心牵手共奋进，打造康巴藏区社会政治最稳、经济发展最快、生态保护最好、民族文化最浓、人民幸福指数最高的藏区县。州委督导组组长邓邦敏对开展党的群众路线教育实践活动提出了相关要求。县四大班子主要领导及各片区工委领导出席会议。

△木里县召开依法治县工作会议。县四大班子主要领导及各片区工委领导出席会议。

△木里县召开学习习近平总书记系列重要讲话精神集中宣讲会，县委书记张振国同志向全县党员领导干部作了题为《从五个方面深入理解习近平总书记系列讲话精神》的专题讲座。通过对习总书记关于中国梦、群众路线工作、从严治党等各方面讲话精神的认真解读，重申了我国社会主义道路自信、理论自信和制度自信，进一步凝聚了全县各族干部群众谋发展促和谐的意志和力量。县四大班子领导参加会议。

2 月 13 日，凉山州政府副秘书长杨德瑞率工作组在木里县考核 2013 年艾滋病防治工作。县委常委、常务副县长苟顶才陪同，并汇报了木里县艾滋病防治工作情况。

2 月 14 日，县委副书记、县长伍松，县委常委、常务副县长高晓，县政府副县长陈进在木里分会场参加四川省人民政府第二次廉政工作电视电话会议。

2 月 18 日，县委常委、常务副县长高晓主持召开川西藏区生态保护与建设工程投资项目研究会。

2 月 19 日，县委常委、常务副县长高晓主持召开 2014 年国家重点生态功能区转移支付资金项目研究会。

2 月 21 日，县政府副县长杨文才在成都参加雅砻江干流木里县上铺子至八通段河道采砂规划协调会议。

2 月 22 日，四川省森林公安局刑侦处处长姜宏星、凉山州森林公安局副局长王波、刑侦治安大队队长刘思刚一行在木里县森林公安局督办、检查四川省局“亮剑行动”第五批挂牌督办案件（木里县博窝乡森林火案、沙湾乡森林火案、李子坪乡森林火案）进展情况。

△县委副书记、县长伍松在西昌参加十届凉山州政府第四次全体会议。

△县政府副县长陈进在木里分会场参加凉山州人民政府廉政工作电视电话会议。

2 月 23 日，县委常委、常务副县长高晓在西昌参加凉山州人力资源和社会保障工作会议。

2 月 24 日，县委常委、常务副县长高晓在西昌参加凉山州发展改革工作会议。

△县委常委、常务副县长高晓在成都向四川省发改委专题汇报川西藏区生态建设与保护项目。

2 月 25 日，四川省投资促进工作电视电话会议召开。县委书记张振国，县委副书记、县政府县长伍松在凉山州分会场参加会议。县委副书记熊帷茗，县人大副主任袁定强，县政府副县长杨文才，县政协副主席肖启模在木里分会场参加会议。

2 月 26 日，县政府副县长王开军、陈进在木里分会场参加四川省安全生产工作电视电话会议。

△浙江远信实业有限责任公司副总经理黄成君一行在木里县开展农特产品合作项目对接工作，县政府副县长王开军主持召开项目对接会议。

△县政府副县长杨文才在西昌参加凉山州工业经济暨园区工作会议。

2 月 28 日，县委副书记、县长伍松在木里分会场参加四川省政府职能转变和机构改革工作电视电话会议。

△木里县森林公安局民警何小平荣获“2013

年感动凉山十大人物”奖。

△县委副书记、县长伍松深入木里县民族体育场、农贸市场项目建设工地调研。

△县政府副县长杨文才在西昌参加凉山州供销合作工作会议和凉山州商务工作、电子商务工作暨“三大活动”动员会议。

3月3日，木里县召开维稳领导小组会议。县委书记张振国，县委副书记、县政府县长伍松，县委副书记、县委统战部部长呷绒翁丁，县委副书记熊帷茗，县委常委、县人武部部长沐年若，县委常委、县纪委书记贾德全，县委常委、县委宣传部部长、县总工会主席马国发，县委常委、茶布朗片区党工委书记、茶布朗镇党委书记甲央其扎，县委常委、瓦厂片区党工委书记、瓦厂镇党委书记杨晓军，县委常委、雅砻江片区党工委书记、麦地龙乡党委书记杨单祖，县政府副县长、县公安局局长赵宁，法检两长出席会议。

3月3日－5日，中国人民政治协商会议木里藏族自治县十三届委员会第三次会议在县城召开。

3月4日，木里县召开县委班子党的群众路线教育实践活动动员会议、十三届县委第34次常委会议、县委中心学习组学习会议。县委书记张振国，县委副书记、县政府县长伍松，县委副书记、县委统战部部长呷绒翁丁，县委副书记熊帷茗，县委常委、县政府副县长高晓，县委常委、县人武部部长沐年若，县委常委、县纪委书记贾德全，县委常委、县委宣传部部长、县总工会主席马国发，县委常委、县政府副县长苟顶才，县委常委、茶布朗片区党工委书记、茶布朗镇党委书记甲央其扎，县委常委、瓦厂片区党工委书记、瓦厂镇党委书记杨晓军，县委常委、县政府副县长王雪松出席会议。

3月4日－6日，木里藏族自治县第十二届人民代表大会第三次会议在县城召开。

3月6日，凉山州委召开农村工作电视电话会议，县委书记张振国，县委副书记、县长伍松在木里分会场参会。

3月7日，木里县召开第十三届纪委第四次全体委员会。首次开展乡镇、部门一把手向纪委全会述责述廉。

△木里县召开党的群众路线教育实践活动身边先进典型宣讲会，县公安局茶布朗派出所所长“藏区和谐稳定忠诚卫士”仁青偏初、俄亚乡小学校长王偏初、沙湾乡打卡村尔争校点教师“高凳上的格根”宋衍荣三位同志结合自身工作生活实际，从不同领域、不同岗位、不同层面讲述了他们爱岗敬业、求真务实、无私奉献的先进事迹，为广大党员干部树立了学习榜样。县委书记张振国号召全县各级党组织和广大党员干部群众要掀起“学先进、比先进、赶先进”的热潮，切实立足本职岗位、转变作风，用真情、真心服务群众，帮助群众，为群众解难事、办实事。

△木里县召开党的群众路线教育实践活动专题培训会。县委书记张振国作了理想信念宗旨教育专题培训；县委副书记、县长伍松作了依法治县专题培训；县委副书记、统战部部长呷绒翁丁作了民族宗教政策及民族团结教育专题培训；县委常委、纪委书记贾德全作了反对“四风”、廉洁自律专题培训。此次培训通过讲木里60年的沧桑巨变，讲现实与机遇，讲身边的先进典型，讲存在的问题，讲党的纪律，讲群众的期盼……引起450余名与会党员干部的思想共鸣，激发了全县干部职工爱岗敬业、履职尽责、敢于担当的责任意识，为推进木里藏区跨越发展和长治久安凝聚起强大的正能量。

△木里县召开计生工作会议。县委常委、常务副县长高晓，县委常委、宣传部部长、总工会主席马国发，县委常委、常务副县长苟顶才，县政协副主席苏拉志参会。

3月8日，木里县召开十二届政府第十六次常务会议。

△攀枝花中心医院派出的第三批援藏医疗队药剂专业黄建蓉，麻醉专业朱峰，普外专业罗

涛，心内科专业曾晓斌，护理主管护师彭丽娟，到木里县人民医院开展为期半年的“万名医师动支援农村卫生工程”项目。

△攀枝花中心医院兰玉平副院长一行，代表攀枝花市中心医院捐赠木里县医院价值150万元的CE牌DR一套，并签订《医疗设备捐赠协议书》。3月31日，设备运抵木里县医院，CE公司工程师进行设备安装调试，同时进行操作培训，4月12日投入临床使用。

△中共木里县人民政府党组召开党的群众路线教育实践活动工作会议，县政府党组全体成员参会。

3月9日，四川省委常委、组织部长范锐平，四川省政协副主席、凉山州委书记翟占一在木里县乔瓦镇新农村、县城自来水厂、木里大寺、瓦厂镇等地调研。县委书记张振国，县委副书记、县长伍松陪同。

3月9日－13日，县委常委、县政府副县长王雪松率县政府办、县教育局等部门在博科乡、唐央乡、东朗乡、麦日乡中心校、村小学校实地调研。

3月10日，四川省发改委民族处副处长段毅强率甘孜州、阿坝州、凉山州发改委一行深入木里县影剧院、幼儿园、城关小学、木里大寺旅游景区基础设施、瓦厂镇干部周转房等14个藏区项目建设现场检查指导工作。县委常委、常务副县长高晓陪同。

△凉山州委常委、统战部部长达久木甲，州委统战部常务副部长高旦珠，州委统战部民宗科科长郭涛一行到木里县大寺、瓦尔寨大寺、苦巴店寺调研。县委、政府和统战部领导陪同调研。

△木里县纪委组成六个专项作风督查组，定期开展全城覆盖的群众路线教育实践活动综合性监督检查。

△县委常委、常务副县长高晓在县政府三楼会议室主持召开木里河卡基娃、立洲电站移民专项工程复建工作启动会议，会议对木里河卡基娃电站库周交通三座吊桥和立洲电站库周交通（桃—夺通村公路）移民专项工程复建工作进行专题研究和安排部署。

3月12日－13日，县委常委、常务副县长高晓主持召开藏区项目推进工作会议。

△县政府副县长陈进在克尔乡小学、博科乡小学，开展“爱心包裹”捐赠活动。

3月14日，国务院召开全面改善贫困地区义务教育薄弱学校基本办学条件电视电话会议。县委常委、常务副县长苟顶才在木里分会场参会。

3月15日，木里县中藏医院与凉山州中西医结合医院、凉山州第二人民医院、西昌市人民医院、盐源县人民医院、盐源县中医院达成双向转诊协议。

3月18日－19日，县政府副县长杨文才在下麦地乡、列瓦乡、李子坪乡检查指导S216线改扩建工程征地拆迁工作。

3月20日，县委常委、常务副县长高晓率县发改局、农业局、水务局相关负责人在西秋乡日布佐村查看石漠化改土工程进展情况。

3月24日，县政府副县长杨文才主持召开S216线改扩建工程协调会议。县政府办、交通运输局、电信公司、移动公司、电力公司等单位负责人参会。

3月25日，县政府副县长杨文才与四川省交通运输厅交通勘察设计研究院副院长蹇依、S216线改扩建工程代建公司在县政府常务会议室召开座谈会。

△县政府副县长杨文才在木里分会场参加凉山州投资促进工作电视电话会议。

3月26日，四川省财政厅党组书记、厅长王一宏，凉山州委常委、常务副凉山州长滕中平一行在木里县检查指导财政工作。县委书记张振国，县委副书记、县长伍松，县委常委、常务副县长高晓陪同。

△凉山州政协副主席王萌一行在木里检查验收“十大重点扶贫工程”。县委常委、常务副县

长高晓，县政协副主席肖启模等领导陪同。

△木里县十三届县委第35次常委会议召开。县委书记张振国，县委副书记、县政府县长伍松，县委副书记、县委统战部部长呷绒翁丁，县委常委、县政府常务副县长高晓，县委常委沐年若，县委常委、县委政法委书记甘正友出席会议。

△木里县召开行政权力网上运行系统启动暨培训会议。

3月27日，县委副书记、县长伍松，县委常委、常务副县长高晓在木里分会场参加四川省2014年投资和重点项目推进工作电视电话会议。

3月28日，县委常委、常务副县长高晓主持召开木里县第三次经济普查领导小组成员单位会议。

3月29日，县委副书记呷绒翁丁、县政府副县长王开军召集县政府办、川林木里局、县林业局、县畜牧局、县公安局、县卫生局、县森林公安局、县疾控中心、县食品药品监督管理局等部门负责人在县政府常务会议室开会，安排部署处置卡拉乡麻撒村森林火灾相关工作事宜。

3月31日，县委副书记、县长伍松，县政府副县长杨文才一行在S216线升级改造工程建设现场调研项目建设情况。

△木里县下发《关于建立县级领导联系老干部工作制度的通知》（木委办〔2014〕16号），进一步加强县级领导干部同离退休老干部的联系。

△县委常委、县政府常务副县长高晓在攀枝花市仁和区学习考察石漠化治理和太阳能提灌站建设项目。

3月，四川省以工代赈办副主任罗飞龙、省发改委农经处调研员彭小清、州攀西办副主任、凉山州发改委农经科科长王涛等一行到木里调研以工代赈和易地扶贫搬迁工作。

4月1日，县委副书记、县长伍松在县援藏干部周转房、民族体育场和农副产品交易市场等项目施工现场调研工程建设情况。

△县委常委、常务副县长苟顶才在西昌参加2014年凉山州卫生工作会议。

△县政府副县长李金智在西昌参加2014年凉山州民政工作会议和2014年凉山州残联工作会议。

4月2日，县委副书记、县长伍松召集县政府办、县防震减灾局、木里林业局、乔瓦镇、列瓦乡、李子坪乡、白碉乡、三桷垭乡、卡拉乡负责人召开会议，安排部署防震减灾工作，县政府副县长王开军参加会议。

4月3日，木里县召开森林草原防火工作紧急会议，县委副书记、县长伍松，县委常委、县纪委书记贾德全，县委常委沐年若，县委常委、茶布朗片区党工委书记、茶布朗镇党委书记甲央其扎，县政府副县长王开军参加会议。

△县委常委、常务副县长苟顶才在会理县参加2014年凉山州爱国卫生工作会议暨推进卫生城镇创建现场会议。

4月4日，木里县召开2014年第一季度安全生产例会。县委副书记熊帷著作重要讲话，县政府副县长杨文才主持会议，县安全生产委员会成员单位参会。

4月10日，四川省委召开四川省深入推进第二批党的群众路线教育实践活动正风肃纪工作电视电话会议。县委常委、县纪委书记贾德全、县政协正县职督导员易永德，县政协副主席仁青偏初在木里县分会场参加会议。

4月9日－11日，县政府副县长李金智在成都参加宁朗水电站下博瓦村布丁组引水工程设计报告审查会议和锦屏一级水电站实施阶段库区移民安置实施规划工作协调会议。

4月11日，县委常委、常务副县长苟顶才在会理县参加Ⅳ级食品安全事故应急演练。

4月14日，县委常委、常务副县长高晓在西昌参加凉山州政务服务工作电视电话会议。

△由凉山州民政局组织的“凉山州2014年

十大民生工程—免费白内障复明手术”正式在木里县医院启动。共筛查眼科患者350余人次，完成105只白内障患者眼睛的复明手术，手术成功率达100%。

4月14日-16日，凉山州委副书记、凉山州政府州长罗凉清一行对木里重点项目建设、民生事业发展、社会稳定及S216线建设情况进行调研。县委书记张振国，县委副书记、县长伍松陪同。

4月16日-19日，木里县农村实用技术培训班在县委党校举办。培训班对150余人农村实用技术人才进行“习总书记系列讲话精神”及“中药材种植、培育、移植、管理”等相关农业实用技术知识培训。县委副书记嘎绒翁丁参加开班仪式并作了重要讲话。

4月18日，县委副书记、县长伍松，县委常委、县政府副县长王雪松在木里分会场参加凉山州环保工作电视电话会议。

△县委副书记、县长伍松在列瓦乡召开村组干部群众交流恳谈会。

△县委常委、常务副县长高晓主持召开环太阳山国家著名风景区申报研究会。

△县委常委、常务副县长苟顶才在西昌参加凉山州人口和计划生育工作会议。

△县政府副县长陈进在西昌参加2014年四川省级防震救灾综合演练学习观摩会。

4月20日-26日，木里县基层党组织书记专题培训班在县委党校举办，对全县乡镇党委书记、副书记、村支部书记共144人进行“怎样当好乡镇党委书记”等知识培训。县委书记张振国出席开班仪式并作重要讲话。

4月21日-22日，攀枝花市委副书记、市长张剡，凉山州委常委、州政府常务副州长滕中平，凉山州委常委、州委组织部部长冯斌一行深入木里调研援藏工作。县委书记张振国，县委副书记、县长伍松陪同。

4月21日，县委副书记、县长伍松，县委常委、常务副县长高晓在木里分会场参加四川省一季度经济形势分析电视电话会议。

4月22日，县委常委、常务副县长高晓在木里分会场参加全国农村金融服务经验交流电视电话会和全国贯彻落实《社会救助暂行办法》电视电话会议。

△县政府副县长李金智在西昌参加2014年凉山州汛前地质灾害防治工作会议。

4月23日，木里县召开梭椤沟金矿座谈会。县委副书记熊帷茗，县委常委、常务副县长高晓，县政府副县长杨文才，容大矿业有限责任公司代表团参会。

△凉山州水务局纪委书记马建铭一行深入木里县开展2009-2012年安全饮水工程验收工作，县委常委、县政府副县长王雪松陪同。

△木里县召开十二届政府第十七次常务会议。

4月23日-25日，县委副书记、县长伍松在卡拉乡、三桷垭乡现场指挥森林火灾扑救工作。

4月24日，县委常委、常务副县长高晓主持召开木里县2014年十大民生工程目标任务分解会议。

4月26日-28日，县委副书记、县长伍松在甘孜州泸定县参加四川省藏区旅游工作会议。

4月28日，四川华电木里河水电开发有限公司职工侯忠发被全国总工会授予“全国五一劳动奖章”。

△县委常委、常务副县长高晓在西昌参加凉山州统计调查工作会议。

△县委常委、常务副县长苟顶才在木里分会场参加凉山州食品安全工作电视电话会议。

△凉山州发改局科长张建明一行在木里县检查防汛工作。县委常委、县政府常务副县长苟顶才陪同。

4月29日，县政府副县长王开军主持召开木里县2014年模拟乔瓦镇6.9级地震应急联动演练筹备会。

5月4日，县委副书记、县长伍松在省道216线升级改造工程施工沿线调研工程建设情况。

5月5日，县委副书记、县长伍松主持召开省道216线升级改造工程建设协调工作会议。

5月6日，木里县召开木里县领导干部大会。县四大班子主要领导，法检两长出席会议。

△中央召开党的群众路线教育实践活动视频会议。县四大班子主要领导在木里分会场参加会议。

5月7日，木里县召开十三届县委第38次常委会议。宣布肖玉成、沐年若任免县委常委的通知，研究干部拟享受副县级待遇方案，讨论正副科级后备干部培养方案，讨论县政府机构改革初步方案。县委常委班子、县人大、县政协主要领导参加会议。

△木里县召开2014年防汛暨地质灾害防治工作会议。县委书记张振国，县委副书记、县长伍松，县委副书记熊帷茗，县委常委、常务副县长高晓、苟顶才，县人大副主任袁定强，县政府副县长李金智，县政府副县长、县公安局局长赵宁，县政府副县长陈进，县政协副主席苏拉志，县法院院长罗天志参会。

△木里县召开十二届政府第十八次常务会议。

5月8日，县政府副县长李金智参加宁朗水电站下博瓦村布丁组引水工程设计报告审查会议。

△县政府副县长王开军参加凉山州二季度重点项目集中开工仪式。

△木里县举办第四期人工影响天气培训班。凉山州气象局党组副书记、副局长吕忠东，凉山州人影办主任邹勇，高级工程师曾庆华到会指导并授课，县委副书记呷绒翁丁到会并讲话。

5月8日－9日，攀枝花市农牧局局长李春华一行5人到木里县检查指导援藏畜牧项目实施情况。

5月9日，县委副书记、县长伍松陪同凉山州人大副主任熊正林一行在木里调研旅游及核桃花椒产业发展现状。

5月10日－11日，县委副书记熊帷茗、县政府副县长李金智参加锦屏一级水电站实施阶段库区移民安置实施规划工作协调会议。

5月11日－17日，木里县基层政权建设专题培训班在县委党校举办。对全县乡（镇）长、副乡（镇）长、村主任及优秀青年干部共214人进行“抗震救灾应急演练”等知识培训，县长伍松出席开班仪式并就“木里的发展、稳定、民生”作重要讲话。

5月12日，木里县举行2014年模拟乔瓦镇6.9级地震应急联动演练。

5月13日，县委副书记呷绒翁丁主持召开西昌市对口帮扶木里县工作协调会议。西昌市委常委、组织部部长唐云，西昌市委常委、市总工会主席余勇，木里县政府副县长王开军参会。

5月14日，木里县在乔瓦镇韩家湾举行突发性地质灾害应急避险演练。木里县29个乡镇主要负责人和木里县2014年度“后备干部”共计400人到场观摩。

5月15日，县政府副县长陈进参加凉山州重点项目推进工作汇报会议。

5月16日，县委常委、常务副县长苟顶才主持召开2014年木里县人大代表建议、政协委员提案交办会。

5月18日，县政府副县长杨文才率县交通局、县水务局、县环保局、省道S216线指挥部及各施工单位负责人，检查省道S216线弃土场、征地拆迁及其它相关工作。

5月19日，县委常委、常务副县长苟顶才，县政府副县长杨文才在木里分会场参加凉山州汛期防灾减灾工作电视电话会议。

△县政府副县长陈进在西昌参加凉山州史志工作会议，并代表县委、县政府在会议上作“坚持依法修志重领导、增添工作举措强保障”的交

流发言。

△县政府副县长王开军及相关单位负责人在西昌参加锦屏一级水电站第四阶段蓄水准备工作会议。

5月19日－20日，凉山州规划建设住房保障局副局长岳乐一行深入木里县检查汛期安全工作及开展建设工程质量安全监督执法检查。县政府副县长杨文才陪同。

5月19日－25日，木里县组织优秀遴选干部41人到四川电子科技大学公共管理学院进行为期一个星期的异地培训。

5月20日，木里县召开党的群众路线教育实践活动听取意见环节“回头看”暨查摆问题开展批评环节安排部署会议。县四大班子主要领导，法检两长出席会议。

△木里县50名优秀年轻干部人才培养对象赴电子科技大学参加为期6天的凉山州优秀年轻干部人才推进培训计划专题培训班。此次专题培训旨在提高基层年轻干部的综合素质，主要在于培养学员的科学理念、创新服务、发展经济、协调组织和突发事件应对处置等方面的能力。所授课程涵盖理想信念教育、网络舆情与媒体应对、政府危机公关与管理等内容，采用理论讲授、学员研讨、实地考察、现场观摩等方式进行。

△县政府副县长王开军在四川省发改委参加藏区新居建设专题工作会议。

△木里县召开维稳领导小组会议。县委书记张振国，县政协主席杨克祖、县委副书记、县委统战部部长呷绒翁丁，县委副书记熊帷茗，县委常委、县委政法委书记甘正友，县委常委、县政府常务副县长苟顶才，县委常委、县人武部政委肖玉成，县检察院检察长张华暑出席会议。

5月21日，木里县召开十三届县委第三十九次常委扩大会议。研究部署县域经济发展、藏区社会稳定、重大项目推进、防汛地质灾害防治和护林防火工作。县委书记张振国，县委副书记、县政府县长伍松，县委副书记、县委统战部部长呷绒翁丁，县委常委、县纪委书记贾德全，县委常委、县政府常务副县长苟顶才，县委常委、雅砻江片区党工委书记、麦地龙乡党委书记杨单祖，县委常委、县人武部政委肖玉成出席会议；县人大主任杨乔包，县政协主席杨克祖，县政府副县长杨文才，县政府副县长、县公安局局长赵宁，县政府副县长陈进列席会议。

5月22日，县委副书记、县长伍松，县政府副县长杨文才参加四川省服务业发展暨金融服务“三农”工作会议。

5月22日－24日，四川省人大常委会委员、省人大民宗委主任委员王增建，凉山州人大常委会副主任熊正林一行深入木里县开展《四川省依法管理藏传佛教事务现状及对策研究》重点课题调研。

5月23日，凉山州委党的群众路线木里督导组组长邓邦敏、副组长张国华一行，在县委副书记熊帷茗的陪同下到依吉乡检查党的群众路线教育实践活动工作开展情况，查看了活动相关资料并召开座谈会。

△县委常委、常务副县长苟顶才，县人大副主任杜基次尔，县政协副主席肖启模在木里分会场参加凉山州金融工作电视电话会议。

5月23日－25日，县委副书记、县长伍松在三桷桠乡、卡拉乡、白碉乡调研。

5月26日－28日，县委副书记、县长伍松在木里河、水洛河沿河各电站调研投资建设、运行情况。

5月27日，县政府副县长王开军参加凉山州防震减灾工作会议。

5月28日，县委常委、常务副县长高晓在茶布朗镇协调解决沙湾电站阻工事宜。

5月29日，木里县召开十三届县委第四十次常委会议。学习党的群众路线教育实践活动相关文件资料，研究县政府机构改革方案。县委书记张振国，县委副书记、县政府县长伍松，县委副书记、县委统战部部长呷绒翁丁，县委副书记熊帷茗，县委常委、县委宣传部部长、县总工会主席马国发、县委常委、雅砻江片区党工委书记、麦地龙乡党委书记杨单祖出席会议；县人大主任杨乔包、县政协主席杨克祖列席会议。

△木里县以纪念全国第16个“5.29”计生协会活动日为契机，在乔瓦镇扎昌街隆重开展以“生育关怀、情系你我”为主题的计划生育协会会员日大型宣传活动。

5月30日，木里县老干部局组织关心下一代“五老”志愿者到木里县列瓦乡羊棚子村、碾水村看望慰问农村困难儿童并送上节日的问候和祝福。

5月，四川省实施重度残疾人护理补贴政策。木里按标准实施补贴，标准为一级每人每月80元，二级每人每月50元。

5月，康巴卫视《法制明镜》栏目组在木里县司法局普法小分队的协同下先后到县中学、乔瓦镇锄头湾村树珠组等地开展“送法进校园”、“送法进乡村”活动，开展法律知识讲座、普法小品、相声表演、村级人民调解员法律知识培训，并与村民、学生互动，让他们从互动回答中切实理解法律知识的内涵和作用，受教育人数1150人。

6月2日－3日，县委副书记、县长伍松在唐央乡指挥森林火灾扑救工作。

6月4日，县委副书记、县长伍松参加木里县2014年藏传佛教基础设施建设项目推进暨当前重点工作部署会议。

6月4日－5日，凉山州政府副州长朱学雷一行深入木里县调研交通建设情况。县委副书记、县长伍松，县政府副县长杨文才陪同调研。

6月5日，县委常委、常务副县长高晓主持召开木里县项目资金监管领导小组第四次会议。

6月6日，木里县志办公室根据《中共木里县委机构编制委员会关于县志办公室增加职责并更名的通知》（木编委〔2014〕3号），正式更名为“木里藏族自治县党史与地方志办公室”。

△县委常委、常务副县长高晓，县政府副县长李金智主持召开汛期防灾减灾督查工作会议。

△县委常委、常务副县长苟顶才在木里分会场参加四川省计划生育工作电视电话会议。

6月7日－10日，中央、四川省、凉山州新闻媒体走进木里集中采访报道“木里实践经验”。媒体采访团分别到木里县博窝乡、俄亚乡、瓦厂镇等地实地采访报道，跟随先进典型人物的脚步，感观“木里实践经验”为木里带来的发展变化，感受木里藏区干部群众积极奋进、蓬勃向上的精神风貌，感知木里藏区团结、民主、富饶、文明、和谐的“正能量”。

6月9日，县委常委、常务副县长高晓，县政府副县长王开军在木里分会场参加国务院稳增长、促改革、调结构、惠民生政策措施落实情况督查动员电视电话会议。

△县委常委、常务副县长高晓，县政协副主席肖启模在木里分会场参加凉山州服务业发展工作电视电话会议。

△县政府副县长杨文才在德昌县参加凉山州防汛工作会议。

6月10日，县委常委、常务副县长高晓参加木里县2014年食品安全宣传周启动仪式。

△凉山州委、州政府召开凉山州机构和人员编制核查工作动员部署电视电话会议。县委常委、县政府常务副县长、县委编委副主任高晓在木里分会场参加会议。

6月10日－11日，四川省教育厅副总督学、民教处副处长沈成军一行深入木里县督导检查“控辍保学”长效机制建设情况和“教育十年行动计划”工作开展情况。县委常委、常务副县长高晓，县委常委、县委宣传部部长马国发陪同调研。

6月11日，县委常委、常务副县长高晓在木里分会场参加2014年全国整治违法排污企业保障群众健康环保专项行动电视电话会议。

6月12日，县委副书记、县长伍松参加凉山州人民政府第二十六次常务会议。

△木里县委召开保密工作会议。县委副书记熊帷茗，县委常委、县委宣传部部长、县总工会主席马国发出席会议。

△县委常委、常务副县长高晓在木里分会场参加四川省教育领域综合改革电视电话会议。

△县政府副县长李金智参加凉山州农村集体土地确权登记发证工作会议。

6月13日，县政府副县长杨文才主持召开项脚乡通乡油路建设协调会议。县交通运输局、县公安局、县林业局、县环保局、乔瓦镇、项脚乡等相关部门负责同志参会。

△县政府副县长李金智参加凉山州扶贫开发建档立卡工作暨培训会议。

6月14日，木里县召开第十三届县委第四十一次常委会议。传达凉山州党风廉政建设工作会议精神，安排部署木里县党风廉政建设工作。县委书记张振国，县委副书记、县政府县长伍松，县委副书记、县委统战部部长呷绒翁丁，县委副书记熊帷茗，县委常委、县政府常务副县长高晓，县委常委、县纪委书记贾德全，县委常委、县委政法委书记甘正友，县委常委、县委宣传部部长、县总工会主席马国发，县委常委、县政府常务副县长苟顶才，县委常委、茶布朗片区党工委、茶布朗镇党委书记甲央其扎，县委常委、瓦厂片区党工委书记、瓦厂镇党委书记杨晓军，县委常委、雅砻江片区党工委书记、麦地龙乡党委书记杨单祖，县委常委、县政府副县长王雪松、县委常委、县人武部政委肖玉成出席会议；县人大主任杨乔包、县政协主席杨克祖出席会议。

△县政府副县长杨文才、王开军主持召开无电地区电力建设协调会议。县政府办、县林业局、县电力公司、无电地区电力建设相关设计单位、监理单位、施工单位相关负责同志参加会议。

6月16日，县委副书记、县长伍松在红科桥头至一林场堤防工程现场检查项目建设质量，并到防汛指挥中心调研防汛工作。

6月17日，县政府副县长李金智主持召开木里县扶贫开发建档立卡工作暨培训会。

6月18日，四川省农场管理局局长雷茂民率四川省、凉山州工作组在木里县检查验收卡尔牧场农垦扶贫项目，调研国有农场（牧场）办社会职能改革情况。县委副书记、县长伍松，县委常委、县政府副县长王雪松，县政府副县长王开军陪同检查调研。

△木里县召开十三届县委第四十二次常委扩大会议。组织学习党的群众路线教育实践活动相关文件和资料，讨论通过木里县水电开发相关事宜。县委书记张振国，县委副书记、县政府县长伍松，县委副书记熊帷茗，县委常委、县政府常务副县长高晓，县委常委、县委组织部部长王锋，县委常委、县纪委书记贾德全，县委常委、县委政法委书记甘正友，县委常委、县政府常务副县长苟顶才，县委常委、茶布朗片区党工委、茶布朗镇党委书记甲央其扎，县委常委、瓦厂片区党工委书记、瓦厂镇党委书记杨晓军，县委常委、雅砻江片区党工委书记、麦地龙乡党委书记杨单祖，县委常委、县人武部政委肖玉成出席会议；县政协主席杨克祖，县人大副主任杜基次尔，县政协副主席陈福云，法检两长列席会议。

△木里县召开机构和人员编制核查工作部署及培训会。县委副书记、县委编委主任熊帷茗，县委常委、县政府常务副县长、县委编委副主任高晓，县委常委、县委组织部部长、县委编委副主任王锋出席会议。

△县政府副县长李金智在梭罗沟金矿检查汛期防灾工作。

6月18日－19日，县政府副县长杨文才率县水务局、县财政局、县发改局在西秋乡、乔瓦镇检查石漠化治理项目工程情况。

6月19日，凉山州委、州政府召开现代农业园区建设电视电话会议。县委副书记、县政府县长伍松，县人大副主任袁定强，县政府副县长王开军，县政协副主席苏拉志在木里分会场参加会议。

6月19日－20日，四川省民宗委党组书记、主任姚斌，凉山州政府副州长熊自力一行深入木里县调研藏区发展稳定相关情况。县委书记张振国，县委副书记、县长伍松陪同调研。

6月20日，县政府副县长陈进参加由四川省民宗委、四川省县域经济学会、凉山州共同主办的加快民族地区县域经济科学发展座谈会。

6月24日－25日，凉山州防震减灾局党组书记、副局长李志健一行在木里县检查防震减灾工作。县政府副县长王开军陪同。

6月25日，木里县召开维稳工作会议。县委副书记、县委统战部部长呷绒翁丁，县委常委、县纪委书记贾德全，县法院院长罗天志，县人武部部长梁宏柱出席会议。

△县委常委、常务副县长高晓主持召开木里县石漠化治理工程项目座谈会。

6月27日，木里县召开维稳领导小组会议。县委副书记、县政府县长伍松，县委副书记熊帷茗，县委常委、县纪委书记贾德全，县委常委、茶布朗片区党工委书记、茶布朗镇党委书记甲央其扎，县委常委、雅砻江片区党工委书记、麦地龙乡党委书记杨单祖，县政府副县长、县公安局局长赵宁，县法院院长罗天志，县人武部部长梁宏柱出席会议。

△县委副书记、县长伍松在木里分会场参加四川省征兵工作电视电话会议。

△县委副书记、县长伍松主持召开木里县防震减灾工作会议。县政府副县长李金智、王开军，县政府应急办，县防灾局、县国土局、县水务局、县扶贫移民局、乔瓦镇、项脚乡负责同志参加会议。

6月30日，四川省委召开庆祝中国共产党成立93周年暨表彰优秀县乡村党组织书记大会。县委书记张振国，县委副书记、县政府县长伍松，县委副书记、县委统战部部长呷绒翁丁，县委副书记熊帷茗，县委常委、县委政法委书记甘正友，县委常委、县委宣传部部长、县总工会主席马国发，县委常委、雅砻江片区党工委书记、麦地龙乡党委书记杨单祖在木里分会场参加会议。

△县政府副县长杨文才在西昌参加凉山州国省干线公路及农村道路养护工作会议。

6月，新华网、人民网、中国日报网、四川日报网、凉山新闻网等多个主流媒体刊载新华社记者吕庆福的署名文章：《为了兑现那个承诺——随木里县委书记下乡记》，从亲历者角度，倾情讲述了木里县各级党员干部深入基层，切实为民服务的动人故事。

7月1日，县政府副县长李金智在木里分会场参加四川省主汛期防汛暨山洪地质灾害防治工作电视电话会议。

7月3日，木里县纪委组织参加凉山州“守六项承诺，铸反腐铁军”演讲比赛，获第一名。

7月3日－4日，四川省扶贫移民局副局长刘兵一行到木里县考察下派干部冯典林。

7月4日，县政府副县长、县公安局局长赵宁在木里分会场参加凉山州重大火灾隐患集中整治专项行动动员部署暨消防安全委员会联席电视电话会议。

7月7日，县委副书记、县长伍松，县委常委、常务副县长高晓，县政府副县长杨文才在木里分会场参加凉山州无电地区电力建设项目推进工作电视电话会议。

7月9日，县政府副县长李金智在木里分会场参加凉山州2014年征兵工作视频会议和征兵领导小组会议。

7月10日，四川省委组织部副部长、四川省人社厅厅长、四川省公务员局局长王建军，四川省人社厅党组书记、机关党委书记杨杉，凉山州委副书记、凉山州政府常务副州长滕中平一行深入木里县调研人力资源和社会保障工作。县委书记张振国，县委副书记、县长伍松陪同。

7月11日，木里县开展“弘扬婚育新风，共创健康幸福生活”为主题的第25个世界人口日宣传活动。

△县政府副县长李金智在木里分会场参加四川省县域金融生态环境评价工作启动视频会议。

△县政府副县长王开军参加凉山州贯彻实施《全民科学素质行动计划纲要》工作推进会。

△木里县召开艾工委2014年第二次例会。

7月14日，国际电子电气工程学会会士、毫米波国家重点实验室常务副主任、博士生导师、香港城市大学副校长、北斗导航系统研发首席专家薛泉教授莅临木里县中学，向木里中学千余名师生做了题为《学习·工作·生活·体验分享》的励志专题报告。报告会由木里县委常委、常务副县长高晓主持。

△四川省委组织部下派的援藏挂职干部蒲文（攀枝花市中心医院中医科）、邓志鑫（攀枝花市中西结合医院普外科）、严石春（攀枝花市传染病医院）到木里县医院挂职任院长助理，任期两年。

△县政府副县长杨文才主持召开木里县第三季度安全生产工作会议。

△县政府副县长李金智在西昌参加锦屏一级水电站移民工作协调会议。

7月14日－16日，棠湖中学校长刘凯带领八大学科专家到木里县中学开展教研活动。

7月15日，木里县召开征兵工作会议。县委副书记、县长伍松，县委常委、常务副县长高晓，县委常委、县委组织部部长王锋，县委常委、县人武部政委肖玉成，县人武部部长梁宏柱参加会议。

△县政府副县长陈进在成都参加凉山州木里河立洲、卡基娃水电站蓄水验收初审工作会议。

△县委副书记熊帷茗主持召开党的群众路线教育实践活动工作安排会。县委常委、常务副县长高晓及部门负责人参加会议。

7月16日，县委书记张振国，县委副书记、县长伍松，县委常委、常务副县长高晓，县政府副县长杨文才在木里分会场参加四川省上半年经济运行和民生工作电视电话会议。

△县政府班子召开交心谈心会。

7月17日，木里县召开征占用林地清理暨退耕还林工作会议。参加会议的有县委副书记呷绒翁丁、政府副县长王开军，县委办、县政府办等县级相关部门、29个乡镇、8个林业企业及水电、矿产开发业主。会议通报了全县占用征收林地专项清理整治工作情况。

7月17日－19日，凉山州畜牧局党组书记、局长杨光富一行在木里县核查验收2013年草原生态保护补助奖励机制政策实施情况。

7月19日，木里县十二届政府第19次常务会议召开。

△县政府副县长杨文才在木里分会场参加凉山州安全生产工作暨凉山州政府安委会2014年第四次全体会议电视电话会议。

7月20日，木里县召开计生干部业务培训会，29个乡镇、9个牧场及各部门共80余人参加会议。

7月27日，县委副书记、县长伍松主持召开木里县2014年1—6月灾情通报会。县委常委、常务副县长高晓，县政府副县长杨文才、李金智、王开军，县政府领导陈继川、包小强及相关部门负责人参加会议。

△县委副书记、县长伍松率县政府副县长杨文才、王开军、县政府办公室主任邓洪明及县畜牧局局长向友色一行深入乔瓦镇簸箕箩木里县高原生态猪养殖场和肉羊规模养殖户，实地查看标准化圈舍建设和生猪、肉羊生产情况。

△县委常委、常务副县长高晓主持召开《社会救助暂行办法》学习讨论会。县政府副县长李金智及县应急、民政等部门负责人参加会议。

△木里县医院新购置价值129万元全进口西门子彩超投入临床使用（项目属于凉山州州本级卫生局贫困县基层医疗机构全数字彩色多普勒超

声波诊断仪）。

7 月 28 日，县委副书记、县长伍松调研 S216 线升级改造工程情况。

△木里县选派 100 名农村实用人才赴攀枝花建筑工程学校进行为期 14 天的技术培训。此次培训，旨在依托攀枝花援藏平台，利用优质培训资源，为木里藏区培养一批观念新、懂技术的农村建筑类技术人才，切实增强群众增收致富能力，为农村经济发展注入新的活力。

△县委常委、常务副县长高晓在木里分会场参加全国领导干部经济责任审计工作会议。

7 月 29 日，木里县召开县委常委班子专题民主生活会。常委班子及成员通过深入查摆问题，深刻剖析思想根源，推心置腹地开展批评与自我批评，诚恳接受批评意见，明确了整改方向，提出了整改措施。省委第 21 督导组成员、省委组织部干部一处副调研员黄健，州委常委、组织部部长冯斌，州委第 19 督导组组长邓邦敏到会指导并作点评，认为此次民主生活会准备充分、主题鲜明、效果明显，是一次高标准、高质量、高水平的民主生活会。

7 月 30 日，根据《中共四川省委组织部办公室文件关于选派梅雄辉等 58 名干部人才赴浙江省顶岗挂职的通知》（四川组办〔2014〕72 号），木里县医院副院长次尔央初到义乌市中心医院挂任副院长，顶岗挂职半年（2014 年 8 月至 2015 年 1 月）。

7 月 31 日，木里县政府领导班子召开党的群众路线教育实践活动专题民主生活会议。

8 月 1 日，县委副书记、县长伍松参加十届凉山州政府第五次全体会议。

△木里县电力公司与西昌电力股份有限公司解网并终止结算关系会议召开。县委常委、县政府常务副县长高晓，县政府副县长杨文才参加会议。

△县委常委、县政府常务副县长陈继川，副县长王开军、陈进看望慰问驻县武警官兵。

8 月 2 日，木里县政府办班子召开专题民主生活会。凉山州委第十九督导组副组长张国华，县委常委、县政府常务副县长高晓莅会并作重要讲话。

8 月 4 日，县政府副县长杨文才主持召开“8.02”无电地区电力建设安全事故协调会。各相关部门负责人参加会议。

8 月 4 日 -5 日，凉山州委副书记滕中平一行在木里调研县域经济发展情况。县委书记张振国，县委副书记、县长伍松陪同。

8 月 6 日，凉山州民政局副局长马燕春一行在木里县检查敬老院建设情况，县政府副县长李金智陪同。

8 月 6 日 -7 日，县委副书记、县长伍松在西昌参加凉山州县域经济工作会议。

8 月 7 日，县政府副县长杨文才在木里分会场参加四川省安全生产工作和凉山州安全生产工作会议暨凉山州政府安委会 2014 年第五次全体会议的电视电话会议。

8 月 8 日，县委副书记、县长伍松，县委常委、县政府常务副县长陈继川参加四川省对口援藏工作经验交流会。

8 月 11 日，经 2014 年 7 月 11 日第七届凉山州委第 82 次党委会议研究同意，任命黄龙布同志为首任木里大寺管委会主任。

△县委副书记、县长伍松，县委常委、县政府常务副县长高晓参加凉山州新型城镇化推进工作现场会议。

8 月 12 日，县委副书记、县长伍松参加 2014 年凉山彝区扶贫攻坚交通基础设施建设推进会暨农村公路现场会议。

8 月 14 日，县委副书记、县长伍松，县政府副县长李金智参加贯彻国土资源部支持凉山扶贫攻坚“十九条”政策工作推进会议。

△县委常委、县政府常务副县长陈继川调研木里县主要农产品及经济作物发展情况。

8 月 19 日，凉山州委常委、州人民政府常务副州长胡云调研木里县S216线建设情况。

△木里县召开2014年经济工作会议。县委副书记、县长伍松，县委副书记呷绒翁丁，县委常委、县政府常务副县长高晓，县委常委、县委宣传部部长、县总工会主席马国发，县委常委、瓦厂片区党工委书记、瓦厂镇党委书记杨晓军，县人大副主任龙长生，县政府副县长杨文才、李金智，县政府副县长、县公安局局长赵宁，县政府副县长王开军、陈进，县政协副主席仁青偏初，县法院院长罗天志，县检察院院长张华暑，县人武部部长粱宏柱，县委常委、县政府常务副县长陈继川参加会议。

8月22日，县委副书记、县长伍松在项脚乡调研防汛及地质灾害防治工作、蔬菜种植和特色养殖业发展情况。

8月25日，县委副书记、县长伍松调研S216线升级改造工程建设情况。

△攀枝花援建项目木里县中学学生宿舍正式投入使用。

△县委常委、县政府常务副县长陈继川调研木里县德康公司娃日瓦中米组中药材种植基地建设情况。

8月26日，木里县召开十二届政府第二十次常务会议。

8月28日，木里县与华能新能源公司举行合作开发风电项目签约仪式。县委书记张振国，县委副书记、县长伍松出席。

△县政府副县长李金智在木里分会场参加凉山州地质灾害防治工作电视电话会议。

8月29日，县委常委、县政府常务副县长陈继川在木里分会场参加四川省法制进学校电视电话会议。

8月30日－31日，县委书记张振国，县委副书记、县长伍松在乔瓦镇娃日瓦村五一组山体滑坡现场指挥应急抢险工作，并召集相关部门负责人召开“8.30”乔瓦镇娃日瓦村五一组山体滑坡应急处置紧急会议。

9月1日，县委副书记、县长伍松在“8.30”乔瓦镇娃日瓦村五一组山体滑坡灾民应急安置点检查灾民安置情况。

△县委常委、县政府常务副县长高晓与县财政局、地税局、国税局等单位负责人研究县财税收入事宜。

△县委常委、县政府常务副县长陈继川在木里分会场参加全国公务用车制度改革电视电话会议。

9月2日，县委常委、县政府常务副县长高晓与县国税局负责人研究锦屏电站耕占税事宜。

9月3日，四川省直工委副主席张志坚及四川省凉山州地震局领导一行到芽祖乡调研。县政府副县长包小强陪同。

△县委常委、县政府常务副县长高晓参加凉山州财政工作座谈会。

9月4日，县委副书记、县长伍松检查调研县城区防汛及地质灾害防治工作情况。

△县委常委、县政府常务副县长陈继川主持召开木里县违章建筑整治工作座谈会。

9月4日－6日，县委常委、县政府常务副县长高晓与金沙江中游公司、昆明市税务直属分局就阿海电站涉及的耕占税与增值税分成事宜座谈。

9月5日，县政府副县长阿央青参加凉山州空白乡镇邮政局所补建项目推进会议。

9月6日，木里县博瓦河一林场至红科桥堤防工程开工建设。工程预算总投资2619.63万元，修建堤防长度6200米。工程主要保护县电力公司110KV变电站、县中学高中部、乔瓦镇中心小学、森林武警中队、木里县松香厂、木里县第一林场场部等市政、企业公共设施。

9月10日，凉山州人大副主任李军一行调研S216升级改造工程和木里县基础设施建设情况。县政府副县长包小强陪同。

△荣获全国“最美乡村教师”称号的木里县俄亚纳西族乡小学教师王偏初出席由中央电视台

和光明日报社联合主办的“寻找最美乡村教师”大型公益活动颁奖典礼。

△县政府副县长杨文才参加锦屏一级水电站库区淹没复建公路S216木里县老虎嘴段小金河大桥左岸桥台岸坡塌岸处治工程设计文件审查会议。

9月10日-12日，县政府副县长陈进参加四川省食品药品监督管理专题培训班。

9月11日，县委常委、县政府常务副县长高晓，县政府副县长李金智主持召开木里县2014年夏秋季定兵工作会议。

△县政府副县长李金智在项脚乡检查调研土地整理项目。

9月12日，县委常委、县政府常务副县长高晓主持召开木里县藏区民生工作座谈会。

△木里县妇联将南京鼓楼区慈善协会捐赠的幼儿类图书1200余册赠送给县幼儿园。

9月13-14日，县委副书记、县长伍松深入后所乡、博科乡、克尔乡和瓦厂镇调研防汛及地质灾害防治工作。

9月14日，木里县十二届政府第二十一次常务会议召开。

9月15日-18日，木里县委老干部局组织木里县180余名离退休老干部分别在凉山州第二人民医院、木里县人民医院体检。

9月16日，木里县召开藏区新居建设暨扶贫开发建档立卡培训会议。县政府副县长李金智参加。

9月16-30日，县委副书记、县长伍松在上海参加“西部地区招商引资与园区建设专题研修班（第三期）”学习。

9月18日，县委常委、常务副县长高晓，县政府副县长包小强在木里分会场参加凉山州安全生产工作暨凉山州政府安委会第六次全体会议的电视电话会议。

9月19日，县委常委、常务副县长高晓，县政府副县长包小强在木里分会场参加四川省切实解决乱发钱物问题工作电视电话会议。

△县政府副县长陈进参加推动凉山州县市政府投融资公司合作发展工作座谈会。

△县政府副县长陈进参加凉山州义务教育均衡发展动员大会。

9月23日，县政府副县长陈进在木里分会场参加凉山州读书活动推进会议。

△县政府副县长包小强参加农村信用社深化改革工作电视电话会议。

9月24日，县委常委、常务副县长高晓参加四川省“挂包帮”和“百乡教育扶贫”工作会。

△县委常委、县政府副县长陈继川在木里分会场参加贯彻落实《企业信息公示暂行条例》电视电话会议。

9月25日，县政府副县长陈进在木里分会场参加四川省农村道路交通安全管理工作电视电话会议。

9月26日，攀枝花市国税局党组书记、局长陈力功率队，带着扶贫资金，在凉山州国税局总经济师陆亚丽的陪同下，到木里县国税局开展对口帮扶工作。

9月28日，县政府副县长包小强参加凉山州农村公路护栏建设工作推进会议。

9月28日-29日，县政府副县长李金智参加凉山州鸭嘴河布西、烟岗、跑马坪水电站建设征地移民安置规划调整报告审查会议。

9月30日，县政府副县长杨文才参加四川省凉山州苦巴店沟克尔水电站正常蓄水位选择和施工总布置规划专题报告评审会议。

9月，2013年国家级集体生态公益林补充实施方案批准实施。木里县2013年国家级集体生态公益林生态效益补偿面积为15.38万亩，落实管护单位为全县29个乡镇、9个国营牧场，涉及113个村、608个组（含9个国营牧场）、2.67万户、12.1万人。补偿金每亩提标5元，总资金为76.89万元，全部为中央投资。

10月10日，木里县医院住院综合大楼（9

层电梯楼）主体工程竣工验收。县城建局、规划局、财政局、审计局、卫生局、消防大队、气象局、设计单位、施工方、医院建房领导小组等人员参加验收。

△木里县召开2014年选调生座谈会。县委副书记熊帷茗，县委常委、组织部长王锋参加会议并讲话。57名参会选调生总结工作经验、分享成长酸甜苦辣并就如何在新形势下做一名合格的选调生作了交流发言。组织部集中聘用57名选调生为“党建工作特约宣传员”。党建工作特约宣传员主要承担党建组织工作宣传工作，撰写有关党建组织工作文章，积极回应社会关切，唱响党建主旋律，弘扬组织正能量。

△木里县政府党组中心学习组学习会议召开。

△县政府副县长包小强参加第二次凉山州老龄工作会议。

10月11日-11月6日，木里县第二期藏区文秘人员专题培训班在西昌学院开班。西昌学院文化传媒与教育科学学院党总支书记余永谦，西昌学院文化传媒与教育科学学院党总支副书记、院长边仕英出席开班仪式。全县29个乡镇、县直各部门共55名文秘工作人员参加培训。旨在通过“专题式”、“互动式”、“封闭式”教学，提高藏区年轻干部文秘工作水平，努力打造一支党性强、业务精、作风实的文秘骨干队伍。通过为期1个月的高校专题培训，进一步提高了藏区年轻干部文秘工作水平，为打造藏区文秘骨干队伍打下了坚实的基础。

10月12日，木里县藏研所所长汪扎多吉在北京参加第五届全国藏医药高级研修班学习。

10月14日，四川省党的群众路线教育实践活动第21督导组组长梁熙扬一行在木里县瓦厂镇督导教育实践活动整改落实工作。县委副书记、县政府县长伍松陪同。

△县政府副县长、县公安局局长赵宁在木里分会场参加凉山州推进依法治村（社区）工作电视电话会议。

△县政府副县长包小强参加木里藏区“法制七进”工作推进现场会议。

10月15日，四川省委第二巡视组进驻木里县开展为期半月的巡视。

△四川省残联办公室主任马小平一行3人，对木里县残疾人“量体裁衣”式个性化服务工作进行现场督查，督查人员在信息化平台上抽查了30户残疾人“量服”信息情况，现场入户督查重度残疾人6户。

△凉山州纪委书记张力到木里县调研，并在省委第二巡视组工作会上讲话。

△县委副书记、县政府县长伍松在西秋乡调研中药材产业发展情况。

△县委常委、县政府副县长陈继川参加四川省第二届科技产品博览会。

10月16日，四川省委第二巡视组巡视工作动员大会召开。县委副书记、县政府县长伍松，县委常委、县政府常务副县长高晓、县政府副县长杨文才、李金智，县政府副县长、县公安局局长赵宁，县政府副县长阿央青、陈进和部门乡镇负责人参加会议。

10月17日，四川省民族出版社副社长次尔扎西一行到木里县进行交流、访问，并赠送藏学知识书籍。

△县委副书记、县政府县长伍松听取交通、国土、规建、教育、卫生等部门工作汇报。

△县政府副县长李金智在木里分会场参加全国社会扶贫工作电视电话会议及四川省社会扶贫动员电视电话会议。

10月18日，四川省经信委产业园区管理处处长袁冰一行在立洲电站、瓦厂镇调研。县政府副县长杨文才陪同。

10月20日，县委副书记、县政府县长伍松在列瓦乡、芽祖乡、下麦地乡调研。

△县委常委、县政法委书记甘正友，县政府副县长杨文才在S216线改扩建工程棉垭至李子

坪段检查指导安全生产和平安创建工作。

10 月 21 日，县委副书记、县政府县长伍松，县政府副县长杨文才在木里分会场参加凉山州“十二五”主要污染物总量减排（控制）工作推进电视电话会议。

△县委常委、县政府副县长陈继川参加锦屏一级水电站 2014 年度移民安置工作任务及资金计划调整和 2015 年计划编制部署会议。

10 月 21 日 -26 日，县政府副县长杨文才在成都参加第十五届中国西部国际博览会。

10 月 22 日 -26 日，县委副书记、县政府县长伍松参加凉山州深化农村改革推进会议及交通大会战指挥部扩大会议。

10 月 23 日，县委常委、县政府副县长陈继川参加凉山州无电地区电力建设涉林工作协调会议。

10 月 23 日 -25 日，县政府副县长包小强参加凉山州交通局 2014 年凉推工作督促座谈会。

10 月 25 日，四川省森林公安局正处级调研员雷永成率省局督察组一行 4 人到木里县森林公安局督查指导工作。

10 月 26 日，中国藏学出版社周华社长到木里县就藏民族文化相关问题进行调研。

10 月 27 日，县委常委、县政府副县长陈继川参加县十二届人大常委会第十二次会议。

△县政府副县长杨文才参加猴子岩水电站 500 千伏送出工程、盐源 500 千伏输变电工程初步设计评审会议。

10 月 28 日，县委副书记、县政府县长伍松在乔瓦镇红科组调研藏区新村建设情况。

△县政府副县长杨文才参加孟底沟水电站建设征地实物指标调查细则及登记工作方案征求意见会议。

△县政府副县长王开军参加四川省 2014 年森林防火工作暨基层基础建设现场会议。

10 月 29 日，县委副书记、县政府县长伍松在后所乡调研农业农村工作。

△县政府副县长杨文才参加凉山州移民工作会议。

10 月 30 日，县委副书记、县政府县长伍松听取信访、人事、财政、国土、公安等部门工作汇报。

△县委副书记熊帷茗、县政府副县长杨文才参加固滴水电站大坝截流验收会及流域工程建设协调会议。

△县委常委、县政府副县长陈继川深入卡拉乡、麦地龙乡、沙湾乡、瓦厂镇、博科乡、克尔乡调研教育卫生事业发展情况及农牧民支柱产业发展情况。

10 月，木里县完成无电地区电力建设漏统漏报的无电人口统计上报工作。

△木里县 2014 年集体公益林管护实施方案批准实施。木里县 2014 年集体生态公益林生态效益补偿面积为 18.54 万亩，其中国家级公益林 15.38 万亩，省级公益林 3.16 万亩；落实管护单位 29 个乡镇、涉及 113 个村、608 个组（含 9 个国营牧场），2.67 万户、12.1 万人。补偿金共计 273.41 万元，其中，中央投资 236.3 万元，省级投资 37.11 万元。

11 月 3 日，为期 7 天的网络协同办公专题培训班在县委党校开班。从办公软件、电子表格应用、网络协同办公等方面对全县 150 余名文秘人员进行专题培训，着力提升基层办公效能，促进木里县文秘工作与省州接轨。

11 月 3 日 -5 日，县委副书记、县政府县长伍松在唐央、沙湾、水洛、茶布朗等乡镇调研基层工作。

11 月 5 日，四川、云南两省六县公安机关藏区维稳工作联席会议在木里县召开。云南省宁蒗县、四川省甘孜州稻城县、九龙县、理塘县及凉山州盐源县、木里县公安局领导参加了会议。会议就两省六县边界地区当前面临的维稳形势、维稳工作中的突出问题做了具体、全面的分析，并就川滇两省六县如何加强交界地区维稳工作，切实提高快速反应和防范处置能力，确保交界地区社会大局稳定进行了深入、细致的探讨。

△县政府副县长阿央青参加四川省今冬明春火灾防控工作动员部署会议。

11月6日，县委副书记、县政府县长伍松听取人事、水务、投促、规建等部门工作汇报。

△县政府副县长杨文才参加凉山州学习贯彻新《预算法》工作推进会议。

11月7日，县委副书记、县政府县长伍松，县委常委、县政府常务副县长高晓，县政府副县长阿央青、王开军在木里分会场参加四川省落实巡视整改暨党的群众路线教育实践活动整改深化工作电视电话会议。

△县委常委、县政府常务副县长高晓主持召开分管部门一把手党风廉政约谈会。

11月10日，县委副书记、县政府县长伍松，县委副书记熊帷茗，县委常委、常务副县长高晓，县政府副县长杨文才在国电凉山公司协调木里县电力公司改制事宜。

11月11日，县委副书记、县政府县长伍松，县委副书记熊帷茗，县委常委、常务副县长高晓参加凉山州第三批攀枝花援藏干部座谈会议。凉山州委常委、组织部部长冯斌出席会议。

11月13日，县委副书记、县政府县长伍松参加木里县财经领导小组会议。

△县委常委、县政府常务副县长高晓与锦屏电站就耕占税问题进行座谈会。

11月14日，县委副书记、县政府县长伍松在瓦厂镇调研农业农村发展工作。

11月15日－16日，县委常委、县政府常务副县长高晓参加凉山州依法行政工作暨法制工作培训会议。

11月16日，木里县优秀后备人才递进培养计划正式启动，对全县各乡（镇）、县直各部门推荐出的正、副（乡）科级培养对象、企事业管理人才共221名进行了公平、公开、竞争、择优的公开遴选考试，通过考试将从中选出40名优秀年轻干部人才。

11月16日－17日，木里县召开深化农村改革推进工作会议。县委书记张振国，县委副书记、县政府县长伍松，县委副书记呷绒翁丁，县委常委、县政法委书记甘正友，县委常委、瓦厂片区党工委书记、瓦厂镇党委书记杨晓军，县委常委、茶布朗片区党工委书记、茶布朗镇党委书记甲央其扎，县委常委、雅砻江片区党工委书记、麦地龙乡党委书记杨单祖，县委常委、县政府副县长陈继川，县政府副县长王开军、包小强参加会议。

11月17日，县政府副县长、县公安局局长赵宁在木里分会场参加全国进一步推进户籍制度改革工作电视电话会议。

11月18日，国家农业部发布第2179号公告，批准“木里皱皮柑”为国家农产品地理标志，并颁发证书编号为“AGIO1559”的农产品地理标志登记证书。

△县委副书记、县政府县长伍松主持召开S216线升级改造工程推进会议。

△县委常委、县政府常务副县长高晓在木里分会场参加全国农村生活垃圾治理工作电视电话会议。

11月19日，县委副书记、县政府县长伍松听取县公安、信访、人事、国土等部门工作汇报。

11月20日，在攀枝花市援藏挂职干部邓志鑫指导下，木里县医院成功实施首例腹腔镜阑尾切除手术。

11月21日，《木里藏族自治县年鉴(2013)》在四川省第十六次地方志优秀成果奖评审中被四川省地方志编纂委员会和四川省地方志学会评为年鉴类优秀奖。

11月21日，县政府副县长王开军在木里分会场参加四川省宣传贯彻新《安全生产法》暨四川省政府安委会第四次全体成员会议的电视电话会议。

11月24日，县委常委、县政府常务副县长高晓参加国家发展改革委宏观经济研究院调研四川藏区工作座谈会。

11月25日，木里县2012年岩溶地区石漠化综合治理工程水利工程部分完成建设并通过验收（工程建设在后所乡野洛村）。工程总投资149.45万元，建设蓄水池13口，配套沉砂池13口，安装引水管道11.7公里。

△木里县向离退休干部发放2013年目标绩效考核补助。补助发放标准按离退休人员所在行政、事业单位非领导班子成员干部职工年度目标绩效管理奖的70%计算，离退休干部可根据所在单位年度考核得分情况，获得4000元左右的目标考核奖金。

△县政府副县长杨文才在木里分会场参加全国宣传贯彻《国务院办公厅关于建立病死畜禽无害化处理机制的意见》工作电视电话会议。

11月27日，县委副书记、县政府县长伍松，县政府副县长李金智参加凉山州新修订《中华人民共和国环境保护法》培训会议。

11月29日，县委副书记、县政府县长伍松听取林业、森林公安、财政、移民等部门工作汇报。

11月30日，县委副书记、县政府县长伍松参加凉山州委七届六次全体会议。

12月3日，县政府副县长杨文才在木里分会场参加凉山州安全生产工作暨州政府安委会第七次全体会议的电视电话会议。会议通报了盐源县安达煤业有限公司田坝煤矿非法开采构成重大安全隐患的情况，进一步强化安全生产监管责任体系，安排部署新《安全生产法》宣贯工作和岁末年初安全生产工作。

12月4日，四川省委统战部副部长刘仁勇、宣传办主任黄新、老干处处长易平、宣传办主任科员邱江、凉山州委统战部常务副部长、州委新经济组织工委书记高旦珠等一行到木里县调研。县委副书记、统战部部长呷绒翁丁，县委常委、瓦厂区党工委书记杨晓军，木里大寺管理委员会主任、县委办主任黄龙布等县领导陪同调研。

12月5日，县委副书记、县长伍松在木里分会场参加国务院安委会办公室劳动密集型企业消防安全专项治理视频会议。会议认真贯彻落实《国务院安全生产委员会关于开展劳动密集型企业消防安全专项治理工作的通知》（安委〔2014〕9号）精神，部署开展消防安全专项治理工作。

△县政府副县长王开军参加凉山州森林草原防火工作会议和凉山州林业有害生物普查工作会议。会议总结了2014年凉山州森林草原防火工作，分析2015年森林草原防火形势，安排部署了2015年凉山州森林草原防火工作。

12月8日，木里县召开党员领导干部集体学习会。县委书记张振国向全县党员领导干部集中传达四川省委十届五次全会、凉山州委七届六次全会精神；组织学习中央、省、州“依法治国、从严治党”相关决定。县委副书记熊帷茗集中传达州委关于开展庸懒散浮拖问题专项整治工作相关会议精神及凉山州组织工作暨教育实践活动深化整改工作推进会议精神。各乡镇、县级各部门、省州驻县各单位、县属各企事业单位主要负责人共计120余人参加会议。

△县政府副县长鲜小林在木里分会场参加四川省新一轮退耕还林还草工作电视电话会议。会议贯彻落实全国新一轮退耕还林还草电视电话会议精神，安排部署四川省新一轮退耕还林还草相关工作。

12月9日，县委副书记、县长伍松调研县城前缘滑坡治理工程建设情况。

△县政府副县长李金智在西昌参加第二次凉山州老龄工作会议。

△县政府副县长王开军参加凉山州滥发奖金工资补贴、违规购置使用车辆问题专项整治整改工作会议。会议通报前一阶段开展滥发奖金工资补贴、违规购置使用车辆问题清理检查和整治整

改工作情况，安排部署下一步工作。

△县政府副县长王开军参加四川省深化行政审批制度改革暨加强政务服务工作推进会。会议总结交流政务服务工作推进情况、行政审批制度改革下放承接落实运行情况、公共资源交易平台运行情况、行权平台依法开展规范网上运行推进情况、《四川省规范行政执法裁量权规定》贯彻情况，安排部署下一阶段工作。

12 月 10 日，木里县召开庸懒散浮拖问题专项整治督查工作会议。会上，县委副书记熊帷茗从高度重视、明确目标、严格纪律和注重方法四个方面对督查工作进行安排部署；县委常委、纪委书记贾德全要求全县督查工作要做到形式与内容、岗内与岗外、专项整治与业务工作、整治与整改、督查与督导“五个统一”。县委庸懒散浮拖问题专项整治工作督查组全体成员参加会议。

△县政府副县长王开军参加向四川省督查组汇报工作会议。会议主要汇报凉山州水库电站的防震预案制定及执行情况，险情及险情处理情况，水库地震专用监测台网规划建设及运行情况，地震监测灵气与当地县市共享情况等。

△县委常委、纪委书记贾德全调研文章《坚持“三退”回本位立足“四进”促三转》被收入省纪委监察厅《两深论文集》。

12 月 11 日，四川省攀枝花市残联理事长李维忠、副理事长杨关云、教就处长骆登志一行 3 人到木里县残联进行对口扶贫帮助，赠送两台电脑、两台打印机。

12 月 14 日，木里大寺可移动文物普查外业工作经过 40 天努力圆满收官。

12 月 14 日 -20 日，县政府副县长李金智、鲜小林参加凉山州扶贫干部培训班。学习借鉴广东省珠海市扶贫“双到”、新农村建设和新型城镇化建设经验。

12 月 15 日，木里县召开第十三届委员会第七次全体会议，县委书记张振国同志代表县委常委会向全会作工作报告，会议表决通过了《中共木里县委关于贯彻落实十八届四中全会精神深入推进依法治县的实施意见》和《中共木里县委关于坚持思想建党与制度治党紧密结合全面推进从严治党的实施意见》。县委副书记、人民政府县长伍松同志总结 2014 年经济工作，安排部署 2015 年经济工作。

△木里县 2015 年林业会议在中共木里县委党校召开。会议总结了木里县 2014 年林业工作，安排部署了 2015 年林业工作，表彰了年度森林草原防火工作先进集体，对 2014 年发生森林火灾和疏于林政管理单位进行通报。

△《木里藏族自治县年鉴 2007 -2010》被凉山州委、州政府评为凉山州第十四次哲学社会科学优秀科研成果优秀奖；

12 月 16 日，县政府副县长杨文才参加阿海、梨园水电站建设征地移民安置综合设代 2014 年工作总结会议。会议总结了阿海、梨园水电站实施过程中的工作经验，安排部署了 2015 年相关工作。

△木里三大寺及各小经堂举办了一年一度的燃灯节活动。

12 月 17 日，县政府副县长杨文才参加《雅砻江锦屏一级水电站移民安置实施规划设计报告新增项目及费用估算报告》评审会议。会议就《雅砻江锦屏一级水电站移民安置实施规划设计报告新增项目及费用估算报告》进行了评审。

12 月 18 日，县委常委、常务副县长高晓在木里分会场参加全国融资性担保行业发展与监管经验交流电视电话会议。会议深入贯彻中央经济工作会议、国务院常务会议和李克强总理关于加快拿出支持小微企业金融服务的新举措、促使扶持小微企业发展的相关政策真正落地的重要批示精神。

△县委副书记、县长伍松，县政府副县长杨文才参加四川省民族地区农村公路工作现场会和凉山州农村公路现场会议。贯彻落实中央、省委省政府领导的重要批示和中央、四川省农村公路

发展会议精神，交流凉山州农村公路建设经验和做法，安排部署凉山州下一阶段农村公路工作。

12 月 19 日，县委常委、常务副县长陈继川在木里分会场参加全国机关事业单位“吃空饷”问题治理工作电视电话会议。会议贯彻实党的十八届二中、三中、四中全会和国务院常务会议以及李克强总理关于清理“吃空饷”工作的重要批示精神，在全国范围部署开展机关事业单位“吃空饷”问题集中治理工作。

△县政府副县长赵宁在木里分会场参加四川省进一步推进户籍制度改革工作动员部署电视电话会议。会议全面动员部署《四川省人民政府关于印发四川省进一步推进户籍制度改革实施方案的通知》要求，加快推进四川省户籍制度改革各项工作。

△县政府副县长王开军参加凉山州教育工作推进会议。会议总结了 2014 年教育工作，安排部署了 2015 年教育重点工作，推进凉山州教育改革发展。

12 月 23 日，县政府副县长王开军在木里分会场参加凉山州林权流转问题清理整治工作电视电话会议。会议总结了凉山州林权流转问题清理整治工作，安排部署了下一阶段工作。

12 月 24 日，县委常委、常务副县长高晓，县政府副县长沐年若参加凉山州工商、质监管理机构职能划转工作会。会议安排部署凉山州工商、质监管理机构职能划转工作。

△县政府副县长鲜小林在木里分会场参加凉山州麻疹防控暨麻疹疫苗查漏补种工作视频会议。会议安排部署凉山州麻疹防控暨麻疹疫苗查漏补种相关工作。

12 月 26 日，县委常委、常务副县长陈继川在木里分会场参加凉山州“餐桌污染”治理工作视频会议。会议传达了四川省“餐桌污染”治理现场会议精神，安排部署凉山州“餐桌污染”治理相关工作。

△木里县政协举办政协委员培训会。旨在提高政协委员政治素质和履职能力，推进木里县政协事业不断发展，并更好地为建设木里藏区经济社会事业发展和长治久安贡献智慧和力量。

12 月 28 日，按照 2014 年 14 座开放寺庙推进会议，将 14 座开放寺庙纳入藏传佛教和谐寺庙目标考核，签订责任书，经 8 个方面考评，共评出一等奖木里大寺等 14 座开放寺庙，发放和谐寺庙资金共计 28.5 万元。

△中华慈善总会向木里县中藏医院捐赠价值七万余元救护车一辆。

12 月 29 日，木里县国网四川木里县供电有限责任公司成立，举行了授牌和授印仪式，聘任杨聪为国网四川木里供电公司执行董事总经理，凌绪康为国网四川木里供电公司党委书记。木里县电力公司成为国网四川电力公司凉山供电公司管辖的第一家全资县级子公司。

△2014 年，木里国税局组织完成各项税收收入 2.65 亿元，其中：增值税 2.3 亿元，企业所得税 3495 万元，消费税 3 万元，车辆购置税 73 万元，完成全年税收收入任务 301%。实现税收收入首次突破两亿元大关，创历史新高。

△按照《中共木里县委机构编制委员会关于明确部分事业单位类别的通知》（木编委〔2014〕16 号），确定木里县人民医院为公益二类事业单位。

12 月，木里县委政法委被四川省政法委、四川省委维护稳定领导小组、四川省人力资源和社会保障厅评为维稳先进集体；被四川省政法委、四川省人力资源和社会保障厅评为党委政法委先进集体。

特　　载

Special Report

中共木里县委第十三届委员会第七次全体会议工作报告

中共木里县委书记　张振国

（2014 年 12 月 15 日）

同志们：

这次县委全会的主要任务是，深入学习贯彻党的十八届四中全会、省委十届五次全会、州委七届六次全会精神和习近平总书记在党的群众路线教育实践活动总结大会上的重要讲话精神，结合木里实际研究部署全面深入推进依法治县、全面推进从严治党工作。

首先，我受县委常委会委托，向全会报告常委会一年来的主要工作。

县委十三届六次全会以来，县委常委会全面贯彻落实党的十八大、十八届三中四中全会、省委十届四次全会和州委七届五次全会精神，以邓小平理论、“三个代表”重要思想、科学发展观为指导，认真学习贯彻习近平总书记系列重要讲话精神，积极应对复杂严峻的宏观经济形势，保持发展定力、锐意改革创新，突出抓好发展、稳定、民生“三件大事”，大力实施农业振兴、工业强县、旅游突破“三大发展战略”，统筹谋划、扎实抓好“五位一体”建设，认真开展党的群众路线教育实践活动，标本兼治加强反腐倡廉建设，全县呈现经济平稳较快发展、民生持续改善、社会大局和谐稳定的良好局面。

第一，保持专注发展定力，推动经济平稳较快增长。牢牢把握发展第一要务，紧扣全县中心工作不动摇，突出投资拉动、产业支撑，改革促发展、发展惠民生、民生促和谐，致力推动木里藏区全面协调可持续发展。始终把加快发展摆在突出位置，坚持水电、林业、畜牧、旅游“四大产业”多管齐下、协调推进，全县经济运行总体平稳，稳中有进，逆势上行。预计全年实现地区生产总值 31 亿元，增长 20%；地方公共财政收入 4.94 亿元，增长 10.46%；规模以上工业增加值 6.73 亿元，增长 7.5%；固定资产投资完成 80.5 亿元，增长 6.9%；社会消费品零售总额 5.4 亿元，增长 9.5%；城镇居民人均可支配收入 2.2 万元、农民人均纯收入 5960 元，分别增长 12%、20%。始终把开放合作作为根本动力，充分发挥“中外知名企业四川行”、“第十五届西博会”等平台作用，新引进一批符合国家产业政策和投资方向的重大项目，保持招商引资稳定增长。签约项目 4 个，总签约金额达 65.2 亿元，完成州下达目标任务的 260.8%。履约招商引资项目 10 个，到位资金 44.14 亿元，完成州下达工作目标任务的 176.56%。始终把基础建设作为长远战略，全面实施交通大会战、新型城镇化等重点项目，为木里藏区长远发展打基础、增后劲。以打造“X 形三纵两横加水运”交通主骨架网络格局为目标，强力推进综合交通网络建设。S216 线升级为国道 227 线，棉桠至李子坪段全面开工建设，桃巴至李子坪段中标机构已确定，正在财评中，棉桠至梅雨段正在进行招投标；“亚三”公路项目工可已通过评审，王顺友“马班邮路”已升级为省道469线，处于工可报告阶段；完成通乡油路建设43.6公里；木里大寺通寺油路、唐央乡通乡油路已进入招投标阶段；唐央至博窝、项脚至白碉两条环线通乡公路贯通工程进入尾声；新建通村公路21.5公里，完成安保工程129.7公里；新建1条水路运输航线；俄亚乡土地开发项目进入施工招标阶段；博瓦河堤防续建工程建设任务全面完成；1.7万人的安全饮水问题得到解决；无电地区电力建设项目已完成工程总量的75%以上，惠及1.95万户农牧民群众；完成8个乡（镇）文化站建设任务，完成9个已建乡（镇）文化站和24个村级文化室的设施配备任务。

第二，全面推进依法治理，维护社会大局和谐稳定。着眼民族地区长治久安、团结和谐，制定出台《依法治县实施意见》，整体推进依法执政、依法行政、公民守法，着力提升全社会法治意识，努力构建办事依法、遇事找法、解决问题用法、化解矛盾靠法的法治良序。加强意识形态领域工作，突出藏区维稳宣传，深入开展爱国守法、民族团结、感恩奋进、理性信教“四项教育”，打好“攻心战”，把牢“话语权”，唱响“国家好、民族好，大家才会好”的时代主旋律。加强和创新社会治理，注重通过法治手段解决社会管理中的突出问题，健全完善社会稳定风险评估机制，扎实推进网格化服务管理体系建设，木里网格化建设工作走在全州前列。认真落实中央和省州委藏区工作总体部署，紧紧抓住争取人心这个关键，突出“文明和谐寺庙”创建和寺庙僧人依法管理，健全完善藏区稳定防控体系，落实常态维稳基本要求，全力化解矛盾纠纷，木里持续成为“全国全省最稳定藏区之一”，被国务院评为“全国民族团结进步模范集体”，“木里经验”得到俞正声主席和省州各级领导的充分肯定，在全省32个藏区县推广。

第三，切实保障和改善民生，确保发展成果全民共享。建立以民生为导向的财政支出政策，坚持将全县新增财力的80%用于保障和改善民生，将新增一般转移支付和民族地区转移支付的50%、资源有偿出让收益的50%用于扶贫开发，全县公共财政预算用于民生支出的比例达65%以上。深入实施“六项民生计划”、“六到农家行动”，加大藏区新村新居建设力度，优先解决条件最差的贫困村农牧民住房问题，统筹整合藏区新居、易地扶贫搬迁、扶贫开发、一省两市援建等资金1.28亿元，新建和提升改造藏区新村48个，惠及2170户、9826人。完成21个乡（镇）政府基层政权、7个乡办公接待服务设施、22个乡（镇）邮政所、5个村（社区）办公场所和综合服务设施、5个乡（镇）90套干部周转房建设。“一事一议”、“村级公共设施运行维护项目”实现全县113个行政村全覆盖。向内地学校选送“9+3”免费教育学生501名，2011级“9+3”毕业生就业446名，初次就业率达到98%。全县小学入学率达100%，初中阶段入学率达98.8%，高中阶段录取率达94.4%。全县新农合参合农牧民达11.7万人，参合率达到99.48%，居全州第一。

第四，树立生态第一理念，扎实推进生态文明示范区建设。努力把木里打造成凉山西部生态文明示范区和长江上游重要生态屏障。完成县级生态家园创建命名工作，完成《2014年木里县川西藏区生态保护与建设实施方案》编制工作，完成全县29个乡（镇）集中式饮用水源地保护区划定。狠抓森林草原防火工作，30个防火检查站、3个林区综合治理检查站、3个森林派出所建成并投入使用，办理涉林案件160件，打击处理违法犯罪人员146人，挽回经济损失近450万元，组建扑火队伍638支、1.55万人，发生一般森林火灾27起，均得到及时扑灭，火灾查处率100%，基本实现森林草原防火“三个确保”目标。巩固退耕还林成果10万亩，补偿集体公益林18.5万亩，完成森林抚育补贴项目2.5万亩，规范和登记矿山占用林地130宗，完成石漠化综合治理782公顷；成功预警、避让地质灾害2起，安全转移群众221人；创建“美丽乡村”示范村庄4个。完成20个州级生态村、2户县级生态家园创建命名工作。

第五，贯彻“三严三实”要求，聚精会神抓好党的建设。高标准高质量完成全县党的群众路线教育实践活动，全面落实习近平总书记“三严三实”和省州委“五个带头”、“五个结合”要求，以焦裕禄、兰辉、毕世祥、杜萍、王偏初等先进典型为榜样，开门开放抓教育，聚焦“四风”摆问题，严督实导把方向，领导带头移风易俗倡树新风，以整风精神开好专题民主生活会，扎实推进正风肃纪，集中开展“9+3”专项整治和班子、个人问题整改，一大批群众反映强烈的“四风”突出问题得到有效解决，党群干群关系进一步密切。收集“四风”方面意见建议4878条，查摆出问题2723个。全县党政部门共清退12辆超标准、借用车，共清理整治超标办公用房1137.51平方米。深入开展为民、惠民、富民、安民“四民”活动，建立民生诉求、困难群众、稳定工作“三本台账”各22094、8137、231件。在全县29个乡（镇）建立完善“三办一中心”，为群众上门办事提供“一站式”服务。严查违规违纪行为，在县电视台设立“曝光台”点名道姓通报典型案件，及时曝光违反“八项规定”行为，先后对72个县级部门、20个乡（镇）进行抽查，对一个部门进行集体问责。认真贯彻落实《党政机关厉行节约反对浪费条例》，修订和完善了在联系群众、民主决策、公务接待、公车配备管理、出国（境）管理、楼堂馆所建设管理、经费管理等方面的制度规定，切实堵塞漏洞，推动形成从源头上防治“四风”的长效机制，群众路线教育实践活动取得了实实在在的效果。

坚持钢班子带铁队伍，认真落实“好干部”标准，鲜明重品行、重实干、重公认用人导向，紧扣木里藏区改革发展大局选贤任能。深化干部人事制度改革，全面推行“六步法”选拔领导干部、“1+5”选育后备干部，探索差异化考核政绩、结构模型化配备干部模式，建立“月考年评”监督管理干部机制，递进培养优秀年轻干部。按照省州委部署和巡视反馈意见，落实问题整改责任分工，集中整治跑官要官、“三超两乱”、领导干部违规兼职等问题，着力匡正选人用人风气。夯实基层基础，纵深推进“苏施”党支部和“四型”党组织建设，扎实开展边界区域党组织“携手共建”活动，建成边界区域联合党组织32个，成立26个村联合党支部，整顿后进村党组织12个。

强化党风廉政建设党委主体责任和纪委监督责任，严格落实“一岗双责”和“四个一”制度，形成了县委牵头负总责，县委书记、各级党组织书记为第一责任人，各乡（镇）党委、县级部门党委（党组）和村级党组织一级对一级负责，一级传递一级的党风廉政工作责任制。实行县委常委分片负责抓党风廉政建设工作，29个乡（镇）党委书记和86个县级部门一把手向纪委全会述责述廉，接受纪委委员、乡（镇）纪委书记、派驻纪检组长、特邀监察员民主测评，把党风廉政建设工作真正压给一把手来落实。出台并严格执行《木里县干部廉政约谈实施办法》，全年进行集中约谈5次300余人，重点岗位个别约谈200余人次。坚持有案必查、有贪必肃、有腐必反，保持查办案件高压态势。今年以来，共收到来信来访53件，立案25件，处分27人，共收缴违纪资金121.6万元。其中，县纪委办案16件，乡（镇）纪委办案9件。广泛开展警示教育，向全县县处级领导发放警示教育读本《钱权殇》《忏悔实录Ⅰ》《忏悔实录Ⅱ》，在教育、卫生系统等重点领域召开廉政警示约谈会，用典型案件警示各级领导干部。县委领导带头上党课、讲纪律、谈形势，将各级党委、部门负责人是否上党课，表率强不强作为实施党风廉政建设年度目标考核的重要依据。更加注重制度建设，县委制定出台《关于建立健全作风建设长效机制的实施意见》《关于认真贯彻“三严三实”要求进一步加强党员干部教育管理监督的实施意见》，强化制度的刚性约束，推进作风建设规范化、常态化、长效化。

第六，大力发展社会主义民主政治，保障人民群众民主权力。认真学习贯彻习近平总书记在庆祝全国人民代表大会成立60周年大会、庆祝人民政协成立65周年大会上的重要讲话精神，坚定不移走中国特色社会主义政治发展道路。支持县人大及其常委会依法行使职权，围绕木里改革发展加强地方立法工作，增强对“一府两院”监督实效，加强对重大经济、民生工作监督，开展环境保护、人口与计划生育等法律法规实施情况检查，依法决定重大事项，充分发挥人大代表知情参政、桥梁纽带和模范带头作用。支持县政协和各民主党派、工商联、无党派人士围绕全县工作大局开展政治协商、民主监督、参政议政，针对新型城镇化建设、生态文明建设、农业产业发展、加强和创新社会治理等重大问题开展广泛调查研究、积极建言献策。积极发展基层民主，完善村（居）民自治，健全政务公开、村务公开、厂务公开等制度，人民群众民主权力得到更好保障。加强民族宗教工作，各民族团结和睦大好局面进一步巩固发展，木里被国务院评为“全国民族团结进步模范集体”。坚持党管武装原则，推进议军议警制度化，促进军民融合深度发展，国防动员和国防后备力量建设得到加强，军政军民团结局面进一步巩固。

第七，落实全面深化改革部署，推进关键领域改革突破。坚持问题导向，把握全面深化改革的重点难点，制定实施年度改革要点，集中力量推进关键改革事项落实。深化农村改革，以放活土地经营权为主线，扎实推进农村集体土地确权登记颁证工作。农业产业化龙头企业、农民专业合作组织、家庭农场等新型经营主体开始起步。扎实推进计划生育村（居）民自治管理，结合“四权四制”村治模式，在全县113个行政村建立村（居）民自治工作机制。深化行政体制改革，完成行政权力基础运行平台和行政权力运行监察平台建设、审核工作，电子政务大厅已建成并投入运行。认真实施企业登记制度改革，取消企业年检，部分前置审批项目改为后置审批。实行县级预算单位决算、“三公”经费决算、总决算公共财政收支决算表、政府性基金收支决算表和财政决算报告在县政府门户网站进行公开。完成食品药品监督管理体制改革。医药卫生体制改革全面推进，县医院、中藏医院和29个乡（镇）卫生院取消“以药补医”，全面实行药品零差价销售。全县63家县级预算单位参加公务卡试点改革，完成15个项目财政支出绩效评价和8个省定项目的复评工作。

县委常委会高度重视和加强自身建设，严格践行“七个带头”，进一步营造“拼干部、比工作、赛作风、争一流”的浓厚氛围。带头抓好理论学习，县委中心组开展专题学习14次，深刻领会和把握中央、省州委精神特别是习近平总书记系列讲话精神，不折不扣地贯彻落实到全县工作之中；带头提升执政能力，注重应对复杂局面中锻炼、检验、提升执政能力和水平，面对重点难点问题，常委班子始终做到总揽全局、积极应对，科学决策、果断处置；带头执行民主集中制，严格落实常委分工负责制，集体讨论、集体决策“三重一大”事项，始终做到“喊出一个声音、走出一个步调”；带头践行“三严三实”要求，直接牵头联系重大工作，针对稳定增长、社会稳定、深化改革、法治建设等加强调研和部署，深入基层和群众解决实际问题；带头加强党风廉政建设，严格执行廉洁从政有关规定，注重反腐倡廉制度机制创新，为推进全县党风廉政建设发挥了表率作用。

同志们，十三届六次全会以来县委常委会的工作，是在全面深化改革的大背景下展开的，是在宏观经济复杂严峻的大环境中推动的，成绩来之不易，取得这样的成绩是县四大班子团结拼搏的结果，是各级党组织和广大党员干部超常努力的结果，是全县各族人民艰苦奋斗的结果。同时，我们也清醒认识到，木里藏区各方面工作任务依然艰巨繁重，产业结构不合理，区域发展不均衡，扶贫攻坚、改善民生需进一步加大力度，社会稳定压力不减，全面深化改革亟待攻坚突破，维护生态安全任务艰巨，从严管党治党、全面加强班子队伍建设务必抓紧抓实。县委常委会一定保持清醒认识，肩负职责使命，一心一意谋发展，聚精会神抓党建，不断开创木里藏区长足发展、长治久安新局面。

根据县委常委会研究的意见，下面，就全面深入推进依法治县、全面推进从严治党提三点要求。

一、坚持思想自觉与行动自觉的高度统一，强化推进依法治县、从严治党的责任担当

按照可操作、能监督、易考评的原则，县委在既贯彻落实中央和省州委全会新要求、新部署，又承接融合之前出台的依法治县《实施意见》和省州委“两个意见”的《实施意见》主要内容的基础上，制定了《关于贯彻落实党的十八届四中全会精神全面深入推进依法治县的实施意见》《关于坚持思想建党与制度治党紧密结合全面推进从严治党的实施意见》，从会前“两个意见”征求意见建议的反馈情况看，大家普遍认为，“两个意见”是对县委既定战略部署的传承创新，符合中央和省州委要求，贴近木里县情，富有针对性和可操作性，回应了社会和群众的关切，集中了各方智慧，凝聚了思想共识，是全面深入推进依法治县、建设法治木里和全面推进从严治党、打造钢班子铁队伍的行动指南。全县各级党组织和广大党员、干部要进一步强化在党忧党、责无旁贷的使命意识，直面矛盾、敢于负责的担当意识，在落实县委推进依法治县、从严治党重大工作部署中当标杆、做表率，影响和带动全县各族各界群众主动支持、积极参与、广泛监督，推动形成依法治县新格局、从严治党新常态。

第一，要充分认识全面深入推进依法治县的客观必要性。依法治国是党领导人民治理国家的基本方略，法治是治国理政的基本方式。党的十八届四中全会以依法治国为主题，吹响了建设社会主义法治国家的“进军号”。省委十届五次全会、州委七届六次全会通过的全面深入推进依法治省、依法治州的《决定》，进一步明确了依法治省、依法治州的指导思想、目标任务、基本原则，丰富和完善了工作举措，开启了法治四川、法治凉山建设新征程。当前，木里正处于跨越发展的黄金期、全面深化改革的攻坚期、由传统社会向现代社会的转型期，无论是加快发展还是维护民族团结，无论是推进优势资源科学开发还是构建长江上游重要生态屏障，都需要依靠法治的力量、发挥法治的引领和规范作用。必须把依法治县作为推动木里藏区跨越发展长治久安、同步全面小康建设的根本之举，以贯彻落实县委依法治县《实施意见》为抓手，加强和改进党对全面推进依法治县的领导，系统设计与末端治理相结合，科学立法、严格执法、公正司法、全民守法，加强法治队伍建设，通过全面深化改革加快法治木里建设进程，推动形成尚法守制、公平正义、诚信文明、安定有序的依法治县新格局，夯实治藏兴藏法治根基。

第二，要深刻把握全面推进从严治党的极端重要性。党是领导我们事业的核心力量。治国必先治党，治党务必从严，这是执政党的自觉担当，更是依法治国的必然要求。十八大以来，党中央站在党和国家长治久安的高度，就从严治党做出一系列部署，特别是习近平总书记提出的“八项要求”，是新形势下管党治党的根本遵循。省委十届五次全会通过的从严治党《决定》，突出思想建党与制度治党紧密结合，把制度建设贯穿从严治党全过程，对构建从严治党新常态进行了制度设计，是全省加强党的建设的基本准则，

是党员干部履行职责的行为规范。当前，木里藏区发展、民生、稳定任务艰巨，农业振兴、工业强县、生态立县、开放兴县刚刚夯基立柱，弥补社会事业和基础设施历史欠账还需持续发力，稳增长、促改革、惠民生、夯稳定必须统筹推进，尤其需要充分发挥党组织的战斗堡垒作用、党员的先锋模范作用、干部的标杆示范作用，尤其需要加强和改进党的领导、从严管党治党，把党的组织政治优势转化为推进木里藏区跨越发展和长治久安的强大力量。全县各级党组织要坚持钢班子带铁队伍，自觉履行管党治党政治责任，扎实推动县委从严治党《实施意见》落实见效，以严的标准要求党员干部、以严的制度管理党员干部、以严的纪律约束党员干部，巩固深化教育实践活动成果，标本兼治正党风，惩防并举治腐败，着力铲除滋生“四风”的土壤、扎紧制度之笼，大力弘扬为民务实清廉的优良作风，更加鲜明“抓落实、重实干、办实事、求实效”的工作取向，努力营造“拼干部、比工作、赛作风、争一流”的良好氛围，进一步形成凝心聚力促跨越、团结奋进奔小康的生动局面。

第三，要准确理解依法治县、从严治党的紧密关联性。依法治国靠国法，从严治党靠党纪，党纪严于国法，从严必有法度，党的建设与法治建设相辅相成、共生共存，从严治党与依法治国同向而行、并行不悖。一方面，从严治党是依法治国的根本保证，推进依法治县必须加强和改进党对立法工作的领导，把党的领导贯彻到全面深入推进依法治县全过程。党的领导是中国特色社会主义最本质的特征，是社会主义法治最根本的保证，坚持党的领导、人民当家作主和依法治国有机统一，是推进依法治国的正确方向。要充分认识党的领导和社会主义法治的一致性，准确把握中国特色社会主义法治道路的核心要义，在党的领导下依法治县、厉行法治，实现人民当家作主，有序推进社会生活法治化。要充分发挥党总揽全局、协调各方的作用，把依法执政、依法行政与依法治县统一起来，既严格按照法律法规和制度规定议事决策，又积极支持人大、政府、政协、审判机关、检察机关依法依章履行职能、开展工作，主导推动和落实“4+5”法治建设工作机制，完善考评办法，加强督促检查，做到党领导立法、保证执法、支持司法、带头守法。要坚决抵制把党的领导与“人治”“专制”划等号的歪理邪说，搞清与西方所谓“宪政”的根本区别。另一方面，依法治国必然要求从严治党，推进从严治党必须强化依法执政，运用党内法规把从严管党治党落到实处，促进党员、干部带头遵守国家法律法规。依法行政，既要求党依据宪法法律治国理政，也要求党依据党内法规管党治党。以《党章》为核心的党内法规是社会主义法治的重要组成部分，《党章》明确要求党员要“自觉遵守党的纪律，模范遵守国家的法律法规”。要坚持依法执政，提高领导干部运用法治思维和法治方式推进改革发展的能力，自觉在宪法和法律范围内活动，做到法无授权不可为、法定职责必须为。要从严从实强化制度治党，将制度治党贯穿于党建工作全过程，突出务实管用加强党内法规制度建设，着力刚性约束强化制度执行，推动党的制度建设重心从建章立制转向依靠制度进行治理，推动党的建设规范化、制度化、科学化。要坚持制度面前人人平等、执行制度没有例外，不留“暗门”、不开“天窗”，坚决纠正有令不行、有禁不止、各自为政，坚决反对以言代法、以权压法、徇私枉法，做到用制度管权管事管人，使制度成为硬约束而不是橡皮筋。

二、坚持法治木里、法治政府、法治社会一体建设，把木里改革发展各项事业纳入法治化轨道。

依法治县是一项庞大而复杂的社会系统工程，必须统筹兼顾、把握重点、整体谋划。要坚持依法治县、依法执政、依法行政共同推进，法治木里、法治政府、法治社会一体建设，形成贯彻落实国家宪法法律和木里经济社会发展相适应的制度规范体系、高效的法治实施体系、严密的法治监督体系、有力的法治保障体系、完善的党内法规体系，推动木里藏区治理体系和治理能力现代化。

一要推进科学立法，用好民族区域自治地方立法权，推动立法工作与时俱进和创新发展。良法是善治的前提。必须充分发挥民族区域自治制度优势，坚持立法于先，突出提高立法质量这个着力点，不断加强和改进地方立法工作，增强自治条例和单行条例制定的及时性、系统性、针对性、有效性。

要建立健全立法机制，确保科学立法、民主立法。切实加强党对立法工作的领导，进一步完善党委对立法工作中重大问题决策的程序，将立法工作纳入全县改革发展总体规划和总体布局，健全党委审定立法规划与计划制度，强化对立法工作规划计划实施情况的督促指导，保证立法工作的正确方向。优化立法职权配置，强化县人大及其常委会在立法工作中的主导作用，完善和落实公开、听证、咨询等立法程序，充分发挥政协机关干部队伍的智力优势，扩大人民群众对立法工作的有序参与，使立法过程成为倾听民声、了解民意、汇集民智、凝聚民心的过程。

要加强重点领域立法，使县委战略部署通过法定程序得到全面贯彻落实。始终坚持围绕中心、服务大局，突出抓好与国家法律法规相配套的实施性立法和体现木里藏区特色的创制性立法，抓紧修改和废止不适应藏区经济社会发展的单行条例，加快形成有利于破解木里藏区改革发展难题的法规体系。紧扣同步全面小康建设战略部署，研究制定转变经济发展方式、优势资源开发利用、特色产业发展、综合扶贫开发、生态文明建设、民族文化传承发展、社会治理等各方面的单行条例，使县委重大决策和主张成为全县人民的共同意志和行为规范。

要坚持立法与改革相衔接，以法治保障改革，以改革推动法治。坚持把法治作为改革的压舱石，对各方面提出的改革举措和创新需求，积极从立法上研究可行路径和解决办法，凡需法律授权的重大改革事项，立法机关要提前介入、主动研究，必须上位法授权的，要积极对接；属于地方权限，该立法的抓紧立法，该修订的抓紧修订，该废止的及时废止，努力做到改革深化到哪一步，立法工作就跟进到哪一步，确保重大改革于法有据、先立后破、有序推进。坚定不移推进法治领域改革，大力破除制约法治建设的体制机制障碍，统筹抓好“五位一体”改革和党的建设制度改革，使各方面制度更加成熟更加定型，为推进依法治县提供制度保障。

二要推进严格执法，建设法治政府，用法律规范行政权力运行、提高服务质效。行政机关是实施法律法规的重要主体，必须把依法行政作为依法治县的中心环节，紧紧抓住“法治”这个核心，加快政府职能转变，加快建设职能科学、权责法定、执法严明、公开公正、廉洁高效、守法诚信的法治政府。

要进一步厘清边界、简政放权。坚持职责法定，大力推行政府权力清单制度，对权力集中部门和岗位实行分事分权、分岗设权、分级授权，消除权力设租寻租空间，推进机构、职能、权限、程序、责任法定化。深化行政审批制度改革，清理和公布行政许可项目，取消非行政许可审批事项，清理减少行政事业性收费，加快发展、规范管理中介机构，积极推进行政管理重心由事前审批向事中事后监管转移。

要健全依法科学民主决策机制。把合法作为行政决策的第一要件，明确行政决策范围、权限、规则和程序，建立健全行政机关内部重大决策合法性审查机制，落实政府法律顾问制度，把部门论证、公众参与、民主协商、专家论证、专业机构测评、成本效益分析、社会稳定风险评估、合法性审查和集体讨论决策作为重大行政决策必经程序，提高行政决策科学化、民主化水平。严格落实重大决策终身责任制度和责任倒查机制，对决策严重失误或依法应该及时作出决策但久拖不决造成重大损失、恶劣影响的，严格追究行政首长和相关责任人的法律责任，切实把行政决策过程置于法治框架内。

要严格规范公正文明执法。深化政务公开和信息公开，健全政府公开制度，加快推进行政职权目录、电子政务大厅、行政权力运行基础平台和行政权力运行监察平台建设，保障行政权力运行规范化、公开化。深化行政执法体制改革，深入开展相对集中执法权工作，推进综合执法，完善行政执法与刑事司法衔接机制，健全行政权力运行制约和监督体系，建立健全权责统一、权威高效的行政执法体制，切实解决“依法打架”、权责交叉、多头执法、多层执法和不执法、乱执法问题，做到有权必有责、用权受监督、侵权要赔偿、失职要问责、违法要追究。

三要推进公正司法，增强司法公信力，让人民群众在每一个司法案件中都感受到公平正义。司法公正是法治的生命线，对社会公正具有重要引领作用。要紧扣“公正”这个核心，推进司法改革，规范司法行为，促进司法公正，维护司法权威。

要积极推进司法体制改革。严格落实司法机关依法独立工作相关要求，改革法院案件受理制度，健全审级制度，完善法院主审法官、合议庭、主任检察官和主办侦查员办案责任制，实行办案人员案件质量终身负责制和错案责任倒查问责制，规范司法机关自由裁量权行使，健全案件全程监控和质量管理机制，加强对司法活动的监督，推进司法公开，确保司法权力在阳光下运行，真正让暗箱操作没有空间、让司法腐败无处藏身、让公平正义“看得见、摸得着”。

要支持司法机关依法履职。优化司法职权配置，尽快建立并严格执行领导干部干预司法活动、插手具体案件的实况记录、通报和责任追究制度，健全行政机关依法出庭应诉、支持法院受理行政案件、尊重并执行法院生效裁判等制度，建立司法人员业务提升、培养使用、表彰奖励、物质保障机制和履行法定职责保护机制，确保审判机关、检察机关依法独立公正行使审判权、检察权，发挥司法机关惩治犯罪、保障人权和维护社会秩序的职能作用。

要坚持司法为民利民护民。抓紧解决执行难、办“人情案”、“关系案”、“金钱案”等群众反映强烈的突出问题，深入开展集中清理和处理积案专项行动，对群众反映较大的执行积案进行挂牌督办，加快推进法院“一站式”诉讼服务、检察院综合性受理接待中心等窗口建设，开辟“绿色通道”，消除群众诉讼障碍。健全完善司法救助制度，积极开展执法下乡活动，打通司法服务“最后一公里”，权力维护群众合法权益，不断提升司法工作群众满意度。

四要推进全民守法，加强法治宣传教育，使遵法守法成为全社会共同追求和自觉行动。法律的权威源自人民内心拥护和真诚信仰。必须大力弘扬社会主义法治精神，把全民普法和守法作为依法治县的长期性、基础性工作，培养法治意识，提升法律素质，使全县人民成为法治的忠实崇尚者、自觉遵守者、坚定捍卫者。

要着力增强全民法治观念。切实加强法治宣传教育，根据不同地区、不同领域、不同对象、不同时期重点，科学制定法治宣传和普法活动工作方案，以“法律八进”为抓手，突出抓好青少年、外出务工人员及边远农村、寺庙、牧场普法宣传教育，努力消除普法盲区死角，实现法治宣传教育全覆盖，要建立健全党委（党组）会前学法机制，确保领导干部学法制度化、常态化，以上率下，推动形成学法守法的浓厚社会氛围。坚持法治养成与法治实践相结合，从依法解决突出问题入手，以案说法、以事明理，立规矩正方圆，着力解决“无理取闹”、以“闹”争利、“法不责众”等问题，逐步养成遇事找法、解决问题用法的习惯。

要健全法治宣传教育机制。各级各部门要切

实加强对法治宣传教育工作的领导，宣传、文化、教育部门和人民团体要充分发挥在普法教育中的职能作用，加快形成党委领导、人大监督、政府实施、全社会共同参与的法治宣传教育工作格局。要将普法工作纳入各级党委、政府绩效考核范畴，健全普法教育考核评估、督导监督检查机制。要落实“谁执法谁普法”责任制，深化法治创建活动，提升法治宣传教育实效。

要坚持法治与德治相结合。法治持之有依、惩之有据，德治践之有信、行之有义，二者都是约束人民行为的“规则之治”。推进依法治县，必须一手抓法治、一手抓德治，既重视发挥法律法规的规范约束作用，又重视发挥道德力量的教化感召作用，做到遵纪守法与崇德尚礼相辅相成。要大力培育和践行社会主义核心价值观，加强公民道德建设，弘扬传统美德，强化法律对道德建设的促进作用，褒奖和支持美德善德行为，禁止和惩罚不道德行为，用法治手段解决失信、失范等问题，使守法重德成为人们的生活方式。要深入推进健康文明新生活运动，把法律规定与良俗新风结合起来，推动形成依法立约、以约治理、民主管理的基层治理良序。

五要推进依法治理，加强和改进社会治理方式，推进木里藏区和谐稳定、长治久安。加强社会依法治理是依法治县的一项重要任务，要针对性推进系统治理、依法治理、综合治理、源头治理，完善现代社会治理体制，确保社会既充满活力又和谐有序，努力把木里藏区建成全国最平安、最稳定、最和谐的民族地区之一。

要着眼长治久安，树牢底线思维，旗帜鲜明喊响“不论什么民族、宗教、信仰，都必须遵守法律法规，决不允许有法外之域、法外之人”，抓住宗教管理、寺庙僧人管理等关键环节，依法加强突出问题整治，始终保持对分裂破坏活动的严打高压态势，确保木里藏区持续成为“全国最稳定藏区”。

要紧扣营造公平开放的市场经济法治环境，强化规则意识、契约意识和诚信意识，坚持“法无禁止即可为”，加快完善有利于投资促进、产业合作、产业转移、企业发展等制度机制，促进经济社会科学发展、加快发展。

要着力提高依法治理水平。积极适应治理能力现代化新要求，坚决摒弃“搞定就是稳定、摆平就是水平”、“遇到问题动辄采取高压手段、进行强制处置”等观念，全面推进网格化服务管理体系建设，整合利用、依法规范各类社会治理资源，积极推进多层次多领域依法治理，不断提高社会治理的法治化水平。健全依法维护群众权益和化解纠纷机制，始终坚持依法办事，开展“花钱买平安”、息事宁人和“信访不信法、信闹不信法、信权不信法”等问题专项治理，引导群众以法治思维和法治方式解决问题，依法理性表达合理诉求。

要加强公共安全体系建设。深化安全生产管理体制改革，健全隐患排查治理、预防控制、源头管理，强化重点行业和领域安全专项治理，提高对自然灾害、事故灾难、公共卫生和社会安全等突发事件的预防预警和应急处置能力，保障人民群众生命财产安全。深化“平安木里”建设，用制度固化基层平安建设经验，健全立体化社会治安防控体系，依法打击各类违法犯罪活动，促进全县社会大局安定有序。

六要推进队伍建设，努力打造一支依法治县、建设法治木里的法治铁军。优秀的法治队伍是实现良法善治、法正安民的根本保障。必须把法治队伍建设贯穿依法治县全过程，建立健全人才发现、培养、使用成长机制，全面加强立法、执法、司法三支队伍建设，着力锻造政治过硬、业务过硬、纪律过硬、作风过硬的法治骨干力量。要切实加强思想政治建设，使广大法治工作者保持对法律的敬畏之心，带头遵守法律，以宪法和法律规范自己言行，以自身良好形象和实际行动维护宪法和法律权威。要提升法治队伍整体素质，畅通立法、执法、司法部门之间以及其它部门之间的人才交流渠道，把善于运用法治思维和法治方式推动工作的人选拔到领导岗位上来。要注重法治人才智库建设，突出抓好藏汉“双语”法治人才培养和储备，解决好民族地区、基层法律服务资源不足和人才匮乏问题，努力满足广大群众维护合法权益的法律需求，推进法律服务均等化。

三、坚持思想建党与制度治党紧密结合，打造引领和推动木里藏区跨越发展、长治久安的钢班子铁队伍。

深入贯彻落实省委“八个务必从严”要求，认真履行从严管党治党政治责任，深入实施“钢班子铁队伍”工程，抓干部改作风，惩腐败严党纪，重落实求实效，推动形成干事创业、崇廉尚实、风清气正的政治生态，为木里藏区长足发展长治久安提供坚强保障。

一要抓牢党员干部这个核心，健全完善干部思想教育、选拔任用和管理监督制度体系，铸就党执政为民的中坚力量。把全体党员干部教育引导好、选拔任用好、管理监督好，是推进思想建党与制度建党紧密结合的核心问题，也是全面落实从严治党要求的根本任务。要把加强干部队伍建设作为重中之重，着力补足精神之钙，匡正选任之风，强化监管之举，努力锻造政治强、能力强、作风强的钢班子铁队伍。

要在思想上增强党员干部“三个自信”，拧紧“总开关”。一些干部出问题，无一不是源于思想滑坡、信念动摇。要加强理想信念教育，深入学习中国特色社会主义理论体系特别是习近平总书记系列重要讲话精神，引导党员干部树牢马克思主义群众观和正确的是非观、义利观、权力观、事业观，始终做到在党言党、在党忧党、在党为党、在党兴党，坚守共产党人的精神追求。要加强主观世界改造，带头践行社会主义核心价值观，教育引导党员干部始终保持积极的人生态度、高尚的道德品质、健康的生活情趣。要加强法治教育和党规党纪教育，增强党员干部特别是领导干部的法治意识，崇尚法律、敬畏法律，自觉克服特权思想，提升法治思维和依法办事能力。要扎实开展党内教育，着眼建设学习型党组织，制定党委理论中心组理想教育、道德教育、纪律教育、形势教育、传统教育等学习计划，严格执行学习组织、集体研讨、专题调研、汇报通报、督促检查、学习考核等制度，把领导干部学习情况纳入评优评先的重要内容，以优良学风带动党风政风。要用好批评与自我批评这个有力武器，开展积极的思想斗争，强化党内政治生活锻炼，从政治上凝聚全体党员意志。

要在选用上坚持“好干部”标准和“三重”导向，提高公信度。选准用好干部，是从严管党治党的一件大事。要鲜明正确的选人用人导向，将干部选拔使用置于全县改革发展大局中考量谋划，置于人民群众的监督下完善提升，坚持信念坚定、为民服务、勤政务实、敢于担当、清正廉洁“五条标准”不降格，坚持重品行、重实干、重公认用人导向不偏离，以最坚决的态度、最果断的措施刷新吏治、推动发展、造福人民。要健全科学的选人用人机制，严格执行《干部选拔任用条例》，积极探索和完善干部培养选拔考核机制办法，加大少数民族干部、妇女干部、优秀年轻干部培养选拔力度，注重选用扎根基层、埋头苦干、创新进取的优秀干部，在重点领域、重要岗位、重大事件中作出贡献的优秀干部。要设置严格的选人用人关口，将育人用人作为各级党组织特别是一把手的政治责任，认真履行领导和把关职责，严格执行“四项监督制度”，深刻汲取近年来各地选人用人上的教训，举一反三，杜绝违规选人、“带病提拔”，形成选人用人的正气清风。特别要认真落实省委“六个坚决不能用”要求，政治不过硬的坚决不用，廉政不过关的坚决不用，对中央和省州县作风建设规定置若罔闻的坚决不用，热衷搞人身依附、抱大树攀高枝、官商勾结搞利益输送的坚决不用，结团伙、搞勾兑、拉票贿选的坚决不用，为官不为、庸懒散浮拖不在状态的坚决不用。

要在监管上落实“三严三实”要求，将权力关进制度的笼子。党要管党，首先是管好干部；从严治党，关键是从严治吏。要坚持以制度治本堵源，切实解决失之于宽、失之于软的问题，真正使干部心有所畏、言有所戒、行有所止，让干部既感到心中有一盏明灯，又感到身边有一把戒尺。要从严管理监督干部，严格贯彻落实“三严三实”要求进一步加强党员干部教育管理监督“21条”，加大权力运行监督力度，加强对资金集中、资源集中、权力集中等重要岗位特别是一把手的监督，从集体决策、末位发言、经济责任审计、干部选用离任检查审计等方面建立健全一把手用权行为监督制约机制；加大党员干部日常管理和监督力度，健全双向约谈、函询诫勉等制度，对干部常了解、常沟通、常交流，对问题早发现、早提醒、早处理。要敢于管理监督干部，强化是非标准，力戒“好人主义”，不搞“明哲保身”，坚持本着事业第一的原则，对违反党的原则的人和事绝不能顾忌情面，对工作不力、作风不正的干部绝不能姑息迁就，对出了问题的干部决不能包庇袒护，对反映问题失实的及时予以澄清，底气要足、导向要明，以敢抓敢管的实际行动树立威信、赢得支持，形成讲认真、讲原则、讲规矩的良好风气。要全方位管理监督干部，强化党内监督，畅通批评监督渠道，坚持人大法律监督、政协民主监督、司法监督、审计监督等多管齐下，多听群众怎么说，多了解舆论怎么看，开启全天候“探照灯”，使各级干部敬畏权力、恪尽职守。要既重约束又重激励，坚持从严管理与关心爱护相结合，关心干部特别是乡（镇）基层干部成长，改善环境条件，帮助解决实际困难和问题，激励他们一心为民、干在实处、争创一流。

二要贯穿改进作风这条主线，持续打好作风建设攻坚战、持久战，形成为民务实清廉的作风常态。践行群众路线没有休止符，作风建设永远在路上。通过教育实践活动，我们都看到，“四风”问题抓和不抓大不一样，真抓和假抓大不一样，严抓和松抓也大不一样。当前正处在改进作风的节骨眼上，必须以常抓的韧劲、严抓的耐心，持续用力、久久为功，全面落实中央、省州和县委关于深化“四风”整治、巩固拓展教育实践活动成果的要求部署，将作风建设不断引向深入，推动好作风内化为信念、外化为习惯、固化为制度，真正让为民务实清廉之风深深扎根。

要着力抓好整改落实，推进正风肃纪常态化。严格对照整改方案和整改清单，本着有什么问题就解决什么问题、什么问题突出就着重解决什么问题的原则，把巡视反馈意见整改与教育实践活问题整改紧密结合起来，惩防并举、标本兼治，动真碰硬、举一反三，确保突出问题一一得到回应、件件得到整改，推动整改工作向乡（镇）、部门和基层一线延伸，适时开展整改“回头看”坚决查处顶风违纪行为，坚决防止“四风”问题反弹回潮，坚决铲除滋生腐败的土壤和温床。对作风领域出现的新变化新问题，要及时了解情况、跟进对策，做到掌握情况不迟钝、解决问题不拖延、化解矛盾不积压。每个党员干部要自觉把自己摆进去，克服“事不关己高高挂起”、“别人生病自己吃药”的偏颇认识，扎实抓好领导干部收受红包礼金、滥发奖金工资补贴、违规购置和使用车辆、慵懒散浮拖、选人用人等专项整治，持之以恒纠正“四风”，驰而不息正风肃纪，让党员干部不敢、不能、不想沾染歪风邪气，始终保持先进性和纯洁性。

要着力抓好建章立制，推进作风建设长效化。全面落实从严治党、制度治党要求，在解决体制和制度问题上狠下功夫，建立健全作风建设治本机制。要弘扬改革精神、树立法治思维，推进解决问题与制度建设相结合，突出抓好省委、省政府关于十大领域“五个规定”、“五个意见”的执行落实，盯住“四风”及招投标、政府采购、土地出让、专项资金管理、干部监督管理等重点领域，深入分析和查找产生问题的深层次原因，做到解决一个问题、堵塞一个漏洞、建立一套制度。要健全发挥人民群众监督作用的制度机制，全面推行党务政务公开、行政权力清单、重大议定事项通报、社会舆论监督、党组织和党员承诺践诺、群众评诺等制度，教育每个党员干部习惯在监督的环境里工作、习惯在法治的轨道上履职、习惯在清新的风气中生活。

要着力抓好联系帮扶，推进“走基层”活动制度化经常化具体化。紧紧依靠群众改作风，全心全意为群众谋福祉，深化“六个一”直接联系服务群众工作制度和“一线工作法”，建好领导干部联系点，推进部门与乡镇、村组“连心共建”，干部与群众“连心牵手”，形成农村“走基层”、城乡“结对子”的“大服务”、“大帮扶”格局，做到每个村（社区）都有部门联系、每户贫困户都有干部帮扶、每名干部都有联系户。要零距离、心贴心联系服务群众，将联系帮扶与扶贫攻坚、民生改善、藏区新村建设等紧密结合起来，切实解决群众生产生活中的具体困难，让各族群众感受到社会主义大家庭的温暖。要扎实做好新形势下群众工作，健全完善矛盾纠纷“大排查”、信访问题“大调解”工作体系，依法治访，提高做群众工作水平，创造安宁祥和、和谐稳定的社会环境。

三要突出惩治腐败这个抓手，深入推进党风廉政建设，构建“不敢腐、不能腐、不想腐”的制度机制。十八大以来，中央、省委对治党、反腐屡出重拳，党风廉政建设取得明显成效，增强了党的威信，赢得了人民群众的信任和拥护。当前党风廉政建设和反腐败斗争形势依然严峻复杂，要深刻认识和把握省委“三个不可低估”的重要判断，树立持续作战、长期作战的思想，保持政治定力，坚定信心决心深化反腐倡廉，建设“廉洁木里”。

要严格落实党风廉政建设“两个责任”。抓好党风廉政建设是尽职，不抓党风廉政建设是严重失职。要强化党委主体责任，落实各级党委（党组）“第一责任人”、领导干部“一岗双责”和“四个一”工作制度、逐级“签字背书”制度。重要工作亲自部署、重大问题亲自过问、重要环节亲自协调、重要案件亲自督办。狠抓党风廉政建设社会评价工作。要强化纪委监督责任，发挥党内监督专门机关作用，聚焦中心任务转职能、转方式、转作风，强化办案首位意识，专注监督执纪问责。信任不能代替监督。要强化纪委自身监督，以更严的标准教育纪检监察干部心存敬畏和戒惧，干干净净低调做人、兢兢业业为党工作，以铁的纪律打造一支忠诚、干净、担当的过硬队伍。

要以零容忍的态度惩治腐败。要健全惩治腐败工作机制，充分发挥巡视反腐作用，继续保持反腐高压态势，加大对领导干部和关键岗位人员违纪违法问题查处力度，重点查处不收敛不收手、顶风违纪的干部，群众反映强烈、损害群众利益的问题，该曝光的及时曝光，该通报的及时通报，形成强烈威慑。要健全惩治腐败工作责任追究制度，对不履行党风廉政建设责任的严格问责，对发生重大腐败案件和严重违纪行为的“一案双查”。

要坚持标本兼治加强源头治理。反腐防腐，重在惩防并举、抓源治本。要坚持积极预防、系统治理，针对权力运行的重点领域、关键环节加强制度创新，从源头找原因，用制度堵漏洞，逐步形成不敢腐、不能腐、不想腐的长效机制，最大限度地预防和减少腐败发生。要把警示教育贯穿藏区党员干部成长全过程，落实好领导干部讲廉政党课制度，大力弘扬“以廉为荣、以贪为耻”的廉政文化。

四要强化纪律约束这个保障，严格规范党内行为准则，营造敬法畏纪、遵规守纪的从政环境。纪律不严，从严治党就无从谈起。要将制度治党、依规治党、严肃党纪作为推进从严治党的重要内容，拧紧纪律发条，着力强化令行禁止、步调一致的全党意志，坚决反对自由主义。

要严格遵守党规党纪。更加严明政治纪律，讲政治、讲原则、讲规矩，决不允许在群众中散布违背党的理论和路线方针政策的意见，决不允许公开发表与中央、省州和县委决定相违背的言论，决不允许执行中央、省州和县委决策部署打折扣、做选择、搞变通，决不允许编造、传播政治谣言及丑化党和国家形象的言论，决不允许以任何形式泄露党和国家的秘密，决不允许参与任何非法组织和非法活动；更加严明组织纪律，强化党员组织观念，严格按权限、职责和程序办事；更加严明财经纪律，严格执行财经制度、审计制度，坚持“三个禁止”，防止权力滥用；更加严明工作纪律，持之以恒贯彻中央“八项规定”、省州“十项规定”和县委“六条规定”，让党员干部纪律意识、规矩意识进一步强起来。

要坚持纪律面前一律平等。党内不允许有不受纪律约束的特殊党员、自由党员，任何人都不能凌驾于组织之上。要积极推进纪律教育经常化、制度化，提高组织管理的有效性，多做提提领子、扯扯袖子的工作，使党员干部自觉将党纪党规作为行为准则。要强化纪律刚性约束，对违纪问题一经发现便及时查处，架起带电的“高压线”，无论是谁，一旦触碰都要付出代价。群众的眼睛是雪亮的。要织密人民监督之网，让“两面人”无处遁形，依靠群众的拥护支持筑牢管党治党坚实根基。

五要抓住责任落实这个关键，真正做到党委抓、书记抓、一级抓一级，开创全县党建工作新局面。抓党建是各级党组织根本的政治职责，抓好党建是最大的政绩。要大抓党建、抓大党建，进一步强化各级党组织特别是一把手的责任担当，决不能重经济轻党建，决不能一手软一手硬，要将党建工作与中心工作同谋划、同部署、同考核，真正抓扎实、抓具体、抓深入，健全一级抓一级、一级带一级、一级促一级、层层抓落实的责任体系，形成党委统一领导、组织部门牵头协调、有关方面齐抓共管的工作格局。要严格各级党组织负责人述职述评，实行县、乡（镇）党委书记党建工作专题述职，将党建工作作为考核各级党组织负责人的首要内容，将党建实效作为提拔任用的首要条件。要鲜明重视基层、关心基层导向，推动人力物力财力精力向基层倾斜，铸就坚强战斗堡垒，全面提升基层党建工作科学化水平。

同志们，2015 年是全面深化改革的关键之年，是全面推进依法治国、全面推进从严治党的开局之年，也是全面完成“十二五”规划的收官之年，当前木里藏区正处于攻坚克难、追赶跨越的关键时期，各种挑战和困难因素叠加，各方面工作任务艰巨繁重，各级党员干部面临重大考验。我们必须全面贯彻落实党的十八大、十八届三中四中全会、中央经济工作会、省委十届五次和州委七届六次全会精神，以邓小平理论、“三个代表”重要思想、科学发展观为指导，坚持科学发展、加快发展的工作指导思想和稳中求进、改革创新、分类推进、统筹发展的工作基调，多谋务实之举，汇聚发展之力，紧扣 2020 年全国全省同步实现全面小康目标，倒推任务，卡牢节点，自加压力，保持工作连续性，奋力开创木里藏区跨越发展和长治久安新局面。

2015 年经济发展的主要目标：地区生产总值增长 10%，地方公共财政收入达到 5 亿元以上，规模以上工业增加值增长 18%，全社会固定资产投资完成 55 亿元以上，社会消费品零售总额增长 13%，城镇居民人均可支配收入增长 10%，农民人均纯收入增长 18%。重点抓好四个方面的工作。

第一，要把稳增长作为首要任务。积极主动适应经济发展新常态，加强经济运行调度，落实各项政策措施，强化生产要素保障，着力盘活存量、做大增量，圆满收官今年，及早谋划明年，确保经济增速保持在合理区间，为同步全面小康打牢基础。坚持项目驱动、投资拉动，集中开工一批重大项目，突出抓好已集中开工的S216线稻攀路棉垭至梅雨段工程、县城前缘滑坡治理工程等16个、总投资4亿多元的项目建设任务。有序推进新型城镇化，加快推进县城和三个集镇基础设施建设。抓紧推进藏区新村、美丽乡村、住房保障性安居工程和县城垃圾填埋场等重点项目建设。深入推进交通大会战，统筹推进国省干道、乡村公路建设，以交通提速推动经济提速。切实加强协调服务，全力推进重大水电工程建设，力争卡拉水电站在明年上半年核准开工。大力发展以特色蔬菜种植为代表的设施农业和以生态鸡、生态猪为主的特色养殖业，并对种养植大户从生产、销售方面给予政策扶持。大力发展特色旅游产业，抓好自驾游营地启动和旅游驿站的建设工作，确保旅游产业有实质性突破。加强生态文明建设，大力开展水电、矿产等资源开发环境污染和生态破坏专项整顿行动，依法督促企业开展以生态恢复、环境污染和生态流量等治理为重点的“开发与保护并重”工程。深入实施充分开放合作战略，着力招商引资、招大引强，推动签约项目落地。健全完善“大督查”机制，加强监督检查、跟踪督办，确保各项工作落地见效。

第二，要把全面深化改革作为根本动力。坚持问题导向，统筹推进简政放权、农业农村、民主法治、教科文卫、社会治理等方面的体制机制改革，激发抓发展、惠民生、创稳定、促和谐的动力活力。要及时认领落实县委即将出台的两个《实施意见》所涉及的改革事项，逐一研究谋划，细化责任分工，在全面深化改革中推进依法治县、从严治党。要增强改革的系统性、整体性、协调性，有序推出改革接续事项，统筹推进“五位一体”改革和党的建设制度改革不断取得新进展、新成效。

第三，要把保障和改善民生作为头等大事。坚持走以民生为导向的发展之路，始终把维护好、实现好、发展好群众根本利益作为一切工作的出发点和落脚点，全县公共财政预算用于民生支出的比例提高到80%以上。着力精准扶贫、“雪中送炭”，全面落实中央、省州和县各项惠民政策，深入推进综合扶贫开发，扎实抓好省、州、县民生实事和藏区新村建设工作。扎实推进安全饮水、无电地区电力建设项目。大力推进移动网络、数字化电视覆盖乡村工作。优先发展民族教育事业，大力实施木里藏区教育振兴行动计划，下大力气解决“大班额”、学生宿舍、食堂、教师周转房、安全饮水、远程教育覆盖等问题。加大就业技能培训工作，有序输出富余劳动力，将劳务开发作为提高农民工工资收入的主渠道。努力做好大学生就业服务工作，通过政策支持和资金扶持的方式，鼓励木里籍大学毕业生回乡创业。健全完善县乡村三级医疗卫生服务网络，扎实推进禁毒防艾工作。构建覆盖城乡的社会保障体系，增强政府基本民生兜底能力。认真组织开展“走基层、送温暖”活动，对空巢老人、留守儿童、残疾人、孤寡老人等特殊困难群体进行全方位走访慰问，让他们真切感受到党和政府的温暖。

第四，要把维护社会稳定作为坚强保障。树牢底线思维，强化维稳意识，落实维稳责任，全面推进依法行政，健全社会稳定风险评估制度，完善网格化社会管理模式和社会治安防控体系，加大突出治安问题和重点地区专项整治，深化“平安木里”建设，严厉打击各类违法犯罪活动，严格落实安全生产措施，坚决防止发生重大治安和暴力恐怖事件，坚决防止发生大规模群体性事件，坚决防止发生重特大安全生产事故，保障人民群众生命财产安全，维护安定有序、和谐稳定的大好局面。严格落实“党政同责”、“一岗双责”制度，大力开展生产安全、消防安全、交通安全、食品安全专项整治，健全依法维权和化解纠纷机制，完善公共应急管理体制，加强防灾减灾救灾能力建设，全面贯彻党的民族宗教政策，强化寺庙管理，广泛开展社会主义核心价值观教育活动，确保木里藏区持续成为“全国最稳定藏区”。

各级各部门、广大党员干部特别是领导干部要始终保持专注发展定力，保持奋发有为、激情昂扬的精神状态，咬定青山不放松、认准目标不分神，敢于直面矛盾，勇于攻坚破难，大胆管理、扎实工作，发扬“钉钉子”精神，以“逢山开路、遇河架桥”的气魄，“踏石留印、抓铁有痕”的劲头，坚定不移地全面推进依法治县、从严治党，将各项工作抓得紧而又紧、实而又实，不断取得新业绩新突破。

同志们，办好木里的事，离不开党的坚强领导和良好的政治生态，离不开法治良序的引领和规范。只要我们坚定信心决心不动摇，抓住发展、稳定、民生“三件大事”不懈怠，团结带领全县各族干部群众埋头苦干、砥砺奋进，就一定能战胜前进道路上的艰难险阻，开创木里藏区跨越发展和长治久安新局面。

木里藏族自治县人民代表大会常务委员会工作报告

2015年1月21日在木里藏族自治县第十二届人民代表大会第四次会议上

县人大常委会主任　杨乔包

各位代表:

我受县人大常委会委托，向大会报告工作，请予审议。

2014年的主要工作

2014年，县人大常委会在中共木里县委的正确领导下，深入贯彻落实科学发展观，扎实开展党的群众路线教育实践活动，围绕中心，服务大局，坚持党的领导、人民当家作主、依法治国有机统一，全面学习贯彻十八大、十八届二中三中、四中全会和中央一系列会议精神，学习贯彻省、州委会议精神，切实履行宪法和法律赋予的职责，各项工作取得了新的成绩。

一、以履行重大事项议决权为重点，促使民生得到切实改善

2014年，县人大常委会坚持抓大事、议大事和民主集中制原则，在依法调研、依法视察中，行使重大事项议决权，及时作出相关决议、决定。对听取、审议、测评“一府两院”及其工作部门的相关工作进行安排部署，全面布置督查、视察、执法检查、立法等工作任务；听取和审议县人民政府关于2013年度县级财政预算执行和其他财政收支的审计结果报告，整合各有关部门的力量查处审计中发现的问题，同时将查处情况和审计结果落实情况报告常委会，使审计中发现的问题得到了较好的整改和纠正；听取和审议县人民政府关于2013年财政决算情况的报告，关于2014年1—10月财政预算执行情况和部分预算调整方案的报告；听取了县人大常委会财经工作委员会关于2013年县政府财政决算审查结果的报告，关于县人民政府2014年1—10月财政预算执行情况和部分预算调整方案的审查报告，作出了关于批准2013年县财政决算和关于部分调整我县2014年财政预算的决定，要求县人民政府切实加强项目资金监督管理和检查，杜绝截留、挤占、挪用，充分发挥资金使用效益。对其他一些社会普遍关注的热点、难点、焦点和事关我县改革、发展、稳定、民生等重大事项进行了决策，要求政府及财政部门进一步总结经验、规范制度、强化收支管理、培植新兴财源、推行部门预算、优化支出结构，不断提高依法理财水平，作出了批准我县2013年财政决算的决定，并批准将我县2014年财政一般预算收入由年初的4.84亿元调整为4.93亿元，批准将2014年地方政府债券资金1200万元纳入本级财政预算，用于唐央乡通乡油路工程建设，地方财政收入增收的950万元用于解决2013年目标绩效责任管理奖缺口。

二、以增强监督实效为目标，监督工作取得新进展

一年来，县人大常委会采取多种形式，听取和审议“一府两院”专项工作报告，组织开展执法检查和视察调研，不断强化法律监督和工作监督职能，为推动全县经济社会各项事业发展发挥了应有的作用。

一是围绕法律法规的贯彻实施，切实强化了执法检查。人大常委会就事关我县经济社会发展、生态文明建设、构建社会和谐、促进社会稳定等重大事项，认真开展了法律监督，采取灵活多样的形式，分别对教育、卫生、水资源、矿产资源、森林资源、野生动植物资源、环境保护、传染病防治、城区供水管理、公共场所卫生管理、土地管理、消费者权益保护、税收征管、食品药品监管、城市建设管理等方面的法律法规进行了执法检查。形成了有关执法检查报告，提出了11条意见转县人民政府办理。

二是紧扣发展主线，认真开展了工作监督。县人大常委会始终以经济建设为中心，坚持“突出重点、讲求实效”的原则，强化落实有关人民群众普遍关心的热点、难点、焦点问题的工作监督，把维护人民群众的根本利益作为加强对“一府两院”工作依法监督的出发点，耐心细致地听取各级人大代表和群众的意见、建议，开展跟踪监督。一年来，县人大常委会对我县水电资源开发、矿产资源开发、粮食生产、核桃花椒等经果业发展、退耕还林、农民实用技术培训、农村基础设施建设、支农惠农政策落实、公益事业建设、旅游开发、“六五”普法、城乡环境整治、教育卫生等方面的工作采取灵活多样的方式进行了依法视察、依法调研，提出意见建议，转县人民政府进行了办理。常委会及时听取和审议了县人民政府关于审计、财政、代表大会议案、建议、批评和意见办理情况报告，采取各种形式，对城市环境卫生、民主法制建设、生态环境保护、矿产资源管理、教育卫生、藏传佛教寺庙管理等各项工作开展了工作监督，重点就人民群众普遍关心的热点、焦点、难点问题开展了执法检查和视察调研，形成调研报告，指出存在的问题，提出改进工作的意见和建议，以常委会审议意见形式转“一府两院”办理，加大了代表建议、批评和意见督办力度。

三、以把好人事任免关为抓手，选人用人风气得到进一步匡正

县人大常委会站在全县改革、发展、稳定的高度，始终坚持党管干部和人大依法任免干部有机结合的原则，认真贯彻落实人大任免干部的相关规定。在2014年里，提请县人大常委会任命的国家机关工作人员，在任命前，常委会采取方法灵活多样的法律测试、民主测评、听取社会方方面面意见，对其德、能、勤、绩、廉进行全面了解评价，始终坚持任人唯贤、德才兼备、群众公认、注重工作实绩原则，严格依照法律规定的程序，依法行使人事任免权。安排任命干部进行表态发言，向宪法宣誓，向人民做出履职承诺，接受人民监督，从而增强被任命干部的法律意识、人民意识和公仆意识。一年来，常委会共任免国家机关工作人员42人。其中任命副县长6人（任命5人、免职1人），任免县政府部门科局级干部4人（任命2人、免职2人），任人民法院副院长、审判员、审判委员会委员1人，任人民法院庭长3人、审判员6人、人民陪审员16人，任县人民检察院检察员1人，免县人民法院副庭长2人，接受李宏伟辞去凉山州第十届人民代表大会代表职务的请求，接受苏长明、龙长生辞去县人大常委会副主任职务的请求。

四、以依法维护藏区社会和谐稳定为核心，立法工作有新进展

通过立法争取国家对民族地区的扶持，是加快经济社会发展的法制保障，是依法治县的必然要求。在过去的一年，县人大常委会高度重视民族立法工作，以促进木里科学发展提供有力的法律保障为目标，立足县情，着眼长远，服务大局，突出特色，坚持科学立法、民主立法、为民立法，坚持党的正确主张和人民意志的有机统一，努力增强法规的针对性、实效性和可操作性，积极开展了水资源管理条例报省、州审批的相关工作，认真开展了藏传佛教寺庙管理调研和起草工作。同时，积极参与省、州人大的立法工作，争取把事关我县近 14 万各族人民切身利益的大事、要事列入法律法规，为我县经济和社会发展争取更多的法律支持和法律保障。

五、以充分发挥代表作用为动力，代表工作得到改善和创新

我县人大代表是我县国家权力机关的组成人员，肩负着人民的重托，代表着人民的利益和意志，履行参与行使国家权力的重大职责。注重代表主体地位，提高代表素质，发挥代表作用，是做好人大工作的基础。县人大常委会十分重视做好联系代表工作，采取多种形式为人大代表依法监督提供服务，积极营造全社会尊重和支持代表履行职责的良好氛围。结合开展党的群众路线教育实践活动建章立制工作，制定了县人大常委会联系县人大代表办法。根据藏区的新情况、新问题、新工作、新特点，按照《代表法》的有关规定，加强了对区域代表的履职培训和业务指导，为他们在区域范围内开展工作创造条件；为提高代表的工作能力和水平，为代表征订相关的学习资料；根据工作情况和性质邀请人大代表列席常委会议，参加视察调研工作，为代表做好工作创造条件；认真组织代表参加各种听证会；认真交办代表建议、批评和意见，对代表建议、批评和意见进行跟踪督查。县十二届人大二次会议期间被列为建议、批评和意见交县人民政府办理的 51 件。代表们所提建议都是事关我县经济社会发展的大事，为确保代表建议、批评和意见办理落实的质量和效果，县人大常委会对办理落实情况进行了督查，并在县人大常委会第十五次会议上听取了县人民政府《关于木里藏族自治县十二届人大第三次会议代表建议、批评和意见办理情况的报告》。县人大常委会认为县人民政府高度重视办理工作，层层落实责任，部门密切配合，办理方法有新突破，办理工作有新举措，大部分问题从源头上得到了解决，大多数代表对办理结果表示满意。

六、以加强宣传为突破口，信访渠道进一步畅通，社会进一步和谐

加强了对内、对外的宣传工作。切实开展宪法等法律法规的宣传教育工作，监督指导有关部门通过普法不断提高全县各族人民的法律意识，促进社会主义民主法制建设。重视信访工作，通过开展党的群众路线教育实践活动，建立了信访工作制度，落实了信访首问责任制，注重通过信访渠道了解民情、民意，把群体上访案件和民事上访案件作为重点，采取耐心听明情况、讲清政策法规、指点办理途径、帮助协调解决等方法，及时交办，跟踪督办，及时化解社会矛盾。一年来，共接待来信来访 38 件 366 人次。通过受理来信来访，密切了与人民群众的联系，维护了人民群众的利益，化解了人民内部矛盾，促进了社会和谐稳定。

七、以久久为功抓自身建设为着力点，常委会履职水平有新提高

县人大常委会以机关作风建设、践行科学发展观、“中国梦”主题教育和“走基层”活动为抓手，特别是以开展党的群众路线教育实践活动为载体，全面加强自身建设，不断提高依法履职能力和整体工作水平。切实加强法律法规和十八大、十八届二中、三中、四中全会精神的学习，深入开展视察调研，结合思想工作实际，切实解决不适应改革发展创新的思想障碍，创新常委会工作思路和工作方法，大兴深入基层、深入实际调查研究之风。去年共形成调研报告 5 篇，学习心得 15 篇。积极开展了对外交流工作，学习借鉴各地人大工作经验，不断提高整体工作水平。通过人大机关开展治理“庸懒散浮拖”专项整治，加强制度建设、作风建设、效能建设，增强了常委会组成人员和机关干部勤奋敬业、推动发展的责任感和使命感，使人大常委会始终保持积极进取、奋发有为的精神状态，努力建设勤政高效、人民满意的机关。

八、以服务全县工作大局为出发点，完成了县委交人大的各项中心工作

县人大常委会全面贯彻落实上级党委和县委的决策部署，使人大工作始终与县委中心工作协调一致，坚持向县委请示报告制度，对重大事项和重要工作安排都报经县委同意，对工作中遇到的困难和问题及时向县委反映，以取得县委的同意和支持。一年来，县人大常委会围绕县委中心工作，把对“一府两院”的支持寓于监督之中，在监督中支持，在支持中监督，致力于维护全县改革、发展和稳定，致力于推进我县跨越发展和长治久安。全面落实县级领导联系包乡工作责任制，积极开展县委安排给人大的“挂包帮”、“走基层”等活动，开展护林防火工作，对大项目协调推进，核桃花椒产业化发展、劳务移民、生态安全、乡村道路、教育卫生、平安创建、富民惠民等工作进行视察调研，积极处理解决存在的困难和问题，向县政府依法提出改进工作的意见和建议，并督促抓好落实，努力推进我县社会稳定、生态安全、经济发展、民生改善等各项工作。

各位代表，过去一年常委会通过深入扎实开展党的群众路线教育实践活动和各项专项整治活动，理念得到大更新，思想得到大提升，作风得到大转变，工作得到大促进，成绩是在中共木里县委的正确领导下取得的，是全体代表辛勤工作和共同努力的结果，是县政府、县政协、县人武部、县人民法院、县人民检察院和全县各族人民及社会各界人士大力支持的结果。在此，我代表县十二届人大常委会向全县各族人民，向社会各界及所有关心支持人大工作的同志们致以崇高的敬意和表示衷心的感谢！

在总结成绩的同时，我们也应清醒地看到，县人大常委会的工作与人民的期望、代表的要求和宪法法律赋予的职责要求还有较大的差距，各方面的工作质量和工作水平还有待进一步提高。一是对“一府两院”的法律监督和工作监督尚需加强；二是省州县乡四级人大代表的视察调研需进一步深化和拓宽；三是各级代表的依法履职能力和水平需进一步提升；四是县人大常委会的自身建设需进一步加强。对于这些问题和不足，常委会将在今后的工作中紧密结合党的群众路线教育实践活动整改落实的要求，从严治党的要求和作风建设的要求，认真研究，切实加以解决。

2015 年工作安排

各位代表，2015 年是全面贯彻落实党的十八大、十八届三中、四中全会精神的重要之年，县人大常委会要认真贯彻习近平总书记对人大工作的新要求，坚持用习近平总书记治国理政新理念，切实履行人大工作职责，积极发挥人大作用，奋力推进我县经济社会全面可持续发展。

在新的一年里，县人大常委会的总体思路是：在中共木里县委的领导下，高举中国特色社会主义伟大旗帜，深入贯彻落实科学发展观，以党的十八大和十八届三中、四中全会精神为指导，紧扣改革、发展、稳定的工作大局，突出大项目建设、旅游产业发展、农业农村农民、生态环境保护、教育科技卫生、民主法制建设等方面的工作重点，依法行使重大事项决定、监督、任免、立法等法律赋予的职权，为加快我县经济社会科学发展，又好又快发展，不断提升广大人民群众的幸福指数而努力工作。

一、强化法律监督，推进依法治县进程。

常委会将把保证宪法和法律法规的全面贯彻实施作为一项根本任务，创新工作思路，改进工作方式，不断提高依法监督的质量和水平。继续督促“一府两院”完善执法责任制，督促落实责任追究制，进一步提高依法行政、公正司法水平。认真开展执法检查，不断加大监督力度，切实维护最广大人民的根本利益。

二、加强工作监督，促进民生切实改善。常委会将紧紧围绕县委工作思路和奋斗目标，把监督工作的重点放在事关全县改革、发展、稳定的大事和关系人民群众生产生活的民生问题上，高度重视项目建设，拉动经济快速增长，高度重视工业强县，提升工业经济效益，高度重视农民增收，推动产业结构调整，高度重视生态环境建设，增强可持续发展能力，充分运用宪法和法律赋予地方国家机关的职权，积极组织开展各种形式的监督工作。根据监督法、监督法实施办法和依法治国的有关精神，继续认真听取和审议“一府两院”有关专项工作报告，继续对“一府两院”及其组成部门主要负责人分期分批开展工作评议和测评，围绕以农民增收为主要内容的大事、要事开展视察，围绕生态环境保护、重大项目建设等开展调研，全力监督和支持“一府两院”完成本次会议确定的目标任务。

三、依法履行重大事项决定权，助推重大项目发展。常委会将围绕全局性和长远发展、科学发展、和谐发展的重大问题和关系人民群众切身利益的重大事项，深入调查研究，广泛集中民智，依照法定程序，适时作出决议决定，助推藏区重大项目建设和各项工作有序推进。

四、抓好立法工作，依法促进藏区社会和谐稳定。继续将立法工作同全县改革、发展、稳定的重大决策结合起来，同人民群众普遍关注的问题结合起来，切实开展立法调研。按照“科学、管用、为民”的要求，继续在增强立法实效性、提高立法质量和水平上下功夫，创新立法思路和方法，注重发挥专家作用，扩大公民参与渠道，为民惠民安民富民，切实消除部门利益干扰，努力为我县政治、经济、社会发展提供坚实的法制保障。继续加大水资源管理条例报省人大常委会审批工作力度。科学开展藏传佛教寺庙管理工作，加强制定藏传佛教寺庙管理条例的调研和起草上报工作。

五、加强和改进代表工作，完善代表联系群众制度。常委会将进一步密切与人大代表和人民群众的联系，坚持常委会组成人员联系代表、代表列席常委会会议制度，拓宽代表知情知政渠道。组建代表小组，支持代表小组积极开展活动，通过多种方式听取和反映人民群众的意见要求，常委会主任、委员回原选举单位参加代表小组活动，同基层代表交流履职情况、履职经验，认真做好代表学习培训工作，提高代表综合素质和履职能力，丰富闭会期间的代表工作，加强对代表小组工作的指导，支持代表旁听庭审、视察调研，提高代表履职积极性。切实加强代表意见建议办理工作，继续坚持和完善常委会领导分工督办制。认真受理人民群众来信来访，切实抓好涉法涉诉，重信重访案件的督办与反馈，切实维护人民群众的合法权益。加强对乡（镇）人大工作的指导，促进乡（镇）人大工作依法推动地方经济社会发展。

六、狠抓自身建设，提高人大常委会履职能力和水平。常委会将以开展党的群众路线教育实践活动为契机，以从严治党为动力，以创建学习型机关为载体，以作风建设为抓手，深入贯彻落实科学发展观，学习贯彻十八大和十八届二中、三中、四中全会精神，牢固树立实事求是，讲求实效的工作作风，积极开展调查研究，及时了解社情民意。重视提高调研工作的质量和水平，增强人大工作的针对性、前瞻性和实效性。加大对人大常委会审议意见的跟踪督办力度，积极探索和完善人大常委会决议决定及审议意见落实情况的反馈汇报制度，增强人大监督的严肃性和权威性。加强人大干部队伍建设，充分发挥各委室的职能作用，形成人大工作整体合力，增强服务意识，提升机关服务水平。进一步拓宽人大宣传的途径，深化对人民代表大会制度、人大工作和代表履行职务情况的宣传报道。加强与县内外、州内外各级人大的沟通，相互交流、学习和借鉴工作经验。

各位代表，当前我们正处在一个全面深化改革、全面推进依法治国、全面加强作风建设、全面建成小康社会的重要历史机遇期，面对新的起点，新的形势，新的任务，我们要解放思想，转变观念，在新常态中开拓创新，攻坚破难，推动我县经济社会科学发展，又好又快发展。让我们高举中国特色社会主义伟大旗帜，在中共木里县委的领导下，紧紧围绕全县工作大局和本次大会确定的目标任务，以创新的精神，务实的作风，坚定信心，齐心协力，奋发进取，为推进木里跨越发展和长治久安而努力奋斗！

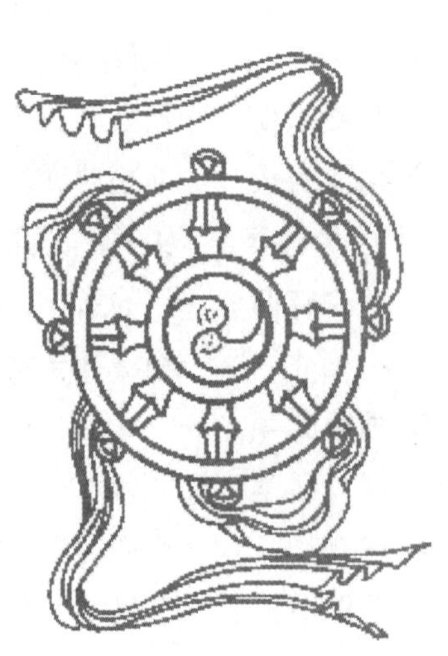

政府工作报告

在木里藏族自治县十二届人民代表大会第四次会议上

木里藏族自治县人民政府县长　伍　松

2015 年 1 月 20 日

各位代表：

现在，我代表县人民政府向大会作政府工作报告，请予审议，并请各位政协委员和列席会议的同志提出意见。

2014 年政府工作回顾

2014 年，是我县经济发展十分困难的一年，宏观经济形势复杂严峻、下行压力加大，多方面困难矛盾交织，但在州委、州政府和县委的坚强领导下，在县人大、政协的监督支持下，我们团结带领全县各族人民，沉着应对多重困难挑战，主动适应经济新常态，全力稳增长、调结构、促改革、惠民生，各项工作取得新成效。预计全年 GDP 实现 31 亿元，增长 20%；地方公共财政收入 4.94 亿元，增长 10.46%；规上工业增加值 6.73 亿元，增长 7.5%；固定资产投资 80.5 亿元，增长 6.9%；社会消费品零售总额 5.4 亿元，增长 9.5%；城镇居民人均可支配收入 2.2 万元，农民人均纯收入 5960 元，分别增长 12%、20%。

产业转型升级取得新进展。始终把加快发展作为第一要务，全力转方式、调结构、促转型，不断提高发展质量和效益。现代农业稳步发展。积极培育现代农业经营主体，大力推进特色农牧业产业化发展，全县粮食生产基本稳定，农业产业结构不断优化，农业综合生产能力不断增强。全县粮食产量 4.96 万吨，成功引进企业合作建设标准化设施蔬菜大棚 10 亩，完成中药材产业示范基地建设 280 亩，完成 1 万亩玉米和 2 万亩洋芋高产创建，新发展 3 个专合组织，中药材产量 280 吨、增长 38%、产值 722 万元，蔬菜产量 4.01 万吨、增长 1.4%、产值 8520 万元，水果产量 7500 吨、增长 6.7%、产值 1500 万元。“木里皱皮柑”成功申报农产品地理标志保护登记产品。科技工作取得进展，签订科技创新技术合同 1 个，完成专利申请 2 项。加强畜牧产业化建设，完成人工牧草种植 15.32 万亩、贮草基地建设 1.53 万亩和标准化草场建设 2000 亩，新增 3 个生猪规模养殖场、10 户生猪标准化养殖大户、30 户生态鸡养殖户，发展适度规模养殖户 1208 户，新建标准化圈舍 2992 平方米，建成标准化牲畜棚圈 6560 平方米，新建暖棚 2.16 万平方米，全县畜牧业总产值 4.87 亿元，同比增长 5%。转移农村劳动力 3.3 万人次，实现劳务收入 2.57 亿元以上。现代工业快速推进。规上工业企业总数达 5 户。“一江三河”水电开发完成投资 63.52 亿元，累计完成投资 355.21 亿元（不含锦屏一级、二级水电站）。全县新增装机量 514.2 万千瓦（含锦屏一级、二级水电站），建成投产发电水电站 10 座、总装机 938.08 万千瓦，在建水电站 16 座、总装机 186.76 万千瓦，以清洁能源为支柱的县域工业体系基本形成。通过严格管理，全县保留有147宗探矿权、2宗采矿权，黄金、锰等矿产资源开发有序推进。房地产、风电等产业取得突破，木里县首个房地产开发项目快速推进，成功签约投资150亿元的风电合作开发项目，为工业经济注入了新活力。现代服务业加快发展。圆满完成第三次全国经济普查工作，普查登记法人单位和产业活动单位679个、个体户4043户。完成木里大寺旅游基础设施、木里“洛克九百里”沿线100户旅游驿站等重要旅游节点工程建设，“香格里拉－亚丁－木里－泸沽湖”旅游环线初步形成，积极申报木里大寺景区为省级风景名胜区，大力发展“藏家乐”、“农家乐”等乡村旅游，香格里拉品牌优势进一步树立，香格里拉生态旅游核心区的战略地位凸显，全年入境旅游人数29.34万人次，同比增长56%，旅游总收入1.1亿元，同比增长60%。财税金融健康发展。全社会金融机构各项存款余额36.75亿元，增长14%；贷款余额20.03亿元，增长7.86%，存贷比达到54.5%。财产、人寿保险实现保费收入2363万元，增长7.46%。大力支持小微企业发展，为县内小微企业申报落实项目5个，争取资金170万元。非公有制经济发展加快。全县共有个体工商户2480户，内资企业172户，私营企业109户，农民专业合作社25户，公司91户，个人独资企业20户，进一步增强了县域经济发展活力。

改革开放加速释放新动能。集中力量推进关键领域改革，完成政府机构和人员编制清理工作，事业单位分类改革、户籍制度改革等稳步推进。深化行政体制改革。以简政放权为主线，清理规范行政审批项目292项、公共服务事项21项。建成并投入运行电子政务大厅，完成行政权力运行平台建设，事项运行数位列全州第二。稳步推进国有企业改革。县电力公司成功上划移交国网四川省电力公司管理；水洛河公司股权划转工作有序推进。农村改革不断深化。以放活土地经营权为主线，完成基准地价更新，基本完成农村集体土地确权登记工作。工商注册制度便利化改革深入推进。专项资金管理、绩效预算管理等8项财税体制改革全面启动，完成15个项目财政支出绩效评价和8个项目复评工作，县级63家预算单位公务卡开卡实现全覆盖，全县“三公”经费支出同比下降16.85%。扎实推进政务公开。县级预算单位部门财务报告实现全面公开。深化医药卫生体制改革，基本公共卫生服务逐步均等化。深化资源要素市场化配置改革，稳步推进“惠农保”保险试点。开放合作效果明显。抢抓机遇，主动做好2014－2020年东西扶贫协作工作，完成浙江省对口支援木里县2014－2015年2年期对口支援计划和6个专项计划，列入备选政府性投资项目6个，申请帮扶资金1250万元；列入备选市场化投资项目8个，总投资5.18亿元。深入实施充分开放合作战略，用好用活藏区优惠政策，协同推进省内对口帮扶、机关定点扶贫、州内“4＋5”对口帮扶、干部结对联系等工作，深化与攀枝花市、西昌市、中国电信等支援单位的交流合作，全年实施援藏项目22个，总投资1.27亿元，到位资金0.61亿元，完成投资0.66亿元，完工15个。精心组织参加“中外知名企业四川行活动”和“第十五届西博会”等活动，新签约项目5个，协议引资215.2亿元；履约招商引资项目10个，累计到位资金44.14亿元，完成全县工作目标任务的176.56%。

重大瓶颈制约取得新突破。以藏区项目和政府投资项目为抓手，加快实施总投资3.05亿元的21个藏区项目和总投资41.19亿元的258个政府投资项目，重大瓶颈制约因素得到改善。合理推进新型城镇化。县自来水厂、县中学高中部、中藏医院、影剧院、县政府花园、核桃湾和韩家湾公路安保及路灯亮化工程等一大批项目建成并投入使用，县农贸市场、特勤消防站、攀枝花援藏干部周转房、垃圾填埋场、乔瓦镇敬老院等一大批项目进入装饰装修阶段，体育广场、青少年活动中心、殡仪馆、城市道路一期工程等项目加快推进，文化图书馆、人行步道建设、饮用水源地保护、城市污水处理工程等一批项目即将开工。乔瓦镇成功入选国家重点镇。瓦厂和茶布朗两个城镇的饮水、排污、防洪等基础设施建设有序推进。全力改善农村基础设施。统筹新型城镇化与新农村建设，按照“五新一体”要求，产村相融、成片推进藏区新村建设，整合易地扶贫搬迁、扶贫开发、一省两市援建等资金近亿元，新改建藏区新村48个，直接惠及22个乡镇29个村2170户9826人。统筹推进投资3530万元的藏区新居、近8亿元的无电地区电力建设、1.06亿元的农村公路、2756万元的农村安全饮水工程、960万元的村（社区）办公服务场所和综合服务设施项目、近4000万元的核桃花椒等特色产业化项目和2025万元的以“四小工程”为主的“一事一议”和村级公共设施运行维护项目等工程项目建设，大力实施“六到农户”工程和“一池五改”工程，藏区农牧民生产生活条件得到较大改善，群众生活质量进一步提高。强力推进交通大会战。统筹国家藏区规划、国省干道及水电开发专用道路建设，全力实施交通大会战，在“人字三纵一横加水运”交通规划基础上，升级形成“X形三纵两横加水运”的交通主骨架网络规划格局。投资近11亿元，实施12个交通重点项目，强力推进对外通道建设，省道216线升级为国道227线，李子坪至棉垭段和棉垭至梅雨段全面开工建设，桃巴至李子坪段已挂网招投标，“亚三”公路工可已通过评审，木里王顺友“马班邮路”升级为省道469线，处于工可报告阶段。全力加快通达通畅项目建设。完成唐央至博窝、项脚至白碉两条环线通乡公路和芽祖通乡油路建设，项脚通乡油路和木里大寺油路开工建设，唐央、麦日等乡通乡油路工程前期工作有序推进，新建通村公路123.4公里，完成安保工程129.7公里，新建32公里通乡公路，完成337公里乡村道路和通寺道路整治工程。每年投入1000多万元公路养护资金，将通乡公路以上的公路都纳入县公路局养护范围。新建1条水路运输航线，完成航运公司引进工作。加快农田水利建设。立项实施土地开发整理项目1个，完成博瓦河堤防工程和4个抗旱水源工程建设，新增有效灌面100亩、节水灌面100亩，恢复灌面400亩，治理水土流失面积30平方公里，治理河道4.5千米，新建和整治河堤6.2千米。

社会民生事业开创新局面。全年民生支出12.74亿元，占全县公共财政支出的80%。以省州“十项民生工程”、“藏区六大民生工程”和州、县10件民生实事为抓手，突出解决教育、医疗、社保、住房、饮水、出行等民生难题。深入实施扶贫攻坚战略。整合攀枝花市、浙江省、西昌市等对口帮扶力量，大力发展核桃花椒等特色农牧产业，改造农村危房1765户，解决1.5万农村人口安全饮水问题，有序推进唐央乡集镇迁建等5个移民复建项目，兑现大中型水库移民后期扶持直补资金216万元，兑现2014年国家和省级集体生态公益林生态效益补偿基金273.4万元，兑现征占用退耕还林转换补偿资金1272.46万元，兑现草原生态保护补助资金2216.2万元，加快贫困群众脱贫致富步伐，减少贫困人口3714人。扎实开展扶贫开发建档立卡工作，识别贫困村97个，贫困户6167户、贫困人口2.63万人。大力推进基层政权建设。新建成7个乡镇政府基层政权、5个乡镇办公接待服务设施、7个乡镇邮政所、5个村（社区）办公场所和综合服务设施、90套干部周转房，基层干部工作生活条件得到极大改善。基本完成寺庙基础设施、木里大寺管委会、木里大寺曲拉僧舍等项目建设，全县14座开放寺庙的水、电、路、僧舍等基础设施明显改善，300多名僧人住房问题得到基本解决。强力实施藏区教育振兴行动计划。投资近1.6亿元，实施教育基建项目26个，县中学高中部等一大批教育项目建成投用，全县教育教学条件显著改善。投入资金3608.5万元，实施义务教育阶段“两免一补”政策，享受学生人数达到10.19万人次；县财政专项补助1581万元，率先实现乡镇中心校义务教育阶段学生免费就餐，惠及全县1.44万名学生；县财政投入资金300万元，免除1112名困难家庭高中学生书学费；为109人发放助学贷款60万元；投入资金117.32万元，帮扶资助各类困难学生1129人；县财政投入450万元用于全县教育教学质量奖励，投入52.8万元奖励优秀教育工作者。小学入学率100%、辍学率0.48%，初中阶段入学率98.8%、辍学率2.16%。藏区“9+3”免费教育计划全面落实，招收2014级“9+3”学生501名，2011级“9+3”学生就业446名，就业率达98%。2014级本专科及“1+2”高职录取学生491名，其中本科以上录取64人，录取率达94.4%。加强基层医疗卫生服务体系建设。完成基层医疗卫生机构管理信息系统建设项目，县医院综合楼、县疾控中心和卫生执法监督所主体已完工，县中藏医院已完成搬迁工作并投入使用。全力开展城乡居民健康档案管理、慢性病管理等11类基本公共卫生服务，新农合参合率达到99.48%，居全州第一。积极推进争创国家级计划生育优质服务先进县工作，人口自然增长率为6.67‰。完善城乡社会保障体系。各类困难群众救助机制进一步完善，城乡居民社会养老保险实现全覆盖，住院医疗费用政策范围内报销比例不低于70%。社会保障提标扩面，“五大社会保险”参保达7.6万人次，征收保险基金7475.43万元，支付6638.22万元。完成全县社会保障“一卡通”信息采集并审核通过3.94万张，完成3.33万人转移就业农村劳动力登记入库工作，接待并办结21起拖欠农民工工资案件，为1174名农民工追回拖欠工资2034万元。新增城镇就业223人，失业人员再就业125人，城镇登记失业率3.23%。新建保障性住房148套、在建144套、竣工390套，发放住房租赁补贴927户、发放资金221万元。完成锦屏电站库区新增滑坡塌岸实物指标调查登记工作，启动474人搬迁安置。实施85户分散农户地质灾害防灾避险搬迁安置，成功避让地质灾害2起、安全转移群众221人。加快推进文化体育事业惠民工程。免费开放1个图书馆、1个文化馆、18个乡镇综合文化站，免费放映农村公益电影1356场次，完成广播电视“村村通”工程1.04万套直播卫星设备的分发安装、28个行政村广播“村村响”建设、800多户地面数字电视建设和8个乡镇文化站建设。完成仁江寺文物保护等工程，完成700多件可移动文物普查外业工作，新增省级非遗项目3个。组建200人的少年宫艺术队和40人的藏族农民艺术队，组织“三下乡”文艺演出5场，高质量举办木里首届“原创原生态歌曲演唱大赛”和第七届民族服饰大赛。全民健身活动深入开展，完成全国第六次体育普查任务，民族体育广场建设快速推进，完成20个行政村的农民体育健身工程。

生态环境保护取得新成效。狠抓森林草原防火工作。及时扑灭一般森林火灾27起，立案查处率100%。组建扑火队伍638支1.55万人，30个防火检查站、3个林区综合治理检查站、3个森林派出所建成并投入使用。严格水电矿产开发及建设项目水土保持，5家环境违法单位被处罚并限期整改；立案查处国土资源违法案件12件，发现和制止国土资源违法行为32起；规范和登记矿山占用林地130宗，查处5起违法使用林地案件，办理涉林案件160件，打击处理违法犯罪人员146人。严格污染物排放管理，主要污染物排放年度控制目标任务基本完成。积极争取川西藏区生态保护与建设项目资金2542.5万元，成功争取国家重点生态功能区转移支付资金5082万元。大力实施各项重点生态工程，管护国有林699.36万亩，巩固退耕还林成果10万亩，补偿集体公益林18.5万亩，完成森林抚育补贴项目2.5万亩，完成雨季植树造林11万株，完成186.2万亩禁牧草地和266万亩草畜平衡草地的划定，减畜43.66万个单位，完成草原灭鼠治虫40.5万亩、人工牧草种植15.32万亩，完成石漠化综合治理782公顷，建成垃圾填埋场1个、县城污水处理站1个，新建沼气800口，推广发放太阳能热水器400台，空气质量自动监测站扩项建设、环境监察机构标准化建设项目稳步推进，完成29个乡镇饮用水源地保护区划定，实施重大地灾防治项目5个。加强乡村环境综合治理，完成锦屏水电站库区漂浮物清理，创建“美丽乡村”示范村庄4个，完成20个州级生态村、2户县级生态家园创建命名工作。

社会和谐稳定取得新进步。木里藏区“长足发展、长治久安”20条基本经验得到中央和省州肯定并在全国推广，木里持续成为“全国最稳定藏区”。安全生产形势总体稳定，全年共发生各类事故169件，同比下降0.6%，死亡零人。加强和创新社会治理。全面推进依法治县工作，健全完善社会稳定风险评估机制，扎实推进网格化服务管理体系建设，健全“大调解”工作体系，坚持县级领导信访接待日制度和联席会议制度，共受理群众来信来访72件378次，调处各类矛盾纠纷256件，调解成功247件，化解率96.5%。深入推进平安木里建设，严厉打击各类犯罪活动，社会大局持续和谐稳定。深入开展禁毒防艾工作，吸毒人员管控率达到98%。强化公共应急管理能力建设。加强防灾减灾救灾物资储备，修订完善《木里县2014年度重点危险区地震应急专项预案》等5项应急预案，组织开展“模拟乔瓦镇6.9级地震应急联动演练”，成功处置“8.30”乔瓦镇娃日瓦村五一组杨家堡山体滑坡等突发事件，防汛及地质灾害防治工作成效明显。

政府自身建设得到新加强。高标准完成党的群众路线教育实践活动，积极开展“庸懒散浮拖”、“选人用人”、乱发钱物等专项整治活动，建立健全《政府议事规则》、《木里县政府投资工程建设项目管理办法》等10余项制度机制，作风建设成效显著。承办县人大代表建议55件，政协委员提案80件，办结率100%，人大代表建议办理满意率100%，政协委员提案办理满意率92%、基本满意率8%。监察、审计力度不断加大，全年完成审计项目59个，提出审计建议182条。省长信箱留言4件，12345州长公开电话23件，州转交办件9件，县长信箱12件，均按时办结。与此同时，政府法制、地方志、保密、统计、残联、气象、工商、质监、粮食、物价、语言文字、目标管理、档案管理、外事侨务等工作取得新成绩。

各位代表，过去一年，我们克服各种严峻复杂形势，取得令人欣喜的成绩，来之不易，弥足珍贵。这些成绩的取得，是县四大班子坚强领导、团结拼博的结果，是各条战线励精图治、超常努力的结果，是全县各族人民拼搏进取、艰苦奋斗的结果。在此，我谨代表县人民政府向各位人大代表和政协委员，向奋战在全县各条战线上的广大干部群众、驻县武警、森警官兵、民兵预备役和政法干警，向所有在木里投资兴业、务工经商及关心支持木里经济社会发展的朋友们，向各群众团体、离退休老同志及社会各界人士表示衷心感谢并致以崇高敬意！

在取得成绩的同时，我们也清醒地认识到，在经济新常态下，我县各项经济指标虽在合理区间运行，但经济结构性矛盾突出，农业基础薄弱，投资拉动后劲不足，服务业持续疲软，基础设施建设滞后，城乡发展水平较低；公共服务水平不高，维护稳定压力增大，农牧民脱贫致富困难，民生改善有待加强等等，这些长期制约木里经济社会发展的矛盾没有根本解决，新情况、新问题又不断出现，木里藏区追赶跨越发展、同步全面小康的道路艰难曲折。这些矛盾和问题，需要我们更加重视，认真研究，采取有力有效举措予以解决。

2015 年重点工作

2015 年是全面深化改革的关键之年，是全面推进依法治国、全面推进从严治党的开局之年，也是全面完成“十二五”规划的收官之年。我们将全面贯彻落实党的十八大、十八届三中四中全会、中央经济工作会、省委十届五次、州委七届六次和县委十三届七次全会精神，以邓小平理论、“三个代表”重要思想、科学发展观为指导，坚持科学发展、加快发展的工作指导思想和稳中求进、改革创新、分类推进、统筹发展的工作基调，多谋务实之举，汇聚发展之力，紧扣 2020 年全国全省同步实现全面小康目标，倒推任务，卡牢节点，自加压力，保持工作连续性，奋力开创木里藏区跨越发展和长治久安新局面。

主要预期目标是：地区生产总值增长 10%，地方公共财政收入达到 5 亿元以上，规模以上工业增加值增长 18%，全社会固定资产投资完成 55 亿元以上，社会消费品零售总额增长 13%，城镇居民人均可支配收入增长 10%，农民人均纯收入增长 18%，居民消费价格涨幅控制在 2.5% 以内，城镇登记失业率控制在 4% 以内，人口自然增长率控制在 8.5‰以内。重点抓好六个方面工作。

一、坚持投资拉动，加快转型升级，推动经济平稳较快增长

狠抓项目建设，坚持投资拉动。保持专注发展定力，积极主动适应经济发展新常态，突出投资拉动、产业支撑，确保经济持续较快增长。主动对接财政重点投向投资，立足木里藏区基础设施薄弱、城乡发展滞后、民生和公共服务落后的实际，着力从道路交通、农田水利、生态建设、城乡建设等方面争取项目资金。整合国家、省、州和对口支援资金，用好用活全县各单位近 8 亿元的存量资金，提高资金使用效率，加大项目推进力度。全力抓好藏区项目、政府投资项目、民生项目、水电矿产风电开发等四大类项目，全面梳理木里县“十二五”规划，实施好纳入规划的项目，力争圆满收官“十二五”。全面做好对接工作，确保所有纳入“十二五”四川藏区规划项目都得到落实。加快推进省道 216 线升级改造工程、项脚乡通乡油路等重大项目建设。抓好重点项目集中开工，加快推进到位资金 44.14 亿元的 10 个履约招商引资项目，抓好协议引资 215.2 亿元的 5 个签约项目落地，争取形成更多实物量和更多投资。

加快优化升级，确保产业支撑。转变发展方式、加快产业升级，增长方式向质量效益型集约增长转变。促进农业优化升级。贯彻“稳粮增收、提质增效、创新驱动”总要求，努力提高农业综合效益和竞争力。统筹整合涉农资金，创新农业补贴制度、强化金融支农服务，全面提高政策效能，破解“三农”发展难题。继续落实国家粮食安全战略，确保全年粮食总产量 5 万吨以上。做好第三次农业普查各项准备工作，加快推进 2 个土地开发整理项目，深入推进农业现代化，大力推广“龙头企业 + 合作社 + 农户”等经营模式，不断提升农业产业化经营水平；重点实施“一乡一业、一村一品”战略，确保每个乡、每个村都有产业，都有农业产业化，都有增收致富路子。积极推进农业产业结构调整，继续抓好省州级畜牧业、林业重点县和产业强县建设，巩固 47.1 万亩核桃花椒产业基地，发展 1 万亩中药材基地，加快 500 户畜禽规模养殖户建设，全力抓好协议引资 10 亿元的 3 个农牧特色产业项目落地，大力培育核桃花椒、蔬菜、特色水果、畜牧业、中草药等农牧民增收主导产业，促进农业规模化、品牌化、产业化发展，确保生产中药材 0.03 万吨、特色水果 0.8 万吨、优质蔬菜 4.1 万吨、肉类 1.15 万吨。深入推进特色优质农产品品牌建设，新增“大凉山”特色农产品品牌 1 个。积极发展多种形式适度规模经营，引导和规范土地经营权有序流转，发展各类新型农业经营主体，力争县级重点龙头企业达2家，家庭农场达20个，农民合作组织达15个。促进工业优化升级。做大做强水电等特色优势产业，力争立洲、卡基娃、莫嘎、陈昌、布昌、卡卓6座水电站投产发电，博瓦、固增、益地、小沟、大坝沟一二级和盐塘沟等7座水电站开工，杨房沟、钻根等9座电站通过核准。盘活资源存量，加快发展符合国家产业政策和投资方向的重点产业，促进房地产、光伏、风电等战略性产业项目落地，培育新的经济增长极；规范矿产资源管理，在条件具备的情况下，逐步实现探转采升级，力争完成1－2宗探矿权转采矿权，为工业经济注入新活力。促进现代服务业优化升级。各业并举、多元发展，力促服务业比重提高、水平提升、结构优化。着力培育旅游产业，落实省委省政府“打造中国最美藏区”的工作部署，加快香格里拉旅游环线打造，加大洛克九百里的深度开发，加大与西昌、泸沽湖、丽江、香格里拉、亚丁等周边地区的合作，共享旅游品牌，共推产品、互送客源，共建无障碍旅游区。实施景区创建提升计划，力争成功创建木里大寺景区为省级风景名胜区，加大长海子等景点包装推介力度，完成一批自驾游营地建设，积极筹备开展自驾游，积极发展“藏家乐”、“农家乐”等乡村旅游，全力将旅游产业培育为木里藏区支柱产业。大力发展现代物流、金融保险、房地产、电子商务等产业，制定完善发展规划、产业政策和推进方案，培育壮大现代服务业，推进我县服务业转型升级。探索网上市场，加快发展电子商务，不断提升木里特色产品市场占有率。落实1－2个具有一定规模的物流仓储配送中心。进一步加大银政企融资对接，加大地方银行对全县中小微企业的支持力度。制定出台“个改企”政策，扶持小微企业加快发展。积极搭建促销平台，大力拓展消费市场，举办“迎春购物月”等促销活动。

二、全面深化改革，扩大对外开放，增强经济社会发展活力

全面深化改革释放动力。全面落实深化改革部署，推进重点领域改革突破，以全面改革激发内生动力。深化投融资体制改革，建立完善行政权力公开透明运行平台和企业投资项目负面清单，放宽投资领域，吸引更多社会资本参与投资、建设、运营。对公路等重大公益性项目，创新利用各种资源筹措建设资金，激发投资活力。深化农村改革，放活土地承包经营权，推进农村房屋、集体建设用地、宅基地等确权颁证，探索建立农村产权流转交易市场，培育扶持新型农业经营主体和社会化服务主体。深化财税体制改革，全面贯彻新《预算法》，推进“营改增”扩围，完善小微企业税收优惠政策。深化金融体制改革，积极发展农业保险，探索建立巨灾保险制度，健全要素保障、财政资金扶持等服务体系，促进中小微企业做大做强。加快推进国有企业和国有资产管理体制改革，完成县砂石公司职能转变。深化户籍制度改革，逐步推行居住证制度，加快推进教育、卫生、医疗等城镇基本公共服务常住人口全覆盖。积极推进工商登记制度改革，加快事业单位分类改革，基本完成公务用车制度改革，统筹推进教育、医疗卫生、食品药品安全、科技、文化、就业创业、社会保障、计划生育等社会事业改革，靠“强改革”激发新活力，适应新常态，带给人民群众更多实惠。

深化开放合作增强活力。抓好援藏这条纽带桥梁，深化与浙江省、攀枝花市、西昌市、省农科院等援藏单位合作，努力实现“输血式”帮扶向“造血式”帮扶转变，对口帮扶向互利合作转变，实现双方资源互补和互惠共赢，着力构建全方位、宽领域、多层次的援藏工作新格局。强化与盐源、冕宁、九龙、稻城、宁蒗等县市互联互通，积极参与四川藏区、川西北生态经济示范区、大香格里拉旅游核心区等区域合作，加强与华电木里河公司、华能新能源公司等一大批企业合作，加快推进水电、太阳能、风能、矿产等特色优势产业开发合作。对接好国家优惠政策的新规定和新规范，研究制定完善我县招商引资政策，创新招商引资机制和方式，重点引进旅游业、物流业、现代农业等“活资源”行业企业，确保招商引资工作取得新突破。

三、突破制约因素，夯实基础设施，增强追赶跨越发展后劲

深入实施交通大会战。全力完善初步形成的“X形三纵两横加水运”的交通主骨架网络，大力推进乡镇、寺庙及牧场“互联互通”工程。加快推进国道227线（原省道216线）桃巴至李子坪段、甘凉界至桃巴段、亚三公路、王顺友“马班邮路”、豹前公路等项目前期工作，力争完成国道227线甘凉界至桃巴段的立项工作，其余项目开工建设；启动唐央乡通乡油路、东朗－麦日通乡油路等项目招标工作，确保年内完工；力争完成国道227线李子坪至棉垭段和棉垭至梅雨段路基工程，项脚乡通乡油路、木里大寺通寺油路和10条通村公路等项目年内完工。全年开工建设公路320公里，建成100公里。其中，普通国省干线开工220公里；农村公路开工100公里、建成100公里，确保通乡公路通达率、通畅率分别达到100%、55.1%，通村公路通达率、通畅率分别达到72.58%、16%。实施农村公路安保工程40公里，农村渡口项目2个。

全面推进农田水利建设。大打农田水利基础设施攻坚战，夯实农业发展基础。加快推进“五小水利”工程建设，全面完成“十二五”规划目标任务。年内完成中小河流治理项目1个，治理水土流失面积30平方公里，新增有效灌面100亩、节水灌面100亩；解决3.38万农村人口的安全饮水问题，农村饮水安全普及率达98.5%。加快推进土地综合开发整理项目，力争完成四川坪子土地整理2500亩，新建高标准基本农田2000亩、新增耕地2000亩，建设沼气池2000口。

有序推进新型城镇化建设。突出规划引领，抓紧编制完善城市控制性详细规划及各类专项规划，形成完善的城乡规划体系。以县城片区为中心，以三大片区为“联动带”，加快“两化”互动进程。打好乔瓦镇国家重点镇这张牌，统筹瓦厂镇、茶布朗镇，抓好省、州小城镇建设试点工作，全力争取县城滑坡治理项目、城市污水处理工程等重大项目，加快推进农贸市场、民族体育场、污水处理工程、防洪工程等项目建设，完善水、电、路、气、通讯、绿化等配套设施，增强城镇综合承载能力。

持续提升新村建设品质。按照“五新一体”要求，进一步优化提升藏区新村建设规划，进一步整合扶贫开发、以工代赈、“四小工程”等项目资金，大力实施“六到农户”工程和“一池五改”工程，深入推进金融服务“三农”工作，全面完成无电地区电力建设任务，扎实抓好太阳能等新能源进农村工作，加快“三网”融合，开展宽带乡村试点工程建设，统筹推进基础设施、环境设施和公共服务设施建设，建成幸福美丽新村2个、藏区新村25个、藏区新居2346户，着力提升农村群众生活质量。

四、坚持以人为本，强力保障民生，全心全意惠民富民安民

全力改善藏区民生。将改善民生作为头等大事，狠抓“十项民生工程”、藏区“六大民生工程”、10件民生实事等民生项目，切实提升藏区人民群众幸福指数。全县公共财政预算用于民生支出的比例提高到80%以上。扎实抓好扶贫开发。着力精准扶贫，下大力气解决极度贫困问题，防止困难家庭和特困群众“被平均”。对97个贫困村、6167户贫困户、2.63万名贫困人口，有针对性地实施“三步走”战略，力争减少贫困人口0.44万人。一是扎实推进安全饮水、农村公路等项目建设，做好移动网络、数字化电视覆盖乡村工作，抓好藏区新村建设等工作，全力改善群众生产生活条件。二是挖掘劳务开发潜力，加强技能培训和劳务经纪人培训，不断扩大劳务输出规模。三是统筹整合各种力量，引导、鼓励和支持群众因地制宜发展现代农业、现代畜牧业和乡村旅游业等特色优势产业，夯实农民增收基础，拓宽群众增收渠道，全面提升贫困地区自我发展能力。扎实推进社会保障。继续抓好各类社会保险提标扩面，构建覆盖城乡的社会保障体系，增强政府基本民生兜底能力。全面建立临时救助制度，做好城乡居民大病保险工作，稳步提高新农合参合率，加强孤儿、艾滋病感染儿童和特殊困难儿童保障工作，推进残疾人社会保障和服务体系建设，稳步提高城乡低保和五保供养水平，新增“五保”对象、“三无”人员和孤儿集中供养床位100张。加快实施藏区新居工程，完成农村危房改造1765户，新改造581户。大力推进保障性安居工程，开工建设68套，基本建成148套，竣工224套，分配入住227户。完成地质灾害工程治理3处，实施地质灾害防灾避险搬迁60户。千方百计扩大就业创业，统筹做好失业人员、高校毕业生、退伍军人等的就业工作，鼓励支持毕业生自主创业和农民工回乡创业。将科学“救灾助困”纳入政府议事日程，积极探索建立规范合理的木里县灾情、困难情况认定办法和帮扶救助制度体系，切实为洪涝灾区、地震影响区和贫困地区等地困难群众排忧解难。

统筹推进社会事业。有针对性的解决好群众最关心、受益最直接的民生难题，不断完善基本公共服务。深入实施木里藏区教育振兴行动计划。坚持优先发展、公平发展教育事业，在基本解决“有书读”的基础上，下大力气解决教学条件差、教学质量低等问题，努力实现“读好书”目标，决不能让孩子输在起跑线上。新建1所城区幼儿园和1所县完小，加快推进投资1.72亿元的19个教育基建项目建设，认真组织实施好“十年行动计划”、“校安工程”、“薄弱学校改造”等各类项目建设，加快解决学校宿舍、食堂、教师周转房、安全饮水和远程教育覆盖及“大班额”等问题；认真做好“两免一补”、大学生贷款和贫困生资助、义务教育阶段营养改善计划等工作，进一步改善全县教育教学条件，切实解决上学难问题。有序推进义务教育均衡发展和“教育质量提高年”活动各项工作，加大教育科研和信息化建设力度，加强教师队伍建设，全力提高教育教学质量。加快职业教育发展步伐，进一步做好藏区“9+3”免费职业教育工作。加快卫生计生事业发展。加快推进基本公共卫生服务均等化，健全完善县区乡村四级公共卫生服务网络体系，做到定位准确、职责分明，整合力量，配齐人员，加强管理，切实发挥各级医疗卫生服务体系职能，逐步实现“小病不出乡、中病不出县”的目标。加快县医院综合楼、县中藏医院、县疾控和卫生执法监督所等项目收尾工程，加快乡镇卫生院周转宿舍、村卫生室等项目建设，全力改善医疗卫生条件，进一步提高突发公共卫生事件处置能力，全面提升医疗卫生水平，努力实现全县人民由“能看病”到“看好病”转变。下大力气打好“禁毒防艾”攻坚战，吸毒人员管控率达100%，由县财政拨款实行吸毒人员全部强制戒毒，实现无毒社区创建率达100%。继续加大艾滋病等重大传染病防控力度，坚决杜绝毒品、艾滋病在木里藏区泛滥。抓好免费孕前优生健康检查工作，切实提高人口素质，继续稳定低生育水平。大力发展文化体育事业。充分发挥文化体育等公益性设施设备作用，积极向群众提供更好更优服务，继续免费开放图书馆、文化馆、乡镇文化站等文化体育设施，逐步开放县影剧院、体育场，加快“村村通”、“村村响”、“户户通”、乡镇文化站等项目建设，完成县城有线电视数字化改造工程建设，加强文物抢救保护，做好东巴文化等民族文化保护传承，积极开展“三下乡”文艺演出及农村公益电影免费放映工作。加快完善体育设施建设，全面建成县民族体育场，建成部分乡镇农民体育健身工程，广泛开展全民健身活动。

五、突出环境保护，狠抓生态建设，建设美

丽文明新木里

立足生态资源优势，坚持以生态文明引领县域经济转型发展、绿色发展、低碳发展。坚持生态环境保护与建设两强化、两并重，积极促进可持续发展。重点管理好矿山、水电和公路等基础设施建设项目，依法严厉打击破坏生态环境行为，拓宽环境监管面，加大监管力度，确保完成“十二五”主要污染物总量减排（控制）目标任务；支持节能低碳产业和新能源、可再生能源发展；加强工业、交通、服务业等领域节能降耗，推进公共机构节能；实行最严格水资源管理制度，探索建立市场化机制；狠抓森林草原防火工作，确保森林草原防火“三个确保”目标顺利实现。启动新一轮退耕还林工程，大力推进国家重点生态功能区转移支付资金项目、川西藏区生态保护与建设项目、天保二期、退牧还草、石漠化治理、地灾防治工程、小流域治理、城乡环境综合治理等生态工程建设，持续提升生态环境质量。盘活林业沉淀资金，拓宽林业发展路子，加强林政执法。以《矿产资源法》、《水土保持法》、新《安全生产法》和新《环保法》等相关法律法规为依据，修改完善《木里藏族自治县矿产资源管理办法》，严格规范推进资源开发和环境保护，积极探索出一条破坏小、污染低、效益好、可持续的生态环境保护道路，扎实推进木里藏区生态文明示范区建设，努力把木里打造成凉山西部生态文明示范区和长江上游重要生态屏障。

六、强化维稳责任，创新社会管理，确保藏区社会和谐稳定

创新社会管理方式，加大项目、资金、人才、信息等统筹整合力度，加强工作督查，形成强大工作合力，全力加快木里藏区经济社会发展。树牢底线思维，强化维稳意识，落实维稳责任，全面推进依法行政，健全社会稳定风险评估制度，完善网格化社会管理模式和社会治安防控体系，加大突出治安问题和重点地区专项整治，深化“平安木里”建设，严厉打击各类违法犯罪活动，认真做好安全生产工作，严格落实“党政同责”、“一岗双责”制度，大力开展生产安全、消防安全、交通安全、食品安全专项整治，健全依法维权和化解纠纷机制，完善公共应急管理体制，加强防灾减灾救灾能力建设，全面贯彻党的民族宗教政策，强化寺庙管理，广泛开展社会主义核心价值观教育活动，确保木里藏区持续成为“全国最稳定藏区”。统筹推进国防、工商、物价、审计、档案、烟草工作，加快发展老龄、气象、人防、地震、邮政、通信事业，积极推进保险、地方志、外事侨务、妇女儿童等各项工作，抓好“十三五”规划编制工作，着力推进“多规合一”，实现一本规划统筹一个县、一张蓝图引领一个县。

关于政府自身建设

去年，我们切实转变工作作风，狠抓政府自身建设，政府作风建设取得新成效。新的一年，在经济新常态下，我们将严格按照“三严三实”和钢班子带铁队伍要求，始终坚持讲政治、敢担当、勇作为、重实干，努力建设人民满意的法治政府、服务政府、务实政府和清廉政府。

依法行政，建设法治政府。全面落实《依法治县实施意见》，坚持依法全面履行政府职能，做到法定职权必须为、法无授权不可为。认真贯彻落实县委决策部署，坚决执行县人大及其常委会决议决定，全力支持县政协履行民主监督、参政议政职能，认真听取社会各界意见建议，提高人大代表建议和政协委员提案办理实效。加强行政复议工作，强化行政执法责任和过错追究。深化政务公开和信息公开，保障行政权力运行规范化、公开化。深化行政执法体制改革，健全依法科学民主决策机制，坚持严格规范公正文明执法，健全行政权力运行制约和监督体系，营造公平开放的市场经济法治环境，全面推进普法教育，推进多层次、多形式依法管理，高度重视在新常态下经济、民生、社会领域各种风险的防范化解，善于用法治思维和法治方式解决问题，加快构建办事依法、遇事找法，解决问题用法、化解矛盾靠法的法治良序，努力建设职能科学、权责法定、执法严明、公开公正、守法诚信的法治政府。

转变职能，建设服务政府。进一步厘清边界，推进简政放权，充分发挥市场在资源配置中的决定性作用，激发市场活力，提高资源配置效率，更加发挥政府的服务管理职责。大力推行政府权力清单制度，推进机构、职能、权限、程序、责任法定化。继续推进政府机构改革，稳步推进事业单位分类改革，积极探索政事分开、管办分离的有效形式。深化行政审批制度改革，清理和公布行政许可项目，取消非行政许可审批事项，清理减少行政事业性收费，积极推进行政管理重心由事前审批向事中、事后监管转移。优化政务环境，最大限度精简行政审批流程和事项，完善县政务服务中心，进一步提高政务服务效率。

转变作风，建设务实政府。严格执行中央、省、州、县各项规定，狠抓党的群众路线教育实践活动问题整改落实，持续深入开展“庸懒散浮拖”、乱发钱物等专项整治活动，坚持深入基层、群众、一线，问政于民、问计于民、问需于民，更加主动地解决群众现实困难。强化执行意识，狠抓责任落实，严格督查考核，实施跟踪问效，对全县重大安排部署、重点工作任务，定了就办、说了就干，营造“拼干部、比工作、赛作风、争一流”的干事创业氛围，不断提高工作效能，提升工作标准，确保各项决策部署落到实处。

廉洁从政，建设清廉政府。强化“两个责任”落实，健全作风建设常态化机制，扎实推进惩治和预防腐败体系建设，坚持用制度管权、管事、管人。牢固树立过紧日子思想，坚持节俭办一切事业，严格执行新《预算法》，全面推行公务卡结算制度，深化国库集中收付和预算绩效管理改革，严控“三公”经费支出，把有限的财力用到促进发展、改善民生上。加强行政监察和审计监督，规范政府采购、工程招投标等交易行为，深入开展纠风和专项治理，加大查办违纪违法案件力度，保持惩治腐败高压态势，以反腐倡廉的实际成效树立形象、取信于民。

各位代表，蓝图已经绘就，实干创造未来，让我们紧密团结在以习近平同志为总书记的党中央周围，在州委州政府和县委的坚强领导下，万众一心，拼博进取，攻坚克难，真抓实干，为木里经济社会跨越发展、长治久安和同步全面小康而不懈奋斗！

名词解释

1. 农产品地理标志：指标示农产品来源于特定地域，产品品质和相关特征主要取决于自然生态环境和历史人文因素，并以地域名称冠名的特有农产品标志。

2. 规模以上工业企业：指年主营业务收入在2000万元以上的工业企业。

3. “惠农保”：以自然灾害公众责任保险、农村住房保险和农村小额保险组成的保险组合产品。

4. “三公”经费：即公务出国（境）经费、公务用车购置及运行费、公务接待费。

5. “五新一体”：新村、新居、新产业、新农民、新生活一体化。

6. “四小”工程：即“小路”、“小桥”、“小水”和“小能源”。

7. “X形三纵两横加水运”：“X形”：新增省道220线木里境内段和升级改造中的国道227木里境内段（原省道216线）形成X形通道；“三纵”：“一纵”水洛河沿河通乡公路，“二纵”木里河沿河通乡公路，“三纵”雅砻江沿江公路（卡杨专用公路）；“两横”：北横是水洛乡通乡公路、原省道216线固增至沙湾段、太阳山环线公路及九一三林场至卡拉乡田镇段林区公路连接形成的横向干线通道，南横沿依吉通乡公路向东至屋脚，从屋脚利用省道220线向东北延伸至桃巴，从桃巴利用国道227线向东至三十三道班，从三十三道班利用“马班邮路”主线至跑马坪，从跑马坪跨雅砻江连接卡杨专用公路至倮波乡大氹，横跨东西、串联“三纵”；“水运”：锦屏水电站库区通航水域的水运建设，涉及木里县麦地龙、卡拉、白碉、三桷垭、倮波、项脚、芽祖、列瓦、后所、西秋10个乡镇。

8. 十大民生工程：即以“就业促进、扶贫解困、民族地区帮扶、教育助学、社会保障、医疗卫生、百姓安居、基础设施、生态环境、文化体育”为主要内容的民生工程。

9. 藏区“六大民生工程”：即教育发展振兴计划、藏区新居建设计划、医疗卫生提升计划、社会保障促进计划、文化发展繁荣计划、扶贫解困行动计划为主要内容的民生工程。

10. “两免一补”：指农村义务教育阶段，免教科书费、免杂费、补助寄宿生生活费。

11. 五大社会保险：即基本养老保险、失业保险、基本医疗保险、工伤保险、生育保险。

12. 社会保障“一卡通”：即各项社会保险信息“通”用一张卡，方便参保者随时随地查询自己的权益记录，方便、快捷地享受社会保障服务。

13. 文化“三下乡”：图书报刊、电影、文艺演出下乡。

14. “六到农户”工程：即农户水、电、路、气、房、环境改善工程。

15. “一池五改”工程：即沼气池、改厨、改厕、改圈、改水、改院工程。

16. 家庭农场：指以家庭成员为主要劳动力，从事农业规模化、集约化、商品化生产经营，并以农业收入为家庭主要收入来源的新型农业经营主体。

17. “三农”：即指农村、农业和农民。

18. “三步走”战略：即改善生产生活条件，到解决劳动力出路，再到扶持产业发展，帮助贫困群众脱贫致富。

19. “多规合一”：指推动国民经济和社会发展规划、城乡规划、土地利用规划、生态环境保护规划等多个规划的相互融合，实现一个市县一本规划、一张蓝图，解决现有的这些规划自成体系、内容冲突、缺乏衔接协调等突出问题。

20. “个改企”：即个体工商户升级为企业。

21. “五小水利”：即小塘坝、小水池、小水窖、小泵站、小水渠。

22. “三网”融合：是指广播电视网、电信网与互联网的融合，其中互联网是核心。

23. “三严三实”：即习近平总书记提出的严以修身、严以用权、严以律己，谋事要实、创业要实、做人要实。

24. “党政同责”：指党委、政府都要对安全生产工作负有领导责任。

25. “一岗双责”：指各级党政领导干部职务对应的岗位，既要履行行业业务工作的职责，又要履行安全生产工作的职责。

政协木里藏族自治县第十三届委员会常务委员会工作报告

（2015年1月19日在政协木里县十三届委员会第四次会议上）

政协主席　杨克祖

各位委员、同志们：

我受政协木里藏族自治县第十三届委员会常务委员会委托，向大会报告工作，请予审议，并请列席会议的同志提出意见。

一、2014年工作回顾

2014年，县政协常委会在中共木里县委的坚强领导下，深入学习贯彻党的十八大和十八届三中、四中全会精神，扎实深入开展党的群众路线教育实践活动，紧扣科学发展、富民强县主题和加速转型、调优经济结构主线，切实履行政治协商、民主监督、参政议政职能，在继承中强基础，在创新中增活力，在拓展中显特色，较好地完成了县政协十三届三次会议确定的各项任务，为助推木里经济社会跨越发展和长治久安发挥了积极作用。

（一）加强学习，提高能力，在增进共识中夯实基础。

——立足前沿加强学习。在开展党的群众路线教育实践活动过程中，县政协加强组织领导，提早谋划部署，统筹做实了实践活动各项准备工作；注重学习教育，政协机关共召开了16次学习讨论会议，深入学习中共十八大、十八届三中全会及习近平总书记系列重要讲话精神，增强思想自觉，切实强化了党员干部的理想信念、宗旨意识和党性修养；强化问题意识，贯彻整风精神，进一步提高了党内生活的政治性、原则性、战斗性；聚焦“四风”问题，狠抓整改落实，有力整治了政协委员、各界群众反映强烈的突出问题；坚持标本兼治，强化刚性约束，初步建立了既“治病”又“防病”的制度体系；发挥政协优势，创新履职实践，切实做到了开展活动与推动工作统筹兼顾、相互促进。在学教活动中突出问题导向，坚持“真查”和“实改”相结合；突出上下联动，坚持领导干部和委员群众全参与；突出知行合一，坚持教育和实践两手抓、两促进；突出政协特色，坚持规定动作和自选动作共同推进。通过学教活动，进一步夯实了政协工作的理论基础，促进了政协工作在知行并重上更加有为。

——创新形式加强学习。按照建设学习型政协的要求，通过政协常委会、主席会议、机关干部会议，组织政治理论知识学习。主动为驻县城委员订阅《四川政协报》，指导委员学习掌握党的统战理论和政协知识，进一步明确政协主要任务和工作方法。组织开展工作情况通报活动是县政协开展学习、提高委员履职能力的又一重要形式。一年来，县政协常委会先后听取了县卫生、规建、畜牧和扶贫移民局工作情况的通报，使委员对我县经济社会发展情况有了进一步了解、认识和掌握。

（二）围绕中心，建言议政，在主动履职中

推进发展。

——立足全县发展大局竭智尽力。紧紧围绕党政中心工作，主动作为、尽心履职。运用全委会议、常委会议、专委会议等形式，广泛协商，积极建言，贴近全县中心工作和经济社会重点问题，开展专题协商、对口协商。十三届三次会议期间，委员们认真听取政府工作报告、政协常委会工作报告、提案工作报告和其它报告，对事关全县经济建设和社会发展的重大问题，积极开展协商议政，提出了许多有价值的意见和建议。在大会上，教育、交通等部门负责人作了专题发言，在会议中编发简报10期，委员们围绕产业转型升级、招商引资、城镇化建设、金融服务、旅游产业、新农合、信访维稳等方面工作提出对策建议60多条，县委、县政府领导主动参加会议，听取委员发言，重视委员建议。年内，共召开政协常委会议4次、主席会议12次、专委会议、座谈会议16次，使政治协商进一步融入了全县经济社会发展的实践之中，有力地促进了协商议政水平的不断提高。

——着眼民营经济发展建言出力。县政协常委会把如何发展木里民营经济作为重要调研任务，着力开展好相关方面的调研和视察活动。组织了部分委员赴相关企业实地调研，分析我县当前民营经济发展的机遇和挑战，针对我县民营经济规模总量小，发展不平衡；产业结构不合理，行业分布不均衡；政策落实力度不够，发展环境不够宽松等问题，提出了优化发展环境，加大对民营经济的扶持力度；加快产业结构调整，促进民营经济转型升级；加大招商引资力度，拓宽民营经济发展空间等意见和建议，得到了县委、县政府领导的重视，批转相关部门作为开展工作的参考。

——围绕城镇化建设齐心协力。为做好木里县城镇化建设工作，县政协当好木里城镇化建设的“参谋员”和“服务员”。县政协常委会立足科学发展，把握木里实际，组织委员深入部门、深入基层了解我县城镇化建设方面存在的主要问题，对于存在管理体制不够健全，重视程度欠缺；部分重点项目推进比较困难；行政执法困难，规划与建设不能同步到位等问题。向城镇化搞得好的相关县市学习取经，结合木里实际提出了进一步理顺全县城镇管理体制；进一步提高城镇的管理水平；进一步提升全县城镇规划水平等有针对性的意见和建议，得到了相关部门的重视。

（三）关注民生，反映民意，在为民履职中促进和谐。

——关注民生问题，开展专题调研。为深入推进我县医疗卫生事业发展，县政协常委会组织委员开展了全县医疗卫生事业发展情况的专题调研。调研工作组深入到边远的乡、村、牧场、寺庙及电站卫生院（室），深入了解掌握我县医疗卫生事业的基本情况，针对基层医疗卫生队伍建设薄弱；工作积极性低以及财政投入还相对不足；基层医院的监管工作需进一步加强等问题，提出了进一步加大宣传力度；搭好服务平台，稳定人才队伍；加大监督检查力度和继续加大资金投入等意见和建议，得到县委、县政府及相关部门的重视。积极完成州政协安排给我县的调研课题，年内对助推新型城镇化建设、促进现代服务业发展、开展创新社会治理等工作进行专题调研，认真细致的汇报我县工作开展情况，共提出17条建议意见，积极争取上级有关部门的关注和支持。

——关注民生质量，狠抓提案办理。县政协十三届三次会议以来，我们共收到委员提案93件（闭会期间1件），经提案委员会审查，立案79件；州政协转交办理1件，共转交县委、县政府所属部门办理委员提案、建议80件。十三届三次会议结束后，我们及时会同县委、县政府，对委员提案进行了联合交办。通过制作提案目录，遴选重点提案，实行跟踪督办等方式，有效保证了各项工作的推进和落实。“关于切实解决我县边远自然村适龄儿童上学难问题的建议”、“关于关于适当提高我县公务员出差补贴和住宿费标准的建议”等一批事关民生的提案，通过认真办理，及时落实，社会反响良好。委员们的提案调研充分、议题广泛、建议务实，得到了县委、县政府领导的高度重视和相关部门的关注，并且实现了由数量型向质量型转变，由答复型向落实型转变，进一步提高了提案办理质量。县政府领导非常重视政协提案的办理工作，对一些关系全局、影响深远、政策性强的提案，县政府领导亲自过问、亲自部署，及时解决提案办理过程中出现的问题。同时，县政协提案委员会与县委、县政府办公室加强了联系和沟通，通过检查督办，现场视察，加强与提案承办单位和提案者联系沟通等形式，促进了提案办理质量的提高。各承办单位也很重视提案办理工作，认真贯彻政协提案办理的有关规定，使提案办理级级有人抓，案案有人办，件件有落实，事事有回音，有力地促进了提案的答复和落实。木里驻县州政协委员在州政协十一届三次会议上，提出了 15 件提案，经州政协提案委员会审查立案 14 件，其中《关于木里藏区考录行政事业人员享受特殊政策的建议》、《关于省州制定相关政策切实保障贫困民族地区留得住人才的建议》、《关于大力开发太阳能资源发展清洁能源的建议》等，州级相关部门作了认真答复。

——关注民生改善，增强民主监督。2014 年 7 月至 9 月，按照《木里县政协民主评议工作规程》，政协常委会组织部分州县政协委员对全县畜牧和扶贫移民工作进行了视察调研，并对县畜牧局与县扶贫和移民工作局履职情况进行了民主评议，评议工作组通过查阅相关资料、发放问卷、个别走访、召开座谈会、实地了解、听取汇报等方式，广泛收集了解社会各方面的意见和建议，最后形成民主评议报告。评议报告得到了县委、县政府的重视。评议工作实现了帮助查找问题、推动科学决策、转变部门作风、促进依法行政、提升工作质效的预期目的。此次民主评议对加强我县畜牧和扶贫移民等方面的工作起到了积极的促进作用。另外，县法院、县检察院、县公安局等行政执法部门聘用委员为监督员，促进了相关部门工作的开展，较好的发挥了民主监督的作用。

了解和反映社情民意已成为人民政协最具特色的工作之一，对于政协履行职能，拓展工作深度具有重要意义。我们坚持以协助党政领导察民生、知民情、集民智，解决与人民群众利益密切相关的实事为重点，不断拓宽工作思路，畅通信息来源，完善工作制度，提高信息质量，快速真实地反映人民群众的意见、呼声和诉求。一年以来，共收到社情民意信息 58 条，有的社情民意得到了县级相关领导的批示，在县政府领导和有关部门的重视下，所反映的问题多数得到较好的解决，产生良好的社会影响。

——关注民生难题，实施扶贫济困。组织和鼓励广大政协委员开展结对帮扶、捐资助学等有政协特色的扶贫济困活动，为弱势群体和困难群众献爱心、送温暖。县政协积极开展引资引智活动，竭力为民办实事、办好事。扎实做好委员“五个一”、领导班子成员“六个一”、“联户联僧”活动和政协机关“挂包帮”活动。积极协助所包乡村制定发展规划，为所包户理清发展思路，解决实际困难。一年来，政协领导积极协调，共为包乡、寺庙解决资金 16 万元，为基层解决医疗器械、学校学生学习用具用品，合计金额为 13 万元，政协机关积极捐款捐物，折合金额 3.4 万元。委员们积极为全县基层困难群众送温暖做好事，为构建和谐社会、建设美好木里贡献财富，倾注爱心，传递正能量，委员为基层群众送温暖 316 人次，共做好事 429 件，捐款捐物共计为 14 万余元。

（四）立足特色，发挥优势，在民主团结中凝聚力量。

——注重发挥协调关系的作用。积极协助县

委县政府做好维稳工作，认真贯彻执行党的民族宗教工作基本方针，切实加强对藏传佛教寺庙的联系，深入基层宣讲党的民族宗教政策，切实加强对藏传佛教寺庙的联系，以增强宗教界人士爱国意识、公民意识、守法意识、服务意识为主题，积极参与民族团结教育活动，旗帜鲜明地反对分裂，充分发挥民族界、宗教界委员的独特作用，积极引导藏传佛教与社会主义社会相适应，切实发挥藏传佛教在建设富裕文明和谐木里中的积极作用。积极参与群众上访接待，畅通民意表达渠道，支持具有较高声望的政协委员参与民事调解活动，协力做好宣传政策、协调关系、释疑解惑、化解矛盾、增进团结、凝聚人心的工作。邀请县委、县政府主要领导参加民宗组的讨论，认真倾听宗教界委员的意见建议，努力营造合作共事的良好氛围。同时，通过调研和视察等活动，认真疏导民情民意，全力维护社会稳定。

——注重开展团结联谊活动。加强与兄弟县（市）政协的联络联系，广泛交流，做好政协工作的经验体会，共同探索新形势下政协工作的规律，增进友谊，形成合力。加强与州外省外政协的往来，热情接待了广东佛山市政协、成都双流县政协的学习考察团，积极宣传推介木里，不断提高木里知名度和政协影响力。切实改进新闻宣传工作，密切加强与各类新闻媒体的合作与配合，及时、准确、全面地宣传报道政协各阶段的工作进展情况。统筹搞好“两会”集中宣传与常规报道，加强对外宣传，综合运用多种传播形式，全方位、多角度宣传，进一步扩大了政协的对外宣传力度。

——注重推进政协文史工作。高度重视文史资料的“存史、资政、团结、育人”作用，认真做好文史资料的征集、编辑和出版工作，积极做好《木里水电专辑》和《木里县政协志》的编纂工作。初步拟定了编纂大纲，成立了组织机构，确定了搜集采编人员，落实了编纂任务，为下一步编纂好文史资料打下了良好的基础。

（五）改进作风，增强活力，在自身建设中提升形象。

——创新管理机制，增强工作动力。以创新为动力，推动政协工作焕发生机。在开展党的群众路线教育实践活动中，我们按照转变作风的总要求，积极探索建立健全有利于解决问题、推动发展的长效机制。政协党组及机关领导班子共梳理出57条意见建议，成员共梳理出180条意见建议，班子成员带头，边学边改、边查边改、立行立改，真正把自己摆进去，按照衡量尺子严、查摆问题准、原因分析深、整改措施实的要求，认真撰写对照检查材料，写得实、画像准；在专题民主生活会上，班子成员自我批评深刻，真正触及问题、深挖思想根源，防止了避重就轻，使每个班子成员都受到一次严格的党内生活锻炼，达到红红脸、出出汗、治治病和加油鼓劲的效果。根据政协工作实际，研究制定出台了《加强服务管理充分发挥委员主体作用的试行办法》、《进一步加强社情民意信息工作的意见》；完善了党组学习、党支部三会一课和党员干部学习教育等方面的制度；修改了《政协机关上下班请销假制度》、《政协机关财务管理制度》、《政协机关小车管理规定》等规章制度，切实加强了政协机关“三化”建设，实现了“思想进一步统一、力量进一步凝聚、作风进一步转变、工作进一步推动”，为政协开展工作和创新提供了有力保障。

——加强机关建设，提高服务能力。以“搞好服务、当好参谋”为宗旨，加强政协机关建设，提高机关服务效能。坚决执行中央八项规定，省州十项规定，县委六项规定，积极适应新的形势，改进工作作风，在机关公务活动中，坚持少而精、专而深的安排会议和活动；坚持厉行节约，反对浪费，大力压缩“三公”经费支出，视察调研轻车简从，以实际行动维护了政协组织的良好形象。机关干部保持积极向上的精神风貌，坚持求真务实、真抓实干、爱岗敬业，严谨扎实地做好每一项工作，不断提高服务大局、服务委员、服务群众的能力。组织政协机关干部深入开展联系困难群众活动，为困难群众解决就医、就学、生产、生活等方面实际问题，增强了党员干部的群众观念和服务意识。

各位委员，过去一年政协工作成绩的取得，是县委正确领导，县人大、县政府大力支持，各部门积极配合和全体政协委员共同努力的结果。在此，我代表县十三届政协常委会向为政协工作作出积极贡献的广大政协委员，向所有关心、支持政协工作的各级领导、各部门，表示崇高的敬意和衷心的感谢！

在肯定成绩的同时，我们也要清醒地认识到存在的问题和不足，主要是：政协界别和各专门委员会的作用还有待进一步发挥；个别委员履职意识还有待进一步增强；民主监督形式还有待进一步完善和创新；政协机关服务委员的意识、能力和水平还有待进一步提高。这些问题，都需要我们在今后的工作中认真研究，积极探索，不断改进和提高。

二、2015 年工作意见

2015 年是在新的历史起点上全面深化改革的一年。面对新形势、新任务、新机遇，县政协常委会工作的总体思路是：高举中国特色社会主义伟大旗帜，以中共十八大和十八届三中、四中全会以及习近平总书记系列重要讲话精神为指导，在中共木里县委的坚强领导下，动员全体政协委员和各界人士，坚持围绕中心、服务大局，认真履行政协职能，着力推进政治协商、民主监督、参政议政的制度化、规范化、程序化。充分发挥人民政协作为协商民主重要渠道作用，协调关系、汇聚力量、建言献策、服务大局，为实现木里经济社会跨越发展和长治久安献计出力。

（一）以强化理论激发能量为新动力，建设创新政协。

——强化理论武装。要进一步强化自信、自觉、自为意识，不断提升思想力和行动力。通过修改完善党组、常委、委员学习制度，丰富学习内容，创新学习形式，进一步改进和加强常委、委员和联络员学习培训，深入学习领会中共十八大、十八届三中、四中全会、习近平总书记系列重要讲话及省州县会议精神，准确把握国情、县情和新时期党对政协工作的新要求，坚持用科学的理论武装头脑、谋划工作、指导实践。要加强对统战理论、政协理论、时事政治和各种新知识的学习，提高认识，开阔视野，切实增强履行职能的责任感和使命感，不断提高自身的综合素质与参政议政的能力和水平。

——增强自信自觉。要树立自信的角色认知，坚定“当好政协人、说好政协话、做好政协事”的信心和志向；增强自觉的角色意识，进一步振奋精神，主动谋事、积极干事、努力成事；坚持自为的角色实践，坚定地围绕中心，紧贴大局，紧密地团结社会各界，能动地服务“更大突破”成果，将历史机遇和自身的势能转化为动能，催生出效能。要牢固树立社会主义核心价值观，在学习中凝聚共识、在团结中坚定方向，切实把广大委员及各族各界人士的思想统一起来、力量汇集起来、智慧集中起来，达成新的团结，共同为实现县委政府的目标任务、全面建成小康木里的宏伟蓝图拼搏实干，打造履职新的强大气场。

——激发主体能量。加强委员的教育管理工作，增强委员的履职意识、责任意识和纪律意识，切实发挥委员作用，当好“五大员”。进一步创新委员履职平台，落实“三联”制度（即主席联系常委、常委联系委员、委员联系界别群众），建立主席会议成员联系委员企业制度，推动政协组织、政协委员之间的互动交流、联络联谊。加强委员管理，启动“出口通道”。开展“委员约谈”、“委员走访”活动，关心委员的成长和进步，帮助委员解决在工作和创业中面临的问题。组织推进以界别联组和联络处连片的形式集中开展委员活动，为委员提供更多的参与机会和更宽广的履职平台，进一步激发全体委员的履职能量。坚持开展以常委会集中学习、召开情况通报会、组织委员参观考察等多种形式的学习交流活动，提高委员素质，增强委员履行职责的使命感和责任感，切实发挥政协委员在本职工作中的带头作用、政协工作中的主体作用和界别群众中的代表作用。要建立激励机制，总结宣传政协委员在履职中的新创造、新实践。

（二）以服务经济社会发展大局有新成果，建设有为政协。

——找准结合点，政治协商谋发展。县政协常委会要主动加强与县委、县政府的沟通、衔接，围绕我县经济社会发展中的重大问题，制定并组织实施协商年度工作计划。要规范协商内容、协商程序。进一步拓展协商民主形式，继续坚持和完善县政协委员列席政协常委会议制度，更多地邀请县委、县政府领导和县直有关部门负责人列席县政协常委会，有计划地安排县直各部门、各单位主要负责人列席县政协全体会议分组讨论，听取政协委员意见和建议，开展面对面协商活动。邀请群众代表旁听政协常委会议。更加活跃有序地组织专题协商、对口协商、界别协商、提案办理协商，增加协商密度，提高协商成效。2015年，要重点围绕创新社会治理工作、生态环境保护与发展、农业产业化等方面建言献策。

——突出关键点，调研资政助发展。调查研究是提高协商成效的基础。要进一步提高调研质量，在每次组织专题调研前，要制定调研方案，广泛收集资料，并根据调研课题的涉及面，安排专委会和有关部门联合调研，或抽调熟悉情况的专家和委员协同调研，力求涉及范围全面，掌握情况翔实，意见建议可行。2015年确定2个专题进行调研，对1个政府部门进行民主评议。同时要做好州政协安排的专题调研，充分发挥驻县州政协委员的作用，在州级政协会议层面做好建言献策。

——抓住着力点，专项视察促发展。专项视察是提高参政议政质量的重要途径。要紧贴视察议题，加强与部门、相关界别委员的沟通联系，做到视察有重点、安排有计划、活动有实效。要认真组织开展对县委县政府关心、老百姓关注的热点难点问题进行专项视察活动，共解难点，同话良策，力争对我县经济社会发展起到催化促进、拾遗补缺的作用。

（三）以推动民主监督工作落实有新突破，建设效能政协。

要积极探索民主监督的有效形式，对县委、县政府的重大决策、重要部署落实情况以及群众关注的热点、难点问题，主动开展民主监督，不断提高监督实效。切实提高调研成果转化水平。充分发挥调研工作的资政参谋作用，继续开展调研意见建议跟踪反馈工作。安排县政府承办部门到县政协常委会通报政协调研建议落实情况，开展民主评议，确保县政协调研的各项意见建议落到实处。发挥提案在民主监督中的主渠道作用。要引导和组织委员深入基层调查研究，广泛收集意见，认真撰写提案，提高提案质量。坚持和完善提案办理机制。对遴选出的重点提案，按照主席分工，做到上门督办。提案委要积极与县委督查办和各承办单位联系合作，通过现场督办、带案调查、提案成果视察等形式，加大办理力度。对提案交办归属不清的，加强沟通协调，督促提案落实。对一次办理不满意的，主动协调，组织协商，再次办理，做到既提高委员满意率、又促进部门改善办案方式。重视社情民意在民主监督中的“直通车”作用。要发挥政协联系面广的优势，充分反映群众诉求，大力促进社会公平正义。积极扩大委员和社会各界的联系，拓宽信息搜集渠道，提高信息质量，为党委和政府科学、民主决策提供广泛的信息和智力支持。加强对民生政策落实情况的监督，助推各项利民、惠民政策落实到位。

（四）以发挥委员主体作用为新亮点，建设务实政协。

要充分发挥委员主体作用，鼓励委员为木里发展鼓实劲、出实力、干实事。政协委员都是来自各行各业的优秀代表、岗位能手，要积极发挥他们在本职岗位的表率作用。对委员政治上关心、事业上引导、生活上帮助，力争在委员队伍中涌现出一批经济发展的领头雁、公益事业的热心人、本职工作的带头人。充分发挥人民政协智力密集、联系广泛的优势，积极为招商引资、提高木里知名度添劲助力。要结合政协委员自身工作特点，通过走访企业问需服务、举办企业家恳谈会和专题座谈会等形式，为企业服务办实事，为营造亲商、富商的良好环境做出积极努力。继续深入开展“进企业、进农村、进社区、进家庭，访民生、访民意、记民情”的“四进、两访、一记”活动。要提升联谊交流工作水平，加强政协联谊交流活动，增强与其它县市政协的友好往来，扩大木里藏区的宣传面和影响力。多深入基层群众之中了解社情民意，多提有价值的意见和建议。要更加关注困难地区、困难群众，发动委员积极开展扶贫济困等公益活动，助推改革发展成果更多更公平地惠及广大群众。年内，每位委员至少搞一次调查研究、书写一件提案、提一条合理化建议、办一件实事。

（五）以着力提高机关工作水平为新起点，建设活力政协。

要巩固和发展党的群众路线教育实践活动成果，着力开展好专委会活动，进一步提高专委会工作水平，认真开展好各专委会牵头的调研、视察活动，各专委会要制定年度工作和学习计划，组织委员开展专题视察、研讨会等主题学习实践活动。要突出界别特点，进一步发挥专委会联系和服务相关界别委员的作用，适时召开界别民情民智座谈会，广泛搜集民意，提高参政议政水平。政协全体领导班子成员都要集中时间和精力，深入基层，扎实做好事关民生提案的督查督办活动。要开展好政协领导走访委员活动，倾听委员呼声，畅通民意渠道，努力帮助基层和经济建设一线委员解决实际困难。要大力推进政协工作制度化、规范化、程序化建设，着力营造政协机关“讲质量、讲效率、讲规范、讲协作”的工作氛围，坚决贯彻执行中央、省州县委的有关规定，带头厉行勤俭节约、反对铺张浪费，建设节约型机关。建立健全政协机关工作目标管理责任制，转变工作作风，提高办事效率，更好地为委员服务、为群众服务、为发展大局服务，努力把政协机关建成高水平的“委员之家”。

各位委员、同志们，人民政协事业承载希望，肩负重任，前程远大，大有可为。让我们高举中国特色社会主义伟大旗帜，紧密团结在以习近平同志为总书记的党中央周围，在中共木里县委的坚强领导下，倍加珍惜时代机遇，倍加珍惜组织重托，倍加珍惜人民期盼，以更加高昂的激情、更加科学的方法、更加务实的作风，为实现木里藏区经济可持续发展和长治久安作出新的更大贡献。

木里藏族自治县
2014年国民经济和社会发展统计公报

2014年，面对国内经济转型和经济下行压力的逐步加大的宏观环境，县委、县政府全面贯落实彻党的十八大精神，高度重视全县社会经济发展，狠抓全县经济工作，带领全县各族人民奋力拼搏，努力实现了全县社会经济发展稳中有进、稳中向好，各项社会事业全面进步的全新局面。

综　合

经省、州统计局审定，2014年我县实现国内生产总值（GDP）26.12亿元，同比增长6.6%；在全州17个县市排位中GDP总量居第十位，增速居第九位；其中：第一产业增加值5.29亿元，同比增长4.6%，贡献率为11.7%，拉动全县经济增长0.8个百分点；第二产业增加值13.62亿元，同比增长7.6%，贡献率为63.4%，拉动全县经济增长4.2个百分点；第三产业增加值7.22亿元，同比增长5.9%，贡献率为24.9%，拉动全县经济增长1.6个百分点。三次产业结构由上年的20.1：52.4：27.5调整为20.2：52.1：27.7。

非公有制经济持续稳定发展。2014年非公有制经济实现增加值12.1亿元，同比增长9.5%，占全县GDP的46.3%，非公有制经济增速比全县GDP增速高2.9个百分点，对全县经济增长的贡献率为64.64%，拉动全县经济增长了4.3个百分点。

农　业

县委、县政府认真贯彻落实各项强农、惠农、富农等政策，粮食生产基本稳定，农业产业化结构不断优化，全年实现农业总产值9.07亿元，同比增长5.63%。

全年农作物总播种面积1.8万公顷，其中粮食作物播种面积1.59万公顷。完成粮食产量4.98万吨，同比增长0.33%。其中小春粮食产量7858吨，同比增长1.88%；大春粮食产量4.19万吨，同比增长0.05%。蔬菜产量4万吨，同比增长4.03%。水果产量8000吨，同比增长14.29%。全年核桃产量3240吨，同比增长5.50%，实现产值2592万元，花椒产量716吨，同比增长2.43%，实现产值2384万元，核桃、花椒种植面积达48.43万亩。

全年实现种植业产值3.62亿元，同比增长3.53%，占全县农、林、牧、渔业总产值的39.94%。

大力强化动物疫病防控力度，积极推进畜牧产业化建设、推行畜牧工程建设，深入落实畜牧业科技推广，促进了畜牧业增效、农民增收，保持了畜牧业经济持续发展良好态势。全县共免疫注射牛羊口蹄疫疫苗105万ml、猪口蹄疫疫苗88.2万ml、猪瘟疫苗45.3万头份、猪繁殖与呼吸综合征灭活疫苗74.6万ml、重组禽流感病毒灭活苗34.3万ml、禽流感新城疫二价46.6万羽份、猪丹毒肺疫疫苗4万头份、小反刍兽疫苗15万ml、山羊痘疫苗8.5万头份、牛出败疫苗60万ml、牛气肿疽疫苗15万ml，确保了免疫密度和质量达到要求标准。全县肉类总产量1.1万吨，同比增长1.68%，其中猪肉产量6436吨，同比增长1.80%，牛肉产量2712吨，同比增长1.42%，羊肉产量1601吨，同比增长1.20%。年末大牲畜存栏（牛马骡驴）15.24万头，同比增长1.33%，其中牛存栏11.61万头，同比增长1.5%。其它牲畜中羊存栏2.11万只，同比增长1.60%；猪存栏15.77万头，同比下降1.44%。全年大牲畜出栏2.17万头，同比增长1.39%，出栏率为14.40%，出售1.31万头，商品率为8.72%，商品率占出栏率的60.56%；其中牛出栏2.15万头，同比增长1.40%，出栏率为18.77%，出售1.29万头，同比增长2.63%，商品率为11.30%，商品率占出栏率的60.23%；羊出栏8.82万头，同比增长1.16%，出栏率为42.49%，出售5.53万头，商品率为26.65%，商品率占出栏率的62.71%；猪出栏11.36万头，同比增长1.80%，出栏率为70.98%，出售2.23万头，商品率为13.95%，商品率占出栏率的19.65%。全年实现畜牧业产值4.54亿元，同比增长6.99%，占农业总产值的50.06%。

持续加大森林资源保护力度，林业稳定发展。2014年全县实现林业产值5164万元，同比增长5.82%。完成渔业产值825万元，同比增长17.02%，完成水产品产量150吨，同比增长17.19%。农、林、牧、渔服务业产值完成3078万元，同比增长8%。

加大农业水利基础设施建设，农业生产条件不断改善。全年县财政投入粮油高产创建项目资金100万元，整合民族地区增粮增收项目资金、马铃薯良种繁育推广项目资金。2014年完成玉米高产创建面积1万亩，洋芋高产创建面积2万亩，标准化示范片建设300亩（屋脚乡马铃薯高厢垄作示范片种植150亩，项脚乡玉米宽窄行规范化示范片种植150亩）。牦牛坪乡石漠化综合治理项目改田改土工程的初步规划设计工作，并通过省级评审，该项目工程总投资265万元，改田改土30.33公顷，田间生产道路建设1400米。

工　业

我县以水电开发为抓手，并以水电工业为支撑点，大力发展以金矿、锰矿资源和农产品加工开发为实体的工业经济，加快工业强县步伐，工业经济得到较快发展。2014年全县实现工业增加值7.36亿元（含锦屏电站），较去年同期增长38.9%，占GDP比重为28.17%，比去年提高5.29个百分点，对经济增长贡献率为129.76%，拉动经济增长8.6个百分点。

固定资产投资

在县委、县政府的监督引导下，对全县范围内所有大项目建设及政府或藏区投资项目进行了全面清理，圆满完成全年目标任务。2014年全社会固定资产投资累计完成80.91亿元，较上年同期增长7.4%，但受锦屏竣工后，建安投资减少的影响，建筑业对经济增长的贡献率下降为-66.36%，拉动经济下降4.4个百分点；其中水电开发完成投资67.93亿元，同比增长32.0%，水电开发投资占全县投资总额的比重由上年的76.27%提高为83.96%；其它投资（含卡杨路工程、藏区项目）完成12.98亿元。

国内贸易

受中央厉行节约的影响及部分水电开发企业逐渐投产发电，对石油及爆破物资的需求量日益减少，以及住宿餐饮业的持续下滑，我县消费市场增速放缓。全年实现社会消费品零售总额5.39亿元，同比增长9.3%；其中：城镇零售额实现3.28亿元，同比增长9.55%，农村零售额实现2.1亿元，同比增长8.9%。

财政、金融和保险业

财政：根据县域经济发展现状精心组织税源和各项非税收入，提出适合木里实际的财政收支预算，同时加大对财政收入的宏观管理。全县财政总收入完成7.05亿元，同比增长33%；其中地方财政一般预算收入完成4.94亿元，同比增长10.5%；地方财政支出完成15.92亿元，同比增长9.8%。完成各项税收收入6.63亿元，比上年增加1.01亿元，同比增长17.98%；其中国税收入2.69亿元，地税收入3.94亿元。

金融：准确定位，将存款工作确立为企业有效发展的“生命工程”，同时立足资源优势，加大信贷营销力度，金融机构存贷款余额持续较快增长。2014年末，全社会金融机构各项存款余额36.75亿元，同比增长14.03%，其中城乡居民储蓄存款余额12.22亿元，同比增长18.13%。全社会金融机构各项贷款余额20.03亿元，同比增长7.86%。

保险：全县保费收入完成2408.4万元，同比增长9.52%。其中财产保险保费收入1516万元，赔款支付765万元；人寿保险保费收入847.4万元。

交通、邮电和旅游业

2014年交通运输、仓储和邮政业实现增加值8577万元，同比增长4.8%。公路货运周转量6996万吨公里，同比增长9.45%，公路客运周转量438万人公里，同比增长7.9%。

交通方面：全县共完成公路安全护栏建设77.8公里，通乡油路11.8公里，通村公路124公里。S216李子坪至棉垭段67.53公里，已全面开工建设；S216线棉垭至梅雨段38.4公里，此段分两段通过代建单位招投标，其中一段施工单位已确定并已进场，监理单位已确定；S216线桃巴至李子坪段90公里，前期工作已完成，中标机构已确定；芽租乡通乡油路工程10.8公里已顺利完工，项脚乡通乡公路已顺利开工，唐央乡通乡油路工程33.6公里建设已进入招投标阶段，预计于2015年完工；王顺友“马班油路”已完成预可报告并通过评审，处于工可报告阶段各项专题报告编制阶段。

随着人民生活水平的日益提高，通信业得以快速发展。全年邮电业务收入4692.9万元，同比增长8.2%，年末固定电话用户数2973户，移动电话用户数5.68万户。

近年来，随着旅游宣传力度不断加大、交通设施不断完善和旅游规划的逐步实施，促进了我县旅游产业的较快发展，县内外来游客逐年增多。全年实现旅游产业总产出1.3亿元，同比增长68%，旅游人数达15.07万人次，同比增长9.2%。

教育和科学技术

教育事业：结合木里教育发展实际，锐意进取、狠抓落实，扎实巩固“两基”成果，全县教育事业呈健康、稳定发展态势。全县共有中学12

所，其中：完全中学1所，初级中学2所，九年一贯制学校8所，独立设置的少数民族九年一贯制学校1所；初中招生数1765人，在校学生数5008人，比上年同期增加242人。高中招生数552人，在校学生数1444人，比上年同期增加113人。九年制小学部9所，普通小学校23所，共计32所，全县教学点174个，小学招生数2201人，比上年减少417人，在校学生数13206人，比上年减少668人。幼儿园1所，在园人数1058人，较上年增加575人。小学入学率达100%，初中阶段入学率达98.8%，小学辍学率0.48%，初中辍学率2.16%，辍学率控制在小学1%，初中3%的规定范围内。

继续实施“两免一补”政策，完善和规范民族寄宿制教育，全年投入2224万元生均公用经费，惠及36478名学生；享受免费教科书49360人次，补助资金213.59万元，同时下达学生营养改善资金1130.77万元。享受寄宿制生活补助学生达16054人，补助资金1170.87元。

进一步完善教师周转房、学生宿舍、学校标准化伙食堂和伙房建设，以上项目投资资金8804万元，建设面积30686.92平方米。

科技：深入实施“科技兴县”战略，加大科普宣传、科技培训和科技推广力度。一是加强农业执法宣传和执法，进一步规范农资市场。全年普法培训500人次，印发普法资料0.2万份，检查农资经营网点5个，开展现场咨询活动10场次，有效的维护了我县农资市场的规范化。二是积极开展农产品安全监管工作。全年共举办培训5期，培训人员2000人次，张贴和发放宣传资料2000多份。同时对我县蔬菜基地和农贸市场进行定点、定时检测，共进行了20次检测，检测蔬菜、水果样品240个，样品检测合格率为100%，为我县的农产品安全提供了保障。三是健全农业有害生物防治应急处理预案，提高应对各种突出病虫害的处置能力，完善监测点的布置，提高检测的针对性，坚持以农业防治为基础，综合应用生物防治、物理防治和化学防治等。病虫害防治面积达到种植面积90%以上，专业化统防统治面积达2.4万亩，病虫害损害率控制在4%以下；狠抓疫情普查，决不放松疫情的监测控制，有效的杜绝新的检疫性有害生物进入我县。科技创新技术合同交易额1.365万元，较上年增长30%，专利申请完成2项，科普宣传及科技培训302期，培训1.8万人次。开展新型农民培训300人，农民实用技术培训1.8万人，完成农村沼气池建设800口。

继续做好气象保障服务工作，向公众发布气象预报手机短信22万余条，制作和发布《春播适播气象预报》3期，《高森林火险橙色预警确认信息》2期，《森林扑火专题预报》61期，《干旱监测分析报告》3期，《重要气象信息特报》4期，《重要天气警报》18期，各类预警信号6期。

文化、卫生和体育

文化、体育方面：免费开放1个图书馆、1个文化馆、18个乡镇综合文化站，免费放映农村公益电影1356场次，完成广播电视“村村通”工程1.04万套直播卫星设备的分发安装、28个行政村广播“村村响”建设、800多户地面数字电视建设和8个乡镇文化站建设。完成700多件可移动文物普查外业工作和仁江寺文物保护等工程，新增省级非遗项目3个。组建200人的少年宫艺术队和40人的藏族农民艺术队，组织“三下乡”文艺演出5场，高质量举办木里首届“原创原生态歌曲演唱大赛”和第七届民族服饰大赛。全民健身活动深入开展，完成全国第六次体育普查任务，民族体育广场建设快速推进，完成20个行政村的农民体育健身工程。切实抓好县影剧院改造装修工程，积极解决施工中存在的各种问题，会商解决方案，历经近一年的努力，影剧院正式投入使用。

卫生事业健康发展。年末拥有医疗卫生机构36个，床位500张，卫生技术人员429人。进一步完善居民健康档案，累计建立居民健康档案114619人份，建档率88.16%。其中电子建档9.98万份，建档率76.78%；在管儿童数8025人，在管孕产妇数516人，2型糖尿病患者健康管理360例。全县麻疹疫苗补免疫5416人，两轮脊灰疫苗补充免疫1.27万人，同时相关部门开展了艾滋病、结核病、麻风病等重点疾病防治工作。

人　口

坚持以稳定低生育水平，提高人口素质，改善人口结构为目标，狠抓各项工作的落实，人口计生工作取得较好成效。2014年末，全县总人口13.88万人，比2013年末增加421人，年末总户数3.56万户，比2013年末增加523户。全县共有的21个民族中有藏族4.55万人，占总人口的32.76%；彝族4.28万人，占总人口的30.8%；汉族2.59万人，占18.66%；蒙古族8997人，占6.48%；苗族8910人，占6.42%；纳西族4830人，占3.80%；其它少数民族1935人，占总人口的1.39%。出生人口1710人，出生率为12.69‰，死亡人口812人，死亡率6.02‰，人口自然增长率为6.67‰。2014年全县常住人口13.2万人，其中城镇人口1.77万人，城镇化率达13.39%。

人民生活和社会保障

木里县委、县政府始终把民生问题放在首位，坚定不移的贯彻落实各项惠民、利民政策，城乡居民生活水平得到改善。

2014年全县单位从业人员7626人，从业人员劳动报酬4.47亿元，同比增长23.1%，单位从业人员年平均劳动报酬5.93万元，同比增长16.28%；其中，2014年全县单位在岗从业人员6665人，在岗从业人员劳动报酬4.22亿元，同比增长22.73%，在岗从业人员年平均劳动报酬6.38亿元，同比增长17.42%。

全县农民人均纯收入达到5963元，较上年增加996元，同比增长20.05%；农民人均现金收入4443元，同比增长32.91%。城镇居民人均可支配收入2.13万元，较上年增加1629元，同比增长8.3%。

2014年，随着政府对物价采取有效的平抑措施，以及平价农贸超市的建成与使用，全年居民消费价格指数累计上涨2.2%，商品零售价格指数累计上涨2.2%，农业生产资料价格指数累计下降0.2%。

社会保障工作进一步加强，社会保障体系进一步扩大。2014年城镇低保户共有1799户3758人，累计保障人数4.54万人次，累计支出金额1086.1万元；农村低保共有6249户2.09万人，累计保障人数33.88万人次，累计支出金额3484.3万元；救助城镇低保人员1829人次（其中资助参保1583人次，直接救助246人次），发放城镇医疗救助金47.3万元；农村医疗救助3.47万人次（其中资助参合3.32万人次，直接救助1485人次），发放农村医疗救助金490.3万元；进行孤儿生活补助共22名，累计发放178.99万元。参加基本医疗保险、养老保险和失业保险、工伤保险、生育保险的职工人数分别为7315人，5113人，3123人，3654人，1560人；参加农村社会养老保险5万人。全县社会保障“一卡通”信息采集并审核通过3.94万张，转移就业农村劳动力登记入库3.33万人，培训2420人次，实现劳务收入2.57亿元，接待并办结21起拖欠农民工工资案件，为1174名农民工追回拖欠工资2034万元。新增城镇就业223人，城镇失业人员再就业113人，就业困难人员再就业12人，下岗人员再就业25人，城镇登记失业率3.18%。新建保障性住房148套、在建144套、竣工390套，发放住房租赁补贴927户、发放资金221万元。完成锦屏电站库区新增滑坡塌岸实物指标调查登记工作，启动474人搬迁安置。实施85户分散农户地质灾害防灾避险搬迁安置，成功避让地质灾害2起、安全转移群众221人。巩固并完善新农合制度，新农合工作成效显著，参合人数达到11.7万人，参合率99.46%，参合率连续七年位居全州前列，乡级医疗机构和57个村卫生室纳入新农合定点。新型农村社会养老保险及城镇居民基本医疗保险工作持续推进，农村养老保险参保人数4.9万人，全年新参保人数102人，收取养老保险金482.9万元，其中：60岁以上当年领取养老保险金的有1.04万人，累计发放养老金725.3万元；80周岁以上老人891人，累计发放高龄补贴金58.2万元。

进一步加大低收入家庭住房保障工作力度，本年度新纳入租赁补贴40户，累计纳入租赁补贴总户数973户，共计发放租赁补贴232万元。林业棚户区民生工程稳步推进，四个林业企业住房、危旧房改造得到解决。分别在一林场新建50套，危旧房改造113套，桃博林场新建59套，茶布朗林场新建80套，林产公司新建55套。继续实施民族地区帮扶工程，完成了博科乡博科村、后所乡田坝村等22个新村的测绘编制，及下麦地棉布村、唐央乡同窝村等14个新村的规划编制。

环境保护和安全生产

全县组建扑火队伍638支1.55万人，防火检查站30个、林区综合治理检查站3个、3个森林派出所已建成并投入使用。及时扑灭一般森林火灾27起，立案查处率100%。严格水电矿产开发及建设项目水土保持，因环境违法单位被处罚并限期整改5家；立案查处国土资源违法案件12件，发现和制止国土资源违法行为32起；规范和登记矿山占用林地130宗，查处5起违法使用林地案件，办理涉林案件160件，打击处理违法犯罪人员146人。积极争取川西藏区生态保护与建设项目资金2542.5万元，成功争取国家重点生态功能区转移支付资金5082万元。大力实施各项重点生态工程，管护国有林699.36万亩，巩固退耕还林成果10万亩，补偿集体公益林18.5万亩，森林抚育补贴项目2.5万亩，雨季植树造林11万株，禁牧草地186.2万亩和草畜平衡草地266万亩，草原灭鼠治虫40.5万亩、人工牧草种植15.32万亩、石漠化综合治理782公顷，建成垃圾填埋场1个、县城污水处理站1个，新建沼气800口，推广发放太阳能热水器400台，空气质量自动监测站扩项建设、环境监察机构标准化建设项目稳步推进，完成29个乡镇饮用水源地保护区划定，实施重大地灾防治项目5个。加强乡村环境综合治理，完成锦屏水电站库区漂浮物清理，创建“美丽乡村”示范村庄4个，并完成20个州级生态村、3202户县级生态家园创建命名工作。

着力维护木里藏区良好的社会秩序，强化打防管控等各项工作措施，全年共立刑事案件120起，刑事拘留61人（1至11月），共受理治安案件132件，行政拘留183人。为藏区跨越式发展和长治久安营造了和谐、稳定的治安环境。坚守安全生产“一条红线”，不断强化党政同责、一岗双责、齐抓公管“三项要求”，防患于未然，扎实开展安全生产宣传教育，安全生产执法检查、安全生产隐患治理等“三项行动”，强化政府部门的监管责任和企业的主体责任，形成了安全生产齐抓共管的良好局面，全年共发生各类伤亡事故170起，死亡1人，受伤124人，直接经济损失124.4万元。

注：1. 生产总值、各行业增加值增长速度均按可比价格计算。

2. 部分数据未经省、州最后审定，最终数据以年鉴为准。

党　委

Party Committee

综　述

【概况】 2014年，木里县全面贯彻落实党的十八大、十八届三中四中全会、四川省委十届四次全会和凉山州委七届五次全会精神，以邓小平理论、“三个代表”重要思想、科学发展观为指导，认真学习贯彻习近平总书记系列重要讲话精神，积极应对复杂严峻的宏观经济形势，保持发展定力、锐意改革创新，突出抓好发展、稳定、民生“三件大事”，大力实施“农业振兴、工业强县、旅游突破”三大发展战略，统筹谋划、扎实抓好“五位一体”建设，认真开展党的群众路线教育实践活动，标本兼治加强反腐倡廉建设，全县呈现经济平稳较快发展、民生持续改善、社会大局和谐稳定的良好局面。

【经济建设】 2014年，木里县实现地区生产总值26.12亿元，同比增长6.6%；地方公共财政收入4.94亿元，同比增长10.5%；公共财政预算支出15.92亿元，同比增长9.8%；规模以上工业增加值6.73亿元，增长7.5%；固定资产投资80.9亿元，同比增长7.4%；社会消费品零售总额5.4亿元，增长9.5%；城镇居民人均可支配收入2.13万元、农民人均纯收入5963元，分别增长8.3%、20.05%。

【社会事业】 2014年，木里县坚持民生为先、民生为本、民生为重，从群众最关心、最直接、最现实的利益问题入手，坚持将新增财力的80%用于改善民生，将资源有偿出让收益的50%用于扶贫开发。全年地方财政民生支出达11.66亿元。藏区“三大民生工程”成为惠农、惠牧、惠寺的重大举措，用超常规措施有序有效推进藏区“三大民生工程”。在9个牧场修建青稞生产基地5000亩、公共救灾饲草基地3000亩，中央补助资金2300万元已到位；教育发展十年行动计划等3个两项资金项目投入资金500万元；职业高校共录取我县2472名学生，毕业生中参军27名，公开录聘（用）乡镇公务员及事业人员100名，学校推荐就业434名，自主就业17名，高职单招15名，对口高职13名；近年新建村、寺庙卫生室45个，改造维修乡卫生院7个，县医院综合楼、妇幼保健站、疾控中心综合楼、3个中心镇卫生院等投入资金1.02亿元。按照州、县《2013年“十大民生工程”实施方案》要求，将州下达的63项、县下达的45项民生工程建设任务落到实处，“十大民生工程”投入资金3.36亿元。县财政安排村级公益“一事一议”资金1400万元，实施农村最需要解决的道路、水利等基础设施项目建设，保证了全县113个行政村，村村有项目。编制完成《木里县产业扶贫规划（2011—2015年）》、《浙江省对口帮扶木里藏区项目规划（2013—2015年）》。共征收保险基金3700万元、支付基本养老保险费3000万元；发放养老金500万元、救灾款300万元、城镇低保资金800万元、农村低保资金2700万元、农村“五保”供养资金300万元、农村医疗救助金400万元和城镇医疗救助金30万元。县福利中心竣工验收，乔瓦镇敬老院、县殡仪馆项目正式动工。完成县医院“创二甲”建设，完成4个牧民定居点体育设施建设项目体育器材采购和安装，建成投用14座寺庙书屋。安装完成3678套“村村通”设备，“村村通”覆盖率达66%。整合浙江省、西昌市和攀枝花市援助资金1200万元，启动33个藏区新农村建设任务并圆满收尾，实施村落民居建设2660户、覆盖1.18万人，配套建设以水、电、路为主的基础设施和以学校、医院、活动室为主的公共服务设施，完成2个精品示范村打造任务。

【扶贫攻坚】 2014年，木里县整合浙江省、攀枝花市、西昌市等“一省两市”对口帮扶力量，大力发展核桃花椒等特色农牧产业，藏区连片扶贫开发等5个扶贫开发项目投入资金900万元；对970户廉租住房租赁户补助资金210万元；投入2400万元完成农村D级危房改造1505户。解决1.5万农村人口安全饮水问题，有序推进唐央乡集镇迁建等5个移民复建项目，兑现大中型水库移民后期扶持直补资金216万元，兑现2014年国家和省级集体生态公益林生态效益补偿基金273.4万元，兑现征占用退耕还林转换补偿资金1272.46万元，兑现草原生态保护补助资金2216.2万元，加快贫困群众脱贫致富步伐，减少贫困人口3714人。开展扶贫开发建档立卡工作，识别贫困村97个，贫困户6167户、贫困人口26252人。

【新村建设】 2014年，木里县统筹新型城镇化与新农村建设，按照“五新一体”要求，产村相融、成片推进藏区新村建设，整合易地扶贫搬迁、扶贫开发、对口援藏等资金，新改建藏区新村48个，直接惠及22个乡镇29个村2170户9826人。统筹推进投资3530万元的藏区新居、近8亿元的无电地区电力建设、1.06亿元的农村公路、2756万元的农村安全饮水工程、960万元的村（社区）办公服务场所和综合服务设施项目、近4000万元的核桃花椒等特色产业化项目和2025万元的以三点“四小工程”为主的“一事一议”和村级公共设施运行维护项目等工程项目建设，大力实施“六到农户”工程和“一池五改”工程，藏区农牧民生产生活条件得到改善，生活质量提高。

【项目建设】 2014年，木里县共实施藏区项目21个，总投资3.05亿元，到位资金2.46亿元，完成投资1.52亿元，已完工7个；实施援藏项目22个，总投资1.27亿元，完成投资0.61亿元，已完工16个；实施政府项目266个，总投资41.58亿元，到位资金18.43亿元，完成投资12.96亿元，已完工108个；水电项目方面，“一江三河”水电开发完成投资63.52亿元，累计完成投资355.21亿元（不含锦屏一级、二级水电站）。全县新增装机客量514.2万千瓦（含锦屏一级、二级水电站），建成投产发电水电站10座、总装机938.08万千瓦，在建水电站16座、总装机186.76万千瓦，以清洁能源为支撑的县域工业体系基本形成；矿产项目开发方面，通过严格管理，2014年，木里县保留147宗探矿权、2宗采矿权，黄金、锰等矿产资源开发有序推进。

【生态管理】 2014年，木里县扑火队伍638支1.55万人，30个防火检查站、3个林区综合治理检查站、3个森林派出所建成并投入使用。立案查处国土资源违法案件12件，发现和制止国土资源违法行为32起；规范和登记矿山占用林地130宗，查处5起违法使用林地案件，办理涉林案件160件，打击处理违法犯罪人员146人。管护国有林699.36万亩，巩固退耕还林成果10万亩，补偿集体公益林18.5万亩，完成森林抚育补贴项目2.5万亩，完成雨季植树造林11万株，完成186.2万亩禁牧草地和266万亩草畜平衡草地的划定，减畜43.66万个单位，完成草原灭鼠治虫40.5万亩、人工牧草种植15.32万亩，完成石漠化综合治理782公顷，建成垃圾填埋场1个、县城污水处理站1个，新建沼气800口，推广发放太阳能热水器400台，空气质量自动监测站扩项建设、环境监察机构标准化建设项目稳步推进，完成29个乡镇饮用水源地保护区划定，实施重大地灾防治项目5个。

【环境保护】 2014年，木里县严格水电矿产开发及建设项目水土保持，5家环境违法单位被处罚并限期整改；严格污染物排放管理，控制污染物排放年度目标。争取川西藏区生态保护与建设项目资金2542.5万元，争取国家重点生态功能区转移支付资金5082万元。乡村环境综合治理加强，完成锦屏水电站库区漂浮物清理，创建“美丽乡村”示范村庄4个，完成20个州级生态村、2户县级生态家园创建命名工作。

【稳定工作】 2014年，木里县深入开展民族团结进步创建活动，让群众理解“祖国统一是福、民族团结是福，发展才能致富”的道理，增强爱党、爱国意识。大力开展“普法”教育，创新“两真两严”寺庙管理办法，把寺庙僧人作为普通群众一视同仁，既真诚相待、真心帮助，又坚持“五个绝不允许”严格管理，对违法行为严厉打击，保证法律面前人人平等。对14座寺庙寺管会主任、副主任参照村干部补助标准发放生活补助，72名寺管会委员参照组干部补助标准发放生活补助；将家庭确实困难、符合农村低保条件的僧人纳入农村低保，把所有寺庙僧人纳入新农合、养老保险范围。寺庙基础设施投入达0.17亿元，切实解决寺庙僧人的实际困难和问题，让寺庙僧人感受到了党和政府的温暖。建立县、乡、村三级维稳联动机制，村对乡负责，乡对县负责，保证层层有人抓、事事有人管；建立“两真两严”寺庙管理机制，真诚相待、真心帮助寺庙僧人，严格管理、对违法犯罪的严厉打击；建立党员干部“连心牵手”服务群众工作机制，做到“四连心”、“四牵手”；建立“三三制”调解机制，矛盾纠纷坚持组、村、乡三级逐级调处，层层落实责任；建立重点人员帮教机制，突出帮教转化，加大管控力度，确保重点人员不脱控；建立“三位一体”情报信息收集机制，及时掌握内幕性、预警性、行动性情报信息，防患于未然；建立重大突发事件应急处突机制，应急管控在前、发现问题在先、化解矛盾在小，切实维护社会稳定。2014年，全县共排查各类矛盾纠纷265件，调处成功259件，化解矛盾纠纷排查调处成功率达97.8%；共受理刑事案件135起，立案117件，破案87件，逮捕75人，移送审查起诉89人；共受理行政案件475件，办结465件；受理人民群众来信来访71件、687人次，凉山州转交办件7件，人民网留言2件，省长信箱留言8件，均按时办结。

【群教活动】 2014年，木里县高标准高质量完成全县党的群众路线教育实践活动，全面落实习近平总书记“三严三实”和省委、州委“五个带头”、“五个结合”要求，以焦裕禄、兰辉、毕世祥、杜萍、王偏初等先进典型为榜样，开门开放抓教育，聚焦“四风”摆问题，严督实导把方向，领导带头移风易俗倡树新风，以整风精神开好专题民主生活会，扎实推进正风肃纪，集中开展“9+3”专项整治和班子、个人问题整改，一大批群众反映强烈的“四风”突出问题得到有效解决，党群干群关系进一步密切。收集“四风”方面意见建议4878条，查摆出问题2723个。组建439支为民服务队开展“连心牵手”和“四民”活动；实现全县495名副科级以上党员领导干部与所有僧人及家庭“一联一、多联一”全覆盖。108个机关党组织成功换届，处理11名不合格党员。认真落实中央“八项规定”、省州“十项规定”，“三公经费”比上年同期下降42%；全县性会议、文件数量分别减少二分之一和三分之一以上；诫勉谈话2人，组织谈话15人，集体问责一个部门，受理来信来访53件，立案25件，处分27人。全县党政部门共清退12辆超标准、借用车，共清理整治超标办公用房1137.51平方米。深入开展为民、惠民、富民、安民“四民”活动，建立民生诉求、困难群众、稳定工作“三本台账”各22094、8137、231件。在全县29个乡（镇）建立完善“三办一中心”，为群众上门办事提供“一站式”服务。严查违规违纪行为，在县电视台设立“曝光台”点名道姓通报典型案件，在“曝光台”通报9个“庸懒散浮拖”问题突出的单位并问责。及时曝光违反“八项规定”行为，先后对72个县级部门、20个乡（镇）进行抽查，对一个部门进行集体问责。认真贯彻落实《党政机关厉行节约反对浪费条例》，修订和完善了在联系群众、民主决策、公务接待、公车配备管理、出国（境）管理、楼堂馆所建设管理、经费管理等方面的制度规定，切实堵塞漏洞，推动形成从源头上防治“四风”的长效机制，群众路线教育实践活动取得了实实在在的效果。

【党建工作】　2014年，木里县建立了全县党性教育基地，通过党校培训和组建“马背上的党支部”，推动党的政策“进机关、进乡村、进学校、进企业、进寺庙”，保障党的理论主张融进藏区群众脑海，形成一级对一级负责，一级传递一级的党建工作责任制，实现纪委向全县党政机关、企事业单位派驻纪检机构全覆盖；实现对乡（镇）、县级部门实行党风廉政社会评价工作全覆盖；协调周边9个县建立32个边界乡（镇）联合党工委，成立26个边界村联合党支部。调整乡（镇）重要岗位干部2名，县级部门重要岗位干部26名，选优配强29个乡（镇）“四大员”116名。招录选调生17名、基层公务员91名、乡村教师64名，公开遴选、储备90名优秀年轻干部人才培养对象。落实工作经费30万元，引进专业人才44名；清理超职数配备干部4名；对21名乡（镇）、5名县级部门领导干部进行经济责任审计，处理干部11名；集中组织谈话60人次，个别谈话21人次；组织40名新任职干部向县委和群众作出“双承诺”；对29名干部进行问责问效；成立巡视情况整改领导小组，制定整改方案并组织实施。出台两个《实施意见》，分别从3个方面、31个侧重点，6个方面、40个侧重点对作风建设、干部管理监督进行部署。分8个领域推进基层服务型党组织建设，整顿软弱涣散党组织12个，选派80名机关干部到村任职，配齐113个行政村“三职”干部。投入8200万元实施基层党组织建设保障工程；落实村（社区）党组织工作经费226万元、党员教育培训经费15万元、服务群众专项经费565万元、教学资源建设和系统运行维护等经费10万元、农村公共服务项目维护经费5万元，将村（社区）支部党建经费提高到2万元，投入30万元，建立党建工作督查考核平台和县级流动党员服务中心。配备29个乡（镇）专兼职组织员，89个县级部门专职党务工作者。

【依法治县】　2014年，木里县全面贯彻落实《四川省依法治省纲要》和《凉山州依法治州实施意见》，紧紧围绕县委、县政府的中心工作，认真落实全县推进依法治县工作会议精神，按照《木里县依法治县实施意见》和《木里县依法治县2014年工作要点》的安排部署，用法治思维统一思想，用法治方式凝聚干劲，团结稳定各族群众共同发展进步，为全面推进木里藏区依法治县、跨越发展和长治久安提供有力法治保障。2014年，木里县制定出台《木里县依法治县领导小组工作规则》、《木里县依法治县领导小组成员单位工作职责》和《木里县依法治县领导小组办公室工作细则》，明确工作规则、工作任务、工作程序、工作职责。牢固树立“寺庙是基层单位、僧人也是普通公民”的理念，加强对寺庙、僧人的依法管理力度，杜绝法外之寺、法外之僧。坚持“两真两严”的寺庙管理机制，制定并完善寺庙管理“十四条”规定，建立寺庙工作“四个一”制度，强化制度的刚性执行力，大力推动文明和谐寺庙创建工作。建立县委常委会、政府常务会议学法制度，印发了《关于加强全县领导干部学法用法工作的意见》，对领导干部学法用法的内容和要求作了详细规定。在县党政网上建立依法治县专题网页，及时更新省、州、县的安排部署和工作动态等内容。编发《依法治县工作简报》共24期，积极上报依法治县信息简报，州办采用依法治县工作简报10余条，凉山日报刊发依法治县工作新闻6篇。

【光荣榜】 2015 年 3 月 17 日，木里县委被国务院评为国务院第六次民族团结模范集体；2014 年 2 月 25 日，木里县被四川省委办公厅、省政府办公厅评为 2013 年度全省维护社会稳定和社会管理综合治理工作目标先进县；2014 年 2 月 13 日，木里县被凉山州委、州政府评为凉山州参加第十四届西博会先进单位；2014 年 3 月 24 日，木里县被凉山州委、州政府评为 2013 年度县市投资促进工作先进集体；2014 年 4 月 23 日，木里县被凉山州委、州政府评为 2013 年度凉山州城乡环境综合治理工作先进单位二等奖；2014 年 5 月 4 日，木里县被凉山州委办、州政府办评为 2013 年度全州社会管理综合治理工作和平安建设先进集体；2014 年 8 月 11 日，木里县被凉山州委、州政府评为 2013 年度县市和州直部门综合目标绩效考评三等奖；2015 年 2 月 16 日，木里县被凉山州委、州政府评为 2014 年度防震减灾目标考核二等奖。

【领导人】 县委书记：张振国；县委副书记：伍松（藏族）、呷绒翁丁（藏族）、熊帷茗；县委常委：高晓、王锋、沐年若（藏族，~2014.4）、贾德全（彝族）、甘正友（藏族）、马国发（彝族）、苟顶才（援藏干部，~2014.7）、甲央其扎（藏族）、杨晓军（藏族）、王雪松（援藏干部，~2014.7）杨单祖（藏族）、肖玉成（2014.4~）、陈继川（援藏干部，2014.9~）

县委办公室工作

【概况】 2014 年，木里县委办公室紧紧围绕县委中心工作，把贯彻落实党的十八大、十八届三中四中全会、四川省委十届四次全会和凉山州委七届五次全会精神为首要任务，结合党的群众路线教育实践活动，坚持"高水平谋事、高效率办事"，切实履行好"三办、三服务"工作职能，有力地保证了机关的高效运转。木里县委办公室是中共木里县委的办事机构，主要职责是：负责县委日常文书处理，中央、省委、州委和县委重要工作部署贯彻落实的督促检查，州委和县委指示、州委和县委领导指示的转达和催办落实；围绕中央、省委、州委和县委工作部署，收集信息、反映情况、综合调研，承担县委文件、文稿的起草、和校核工作，负责县委文件的印制、分发和管理等工作。负责县委种会议事务工作和县委领导参加重大活动的组织安排，负责县委有关接待工作；负责县委领导办公和住地的安全保卫，县委机关大院、宿舍区社会治安综合治理、和安全防范工作；管理县委机关房产和其他固定资产以及经费预算、财务审计、基建计划及实施等工作；管理县委机关计划生育、和牵头负责县委机关精神文明建设工作；负责县委老领导和办公室离退休人员的管理、服务工作，做好机关行政管理和后勤服务工作。县委办公室内设依法治县办公室、深化改革办公室、法规股、信息股、秘书股、行政管理股、财务室 7 个机构，保密局、维稳办、机要局、目督办、政研室挂靠县委办公室，有职工 24 人，其中公务员（含参公人员）17 人，工勤人员 7 人。

【办文办会】 2014 年，木里县委办公室紧紧围绕县委、县政府的重大决策和工作部署，起草了大量的领导讲话、文件、汇报及调研材料等文稿。凡是我们经手撰写的文稿，都要经过一系列严格的文稿质量把关环节；对办文工作实行量化考核，确保了办文质量与效率。我办全年共编发县委、县委办文件 173 件，《县委议事纪要及调研信息选编》6 期，《情况简报》5 期，《木里信息》3 期，《四办要撷》4 期，领导讲话 30 余篇，发言、汇报材料 20 余篇，都以较高水平受到了县委领导及各界干部的认可。一年来，办理了大量领导交办事项和基层单位协调事宜；跟随领导到基层进行督查、调研、现场办公 100 余次；撰写调研文章和理论文章5篇；上报党务、政务信息300余条。全年共承办县委全体（扩大）会议、四大班子联席会议、县委常委会议、工作汇报会等各种大、中、小型会议32次。在办会过程中做到思想集中、组织严谨、协调有力、细致认真、服务周到、灵活应变。

【保密工作】 2014年，木里县成立以县委分管副书记为保密委主任的保密领导机构，调整充实县委保密委员会成员。把保密宣传教育纳入县委中心学习组、县委党校干部学习培训内容，并将保密工作纳入乡镇和县级部门目标考核中。开展保密委主任宣讲保密党课，开展全国保密普查工作，开展《保密法》、《保密法实施条例》宣传工作。召开全县保密工作培训会（对县委保密委成员单位主要负责人，县级涉密重点部门主要负责人、涉密重点部门办公室主任以及重点乡镇主要负责人进行了培训）。完成2015年度《保密工作》征订任务，对全县保密要害部门、部位进行了复核等级，建立健全档案，规范保密要害部门部位管理。开展非涉密网络保密管理专项检查工作，开展网络核查分类，严格界定涉密网络、非涉密网络属性，加强已建网络的监管和保密检查，规范电子政务内网和涉密单机保密管理。开展高考、自考等保密巡查工作，成立试卷安全保密工作领导小组，强化保密技防、物防措施。强化督查督办工作，加强涉密人员管理，以保密普查为基础，摸清底数，搞好涉密人员核查分类和确认工作。

【督办工作】 2014年，木里县委县政府目督办按照四川省委、凉山州委和木里县委年初确定的工作目标，突出督查工作重点，扩大督查范围，特别是对重大决策贯彻落实情况、全县重大项目的实施情况、中央、省州及县委的相关规定执行情况等进行全面督查，做到了重点问题全力以赴，难点热点问题全程跟踪，有效推动了各项工作的贯彻落实。2014年共印发《督查专报》18期、《督查通报》4期，每月定期向州委目标管理督查办公室反馈重要专项工作推进情况。整合纪委、组织部、目督办等督查力量到基层督查10余次，重点督查重要工作推进情况、干部在岗履职情况，有效推进工作开展。

【政研工作】 2014年，木里县委政研室围绕县委、县政府的中心工作和县委领导关注的重大问题和热点问题深入调查研究，与其他相关部门共同形成10多篇高质量、有价值的调研文章，得到了县委领导的充分肯定。向凉山州委政研室上报多篇调研报告，其中《抓实教育实践活动努力推进木里藏区跨越发展和长治久安》和《加快依法治县进程用法治思维推进木里藏区跨越发展和长治久安》2篇调研报告在州委政研室《领导参阅》上发表。全国政协主席俞正声、四川省委书记王东明、凉山州委书记翟占一对木里县调研报告《民族地区如和长治久安——木里的经验和启示》给予充分的肯定。

【后勤工作】 2014年，木里县委办公室按照中央“八项规定”、省州“十项规定”和县委“六条规定”，在接待工作上严格执行接待标准，厉行勤俭节约，杜绝挥霍浪费，“三公经费”比上年同期下降42%。在机关管理工作中，严格按照《中共木里县委办公室工作规则》，进一步规范了小车管理，保证了公务用车需要。小车维修实行报价审核制度，实行定点维修。同时，加强对驾驶人员的管理和教育，并签订行车责任书，确保了乘车安全。强化了机关大院的安全和卫生管理，维修、改造了县委机关部分办公设施，安装了县委大院“电子眼”，消除了安全隐患，进一步改善办公环境。完善了办公室临时工管理办法，充分体现多劳多得、奖惩分明、严格考核原则。注重发挥个人专长，努力形成团结协作氛围，促进后勤管理规范化。加强财务管理，坚持财务工作一支笔签字原则，遇大项开支向县委分管或者主要领导进行汇报。及时报送各类财务报表，自觉接受审计、纪委等部门的专项检查。同时加强对办公室固定资产的管理，防止固定资产流失。

【光荣榜】　2014 年 1 月 15 日，木里县委维稳办被木里县委县政府评为 2013 年藏区稳定工作先进集体；2014 年 1 月 29 日，木里县委办公室被凉山州人民政府评为 2013 年度人口和计划生育工作合格单位；2014 年 5 月 4 日，木里县委办公室被凉山州委、州政府评为 2013 年度平安建设先进集体；2014 年 10 月 14 日，木里县委办公室被凉山州委办公室评为《中办通讯》发行暨学用工作先进集体。

【领导人】　县委办主任：黄龙布（藏族）；县委办副主任：王泽军（彝族）、沈达（彝族）、罗晓强（藏族）、翁从明（援藏干部）；机要局局长：陈迎春；机要局副局长：张光勋；政研室副主任：陈蕾（女，2014.3 ~）；维稳办副主任：次尔撒朗（藏族）；目督办副主任：刘德宏。党政网络管理中心主任：罗斌（2014.4 ~）

（审稿：黄龙布/撰稿：钟然）

纪委监察工作

【概况】　2014 年，木里县纪委监察局进一步调整内设机构。设办公室（干部室）、纪检监察一室（派驻工作室）、纪检监察二室、案件审理室、控告申诉室、执法和效能监督室（效能投诉中心）、党风政风监督室、预防腐败室（法规和宣教室）、社会评价中心；退出 140 个议事协调机构，保留 10 个。推进“两个全覆盖”：落实纪委向全县党政机关、企事业单位派驻纪检机构，实行统一名称、统一管理；逐步实现纪委向全县机关派驻纪检机构全覆盖。年末，纪委监察局共有在编人员 23 人。

【党风廉政建设】　2014 年，木里县纪检监察工作，按照“一把手”负总责、班子成员实行“一岗双责”分工负责、县级有关部门牵头协办和县纪委组织协调的责任体系，将年度党风廉政建设的目标任务细化分解落实到县委、县政府领导、县级各部门和乡（镇）。出台了《关于党风廉政建设和反腐败工作实施意见》、《关于落实党风廉政建设党委主体责任和纪委监督责任的实施意见》、《关于建立健全作风建设长效机制的意见》。实行把党风廉政建设与反腐败工作纳入经济社会发展和党的建设总体布局中，认真贯彻落实上级党委和纪委有关部署要求，积极推动责任落实。推行县委常委分片负责抓党风廉政建设工作，29 个乡镇党委书记和 86 个县级部门一把手向纪委全会述责述廉，接受纪委委员、乡镇纪委书记、派驻纪检组长、特邀监察员民主测评，把党风廉政建设工作真正压给一把手来落实。县委领导带头到 29 个乡镇、70 余个部门给党员干部群众上党课、讲纪律、谈形势，筑牢党员干部不想腐、不敢腐的廉政防线。县委出台了《木里县干部廉政约谈实施办法》，对约谈人、约谈内容、约谈纪律、约谈记录等进行硬性规定。使约谈工作开始步入常态化和规范化，努力做到思想早提醒、问题早点醒、线索早发现、结果早定性，不断增强党员干部廉政勤政意识，提高拒腐防腐能力。

【监督机制】　2014 年，木里县纪委监察局创新方法，不固定时间、地点、人员，机动灵活开展“短平快”专项巡视，突出发现问题。收缩战线抓“三退”：退出分工、退出招投标、退出工程验收。抓督查、强作风。县纪委制定出台《关于乡镇干部职工“走读”问题专项整治工作实施方案》，定期、不定期开展乡镇、部门干部在岗履职情况督查，及时排查党员干部中存在的工作不实、用心不够等问题。2014年，共组织各类明察暗访15轮次300余人，诫勉谈话2人，组织谈话15人，党政纪处理4件4人。抓效能、促规范。加强乡镇、部门日常规范管理，出台了《结合群众路线教育实践活动认真开展机关形象和作风建设的紧急通知》，强化乡镇和部门机关效能建设，努力提高工作执行力。

【省委巡视】　2014年10月，省委第二巡视组进驻木里开展了巡视工作。县委对照巡视问题和整改清单，实行台账管理，逐一解决、逐一销号。结合木里实际，有针对性的提出整治重点，采取有效措施，一项一项进行整治，一个一个问题解决。

【党风廉政建设社会评价】　2014年上半年木里县党风廉政建设社会满意度测评全州排名第7位，下半年，继续保持了全州的靠前排位。

【案件查办】　2014年，木里县强化纪委委员、乡镇纪委书记、派驻部门纪检组长、特邀监察员以及反腐败协调领导小组成员单位专业人才作用发挥，突出案件查办工作的时效性、彰显震慑力。2014年，木里县纪委监察局共收到各类信访举报案件53件，立案25件，处分27人，共收缴违纪资金121.2万元。其中，乡镇纪委办案9件。

【群教活动】　2014年，在党的群众路线教育实践活动中，木里县有效整合全县纪检干部专业特长和工作特点，相对固定干部问岗问效督查组、财务经费督查组、项目工程督查组、八项规定督查组、纪律问责督查组、重大工作推进督查组等3—5人的六个专项作风督查组，定期开展全域覆盖的综合性监督检查。坚决纠正擅离职守、作风漂浮、软弱涣散等问题，2014年开展明察暗访10余轮次，电话督岗14次，共计督查干部1500人次。

【廉政教育】　2014年，木里县纪委监察局注重廉政关口前移，不断提升反腐倡廉警示教育实效，多渠道扩大警示教育面，向全县县处级领导发放警示教育读本《钱权殇》、《忏悔实录Ⅰ》、《忏悔实录Ⅱ》，在教育、卫生系统等重点领域召开廉政警示约谈会，用典型案件警示各级领导干部。增强全县各级领导干部廉政理念、拒腐防变和抵御风险的能力。2014年共上报省州纪检监察信息50期。其中，《中国纪检监察报》采用1期，《廉政瞭望》采用1期，廉洁四川网站采用7条。

【光荣榜】　2014年，县委常委、纪委书记贾德全调研文章《坚持“三退”回本位立足“四进”促三转》入选省纪委监察厅《两深论文集》。县纪委监察局荣获2014年凉山州纪委“铸反腐铁军”演讲比赛一等奖。县纪委社会评价中心主任陈兴国被凉山州纪委评为2014年度党风廉政宣教先进个人，被县委、县政府评为维稳先进工作者。

【领导人】　纪委书记：贾德全（彝族，~2014.12）；副书记：张晓松（苗族）、代云康；监察局局长：张晓松（苗族）；副局长：谢菊琳（女）、苏祎（彝族）

（审稿：张晓松/撰稿：陈兴国）

组织工作

【概况】　中共木里县委组织部是木里县委主管全县组织工作、党建工作、干部工作和人才工作的职能部门。2014年中共木里县委组织内设办公室、干部一股、干部二股、干部监督股、组织一股、组织二股等6个职能股室；县委党建领导小组办公室、人才工作领导小组办公室、“两新”组织党工委等3个正科级机构和党员教育中心（副科级）设在县委组织部；县委组织部归口管理县委老干部局、县直属机关工委。2014年中共木里县委组织部部机关有干部职工13人。

【党组织与党员状况】 2014年木里县有中共党委30个，中共党组12个，中共总支部17个，中共党支部315个，县委派出工委5个。全年新发展中共党员507人，其中农牧民党员410人、在岗职工89人、其它8人，新发展党员中，少数民族党员365人，妇女91人，大学本科学历22人，大学专科学历60人，中专33人，高中、中技10人，初中及以下382人。年末有中共党员7542人。其中公有制单位在岗职工2416人，非公有制单位在岗职工39人，农牧民4270人，离退休人员609人，其它208人。全年转出组织关系111人，出党5人，死亡62人，转入组织关系100人。党员总数中，妇女党员1253人，少数民族党员5230人。党员总数中，30岁及以下957人，31岁至35岁1016人，36岁至40岁1034人，41岁至45岁1008人，46岁至50岁1032人，51岁至55岁626人，56岁至60岁567人，61岁至65岁436人，66岁至70岁360人，71岁及以上506人。党员总数中，研究生13人，大学本科592人，大学专科1555人，中专506人，高中、中技163人，初中及以下4713人。

【基层党组织建设】 2014年，木里县委组织部研究制定《关于开展党组织书记抓基层党建工作述职评议考核的实施方案》（木组发〔2014〕11号），健全党组织书记党建述职长效机制，让各级党组织书记担当党建工作、党风廉政建设的“两个主体责任”。先后投入10万余元，在党政网上利用OFFICEIM网络协同办公软件建立“党务工作平台”，将各项党建工作细化分解、量化分值，以“工作任务”形式分发给各部门，按月进行考核，实行“月考年评”长效机制。继续深化“四型”党组织创建活动，按教育、卫生、政法等8个领域基层服务型党组织建设的创建标准，制定创建方案，集中开展“党旗飘飘”、“党员亮身份”、“组织覆盖”、“素质提升”、“典型培树”活动，着力构建藏区服务型党组织，健全“四型”党组织创建相关台账，2014年创建“四型”党组织157个，创建率达45%。建立乡村党建经费保障机制，落实每个乡镇党建经费5万元/年，村支部党建经费由每年5000元提高到2万元。全年选派80名县机关干部到村担任“第一书记”或村主任助理，每村增设1个村综合建设中心岗位，推荐选拔中专及以上的年轻人才担任主任，按村文书标准落实待遇。开展软弱涣散党组织整顿，从班子配备、组织制度、换届选举、村务财务管理、社会治安、组织活动场所、服务能力等10个方面确立12个软弱涣散基层党组织，县级联系领导、包乡单位和乡镇党委先后10次深入12个党组织蹲点指导，针对存在问题对症下药，开展集中整顿，到年末，软弱涣散基层党支部基本转化升级。深化边界区域党组织“携手共建”，以组织覆盖推动工作覆盖，与相邻9县成立32个跨县域边界乡镇联合党工委，组建26个边界村联合党支部，落实办公场所、责任人，健全完善乡镇、村组之间联席会议，工作例会、重大事项协调机制，全年各联合党工委、党支部共召开联席会议20余次，解决松茸纠纷、草场纠纷等事件共56件。实现“两新”组织全覆盖，至年末，木里县在25个非公企业中建立党组织11个，覆盖率44%；选派党建指导员联系指导企业5个；在9个30人以上的社会组织中建立党组织6个，覆盖率67%，选派党建指导员联系指导社会组织1个。完善“苏施”党支部建设，建立“苏施”党支部“两库”、“两表”、“两册”、“两台账”，专人专职进行动态管理，年末全县29个“苏施”支部有党员158名，发展入党积极分子246名。在全县29个乡镇建立和完善党政综合办、群众工作办、便民服务中心的“三办一中心”运行制度，为群众办事提供一站式服务。建立村活动照片台账，问题台账，整合藏区项目和新农村建设资金1198万元，实施29个村级组织活动场所新建项目。

【党员队伍建设】　2014年，木里县强化党员队伍建设，发挥党员的先锋模范作用。一是按照控制总量、优化结构、提高质量的总要求，全年新发展党员507名，完成凉山州委组织部指导数的100%，对2700余名党员进行了集中培训，其中，在4个乡镇进行试点，对300余名农村党员和流动党员进行了集中培训。二是组建58支机关专业技术服务队、113支马背服务队、268支摩托车服务队，深入基层开展为民、惠民、富民、安民的“四民”活动，建立民生诉求、困难群众、稳定工作“三本台账”分别为2.21万件、8137件、231件，分别解决和整改2.01万件、7486件、219件，为帮扶对象解决实际困难2300余件，三是深入推进“连心牵手”，直接联系群众常态化，全县7000多名党员、3000多名机关干部、942名村组干部与2.79万户农牧民和寺庙僧人“结对子”、“一帮一”，建立“连心卡”；全年集中开展“走基层”活动2次，县四大班子、部门和乡镇负责人走遍29个乡镇、113个村、603个村民小组、14座寺庙、9个牧场、17个边远农村教学点和31个项目建设设地，为基层办实事12146件，协调落实项目163个，资金1.6亿元；投入资金1.2亿元，实施民生工程52个；投入资金2.2亿元，推动项目建设92个。四是县委组织部制定《关于做好不合格党员识别处置工作的实施方案》（木组发〔2014〕9号），在全县各级党组织中集中开展了一次党员登记工作，进一步健全完善党员基本信息库，对不合格党员进行梳理，建立党员“五清理”台账，全县共处置11名不合格党员，对82名党员进行批评教育。

【干部队伍建设】　2014年，木里县以转变干部作风为重点，以选好训强干部为目标，按照选优配强优化干部队伍的要求，先后调整充实各级领导干部56人（次）。实施优秀年轻干部递进培养计划，根据木里实际合理设置遴选资格条件、推荐范围、工作程序，确保藏区优秀年轻干部选得上、用得起，至年末，通过笔试、面试和实践“三轮”淘汰法，面向社会公开遴选、储备了90名优秀年轻干部人才培养对象，其中正科级培养对象38名，副科级培养对象36名，专业技术管理岗位培养对象15名，企业管理岗位培养对象1名。2014年，先后推荐大学生村官参加四川省、凉山州、木里县县选调生和公务员以及各级各类企事业单位招考85人次；13名大学生村官考录为乡镇公务员；6名大学生村官考录为事业人员。从藏区“9+3”免费教育计划毕业并参军后退役人员中招录6名公务员和4名工勤人员充实到公安系统，安置11名事业人员到乡镇工作。全年招录选调生17名、基层公务员91名、乡村教师64名，引进急需专业人才44名。

【干部选拔任用】　2014年，木里县将新修订的《党政领导干部选拔作用工作条例》和《关于加强干部选拔任用工作监督的意见》纳入县委常委会议、县委中心学习组和干部教育培训的重点内容，并向全县科级及以上领导干部印发500本新修订的《党政领导干部选拔任用工作条例》，做到人手一册，使全县各级领导干部准确掌握干部选拔任用的原则、程序、环节、纪律等规定和要求。继续推行“六步法”干部选拔模式选拔科级领导干部，至年末，已在检察院、法院、纪委、组织部、公安局、森林公安局、教育局、司法局、人社局、固增乡等10个单位采用“六步法“干部选拔模式，选拔出2名正科级领导干部，22名副科级领导干部，提拔重用3名副科级领导干部。

选优配强干部队伍，选用听党话、跟党走的

干部队伍，全年调整干部3批56人次，其中，提拔为副科级24人，提拔为正科2名，交流14人，免职8人（其中4人为受处理免职），为23个乡镇配备专职组织员，为6个乡镇配备兼职组织员，为县级部门配备89名专职党务工作者。

【干部监督】 2014年，木里县制定《关于建立健全作风建设长效机制的实施意见》和《关于认真贯彻“三严三实”要求进一步加强党员干部教育管理监督的实施意见》，由县委常委牵头具体落实每一项工作，部门具体分工负责，把“三严三实”纳入干部“月考年评”，做到日常监督管理不松劲。全年投入10万元在党政网上建立县委党建工作监督考核平台，成立15个督导组，着重督导基层党员干部作风转变情况。

2014年，清理超职数干部4名并妥善安排，对21名乡镇领导干部、5名县级部门领导干部进行经济责任审计，处理涉及经济问题的干部11名，召开干部集体谈话会2次，集中组织谈话60人次，个别谈话21人次，组织40名新任职干部向县委和群众作出“双承诺”，对29名干部进行问责问效。扩大群众对干部选任工作监督，将干部考察工作程序、考察预告、任前公示等相关信息及时在电视台、公示栏、手机平台中公布，并启动12380专用举报录音电话，让权利在阳光下运行，社会公认程度明显提高。

【干部培训】 2014年，木里县依托县委党校举办“9+3”退役士兵考生岗前培训、农村实用技术人才培训、基层党组织书记专题培训、基层政权建设专题培训、村综合建设中心主任专题培训、党务工作者培训和入党积极分子等7期培训班，累计培训干部人才889人次。全年选派县级领导干部、科级领导干部、基层公务员、村干部和大学生村官174人次参加省、州培训；依托浙江义乌、攀枝花市、西昌等援藏平台，选派3名事业单位业务骨干到浙江义乌对口单位挂职锻炼，选派4名乡镇副科级领导干部和11名县级部门业务骨干赴西昌对口单位进行实践锻炼，选派40名优秀年轻干部人才赴电子科技大学培训，选派100名农村实用人才赴攀枝花进行为期15天的专业技术培训，选派50名文秘骨干赴西昌学院进行为期一个月的文秘业务专题培训。

【人才工作】 2014年，木里县坚持党管人才原则，不断完善县委统一领导、组织部门牵头抓总、成员单位各司其职、相关部门密切配合的人才工作机制，并每半年召开1次联席会议推进工作落实。以引进木里县经济社会发展所需紧缺人才为重点，结合实际制定覆盖全县重点行业和重点项目的“引才”计划，引进人才与用人单位签订最低服务年限8年合同，试用期一年后录用为正式事业干部，至年末，引进29名急需教育专业人才，53名急需专业人才待考试、考核招聘。开展“英才”计划，继续与四川骁氏投资有限公司签订爱心捐资助学合作协议，在上年筛选10名木里籍大学生给予爱心捐助的基础上，新增捐助对象40名。做好援藏干部人才的管理服务工作，2014年7月，苟顶才等第二批42名援藏干部人才完成2年的援藏任务离开木里，陈继川等第三批37名援藏干部人才抵达木里，木里县协调各有关部门和单位为援藏干部人才创造良好的外部环境和工作平台，做到政治上充分信任、工作上大力支持、生活上热情关心、管理上严格要求，真正发挥援藏干部人才的作用。2014年木里县加大农村实用技术人才和农村专业技术人才的培训，4月，县委组织部从29个乡镇挑选120名种植核桃、中药材的农户代表，举办为期4天的农村实用技术人才培训班，开设了核桃和中药材培育、种植、管理等课程，邀请县科协、县核桃协会等单位的专家进行理论教学和实践指导，以理论教学为辅、实地操作为主，并将表现优秀、经考核合格的学员吸收为县核桃协会会员，赴各村进行核桃嫁接技术教学和指导，形成培养一批人才、带动一个产业、带富一方群众、搞活一方经济的良好格局。7 月，木里县选派 100 名农村专业技术人才赴攀枝花建筑工程学校进行历时 15 天的专业技术培训，采取课堂讲授、现场培训、实习指导等形式分砌筑工、电工、钢筋工三类工种进行培训，并对参训学员进行资格考试，合格者颁发了国家职业资格证书。

【“教育实践”活动】 2014 年木里县采取专家辅导、对标先进、警示反思、集中研讨等形式，在党员干部队伍中分层、分类开展理想信念宗旨、民主法治、民族团结、感恩奋进、先进典型、反腐倡廉“六项专题教育”和“群众路线怎么走、改进作风怎么办、五好干部怎么做、跨越发展怎么干”专题讨论，期间，各级党员领导带头讲党课 300 余场，组织学习 467 场次，集中专题讨论 269 场次，县委、政府主要领导每人为群众办实事好事 12 件以上，县四大班子、部门和乡镇负责人收集“四风”方面意见建议 4878 条，查摆出问题 2723 个。全县共开展谈心谈话 200 余场，谈心交心达 3000 余人次，共计 600 余名党员领导干部参加专题民主生活会，自我剖析问题 7000 余条，班子成员间相互批评意见达 2000 余条；县级领导亲自参与指导各级各部门民主生活会，县纪委、县委组织部派员参会 242 人次，党外人士、党代表、人民代表、政协委员等 256 人列席会议，全县共计 7000 余名党员参加专题组织生活会，自我剖析问题 1 万余条，互相批评意见达 4000 余条，督导组参加专题组织生活会 357 场次，1 万余人次参加民主测评工作。以“两方案”（整改方案、专项整治方案）、“一计划”（制度建设计划）、“三清单”（为民办实事清单、整改清单、问题清单）为载体，建立健全改进工作作风，密切联系群众的长效机制，全县先后召开专题整改会议 3 次，县级机关和各乡镇召开专题整改会议 2 次，初步提出整改措施 1793 项，至年末已整改完成其中的 95%。县级领导班子（四大班子）共提出制度建设计划 72 项，其中县委常委班子提出制度建设计划 22 项，清理制度规范性文件 76 件，废止 4 件，继续有效 14 件，修改 8 件；县级部门和乡镇提出制度建设计划 1200 余项。

【“庸懒散浮拖”整治】 2014 年 12 月开始，木里县对“庸懒散浮拖”整治进行专题部署，制定《关于乡镇干部职工“走读”问题专项整治工作实施方案》，定期不定期开展乡镇、部门干部在岗履职情况督查，及时排查党员干部中存在的工作不实、用心不够等问题，形成四大班子领导分片督查，县级部门、乡镇联动推进的工作格局，至年末，共组织各类明察暗访 15 轮次 300 余人，对 72 个县级部门、20 个乡镇进行了抽查，对 1 个部门进行集体问责，先后在县电视台“曝光台”通报 9 个问题较突出的单位，并对相关责任人诫勉谈话 2 人，组织谈话 15 人，通过督查给予党纪政纪处分 4 件 4 人。

【自身建设】 2014 年，木里县委组织部贯彻落实党的十八届三中、四中全会精神，围绕加强党的执政能力建设，着力打造责任型、高效型、学习型、服务型、务实型机关。一是修订完善部机关岗位职责和规章制度，对日常管理工作形成 12 个登记册，制册上墙，使各项工作有章可循；二是继续实行重点工作月初汇总安排，月末检查督促，规范了程序；三是坚持每周五理论学习制度，开展业务学习交流活动 20 余次，做到集中学习有记录、有交流、有读书心得，组织组工干部观看警示教育片和到红色教育基地开展党风廉政教育，引导组工干部慎处“交往圈”、净化“生活圈”、纯洁“娱乐圈”、规范“工作圈”，增强反腐倡廉的自觉性；四是开展“开门评部”活动，先后征集到加强党的建设、组织工作和组工干部队伍建设等方面的意见建议 30 余条；五是继续开展组工干部“连心牵手”，直接联系服务群众活动，部机关干部与13户贫困户结成“一对一”的帮扶对子，采取慰问捐物、产业扶持等多种帮扶措施，全年共为群众办实事好事30余件。全年编写上报组工信息37期，编写工作要览11期，编写工作通报4期，为《木里年鉴(2014)》报送组织工作年鉴资料5100余字。2014年县委组织部开展党建宣传和精品节目开发，制作党员教育电视片—《马铃声飘过杂贡嘎》、《高凳上的“格根”》，经凉山州委党员教育中心向四川省委组织部推荐，分别获得四川省第十五届党员教育电视片暨第八届党员干部远程教育教学课件观摩交流活动“优秀党员事迹片类”二等奖、三等奖，5月《高凳上的“格根”》被中央组织部评为全国优秀电教片，并在卫星数字专用频道IP流媒体节目公开展播。

【光荣榜】 2014年2月，木里县委组织部被凉山州委组织部评为2013年度全州组织工作创新奖（凉组办〔2014〕4号）；2014年12月，木里县委组织部被凉山州委组织部评为2013年党内统计优秀报表单位（凉组〔2014〕23号）；2014年，组织部干部邓明燕被木里县委、县政府评为藏区稳定工作先进个人。

【领导人】 组织部长：王锋（县委常委、党校校长、关工委主任）；副部长：杨国俊（藏族，常务副部长）、王礼银、毛小珍（女，彝族，人社局局长）、杨严斌（藏族，老干局局长）、刘建波；县委党建办主任：王礼银；县委人才办主任：薛震（~2014.03）；县委两新组织党工委书记：王贵林（彝族）；副书记：杨洋（女，蒙古族）

（审稿：王礼银/撰稿：鲁绒多丁）

宣传工作

【概况】 中共木里县委宣传部属财政全额拨款的正科级行政机关。2014年，宣传部设外宣办，文明办，文联（事业单位）、记者站（事业单位），共有职工11名，其中事业人员5名。

【对外宣传】 2014年，县委宣传部围绕经济，突出特色，加大宣传力度。木里投送稿在纸制平面媒体刊用557篇，其中，《四川日报》刊用3篇、《四川经济报》刊用52篇、《民族杂志》10篇（图片9张）、《四川科技日报》2篇、《凉山日报》489篇、《凉山党建》1篇。报送电视新闻518条，凉山州电视台采用216条，四川电视台采用4条，康巴卫视采用67条。加强有限电视台和无线电台的宣传工作，协助中央电视台拍摄俄亚乡纳西族婚俗篇、寻找乡村最美教师的拍摄和王顺友的采访报道等；与中央、四川省、凉山州主要媒体合作，采访报道党的群众路线教育实践活动“木里实践经验”，在新华网、《四川日报》、《民族杂志》、《锦绣凉山》、康巴卫视、凉山电视台、《凉山日报》等媒体上专题报道；在康巴卫视、凉山电视台、《凉山日报》等媒体上策划报道“木里两会”、“新农村建设”、“水电开发”等宣传专版和木里专题片共26个在凉山电视台新闻综合频道及公共频道晚间黄金时段播出。认真做好党报党刊宣传发行工作，高标准完成2014年度木里的报刊发行工作。全额兑现2013年度的采用稿“双稿酬”奖励。

【理论教育】 2014年，中共木里县委宣传部按照中央、省、州、县委的要求，紧密联系实际，认真制定县委中心组2014年理论学习计划，确立8个学习专题，采取集中学习、个人自学、专题讲座、实际调研等多种方式，加强县委中心组理论学习工作。全年先后安排3次县委中心组学习扩大会议，加强了对基层党委（党组）中心组学习的指导工作，免费给中心学习组成员订购了理论学习资料，为全体成员开展理论学习提供便利。

【三下乡活动】 2014年，县委宣传部坚持以邓小平理论和“三个代表”重要思想为指导，进一步贯彻落实科学发展观，以实现全面建设小康社会为目标、为实现木里跨越式发展和长治久安，积极贯彻四川省、凉山州“三下乡”活动精神，精心组织，扎实开展了2014年送科技、文化、卫生“三下乡”活动。3月27日，3月28日，3月29日，3月30日，3月31日，4月1日，先后在固增乡、茶布朗镇、屋脚乡、瓦厂镇、后所乡、乔瓦镇6个乡（镇）开展活动，途经乔瓦镇、列瓦、博科、固增、茶布朗镇、瓦厂镇、屋脚、后所等8个乡（镇），行程600多公里。丰富多彩的文艺演出，深受百姓欢迎，受益人数高达5000余人（次）。

【思想政治工作和精神文明建设】 2014年，县委宣传部扎实推进精神文明工作，印发了《木里县精神文明建设办公室2014年工作安排》（木文明办〔2014〕10号），安排部署全县精神文明建设工作。加大送文化、送教育、送科技、送卫生、送法律等智力扶持力度，全年开展智力扶持活动225场次，发放宣传册和宣传书籍9万余本，使群众知晓率达到100%。在“学雷锋”宣传月活动中，开展了“码上学雷锋”、“传播核心价值，践行雷锋精神”知识竞赛活动、“光影学雷锋”摄影大赛活动、“学雷锋，迎五四”志愿者服务活动、“关爱健康，服务大众”义诊活动、“岗位学雷锋、争做好民警”活动和“学雷锋、树新风”活动、“学雷锋，送金融服务进藏乡”活动、“爱学习、爱劳动、爱祖国”主题教育活动、“节粮、节水、节电”专题教育活动，在活动中发放宣传资料2万余份。组织开展学雷锋、文明交通、关爱留守儿童、助残行动、环保宣传、法律咨询、义诊、微捐赠等主题志愿服务活动100余场次。为各级文明单位以及成立了志愿者队伍的部门和乡镇订阅《志愿者专刊》186份。为各乡镇中心校和帮扶村小学免费订阅2015年度《未成年人思想道德建设专刊》2260份。对全县26个州级文明单位（标兵）进行现场检查和指导。推荐木里各行各业优秀典型人物参加“感动凉山”、“身边好人”、“道德模范”等评选活动，其中，1人入选“感动四川十大人物”，1人荣获“感动凉山十大人物”称号。认真组织“走复兴路圆中国梦”征文比赛活动，收到征文100余篇，优秀选手参加凉山州比赛分别获得二等奖和三等奖。将“讲文明、树新风”和“社会主义核心价值观”公益广告宣传活动作为主题教育活动宣传工作重要内容。

【文学艺术】 2014年，县委宣传部扎实推进县文联工作，文艺活动丰富多彩。开展了“清风颂”廉政文化书画展，摄影爱好者培训，藏乡新农村建设摄影采风，博窝乡野生鸟类采风，鸭嘴河水洛贡嘎风光采风，“党的群众路线”征文，党的群众路线教育实践活动书画摄影作品展等活动；摄影作品参加“凉山州第四届民族文化艺术节”活动，荣获一个一等奖、一个二等奖；在“中国——木里外宣网站”开辟了《木里文苑》栏目；文联会员文艺作品在《四川日报》、《四川经济日报》、《民族杂志》、《凉山日报》、《四川在线》、《彝州新闻网》、《星星》诗刊、《攀枝花文学》等报刊杂志上刊发各类稿件100余篇；积极参与县内文艺刊物《云杉》杂志的组稿、编辑。

【光荣榜】 2014年，县委宣传部被四川省委宣传部评为四川省藏汉“双语”联合宣讲先进集体；被凉山州委宣传部、凉山州邮电局、凉山日报社评为机关报刊宣传发行优秀单位；被凉山州对外宣传工作领导小组评为对外宣传工作目标考核先进单位；被凉山州人民政府新闻办公室、凉山州互联网信息办公室评为互联网宣传管理工作目标考核先进单位。县文明办被凉山州委宣传部授予未成年人思想道德建设宣传报道二等奖和

2014年度志愿服务活动宣传报道二等奖。县文联被凉山州文联评为文联优秀单位。

马楠被中国报业协会少数民族地区报业分会授予全国少数民族地区报纸好新闻二等奖；被凉山州委宣传部、凉山日报社授予优秀驻站记者二等奖；被凉山州委宣传部、凉山州委对外宣传办公室、凉山州人民政府新闻办公室授予宣传凉山好新闻奖报刊类二等奖。呷龙被四川省委宣传部授予四川省藏汉“双语”联合宣讲先进个人；被凉山州委宣传部、凉山日报社授予优秀驻站记者二等奖；被木里县委、县政府评为2014年度下派干部先进个人。泽仁拉初被西昌学院文化传媒与教育科学学院评为木里县文秘培训班优秀班干部。马建林被木里县委、县政府评为2014年度藏区稳定工作先进个人。

【领导人】 县委宣传部长：马国发（彝族，县委常委，县总工会主席）；副部长：边马降初（藏族，兼外宣办主任）；文联副主席：马楠（彝族）；文明办副主任：孟莉（女）

（审稿：马国发//撰稿：马楠）

政法工作

【概况】 木里县委政法委是县委政法工作的职能部门，负责从宏观上统一组织领导政法工作。2014年县委政法委设办公室、综治办、政治处；县综治中心隶属县综治办，与县矛盾纠纷大调解中心合署办公，有职工13人，其中事业人员3人。

【维稳工作】 2014年，木里县委、县政府按照省委“一条主线、三个加强”的藏区工作总体思路，坚持“标本兼治、长短结合、攻心为上、综合施策”的藏区工作基本思路，围绕“发展、民生、稳定”三件大事，树立科学发展“五观”思想，主动维稳、发展创稳、强基促稳、创新抓稳，推进保稳定向创稳定、促和谐转变，全县形成了政治清明聚人心、心齐气顺抓发展、民族团结促和谐的良好局面。木里县荣获国务院2014年度全国民族团结模范先进集体的称号，木里县治藏兴藏20条基本经验在全省32个藏区县推广，中央党校课题组撰写的《民族地区如何长治久安——木里的经验和启示》研究报告，高度评价木里藏区是“当前我国藏区治理的典范”，中央政治局常委、全国政协主席俞正声作出重要指示，给予充分肯定。

【严打整治】 2014年，木里县开展藏区专项严打整治行动，重点打击严重暴力犯罪、黑恶势力及有组织犯罪等违法行为。共立刑事案件108起，刑事拘留59人，其中2起命案全破，查处治安案件258起，行政拘留101人。没有发生严重危害社会稳定的重大刑事案件，重大公共安全事故和重大群体性事件，没有发生造成影响的敌对势力分裂破坏活动、暴力恐怖政治敏感事件。

【网格化服务管理工作】 2014年，木里县按照四川省凉山州的安排要求，成立“平安木里网格化服务管理监管中心”并从基层抽调8名工作人员充实到网格化监管中心，完成县城区网格划分工作。县城区划为三个社区（喜珠林社区、达吉林社区、德瓦金社区），共15个网格。通过网格四级平台建设，坚持把保障和改善民生作为网格化服务管理的工作重点，有效整合资源，有效解决为民服务难题。网格化服务管理工作启动后，通过精心组织、规范程序，完善制度，落实保密等各项措施，开通信息系统平台帐号，开展基础信息录入等一系列有效工作，打牢服务群众的基础信息。共开通终端账号15个，平台账号16个，部门账号19个，已录入相关信息1.98万条，其中，实有人口1.03万人、特殊人群45人、关怀对象1076人、其他关注对象1063人、户籍家庭3257户；单位场所609个、其他125个；事件处理15件、实有房屋3314户。

【平安建设】 2014年，木里县巩固和深化“平安木里”创建工作。一是深入开展治安排查整治。进一步建全和完善社会治安重点地区排查整治工作机制，实现重点地区各项管理措施全面落实。适时组织开展专项整治行动，把开展各类专项打击行动和排查整治工作有机结合起来，深化“打黑除恶”和禁毒攻坚行动，重点打击抢劫、抢夺、盗窃、诈骗、非法组织未成年外出务工等犯罪活动，加强社会面巡控和“黄、赌、毒”查处力度，对人民群众反映强烈的社会治安问题进行了全面清理整治，依法严惩了一批严重违法犯罪分子，有效整治社会治安突出问题，提升人民群众的社会安全感和满意度。二是加强治安防控体系建设。城区重点部位、人流集中地、主要要道基本完成电子监控，天网工程基本实现覆盖；各单位、部门乡镇、村组门卫、保安、值保、调解组织、维稳综治信息员、巡逻队伍等群防群治队伍健全，人防、物防、技防措施落实，县内外行政边界治安联防机制健全、责任明确、措施有力，综治专门工作机构健全、职责明确，认真履行职责，治安防控体系健全，综治基层基础建设不断加强，基层平安建设从点、面、线得以覆盖，有力推进了社会管理创新工作。三是深入开展矛盾纠纷排查调处，全力化解社会矛盾。大力推进“大调解”工作体系和运行机制建设，完成了全县29个乡镇大调解工作中心信息化平台建设，完善了县、乡（镇）、村、组四级排查网络，完善矛盾纠纷排查调处工作制度，围绕涉及群众利益、影响社会和谐稳定的突出矛盾纠纷进行拉网式、滚动式全方位地大走访、大摸底、大排查，对排查梳理出的矛盾纠纷定领导、定责任、定时限，逐一制定化解方案，限期化解，切实有效把各类矛盾纠纷化解在基层，消除在萌芽状态。2014年排查各类矛盾纠纷271起，调处成功259件，矛盾纠纷排查调处成功率达95%，防止矛盾激化15件35人，防止群体上防6件56人，矛盾纠纷排查调处成功率达90%以上。保证木里“小纠纷不出村、大纠纷不出乡镇、疑难纠纷不出县、矛盾不上交”。

【光荣榜】 2014年12月，县委政法委被四川省委政法委、四川省委维护稳定领导小组、四川省人力资源和社会保障厅评为维稳先进集体。县委政法委被四川省委政法委、四川省人力资源和社会保障厅评为党委政法委先进集体。

2014年12月，刘杜吉被四川省委政法委、四川省委维护稳定领导小组、四川省人力资源和社会保障厅评为维稳先进个人。

【领导人】 政法委书记：甘正友（藏族、县委常委）；政法委副书记：普祖（藏族）；沈丛清（蒙古族）；毛小平（彝族）；综治办主任：何尔呷（彝族，2014.1～）；综治办副主任：苏朗央青（藏族，2014.1～）

（审稿：甘正友/撰稿：何尔呷　周朝东）

统战工作

【概况】 2014年，中共木里县委统战部设办公室，对台办（正科级），县藏传佛教办公室（事业单位、挂靠县委统战部），有职工15人，其中部长1人（兼职），常务副部长1人、调研员1人、办公室主任1人、工作人员11人、工勤人员1人。

【寺庙爱国守法教育】 2014年，木里县委统战部制定“群众路线”、“依法治寺”、“社会主义核心价值观”等教育活动方案，组成工作组深入全县14座藏传佛教寺庙及寺庙所在乡镇宣传《宗教事务管理条例》、《藏传佛教寺庙民主管理办法》等宗教法律法规；组织寺管所所长、民管会主任参加“爱国爱教、持戒守法”专题业务培训。2014年，木里县委统战部向僧人和信教群众发放宗教法律法规和民族政策宣传资料千余份，召开座谈、走访800余人次。3月敏感时期和重大节假日期间，以电话手机查岗形式对大寺管理委员会、寺管所、民管会等班子成员履职情况及僧人留寺情况查访300人次。6月5日，召集寺庙所在乡镇党委书记、寺管所所长、包乡单位、国土、城建等负责人，统战、民宗全体干部和各民管会主任召开了“木里县藏区项目基础设施建设暨督导推进会”。根据省委统战部下发的教育培养藏传佛教寺庙僧人“千人计划”文件精神，2014年木里县委统战部推荐培养民管会班子成员15人，参加省委统战部举办的业务培训班。2014年，木里县委统战部召集民管会主任和县佛教协会人员座谈30人次。

【群众路线教育实践活动】 2014年，木里县委统战部按照“党的群众路线教育实践活动实施方案”，围绕机关工作作风、“四风”等问题，集中学习、讨论及召开专题民主生活会50人次，理出单位及个人清单共25条，开展学习教育42人次，部机关发现的党员领导干部在“四风”方面、工作作风方面存在的问题11个，木里县委统战部对照整改，对一些整改难度大、需要进一步统一标准的问题列出专题整改方案。部机关对公车管理、公务接待、公务外出、工作纪律遵守四个方面的问题制定和修订多项管理制度，做到用制度来管理和规范队伍。

【党外代表人士工作】 2014年，木里县委统战部根据中央提出的“选拔和推荐更多优秀党外干部担任领导职务”的要求和全国统战工作会议精神，对全县不同级别的党外干部配备情况进行摸底调查，对党外干部的管理工作进行认真分析，并形成党外干部工作调研报告2篇上报凉山州委统战部。2014年，木里县有党外干部23人，其中副厅级1人（宗教人士）、副处级5人（宗教人士1人）、正科级2人、副科级15人（妇女2人）；23名干部中有汉族4人、藏族10人、其他民族9人；党外干部中有大学7人、大专11人、中专5人；年龄在30至40岁的6人、41至50岁的14人、51岁以上3人；木里县党外代表人士共有94人，他们分别担任四川省、凉山州、木里县人大代表和政协委员，其中四川省政协常委1人、四川省人大代表1人；凉山州人大代表1人，凉山州政协委员9人；县人大代表4人，县政协委员78人；总数中宗教界人大代表3人，非公有制经济代表人士5人；2014年，从党外干部人才库中推荐培养2名（1正、1副）科级干部，参加了凉山州委统战部举办的党外干部培训班。

【和谐寺庙创建】 按照木里县委政府召开的木里县和谐寺庙机制建设推进会要求，将寺庙基础设施建设和解决僧人待遇等问题纳入全县国民经济发展计划。木里县一是着手制定一个支持和帮助寺庙改善基础设施的五年计划，并按轻重缓急原则逐年组织实施；二是制定出一套集宗教法规为一体的寺庙管理制度，并把寺庙管理纳入年度目标考核，制定规范的考核奖惩制度；三是县委政府每年定期召开1次和谐寺庙创建活动座谈会和全县创建和谐寺庙表彰大会；四是形成县委政府主要领导，分管领导定期与民管会主任沟通联络制度；五是解决僧人户口统一管理、未纳入低保的僧人统计汇总、民管会班子成员补助。

【“挂包帮”活动】 2014年，木里县委统战部建立“领导挂点、部门包村、干部帮户”活动领导小组，并确定帮扶东朗乡亚英村特困户6户、贫困学生6名，其中县级领导帮扶特困户1户、贫困学生1名；职工帮扶特困户5户、贫困学生5名。

2014年木里县委统战部参加“挂包帮”活动人员6人，其中县处级领导1人，科级及以下干部5人，到点工作36人次，为群众办实事、好事4件，捐赠款物1万元，帮扶活动受益农户25户，并下派仁青次尔同志到东朗乡亚英村担任村党支部书记，并本着“思想帮扶、理念帮扶、技术帮扶、信息帮扶、物质帮扶”宗旨，进行蹲点调研帮助亚英村理清发展思路，明确发展方向，制定发展规划，撰写《木里县东朗乡亚英村村情调研报告》2份。2014年木里县委统战部开展“万名干部下基层、凝心聚力促跨越”活动，在东朗乡亚英村大力宣讲十八大四中全会精神和木里县“五年五个翻番”的发展目标；开展大调研12人次，调研问题2个，形成调研报告2篇；走访慰问贫困户15户，办实事、好事2件，捐款捐物折合资金1万元；开展矛盾纠纷排查6次，调解矛盾纠纷7件，受益农户25户；向东朗乡亚英村村小捐款2500元，给村委会解决维稳宣传工作经费2万元，帮库绒寺牵线搭桥解决一部分困难。在联乡单位东朗乡开展地质灾害及防汛排查工作，并重点对亚英村亚英组、日英组、查东组、偶尔组、库绒组等灾害点进行排查，针对各地质灾害点制定应急预案，6至9月进行防汛值班。木里县委统战部制定《关于机关干部直接联系服务群众工作实施方案》，成立了领导小组；并建立干部直接联系服务群众联系卡和登记卡，将联系群众情况进行登记，2014年共登记联系群众事项25人次。

【年鉴资料报送】　2014年，木里县委统战部根据木里县人民政府办公室《关于报送木里藏族自治县年鉴（2014卷）稿件的通知》和木府办文件要求，向木里县年鉴编辑部报送木里县委统战部2014年“概况”、“宗教工作”、“党外人士工作”、“非公有制经济代表人士工作”、“对台工作”、“自身建设”、“领导人”7个条目和县委统战部大事记等3000余字，按时、保质、保量完成年鉴资料报送。

【创新寺庙管理】　2014年，木里县创新藏传佛教寺庙管理制度，一是县委、政府主要领导每月一次与香根活佛以及重点寺庙民管会主任进行谈话交流；二是统战、民宗部门每月一次深入寺庙及时掌握僧人家庭情况，思想动态，外联情况；三是驻寺工作组每月一次分赴所联系乡镇、寺庙蹲点，了解群众和僧人利益诉求和思想动态，解决实际困难。2014年木里县将14座藏传佛教寺庙民管会正（副）主任参照村两委干部标准发放生活补助；把家庭困难的僧人纳入农村低保；寺庙的僧人纳入新农合；制定寺庙基础设施建设五年规划，政府全年投入寺庙基础设施建设资金千余万元，解决困难寺庙水、电、路、危房等维修；2014年，凉山州财政下拨资金155万元，县统战、民宗按照实际分配到寺庙；2014年木里县把康坞大寺民管会主任、瓦尔寨大寺民管会主任和县佛教协会秘书长续聘用为木里县藏传佛教办公室工作人员，在寺庙僧人中选举产生16名县政协委员、1名县人民代表、1名凉山州人民代表、1名凉山州政协委员、1名四川省政协常委、1名四川省人民代表。

【自身建设】　2014年，县委统战部制定《2014年统战工作要点》和《2014年统战工作目标考核评分细则》，把目标管理工作与全年总体工作相结合，做到年初有计划、半年有总结、年终全面总结，并对目标管理工作进行自查报告。推行“民情日记、首问责任制、限时办结制、责任追究制、理论学习制“等制度，开展思想政治、精神文明建设和对外宣传工作。全年专题研究思想政治工作6次、每季度集中学习政策、法律、法规和相关业务知识10次10天，每季度组织中共党员学习会和民主生活会3次，年末进行总结并填报考核表。档案规范化管理工作，并成立档案工作规范化管理领导小组，对档案规范管理进行自查、复查和电脑信息录入，达到规范管理的要求。2014 年，县委统战部成立反腐廉政建设工作领导小组，并制定统战部《反腐廉政建设工作实施方案》，使制度进一步健全，廉政建设宣传动员、廉政风险排查、机制建设、防控措施等方面取得了实效。加强领导班子建设、干部队伍建设、机关作风建设和党风廉政建设，领导班子定期进行述职述廉报告。部机关进一步完善学习、考勤、财务管理、信访接待、首向负责、失职追究、走访慰问等制度，全年报送统战信息、简报 32 期。根据凉山州委统战部《关于举办全州统战理论研讨班的通知》，木里县委统战部选送 2 名领导干部到省、州社会主义学院参加贯彻落实科学发展观和统一战线理论政策培训。

【光荣榜】 2014 年，木里县委统战部被凉山州委统战部评为统战工作实践创新优秀成果奖；统战调研工作先进县；统战信息工作先进单位；统战理论研究优秀成果奖。向开银被中共四川省委宣传部评为“藏汉双语宣讲”先进个人。杨克若被中共木里县委评为“维护藏区稳定工作”先进个人。

【领导人】 部长：呷绒翁丁（藏族，县委副书记，兼县委统战部部长）；常务副部长：向开银（藏族）

（审稿：呷绒翁丁/撰稿：杨克若）

县直机关工作

【概况】 木里县直属机关工作委员会是县委的派出机构，负责县直机关、企事业党务工作，归口县委组织部管理。2014 年，县直工委行政编制 3 人，年末在编 2 人。

【机关党组织建设】 2014 年，县直机关对 12 个支部改选和增补了支委，成立“中共木里县保安分公司支部委员会”，隶属中共木里县公安局党委；撤销“木里县木综厂党支部”，本支部 2 名老党员转由木里县经信局党支部管理；接转组织关系共 160 人次。2014 年共征订、发放《党课》、《党建研究》、《四川党的建设》等党报党刊共 6000 余册，完成党报党刊任务。维护机关党组织和党员信息库，录入新党员和转进、转出党员的信息共 500 余条，并按时完成了城市党建工作各类统计报表任务。截止 2014 年 12 月 31 日，县直属机关党组织数为 1 个党委（12 个党组）、16 个总支、114 个支部。共有党员 1923 名，其中女党员 470 名，占 24.44%；少数民族党员 1098 名，占 57.10%；在岗职工党员 1261 名，占 65.57%；离退休职工党员及其他党员 662 名，占 34.42%。机关单位 72 个党支部，有党员 619 名，占 32.18%；事业单位 19 个党支部，有党员 318 名，占 16.53%；企业单位 21 个党支部，有党员 309 名，占 16.06%；非公企业党支部 1 个，有党员 15 名，占 0.78%；35 岁及以下的党员 426 名，占党员总数的 22.15%；大专以上学历的党员 1161 名，占党员总数的 60.37%。

【党费缴纳】 2014 年，收到 2013 年度县直机关 114 个党支部缴纳的党费共计人民币伍拾肆万陆仟叁佰柒拾叁圆贰角（546373.20 元），全部上交县委组织部，并发木直委（2014）16 号文件《关于 2013 年度县直机关各党支部党费收缴情况的通报》将 2013 年度县直机关各党支部党费收缴情况通报各党委（党组）、总支、支部。

【发展党员】 按照“控制总量、优化结构、提高质量、发挥作用”发展党员十六字方针，认真考察、讨论发展新党员 31 名，研究转正预备党员 46 名，做好发展党员入党材料的转入、转出登记和初步审查入党程序是否规范、入党材料填写是否正确等。

【自身建设】　2014年，木里县直工委开展以“为民务实清廉”为主题的党的群众路线教育实践活动，加强自身建设，充分发挥了在机关党建工作中的指导、示范、带头作用。一是抓好勤政工作。加强干部的日常教育管理工作，严格上下班制度，加强服务能力和工作作风建设，干部职工形象得到提升。二是抓好廉政工作。认真落实党风廉政建设责任制，把中央“八项规定”作为学习的主要内容，始终注重找准滋生腐败的关键部位和环节，有针对性地采取防范措施，杜绝了违纪违规行为；制定车辆管理制度，促进车辆管理规范化、合理化，杜绝了公车私用行为。三是抓好制度建设，突出制度的适应性和实效性，克服制度上墙不管用、摆样子应付的歪风，对原有制度进行了修改和完善，使之更加科学化、更具可操作性，制度建设得到进一步规范。

【培训工作】　2014年，木里县直工委举办了两期培训班，12月2日至3日在县委党校举办了2014年入党积极分子和新党员培训班，有80多人参加；12月4日至5日县委组织部、县直工委组织全县各乡镇分管党务工作的副书记或组织群团员，县直机关各总支、支部书记或支委委员在县委党校举办了党务工作者培训班，100余人参加。培训采取集中授课、励志讲座、理论考试等形式进行，对参加培训的人员进行了理论考试，合格率为95%。丰富的培训内容，使学员思想认识得到进一步深化，党性观念得到进一步增强，能力素质得到进一步提高。

【“挂包帮”工作】　木里县直工委把“走基层、解难题、办实事、惠民生”活动与开展的群众路线结合起来，到所包的沙湾乡麻窝村开展了“走基层”送温暖活动，为困难群众、连心牵手户送去了单位和干部职工的捐款1500元。县直工委拿出4万元帮扶资金维修村道、新建灌溉引水渠等。

【联乡包村工作】　2014年，继续完善领导干部联系寺庙制度，机关部门副科级以上领导干部联系帮扶一名僧人，建立“联户联僧”制度，同时积极开展藏传佛教寺庙僧人“三项教育”活动，教育引导僧人感党恩、听党话、跟党走。推行僧人持证驻寺制度，健全僧人信息平台，做到一寺一册，一僧一档。把木里县“挂包帮”活动范围从29个乡（镇）81个村，扩大到全县29个乡（镇），97个村，实现了贫困村、极度贫困村干部驻村帮扶全覆盖，干部驻村由1名下派干部驻1个村改进为1个驻村工作组驻1个村，1个驻村工作组由1名下派干部、2至3名乡镇工作人员组成，且驻村时间增加至两年，为每个贫困村加大了人员帮扶力度，为推进木里县全面建成小康社会夯实基础。2014年，上报凉山州“挂包帮”办信息简报24期、先进事迹材料3篇，收集各联乡包村单位上报各类工作计划、信息简报、统计报表等600余份。在“挂包帮”活动中，木里县36名县级领导和81个部门（单位）、29个乡（镇）组成97个联乡包村工作组，分赴乡（镇）、农村、牧场、寺庙和项目建设地开展藏区维稳和调查研究，走访群众8.4万人次，收集到涉及村级财务管理、通村路建设、发展集体经济、治安防范、农村低保等方面的意见建议129余条，撰写民情日记1120余条、调研文章98篇，协助村党组织清理完善规章制度118余项。走访慰问困难群众2934户，发放慰问金55.62万元。

【领导人】　书记：汪雪林（援藏干部，~2014.6）；副书记：次仁祝玛（女，藏族）、陈冬兵（援藏干部，~2014.6）

（审稿：次仁祝玛/撰稿：麦世云）

老干部工作

【概况】 2014年，中共木里县委老干部局（归口县委组织部管理部门，正科级）设局办公室和木里驻西昌市干休所，共有干部职工13人，其中行政干部7人，事业干部2人，行政工人4人。

【老干部管理】 2014年，木里县共有副县级以上的离退休干部188人，其中：离休干部15人；实职副县级以上的退休干部26人（其中：实职地厅级1人，享受地厅级待遇5人，正县级1人，享受正县级待遇12人，副县级7人）；享受副县级待遇退休干部147人（其中：三五干部享受副县级待遇11人，享受副县级待遇干部136人）。离休干部遗霜18人，离休干部无工作遗霜3人。

2014年，中共木里县委组织部老干部局围绕推进木里跨越发展和长治久安工作大局，在生活上照顾好老干部，政治上关心好老干部，全力服务，履职尽责，实现“让县委放心，让老干部满意”的目标。每逢元旦、藏历年、春节等重大节日，县委、县政府主要领导都要亲自走访慰问老干部，听取老干部的意见、建议，向他们定期通报全县经济社会发展情况。及时调整充实了县委老干部工作领导小组，由县委副书记担任组长，县政府常务副县长和组织部长担任副组长，县人事、财政、教育、卫生等部门主要负责同志为成员，负责老干部工作的指导、组织和协调，并明确工作职责。把老干部工作纳入了全县各级各部门综合目标考核内容，组织制定了县级各单位（部门）、各乡镇老干部工作考核细则，将各级各部门老干部工作目标考核细化分解为5大项10个分项。年终结合老干部工作情况逐项评分考核，实行量化打分。

【老干部工作制度】 2014年，木里县委老干局建立健全老干部服务管理制度，向全县印发了《关于建立县级领导联系老干部工作制度的通知》（木委办〔2014〕16号），37名县级领导每人联系1至2名离休干部或任过副县级实职以上的退休干部，老干部局职工每人联系2至5名离退休干部，及时听取意见和建议，解决生活中存在的困难和问题。修订完善《木里县离退休老干部服务管理制度》和“八项制度”。明确老干部局科、所、室目标任务，建立规范程序、强化职责为主的岗位职责，从严肃纪律和日常管理入手，修订完善学习培训、会议等9个方面的管理制度，编印《木里县老干部工作手册》，形成以制度规范管理，规范服务工作长效机制。

【老干部工作调研】 2014年，木里县委老干局完成2014年自主调研课题《关于如何做好民族地区离退休干部服务管理工作的思考》的撰写、审定、报送工作，并结合“木里实践经验二十条”，对老干部在维护木里藏区和谐稳定中发挥作用进行专题调研，形成了初步调研成果。

【老干部待遇】 一是2014年中共木里县委老干部局全面落实离退休干部政治待遇。坚持重大节日、节庆活动走访慰问老干部制度；坚持向老干部通报工作，组织老干部学习、培训，邀请老干部参加重要会议，开展老干部参观考察活动，坚持老干部组织生活制度；坚持老干部信访工作制度；坚持给老干部订阅学习资料制度。二是建立和完善离退休干部“两费”保障机制，老干部局与县人事、财政等部门配合，认真落实老干部的生活待遇，严格执行中央、四川省、凉山州关于老干部的工资政策，落实各种生活待遇。2014年根据凉组通〔2014〕14号和凉老发〔2014〕6号文件，为木里县15名离休干部提高护理费（每人每月由400元提高到800元，人均提高400元，2014年1月起执行，全年护理费补发金额为7.2万元）。根据凉组干〔2014〕170号文关于纪秉祯同志提高享受待遇的通知，提高享受副厅级工资待遇，每月增资791元，补发7个月，补发金额5537元。根据川组函〔2014〕3号文关于对新批准部分离休干部提高待遇办理意见的函，提高纪秉祯同志享受副厅级工资、医疗待遇，每月增加270元，2014年1月起执行，全年补发金额为3240元。根据凉组通〔2014〕61号文件，为木里县1949年10月至1950年6月30日参加革命工作的11名老同志办理了提高医疗待遇，确保老干部离退休费按时足额由银行直接发放，离休干部医药费实报实销，退休干部医药费按规定报销；坚持离退休干部体检制度，2014年9月28日至29日，分别在驻昌干休所、县城区组织副县级实职以上离退休干部（包括享受待遇的）141名，在凉山州第二人民医院体检科、木里县人民医院参加健康体检。三是搞好老干部活动中心建设。四是做好离退休干部的丧葬工作。五是加强易地安置离退休干部的管理服务工作和西昌干休所管理服务工作。六是建立离退休干部与在职人员共同享受目标绩效补助机制。向全县离退休干部发放2013年目标绩效考核补助。补助发放标准按离退休人员所在行政、事业单位非领导班子成员干部职工年度目标绩效管理奖的70%计算，离退休干部根据所在单位年度考核得分情况，获得4000元左右的目标考核奖金。

【老干部学习】　2014年，县委老干部局组织老干部学习党的十八届三中、四中全会、群众路线相关会议、文件、讲话精神，学习州、县人代会、政协会议精神和省州老干部工作会议精神。2014年共组织老干部中心学习组学习12次，培训老干部3期，学习培训人数达1000余人次。

【老干部工作评价】　2014年10月15日，县委老干部局组织召开老干部评价老干部工作部门工作测评大会，参加测评离退休人员96人，其中：地厅级6人，县处级78人，非党12人，对县委老干局工作人员服务管理水平、组织老干部开展丰富多彩活动的情况、落实老干部工作“八项制度”情况等11个方面的工作测评，满意率达98%以上。

【老干部活动】　2014年10月29日，县委老干部局及老年体协组织副县级以上的离退休老干部和县城区域内居住的老年人共400余人，分别在核桃湾、红科开展活动，欢度“九九”重阳节。11月5日，木里驻西昌干休所组织西昌管理范围内的老干部及家属102人，在西昌华锦园农家乐开展欢度“九九”重阳节活动，使老干部过上了一个幸福愉快的节日。

【老干部工作宣传】　2014年，县委老干部局加强宣传报道工作，利用报刊、杂志、简报、展板、网络、电视等新闻媒介和平台，适时报道全县老干部工作动态，宣传老干部工作政策法规、健康知识等，及时发现老干部工作的特色和亮点，为全县老干部工作营造良好的舆论氛围。2014年县委老干部局编发老干部工作信息21期，并有18篇信息被县内外的新闻媒体报道和报刊杂志采用，其中，中共四川省委老干部局门户网站区县动态栏目发表文章1篇，《凉山日报》采纳1篇、《凉山老干部工作信息》采纳5篇、《凉山州老干部工作通讯》采纳1篇，《木里县党政网》采纳10篇、凉山电视台报道1次，木里有线电视台报道4次，制作老干部工作展板2期，提高木里县老干部工作的知名度。

【光荣榜】　2014年4月2日，中共木里县委老干部局被中共凉山州委老干部局评为2013年全州老干部工作重点调研课题先进单位一等奖；2014年4月2日，中共木里县委老干部局被中共凉山州委老干部局评为2013年全州老干部工作信息宣传先进单位二等奖；

【领导人】 局长：杨严斌（藏族）；副局长：张启华

（审稿：杨严斌/撰稿：张启华）

党史与地方志工作

【概况】 2014年6月，木里县按照中央、四川省委、凉山州委有关文件精神，根据中共凉山州委机构编制委员会《关于木里县县志办公室增加职责并更名的批复》（凉编委〔2014〕35号）文件和中共木里藏族自治县委机构编制委员会《关于县志办公室增加职责并更名的通知》（木编委〔2014〕3号）将木里藏族自治县人民政府县志办公室更名为木里藏族自治县党史与地方志办公室（以下简称县史志办），在履行制定全县修志规划、开展调查研究、积累资料、组织志书编纂、审定验收部门志稿、整理旧志、培训修志队伍、总结和交流修志经验、进行地方志理论研究、编纂出版年鉴、提供地情服务、地情丛书等职能的基础上，增加了地方党史的征集、编写、研究及党史题材作品编审出版等工作职能，受木里县委、木里县人民政府双重领导。2014年末，木里县史志办有在职职工3人，聘请人员3人。

【领导重视】 2014年，木里县委、县政府领导高度重视史志工作。县委分管领导、副书记熊帷茗3月20日在凉山州史志办下发的文件上批示："县志办2013年工作思路清晰、措施有力、务实创新，取得了综合目标一等奖，进入州史志工作第一方阵的优异成绩，值得全县各部门认真学习。"县政府常务副县长高晓2月20日在凉山州史志办下发的文件上批示："县志办2013年度信息工作走在全州前列，应予以肯定，望2014年再接再厉"等等。2014年11月木里县委、县人民政府专题召开全县史志工作会议，县委、县政府、县人大、县政协分管史志工作的领导以及全县各乡镇、县级各部门、各企事业单位领导及业务工作人员等200余人参加了会议。会议传达学习了第五次全国地方志工作会议精神和凉山州史志工作会议精神，学习贯彻了中央、四川省委、凉山州委、木里县委关于进一步加强和改进新形势下党史工作的有关文件精神；安排布置《中国共产党木里历史（1950－1978）（1979－2016）》的编写工作；总结回顾了2014年度全县史志工作，对今后的史志工作进行安排。

【党史工作】 2014年6月木里县志办公室更名为木里县党史与地方志办公室后，9月，木里县正式启动《中国共产党木里历史（1950－1978）（1979－2016）》的编纂工作，成立编纂委员会，由县委分管书记任主任，县政府常务副县长、组织部长、人大政协有关领导任副主任，有关部门领导为成员，并成立编辑部，聘请3名退休干部参与党史编写工作，抽调2名选调生协助收集资料。同时拟定了《中国共产党木里历史》编纂方案和篇目，分准备工作阶段、征集资料阶段、统稿审定阶段、修订出版阶段等5个阶段进行，计划用4年时间完成《中国共产党木里历史》一、二卷编写工作。2014年9月开始进入党史资料征集阶段，至12月共收集党史资料40余万字。期间，10月派人赴凉山州档案馆查阅历史档案300余卷，收集资料47份20余万字，收集木里在昌老领导和历史知情者的口述资料若干、文章10余篇；12月完成《中国共产党木里历史大事记（1950－2013）》的资料收集、整理、编写工作，形成11万字的送审稿报送县委审定。2014年12月，中共木里县委发出《关于进一步加强和改进新形势下党史工作的实施意见》（木委发〔2014〕16号）文件，明确党史工作的指导思想和目标任务，对木里县开展党史工作指明方向，使党史编写工作正常有序开展。

县史志办派出工作人员参加了四川省党史研究室在宜宾举办的党史编写培训，并组织人员参加由中共四川省委党史研究室、四川省中共党史学会联合组织的“纪念邓小平同志诞辰110周年”及“四川党史界纪念三线建设50周年学术研讨”征文活动，按时、保质、保量完成论文报送。

【政策法规宣传】 2014年3月，木里县史志办公室根据凉山州史志办公室凉史〔2014〕8号文件精神，认真开展了新修订的《四川省地方志工作条例》的宣传月活动，一是成立了以县委分管书记为顾问，县政府常务副县长为组长，县史志办主任为副组长，相关单位负责人组成的宣传月活动领导小组；二是组织木里县行政企事业单位职工收看《四川省地方志工作条例》电视宣传节目；三是利用木里有线电视，在每晚7点30分《木里新闻·学习专栏》宣传新修订的《四川省地方志工作条例》；四是在木里《银杉》刊物上刊登新条例宣传资料；五是通过电子政务、手机短信等网络信息手段以及县文化公园内的LED显示屏等宣传途径开展宣传；六是制作宣传展板、标语及横幅，在县政府大门前展出；七是将新条例纳入“六五”普法内容，县史志办组织人员与县司法局工作人员和青年志愿者一同开展新条例知识竞赛，并发放宣传资料千余册。

2014年12月4日，在首个国家宪法日之际，木里县史志办会同县法制办、县司法局、县统计局、县林业局等单位在县文化公园进行相关法律法规知识宣传，县史志办将《国务院地方志工作条例》、《四川省地方志工作条例》、《中共木里县委关于进一步加强和改进新形势下党史工作的实施意见》（木委发〔2014〕16号）文件向广大人民群众进行广泛宣传，并发放相应宣传资料近500份，同时开展党史知识竞赛和党史知识问卷调查。

【木里年鉴编纂】 2014年初，木里县史志办以木里县人民政府办公室名义下发《关于报送〈木里藏族自治县年鉴（2014）〉稿件的通知》（木府办发〔2014〕13号），对各乡镇、各部门年鉴稿件的报送提出了具体要求，新增水电开发企业、驻木森工企业等单位，同时县史志办在编纂过程中拓宽相关单位和部门的年鉴条目结构，认真修改，力求新颖，突出藏区特色，使年鉴内容更丰富，可读性更强。6月，县史志办完成全县141个入编单位稿件的收集、整理、修改、审定、总纂等工作，10月《木里藏族自治县年鉴（2014）－建县60周年特刊》正式出版发行，全书24个类目、141个分目、若干条目、185幅图片、共49万字。11月，根据全国《地方志工作条例》、国家版权局《关于颁发〈出版文字作品报酬规定〉的通知》（国权〔1999〕8号）以及凉山州《关于撰写编辑史志年鉴资料报酬的通知》（凉史发〔2013〕15号）文件精神，木里县史志办为140余个入鉴单位和部门的撰稿人员发放稿费4.3万元余元。木里县史志办的年鉴编纂工作得到四川省志编委、凉山州史志办的充分肯定，2014年11月，《木里藏族自治县年鉴（2013）》荣获四川省第十六次地方志优秀成果年鉴类优秀奖；同年12月，《木里藏族自治县年鉴（2007－2010）》获凉山州第十四次哲学社会科学科研成果优秀奖。

【庸懒散浮拖专项整治】 2014年12月，木里县史志办根据木里县庸懒散浮拖问题专项整治工作领导小组发出的《木里县开展庸懒散浮拖问题专项整治工作实施方案》（木治庸组发〔2014〕1号文件精神，开展专项整治。一是结合史志办的工作实际，制定具体实施方案；二是建立专项整治领导小组；三是梳理不同层面的庸懒散浮拖的具体表现；四是开展专题学习，提高自觉性；五是确立专项整治工作机制常态长效化。

【年鉴资料上报】 2014年5月，木里县史志办为《凉山年鉴》编辑部报送“概况”、“经济发展”、“木里实践”、“基础设施建设”、“现代农业”、“新型工业”、“项目工作”、“藏区新村”、“民生保障”、“社会事业”、“领导人”等11个条目2300余字，11月，又向《凉山年鉴》编辑部报送木里县彩页专版图片资料20幅；为《四川年鉴》编辑部报送“概况”、“木里实践”等11个条目2400余字；为《四川农村年鉴》编辑部报送“基本情况”、“年度农业和农村经济运行”、“新农村建设”、“农村水利工作”、“农业产业化建设”、“名优特新农产品”、“劳务开发”、“农民专业合作经济组织”、“主要领导”等9个条目2300余字，6月，又向《四川农村年鉴》编辑部报送全省农民增收先进县－木里县专版，刊用4个版面20幅图片和概况500余字，支付专版刊用费2.4万元。

【机关自身建设】 2014年，木里县史志办按照木里县委的部署，有计划、分阶段地开展了党的群众路线教育实践活动，以反对形式主义、官僚主义、享乐主义和奢靡之风为主要内容，把“照镜子、正衣冠、洗洗澡、治治病”的总要求贯穿教育实践活动的始终，从政治纪律、廉政建设等方面查找问题和不足，并对照存在的问题进行整改；严格执行和遵守中央“八项规定”、四川省委、省政府“十项规定”以及木里县委、县政府“六项规定”，自觉抵制不正之风，抵制拜金主义和个人享乐主义思想的侵蚀，严格遵守“五个不许”和“四大纪律、八项要求”和公务员“八条禁令”，落实党风廉政建设责任制，职工中无违法乱纪行为。开展连心牵手活动，与县政府办一道为联系点贫困群众扶贫帮扶、捐资捐物，县史志办领导看望慰问木里大寺僧人合苏益西并予以生活帮助；狠抓各项规章制度的落实和岗位目标责任制的落实，做到职责分明，责任落实到人，顺利完成上级史志部门、木里县委县政府以及县政府办交办的各项工作任务。全年上报《木里史志信息》17条，其中凉山州史志办采用8条。

【光荣榜】 2014年2月，木里县史志办被凉山州史志办分别评为全州史志工作先进集体（凉史发〔2014〕4号）和2013年度全州史志信息工作先进集体并获一等奖（凉史发〔2014〕5号）；2014年11月《木里藏族自治县年鉴（2013）》被四川省地方志编纂委员会、四川省地方志学会评为四川省第十六次地方志优秀成果获奖项目年鉴类优秀奖；2014年12月《木里藏族自治县年鉴（2007－2010）》被凉山州史志办评为第十四次哲学社会科学科研成果优秀奖。

【领导人】 木里县史志办主任：曾英奎

（审稿：曾英奎/撰稿：鲁绒多丁）

群众工作

【机构概况】 中共木里县委群众工作局为中共木里县委工作部门，同时挂“木里县人民政府信访局”牌子，实行一个机构、两块牌子。2014年有干部职工6名（其中行政编制3名），职数1正2副，设办公室、群众来访接待中心（为全额拨款事业单位，核定事业编制3名，中心主任按副科级领导配备，由群众工作局1名副局长兼任）。

【群众信访】 2014年，木里县委群众工作局、县政府信访局共受理人民群众来信来访72件378人次，其中包括成功劝返及处置的到州访7批161人次，占信访总量的9.7%；成功劝返及处置的到省访1批8人次，占信访总量的1.4%；来信2件，占信访总量的2.8%；来访62批209人次，均为初信初访，占信访总量的86.1%，其中集体访10批127人次，占来访总量的16.1%，县领导接待群众来访13批101人次，占来访总量的21.0%。办理州转交办件9件，省长信箱留言件4件，成功化解“三跨三分离”案件2件、信访积案1件、特殊疑难信访案件1件，中央巡视组交办案件1件。

【部门联动、主动化解、联合处访】 2014年木里县委群众工作局转变工作方式，探索新思路、新办法，实现从被动接访向主动到事发地解决问题的成功转变，有效防止了因事态扩大而造成因集访、越访或非访现象。按照“属地管理原则”，多次组织工作组前往事发地协调化解矛盾纠纷，到郫县、云南巧家县成功化解“三跨三分离”信访案件各1起，多次前往跑马坪、麦日乡、博科乡等信访问题发生地协调化解多起矛盾纠纷。按照《凉山州人力资源和社会保障局转发〈关于进一步做好保障农民工工资支付工作的通知〉的通知》（凉人社发〔2013〕361号）、《中共木里县委办公室木里县人民政府办公室关于进一步做好农民工工资清欠工作的通知》（木委办〔2013〕77号），配合县劳动监察大队、大调解中心等相关部门，2014年共成功劝返到凉山州越级访9批284人次，涉及金额达930多万元，维护农民工权益，确保了社会和谐稳定。

【矛盾纠纷排查调处】 2014年，木里县委群众工作局坚持定期式、集中式、滚动式、日常式相结合，严格落实矛盾纠纷排查调处制度，做到对问题早发现、情况早掌握、矛盾早化解，形成防控机制。以《关于做好矛盾纠纷排查化解工作的方案的通知》（木处信联会办〔2014〕19号），由各牵头单位牵头，对全县境内存在的不稳定因素进行一次拉网式、滚动式排查梳理，对排查梳理出的矛盾纠纷及不稳定因素，充分发挥“大调解”工作体系和矛盾纠纷“三三制”调解机制的优势作用，进行集中清理化解。对于涉及面广、涉及人数多、群众反映强烈，需要从县级层面予以解决的涉稳突出问题，通过县级领导包案化解清理，年初，《关于对信访突出问题化解稳控工作实行责任制的通知》（木处信联会办〔2014〕10号）对“走基层”过程中排查出的5个信访突出问题实行领导包案，明确3名县级领导、5个责任单位，明确工作责任，进行集中清理化解，10月，《关于对2014年排查出的重点信访涉稳突出问题实行领导包案化解清理的通知》（木处信联会办〔2014〕21号），对排查梳理出的涉及大项目建设等7个方面的23个涉及面广、涉及人数多、容易引发群体性事件或越级上访的涉稳突出问题实行县级领导包案，明确10名县级领导、10个责任单位和20个协作单位进行包案，确定办结时限，确保案结事了、息诉罢访。

【重点时段信访工作】 为确保2014年元旦节，藏历年，春节，全国、省、州、县“两会”和3月敏感期间以及7月敏感期间社会稳定，县联席会议办公室及时下发《关于印发〈切实做好2014年元旦、春节期间信访维稳工作方案〉的通知》（木处信联会办〔2014〕1号）、《关于印发〈切实做好2014年全国、省、州、县“两会”和3月敏感期间信访稳定工作方案〉的通知》（木处信联会办〔2013〕4号）、《关于印发〈切实做好2014年7月敏感期间信访稳定工作方案〉的通知》（木处信联会办〔2014〕13号）、《关于印发〈南京“青奥会”期间信访工作方案〉的通知》（木处信联会办〔2014〕15号）、《关于印发〈2014年西昌邛海湿地国际马拉松赛期间信访工作预案〉的通知》（木处信联会办〔2014〕17号）、《关于印发〈关于切实做好党的十八届四中全会、十五届中国西部国际博览会、2014年西昌邛海湿地国际马拉松赛期间信访稳定工作的预案〉的通知》（木处信联会办〔2014〕22号），提前安排部署，对可能进京、赴省、到州越级上访和引发大规模集体上访及群体性事件的不稳定因素，做到情况清、底子明，对重点人员所属单位及部门下发《重点人员、重点事项信访问题责任告知单》。同时，局领导班子还积极到乡（镇）及寺庙下访，了解群众及寺庙僧人的生产、生活情况，逐渐形成变被动接访为主动下访的工作格局。

【群众路线教育实践活动】 2014年，木里县委群众工作局根据木里县群众路线领导小组之安排，成立了“群众路线工作领导小组”制定了实施方案，并按方案开展好各项工作。组织单位职工进行政治理论、习总书记重要讲话等学习11次，讨论有关政策、法规、工作制度等5次，书写心得体会4篇、群众路线征文2篇、读书笔记若干。深入基层听取意见建议3次，发放征求意见表45份，列出单位对照检查清单10条，领导干部整改清单5条，完成单位对照检查材料3篇，个人对照检查材料3篇。对单位工作制度、工作方法、工作实效等10个方面进行了边查边改。

【庸懒散浮拖专项整治】 2014年，木里县委群众工作局按照县委治庸领导小组及州委群众工作局的相关要求，积极开展庸懒散浮拖问题专项整治工作。在专项整治工作中，全局干部职工积极参与，开展自学和集中学习讨论活动8次，重点围绕“五个对照”查找问题，分类梳理庸懒散浮拖的具体表现，主动查找认领问题并列出问题清单，坚持边学边查边改，采取切实有效的整改措施落实整改。

【走基层帮扶活动】 2014年，木里县委群众工作局结合“走基层、解难题、办实事、惠民生”活动推进“挂、包、帮”活动。一是下派史依莫到博科乡八科村挂职一年；二是从信访工作经费调拨4万元给博科乡（其中2万元给八科村），添置办公设备；三是局机关职工对家庭困难的在校学生实行扶助帮扶。捐赠衣服和学习用具，每人对口帮扶1户贫困户，单位帮扶2户贫困户，共8户；四是捐款捐物慰问博科乡八科村3名五保户，17户“三老”干部困难户，并为他们送去大米和食用油；五是在建党节慰问八科村和干海子村42名党员；六是协助博科乡开展工作。

【光荣榜】 2014年，木里县委群众工作局被木里县委、县政府评为2014年全县藏区稳定工作先进集体；被中共凉山州委群众工作局评为2014年度凉山州委群众工作局信访工作先进集体。

【领导人】 局长：沈达（彝族，兼县委办副主任、政府办副主任）；副局长：何志勇（蒙古族）、杨志云（藏族）

（审稿：沈达/撰稿：沈群英）

机构编制工作

【概况】 县委机构编制委员会（以下简称编委）是机构编制的管理部门，机构编制办公室（以下简称编办）是编委的常设办事机构，既是县委的机构又是县政府机构。2014年，县编办设综合股、机构编制股、监督检查股，下设事业单位登记管理局（副科级），核定行政编制10名，有职工6人，设主任1名，副主任2名，事业单位登记管理局长1名（副科级）。

【机构编制核查】 2014年，县编办组织实施机构和人员编制核查工作，设置行政机构有197家；事业单位有208家。县级行政机构76家，派出机构92家。核定行政编制1268名（县级421，乡镇501，政法专项编制346名），事业编制3292名，工勤编制132名，机关其他编制16名。使用行政编制人员1109人（县级369，乡镇412，政法专项编制人员328人）。使用事业编制人员2675人，使用工勤编制人员191人，使用机关其他编制人员23人。核定乡科级870名，其中部门领导职数605名（不含县处级），实际配备县处级领导31名，乡科级领导498人，核定非领导正副主任科员职数377名，实际配备非领导人员340人，编外用人数378名。

【事业单位网上登记管理】 2014年，木里县有事业单位208个，列入年检的法人事业单位194个，年检数193个，年检率95%，合格率100%，网上登记率达到95%以上。

【机构改革】 2014年，木里县组建木里藏族自治县卫生和计划生育局。将原木里藏族自治县卫生局的职责和木里藏族自治县人口和计划生育局的计划生育管理和服务职责整合，组建木里藏族自治县卫生和计划生育局为县政府工作部门。将木里藏族自治县人口和计划生育局的研究拟定全县人口发展战略规划及人口政策职责划入木里藏族自治县发展改革和信息化局，不再保留木里藏族自治县卫生局、木里藏族自治县人口和计划生育局。组建木里藏族自治县农牧局。将原木里藏族自治县农业和科学技术局的农业行政职责和木里藏族自治县畜牧局的行政职责整合，组建木里藏族自治县农牧局，县政府工作部门，不再保留木里藏族自治县农业和科学技术局、木里藏族自治县畜牧局。组建木里藏族自治县发展改革和经济信息化局。将原木里藏族自治县经济商务和信息化局的经济信息职责、木里藏族自治县发展和改革局的职责整合，组建木里藏族自治县发展改革和经济信息化局为县政府工作部门，不再保留木里藏族自治县经济商务和信息化局、木里藏族自治县发展和改革局。组建木里藏族自治县食品药品和工商质量监管局。将下划的木里藏族自治县工商行政管理局的职责、木里藏族自治县质量技术监督局的职责和原木里藏族自治县食品药品监督管理局的职责整合，组建木里藏族自治县食品药品和工商质量监管局，为政府工作部门，不再保留木里藏族自治县工商行政管理局、木里藏族自治县质量技术监督局和木里藏族自治县食品药品监督管理局。组建木里藏族自治县文化广电新闻出版和体育旅游局。将原木里藏族自治县文化影视新闻出版局的职责和木里藏族自治县旅游体育局的职责整合，组建木里藏族自治县文化广电新闻出版和体育旅游局，不再保留木里藏族自治县文化影视新闻出版局，木里藏族自治县旅游体育局。组建教育和科学技术知识产权局。将原木里藏族自治县教育局的行政职责和木里藏族自治县农业和科学技术局科学技术的职责整合，组建木里藏族自治县教育和科学技术知识产权局，不再保留木里藏族自治县教育局。组建木里藏族自治县民族宗教和扶贫移民工作局。将原木里藏族自治县扶贫和移民工作局的职责和木里藏族自治县民族宗教事物局的职责整合，组建木里藏族自治县民族宗教和扶贫移民工作局，不再保留木里藏族自治县扶贫和移民工作局，木里藏族自治县民族宗教事物局。组建木里藏族自治县投资促进和商务局。将原木里藏族自治县投资促进局的职责和木里藏族自治县经济商务和信息化局的商务工作职责整合，组建木里藏族自治县投资促进和商务局，不再保留木里藏族自治县投资促进局。将政府办挂牌机构木里藏族自治县重点项目办公室职责划入木里藏族自治县大沱办事处，不再保留木里藏族自治县重点项目办公室。将县经济商务和信息化局的生猪屠宰管理职责、县水务局的水产渔政行政管理职责划入县农牧局，不再保留县农业局加挂的县农业机械管理局牌子。机构改革后，设置政府工作部门23个，挂牌机构7个。全县208个事业单位按社会功能划分，划入行政类的事业单位有木里藏族自治县旅游体育局、木里藏族自治县水产渔政管理站、木里藏族自治县公路管理局、木里藏族自治县公路运输管理所。行政执法机构暂缓分类的有木里藏族自治县安全生产监督执法大队、木里藏族自治县卫生执法监督大队、木里藏族自治县食品药品监督稽查大队、木里藏族自治县环境监察执法大队、木

中心，木里藏族自治县屋脚乡综合服务中心，木里藏族自治县牦牛坪乡综合服务中心，木里藏族自治县李子坪乡综合服务中心，木里藏族自治县西秋乡综合服务中心，木里藏族自治县后所乡综合服务中心，木里藏族自治县列瓦乡综合服务中心，木里藏族自治县芽祖乡综合服务中心，木里藏族自治县项脚乡综合服务中心，木里藏族自治县白碉乡综合服务中心，木里藏族自治县三桷垭乡综合服务中心，木里藏族自治县倮波乡综合服务中心，木里藏族自治县卡拉乡综合服务中心，木里藏族自治县克尔乡综合服务中心，木里藏族自治县下麦地乡综合服务中心，木里藏族自治县沙湾乡综合服务中心，木里藏族自治县固增乡综合服务中心，木里藏族自治县东朗乡综合服务中心，木里藏族自治县麦日乡综合服务中心，木里藏族自治县唐央乡综合服务中心，木里藏族自治县博窝乡综合服务中心，木里藏族自治县麦地龙乡综合服务中心，木里藏族自治县乔瓦镇综合服务中心，木里藏族自治县瓦厂镇综合服务中心，木里藏族自治县茶布朗镇综合服务中心，木里藏族自治县中学、木里藏族自治县民族学校、木里藏族自治县城关小学、木里藏族自治县瓦厂镇初级中学、木里藏族自治县瓦厂镇小学、木里藏族自治县宁朗乡九年制学校、木里藏族自治县博科乡小学、木里藏族自治县水洛乡小学、木里藏族自治县屋脚蒙古族乡小学、木里藏族自治县牦牛坪乡小学、木里藏族自治县依吉乡小学、木里藏族自治县俄亚纳西族乡九年制学校、木里藏族自治县沙湾乡小学、木里藏族自治县唐央乡小学、木里藏族自治县博窝乡小学、木里藏族自治县麦日乡小学、木里藏族自治县固增苗族乡小学、木里藏族自治县麦地龙乡小学、木里藏族自治县东朗乡九年制学校、木里藏族自治县茶布朗镇初级中学、木里藏族自治县茶布朗镇小学、木里藏族自治县乔瓦镇小学、木里藏族自治县后所乡九年制学校、木里藏族自治县下麦地乡小学、木里藏族自治县项脚蒙古族乡小学、木里藏族自治县西秋乡九年制学校、木里藏族自治县克尔乡小学、木里藏族自治县卡拉乡小学、木里藏族自治县三桷垭乡九年制学校、木里藏族自治县芽祖乡小学、木里藏族自治县李子坪乡小学、木里藏族自治县白碉苗族乡九年制学校、木里藏族自治县列瓦乡小学、木里藏族自治县倮波乡九年制学校、木里藏族自治县鸭嘴牧区小学、木里藏族自治县教师培训和教研中心、木里藏族自治县教育技术装备所、木里藏族自治县学生资助管理中心、木里藏族自治县大中专招生委员会办公室、木里藏族自治县语言文字委员会办公室，木里藏族自治县瓦厂镇中心卫生院、木里藏族自治县博科乡卫生院、木里藏族自治县水洛乡卫生院、木里藏族自治县牦牛坪乡卫生院、木里藏族自治县屋脚乡卫生院、木里藏族自治县依吉乡卫生院、木里藏族自治县宁朗乡卫生院、木里藏族自治县俄亚乡卫生院、木里藏族自治县茶布朗镇中心卫生院、木里藏族自治县固增乡卫生院、木里藏族自治县沙湾乡卫生院、木里藏族自治县东朗乡卫生院、木里藏族自治县麦日乡卫生院、木里藏族自治县麦地龙乡卫生院、木里藏族自治县博窝乡卫生院、木里藏族自治县乔瓦镇中心卫生院、木里藏族自治县唐央乡卫生院、木里藏族自治县李子坪卫生院、木里藏族自治县克尔乡卫生院、木里藏族自治县西秋乡卫生院、木里藏族自治县后所乡卫生院、木里藏族自治县下麦地乡卫生院、木里藏族自治县列瓦乡卫生院、木里藏族自治县芽祖乡卫生院、木里藏族自治县项脚乡卫生院、木里藏族自治县白碉乡卫生院、木里藏族自治县三桷垭卫生院、木里藏族自治县倮波乡卫生院、木里藏族自治县卡拉乡卫生院、木里藏族自治县中藏医院、木里藏族自治县疾控中心、木里藏族自治县妇幼保健站（社区卫生服务中心）、木里藏族自治县新农合管理中心。划入公益二类的事业单位有木里藏族自治县医院，木里藏族自治县幼儿园。经营类事业单位有木里藏族自治县新华书店。

【领导人】 主任：海顺珍（女，布依族）；副主任：泽仁杜基（藏族）

（审稿：海顺珍/撰稿：泽仁杜基）

农办工作

【概况】 木里藏族自治县农村工作领导小组办公室，简称农办，挂靠中共木里县委办公室，行政编制一名。设主任一名。下设木里藏族自治县新农村建设领导小组办公室，简称新农办。农办主任兼任新农办主任。

木里藏族自治县劳务开发暨农民工工作领导小组办公室，行政编制一名。设专职副主任一名，行政编制副科级。下设劳务开发中心，设事业编制3名，挂靠农办。

2014年有职工6人，其中：主任1人，工作人员4人，借调人员1人。

【三农问题方针、政策】 贯彻落实中央1号、川委发1号文件精神，开展调查研究，了解和反映农村两个文明建设中的新情况、新问题，提出《木里县2014－2018年农民收入倍增计划实施意见》、《农业产业化发展的意见》、《木里县家庭农场认定登记暂行办法》、《四川藏区重大民生问题研究调研材料工作方案的报告》等，为县委、县政府提供决策依据。

开展农村廉租房调查，掌握木里县农村住房闲置情况。开展调研，摸清木里县涉农行业中存在的侵害农民利益的行为。就侵害涉农利益的行为开展专项整治活动。开展院县合作工作，积极同四川省农科院专家合作，开展新产业、新品种、新技术的引进、试验、示范等，提供帮扶项目，提出帮扶建议。

【挂帮包工作】 落实人员，具体抓好李子坪乡金子沟村，帮助解决工作中、生产中存在的各种问题。在党的群众路线教育实践活动“走基层”中，联系博科乡洛纳村，通过入户走访、实地察看、民情恳谈、院坝交流、基层夜话等方式，深入基层一线广泛开展调研，建立民生诉求、困难群众、稳定工作“三本台账”，帮助解决马铃薯等种子3000余公斤，联系帮扶6户农村困难户，看望了2户农村贫困老党员。

【藏区新村建设】 2014年，凉山州安排下达木里县藏区新村建设任务20个，幸福美丽新村建设2个（凉新农领〔2014〕4号）。木里县结合《木里县新农村建设总体规划》，安排下达2014年建设任务48个（木委办〔2014〕26号），其中新建3个（乔瓦镇红科新村、瓦厂镇你易店新村、麦地龙乡中铺子新村），提升改造45个（李子坪乡白草坪村八连组、月古楼组，金子沟村联合组；博窝乡坑古村坑古组、丁央组、战都组、纳松云组、分査组，关机村关机组、尼呷组、阿江组、西河组、脚木组、甲朗组；麦日乡格伊村瓦托组、克咪组，日龙村炯古组、日窝组、日龙组；唐央乡桐窝村日窝组、然里组；水洛乡平翁村箩斗组、新藏组；固增乡撒洼村下撒洼组、小沟组；后所乡呷古村呷古组，野洛村；三桷垭乡鸡毛店村；卡拉乡卡拉村卡拉组，玛瑙村；克尔乡彭古村；白碉乡洞龙沟村；沙湾乡纳瓦村；麦地龙乡立尔村；芽祖乡滚子棚村横梁子组、黄泥巴组、上沈家组、中梁子组；博科乡洛纳村索更组，日古村普立洼组；俄亚乡卡瓦村纳窝组；列瓦乡列瓦村呷咪坪组；屋脚乡纳布村阴山组；倮波乡龙卧洞村下俄公组；茶布朗镇东孜村）。涉及22个乡镇29个村2170户9826人。

项目安排下达后，经积极组织实施，实际完成农房建设2170户，完成村级基础设施建设和公共服务设施建设16个，完成聚居点建设48个。项目总投资9221.6万元，其中州财政补助资金1000万元，县财政配套资金1251.6万元。整合浙江省、西昌市、攀枝花市援助资金等4938

万元，农民自筹2032万元。

【农业专业合作组织建设】 2014年，木里县继续抓好农民专业合作社工作，巩固已有的11个专业合作社，扶持其做大做强。培育新的增长点，在条件成熟的情况下，新发展了3个专业合作社：木里县中米中药材种植专业合作社、木里县正友中药材种植农民专业合作社、木里县下麦地乡道角牛羊养殖专业合作社。全县农民专业合作社累计达到14个。

【“大凉山”特色农产品品牌建设】 继续抓好“大凉山”特色农产品申报四川省著名商标的工作，对已有品牌进行清理，2014年，木里县共有4种农产品使用“大凉山”品牌；对9种产品使用“大凉山”品牌的包装进行检查，按要求统一使用“大凉山”新包装设计，并及时送审和签订订购合同；加强宣传，鼓励支持符合申报条件的进行商标申报。对纳入“大凉山”品牌管理的产品、公司、专业合作社开展的广告、标语、营销宣传等100余条进行审查和监管，保障“大凉山”品牌的品牌信誉。组织木里县“大凉山”品牌参加中国西部国际博览会、四川农业博览会。农科局负责的皱皮柑地理保护地标申报工作取得突破性进展。

【劳务开发暨农民工工作】 农办按照“市场化、规模化、组织化”原则，强化对务工人员的技能培训，全面提高劳务输出组织化程度，不断扩大劳务输出规模。根据凉山州人民政府办公室下达的任务，结合木里县实际，经县委县政府同意，《木里县人民政府办公室关于下达2014年度乡镇劳务经济工作目标任务的通知》（木府办发〔2014〕18号）下达了木里县2014年农村劳动力转移输出任务3.3万人，实现劳务收入2.31亿元，农民工技能培训任务3000人，品牌培训任务180人，劳动力订单输出650人的目标任务。全县实际完成转移输出外出务工人员3.3万人，劳务总收入2.57亿元，培训总数3000人，其中品牌培训完成180人，劳务订单输出培训658人。

【光荣榜】 木里县被中共四川省委农村工作领导小组授予“2014年度农民增收工作先进县”荣誉称号。

【领导人】 主任：祁绍禄（彝族，兼新农办主任、劳务办副主任）

（审稿：祁绍禄/撰稿：贾刚）

关工委工作

【概　况】 木里县关心下一代工作委员会办公室（简称县关工委办公室）挂靠县委老干部局，为财政拨款副科级事业机构，2014年编制2名，设主任1名（实职副科级配备）、工作人员1名。

【工作状况】 4月10日，木里县关工委召开成员单位联系会议，就严厉打击非法组织或拐骗未成年人外出务工行动进行全面安排部署。4月15日，组织召开关心下一代“五老”志愿者党的群众路线教育实践活动宣讲大会。4月26日，十三届县委召开29次常委会议，专题听取全州关心下一代工作会议精神汇报，研究木里县贯彻落实省州会议精神的具体措施。7月3日，召开2014年上半年关心下一代工作情况通报会，关心下一代工作进展情况得到及时通报。11月3日召开“五老”志愿者十八四中全会精神学习会，11月28日召开“五老”志愿者工作会议。

【组织领导与人员】 2014年，木里县健全29个乡镇、81个县级机关企事业单位、113个村、31所乡镇学校、29所乡镇卫生院、9个牧场关心下一代工作组织，规范办公室牌子，乡镇、县级部门、企事业单位挂关工委办公室牌子，村、乡镇学校、卫生院、牧场挂关心下一代工作组牌子。建立健全关工委及其主任、常务副主任、副主任、成员、秘书长、办公室主任等工作职责及综合、会议、学习、来信来访、调查研究、舆论宣传、督促检查、宣传奖励等工作制度。关工委主任均由党组、党委书记担任，所有村、乡（镇）学校、医院、牧场的关工小组组长均由党支部书记担任。全县参与关心下一代工作的干部达1500多名，其中在册“五老”同志460余名，组建起以常务副主任为主，行政机关任职到龄退居二线的科局级领导参与的5支“五老”志愿者工作团队。

【阵地建设】 2014年，木里县建立282个关心下一代基层组织，单独设立基层关工委办公室238个，与单位工会、共青团、妇联、党政办等机构合并办公单独挂关心下一代工作委员会（工作小组）办公室牌子的基层关工委办公室44个。

【帮扶举措】 2014年，木里县大力推动关心下一代工作，一是全面建立县级领导“六个一”联系关心下一代工作制度。37名实职县领导分别联系1个乡（镇）关心下一代工作、联系1个村关心下一代工作、联系1个学校关心下一代工作、联系1个企业（牧场）关心下一代工作、联系1个贫困学生家庭、联系1名在校贫困学生，营造党政主导、部门协同、全民参与、全员联动的关爱帮扶氛围。2014年，县级领导为16个乡（镇）关工委协调落实帮扶项目23个，落实项目资金23.8万元。协调解决41个村关心下一代工作组硬件设施55项，资金达64.8万元。协调解决乡（镇）、村小学校建设项目6个，资金348万元。帮扶贫困学生家庭81户，协调相关扶持项目29个，资助各类资金达17.5万元。帮扶在校贫困学生76名，资助各类资金1.86万元。二是建立县级部门“一对一”帮扶基层关心下一代工作机制。81个县级部门单位“一对一”帮扶113个村、9个牧场关心下一代工作，帮助建立农村图书室2个，捐赠图书0.8万册及价值1.2万元的配套设施。建立村活动室4个，配套价值7.2万元的活动室设施设备。协调落实村关工小组工作经费3.6万元。解决村小饮水困难、校舍简陋等方面维修资金9.6万元。三是建立党员干部“连心牵手”关心下一代工作机制。全县8000多名党员、机关干部职工、村组干部与1.1万多名困难青少年“四连心四牵手”，资助帮扶资金4.8万元。

【培训工作】 2014年，在县委党校举办村关心下一代工作组组长、副组长培训班1期，培训210人次；举办基层关工委办公室主任培训班1期，培训85人；举办关心下一代信息通讯员培训班1期，培训47人；举办“五老”志愿者培训会3场，培训330人次。

【目标管理】 2014年，木里县实施关心下一代工作目标考核责任制，实现关心下一代工作与县委、县政府中心工作同安排、同部署、同落实、同考核，确保做好关心下一代工作。

【常规工作】 2014年，木里县关工委组成4个工作组，先后深入29个乡镇中心校及部分村小学校宣传护林防火知识，开展民族团结教育9堂次，开展“五四”、“六一”、“七一”传统节日节庆活动，促进青少年健康成长。开展6.26禁毒防艾知识进校园宣讲活动，增强青少年法制观念，自觉遵纪守法。严厉打击非法组织或拐骗未成年人外出务工。深入茶布朗镇、瓦厂镇等农村中小学校开展暑期安全教育宣讲活动，积极预防和有效遏制校园安全事故发生。开展暑期农村困难儿童免费培训，丰富农村困难家庭学生的暑期生活，减少安全事故的发生。开展留守儿童“自尊、自立、自强、远离不良嗜好”主题教育活动，规范道德行为，增强爱国情感，确立远大志向。

【爱心资助】 2014 年，木里县关工委组织实施四个关爱项目，总资金 45 万元。其中骁氏集团捐赠的“英才计划”项目资金 30 万元，资助 50 名木里籍贫困大学生顺利进入高校学习；“爱心接力，暖冬关爱”项目资金 8 万元，为东朗、沙湾、卡尔牧场、康坞牧区等边远乡镇、牧场的 200 名困难青少年赠送棉被、衣物等越冬物资；“基层关爱活动室”建设项目资金 2 万元在康坞牧场建立基层关爱活动室 1 个；“‘五失’青少年关爱”项目资金 5 万元，对全县 50 名青少年进行关爱帮扶。

【宣传引导】 2014 年，木里县关工委共编发简报 36 期。先后被上级媒体宣传报道 30 次，其中中国关工委报道 2 次，四川省关工委及省级相关媒体报道 8 次，凉山州关工委报道 18 次，《凉山日报》报道 2 次。为全县各级关工委、广大“五老”志愿者征订《关爱明天》杂志 257 份。

【工作经费】 2014 年，木里县财政为县关工委预算工作经费 10 万元，为全县 29 个乡（镇）的每个关工委都预算工作经费 2 万元。木里县关工委联合县财政局、审计局共同制定《木里县乡（镇）关心下一代工作经费管理使用办法》，确保经费真正用到关心下一代工作上。

【光荣榜】 2014 年，木里县关工委被凉山州关工委评为全州关心下一代工作先进集体。

【领导人】 县关工委办公室主任：向长明

（审稿：向长明/撰稿：向长明）

党校工作

【概况】 中共木里藏族自治县委党校与木里藏族自治县行政学校属“一个机构两块牌子、合署办公”。2014 年木里县委党校设办公室、财务室、教研室 3 个股室，在职人员 15 人。其中，女 6 人，男 9 人。45 岁以上的 12 人，不满 45 岁的 3 人。本科生 13 人，研究生 2 人。初级职称 2 人，中级职称 9 人，高级职称 3 人。工勤人员 5 人，事业干部 10 人。股所级 3 人，副校长 1 人，常务副校长 1 人。主任科员 2 人。参公人员 2 人，未参公人员 13 人。

2014 年，木里县委党校有 1 幢规模为 1188 平方米，总投资为 136 万多元，可容纳 50 多人住宿，100 多人就餐的学员综合楼；1 幢规模为 2067.33 平方米，总投资为 750 万元的中央藏区建设项目“教学办公综合楼”，设有 C 级网站和多媒体教室，配备有“1 个拼接屏、四个宽屏幕电视机、手拉手式话筒、小蜜蜂话筒、摄像头、会议监控器”等现代化设施和设备，办公室总配备 19 台电脑（连接宽带网和党政网），2 台复印机，1 台宽屏幕电视机（坐式），藏书量达 1.16 万册。

【干部培训】 2014 年，在县委、县政府的领导下，木里县委党校认真组织和开展了“主体班培训、部门培训、社会培训、异地培训和送教下乡”以及在县城各部门的宣讲活动。

安排教师在县城各部门宣讲活动五场次，培训 227 人次。（3 月 19 日，王顺康在木里县人力资源和社会保障局宣讲十八届三中全会精神及有关理论和政策，培训 45 人；3 月 26 日和 27 日，朱静和梁尚勇先后在木里县公安局宣讲十八届三中全会精神及有关理论和政策，培训 100 人；4 月 25 日，祝玛拉初、杜卫刚、李静等在木里县气象局宣讲十八届三中全会精神及有关理论和政策，培训12人；6月13日，杜卫刚在县委党校为离退休老干部宣讲《十八届三中全会精神解读》，培训70人）。

安排教师送教下乡一次，即9月25日至28日，副校长陈宽明率老师杨大强、杜卫刚、朱静、祝玛拉初、梁尚勇等送教下乡到白碉乡，培训党员干部103人。

举办的各种培训班有8期（包括异地培训1期），培训党员干部和各种人才1087人（4月17日至20日，举办农村实用技术培训班1期，培训农村实用技术人才150人；4月21日至26日，举办基层党组织书记专题培训班1期，培训乡镇党委书记、副书记和村支部书记144人；5月11日至17日，举办基层政权建设专题培训班1期，培训乡镇长、副乡镇长、村主任以及优秀青年干部214人；5月19日至25日，木里县优秀遴选干部在四川电子科技大学公共管理学院进行为期一个星期的异地培训，培训41人；9月14日至19日，举办村建设中心主任培训班1期，培训村建设中心主任和分管村建设的乡干部负责人137人；11月2日至8日，举办网络协同办公培训班1期，培训各片区党委、各乡镇党委和县级各部门电脑工作人员146人；12月2日至3日，举办入党积极分子和新党员培训班1期，培训125人；12月4日至5日，举办党务工作者培训班1期，培训各乡镇分管党务工作的副书记、组织员、县直机关各总支书记、支委130人）。

【教研与科研】 2014年，木里县委党校组织教职工到县城各部门和基层乡镇、村组进行调研；组织教职工撰写科研论文和调研课题。

2014年，教职工在县城各部门和基层乡镇、村组调研16人次，完成科研论文和调研课题14篇，申报立项省州委党校调研课题10篇，其中获得四川省委党校报送结项的调研课题2篇，（梁尚勇、高土、马洪萍等老师承担完成的省委党校调研课题《木里藏区经济社会发展现状实地调研》1篇；祝玛拉初、杜卫刚、高土等承担完成的省委党校调研课题《木里县实施草原生态补奖政策情况调研》1篇。获得凉山州委党校结项的调研课题3篇（薛震、梁尚勇、董泽等承担完成的州委党校调研课题《以帮扶村为抓手，探索木里藏区经济发展新思路》1篇；杜卫刚、马洪萍等承担完成的州委党校调研课题《木里县实施牧民定居情况调研》1篇；薛震、祝玛拉初、董泽等承担完成的州委党校调研课题《木里县教育发展情况调研》1篇。另外，朱静、梁尚勇等承担完成凉山州组织工作重点调研课题《中共木里县委党校办学体制问题研究》1篇；薛震、高土等承担完成“木里县委党校《人物风采录》”四人4篇，《木里县委党校年鉴（2013年》)。

【精神文明建设】 2014年，木里县委党校认真贯彻落实中央和省州县委的重大决策和部署，轮训和培训党员领导干部和公务员以及农村和机关的各种技能性人才，学习、研究和宣传马列主义、毛泽东思想、邓小平理论、“三个代表”重要思想、科学发展观和党的十八大及十八届三中、四中全会精神以及习近平总书记系列讲话精神，加强干部的理想信念和宗旨意识教育，增强干部的党性锻炼。加强政治思想工作和党风廉政建设以及各项精神文明建设，及时将党的路线方针政策和县委、县政府的重要会议精神贯彻落实到全体教职工以及教学科研工作中。参加县上开展的各种群众性文体活动，认真开展档案、卫生、计生、工会、保密、维稳、信访等工作，认真开展社会管理综合治理，建设和谐木里、平安木里等工作，档案工作保持“省三标”，卫生工作保持“州卫生先进单位”、工会工作保持“州先进职工之家”，平安建设工作保持“县级平安单位”，精神文明建设工作保持“县级文明单位”。加强校内党务政务的公开和督办，深入开展机关行政效能建设，党的先进性建设和“四型”党组织建设以及创先争优活动，县委党校支部与乔瓦镇喜珠林社区支部建成友好支部，与社区结对共建。认真开展党的群众路线教育实践活动，按照中央“八项”规定、省州“十项”规定、县委“六项”规定和“照镜子、正衣冠、洗洗澡、治治病”的要求，认真整改，“庸懒散浮拖”现象得到治理，工作作风得到改进。将党务政务、创先争优活动、党风廉政建设、党组织建设、党员干部“连心牵手联户联僧”活动、计生教育以及党的群众路线教育实践活动和党的十八届三中、四中全会精神等方面的内容上墙公示。通过整改，健全和完善学校各项规章制度，其中，废止不适合制度 2 项，新增加制度 6 项，修改制度 5 项，制度上墙 35 项。更好为教学和科研工作服务，为学员服务，为全县中心工作服务。

【挂、包、帮工作】　2014 年，木里县委党校按照县委、县政府的安排部署，结合学校的教学和科研工作以及党的群众路线教育实践活动，认真开展对茶布朗镇的帮扶工作以及“走基层惠民生”、“连心牵手、联户联僧”活动。建立“三本台账”，录制茶布朗镇然面村“连心牵手民情卡”，学校教职工与帮扶村结对 16 户，帮助帮扶村制定相关扶贫规划。在关心下一代工作及联户联僧活动中集体和个人共投入资金 7.2 万元，起到帮扶和维稳作用。

【队伍建设】　2014 年，木里县委党校继续加强队伍建设。一是加强班子建设。支委成员和校委会成员，都严格按《党章》和党的有关条例以及党风廉政建设的有关要求，继续认真开展先进性建设、创先争优和深入学习实践科学发展活动，积极参加和认真开展党的群众路线教育实践活动，按照中央“八项”规定、省州“十项”规定、县委“六项”规定和“照镜子、正衣冠、洗洗澡、治治病”的总要求，加强班子的思想和作风建设。二是加强对教职工的政治思想教育。按照党校“姓党”的原则，要求教职工积极参加校内外开展的一切政治和业务活动；要求教职工与党中央保持高度一致；要求教职工坚持和发扬我们党艰苦奋斗的优良传统和作风；组织教职工，认真开展党的群众路线教育实践活动，并通过此项活动，提高教职工的工作积极性，改进教职工服务学员、服务基层群众的工作作风。三是加强对教职工包括对班子成员的业务知识培训，以提高教学科研水平、业务素质以及服务水平和服务能力。学校对全体教职工实行全员培训（要求全体教职工参加校内举办的所有班次的跟班听课，促进教职工之间相互学习和指导教育教学经验；组织教职工开展必要的教研活动和到乡镇、村进行调研活动。2014 年，教职工下乡调研 12 人次；有计划地选派教职工到省州党校干校和省外党校干校以及有关高校参加进修培训。2014 年，教职工到中央党校、北京大学、井冈山干部学院、省委党校、四川电子科大、西南民族大学、西昌民干校、西昌学院、凉山州委党校等学校参加进修培训的教职工 21 人次包括常务副校长和副校长参加以会代训）。

【领导人】　常务副校长：薛震；副校长：陈宽明

（审稿：薛震/撰稿：高土）

人　大

NPC

综　述

【概况】　2014年，在中共木里县委的领导下，木里藏族自治县人大常委会依法开展了法律监督、工作监督、重大事项决议、人事任免、制度建设、法制宣传、联系代表、指导乡（镇）人大和自身建设等工作。木里藏族自治县人大常委会设办公室、人事代表工委、财经工委、法制工委、教科文卫工委5个工作机构，有在职领导和干部职工23人，其中主任1名、副主任4名，副调研员1人，各工委（室）主任4人，副主任2人，到龄既退工委主任、副主任3人（享受副县级待遇），主任科员2人，工勤人员6人。领导干部和职工中有中共党员17人，无党派人员6人，男18人，女5人，藏族7人，汉族6人，彝族4人，蒙古族4人，苗族1人，其他民族1人。

【县十二届人大第三次会议】　木里县十二届人民代表大会第三次会议于2014年3月4日至6日在县城乔瓦镇召开，应到会代表145人，实到会129人。

【常委会议】　2014年，人大常委会组成人员22名，主任1名，副主任4名，委员17名。主任：杨乔包（蒙古族），副主任：杜基次尔（藏族）、袁定强、苏长明（彝族）、龙长生（藏族）；委员（按姓氏笔画为序）：王礼银、王福平、王德荣（苗族）、扎西龙布（藏族）、甲央其扎（藏族）、田秀珍（女，蒙古族）、央宗娜姆（女，藏族）、牟拉拉（彝族）、杨克若（蒙古族）、宋德琼（女）、罗晓强（藏族）、南伍呷（彝族）、须发茂、徐华贤、黄华高、廖忠义（藏族）、霍明勇。

2014年县十二届人大常委会共召开会议6次。

【法律监督】　2014年，县人大常委会采取多种形式，听取和审议“一府两院”专项工作报告，组织开展执法检查和视察调研，不断强化法律监督和工作监督职能。人大常委会就事关我县经济社会发展、生态文明建设、构建社会和谐、促进社会稳定等重大事项，认真开展了法律监督，采取灵活多样的形式，分别对教育、卫生、水资源、矿产资源、森林资源、野生动植物资源、环境保护、传染病防治、城区供水管理、公共场所卫生管理、土地管理、消费者权益保护、税收征管、食品药品监管、城市建设管理等方面的法律法规进行了执法检查。形成了有关执法检查报告，提出了11条意见转县人民政府办理。

【工作监督】　2014年，县人大常委会紧扣发展主线，认真开展工作监督。县人大常委会始终以经济建设为中心，坚持“突出重点、讲求实效”的原则，强化落实有关人民群众普遍关心的热点、难点、焦点问题的工作监督，把维护人民群众的根本利益作为加强对“一府两院”工作依法监督的出发点，耐心细致地听取各级人大代表和群众的意见、建议，开展跟踪监督。2014年，县人大常委会对县水电资源开发、矿产资源开发、粮食生产、核桃花椒等经果业发展、退耕还林、农民实用技术培训、农村基础设施建设、支农惠农政策落实、公益事业建设、旅游开发、“六五”普法、城乡环境整治、教育卫生等方面的工作采取灵活多样的方式进行了依法视察、依法调研，提出意见建议，转县人民政府进行了办理。常委会及时听取和审议了县人民政府关于审计、财政、代表大会议案、建议、批评和意见办理情况的报告，采取各种形式，对城市环境卫生、民主法制建设、生态环境保护、矿产资源管理、教育卫生、藏传佛教寺庙管理等各项工作开展了工作监督，重点就人民群众普遍关心的热点、焦点、难点问题开展了执法检查和视察调研，形成调研报告，指出存在的问题，提出改进工作的意见和建议，以常委会审议意见形式转“一府两院”办理，加大了代表建议、批评和意见督办力度。

【人事任免】 县人大常委会站在全县改革、发展、稳定的高度，始终坚持党管干部和人大依法任免干部有机结合的原则，认真贯彻落实人大任免干部的相关规定。2014年，提请县人大常委会任命的国家机关工作人员，在任命前，常委会采取方法灵活多样的法律测试、民主测评、听取社会方方面面意见，对其德、能、勤、绩、廉进行全面了解评价，始终坚持任人唯贤、德才兼备、群众公认、注重工作实绩原则，严格依照法律规定的程序，依法行使人事任免权。安排任命干部进行表态发言，向宪法宣誓，向人民做出履职承诺，接受人民监督，从而增强被任命干部的法律意识、人民意识和公仆意识。2014年，常委会共任免国家机关工作人员42人。其中任免副县长6人（任命5人、免职1人），任免县政府部门科局级干部4人（任命2人、免职2人），任人民法院副院长、审判员、审判委员会委员1人，任人民法院庭长3人、审判员6人，人民陪审员16人，任县人民检察院检察员1人，免县人民法院副庭长2人，接受李宏伟辞去凉山州第十届人民代表大会代表职务的请求，接受苏长明、龙长生辞去县人大常委会副主任职务的请求。

【法制宣传】 2014年，县人大常委会加强对内、对外的宣传工作。切实开展宪法等法律法规的宣传教育工作，监督指导有关部门通过普法不断提高全县各族人民的法律意识，促进社会主义民主法制建设。重视信访工作，通过开展党的群众路线教育实践活动，建立了信访工作制度，落实了信访首问责任制，注重通过信访渠道了解民情、民意，把群体上访案件和民事上访案件作为重点，采取耐心听明情况、讲清政策法规、指点办理途径、帮助协调解决等方法，及时交办，跟踪督办，及时化解社会矛盾。2014年，县人大常委会共接待来信来访38件366人次。通过受理来信来访，密切了与人民群众的联系，维护了人民群众的利益，化解了人民内部矛盾，促进了社会和谐稳定。

【议案建议】 2014年，县人大常委会认真交办代表建议、批评和意见，对代表建议、批评和意见进行跟踪督查。县十二届人大二次会议期间被列为建议、批评和意见交县人民政府办理的51件。代表们所提建议都是事关我县经济社会发展的大事，为确保代表建议、批评和意见办理落实的质量和效果，县人大常委会对办理落实情况进行了督查，并在县人大常委会第十五次会议上听取了县人民政府《关于木里藏族自治县十二届人大第三次会议代表建议、批评和意见办理情况的报告》。县人大常委会认为县人民政府高度重视办理工作，层层落实责任，部门密切配合，办理方法有新突破，办理工作有新举措，大部分问题从源头上得到了解决，大多数代表对办理结果表示满意。

【视察调研】 2014年，县十二届人大常委会紧紧围绕县委中心工作，突出农业振兴、工业强县、旅游突破、交通先行、项目推进、藏区稳定、社会发展的工作思路，开展了多种形式的视察调研，着重就教育、卫生、“三农”、水电开发、城区供水管理工作开展了深入调研，积极配合省、州人大开展了视察调研，形成调研报告5篇。

【立法工作】 2014年，县人大常委会通过立法争取国家对民族地区的扶持，是加快经济社会发展的法制保障，是依法治县的必然要求。在过去的一年，县人大常委会高度重视民族立法工作，以促进木里科学发展提供有力的法律保障为目标，立足县情，着眼长远，服务大局，突出特色，坚持科学立法、民主立法、为民立法，坚持党的正确主张和人民意志的有机统一，努力增强法规的针对性、实效性和可操作性，积极开展了水资源管理条例报省、州审批的相关工作，认真开展了藏传佛教寺庙管理调研和起草工作。同时，积极参与省、州人大的立法工作，争取把事关木里近14万各族人民切身利益的大事、要事列入法律法规，为我县经济和社会发展争取更多的法律支持和法律保障。

【机关建设】 2014年，县人大常委会以机关作风建设、践行科学发展观、“中国梦”主题教育和“走基层”活动为抓手，特别是以开展党的群众路线教育实践活动为载体，全面加强自身建设，不断提高依法履职能力和整体工作水平。切实加强法律法规和十八大、十八届二中、三中、四中全会精神的学习，深入开展视察调研，结合思想工作实际，切实解决不适应改革发展创新的思想障碍，创新常委会工作思路和工作方法，大兴深入基层、深入实际调查研究之风。去年共形成调研报告5篇，学习心得15篇。积极开展了对外交流工作，学习借鉴各地人大工作经验，不断提高整体工作水平。通过人大机关开展“庸懒散浮拖”专项整治，加强制度建设、作风建设、效能建设，增强了常委会组成人员和机关干部勤奋敬业、推动发展的责任感和使命感，使人大常委会始终保持积极进取、奋发有为的精神状态，努力建设勤政高效、人民满意机关。

【光荣榜】 2014年，县人大常委会被凉山州委评为凉山州卫生文明先进先进单位。

【领导人】 县人大党组书记、主任：杨乔包（蒙古族）；副主任：杜基次尔（藏族）、袁定强、苏长明（彝族）、龙长生（藏族）

县人大常委会办公室工作

【概况】 2014年，县人大常委会有办公室主任1名，会计1名，出纳1名，档案管理员1人，文秘服务2人，驾驶员2人，勤杂工1人，共9人。其中，工勤人员6人。

【服务工作】 2014年，县人大常委会办公室完成了会议筹备与服务，处理好了文档机要工作及文印工作，按规定撰写公文，按省、州人大部署及工作需要，扎实开展了人民代表大会制度及人大工作宣传，加强了机关财务、车辆等固定资产管理，认真搞好了卫生、消防、安全等工作，协调处理好了来信来访工作，按省、州、县规定认真搞好了各类接待工作，围绕县委政府中心任务开展工作，完成了上级人大和领导交办的任务。

【领导人】 县人大办公室主任：须发茂

人事代表工作委员会工作

【概况】 2014年，人事代表工作委员会有主任1名、副主任1名，到龄既退主任1人，副班主任1人（享受副县级）。在常委会领导下，依法开展人大代表批评建议和议案办理，代表的来信来访，组织代表视察调研，承担木里县人大代表的资格审查，承担代表选举工作，参加重大事项决议、人事任免，指导乡镇人大工作。

【主要工作】 根据常委会的安排部署，2014年，人事代表工作委员会认真抓好了木里县第十二届人民代表大会第三次会议的筹备工作，并圆满完成了第三次会议的各项议程。县十二届人民代表大会第三次会议期间，收集和整理，代表建议和批评意见53件，代表所提建议和意见事关全县的经济和社会发展的大事，为确保建议和意见办理落实质量和效果，积极配合职能部门，答复率达100%，代表们的满意率达91%。按照常委会年初的安排，对全县的水电资源开发、核桃花椒退耕还林、农村基础设施建设、支农惠农政策落实、城乡环境整治、教育卫生等方面的工作，采取灵活多样的方式进行了视察调研。提出的意见和建议，形成调研报告，经常委会议通过，转县政府进行了办理。

【领导人】　人事代表工作委员会主任：王福平；副主任：杨克若（蒙古族）

财经工作委员会工作

【概况】　木里县人大财经工委，属正科级行政机构，2014 年设主任 1 名。

2014 年，木里县人大财经工委就事关木里县经济、社会事业发展、生态文明建设、构建社会和谐、社会稳定等重大事项，分别开展了税收执法检查，矿产资源，“两化”互动视察调研工作。

【主要工作】　县人大财经工委提请县第十二届人民代表大会第三次大会主席团第三次会议审议通过关于《木里藏族自治县 2014 年国民经济和社会发展计划执行情况及 2014 年计划（草案）报告》审查结果的报告；关于《木里藏族自治县 2013 年财政预算执行情况和 2014 年财政预算（草案）报告》审查结果的报告；木里藏族自治县人民政府《关于 2013 年度县本级财政决算报告》；《关于 2013 年度县级财政预算执行和其他财政财务收支审计工作报告》；税收执法检查报告 1 篇，“两化”互动视察调研报告 1 篇。

根据木里藏族自治县人民政府 2013 年财政决算报告和审计工作报告。做出了《决议》，要求县人民政府及财税部门进一步总结经验，规范制度，强化收支管理，加大培植新兴财源，继续扩大细化部门预算，优化支出结构，不断提高依法理财。在木里藏族自治县第十二届人大常委会第十五次会议上提请审查审议《关于木里藏族自治县人民政府 2014 年部分预算调整方案的报告》，批准了木里藏族自治县人民政府将 2014 年地方公共财政预算收入由年初预算的 4.84 亿元，调整为 5.05 亿元，较年初预算增加 2150 万元，调整的项目将严格按预算口径进行调整。县十二届人大常委会第十五会议批准地方公共财政预算收入由年初县十二届人民代表大会第三次会议《决议》批准的 4.84 亿万元调整为 5.05 亿元。增加的收入 2150 万元，按科目安排如下：一是地方政府债券转贷收入调增 1200 万元，用于唐央乡通乡油路工程建设项目；二是财政增收的 950 万元用于 2013 年度目标绩效责任管理奖缺口，保持收支平衡。

2014 年，县人大财经工作委员会在继续加强法律法规学习和机关制度建设、作风建设的同时，进一步加强创新县人大财经工委工作思路和方法，深入基层调查研究，紧紧抓住群众反映强烈的突出问题，一件一件的推动解决，做到了件件有着落、件件有回音、件件见效果，2014 年共形成财政经济方面审查结果报告 4 篇。

【领导人】　县人大财经工委主任：田秀珍（女，蒙古族）

法制工作委员会工作

【概况】　2014 年，木里藏族自治县人大常委会法制工作委员会副主任 1 名（保留正科职），到龄既退主任 1 名。

【主要工作】　2014 年，法制工作委员会切实开展了法律法规的宣传教育工作，已完成年初本单位安排的视察调研执法检查和立法工作，监督和指导了十几个单位的档案和统计的执法检查，不断提高了全县各族人民的法律意识，促进社会主义民主法制建设，重视信访工作落实信访首问责任制，认真热情接待来访人员，用心听明来访情况，讲清政策法规，指点办理途径，帮助协调解决等方法，对来信来访注册登记台帐，做到1周1计，1月1上报，对交办的案件跟踪督办，上门和电话催办。2014年，共接待来信来访16件39人次，通过受理来信来访，密切了与人民群众的联系，维护了人民群众的利益，化解了人民内部矛盾，促进了社会和谐稳定。

【领导人】 法制工作委员会副主任：牟拉拉（彝族）

教科文卫工作委员会工作

【概况】 木里藏族自治县人大常委会教科文卫工作委员会负责木里县教育、科技、文化、卫生、计生、广播等社会事业方面的工作监督和法律监督，2014年，设主任1名，副主任1名。

【主要工作】 2014年，县人大教科文卫工作委员会积极认真筹备和服务了县十二届人大的各类会议。认真开展了监督检查和调研工作，先后对《中华人民共和国教育法》《中华人民共和国母婴保健法》《中华人民共和国未成年人保护法》的贯彻实施情况进行了执法检查，对木里县教育基本情况、卫生工作情况进行了调研。草拟了执法检查报告和调研报告，形成了相应的意见和建议，起到了有效的监督和促进作用。

【领导人】 教科文卫工作委员会主任：兰伍呷（彝族）；副主任：袁南卡（藏族）

（审稿：袁定强/撰稿：须发茂　肖军）

政　　府

Government

综　述

【行政区划与人口】　2014年，木里藏族自治县辖3个镇、26个乡（其中5个民族乡）、9个国营牧场、113年行政村、603个村民组、1个居委会。县政府设乔瓦镇，距凉山州府西昌253公里。2014年末全县总人口13.88万人，比上年增加421人，年末总户数3.56万户，比上年增加523户。全县共有21个民族，其中，藏族4.55万人，占总人口的32.76%；彝族4.28万人，占总人口的30.8%；汉族2.59万人，占总人口的18.66%；蒙古族8997人，占总人口的6.48%；苗族8910人，占总人口的6.42%；纳西族4830人，占总人口的3.8%；其它少数民族1935人，占总人口的1.39%，全县幅员面积1.33万平方公里，每平方公里11人。2014年出生人口1710人，出生率12.69‰；死亡人口812人，死亡率6.02‰；全县人口自然增长率为6.67‰。2014年全县常住人口13.1万人，其中城镇人口1.77万人，城镇化率13.39%。

【综合经济】　2014年，木里县人民政府在木里县委的坚强领导下，在县人大、县政协的监督支持下团结带领全县各族人民，沉着应对多重困难挑战，主动适应经济新常态，全力稳增长、调结构、促改革、惠民生，全县社会经济发展稳中有进，各项工作取得新成效。全县实现国内生产总值（GDP）26.12亿元，比上年增长6.6%，在凉山州17个县市排位居第10位，增速居第9位，其中，第一产业实现增加值5.29亿元，比上年增长4.6%，对经济增长的贡献率为11.7%，拉动全县经济增长0.8个百分点；第二产业实现增加值13.62亿元，比上年增长7.6%，对经济增长的贡献率为63.4%，拉动全县经济增长4.2个百分点；第三产业实现增加值7.22亿元，比上年增长5.9%，对经济增长的贡献率为24.9%，拉动全县经济增长1.6个百分点。三次产业结构比为20.2：52.1：27.7。2014年全县非公有制经济实现增加值12.1亿元，比上年增长9.5%，占全县GDP的46.3%；非公有制经济增速比全县GDP增速高2.9个百分点，对全县经济增长贡献率为64.64%，拉动全县经济增长了4.3个百分点。2014年全县财政总收入7.05亿元，比上年增长33%，其中，公共财政预算收入完成4.94亿元，比上年增长10.5%；公共财政预算支出完成15.92亿元，比上年增长9.8%。全年完成各项税收收入6.63亿元，比上年增加1.01亿元，增长17.98%，其中国税收入2.69亿元，地税收入3.94亿元。全县固定资产投资累计完成80.91亿元，比上年增长7.4%。年末全社会金融机构各项存款余额36.75亿元，比上年增长14.03%，其中城乡居民储蓄存款余额12.22亿元，比上年增长18.13%；全社会金融机构各项贷款余额20.03亿元，比上年增长7.86%。全县保费收入完成2408.4万元，比上年增长9.52%，其中财产保险保费收入1516万元，赔款支付765万元；人寿保险保费收入847.4万元。全年实现社会消费品零售总额5.39亿元，比上年增长9.3%，其中，城镇零售额实现2.1亿元，比上年增长8.9%。全年邮电业务收入4692.9万元，比上年增长8.2%，年末固定电话用户数2973户，移动电话用户数5.68万户。

【现代农业】　2014年，木里县年实现农业总产值9.07亿元，比上年增长5.63%。全年农作物总播种面积1.8万公顷，其中粮食作物播种面积1.59万公顷，全年粮食总产量4.98万吨，比上年增长0.33%，其中，小春粮食产量7858吨，比上年增长1.88%；大春粮食产量4.19万吨，比上年增长0.05%。全年蔬菜产量4万吨，比上年增长4.03%；水果产量8000吨，比上年增长14.29%。全年核桃产量3240吨，比上年增长

5.5%，实现产值2592万元；花椒产量716吨，比上年增长2.43%，实现产值2384万元。2014年全县核桃、花椒累计种植面积48.43万亩。全年实现种植业产值3.62亿元，比上年增长3.53%，占全县农、林、牧、渔业总产值的39.94%。全年实现林业产值5164万元，比上年增长5.82%；完成渔业产值825万元，比上年增长17.02%；水产品产量150吨，比上年增长17.19%；完成农林牧渔服务业产值3078万元，比上年增长8%。

2014年，木里县肉类总产量1.1万吨，比上年增长1.68%。年末大牲畜存栏（牛马骡驴）15.24万头，比上年增长1.33%。全年大牲畜出栏2.17万头，比上年增长1.39%，出栏率为14.4%，出售1.31万头，商品率为8.72%，商品率占出栏率的60.56%。全年实现畜牧业产值4.54亿元，比上年增长6.99%，占农业总产值的50.06%。2014年木里县成功引进企业合作建设标准化设施蔬菜大棚10亩，完成中药材产业示范基地建设280亩，完成1万亩玉米和2万亩洋芋高产创建，标准化示范片建设300亩（其中，屋脚乡马铃薯高厢垄作示范片种植150亩，项脚乡玉米宽窄行规范化示范片种植150亩）；新发展3个专合组织，中药材产量280吨、同比增长38%、产值722万元。“木里皱皮柑”成功申报农产品地理标志保护登记产品。全年签订科技创新技术合同1个，完成专利申请2项；完成人工牧草种植15.32万亩、贮草基地建设1.53万亩和标准化草场建设2000亩，新增3个生猪规模养殖场、10户生猪标准化养殖大户、30户生态鸡养殖户；发展适度规模养殖户1208户，新建标准化圈舍2992平方米，建成标准化牲畜棚圈6560平方米，新建暖棚2.16万平方米。

【现代工业】 2014年，木里县实现工业增加值7.36亿元（含锦屏电站），比上年增长38.9%，占全县GDP比重的28.17%，比上年提高5.29个百分点，对经济增长的贡献率为129.76%，拉动经济增长8.6个百分点。全县规模以上工业企业总数达5户。全年“一江三河”水电开发完成投资63.52亿元，累计完成投资355.12亿元（不含锦屏一、二级水电站）。全县新增装机容量514.2万千瓦（含锦屏一、二级水电站），建成投产发电站10座、总装机938.08万千瓦，在建水电站16座、总装机186.76万千瓦；成功签约投资150亿元的风电合作开发项目。

【固定资产投资】 2014年，木里县固定资产投资累计完成80.9亿元，比上年增长7.4%，受锦屏电站峻工后建安投资减少的影响，建筑业对经济增长的贡献率下降为-66.36%，拉动经济下降4.4个百分点。固定资产投资中，水电开发完成投资67.93亿元，比上年增长32%，水电开发投资占全县投资总额的比重由上年的76.27%提高到83.96%；其它投资（含卡杨路、藏区项目）完成12.98亿元。

【新型城镇化建设】 2014年，木里县自来水厂、县中学高中部、中藏医院、影剧院、县政府花园、核桃湾公路安保及路灯亮化工程等一大批项目建成并投入使用，县农贸市场、特勤消防站、攀枝花援藏干部周转房、乔瓦镇敬老院等一大批项目进入装饰装修阶段。乔瓦镇成功入选国家重点镇，瓦厂和茶布朗的饮水、排污、防洪等基础设施建设有序推进。

【农村基础设施建设】 2014年，木里县统筹新型城镇化与新农村建设，按照新村、新居、新产业、新农民、新生活一体化的“五新一体”要求，整合易地扶贫搬迁、扶贫开发、一省两市援建等资金近亿元，新改建藏区新村48个，直接惠及22个乡镇29个村2170户9826人。统筹推进投资3530万元的藏区新居、近8亿元的无电地区电力建设、1.06亿元的农村公路、2756万元的农村安全饮水工程、960 万元的村（社区）办公服务场所和综合服务设施项目、近 4000 万元的核桃花椒等特色产业化项目和 2025 万元的以小路、小桥、小水、小能源的“四小工程”为主的“一事一议”和村组公共设施运行维护项目等工程项目建设。立项实施土地开发整理项目 1 个，完成博瓦河堤防工程和 4 个抗旱水源工程建设，新增有效灌面 100 亩、节水灌面 100 亩、恢复灌面 400 亩，治理水土流失面积 30 平方公里，治理河道 4.5 千米，新建和整治河堤 6.2 千米。

【交通大会战】 2014 年，木里县在“人字、三纵、一横加水运”交通规划基础上，升级形成“X 形三纵两横加水运”的交通主骨架网络规划格局，投资近 11 亿元，实施 12 个交通重点项目。推进对外通道建设，省道 216 升级为国道 227 线，李子坪至棉垭段和棉垭至梅雨段全面开工建设，桃巴至李子坪段已挂网招投标，“亚三”公路工可已通过评审，木里王顺友“马班邮路”升级为省道 469 线，进入工可报告阶段。完成唐央至博窝、项脚至白碉 2 条环线通乡公路和芽祖乡通乡油路建设，项脚通乡油路和木里大寺油路开工建设。新建通村公路 123.4 公里，完成安保工程 129.7 公里，新建 32 公里通乡公路，完成 337 公里乡村道路和通寺道路整治工程，每年投入 1000 余万元公路养护资金，将通乡公路以上的公路都纳入县公路局养护范围，新建 1 条水路运输航线，完成航运公司引进工作。

【扶贫攻坚】 2014 年，木里县整合攀枝花市、浙江省、西昌市等对口帮扶力量，大力发展核桃花椒等特色农牧产业，改造农村危房 1761 户，解决 1.5 万农村人口安全引水问题，推进唐央乡集镇迁建等 5 个移民复建项目，兑现大中型水库移民后期扶持直补资金 216 万元，兑现 2014 年国家省级集体生态公益林生态美效益补偿基金 273.4 万元，兑现征占用退耕还林转换补偿资金 1272.46 万元。全县减少贫困人口 3714 人。开展扶贫开发建档立卡工作，识别贫困村 97 个，贫困户 6167 户，贫困人口 2.63 万人。

【基层政权设施建设】 2014 年，木里县新建 7 个乡镇政府基层政权基建项目、5 个乡镇办公接待服务设施、90 套干部周转房，基本完成木里大寺管委会、木里大寺曲拉僧舍项目建设和其它寺庙的水、电、路、僧舍等基础设施建设。

【“改革开放”】 2014 年，木里县深化行政体制改革，以简政放权为主线，清理行政审批项目 292 项、公共服务事项 21 项。建成并投入运行电子政务大厅，完成行政权力运行平台建设，事项运行数位列凉山州第二。稳步推进国有企业改革，木里县电力公司成功上划移交国网四川省电力公司管理；水洛河公司股权划转工作有序推进。农村改革不断深化，完成基准地价更新，基本完成农村集体土地确权登记工作。专项资金管理、绩效预算管理等 8 项财税体制改革全面启动，完成 15 个项目财政支出绩效评价和 8 个项目复评工作，县级 63 家预算单位公务卡开卡实现全覆盖，全县“三公”经费同比下降 16.85%。完成浙江省对口支援木里县 2014 至 2015 年 2 年期对口支援计划和 6 个专项计划，列入备选性自由投资项目 6 个，申请帮扶资金 1250 万元，列入备选市场化投资项目 8 个，总投资 5.18 亿元。深化与攀枝花市、西昌市、中国电信等支援单位的交流合作，全年实施援藏项目 22 个，总投资 1.27 亿元，到位资金 0.61 亿元，完成投资 0.66 亿元，完工 15 个。木里县组织参加“中外知名企业四川行活动”和“第十五届西博会”等活动，新签约项目 5 个，协议引资 215.2 亿元；履约招商引资项目 10 个，累计到位资金 44.14 亿元，完成全县工作目标任务的 176.56%。

【教育振兴行动计划】 2014年，木里县投资近1.6亿元，实施教育基建项目26个，县中学高中部等一大批教育项目建成投用。全年投入资金3608.5万元，实施义务教育阶段“两免一补”政策，享受学生人数达到10.19万人次；县财政专项补助1581万元，实现乡镇中心校义务教育阶段学生免费就餐，惠及全县1.44万名学生；县财政投入资金300万元，免除1112名困难家庭高中学生书学费；为109人发放助学贷款60万元；投入资金117.32万元，帮扶资助各类困难学生1129人；县财政投入450万元用于全县教育教学质量奖励，投入52.8万元奖励优秀教育工作者。小学入学率100%、辍学率0.48%，初中阶段入学率98.8%、辍学率2.16%。招收2014级“9+3”学生501名，2011级“9+3”学生就业446名，就业率达98%。2014级本专科及“1+2”高职录取学生491名，其中本科以上录取64人，录取率达94.4%。

【卫生事业】 2014年，木里县拥有医疗卫生机构36个，床位500张，卫生技术人员429人。全年累计建立居民健康档案11.46万人份，建档率88.16%，其中电子建档9.98万份，建档率76.78%；在管儿童数8025人，在管孕产妇数516人，2型糖尿病患者健康管理360例。全县麻疹疫苗补免疫5416人，两轮脊灰疫苗补充免疫1.27万人，同时开展了艾滋病、结核病、麻风病等重点疾病防治工作。

【文化体育惠民工程】 2014年，木里县免费开放1个图书馆、1个文化馆、18个乡镇综合文化站，免费放映农村公益电影1356场次，完成广播电视“村村响”建设、800余户地面数字电视建设和8个乡镇文化站建设。完成投资20万元的仁江寺文物保护等工程，完成700多件可移动文物普查外业工作，新增省级非物质文化遗产项目3个。组建200人的少年宫艺术队和40人的藏族农民艺术队，组织“三下乡”文艺演出5场，举办了木里首届“原创原生态歌曲演唱大赛”和第七届民族服饰大赛，完成20个行政村农民体育健身工程。

【人民生活与城乡社会保障】 2014年，木里县单位从业人员7626人，从业人员劳动报酬4.47亿元，比上年增长23.1%，单位从业人员年平均劳动报酬5.93万元，比上年增长16.28%。全县城镇居民人均可支配收入2.13万元，比上年增加1629元，同比增长8.3%；农民人均纯收入5963元，比上年增加996元，同比增长20.05%，农民人均现金收入4443元，比上年增加1100元。全年居民消费价格指数同比上涨1.6%，农业生产资料价格指数同比上涨2.6%。2014年实现城镇新增就业223人，失业人员再就业125人，城镇登记失业率控制在3.23%。全年转移输出农村劳动力3.3万人，劳务收入2.57亿元。

2014年，木里县以四川省、凉山州“十大民生工程”、“藏区六大民生工程”和凉山州以及木里县10件民生实事为抓手，突出解决教育、医疗、社保、住房、饮水、出行等民生难题，全年民生支出12.74亿元，占全县公共财政支出的80%。2014年，木里县城乡居民社会养老保险实现全覆盖，全县基本医疗保险、养老保险、失业保险、工伤保险、生育保险等五大社会保险参保达7.3万人次，征收保险基金7475.43万元。支付6638.22万元。完成全县社会保障“一卡通”信息采集并审核通过3.94万张。完成3.33万人转移就业农村劳动力登记入库工作，办结21起拖欠农民工工资案件，为1174名农民工追回了拖欠的工资2034万元。全年新建保障性住房148套、在建144套、竣工390套，发放住房租赁补贴927户，发放资金221万元。完成锦屏电站库区新增滑坡塌岸实物指标调查登记工作，启动474人搬迁安置。实施85户分散农户地质灾害防灾避险搬迁安置，成功避让地质灾害2起、安全转移群众221人。

【生态环境保护】 2014年，木里县组建扑火队伍638支1.55万人，有防火检查站30个、林区综合治理检查站3个，3个森林派出所建成并投入使用。全县扑灭一般森林火灾27起，立案查处率100%。严格水电矿产开发及建设项目水土保持，5家环境违法单位被处罚并限期整改；立案查处国土资源违法案件12件，发现和制止国土资源违法行为32起；规范和登记矿山占用林地130宗，查处5起违法使用林地案件，办理涉林案件160件，打击处理违法犯罪人员146人。争取川西藏区生态保护与建设项目资金2542.5万元，成功争取国家重点生态功能区转移支付资金5082万元。实施各项重点生态工程，管护国有林699.36万亩，巩固退耕还林成果10万亩，补偿集体公益林18.5万亩，完成森林抚育补贴项目2.5万亩，完成雨季植树造林11万株，完成186.2万亩禁牧草地和266万亩草畜平衡草地的划定，减畜43.66万个单位，完成草原灭鼠治虫40.5万亩，人工牧草种植15.32万亩，完成石漠化综合治理782公顷，建成垃圾填埋场1个，县城污水处理站1个，新建沼气800口，推广发放太阳能热水器400台，空气质量自动监测站扩项建设、环境监察机构标准化建设项目稳步推进，完成29个乡镇饮用水源地保护区划定，实施重大地质灾害防治项目5个。完成锦屏电站库区漂浮物清理，创建“美丽乡村”示范村庄4个，完成20个州级生态村、2户县级生态家园创建命名工作。

【社会治理】 2014年，木里县全面推进依法治县工作，健全完善社会稳定风险评估机制，推进网格化服务管理体系建设，健全“大调解”工作体系，坚持县级领导信访接待日制度和联席会议制度，共受理群众来信来访72件378次，调处各类矛盾纠纷256件，调解成功247件，化解率96.5%。深入推进平安木里建设，木里藏区“长足发展、长治久安”20条基本经验得到中央、四川省、凉山州的肯定并在全国推广，木里持续成为全国最稳定藏区。全年共发生各类伤亡事故170起，死亡1人，受伤124人，直接经济损失124.4万元。

【政府自身建设】 2014年，木里县人民政府高标准完成党的群众路线教育实践活动，积极开展“庸懒散浮拖”、“选人用人”、乱发钱物等专项整治活动，建立健全《政府议事规则》、《木里县政府投资工程建设项目管理办法》等10余项制度机制，全年承办人大代表建议55件，政协委员提案80件，办结率100%，政协委员提案办理满意率92%，人大代表建议办理满意率100%。全年完成审计项目59个，提出审计建议182条。全年办结省长信箱留言4件，12345州长公开电话23件，凉山州转交办件9件，县长信箱12件。

【光荣榜】 2014年3月，木里县人民政府被凉山州人民政府评为2013年马铃薯产业发展先进县并获三等奖（凉府办函〔2014〕51号）；被凉山州人民政府评为2013年度档案工作先进集体并获二等奖（凉府办函〔2014〕64号）。2014年4月，木里县人民政府被凉山州人民政府分别评为2013年度雅砻江中下游水电开发工作目标考核先进集体（凉府函〔2014〕38号）、2013年度环境保护工作先进县（凉府函〔2014〕46号）；被凉山州委、州人民政府评为城乡环境综合治理工作先进单位（凉委〔2014〕92号）。2014年5月，木里县人民政府被凉山州委、州政府评为2013年度社会管理综合治理工作和平安建设先进集体（凉委办〔2014〕36号）、被凉山州人民政府评为实现安全生产目标单位（凉府函〔2014〕63号）。2014年6月，木里县人民政府被凉山州人民政府评为粮食直补和农资综合补贴工作先进集体（凉府办〔2014〕151 号）。2014 年 8 月，木里县人民政府被凉山州委、州人民政府评为 2013 年度目标绩效考评先进单位（凉委〔2014〕154 号）。2014 年 9 月木里县人民政府在凉山州第四届民族文化艺术节文艺汇演中获 1 个二等奖、2 个三等奖、1 个组织奖（凉府函〔2014〕115 号）；被国务院评为全国民族团结进步模范集体。2014 年县长伍松题为《以科学发展观为统领 办好人民满意的教育—对加快推进木里藏区教育发展事业的思考》，获凉山州政府 2014 年度全州优秀政务调研成果二等奖（凉府办函〔2015〕48 号）。

【县政府领导人】 县长：伍松（藏族，县委副书记）；副县长：高晓（县委常委、常务副县长）、苟顶才（县委常委、常务副县长、援藏干部，～2014.7）、王雪松（县委常委、援藏干部，～2014.7）、陈继川（援藏干部，2014.7～）、杨文才、李金智（彝族）、赵宁（公安局长）、阿央青（女、藏族）、王开军，陈进（援藏干部），包小强（援藏干部，2014.7～）、鲜小林（援藏干部，2014.10～）、木里大寺管委会主任：黄龙布（藏族，2014.8～）。

（审稿：邓洪明/撰稿：鲁绒多丁）

县政府办公室工作

【概况】 木里县人民政府办公室是综合办事机构，承担县人民政府的日常政务和事务性工作，2014 年，设法制办公室（正区科级），应急办公室（副区科级）、网络管理与维护办公室、信息股、秘书室、后勤股、财务室等 8 个机构，有在职职工 33 人（含 10 名政府领导），其中公务员（含参公人员）23 人，工勤人员 10 人。干部职工中研究生学历 3 人，大学本科学历 15 人，大学专科学历 7 人，高中学历 4 人，初中学历 2 人，小学学历 2 人。

【公文办理】 2014 年，木里县人民政府办公室以“压缩数量、提高质量”为原则，改进公文审批制度，严把政策法律关、程序关、文字关、体式关、强化过错追究，确保政府机关各类公文的规范性和权威性。围绕全县各阶段中心任务，紧贴上级精神和领导意图，认真做好文字起草工作，提高文稿质量，全年制发县人民政府文件 209 件，同比下降 7.73%；制发县人民政府办公室文件 350 件，同比下降 6.06%，起草综合材料 30 余篇，围绕县委、政府重要思路、重点工作、重要成果、重要经验、重点问题，编发信息和撰写调研材料，全年上报信息 182 条，其中凉山州政府采用信息 14 条，川震晨讯采用 1 条，上报国务院信息 1 条，《木里藏区抓好三大突破　推进跨越发展》得到四川省政府、凉山州政府领导批示。全年木里县政府门户网站公开信息 4167 条，凉山州政府采用 252 条，名列全州第 4 位。

【办会与政务接待】 2014 年，木里县人民政府办公室树立大行政、大后勤、大服务意识，高标准、高质量完成各类后勤、会务组织及接待工作，全年共承办县政府常务会 8 次、县长办公会 8 次、重点工作专题会 20 余次，其它各类会议 30 余次，完成木里县草原防火工作紧急会议、木里县 2014 年防汛暨地质灾害防治工作会议、凉山州 2014 年第四批重点项目（木里县）集中开工仪式等县政府重要会议及活动的组织服务工作。本着厉行节约、反对铺张浪费的要求，严格执行县委“六条规定”，认真做好接待工作，全年共完成政务接待 50 余次、信访接待上百人次。

【法制承办】 2014 年，木里县人民政府法制办公室加强制度建设，强化法制监督，规范执法主体和执法行为，提高全县各级行政机关的依法行政水平。一是做好行政审批清理工作，县级行政审批事项精简了三分之二以上，多数行政审批时限压缩了二分之一以上，部分行政审批时限压缩了三分之二以上；二是建立行政权力依法规范公开运行平台，全县39个部门共录入行政权力事项3877项，事项运行261件，平台总办件运行数量居全州第二；三是加强对重大政策措施制发前的法律审查论证，审查县政府及县政府办公室制发文件19件，确保相关政策措施的合法有效，同事组织开展立法后评估，从合理性、可行性、针对性、可操作性等方面进行全面评价；四是做好行政执法证件的换发，全年审验行政执法证件301个，颁发行政执法证件13个，暂停使用行政执法证12个，全县29个乡镇安监所颁发委托行政执法证62个；五是依法办理人大代表建议和政协委员提案，提高办理实效。坚持平时督办与集中评议相结合，加强与人大代表、政协委员的沟通，全年承办县人大代表建议55件、政协委员提案80件已全部办结，人大代表建议办理满意率100%，政协委员提案办理满意率92%，基本满意率8%。

【应急管理】 2014年，木里县人民政府应急办公室牵头修订和完善《木里县生活必需品市场供应急预案》、《木里县处置森林草原火灾应急预案》、《木里县突发地质灾害应急预案》、《木里县2014年度重点危险区地震应急专项预案》等预案；认真做好应急值班工作，确定3名工作人员为应急值班人员，实行24小时轮流值班制度，确保了各种突发事件能进行及时传达和处理；加强应急信息报送工作，全年向凉山州应急办报送灾情报告40余条，通过县政府应急短信平台向木里县各单位负责人发送震情信息360余期、灾情通报18条、汛期值班抽查信息16条、天气预警信息10条、护林防火期间火情信息31条；及时有效处置各类应急事件，协助相关部门成功处置了“2.18”韩家湾山体滑坡泥石流、“7.24”S216线李子坪乡至黄泥巴村道路垮塌、“8.30”乔瓦镇娃日瓦村五一组山体滑坡、“9.17”俄亚乡交通事故，“9.27”卡拉乡交通事故等突发事件；加强应急演练，5月12日组织了“木里县2014年模拟乔瓦镇6.9级地震应急联动演练”，5月14日在乔瓦镇娃日瓦村韩家湾组开展了“模拟地质灾害应急疏散演练”，全县近30个部门、4200余名武警官兵和机关干部职工、1000余名群众参加演练；开展了“5.12”防灾减灾宣传周活动，参与人数近500人，宣传辐射3万余人。

【机关自身建设】 2014年，木里县人民政府办公室坚持以领导班子建设为引领，按照“围绕效能抓党建，抓好党建促政务”的原则，推进机关各项建设。一是强化政治思想建设，组织开展了党的十八大、十八届三中、四中全会和四川省委、凉山州委、木里县委重要会议及习近平总书记系列重要讲话精神等集中学习15次，组织党员干部参加仁青偏初、王偏初等先进人物事迹宣讲报告会，全年政府办公室干部职工每人撰写学习笔记1万余字，心得体会3篇。二是加强基层党组织建设，坚持“三会一课”制度，认真执行党支部书记与股室负责人“一岗双责”制度，全年发展1名新党员，2名预备党员转正，至年末有中共党员32名（包括民宗局5人，职工家属党员4人）；三是大力推进机关作风建设，认真落实中央转变作风“八项规定”、四川省委省政府和凉山州委州政府“十项规定”、木里县委县政府“六条规定”，严格执行党风廉政建设责任制，推进惩治和预防腐败体系建设，严格执行机关工作人员日常行为规范，严格执行上下班考勤，规范休假标准，开展“吃空饷”专项清理，开展走访慰问退休老党员、困难职工、困难群众活动，在“一帮一”扶贫解困等活动中捐赠款物2万余元，为联系点群众做了9件民生实事；四是以建设节约型机关为主题，强化支出监管，全年“三公经费”支出为140.04万元，同比下降55.77%，车辆运行费用同比下降0.62%；五是加强思想政治与精神文明建设，成立了以办公室主任为组长的思想政治工作领导小组，分管副主任具体抓，落实一名具体负责思想政治工作的兼职人员，把思想政治工作纳入单位年度工作计划，做到年初有计划，半年、年终有总结；把精神文明建设工作纳入目标管理，与业务工作、党务工作同研究、同部署、同落实、同检查、同考核、同奖惩，组织职工积极参与县文明办组织的志愿者服务活动和学雷锋、讲文明、树新风等活动，同时建立了阅览室，丰富了职工的文化生活。

【教育实践活动】 2014 年，木里县政府办公室按照木里县委《关于深入开展党的群众路线教育实践活动的实施意见》（木委发〔2014〕4 号）文件精神，制定了《关于深入开展党的群众路线教育实践活动的实施方案》（木府办函〔2014〕5 号），从 2 月 17 日至 5 月 30 日分学习教育、听取意见，查摆问题、开展批评，整改落实、建章立制等 3 个阶段开展教育实践活动，集中解决形式主义、官僚主义、享乐主义和奢靡之风，把“照镜子、正衣冠、洗洗澡、治治病”贯穿教育实践活动的始终，期间，制定了县人民政府办公室党的群众路线教育实践“六项承诺”和干部职工进一步转变工作作风密切联系群众的“九条规定”；开展集中学习讨论 30 个学时，集中学习培训 3 天，共梳理出“四风”方面的突出问题 20 条，其中形式主义方面 8 条、享乐主义方面 3 条、官僚主义方面 5 条、奢靡之风方面 4 条，并针对不同问题制定了相应的整改方案，列出整改清单和整改措施进行整改；集中治理了 17 项专项工作，建立 17 个方面的工作制度；走访列瓦乡 3 个村组、34 户农民，看望慰问特困户 8 户，共征求意见建议 40 余条，涉及 6 个方面的问题，梳理群众诉求 22 条，为民办实事 10 余件，对收集到的 10 个能马上整改的问题进行了整改。

【年鉴资料报送】 2014 年，木里县政府办公室成立以办公室主任为组长的年鉴编纂领导小组，把年鉴编纂工作纳入年度工作计划，安排专人负责撰写《木里藏族自治县年鉴（2014）》中的县人民政府工作、县政府办公室工作的入编资料 26 个条目 11700 余字，并保证稿件质量，按时完成报送任务。

【光荣榜】 2014 年 1 月，木里县人民政府办公室被凉山州人民政府评为 2013 年度人口和计划生育工作合格单位（凉府发〔2014〕12 号）。2014 年 12 月，木里县人民政府办公室秘书股被共青团凉山州委授予 2013 – 2014 年度凉山州“青年文明号”称号（凉团发〔2014〕33 号）。

【领导人】 办公室主任：邓洪明；副主任：甘正安（兼县政府法制办主任）、杨开银（兼县政府应急办主任）、胡法力（援藏干部，~2014.7）、严云（援藏干部，2014.7 ~）

（审稿：邓洪明/撰稿：鲁绒多丁）

人事劳动和社会保障工作

【概况】 2014 年木里县人力资源和社会保障局设办公室、公务员管理股、工资福利股、职改股（木里藏族自治县职称改革领导小组办公室）、退管股、劳动监察股（木里藏族自治县劳动监察大队）、调解仲裁管理股和人事劳动争议仲裁院；下设木里县社会保险事业管理局，木里县就业局，木里县城镇职工医疗保险管理中心，共有职工 36 人。

【干部管理】 2014 年，木里县规范公务员管理，狠抓公务员队伍建设；做好职称评审及申报工作，狠抓专业技术人才队伍建设。根据公务员登记的条件和要求，做好全县新录用公务员及调任人员的公务员登记工作，做好专业技术人员的职称评审和聘任工作，完成全县公务员、参照公务员法管理工作人员和事业单位工作人员德、能、勤、绩方面的年度考核工作。对全县党政人才、公有制经济领域的企业经营管理人才和企事业单位专业技术人才进行了统计调查，同时按时保质完成人才资源统计年报工作。

2014 年，木里县面向藏区“9 + 3”免费教育计划毕业生定向招录乡镇工作人员 10 名，其中公务员 2 名，事业工勤人员 6 名，乡镇卫生院专业技术人员 2 名；面向全省招录公务员 51 名；考核聘用需专业技术人才 29 名；新招聘特岗教师 14 名；安置退役士兵 27 名，其中“9 + 3”退役士兵 21 名；面向全县考试聘用森林公安和运管所两个单位的协勤人员 13 名。

【退休人员管理】 截止 2014 年 12 月 31 日，全县离退休人员 1417 人，全年应支付基本养老金 6928.87 万元；共办理退休手续 87 人；查阅人事档案 115 人次；完成 14 名离休干部提高待遇工作；开展节假日退休人员慰问活动，发放慰问金、慰问品价值共计 30 万余元；及时审核认定 35 名病故离退休人员的待遇。

【干部调整】 2014 年，木里县县内调整工作人员 126 人次名；调到县外工作人员 25 名，县外调进工作人员 5 名。

【干部统计】 截止 2014 年 12 月 31 日，木里县共有各族干部 4087 人，其中少数民族干部 2352 人，占干部总数 58%；公务员 1257 人（含参公人员 98 人），占干部总数的 31%；事业干部 2830 人。事业干部中专业技术人才 2436 人，其中高级职称 113 人，占专业技术人才总数的 4.6%；中级职称 845 人，占专业技术人才总数的 35%；初级职称 1478 人，占专业技术人才总数的 60.4%。

【人事培训】 2014 年，木里县按照四川省、凉山州的安排部署，组织 31 名新录用公务员参加凉山州委党校的公务员初任培训，选派了 4 名乡镇工作人员到凉山州民干校参加文秘培训。

【职称评级】 2014 年，木里县人社局进一步完善了全县事业单位岗位设置和其他各项工作。对全县 68 个县级事业单位、47 个乡镇事业单位和 34 个卫生系统事业单位的岗位重新设置完善，优化了全县事业单位人才资源配置。完成全县专业技术人员 5 年续聘工作，共续聘专业技术人员 1470 人，其中：高级职务续聘 78 人，中级职务续聘 579 人，初级职务续聘 813 人。新聘任中小学高级教师资格 24 名，聘任中级专业技术资格职务 101 人。

【工资改革】 2014 年，木里县人社局按期完成全县行政事业单位正常晋升级别、级别工资档次以及正常晋升薪级工资工作。其中公务员按级别工资套改晋升级别工资 197 人，月增资 5079 元，人均月增 25.78 元；机关工作人员按年度考核结果晋升级别工资档次 1225 人，月增资 5.28 万元，人均月增 43.1 元；事业单位工作人员正常晋升薪级工资 2208 人，月增资 5.96 万元，人均月增 27 元；认真开展七类机关及事业单位中的 22 类人员的摸底调查工作。清理机关事业单位 1－18 类人员共计 17 人（机关 4 人，事业单位 13 人），资金总额 247.36 万元；19 －22 类人员共计 524 人。

【人事劳动争议仲裁与劳动监察】 2014 年，木里县加大劳动保障监察力度，完善劳动保障监察工作机制，加强对企业执行劳动保障法律法规情况的监控，动态掌握企业的用工状态，有效规范企业用工行为。2014 年共发放各种宣传资料 1800 余份，深入用人单位开展宣传 73 次；接待来访投诉拖欠农民工工资案件 21 起，共涉及农民工1174余人，拖欠资金2034余万元，已结案21起，为1174名农民工追回了拖欠的工资2034万元；共检查各类用人单位32家，涉及人数1500人，督促补签劳动合同200份。

【光荣榜】　1. 荣获由凉山州人力资源和社会保障局颁发的2014年度“全州人力资源和社会保障系统政务信息先进集体”荣誉称号；2. 荣获由凉山州人力资源和社会保障局颁发的2014年度“人社工作先进集体”荣誉称号；3. 荣获由木里县委、县政府举办的木里藏族自治县2014年迎新春民族服饰广场舞大赛中荣获“最佳服饰表演奖二等奖”。

【领导人】　局长：毛小珍（女，彝族，组织部副部长）；副局长：王晓华（蒙古族）、吕发清（彝族，～2014.2）

（审稿：毛小珍/撰稿：马龙）

民政工作

【概况】　2014年，木里县民政局设办公室、优抚股（含双拥办、评残办、安置办、军地两用人才开发办）、救灾救济股（含财务统计股、募捐办）、社会事务股（含行政区划、地名股）、基层政权股（含民间组织管理股）、城市居民最低生活保障股、行政审批服务股。有行政编制10名，机关工勤人员编制1名，老龄工作委员办公室事业编制2名；殡葬管理所3名；社会救助中心事业编制3名，城乡居民最低生活保障管理中心事业编制3名。

【救灾补助】　2014年，县民政局加强防灾减灾宣传和自然灾害信息数据库建设，救护能力增强，下拨四川省、凉山州自然灾害生活补助资金118万元。

【城乡居民最低生活保障】　2014年，县民政局1至11月发放城市低保资金818.1万元，城市低保保障金累计月人均补助水平196.4元；对全县农村低保基数1.22万户3.07万人进行一年一度的年审复查工作，1－11月农村低保共有6355户、保障人数有2.09万人，经过复查因家庭经济收入变化等原因共退出了5851户、9851人；累计保障人数31.79万人，累计支出金额2860.9万元，累计月人均补助90元。

【医疗救助】　2014年，县民政局1至11月发放农村医疗救助金480.7万元，对农村低保人员累计施行医疗救助3.46万人次（其中资助参合3.32万人）。1至11月发放城镇医疗救助金40.5万元，救助城镇低保人员1787人次（其中资助参保1583人）。木里县共有22名孤儿，生活补助每人每月补助678元；累计发放178.99万元。

【五保户供养】　2014年，木里县贯彻落实《农村五保供养工作条例》，调查落实“五保”对象，将符合条件的农村“五保”对象全部纳入供养范围，做到了应保尽保，2014年，县民政局发放农村五保供养资金472.3万元，984名农村五保对象供养标准年人均达到4800元。

【优抚与安置】　2014年，木里县开展驻军和优抚对象的走访慰问活动。要求做好复员退伍军人矛盾纠纷排查化解及维护稳定的工作。2014年，木里县到位中央、省级抚恤补助资金115.38万元，对204名重点优抚对象，按国家规定标准落实抚恤补助。2014年木里县退役士兵、士官共27人，其中符合政府安置工作6人已安置，共余21名自主就业人员发放资助就业经48.45万元，安置完成率100%。

【社会团体管理】　2014年，木里县民政局加强民间组织管理工作，大力宣传《社会团体登记管理条例》和《民间企业单位登记管理暂行条例》，按时完成木里县13个社团的年审工作。

【基层政权建设】 2014年木里县共有29个乡（镇）113个村委会602个村民小组和一个社区居委会。县民政局深化村务公开民主管理，规范乡镇政务、村务公开，编制完成乡镇政务公开目录，村务分开目录；落实社区服务工作，加强服务体系建设；加强社会组织执法监督，按时按质按量完成社会组织登记工作，办结率达100%；完成社会组织的年检工作，年检率达到100%。

【慈善工作】 2014年，木里县狠抓落实各项慈善福利工作。争取凉山州白内障免费手术在木里县医院开展，活动期间累计免费检查325人次，成功手术96列。帮困助学17名大学生，累计发放帮困助学金4.9万元。免费为14名先天性心脏病患者手术。接收广东慈善机构捐助的上千件新衣物，全部发放边远乡镇。

【民政基础设施】 2014年，木里县完成木里县福利中心乔瓦镇敬老院（一期）工程；结束木里县福利中心乔瓦镇敬老院（二期）工程前期准备工作；结束木里县殡仪馆建设工程前期准备工作和三通一平。

【光荣榜】 木里县民政局被凉山州民政局评为2014年度凉山州民族工作综合绩效管理先进单位；杨兴军被木里县委评为2014年维稳工作先进个人。

【领导人】 局长：杨兴军（藏族）；副局长：高土若（纳西族）、王德荣（苗族）

（审稿：杨兴军/撰稿：苏朗仁青）

民族宗教工作

【概况】 2014年，木里县民族宗教事务局设对国外藏胞工作办公室、办公室、宗教股三个股室，有在职人员14人，退休人员1人。木里县藏学研究所挂靠民宗局，设所长1名（正科级），副科长1名（副科级），核定编制8名。

【少数民族发展资金和机动金】 2014年，四川省凉山州安排给木里县民族发展资金及机动金180万元，用于民族乡建设水、路、电设施，主要是西秋乡、俄亚乡、固增乡人畜饮水工程及固增乡通村公路、特色村寨建设，麦地龙乡大堰维修扩建工程。

【民族结构】 2014年末总人口13.88万人，其中：藏族4.55万人（占32.8%），汉族2.59万人，彝族4.28万人，蒙古族8997人，苗族8910，纳西族4830人，其他少数民族1935人。

【民族团结进步】 按照凉山州委安排，木里县每年8月为民族团结进步宣传月，县民族宗教事务局依职，深入全县29个乡镇，9个牧场，14座开放寺庙开展党的民族宗教政策的宣传，倡导“汉族离不开少数民族，少数民族离不开汉族，各少数民族之间也互相离不开”的教育。

【宗教事务管理】 2014年，木里县民族宗教事务局组成工作组深入14座开放寺庙进行党的民族宗教政策、《宗教事务条例》宣传；采集寺庙僧人的信息并录存；对寺庙、僧舍饮水工程等藏区项目验收；对各寺庙进行燃灯房建设以及寺庙财务监督检查；解决寺庙通水、通路、通电的资金问题。

【国外藏胞工作】 2014 年，根据四川省凉山州对藏部门的安排，木里县对国外藏胞工作办公室热情接待回国探访藏胞 19 人次，宣传家乡的巨大变化和国家的民族宗教政策，并对回国定居藏胞及家属在生产生活上给予了关心和帮助。看望慰问滞留藏胞 3 人次，并严格按照审批制度和值班制度对滞留藏胞进行管理。

【光荣榜】 2014 年 12 月木里县民族宗教事务局被四川省人民政府评为“四川省民族团结进步模范集体”。

【领导人】 局长：呷绒（藏族）；副局长：陈万坤（布依族）、鲁绒次尔（藏族）

（审稿：呷绒/撰稿：杨秋）

藏研工作

【概况】 木里县藏学研究所属正科级事业单位，设办公室、藏医药研究室、历史宗教研究室、藏语言文字股、文化艺术股、财务股等 6 个股室，编制 8 名，在职人员 7 名，配所长 1 名，副所长 1 名，各股室股长一名。

【藏文化研究】 2014 年，藏研所无偿为社会各界开展招牌、门牌、标识、文章、公告之类的藏文翻译和纠正工作，维护好木里藏文化形象，展示木里藏族自治县藏学文化风采。使木里城区藏文门牌、标示等成为木里民族文化的一个亮点；为社会人士讲授藏语文基础课程，按照意愿，不定期地给他们传授藏文化知识；所长汪扎多吉在每周 1、3、5 定时定制给职工们讲解藏汉传统文化方面的知识，在藏文语法运用技巧、藏汉互译及藏文的写作能力予以培训，并结合藏汉传统文化教育和单位的实际，讲解怎样做一个合格的公民和职工。继续开展《砰米藏人探究》一书写作，深入木里大寺、瓦尔寨大寺等地调查考证木里的历史；协助城建部门完成瓦尔寨大寺的寺庙规划。

【学术交流】 2014 年，藏研所拓宽学术交流渠道，丰富学术交流内容，提高木里藏学的知名度和影响力，发挥学术交流工作对整合科研人力资源、搭建信息共享平台的推动作用，加紧加快“请进来，走出去”的学术交流联动机制。5 月 19 日派员前往迪庆州参加中国藏医藏药暨西部民族医药发展论坛并作专题报告《藏医学发展未来探讨之管见》，赢得各位藏医藏药专家的认可及好评；5 月 23 日寻访迪庆藏族自治州香格里拉县东部的尼汝村情况，大概了解尼汝村原属苯教兴旺地；5 月 25 日《木里砰米藏人探究》写作组一行到丽江、宁蒗县、迪庆等周边县市了解与木里的历史交往情况。在丽江与丽江市普米文化研究会会长胡革山（普米族）和该协会一班人员进行普米文化交流，确悉黑白之战又称补纳之战的发生地，今丽江市白沙乡（纳西语叫补石萨斯吉），在砰米藏族传说中的黑白之战的发生地得到断定，还升入交流了砰米韩吉文化（云南普米族称为韩规文化）；6 月 13 日，派员到北京参加第三届全国藏医药高级研修班的学习；10 月 12 日，派员到北京参加第五届全国藏医药高级研修班的学习；10 月 17 日，四川省民族出版社副社长次尔扎西一行到木里县藏研所调研，并赠送藏学知识书籍。期间双方进行座谈；10 月 26 日，中国藏学出版社社长周华到木里县藏研所调研，期间双方就民族文化等相关知识进行了交流。

【藏医药工作】 省州有关部门十分重视木里藏医药的发展，县委、政府更是倾力支持，2014 年在原有的六种药品的基础上又创建生产了唐迦仁嘎、达西杜孜玛、郭西菊松、蒂达杰巴、仁嘎白冬五种藏药，并通过了凉山州食品药品检验所的检测，药品在临床应用中，无毒副作用，未见明显不良反应，效果显著，且使用方便，价格低廉，深受人民群众称赞。所长汪扎到昆明指导“尊诃藏医门诊部”的工作期间，洽谈成功木里藏药进入该门诊部。藏研所接待了成都中医药大学民族医药学院中藏药材普查小组等三批人员，针对藏医药藏饰等藏文化方面的咨询作了详细答复。

所长汪扎多吉带队前往茶布朗杜基山普查藏药材资源，鼓励群众通过保护、采集、种植藏药材增加收入。

【帮扶工作】 2014 年，藏研所所长汪扎多吉带队到包村单位俄亚大村了解大村的基本情况针对缺水，但适宜发展种植酸石榴和紫油树，对水土防护有好处，藏药制剂中心可以长期收购酸石榴，紫油树叶也可作为烧香用，让群众计划种植；为俄亚大村发展旅游等提出了一些切实可行的建议；现场给困难患者就诊，并免费赠送所需药品。所长汪扎多吉个人出资 803 元为下麦地苗族老师罗文忠整理苗族民间文化提供了飞利浦数码录音笔一支、智能移动电源一个、移动硬盘一个。帮助联系僧人，多次慰问，送去所需用品，价值 1630 元。

【领导人】 藏研所所长：汪扎多吉（藏族）；副所长：杜晓霞（女，藏族）

（审稿：汪扎多吉/撰稿：格绒取初）

扶贫开发与移民工作

【概况】 2014 年，木里县扶贫移民局下设办公室、两资股、扶贫股、规划安置股、财务统计股 5 个职能股和 1 个劳务扶贫培训及移民后期扶持中心，有职工 31 人（含临时工 7 人）。

【整村推进】 2014 年，木里县投入资金 600 万元，在白碉乡洞龙沟村、俄亚乡卡瓦村、后所乡上野洛村、李子坪乡金子沟村、三桷垭乡鸡毛店村、屋脚乡纳布村等 6 个村实施整村推进。其中白碉乡洞龙沟村新修村内通组公路 3 公里，维修灌溉用水塘 352 立方，发展养羊户 26 户，种植中药材 6 亩；俄亚乡卡瓦村新安装人畜饮水及灌溉用水管道 20 公里，新修水池（3x3x2）一口，发展皱皮柑种植 160 亩；后所乡上野洛村新修村内通组道路 3 公里，发展养猪户 6 户、养羊户 32 户，种植中药材 29 亩，其中重楼 1 亩，续断 27 亩；李子坪乡金子沟村修建羊窝子组通组公路 2.5 公里，架人畜饮水管道 3 万米（25 号 PE 管），发展养猪户 10 户、养羊户 30 户，培育中药材种植 50 户；三桷垭乡鸡毛店村新建村内通组道路 5 公里，发展养羊户 30 户，发展玛卡种植 20 亩；屋脚乡纳布村新修纳布组到瓦坪组通组公路 5 公里，发展养羊户 50 户。

【藏区连片扶贫开发】 2014 年，木里县投入财政扶贫资金 500 万元，在博科乡日古村、列瓦乡列瓦村、卡拉乡玛瑙村、倮波乡龙卧洞村、麦地龙乡立尔村等 5 个村实施连片扶贫开发。其中博科乡日古村新修村内通组道路 4 公里，发展养羊户 31 户；列瓦乡列瓦村新修村内通组道路 6 公里，发展养羊户 30 户，发展中草药种植 40 亩；卡拉乡玛瑙村新修村内通组道路 4 公里，发展养羊户 10 户，发展中草药种植 160 亩；倮波乡龙卧洞村新修村内通组道路 4 公里，发展养羊户 32 户；麦地龙乡立尔村新架灌溉用水及饮水安全 17 公里，修建 60 立方蓄水池 2 个、10 立方小水池 4 个，发展养羊户 30 户。

【“四小”工程项目】 2014 年，木里县“小路”项目投入两项资金 165 万元。采用机械挖掘方式，在水洛乡东拉村、三桷垭乡三家铺子村、博科乡洛纳村、俄亚纳西族乡卡瓦村纳窝组等 4 处新建 4 条总长为 11 公里，路面平均宽度为 4.5 米的泥结碎石通组公路，解决4个村共421户1721人行路难、运输难问题。

2014年，木里县“小水”项目投入两项资金185万元。在瓦厂镇夺卡村安装PEΦ50管9.8公里，新建蓄水库1个，维修改造蓄水库2个；在东朗乡绒佐村安装PEΦ50管6公里，新建蓄水池3个；在芽租乡周家坪村安装PEΦ70管9.86公里、PEΦ32管5公里、PEΦ20管4公里，新建蓄蓄水池5个；在下麦地乡棉布村棉布组、浪子杠组安装PEΦ70管13公里。解决了4个村共552户2585人的饮水及2420亩土地的灌溉问题。提升了土地产量，增加了农民经济收入。

2014年，木里县“小能源”项目投入两项资金补助80万元。购买安装标准型集热面积360/450不锈钢的210升#58□1.8□18支的太阳能热水器400台，补助给卡拉乡玛瑙村一组17户、二组32户、三组18户、四组12户、五组19户，俄亚纳西族乡立碧村立碧组85户、拉罗组21户、机什瓦组21户、抓子组20户、四川坪子组13户，博窝乡坑古村丁央组26户、牙查组23户，唐央乡普尔村朗根组50户、仁都组43户。解决了4个乡14个组共400户2000多人洗浴生活设施。

2014年，木里县“小桥”项目未实施。

【教育发展十年行动计划】 2014年，木里县下达三州开发资金教育发展十年行动计划补助资金60万元，为水洛小学、瓦厂镇中学的600名义务教育阶段寄宿制学生发放生活补助。

【浙江省义乌市对口帮扶】 2014年，木里县争取到浙江省义乌市对口帮扶资金500万元，为卡拉乡玛瑙村农户改造房屋107户；卡拉乡和博窝乡核桃改良嫁接33万穗；县城关小学综合楼建设购买200万元的水泥、钢筋。

【藏区新居建设】 2014年，木里县投入资金3530万元，在乔瓦镇、瓦厂镇、列瓦乡等20个乡（镇）的69个村中对1765户农户房屋进行改造。改善群众的居住条件，深化城乡环境综合治理。

【水电工程移民】 2014年，全面启动雅砻江杨房沟水电站枢纽工程建设区移民搬迁安置、锦屏一级水电站新增滑坡塌岸的实物指标调查及移民搬迁安置工作。进一步完善卡拉水电站移民搬迁安置的对接工作。完成木里河卡基娃水电站、立洲电站线外实物指标调查、三座吊桥及桃夺路实物指标调查和移民专项验收工作，并通过省、县两级自验和终验工作。立洲水电站共计完成生产安置513人（其中：枢纽工程建设区及围堰区50人），调整土地981.5亩；搬迁安置人口603人（其中：枢纽工程建设区及围堰区132人，淹没影响区471人），投亲靠友24户138人，本组后靠安置66户372人，自谋出路15户93人。完成S216线博科至桃坝段、桃坝大桥、克司桥、安定桥的复建，通村公路日帮店至夺卡、沙湾桥项目工程已完工85%，桃博林场小电站、九一五林场小水电、八科小水电、呷古水文站、四合水文站已完成一次性补偿，机耕道11.85公里、人行小桥7座已一次性补偿农户。清理库区房屋1.21万平方米，漂浮物1.21万平方米，围墙2.27万平方米，公路桥4座，人行桥6座，砖瓦窑、石灰窑、水磨房13座。林地清理4590.92亩，零星林木3.97万株（笼），农作物秸秆853.72亩。卫生清理粪池29个，坟墓121座，特殊卫生清理4.68平方公里。共计兑付移民补偿补助资金6826.83万元。卡基娃水电站生产安置人口725人（其中：枢纽工程建设区及围堰区162人），调剂土地1143.5亩。搬迁安置1035人（其中：枢纽工程建设区及围堰区308人，淹没影响区106户727人），后靠安置61户365人、投亲靠友安置86户，547人、自谋出路安置16户123人。桐窝村小复建完成，机耕道、驿道补偿已完成，色翁、洼桥复建工作接近尾声。清理库区房屋4.9万平方米，围墙3.62万平方米，吊桥5座，砖瓦窑14个。林地清理1.25万亩，零星林木2.86万株（笼）。卫生清理粪池14个，坟墓4座，特殊卫生清理14.18平方公里，卫生所1个。共计兑付移民补偿补助资金1.07亿元。

锦屏一级水电站移民分散安置点17个基础设施建设项目，全部完成。完成鸭嘴河布西270人，跑马坪19人，木里河俄公堡84人，金沙江阿海190人，沙湾21人，共计584人的水电站移民后期扶持人口的报批、库底清理等相关工作，继续开展移民安置质量跟踪调查工作，及时了解和掌握移民移民安置情况和质量。锦屏库区完成后所中村吊桥建设，正在接受竣工验收审计，成勘院正在完善竣工验收资料整理。

【移民安置】 2014年，杨房沟水电站枢纽工程建设区移民搬迁安置共涉及93户314人（其中：非农人口3人），签订协议93户314人（其中：外迁安置35户98人；乡内安置36户160人；自谋出路安置7户27人，集中安置点15户29人），锦屏新增滑坡塌岸移民安置涉及67户，实际完成41户260人，剩余26户149人，前期补偿补助款已兑现，移民正在联系安置地。2014年，共兑付移民补偿补助资金9019.37万元，其中：兑付卡基娃电站移民补偿补助资金1398万元、兑付立洲电站移民补偿补助资金740.8万元、兑付上通坝电站移民补偿补助资金25万元、共兑付俄公堡电站移民补偿补助资金12.63万元、兑付锦屏一级电站移民补偿补助资金4494万元、兑付固增电站移民补偿补助资金24.21万元，兑付杨房沟电站移民补偿补助资金2324.73万元。11月，12月，分别完成木里河卡基娃、立洲电站移民搬迁安置及库底清理自验、终验工作。投资119万元建设锦屏一级水电站移民分散安置点的基础设施，投资80万元建设杨房沟电信工程。

【移民信访维稳】 2014年，木里县扶贫移民局贯彻《信访条例》以及中央、省、州、县处理信访突发事件会议精神，开展工作。深入倮波乡、西昌市琅环、新胜等乡实地处理锦屏一级电站施工围堰区移民要求调整施工围堰区补偿补助标准的诉求。成立信访维稳领导小组，深入各电站库区开展移民矛盾纠纷排查化解工作，结合库区实际情况，不定期研判移民维稳信访工作，采用《移民信访动态》的方式，上报凉山州移民局、县委和政府同步知晓，使涉及移民的矛盾和问题及时妥善的处理，促进全县水电开发顺利进行。

【自身建设】 2014年，县扶贫和移民工作局在搞好移民搬迁安置工作的同时，进一步强化自身建设，采取“废、立、改”的方式，进一步完善机关管理制度。严格执行单位制定的规章制度，按制度办事，以制度管人。扎实抓好党的群众路线教育实践活动、信访维稳、党风廉政建设、社会治安综合治理、计划生育、卫生、工青妇、治理“慵懒散浮拖”、依法治县等工作。贯彻落实党的十八大精神，开展好社会主义核心价值观宣传和普及活动，培育和践行社会主义核心价值观。开展结对帮扶、连心牵手活动。

【“挂、包、帮”活动】 2014年，按照党的群众路线教育实践活动要求，梳理解决群众“最后一公里”问题，把梳理的问题逐一按要求建立台账，并限时落实。建立“3+1”工作台账。建立每村一册、每户一页的民生诉求台账管理，做到“四个都有”，即每个村都有机关单位联系、每户建卡贫困户都有机关干部帮扶、每户灾后恢复重建户都有党员干部联系、每名机关干部都有联系对象。共计建立卡拉乡田镇、央沟两个村6个组“3+1”工作台账2本。开展“走基层”活动，成立“四民”服务队，主动深入卡拉乡开展摸底调查工作，出资4万元解决所包两个村的实际困难，其中2万元用于解决央沟村电站年久失修，群众用电难问题；2 万元用于解决田镇村委会办公条件差的问题。

【党建工作】 2014 年，木里县扶贫和移民工作局加强党组织建设，强化理论学习。规范民主生活会、局长会议、政治理论学习会，提高班子的领导力，执行力和凝聚力，夯实基层组织建设。制定入党积极分子考察培养制度，党组织发展工作制度，民主生活会制度，民主评议党员制度，党组织活动制度，党员教育管理制度，党员“三会一课”等党组织建设制度 7 个。在党的群众路线教育实践活动中创新实施“达卡”创建活动，达到有场所、有牌子、有公章、有党务工作室、有规章制度、有培训学习材料、有计划总结、有工作档案等十有标准，设立党员示范岗，组织党员到乔瓦镇德瓦金社区开展“双报道”工作，以服务社区发展、服务移民群众为重点，通过“资源共享、结对共建、活动联办、党员联管、服务联动”等方式，组织党员开展社区卫生清理活动，推动党组织的政治优势和组织优势在社区集聚、党员的先锋模范作用。

【联户联僧活动】 2014 年，木里县扶贫和移民工作局深入所包寺庙，开展党的政策宣传。出资 0.7 万元解决瓦尔寨寺庙僧人宿舍维修，出资 1 万元解决都鲁寺寺庙维修。

【光荣榜】 2014 年 12 月，木里县扶贫和移民工作局被凉山州移民工作局评为移民工作先进集体、移民信访维稳工作先进集体、移民财务工作先进集体。

【领导人】 党组书记：张林清；局长：赵洲；副局长：胡夫哈（彝族）、杨扎西（藏族）、罗正富（彝族）

（审稿：张林清　赵洲/撰稿：苟明源　陈万和）

招商引资工作

【概况】 2014 年，木里藏族自治县投资促进局设办公室、信息统计股、招商投资合作股等 3 个股室，年末职工 7 人。

【招商引资项目落地工作】 2014 年，新藏电站项目已经顺利完成督办任务，达到履约率 90%，开工率 80%，资金到位率 30% 的督办目标。

立洲电站（一期）建设项目：截止 2014 年 11 月，累计完成投资 20.481 亿元。资金到位率为 64%。

岗尖沟、乍尼沟、鸡依沟水电站建设项目和子耳河电站开发目前正在进行项目报批和前期工作。

【招商引资新签约招商项目】 2014 年，凉山州下达给木里县的省级平台签约目标任务为 25 亿元，奋斗目标为 28 亿元。4 月 9 日，木里县参加“中外知名企业四川行”活动中，与雅砻江流域水电开发有限公司在成都签约《卡拉、杨房沟水电站交通公路建设合作协议书》、《卡拉水电站工程建设合作协议书》、《杨房沟水电站工程建设合作协议书》，总投资 38.6 亿元。与中国华电集团成功签约上通坝水电开发项目，总投资 26.6 亿元，总签约金额达 65.2 亿元。

6 月，木里县与凉山州委、州政府组成招商小分队赴北京华能新能源股份有限公司实地考察，经过严格的招商程序于 8 月 28 日成功引进华能新能源股份有限公司合作开发木里县风力发电项目协议，计划投资 150 亿，正在进行勘踏和测风的前期工作。

【招商引资新推出的项目及推介】 2014 年，木里重点推介建设条件相对成熟和可入驻性强的佛缘天湖—寸冬海、康坞大寺旅游开发项目、古佛教王国之都—木里大寺旅游项目、风情女儿谷—屋脚旅游项目、核桃深加工项目、林下食用菌深加工项目、中藏原药材基地建设及中藏药加工项目等6个项目，总投资9.78亿元。利用经贸洽谈会、投资说明会、西博会、农博会等招商引资渠道平台，创新招商渠道，强化网络等现代媒体招商，加大项目推介力度。

【招商引资资金】 2014年凉山州下达给木里县的到位资金目标任务为25亿元，奋斗目标为30亿元。1—11月，木里县履约招商引资项目10个，累计到位资金49.09亿元，完成工作目标任务25亿元的196.36%，奋斗目标任务30亿元的163.63%。其中，2014年新履约项目3个，到位资金2.027亿元；往年签约并正在履约的项目7个，到位资金42.11亿元。到位省外国内资金27.08亿元，完成凉山州下达目标任务20亿元的135.39%。新签约项目5个，协议引资额215.2亿元。

【光荣榜】 木里县投资促进局被凉山州投资促进工作领导小组评为2014年度全州投资促进活动组织先进单位、2014年度省级平台签约活动突出贡献单位。被凉山州投资促进局评为2013年度综合目标考核二等奖、2014年度县市投资促进工作二等奖。

【领导人】 局长：朱银寿（~2014.10）；副县长：杨文才　代理局长（2014.10~）

（审稿：詹长友/撰稿：杨尚萍）

档案管理工作

【概况】 木里县档案局与县档案馆合署办公，实行一个机构、两块牌子，县档案局为县政府直属事业单位，履行档案保管、利用和全县档案事业行政管理两种职能，2014年档案局设办公室、综合股，在职职工10人，其中干部6人，固定工2人，合同制工人2人。截止2014年底，县档案馆共有馆藏档案资料5.53万卷（册），包括珍贵的藏文、彝文、东巴象形文等档案。

【档案行政执法与宣传与宣传】 2014年，档案局印发《关于开展档案执法检查工作的通知》木档发〔2014〕4号有关单位，由县人大、政府法制部门、档案局组成执法检查组对团委、群工局、老干局、工商联、政协、质监局、药监局、民政局、茶布朗林场、535台、农行、茶布朗镇、法院、检察院、国税局、地税局、联社、规划和建设局、固增乡、瓦厂镇、莫嘎拉吉电站等机关、乡镇和重大项目建设21个机关单位进行执法检查，完成档案局规范性文件的备案工作，并把档案法律法规实施情况纳入本级人大监督内容，实施《档案违法违纪行为处分规定》，开展法制宣传活动，推进档案法制宣传进机关、进农村、进学校、进企业活动。并配合四川省、凉山州档案局开展档案执法检查工作。印发了档案法制宣传单、图片、围裙等宣传资料，于6.9国际档案宣传日、12.4法制宣传日开展档案法制宣传活动，走向街头为群众开展档案咨询，发放宣传单、围裙等，并在木里有线电视台播放档案资料片、在休闲广场电视屏幕上播放档案宣传标语，让人民群众了解支持档案工作，增强档案意识。建立和完善有关档案规章制度，指导新设立的招商引资局、环境整治办建立档案工作，收集管理改革中新形成的档案，做好改革中的档案处置工作和提供利用工作。

【档案规范化管理】 2014年，档案局加强机关档案室档案规范化管理达标考评认定工作。印发《关于加强档案规范化管理工作的通知》木档发〔2014〕2号有关单位，对四川省广播电影电视局535台、茶布朗林场进行档案业务指导，并进行了考评，535台、茶布朗林场档案工作规范化管理均达到省二级标准。对档案工作规范化管理已满三年的政法委、总工会、畜牧局、交通局进行档案复查工作。在复查过程中检查组认真检查各单位档案工作的开展情况，从组织机构管理、基础设施、业务建设、档案开发利用等方面进行综合复查，并对复查单位提出了合理的意见和整改要求。对复查合格的单位，颁发了“四川省档案局统一制发的档案管理达标复查合格证”。

【档案接收进馆及规范管理】　2014年，县档案局贯彻落实国家档案局9号令，抓好档案资源建设，按照档案规范化管理的要求，保证进馆档案的案卷质量，加大民生档案、二级单位档案指导接收力度，对纪委监察局、宣传部、民政局、茶布朗林场、芽租乡、博科乡的档案进行进馆接收工作，共接收673卷档案进馆。县档案馆馆藏结构较为丰富，但特色档案较少，为优化馆藏档案结构，制定符合本馆实际的接收收集档案范围细则和工作方案，调整了档案馆接收名册。利用走基层活动，档案人员深入到博科乡、依吉乡、卡拉乡、屋脚乡、俄亚乡、唐央乡调查了解散存在民间的具有藏传佛教特色的珍贵档案，并征集和扫描了部分珍贵档案入馆。完成了重点档案的抢救任务。调研出台了2个民生档案管理办法和实施细则。全县所属国有企业共有20个，2014年，县档案局完成了13个国有企业管理类文件材料归档范围和档案保管期限表的编制审核工作。

【档案业务培训调研】　2014年，县档案局为提高档案干部综合素质和党建工作科学化水平，完成了四川省、凉山州档案局安排的档案干部调训任务，共送培7人。局领导参加了省档案局举办的档案业务培训班。档案局自办了1期档案业务培训班。完成了凉山州档案局确定的调研、信息任务。

【档案信息化建设及运用】　2014年，县档案局加强数字档案馆建设，制定了《木里县数字档案馆规划》，提出了存量与增量档案的数字化目标和计划，启动数字档案馆建设工作，并选择烟草局开展数字化档案室试点工作，完成了试点工作报告。实施《档案信息系统安全等级保护定级工作指南》，制定了《木里县档案信息安全管理制度》、《档案数字化加工场所管理制度》、《数字化流程和成果管理制度》、《档案数字化加工系统与设备管理制度》、《档案数字化加工现场安全管理制度》。落实档案信息系统安全措施，开展本辖区内档案数字化加工安全检查，保证档案信息数据的绝对安全。制定《电子档案进馆规划》、工作制度和流程。优化木里县档案门户网站，满足政府信息公开要求。

【新农村建设档案规范化管理】　2014年，县档案局开展省级新农村建设档案工作示范乡镇创建活动，组织业务指导人员到茶布朗镇开展档案业务指导工作，规范整理了茶布朗镇工委、卫生院、学校和各村的各类档案，对档案工作人员进行业务培训，11月已接受凉山州档案局的验收。服务新农村建设，指导芽租乡农村土地承包经营权登记试点工作。开展县、乡、村涉农档案资源建设、规范化管理和信息共享。

【重大项目建设档案管理】　2014年，县档案局按照《重大建设项目档案验收办法》的要求，派出指导人员到鸭嘴河电站、跑马坪电站、莫嘎拉吉电站、木里林业局、木里县林业局、水务局、畜牧局、电力公司、省道216线、泸亚路对其项目档案进行认真督查和指导，并做好重大建设项目档案登记、监督、指导工作。汇总上报木里县《重大建设项目档案管理登记表》，做好经科档案工作指导和统计。开展“项目档案工作服务年”活动，与规划建设局、环境保护局共同抓好城镇建设档案工作。协同移民局搞好移民档案工作。

【基础业务建设】 2014年，档案局认真开展档案基础业务建设，做好档案馆基础工作。馆藏档案档号编制科学规范；帐实相符；全宗名册规范、全宗卷内容齐全；档案管理各项制度齐全，落实到位。

【档案文化建设宣传】 2014年，档案局积极向主流媒体撰文投稿，借助木里广播电视台宣传档案工作，播放档案规范化管理达标工作实况和档案法律法规学习宣传专栏，搞好“一报两刊”征订工作，向《凉山档案》投稿20篇。在县级以上州内主流媒体刊发宣传稿件一共有10篇，协助凉山电视台和凉山州档案局拍摄档案题材的专题片1部，暨典藏凉山档案。做好档案文化建设。利用档案资源开发档案文化产品，开展编研工作，编印档案局年鉴、大事记、人代会、政协会汇编等资料。举办两次档案展览，接待参观群众140人次。发挥档案馆爱教基地的作用。

【档案提供利用】 2014年，档案局加强档案利用体系建设，建立健全档案馆检索体系，整合民生档案资源，做好涉民档案的收集、整理和保管工作，并收集、上报了涉民档案案卷目录。主动为档案利用者服务，全年为全县各机关编史修志、工作查考、技术改造、边界纠纷、资源开发、民生档案等工作提供档案3620卷次，利用者达240人次，照片60张，复制460页。

【光荣榜】 2014年，木里县档案局被凉山州委、凉山州人民政府评为目标考核二等奖。

【领导人】 局长：卓玛（女，藏族）；副局长：马文祥（彝族）

（审稿：卓玛/撰稿：周永珍）

政务服务工作

【概况】 2014年，木里藏族自治县人民政府政务服务中心（以下简称“政务中心”）设综合股、督察督办股、并联审批股3个股室，共有职工9人，设主任1名，副主任1名；行政编制4人，工勤人员1人，下属木里县政府采购中心（股所级事业单位），设主任1名，副主任1名，事业编制4人。

【行政审批项目】 2014年，木里县具有行政审批权的部门共计33个（县发展和改革局、县财政局、县城建局、县环保局、县畜牧局、县旅体局、县卫生局、县地震局、县食药局、县经济局、县残联、县档案局、县计生局、县林业局、县国税局、县工商局、县民宗局、县气象局、县地税局、县质检局、县水电局、县农业局、县烟草专卖局、县民政局、县安监局、县交通局、县人社局、县教育局、县公安局、县国土局、县文广局、县统计局、县电力公司）。

2014年，木里县政务中心落实“两集中、两到位”和“三项制度”建设，推进机关效能建设，加快集中受理、办理行政许可和行政审批等工作，对部门行政许可事项和行政审批项目进行清理，全县确定保留的项目有292项。2014年，政务中心尽量将涉及人民群众切身利益的公共服务事项纳入政务大厅集中办理。目前，进驻政务大厅的部门有公安局、卫生局、食药局、工商局、安监局、国土局、民政局、新农合、环保局、城建局、发改局、人社局。县政府将进驻部门的政务服务工作纳入业务职能目标考核。

【制度建设】 2014年，县政务中心实施《首问责任制》、《限时办结制》、《责任追究制》、《服务承诺制》、《服务双岗制》、《去向留言制》

和《窗口工作人员考勤制》等27项管理工作制度，确保政务中心高效有序运转，并补充完善《反腐倡廉制度》、《廉洁自律制度》、《党务公开制度》、《财务公开制度》、《民主监督制度》、《重大问题集体决议制度》等党风廉政建设制度，建立健全拒腐防变机制。

【办件情况】 2014年，县政务中心受理各类行政许可和服务事项3.3万件，按时办结率100%；其中即办件3.18万件，承诺件1214件，受理群众咨询1421人次，群众满意率在99%以上。

【政府采购】 2014年，县政府采购中心执行《政府采购法》，按照批准的采购项目内容制作招标文件，报请采购单位和监督部门审查；坚持《采购信息公告管理办法》规定，在《四川省政府采购网站》发布招标公告、中标结果和采购信息等，并确保招投标、采购信息的真实、准确、可靠；严肃采购程序；并由县财政监督检查局和采购单位代表等参与全过程监督，保证公开、透明。2014年，政府采购中心共受理采购项目114个，预算采购金额4388.26万元，完成采购金额3721.3万元，节约资金667万元，资金节约率15.2%。

【乡镇便民服务中心管理工作】 木里县于2010年至2011年完成29个乡镇便民服务中心的建设，各乡镇一名主要领导负责具体工作。2014年，县政府按乡镇便民服务中心管理考核办法对乡镇进行目标考核。

【领导人】 主任：杨志友（彝族）；副主任：郭小静（女）

（审稿：杨志友/撰稿：郭小静）

重点项目工作

【概况】 2014年木里县重点项目办设综合股、财务室和水电开发服务中心3个股室（其中水电开发服务中心属县财政全额拨款事业单位）。有职工4人（其中事业人员1人），设置主任1名。

【项目建设】 2014年，木里县“一江三河”水电开发计划完成投资67.8亿元，全年完成投资63.5亿元，占年度投资计划67.8亿元的93.68%，累计完成投资355.2亿元（以上数据不含锦屏一级、二级水电站）。其中：卡杨公路全年完成投资4.8亿元，占年度投资计划4.1亿元的115.92%，自开工建设以来累计完成投资42.3亿元；杨房沟建设管理局·杨房沟水电站、卡拉水电站全年完成投资3.54亿元（其中：杨房沟水电站2.94亿元，卡拉水电站6063万元），占年度投资计划6.5亿元的54.49%，自开工建设累计完成投资13.41亿元；四川凉山水洛河电力开发有限公司全年完成投资15.33亿元，占年度投资计划15亿元的102.19%，自开工建设累计完成投资60.28亿元；四川华电木里河水电开发有限公司全年完成投资30.17亿元，占年度投资计划30亿元的100.6%，自取得开发权累计完成投资119.85亿元；木里县民和水电开发有限公司全年完成投资2.74亿元，占年度投资计划3亿元的91.26%，自取得开发权累计完成投资7.65亿元；木里县固增水电开发有限责任公司全年完成投资2.5亿元，占年度投资计划的2.5亿元的100.06%，自取得开发权累计完成投资7.7亿元；木里县运能水电开发有限公司全年完成投资2.78亿元（其中：电站建设1.11亿元，输电线路1.67亿元），占年度投资计划的3.3亿元的84.13%，自取得开发权累计完成投资4.76亿元；木里县克尔河水电开发有限责任公司全年完成投资3035万元，占年度投资计划4000万元的75.9%，自取得开发权累计完成投资2.48亿元；木里县莫嘎拉吉水电开发有限责任公司全年完成投资7835万元，占年度投资计划6000万元的130.58%，自取得开发权累计完成投资3.82亿元；木里县盐塘沟水电开发有限责任公司全年完成投资1000万元，占年度投资计划2700万元的37.04%，自取得开发权累计完成投资2000万元；木里县玉兰电力开发有限公司全年完成投资520万元，占年度投资计划3000万元的17.33%，自取得开发权累计完成投资2570万元；木里县洛源电力开发有限责任公司全年完成投资100万元，占年度投资计划500万元的20%，自取得开发权累计完成投资5600万元；木里县朗信电力开发有限公司全年完成投资1860万元，占年度投资计划3420万元的54.39%，自取得开发权累计完成投资17860万元；木里县乐能电力开发有限责任公司全年完成投资0万元，自取得开发权累计完成投资573万元；亚洲电力（木里）水电有限公司全年完成投资50万元，占年度投资计划1000万元的0.5%，自取得开发权累计完成投资899.48万元。

【水电站建设】 截止2014年底，县境内已核准的电站（在建电站）16个，分别是上通坝水电站、卡基娃水电站、固增水电站、立洲水电站、固滴水电站、新藏水电站、博瓦水电站、益地水电站、小沟水电站、陈昌水电站、布昌水电站、卡卓水电站、莫嘎水电站、大坝沟一级水电站、大坝沟二级水电站、盐塘沟水电站，总装机186.76万千瓦；已建成投产或实现首台机组发电的电站10座，分别是锦屏一级电站、锦屏二级水电站、布西水电站、烟岗水电站、跑马坪水电站、沙湾水电站、宁朗水电站、拉吉水电站、俄公堡水电站、撒多水电站，发电装机达938.08万千瓦。

【协调服务】 2014年，县重点项目办受理并会同相关乡（镇）、相关部门和各水电开发业主协调解决水电开发过程中出现的涉及土地征用、拆迁、林地征用、移民、环保、水保、交通、金融、民族宗教、安全生产等矛盾纠纷137起，按照县委、县政府、县水电开发领导小组的要求筹备了水洛河水电开发协调工作会议、雅砻流域协调工作会议、依吉沟水电开发协调工作会议等，协助督导组组长完成抓子河水电开发遗留问题处理的相关督导工作和与香格里拉县政府的沟通事宜；牵头收集、整理并完善了《卡杨专用公路通行管理方案》修改意见；在水电开发过程中，及时按要求召集会议，研讨、安排、部署水电开发协调服务相关事宜；先后组织参加调研陪同考察共53批次。坚持信访首问责任制，对来访群众认真接待，并耐心做好解释说明工作，截止11月底共协调处理群众信访件70余件，办理人大建议1件，对受理的信访案件，均给予了明确的指导和答复；配合县委宣传部、做好的水电开发对外宣传工作。

【党的建设】 2014年，重点项目办加强党的建设：夯实基础建设；继续开展“创先争优”活动、“中国梦”主题教育活动、党的群众路线教育实践活动、学习型、创新型、服务型、纯洁型支部建设、“走基层”等活动，组织“公开承诺”、群众提、自己找、上级点、互相帮等方式，细化目标，增强党性意识，着力打造“四型”党组织建设、认真开展党员社区“双报道”活动、“走基层”活动、“四民”服务队活动、“最后一公里”问题台账、“3+1”工作台账工作、“五彩凉山党旗红”活动，以党的群众路线教育实践活动为契机，在开展教育实践活动的同时狠抓党建工作，进一步巩固党组织战斗堡垒作用、进一步使党员身心受到深刻洗礼、进一步带动党的组织建设；将党建工作责任落实到岗位、到人头，层层签订责任书，激发了广大党员同志的主人翁精神，发扬“传、帮、带”精神，由老党员“一对一”指导新党员开展工作，将老党员丰富的基层工作经验、群众工作经验与年轻同志的干劲相结合，起到了“1 + 1 >2”的效果。高效使用党建 IM 系统，努力完成 IM 系统工作任务。

【督查督办】 2014 年，县重点项目办提供高效、优质的水电开发协调服务，对水电开发涉及征地、移民、环保、水保等协调工作办理情况进行督促、检查，对《中共木里县委木里县人民政府关于下达 2014 年度水电开发投资目标任务和水电开发协调服务目标进务的通知》（木委办〔2014〕25 号）下达给各乡镇、县级相关部门的年度协调服务目标任务和水电开发过程中出现的新问题进行跟踪、督办，在水电开发工作情况简报中以“协调事项汇编”的形式进行通报。6 月对各乡镇、县级相关部门目标任务过半情况进行了及时梳理、通报，对工作不力的乡镇和部门进行了重点督办；12 月，将对全年水电开发协调事项办理情况进行梳理，为水电开发协调服务目标考核提供直接依据。每月 10 日前以简报的形式通报上一月情况，2014 年重点项目办共印发水电开发工作情况简报 12 期，便于县委、政府和水电开发领导小组及时掌握水电开发进展境况以及存在的问题。

【党的群众路线教育实践活动】 2014 年 2 月，开展党的群众路线教育实践活动以来，严格按照“照镜子、正衣冠、洗洗澡、治治病”的总要求，重点项目办成立了以党支部书记为组长的教育实践活动领导小组，负责推进教育实践活动，将责任明确到人、到岗。深入扎实开展了以为民务实清廉为主要内容的党的群众路线教育实践活动，认真制定了《木里县重点项目办公室关于开展党的群众路线教育实践活动的实施方案》，历经“学习教育、听取意见”、“查摆问题、开展批评”、“整改落实、建章立制”等三个环节。积极开展“九项专项整治”工作，认真撰写对照检查材料，前后经过 10 次修改完善，共归纳出 45 个存在问题提出了 76 条整改措施，并全方位开展谈心交心和批评与自我批评，真正达到了“红红脸、出出汗、治治病”的目的。同时对单位已有的 19 项机关工作制度、党支部工作制度 11 项、单位岗位职责 13 项、党支部岗位工作职责 6 项全面梳理和修改，新建了《木里县重点项目办公室党风廉政建设工作制度》等 3 项制度和 1 个方案。通过活动提高了党员干部思想认识；转变了机关工作作风；密切了党群干群关系；树立了为民务实清廉形象；制度建设取得成效。

【“走基层”活动】 2014 年，县重点项目办严格按照县委、县政府总体部署，紧紧围绕水电开发协调服务中心工作，“五观“思想教育组建“四民”服务队等形式开展活动，做好水电开发协调服务工作和对口帮扶后所乡呷村、野洛村的工作，为基层群众解决生产生活上的困难问题，帮助他们脱贫致富。2014 年项目办干部职工下基层共 30 余次 120 多天，党支部 5 名党员在后所乡呷古村、岩里村、野洛村等帮扶了 6 名贫困家庭儿童，送去了慰问金、学习用具等辅导心理成长；走访群众 60 余户，收集民情民意 40 多条；“一对一”、“一对多”帮扶困难群众 21 户，发放慰问金 4200 元、慰问物资价值 4000 多元；现场为民办实事、办好事 40 余件，对不能现场办理的问题进行了梳理，完善利用“三本台账”开展工作；开展送文化、送法律下乡，协助乡党委政府组织各种培训 8 次，合计培训 300 余人；配合乡党委、政府实施好民生项目工程确保发挥效益。

【党风廉政建设】 2014 年，项目办加强领导，认真落实党风廉政建设责任制。支部书记按照与中共木里县委签订的《木里县 2014 年党风廉政建设责任书》与各股室签订了《木里县重点项目办公室2014年党风廉政建设责任书》。明确了党支部书记为党风廉政建设第一责任人，班子成员负领导责任，将党风廉政建设责任分解落实到了各股室、各岗位，领导班子成员和全体职工都签订《履行党风廉政建设主体责任承诺书》。涉及重大事项决策、重要人事、奖励、大笔财务收支等重大问题提交主任办公会议集体研究。严格执行《领导干部廉洁从政若干准则》，完善廉政建设制度、开展政务公开、党务公开。深入基层转作风，整治奢侈浪费促廉洁。加大督查督办力度，使中央八项规定、省州十项规定和县委六项规定落到实处，加强宣传教育，全面提升党员干部形象。做到工作学习两不误，利用周二学习时间学习政治理论等有关廉政建设方面的文件，并严格按要求办好“三会一课”，领导干部讲党课2次，组织集中政治理论学习40余次约150学时，提升思想认识。重视廉政文化建设，设立宣传显示屏、政务公开栏、党风廉政建设宣传栏、社会治安综合治理和平安创建公示栏、创先争优公示栏、廉政风险防控机制建设宣传栏、“党的群众路线教育实践活动”宣传栏等，将领导班子成员、股室负责人和工作人员的职责分工和联系方式公开上墙，增强工作透明度，提高社会公认度。征订《廉政瞭望》、《四川党课》、《中国监察》等党风廉政建设学习资料，开展廉政文化进单位、进家庭活动。

【机关效能建设】 2014年，县重点项目办研究部署整治工作，以开展清“四风”和“九项专项整治”对文山会海、检查评比泛滥、“三公”经费支出及公款送礼、公款吃喝、奢侈浪费等九个方面存在的问题进行自查，并逐一进行整改，加强对干部职工“庸、懒、散、拖、奢”进行检查和整顿、教育，全面落实首问负责制、限时办结制、责任追究制，参与“四川志愿．码上学雷锋”活动，组织专人做好“传播核心价值、践行雷锋知识”竞赛题，弘扬和践行新时代雷锋精神。杜绝“门难进、脸难看、事难办”的现象，做勤政廉政表率，让社会和群众满意。

【“依法治县”工作】 2014年，县重点项目办按照《木里县依法治县2014年工作要点》和《木里县依法治县实施意见》，成立了木里县重点项目办公室推进依法治县领导小组，制定了《木里县重点项目办公室推进依法治县工作实施方案》，广泛开展“法律八进”活动、依法治县宣传教育月活动，组织全体职工参加法律知识竞赛活动，为开展法制宣传和法治建设，为构建“法治木里”尽力。

【领导人】 主任：杨自宾

（审稿：杨自宾/撰稿：秦朝云）

发展和改革工作

【概况】 2014年，木里县发展和改革局内设机构有：办公室、规划投资与社会事业股、农村经济与经济体制改革发展股、物价管理股、项目办（事业机构）、以工代赈办公室（副科级行政机构）、价格监督检查局（副科级行政机构）。实有人员29人，其中：局长1人，党组书记1人，常务副局长1人（正科级），以工代赈办主任1人，副局长1人，价格检查局局长1人（副科级）；副县级调研员1人；股所长6人。行政干部14人，事业干部3人，行政工人（以工代干人员）6人，事业工人1人，借调1人，临时人员2人。

【规划工作】 2014年，县发改局完成《木里县2014年国民经济和社会发展计划执行情况及2015年计划（草案）的报告》；完成2015年中央预算内农林牧水基本建设投资储备项目，拟申请项目总投资为1.29亿元，其中：申请中央预算内投资1.13亿元；完成川西藏区生态保护与建设项目申报，项目总投资2542.5万元；完成2015年预算内以工代赈项目申报，项目申请国家以工代赈资金投资300万元，地扶贫搬迁项目搬迁600户3000人，项目总投资3000万元；完成2014－2016年岩溶地区石漠化综合治理工程实施和2014年岩溶地区石漠化综合治理工程实施方案的编制上报工作，三年工程总投资3600万元；上报木里县2015年“四个一批”项目39个，总投资271.34亿元，对全县总投资在5亿元以上的重大项目进行摸底调查；开展了木里县“十二五”规划执行情况和“十三五”规划准备情况的汇报工作；完成《2014年－2015年两年期浙江省对口支援阿坝州和凉山州木里县经济社会发展计划编制浙江2年期对口支援计划》。

【项目资金争取】　2014年，木里县发展和改革局已争取落实的项目大项16个，小项138个，争取落实项目建设资金1.79亿元（其中争取国家和四川省投资1.43亿元，国家投资1.23亿元，四川省投资2049.75万元）。

项目建设资金分为：藏区项目资金8573万元，其中国家和四川省投资6953万元；农村经济和以工代赈项目资金4527万元，其中国家和四川省投资3436万元；石漠化专项资金2520万元，其中国家和四川省投资2100万元；其他项目资金2239.92万元，其中国家和四川省投资1843.92万元。

【项目实施】　2014年，木里县争取的建设项目大项：一是以工代赈提前批次桥梁2座，乔瓦镇锄头弯村桥梁1座，75延米；俄亚乡卡瓦村桥梁1座，125延米；二是2014藏区新居建设，建设任务为1765户（每户2万元）。贫困村公共服务和基础设施配套建设任务14个贫困村，其中瓦厂君依村、下麦地棉布村（易地扶贫搬迁）为示范村。三是藏区专项第一批（含新建），建设干部周转宿舍100套，35平方米/套，共3500平方米。新建29个乡镇农民体育健身工程，每个乡镇修建900平方米健身广场，安装健身器材。治理木里县博瓦河一林场至红科桥头堤防工程河道4.52公里，新建堤防7.35公里。木里县村（社区）办公服务场所和综合服务设施，18个村，乔瓦镇喜珠林社区办公场所和综合服务设施，每个200平方米，共3800平方米。四是发改项目建设及前期工作，统筹用于地方社会事业及民生工程建设、项目前期工作。五是农村饮水安全工程，29个乡镇94个村，解决3.38万农村居民饮水问题2014－2015年，集中供水、管网、分散供水等。六是边远艰苦地区农村学校教师周转房宿舍建设，县中学学生宿舍建设，2014－2015年，5300平方米，其中男生宿舍2650平方米，女生宿舍2650平方米。七是民族地区教育基础薄弱县普通高中建设，九年一贯制民族重点寄宿制学校，2014－2015年，新建2100平方米教师周转房。八是人口和计生服务体系建设，计生流动服务车1台（辆），孕前优生健康检查化学发光免疫分析仪1台，九是基层医疗卫生服务体系建设项目，十个牧场、寺庙卫生室，每个建设规模50平方米。十是保障性安居工程配套基础设施建设，新建公共租赁住房148套，7720平方米，配套建设小区道路1.53千米，绿化800平方米，给水管网1.2千米，排水沟1.65千米，电力管线0.2千米。十一是藏区专项第二批，29个乡镇配置数字电影放映设备和发电机，每个乡镇10万元。设备购置。十二是以工代赈示范工程2014小型农田水利，下麦地棉布村，建饮水管44千米，建50立方蓄水池7口，18立方蓄水池21口。十三是2014易地扶贫搬迁工程，新建7个安置点，搬迁安置农村贫困人口290户，1450人。建住房2.32万平方米，附属设施1.16万平方米，灌溉渠35.5千米，乡村公路6千米，饮水渠100千米。十四是石漠化综合治理，建设规模为：治理项目区岩溶面积150平方公里。建设内容：治理岩溶区土地面积35平方公里。含：

林业植被保护与建设、草食畜牧业、基本农田建设、小型水利水保工程等。十五是生猪标准化养殖场（小区），规模：改扩建年出栏率1000－1999头养殖规模2个（西秋咪嘿村、项脚项脚村生猪养殖小区）。内容：粪污处理、猪舍标准化改造以及水、电、路、防疫等配套设施建设。十六是农村沼气，建设1200户。一池三改（沼气池、改圈、该厨、改厕）。

【固定资产管理】 2014年，木里县全社会固定资产投资完成80亿元。

【农村经济和以工代赈管理】 2014年，一是木里县主要实施易地扶贫搬迁工程项目：计划总投资1130万元，其中国家易地扶贫专项资金870万元，地方群众自筹资金260万元。正在开工准备。二是以工代赈工程项目：计划投资240万元，其中以工代赈资金240万元。已经完成地勘、测绘和设计工作。三是岩溶地区石漠化综合治理工程项目：实施2013年木里县石漠化治理工程的建设工程：投资840万元（其中国家专项资金700万元，地方政府配套资金140万元）。石漠化治理工程已于2014年5月通过四川省专家评审，投资计划已下达，实施部门正在招标工作。

【招投标管理】 2014年，木里县招标备案6个企业项目，总投资2465万元。涉及民族工艺品加工、养殖业、中药材种植业、农场品加工等。招标事项核准4个，开工22个项目（木里县倮波乡学校学生食堂，木里县中学高中部教研室建设项目，木里县克尔乡中心小学校滑坡治理工程，木里县医院污水处理工程施工程，木里县固增乡通乡水泥公路工程建设项目，木里县克尔乡教师周转房档土墙建设工程，木里县农村急救体系建设项目，木里县2013年度中央财政补助县级国有公益性水利工程维修养护资金及环境污染治理项目，木里县李子坪小学滑坡治理工程，木里县屋脚乡中校学生食堂工程，木里县2012年岩溶地区石漠化综合治理水利工程建设项目，木里县农村土地承包经营纠纷仲裁基础设施建设项目，木里县中藏医院供电线路及变配电站安装项目，木里县茶布朗镇饮水扩建工程，乡镇文化站建设项目，木里县林业局林产公司后所管护站建设项目，木里县林业局桃博林场博科管护站建设项目，木里县敬老院和特勤消防站新建排水沟工程，木里县克尔乡、西秋乡、白碉乡三所学校学生食堂建设工程，木里县瓦厂镇中学后山滑坡治理工程，木里县2012年岩溶地区石漠化综合治理工程坡改梯项目，2013年五个乡卫生院周转房建设项目）。总投资3024万元，中标价2969.9万元，共节约资金54.1万元，平均节约资金率为1.7%。

【藏区项目管理】 2014年，木里县争取援助藏区项目资金8573万元，其中国家和四川省投资6953万元；建设项目为：14个贫困村及1765户贫困户的公共服务和基础设施配套建设，其中瓦厂君依村、下麦地棉布村（易地扶贫搬迁）示范村；木里县干部周转宿舍；木里县农民体育健身工程；木里县博瓦河一林场至红科桥头堤防工程；木里县村（社区）办公服务场所和综合服务设施29个乡镇配置数字电影放映设备和发电机。

【攀枝花援建】 2014年，实施的攀枝花市在木里援建项目共15个，其中10个项目为2014年新建项目，5个项目为续建项目，援建资金总计9450万元。已累计完成投资（援建资金）6044万元。

【领导人】 局长：杨伍金（藏族）；党组书记：陈明虎；常务副局长：黄七斤（藏族）；以工代赈办主任：喻慎江；价格监督检查局局长：余央宗（女，藏族）

（审稿：黄七斤/撰稿：孙德华）

政　　协

CPPCC

综　述

【概况】　2014 年，政协木里藏族自治县委员会常务委员会由 24 人组成，其中主席 1 名、副主席 6 名、秘书长 1 名、常务委员 16 名；政协机关设政协办公室、提案委员会、经济法制民族宗教委员会、教科文卫体委员会 4 个正科级机构，有工作人员 28 名，其中县级领导 9 人。按照县委、县政府工作部署，政协十三届委员会围绕木里县三大发展战略和六大工作重点，紧扣“履职尽责为中心，建言献策为大局，关注民生为和谐，创新理念为保障，为木里科学发展、和谐发展作出更大贡献”的工作思路，突出民主、团结两大主题，履行政治协商、民主监督、参政议政三项职能，充分发挥协调关系、汇聚力量、建言献策、服务大局四方面作用，坚定信心，努力推进木里藏区跨越式发展和长治久安。

【政协常委会】　2014 年 3 月 19 日，中国人民政治协商会议木里藏族自治县委员会第十三届委员会第九次常务委员会会议在县政协三楼常委会议室召开，政协主席杨克祖主持会议。参会常委 19 人，因公出差 5 人，邀请县委、县人大、县政府联系政协的领导莅会指导，县政协正督导、政协秘书长、政协办公室主任、县政协提案委员会、县政协教科文卫体委员会、县政协经济法制民族宗教委员会负责人列席会议。会议传达学习了习近平总书记系列讲话精神，讨论审议政协提案委员会关于政协木里县第十三届三次会议收集整理的提案建议，讨论审议通过了县政协 2014 年工作要点。9 月 1 日十三届县政协第十次常委会议在县政协三楼常委会议室召开，主席杨克祖主持会议。参会常委 20 人，因公出差 4 人。县委、县人大、县政府联系政协的领导莅会指导；县政协督导、县卫生局负责人、县规建局负责人、县政协办、县政协教科文卫体委员会、提案委员会、经济法制民族宗教委员会等负责人列席会议，会议学习了《省委关于认真贯彻“三严三实”，进一步加强党员干部教育管理监督的意见》（川委发〔2014〕14 号），讨论审议《政协木里县委员会关于进一步加强社情民意信息工作的意见》，《关于加强服务管理充分发挥委员主体作用的试行办法》；副主席陈福云对木里县城镇化建设的调研情况进行了说明；副主席苏拉志对全县医疗卫生事业发展的调研情况进行了说明；讨论审议通过了《木里县城镇化建设调研报告》、《关于全县医疗卫生事业发展情况的调研报告》；会议通过了取消朱银寿政协委员资格的决定。10 月 24 日十三届县政协第十一次常委会议在县政协三楼常委会议室召开，主席杨克祖主持会议，参会常委 21 人，出差 3 人，县委、县人大、县政府联系政协领导莅会指导；县政协督导、各专委会主任及县工商局、县畜牧局、县扶贫移民工作局负责人列席会议。主席杨克祖对全县民营经济发展调研情况进行了说明，副主席肖启模对县畜牧局履职情况进行了说明，副主席仁青偏初对县扶贫移民工作局履职情况进行了说明。会议讨论审议通过了《全县民营经济发展情况专题调研报告》、《县畜牧局民主评议报告》、《县扶贫移民工作局民主评议报告》。

【视察调研】　5 月至 9 月，县政协主席杨克祖带领部分州县政协委员组成调研组，对全县民营经济发展情况进行专题调研，由副主席陈福云带领部分州县政协委员组成调研组对木里县城镇化建设情况进行专题视察调研，由副主席苏拉志带领部分州县政协委员组成调研组，对全县医疗卫生事业发展情况进行专题调研。县政协开展的专题视察调研和所形成的符合实际的调研报告得到县委、县政府领导的肯定，县委办公室以木里信息的方式转发各部门，要求县级相关部门在工作中研究落实。

【民主评议】　10月24日，县政协十三届第十一次常委会会议在县政协三楼常委会议室召开，对县畜牧局、县扶贫移民工作局履职情况进行集中评议，在评议会上，县畜牧局、县扶贫移民工作局负责人作了履职情况发言。在民主评议中，与会人员认为，县畜牧局和县扶贫移民工作局在县委、县政府和上级主管部门的领导下，紧紧围绕全县中心工作，坚持科学发展观，努力践行群众路线教育实践活动，认真贯彻执行党的方针政策，加强自身建设，团结全体干部职工，围绕全县的改革、发展、稳定等做了大量富有成效的工作，为全县经济社会又好又快发展作出了积极贡献，但还存在一些不足，主要是畜牧基础设施薄弱，抗风险能力弱，服务体系落后，科技支持能力弱，经济效益不高等问题，扶贫移民局反映群众住房困难，房屋改造补助资金有限，补偿单价不统一，维稳压力大等诸多问题，希望两个部门，认真总结经验，结合开展群众路教育实践活动，边查边改，把工作推向一个新的台阶。

【学习活动】　2014年，县政协结合党的群众路线教育实践活动，分别召开党组会议、主席会议、常委会议、驻城委员会议和机关会议，传达学习中共十八大、十八届三中、四中全会及四川省、凉山州、木里县有关会议精神，学习习近平总书记系列讲话精神和在人民政协成立65周年上的讲话。通过学习，提高了接受党委领导的自觉性，增强了为全县中心工作建言献策的主动性，巩固了政协工作的思想基础，提升了履职水平和效果。

【提案工作】　县政协十三届委员会第三次全委会议，共收到委员提案建议和意见93件，参与提案的委员410多人次，对收到的提案、建议和意见经提案委员会认真审查，报经主席会议批准正式立案79件，其中：提案二案合一2件，建议四案合一1件，二案合一7件，2件因不符合标准未予立案。提案涵盖面广、内容丰富，10月底县政府办及相关部门提案办理基本完成，回复率达100%，委员们对提案办理满意率92%，基本满意率8%，无不满意情况。驻县州政协委员在政协凉山州第十一届二次会议中，结合木里实际，建言献策，共提出15件提案，内容涉及水电开发、环境保护、资源共享等问题，经凉山州政协提案审查委员会审查，共立案14件，州级各相关部门高度重视，认真办理驻县州政协委员提出的建议和意见。

【履职为民】　2014年，木里县政协各政协委员小组，通过“走基层，科技下乡、项目帮扶、真情奉献”等方式，服务群众，树立和展示政协委员良好的社会形象，扎实做好委员“五个一”和县级领导“六个一”活动，做好政协机关干部职工“挂包帮”工作，发挥政协组织优势，开展引资引智活动。2014年政协领导协调，为包乡、包村、寺庙争取资金16万元，委员们为全县基层困难群众送温暖376人次，做好事429件，捐款捐物14万余元，收到社情民意信息80条，有的社情民意得到县级领导的批示，问题得到解决。

【自身建设】　2014年，县政协机关开展了中心组、常委和委员、机关干部职工等多层次、多形式的学习，紧扣全县经济发展大局和政协工作实际，与开展党的群众路线教育实践活动及政协党组及机关领导班子共梳理出57条意见建议，成员共梳理出180条意见建议，班子成员带头，边学边改、边查边改、立行立改，落实了领导班子，领导个人整改清单的时限，并经常督促检查落实情况，进一步加强政协机关“三化”建设，规范了办文、办事程序，完善了机关各项规章制度。加强了政协机关管理，形成了责任明确，分工合作，协调一致，朝气蓬勃的工作氛围，加强了机关环境建设，提高了工作效率和服务质量，为政协开展工作和创新，提供了有力保障。

【光荣榜】 2014年10月23日木里县政协被四川省政协办公厅评为2014年度全省政协新闻宣传工作先进单位。

【政协领导人】 主 席：杨克祖（藏族）；副主席：香根·边玛仁青（藏族）、陈福云（布依族）、翁依偏初（藏族）、肖启模、苏拉志（彝族）、仁青偏初（藏族）；秘书长：马洪林（回族）

政协办公室工作

【概况】 木里县政协办公室负责机关日常工作，协调各专门委员会的工作关系，起草年度工作计划，负责全体会议、常委会议、主席会议、专题座谈会和其它重要会议的筹备工作；负责公文处理、专题调研、专题视察及其它重要活动的综合协调服务工作，负责机关宣传、保密、后勤服务；机关党建、离退休人员服务等。2014年县政协办公室设财会室、秘书长室、主任办公室，有职工14人，一般工作人员14人，其中：借调1人，招聘2人。

【服务工作】 2014年，木里县政协办公室认真做好机关日常工作和后勤服务工作，开展了党的群众路线教育实践活动，规范了机关各项规章制度，完成了“政协委员之家”建设，参加了3次专题调研，对县畜牧局、扶贫移民工作局履职情况进行了民主评议，做好了平时协调服务工作，筹办了1次全委会、3次常委会、8次主席会，协商座谈会10次，全体政协委员听取党风廉政建设情况通报会1次；接待省内外政协考察2批，25人（次）；组织协调撰写《水电专辑》和《木里政协志》工作。

【领导人】 主任：马洪林（回族，秘书长，2014.04～）

政协提案审查委员会工作

【概况】 2014年，木里县政协提案委员会组织委员学习、宣传、贯彻党和国家的方针政策及《政协章程》、《提案工作条例》，习近平总书记系列讲话和在政协成立65周年讲话精神，制定政协全体会议期间提案工作方案和年度工作计划并向全体会议、常委会议、主席会议报告工作，并负责收集、整理政协第十三届三次会议的委员提案建议意见；审查立案提案建议意见报主席会议审议；负责提案交办工作，督办催办提案承办情况。政协提案审查委员会10人组成，主任委员：陈福云；副主任委员：仁青偏初；委员：杨光舟、刘明友、马惠雅、曾贤裕、杨严斌、舒云海、董玉梅、赵兴平。

【主要工作】 2014年，木里县政协提案委员会认真做好了提案的审查、立案、交办、督办工作，协助办公室做好政协全委会议的筹办工作和开展党的群众路线教育实践活动，协助秘书长对党的群众路线教育实践活动办公室日常工作。参与了全县民营经济发展专题调研，规范完善了政协木里县第十三届委员会124名委员的档案建档工作，参与《木里政协志》的筹备工作，撰写《木里政协志》提案部分。办理政协全委会、常委会、主席会交办的其它工作。

【光荣榜】 2014年10月，陈兴富被四川省政协厅评为2014年度全省政协新闻宣传工作先进个人和《四川政协报》优秀通讯员。

【领导人】 主任：陈兴富

教科文卫体委员会工作

【概况】 2014 年，木里县政协教科文卫体委员会组织政协委员学习贯彻有关教育、科技、卫生、体育方面的方针、政策。针对全县教育、科技、卫生、体育等重大问题，组织委员进行视察调研；参与收集、整理、撰写文史资料。办理政协全委会、常委会、主席会交办的其它工作。设主任 1 名。

【主要工作】 2014 年，木里县政协教科文卫体委员会做好教科文卫体委的工作，配合办公室完成全委会的筹备，协助联系乡做好护林防火，挂、包、帮等工作，参与县医疗卫生事业发展情况专题调研工作，参加党的群众路线教育实践活动，收集整理撰写《政协志》有关档案资料。

【领导人】 主任：马勇（彝族）

经济法制民族宗教委员会工作

【概况】 2014 年，木里县政协经济法制民族宗教委员会组织政协委员学习民族、宗教、法制工作的方针、政策，听取委员对全县经济社会发展、法制建设方面的意见、建议，组织委员围绕全县经济社会发展，有关民族、宗教政策的贯彻落实情况进行视察调研，加强与有关部门的联系，发挥民族宗教人士在全县经济建设和社会发展中的作用。设主任 1 名。

【主要工作】 2014 年，木里县政协经济法制民族宗教委员会做好本职工作，协助办公室完成政协全委会的筹备工作，开展党的群众路线教育实践活动，参与对县畜牧局、扶贫移民局履职情况的民主评议工作，到麦地龙乡开展水电开发移民工作调研，协助办公室完成了《木里风云人物》（政协 30 名）初稿的收集、整理。

【领导人】 主任：王清富（彝族）

（审稿：杨克祖/撰稿：陈兴富）

群众团体

Mass Organization

工会工作

【概况】 2014年，木里县总工会在县委和凉山州总工会的正确领导下，根据木里藏区工会工作的实际，在维权、帮困、送温暖、职工医疗互助、民主管理等方面履行职责，成效不错。2014年县总工会设主席1名，副主席1名，有职工3名。

【工会组织建设】 2014年，木里县新建工会组织2个，工会组织由191个上升到193个，覆盖单位213个，其中行政事业工会139个，企业工会50个，其他工会组织村级工会4个，会员总数达5707人，其中：女会员2127人，非公企业建会率100%，入会率100%。

【经费管理与监督】 2014年，木里县总工会推动工会经费收缴“一改三策”工作的实施，全县29家企业和省州直属单位工会经费已纳入地税代征，全年收费20.47万元，并严格执行经费预算，同时接受凉山州总工会经审委员会的监督和审计。

【维权工作】 2014年，县总工会加强《工会法》、《劳动合同法》等法律、法规的宣传、教育和贯彻落实，在县内各企业，特别是水电开发企业中开展学习《公司法》、《经济法》、《劳动法》的活动，全年集中宣传3次，印发宣传资料6000余份，强化企业业主的诚信守法观念和社会责任意识。深化厂务公开制度，对6个县属企业进行厂务公开检查。全县31个公有制企业和15个非公企业都100%建立职代会，开展农民工及外来民工维权工作。

【送温暖活动】 2014年，木里县总工会巩固和完善帮扶制度、窗口建设和建立困难职工档案，积极筹措资金，对困难职工群众给予帮扶和救助，全年救助和慰问困难职工、农民工927户，发放救助资金及慰问物资共计63.31余万元。以此同时，加强劳模管理工作，在两节期间慰问省部级以上劳模9人，发放慰问金1.26万元。为4人省部级农村劳模，发放农村劳模生活补助金和农村困难劳模生活补助金1.44万元，组织5人省部级以上劳模进行健康体检，用去资金0.25万元。

【职工文体活动】 2014年，木里县总工会创新工会活动方式，丰富广大职工的业余文化生活。组织并参与一年一度的服饰表演，举办了2014年城区职工乒乓球运动会，各基层工会及广大职工群众，130多人踊跃参赛。开展系列庆祝活动，丰富职工文化生活，促进了藏区社会和谐稳定。

【“禁毒防艾”宣传活动】 2014年，木里县总工会在“6·26”、“12·1”联合禁毒委成员单位开展禁毒宣传活动。（以各基层工会、各水电开发企业、步行街口、人口密集的地方为重点，以防范毒品危害为重点内容），发放禁毒宣传资料2000多份。从而认识到毒品的危害，增强识毒、拒毒、防毒能力，提高自我防范意识，积极参与禁毒斗争，进一步增强全社会的防毒、拒毒和禁毒意识。

【光荣榜】 2014年，木里县总工会被凉山州工会评为工作综合目标考核一等奖。

【领导人】 主席：马国发（彝族，县委常委）；常务副主席：毛朝安（蒙古族）

（审稿：毛朝安/撰稿：毛朝安）

团委工作

【概况】 2014 年，共青团木里县委按照习近平总书记系列重要讲话精神和党中央的重要要求，紧扣时代主题、把握青年脉搏，全面履行组织青年、引导青年、服务青年、维护青少年合法权益的职能，以改革创新精神推进团的工作和建设，不断提高团的吸引力和凝聚力、不断扩大团的工作有效覆盖面，紧跟党走在时代前列、走在青年前列。

2014 年团县委设 1 个办公室，共有人员 2 名，其中书记 1 名、办公室主任 1 名。

【青年志愿者活动】 2014 年，共青团木里县委以巩固和发展“木里青年志愿者”组织为突破口，用“青春、担当、奉献、成长”的青年志愿者精神为引领，团结带领全县青年志愿者开展了丰富多彩的志愿服务活动。2014 年以“木里青年志愿者·藏乡环保行”、“木里青年志愿者·关爱留守学生”等为活动主题，在全县范围内开展各类青年志愿服务活动 20 余场（次），覆盖青少年 2000 余人。

【温暖木里·爱心在藏区传递】 “温暖木里·爱心在藏区传递”是木里共青团自创的公益品牌活动。2014 年团县委以“关爱藏区贫困学生，奉献社会爱心，传递正能量”为宗旨在牦牛坪、唐央、三桷垭乡和康坞牧区等学校开展活动，有效整合各方面的力量和爱心，全年为 600 余名贫困学生送去学习和生活用品，资金额达 6 万余元。

【少先队活动】 履行“全团带队”的工作职责，配齐配强各校辅导员，更新学校少先队活动器材，抓住“六·一”儿童节等活动的有利契机，积极开展少先队主题活动，提高少年儿童的思想素质。2014 年度，团县委在“六一”国际儿童节以县城关小学、乔瓦镇小学、茶布朗小学、瓦厂镇小学、唐央小学等学校为重点，认真开展“红领巾相约中国梦”主题队日活动 10 余场，参与学生 3000 多人。

【基层团组织建设】 2014 年，共青团木里县委在持续巩固全县乡镇“实体化”大团委建设成果的基础上，进一步健全“大团委”基本组织体系，创新少数民族地区大团委建设模式，2014 年全县共有基层团支部 113 个，非公企业团支部 5 个，机关事业单位团支部 2 个，学校团总支 9 个。

【网络宣传及队伍建设】 2014 年，共青团木里县委巩固和深化“木里县青年者志愿者”QQ 群，截止 12 月群内注册人数达到 187 人，涵盖全县机关事业单位、各乡镇、学校和大学生及社会待业青年；新建“木里共青之声”新浪微博、创建“木里康坞青年”微信群等共青团网络新媒体，全年发布各类微博、微信 500 余条，阅读数达 5000 余人（次）。发动团干部广泛参与网络宣传引导工作，拥有和凝聚一批青年志愿者新媒体人才，2014 年，共青团木里县委建立一支 60 人网络宣传员队伍、一支 20 人网络宣传骨干队伍，发动青年志愿者积极开展网上正面宣传教育和网络舆论斗争。

【留守学生之家建设】 2014 年，共青团木里县委共建立 9 所留守学生之家，覆盖留守学生 457 名。升级牦牛坪乡小学留守学生之家、乔瓦镇小学留守学生之家，软硬件达到星级留守学生之家的标准。留守学生之家平时由所在学校的主要负责人管理，共青团木里县委定期组织志愿者到留守之家开展志愿服务活动，主要掌握留守学生的家庭情况、心理状态、学习情况、日常行为表现，重点帮助孩子解决在思想、学习、身心成长中遇到的困惑与困难，使他们真正感受到亲情般的关爱。2014 年，共青团木里县委通过“温暖木里·爱心在藏区传递”活动，给留守学生送去棉被、衣物等生活用品，结合“教师节”、“儿童节”等节日，开展了丰富多彩的活动，丰富留守学生的课余生活，还通过木里新闻、木里青年志愿者 QQ 群等各种宣传渠道定期宣传报道留守学生的情况，呼吁社会各界人士都参与到关爱留守学生的行动当中来，让远离亲人的留守学生同样感受到亲情。

【农村青年技能培训】 2014 年，共青团木里县委新增县至尊造型沙龙青年就业创业培训基地，主要从事美容美发培训和见习，共培训农村青年 12 名。推荐 2 名创业青年参加凉山州创业大赛。整合各类创业资金在牦牛坪乡、沙湾乡、下麦地乡实施以种植中草药为主的青年创业项目。

【青年文明号】 2014 年，共青团木里县委开展“青年文明号”的质量监督检查和 2014 年度凉山州级“青年文明号”的申报工作。经监督检查，木里县财政国库支付中心、木里县委机要科、木里县移动分公司等州级“青年文明号”单位都无违反“青年文明号”条款的情况，符合要求。同时，共青团木里县委推荐木里县公安局城关派出所为州级“青年文明号”单位。

【光荣榜】 2014 年 6 月，中国少年先锋队凉山州第五次代表大会在西昌召开，共青团木里县委组织木里县辅导员老师、优秀少先队员等共计 11 名代表参会。王强、卢林万、刘雪瑛被中共凉山州委宣传部、共青团凉山州委授予“凉山州优秀少先队辅导员”荣誉称号；木里县完全小学校的卓玛启初、三桷垭九年制学校的杨春花等被中共凉山州委宣传部、共青团凉山州委授予“凉山州十佳少先队员”和“凉山州优秀少先队员”荣誉称号；三桷垭九年制学校团支部被共青团四川省委授予“四川省五四红旗团支部”奖章；木里县青年志愿者沈林野被共青团四川省委授予“四川省优秀团员”荣誉称号。

【领导人】 团委书记：胡荣军（蒙古族）

（审稿：胡荣军/撰稿：旦珠）

妇联工作

【概况】 2014 年，木里县妇女联合会，贯彻落实党的十八大、十八届四中全会精神，围绕县委、县政府工作重点，发挥妇联作为党和政府联系妇女群众的桥梁纽带作用，维护妇女儿童合法权益，促进男女平等，展现妇联全县经济发展和社会发展作用。2014 年县妇联设办公室，有职工 2 人，其中主席 1 人，副主席 1 人。

【自身建设】 2014 年，木里县“妇女之家”活动室已在全县 113 个村挂牌成立，“妇女之家”覆盖全县对基层妇女宣传教育，维护妇女儿童权益提供便利，成为妇女工作的坚强阵地和广大妇女信赖和热爱的温暖之家。

2014 年，县妇联完成全县副科级以上女干部 30 名、乡镇妇联主席 27 名、村妇委会主任 113 名、困难妇女 4973 名基本情况的录入。

【巾帼建功活动】 2014 年，县妇联围绕建设“坚强阵地”和“温暖之家”活动主题，深化“巾帼妈妈”志愿队伍建设。7 月，在乔瓦镇举行“巾帼妈妈”志愿者启动仪式，并在全县范围内建立 2 支“巾帼妈妈”志愿者队，发挥“妇女”半边天作用，参与辖区内各类宣传工作和关爱帮扶工作，送给贫困妇女和留守儿童家庭的温暖，安心学习和生活，在情感、道德、行为、心理等方面健康发展，让留守儿童的父母放心务工创业，发挥群团工作服务站的服务作用。

"巾帼文明岗"创建工作。10月，凉山州妇联主席马燕灵率州妇联督导组到木里县检查验收创建州级"巾帼文明岗"工作。检查组实地察看公安局、保健站的"巾帼文明岗"创建工作情况，并现场举行了州级"巾帼文明岗"授牌仪式，截止2014年底，木里县已创建"巾帼文明岗"9个，其中：州级7个，县级2个。

【双学双比】 2014年，县妇联开展妇女居家灵活就业工作。通过调研木里先后建立了3个妇女居家灵活就业种养殖示范基地，3户种养殖示范户，带动120余名妇女创业就业，示范基地及示范户年收益达到约200万元。

【妇女儿童维权】 2014年，县妇联共接待来信来访32件，40余人次。为妇女提供法律咨询100多人次，矛盾纠纷调解40多人次。为通过诉讼方式而经济又确实困难的妇女及未成年人及时提供诉讼援助，全年为妇女提供诉讼援助6次。

参与重大侵害妇女儿童权益的案件。对每年信访事项进行一次清理，逐一建立台帐，做到底数清楚、有的放矢。并通过下访、接访等方式进行排查，全面掌握不稳定因素，全年在惠民帮扶中心为妇女儿童提供困难帮扶经费5000元。

【"三八"妇女节】 2014年，县妇联开展"十佳警嫂"、"十佳优秀女民警"表彰活动。3月7日，县妇联联合公安局对全县10名警嫂和10名女民警予以表彰，宣扬爱岗敬业、勇挑重担的精神。

3月8日，县妇联在木里县文化公园开展"三八"妇女维权周宣传活动。巾帼志愿者为广大妇女群众提供法律咨询、法律服务，共分发了100册法律宣传册，100份艾滋病宣传资料，宣传男女平等基本国策和保障妇女权益的法律法规，增强广大妇女的法律意识。

【城乡环境整治进家庭】 3月8日，县妇联和县委机关妇女30余人，开展"保护水源，安全饮水"活动。县委机关妇女到县城区自来水水源源头，对水源周边的塑料袋等垃圾进行清理，并宣传爱护环境、清洁水源的重要意义。

10月29日，县妇联巾帼志愿者联合团县委青年志愿者到康乌牧场和康乌牧场小学开展"藏乡环保行"活动。号召大家从身边做起、从小事做起，自觉保持环境整洁。

【"禁毒防艾"宣传】 6月26日，县妇联开展了"关注妇女、抗击艾滋"为主题的禁毒宣教活动，悬挂禁毒宣传挂图20多幅，发放《禁毒法》、《艾滋病宣传资料》、《毒品的危害》等有关禁毒的宣传资料2000多份。使全县广大干部群众对毒品给个人、家庭、社会带来的危害性有了更加深刻的认识。6月27日，联合团县委、疾控中心、禁毒大队深入瓦厂镇、瓦厂镇中学开展禁毒防艾宣传工作。通过设立咨询台、悬挂宣传标语、粘贴展出禁毒防艾宣传画、发放宣传资料、专业人员讲解等方式宣传《禁毒法》及艾滋病防控知识。

12月1日，县妇联组织巾帼红丝带志愿者与艾工委成员单位组成宣传活动小组在主要街道开展了"12·1世界艾滋病日"宣传活动。活动设立宣传点1个，在宣传活动中，巾帼志愿者佩戴红丝带及巾帼志愿者绶带，发放艾滋病防治宣传资料3000份、画册1000份、安全套1000只，预计覆盖人群达5000余人次，妇女同胞了解和正视艾滋病，增加抗击艾滋意识。

【"挂包帮"及"惠民帮扶"】 2014年，县妇联与县纪委、直工委、县残联、县民政局等单位走访慰问贫困母亲，发放慰问金4400元。12月县妇联对乔瓦镇的贫困母亲和困难学生进行慰问，发放慰问金7500元。

支持农村妇女创业就业，2014年，县妇联扶持李子坪乡黄泥巴村5000元的中草药种植培训经费、扶持水洛乡严保村3000元妇女儿童维权帮扶经费，扶持项脚乡友友坪村3000元的居家灵活就业培训经费。

【小额担保财政贴息贷款】 2014年，县妇联贯彻落实妇女小额贷款工作的相关政策，积极为有创业愿望和经营能力的妇女提供贷款支持，推动了妇女就业创业，截止2014年12月，向县财政局、就业局、联社推荐120名创业妇女贷款，发放贷款338万元，带动100余名妇女成功就业创业。

【新“两纲”编制工作】 2014年，县妇联开展《木里县妇女发展纲要（2011—2020年）》和《木里县儿童发展纲要（2011—2020年）》进行数据上报、监测和评估工作。

【关爱行动】 2014年，县妇联开展“六一”慰问活动。5月底，县妇联向全县各级妇联下发《关于开展庆祝六一儿童节，关爱贫困儿童的通知》，明确职责，将贫困儿童工作做细做实，并对李子坪乡黄泥巴村学校儿童带去节日的祝贺和慰问，送去了书包、文具等学习用品。

关爱儿童活动，丰富儿童的课外阅读。9月12日，木里县妇联将南京鼓楼区慈善协会捐赠的幼儿类图书1200余册发放给县幼儿园。

支持家庭困难女大学生读书。为全县前两名女大学生提供4000元的助学经费。

【光荣榜】 2014年，县妇联被凉山州妇联评为全州绩效考核一等奖。

【领导人】 妇联主席：宋德琼（女）；副主席：刘泽慧（女，藏族）

（审稿：宋德琼/撰稿：刘泽慧）

科协工作

【概况】 木里县科学技术协会（简称县科协）是独立的县委管理的群众团体组织机构。2014年县科协有职工5名，其中正科级领导1名，副科级领导1名，全额拨款事业编制3名。

【科技队伍】 2014年木里县企事业单位从事科技活动的专业技术人员有2160人，比2013年增加80人，增长3.7%。其中高级职称65人，占3%；中级职称645人，占29%；初级职称1160人，占53%，未聘人员290人，占13%。专业技术人员总数中，县级机关有868人，乡镇1292人；工程技术人员60人，农业技术人员268人，卫生技术人员346人，教学人员1374人，其它类人员112人。

【学会协会】 2014年，木里县有县级学会2个，协会9个，共有会员1385人。各协会、学会3—4年召开一次会员代表大会，审议并批准理事会的工作报告，讨论确定工作方针和任务，制定、修改会章，选举理事会。协会、学会主要开展学术交流，普及推广科学知识与先进技术、开展科技咨询和技术服务，维护会员的合法权益。

【科技项目立项及实施】 2014年，木里县科协为联系的乔瓦镇簸箕箩村协调落实一个项目，即“土地坡改梯工程”，项目资金8万多元。根据木里县中药材发展情况，结合项目实际，支持西秋乡中藏药材种子繁殖补助项目资金6.0万元，同时，根据克尔乡彭古村中药材发展实际，通过政府招投标方式，投入项目资金5.3万元采购钢架大棚1100平方米支持该村中药材种植群众育苗。

【科普宣传与培训】 2014年，木里县科协利用单位在县城公园建成的LED电子科普画廊平台，开展科普宣传和党的方针、政策宣传：播放《科普大篷车》、《科技苑》、《致富经》等节目45部、科普标语130多条，时间65个小时；播放中央电视台新闻联播、木里新闻等节目130多个小时；播放教育实践活动、依法治县等宣传标语21幅170多次，观看人数达3万多人次。

在“三下乡”、“科普月”和“科技活动周”活动中，县科协干部与县委宣传部等部门同志一道深入到茶布朗镇、固增乡、瓦厂镇、屋脚乡、乔瓦镇、后所乡等6个乡镇，开展“送科技、送文化、送法律”三下乡活动，行程500多公里。免费发放农业实用技术丛书《木里县农村实用技术读本》、《木里县几种中药材人工实用栽培技术》、《木里县核桃丰产栽培》1440册；《心理与健康》、《大众科学》、《航空模型》、《地球》、《防灾博览》、少儿读物、各类科普挂图、科普宣传册2030册；《大棚蔬菜栽培技术》、《核桃栽培新技术》VCD光盘60张。完成农村实用技术培训4期，培训群众450人次。多次组织技术人员深入到项脚乡、西秋乡、克尔乡、乔瓦镇和康坞大寺，开展中药材、大棚蔬菜技术培训，并发放由县科协编印的《木里县几种中藏药材人工实用栽培技术》、《农村实用技术读本》950本，科普宣传册等资料1230份。

【农民实用技术职称评定】 2014年，木里县科协根据凉山州科协和凉山州人社局的统一安排部署，与县人社局配合，全面完成农民实用技术职称评（认）定宣传、材料收集整理、评审、上报、考核等，这是木里县首次开展农民实用技术职称评定工作，共评定出中级农技师2名，农技推广员、助理农技师10名。组织乔瓦镇群团工作服务站人员共4人到西昌市四合乡进行学习交流活动1次。

【科技活动】 2014年，木里县科协成立技术服务队，先后深入到乔瓦镇、西秋乡、后所乡、克尔乡群众中药材种植田间地块，进行技术指导、调研，撰写完成题为《关于我县中药材发展的调查报告》的调研报告。在县委党校开展中药材种植技术培训工作，主席杨光舟向全县120名农村种植带头人作了《木里县中药材发展思路与措施》的讲座，并组织学员现场种植操作。县科协印发了《关于参加第三十届凉山州青少年科技创新大赛的通知》（木科协〔2014〕13号），共收到学校青少年科幻绘画等作品100多件，教师科技创新成果一件，为历年之最。经评审，共评出科幻绘画作品一等奖11件，二等奖10件，教师创新成果、优秀组织奖各1名。向第三十届凉山州科技创新大赛评委会推荐优秀科幻绘画作品10件，教师创新成果、优秀组织奖各1名，经凉山州组委会评审，获教师创新成果三等奖1件，学生科幻绘画作品二等奖2件。

【科普示范创建】 2014年，木里县科协向凉山州科协申报并获批准2个州级科普示范乡镇（乔瓦镇、白碉乡）、1个州级科普示范学校（白碉乡小学）、4个科普示范村（白碉苗族乡白碉村、固增乡利念村、项脚蒙古族乡项脚村）和一个社区（乔瓦社区）、3个科普带头人。

【“挂包帮”“走基层”工作】 2014年，木里县科协在党的群众路线教育实践活动中，多次来到联系点乔瓦镇簸箕箩村，通过座谈会的形式宣讲党的十八届三中全会精神和群众路线教育实践活动，让农民了解经济社会改革发展动态，要求村组干部要做好护林防火和防汛工作，并先后两次慰问帮扶贫困户和资助贫困学生每户大米50斤、食用油1桶，现金300元，帮助他们想办法、找点子、找门路。指导协助簸箕箩村两委换届选举。成立联户联僧工作组，深入到唐央乡境内的四撒寺，向大寺僧人宣传党的方针、政策，送去蔬菜、油、茶等慰问物资；应乔瓦镇群众的要求，从盐源引进优质红富士苹果苗1000多株，发给娃日瓦、树珠等地群众种植；深入到克尔乡彭古村等中药材种植基地，调研中药材发展情况，深入到乔瓦镇娃日瓦村、项脚乡等地，开展蔬菜种植技术指导、培训等工作。2014年底，县科协与凉山州科协、凉山州中西医结合医院深入到康坞大寺，为30多名僧人开展健康科普知识讲座并为他们进行了免费体检。

【光荣榜】 2014年，木里县科协被评为凉山州科协系统“争先创优”活动综合工作先进单位和凉山州“科普照亮山村行动计划”先进单位。

【领导人】 主席：杨光舟（蒙古族）

（审稿：杨光舟/撰稿：周学凯）

残联工作

【概况】 2014年，木里县残联内设办公室、教育就业股，机关事业编制5名（参照国家公务员管理），实有人员9名（其中临时工1名）。

【助残宣传】 2014年元旦、春节及助残日期间，木里县残联利用有线电视、专栏等宣传工具，大力宣传党和国家对残疾人工作的方针、政策，并开展了设点宣传、走访慰问等活动，努力扩大了残疾人事业的社会影响。深入到乡、村、学校、城区对200户残疾人家庭进行了走访慰问，送去慰问金达8万元。按照县委、县政府的安排和部署，在残工委各成员单位大力支持和密切配合下，木里县残联进一步加大宣传力度，在办公楼、县民族中学等地悬挂助残日宣传标语和横幅。助残日当天，木里县残联班子分别慰问民族中学和城关小学贫困残疾学生共62名。发放慰问金2.48万元。并为无证的残疾学生免费办理第二代残疾人证38本；助残日期间，县残联共走访慰问残疾牧民、残疾僧人和29个乡（镇）三、四级残疾人1510名，每人200元慰问金，共发放慰问金达30.2万元。

【康复与扶贫】 2014年，木里县残联始终以残疾人康复工作为重点，继续抓好残疾人需求调查、康复器具的争取和发放工作，克服各种困难，努力筹集资金，认真组织实施了州残联下达的各项康复服务和扶贫工作，让残疾人得到了更多的实惠。全年，培训社区康复协调员4名，为168名贫困残疾人提供了医疗救助服务，救助金达23.09万元；为6名0—12周岁脑瘫儿童进行了康复训练救助，救助金4.5万元；为68名白内障患者进行了手术救助；投入资金1.5万元，对14名盲人进行了盲人定向行走训练；为30名肢体残疾人员进行了社区肢体康复训练；为22名精神病患者进行了住院医疗救助，救助金5.6万元；为2名肢体残疾儿童进行了免费肢体矫治手术；为2名听力残疾人免费验配助听器（成人、儿童各1人），救助金0.69万元；为1名肢体残疾人免费安装假肢，救助金0.35万元；为9名智力残疾儿童进行了社区康复训练；共免费发放各种辅助器具294件，切实解除了残疾人的痛苦，让残疾人得到更多实惠；扶持农村残疾人200名，免费发放鸡苗每人30只、饲料及交通补助费用，共计投入资金22万元；残疾人危房改造项目，2014年纳入了全县的整村推进项目，受益残疾人75户，受益资金150万元；纳入扶贫对象的残疾人512人，未纳入扶贫对象已享受低保的残疾人847人；为41名残疾人发放了死亡慰问金2.05万元；纳入居家托养200人，每人600元，共计发放资金12万元；为宁朗乡残疾人呷玛次尔提供扶持资金5万元进行黑山羊养殖，帮助发展生产、增加收入。

【教育与就业】 2014年，木里县残联认真开展残疾儿童入学动员工作，并结合木里实际，全面推行就近随班就读，积极扶持残疾学生和残疾人接受教育，努力争取残疾大学生助学金项目；县残联加大对残疾人实用技术（养殖业）培训，加大按比例安置残疾人就业办法的宣传和残疾保障金的征收力度，组织人力，深入到各单位、乡镇、水电开发区的建设单位宣传、动员，做到了应收尽收。全年共征收保障金264.2万元，比去年226万元增38.2万元，增长比例为17%；扶持残疾人居家灵活就业1349人，其中对130名残疾人进行了居家灵活创业直补，直补款共计6.5万元，投入扶持资金1万元，帮助3名盲人在木里县开办了首家盲人按摩推拿中心；2014年10月，木里县残联组织7名肢体残疾人到州残联进行面试，其中，有3名肢体残疾人顺利通过面试，送到四川省残疾人服务外包就业中心免费培训3个月，培训合格后，将安置就业。2014年，木里县残联对民族中学、县城关小学、沙湾小学、固增小学、茶布朗中小学、瓦厂中小学、俄亚乡小学共114名残疾学生进行了救助，救助金共计4.56万元，争取助学金项目，对木里县的5名残疾大学生及残疾人子女大学生进行救助，救助金共计1.25万元。

【“量服”工作】 2014年，木里县残联认真开展为残疾人提供“量体裁衣”式个性化服务工作。全年共为3754名残疾人提供了“量体裁衣”式个性化服务，总服务项次2.37万次，人均服务项次5.21项次，相关数据进网入库。为1676人重度残疾人发放了重度残疾人护理费用补贴，共计发放重度残疾人护理补贴费用127.731万元，解决了残疾人的实际困难。

【联乡包村】 2014年，木里县残联按照县委、县政府的安排，先后两次深入到俄亚乡开展了护林防火、“党的群众路线教育实践活动”和“挂、包、帮”活动等工作，走访慰问了苏达村、立碧村贫困残疾人8户，送去慰问金0.32万元，并为包乡单位解决了2万元工作经费；木里县残联组成服务队到李子坪乡黄泥巴村进行残疾人法律、法规知识宣传，并对李子沟组、陈二组、作作沟组的贫困残疾人办理残疾证，走访慰问了贫困残疾人和贫困学生，解决实际困难。

【领导人】 理事长：仁青拉初（女，藏族）

（审稿：仁青拉初/撰稿：三祖里）

工商联工作

【概况】 2014年，木里县工商联设办公室1个，职工3人，其中主席1人，办公室主任1人，工作人员1人。

【执常委会】 2014年，木里县工商联按章程规定于2014年6月和12月分别召开1次常委会，2次执委会。

【参政议政】 2014年，木里县工商联针对影响非公有制经济发展的“玻璃门、弹簧门、旋转门”问题与县政协及统战部组织民营经济调研2次，历时两月余，走访了木里县城区、3个镇、10个乡及大项目业主100多人，召开座谈会5次，发放问卷200多份，形成了《关于我县民营经济发展情况的专题调研报告》《关于影响非公有制经济发展“三门”问题的调研报告》上报木里县委、政府及凉山州工商联、统战部。

2014年，县工商联向木里县人民政府递交了《木里县工商联关于公路运输管理所建房工程拖欠民工工资、材料款及运费的情况报告》及《木里县工商联关于“公路运输管理所建房工程拖欠民工工资、材料款及运费的情况报告”的补充说明》情况报告，为政府解决问题提供依据。

2014年，木里县政协第十三届委员中的县工商联职工、会员和经济界委员共提出《继续加强治理县城环境卫生脏、乱、差的提案》《关于大力抢救木里县民间民俗文化提案》《关于开通公交车辆》等5件提案，得到政府和有关部门重视和采纳。

贯彻落实四川省、凉山州《关于推进民营经济又快又好发展的意见》，县工商联抽专人负责，与相关单位协调沟通，从联系会议制度职能、成员单位、成员单位主要职责、办公室工作职责、工作规则和要求几方面形成了配套完整的《木里县民营经济发展联席会议制度》。

【维权服务】 2014年，木里县工商联共接待来信来访16件、87人（次），提供法律政策咨询35人（次），代书民事诉状12份，调解事故纠纷3起、经济纠纷6起、民事纠纷5起，涉及金额70余万元。配合有关单位协调解决民工工资36万元。

【培训学习】 2014年4月，木里县工商联安排2名干部在包乡单位蹲点两周，在开展群众路线其它各项工作的同时，举办了4期政策法律培训班，参训人员达180多人，学习了土地承包流转相关政策、《社会治安处罚条例》、《民法通则》、《婚姻法》，还就涉及边界相邻关系、家庭纠纷、偷牛盗马等与村民息息相关的案例进行了分析解读。8月，县工商联根据《木里县深入推进法律“八进”工作实施方案》的安排，举办为期2天的“城区工商联会员政策法律培训班”，参会人员61人，学习十八大、十八届三中全会精神，省、州关于推进民营经济快速发展的相关文件，《建筑法》、《工伤保险条例》等关系民营经济人士切身利益的系列法律法规。10月，县工商联组织3位藏区民营企业管理人员前往北京经济学院进行为期10天的学习。

【群众路线】 2014年，木里县工商联成立“走基层领导小组”“群众路线工作领导小组”“庸懒散浮拖领导小组”，制定实施方案，按方案开展工作。组织单位职工和非公有制经济党员进行政治理论、习总书记重要讲话等学习11次；组织大型政策法律培训会1期，参会非经人士61人；讨论有关政策、法规、工作制度等5次；书写心得体会3篇、群众路线征文2篇、读书笔记若干。深入基层听取意见建议3次，发放征求意见表45份，列出单位对照检查清单10条，领导干部整改清单5条，完成单位对照检查材料1篇，个人对照检查材料1篇。对单位工作制度、工作方法、工作实效等10个方面进行了边查边改；下基层服务群众办实事7次，涉及30多人（次）、50多万元；报送好经验、好做法“四好”材料3份；解决群众“最后一公里”问题5个；完成依吉乡蚕多村600多户村民“联心牵手民情卡”登记，完成15户“困难群众登记卡”登记。建立、修改、完善《工商联廉政制度》《工商联考勤制度》《工商联学习制度》等多项制度。

【光荣榜】 2014年，木里县工商联被凉山州工商联评为2014年宣传教育工作先进单位。

【领导人】 主席：扎西拉初（女，藏族）

（审稿：扎西拉初/撰稿：张紫霞）

司　　法

Judicature

审判工作

【概况】 2014年，木里藏族自治县人民法院设办公室、政治处、纪检组、立案庭、刑事审判庭、民事审判庭、行政审判庭、审判监督庭、执行局、司法警察大队、瓦厂法庭、博凹法庭、茶布朗法庭，共有人员57人，其中法律本科生43人，专科生7人，专业证书2人，中层领导25名。

【案件办理】 2014年，县人民法院受理各类案件182件，审理和执结180件，结案率98.9%，涉案金额478.39万余元。

【刑事审判】 2014年，县人民法院受理各类刑事案件57件87人，审结55件，结案率为96.49%，与去年同期的59件相比，受理案件数下降了3%。全年刑事附带民事诉讼案件共9件，共向当事人兑现赔偿金29.83万余元。

【民商事审判】 2014年，县人民法院受理各类民商事案件109件，涉案标的311.65万余元，审结109件，结案率为100%。与去年同期131件相比，受理案件数下降了16.79%。在已审结的109件案件中，调解及撤诉结案95件，调解撤诉率87.03%，与去年同期相比调解撤诉率上升2.3%。

【审判执行】 2014年，县人民法院共受理执行案件16件，涉案标的79.91万余元，执结16件，标的到位65.87万余元，执结率为100%，标的到位率82.43%。与去年同期的28件相比，受理案件数下降了42.85%。在已执结的16件案件中，执行和解15件，和解率为93.75%。

【审判监督】 2014年，县人民法院受理和审查各类案件182件，在审查和受理各类案件的过程中，对应当减交、免交、缓交诉讼费的当事人及时按规定和程序给予办理。实施司法救助5件11人，减交、免交诉讼费1.2万元，接待来访398人次，处理来信4件，提供法律咨询285人次。完成各类司法统计报表的上报工作。

【基层法庭建设】 2014年，县人民法院稳步推进两庭建设，瓦厂法庭及茶布朗法庭已办案，其余6个法庭建设正在等待省高院审批。

【审判队伍建设】 2014年，县人民法院重视干警的培训和整体素质提升工作，支持和鼓励干警参加上级法院组织的藏区法院经验交流会、新刑诉法培训和民商事赔偿研讨会等7次26人参训，全院干警的思想理念和业务技能得到明显提高。

【巡回办案】 2014年，县人民法院巡回法庭巡回办案共组织法律服务小分队7个，就地审理案件80余件，调解、执行的案款47万余元及时送归当事人。

【光荣榜】 2014年木里县法院民事审判庭被四川省高级人民法院荣记四川省法院系统集体三等功，胡亚琪被四川省高级人民法院荣记四川省法院系统个人三等功。

【领导人】 法院院长、院党组书记：罗天志；副院长：付康林（彝族）、亚布旦珠（藏族）、邓华（援藏干部）

（审稿：王晓露/撰稿：江龙）

检察工作

【概述】 2014年，木里县人民检察院设政治处、纪检组、办公室、反贪污贿赂局、反渎职侵权局、案件管理科、侦查监督科、公诉科（含未成年人刑事检察工作办公室）、环境资源检察科、控告申诉检察科、民事行政检察科、监所检察科、检察技术科、司法警察大队、派驻瓦厂镇检察室和派驻茶布朗镇检察室，共有数33人，其中检察干警31人，工勤人员2人；另有协警3人，跟班培训1人。

【捕诉工作】　2014年，木里县人民检察院受理审查提请批捕各类刑事犯罪44件67人，审查后依法批准逮捕42件61人，不批准逮捕4人，公安机关撤回2件2人；受理移送审查起诉63件98人，含州人民检察院交办1件3人，报送州人民检察院审查起诉1件1人（州院交回木里县人民检察院院办理），审查后提起公诉56件89人，不起诉4件4人，含撤回起诉后存疑不诉1件1人、相对不起诉3件3人，建议公安机关撤回3件4人。代表国家向人民法院提起公益性刑事附带民事诉讼7件，为国家挽回直接经济损失28万余元。依法提起公诉的案件中，危害公共安全案15件21人；侵犯公民人身权利、民主权利案16件16人，含故意伤害（致人死亡）案13件13人，强奸案3件3人；侵犯财产（抢劫、盗窃）案8件16人，破坏环境资源案件12件20人，受贿案3件3人，妨害社会管理秩序案6件15人，含毒品犯罪2件2人，妨害经济管理秩序案2件4人。在办理2件未成年人犯罪案件中，坚持“教育、挽救、感化”及“教育为主、惩罚为辅”的原则，建议法院判处缓刑1件1人，从宽处罚1件1人。

木里县人民检察院加强刑事和解和调解工作，与侦查机关、审判机关协同建立了轻微刑事案件快速办理机制，建议法院适用简易程序审理案件25件26人，对于被告人当庭认罪的案件，建议适用普通程序简化审17件，做到刑事案件繁简分流，贯彻落实宽严相济的刑事司法政策，化解社会矛盾，维护藏区和谐稳定。

【反贪工作】　2014年，木里县人民检察院初查职务犯罪案件3件3人，立案侦查2件2人，逮捕2人，提起公诉2人，法院一审作出有罪判决2件2人，其中，1人被判处有期徒刑10年，1人被判处有期徒刑6年，追缴赃款共32.5万元。两起案件均为利用职务便利牟取利益，涉案金额10万元以上的实职正科级干部要案。

2014年，木里县人民检察院从健全职务犯罪举报、查处机制，推进侦查信息化和装备现代化建设入手，拓展举报腐败犯罪的渠道，构建来信、来访、电话、网络“四位一体”举报体系；加强举报线索集中统一管理，规范流转程序，及时核查处理；健全侦查一体化机制，建立涵盖人口、车辆、房产、工程建设、行贿人信息等基础信息的侦查情报处理平台，配备电子取证等侦查技术，提高了检察机关综合运用信息化手段发现线索、突破案件的能力。

加强职务犯罪预防、教育工作，标本兼治推进反腐倡廉建设。与锦屏电站、农村信用联社开展“检企共建”、预防职务犯罪教育活动。结合办案分析职务犯罪的趋势、特点、发案原因、预防对策，向有关单位和部门发出预防检察建议2次；举办预防宣传和警示教育讲座3场，以案释法，剖析职务犯罪的主观原因，深刻揭示职务犯罪给国家、社会和犯罪人员家庭造成的危害，警示教育国家工作人员廉洁从政，增强自身拒腐防变的“免疫力”，印发宣传材料1000多份，参学人数达500余人。

【法律监督】　2014年，木里县人民检察院坚持惩治犯罪与保障人权并重、实体公正与程序公正并重，全面客观收集证据和坚决依法排除非法证据并重，对木里县森林公安局应当立案而不立案的，督促立案2件，提前介入侦查机关侦查活动9次，引导侦查重大、疑难案件8件，向侦查机关发送《要求说明不立案理由通知书》2份，《不批准逮捕案件理由说明书》4份，逮捕案件继续侦查取证提纲3份，检察建议书1份，对证据不足不予批捕的3人发出补查提纲，督促补充侦查；推进行政执法与刑事司法衔接，健全情况通报、信息共享等机制，督促行政执法机关移送涉嫌犯罪案件1件；追诉漏罪、漏犯2件9人，要求侦查机关说明"另案处理"情况7人；退回侦查机关补充侦查34件次，并在退查决定书后附详细的补充侦查提纲；对事实不清，证据不足，经过两次补充侦查仍不能查清的，建议公安机关撤诉3件4人；对2件职务犯罪案件和3件疑难案件提前介入、参与侦查取证工作，7次参与侦查机关案件讨论，与公安机关、法院召开联席会议3次，形成了每季度召开联席会议制度；加强刑事审判监督，提出量刑建议57人次，审查人民法院刑事判决裁定文书56份，依法提出刑事抗诉1件1人，并得到凉山州人民检察院的支持；加强刑罚执行监督，监所检察全年驻所257天，驻所检察官与每一名在押人员谈话，了解在押人员诉求和案件情况及时向办案部门反映案件信息，开展安全大检查19次，消除事故隐患7起，提出纠正违法5次，启动羁押必要性审查2人，对78名监外执行人员进行专项检查，发出检察建议书3份。

发挥专项监督的作用，对特殊领域开展专项法律监督。一是开展针对破坏环境资源和危害危害食品药品安全违法犯罪活动的专项立案监督活动。对2012年至2014年2月所查办的114件破坏环境资源和危害食品药品安全相关的行政处罚案件进行排查清理。二是全面开展减刑、假释、暂予监外执行专项检察活动。清理审查"三类罪犯"7人，对因病暂予监外执行的2人重新进行体检。三是开展对久押不决案件情况的专项检查工作。对看守所犯罪嫌疑人、被告人羁押期限建立台账，定期向执法办案部门反馈、提示，避免超期羁押。

【社会管理创新】 2014年，木里县人民检察院创新社会管理方式。一是通过执法办案参与整顿和规范市场经济秩序活动，依法打击破坏经济秩序、妨碍社会管理犯罪，全年批捕相关刑事犯罪8件11人，起诉17件38人。深化商业贿赂、工程建设领域突出问题专项治理，对县城农副产品交易市场建设项目开展专项全程监督跟踪，预防商业贿赂、职务犯罪教育；办理周某、郭某、师某串通投标案过程中发现木里县境内12项在建重大工程工程项目存在串标、倒卖工程建设资质等问题，通过全面调查取证，依法提起公诉，追究其刑事责任，向木里县人民政府发出检察建议，建议政府相关部门对涉案的工程项目专项检查、加强监管，严防偷工减料，并依法依规追究相关责任人的责任。二是参与维护藏区稳定。开展检察官"进村组、进牧场、进寺庙、进社区、进学校、进企业、进机关"活动，开展6·26禁毒日宣传和12·4宪法日宣传活动，提供法律咨询60多人次；参与"挂、帮、包"活动30余人次，受益群众达100余户；开展党员干部联系僧人活动，联系6名僧人，共走访6人次。三是加强检察长接访、下访巡防、巡回检察等工作，深入乡村、牧场、寺庙，真诚解决群众反映的问题，宣传法律法规。全年共办理群众信访9件，加强释法说理工作，合力开展调解、和解及化解矛盾工作，实现全年"零上访"。

【自身监督】 2014年，木里县人民检察院向县人大及其常委会报告检察工作2次，向政协通报检察工作情况1次，自觉接受人大法律监督、政协民主监督，走访县内四川省、凉山州人大代表、政协委员通报检察工作、征求意见和建议。深化人民监督员制度，主动邀请人大代表、政协委员、人民监督员和社会各界人士参加"检察开放日"、庸懒散浮拖专项治理等活动。开展检务督察9次，及时通报、限期整改工作中的不足。

开展规范执法年活动，对检察机关存在的执

法不严格、不公正、不规范、不文明等问题进行自查、梳理和整改；推进案件管理机制改革，全面推行统一办案系统，实现网络办案和信息共享、网上管理、网上监督、网上考评。依托案件管理部门提供一站式服务，接待辩护人、诉讼代理人及当事人案件查询、阅卷10人（次），发出办案期限预警提示16件次。建成案件信息公开平台，开通木里县人民检察院“检务公开”网站，检察机关办案流程同步在网上公布，凡不涉及国家秘密、商业秘密、个人隐私、未成年人犯罪的案件信息、作出的终结性法律文书均按规定及时、全部在网上发布，全年发布案件程序性信息76条，发布职务犯罪重要案件信息3条，公开已生效案件的法律文书26份，切实保障人民群众对检察工作的知情权、参与权和监督权。

【队伍建设】　2014年，木里县人民检察院开展党的群众路线教育实践活动、“增强党性、严守纪律、廉洁从检”专题教育活动，开展庸懒散浮拖问题专项整治工作。组织开展窗口部门整顿、检容风纪、警车管理、执法突出问题集中整治、违法违纪集中查处等五项教育整顿措施，深入查摆出在“四风”上存在的12个方面29个问题，纳入整改19项，建立健全制度5项。

贯彻中央八项规定实施办法，严格遵守检察人员八小时外行为禁令。2014年，县检察院共召开干警纪律作风专题教育会17次、上党课2次；全院干警除签订廉政承诺书外，检察长还与部门负责人签订“党风廉政建设暨‘一岗双责’责任书”、“廉政风险防控机制建设责任书”；2014年对责任心不强的干警进行诫勉谈话3人次，全院干警拒吃请9次，拒收名酒名烟价值4000余元，拒收现金3万元；2014年，县检察院干警无一例违法违纪事件发生，继续保持“四好班子”和省级“五好”检察院的荣誉。

加强法律专业知识和检察业务能力培训，开展业务竞赛和岗位练兵，全国检察机关岗位技能培训1人次，四川省检察机关岗位技能培训13人次，凉山州检察机关专项业务培训和统一业务应用系统培训46人次，参加木里县各类培训9人次；组织干警参加廉政风险防控、案件评查、新刑诉法和民诉法、公文处理等内容的岗位练兵和业务技能培训6批次，参训干警达156人次；推进检察人才六项重点工程，组织8名干警参加国家司法考试、2名干警参加大专及本科学历教育，加强“双语”人才的培养。2014年，招录专业人才5人，任命检察员、助理检察员、书记员6人，改善检察队伍的年龄和学历结构，检察队伍更加建设专业化。

【光荣榜】　2014年，林波被四川省人民检察院表彰为2014年度全省检察机关司法警察练兵先进个人；松朗在四川省第二十八期基层检察人员（领导素能）轮训中，被国家检察官学院四川省分院评为优秀学员；央金娜姆在四川省第四十五期基层检察人员办公室业务（文稿信息）轮训中，被国家检察官学院四川省分院评为优秀学员；张华昬被凉山州人民检察院荣记个人三等功，解巨伟、宋超被凉山州人民检察院荣记个人嘉奖；央金娜姆在凉山州2014年第一期档案人员业务培训中被评为优秀学员。

【领导人】　检察长：张华昬；副检察长：甲嘎偏初（藏族）、松朗（纳西族）、杨艳（女，藏族）

（审稿：张华昬/撰稿：宋超）

公安工作

【概况】　2014年木里县公安局设4个职能室（中心）、8个大队、1个看守所，1个拘留所和30个派出所。新增监察室、特巡警大队、网络安全与情报信息大队三个副科级机构，政工监督室变更为政工室、法制室变更为法制大队。2014

年，实有人数181人，其中民警174人，工勤人6名，其他人员1名。

【严打整治】 2014年，木里县公安局立刑事案件138起（同比上升17.9%），破案72起（含积案7件），破案率52.2%。盗窃案件61起，破20起；抢劫案件3起，破1起；强奸案件4起，破4起；放火案件2起，破案1起；伤害案件19起（含命案2起），破17起（含2起命案）；交管类案件12起，破10起；经侦案件2起，破2起；毒品犯罪案件1起，破1起；诈骗案件15起，破1起；其它案件19起，破案15起。抓获各类违法犯罪人员76人，其中刑拘66人，取保16人，逮捕48人，起诉46案67人，其它处理10人。打击处理76人，同比去年73人上升3.9%。

【治安行政管理】 2014年，木里县公安局办理行政案件418件，办结413件，较去年下降11.62%；行政拘留184人，较去年下降26.69%。

【打盗抢保民安】 2014年，木里县公安局开展“两抢两盗一诈骗”等多发性侵财专项行动，截止12月18日，县公安局破获多发性侵财案件20起，公诉11起，公诉人员19人，其中凉山州公安局挂牌督办侵财案件3起，完成2起，完成率66.7%；凉山州公安局年底下达的侵财破案任务6起，完成7起，完成率116.7%。

【禁毒工作】 2014年，木里县公安局开展“除毒害百城集团作战”和“飓风扫毒”专项行动，共办理毒品刑事案件5起，共起诉犯罪嫌疑人2名，缴获毒品海洛因32.02克，抓获吸毒人员5名，行政拘留2人，强制隔离戒毒2人。县公安局依托“千校万生禁毒防艾”活动，开展禁毒宣传工作。联系司法局、县医院、保健站、疾控中心等单位组成的六名禁毒讲解骨干人员的讲解队对全县35所学校的100余名教师开展禁毒防艾大培训，并开展“新生入校禁毒防艾集中宣传教育月”活动。利用广播、电视等新闻媒体，广泛宣传禁毒工作方针和政策，实时报道国家、四川省、凉山州、木里县禁毒工作成果。

【“打拐”行动】 2014年，木里县公安局共摸排核查涉拐线索12条，并在3.8妇女节、六一儿童节开展大规模的反拐宣传，发放宣传材料2000余份，接受群众查询100余人次。

【一标三实】 2014年，木里县公安局采集标准地址3.7万条，实有房屋3.14万条，实有人口11.3万条，实有单位1961条，从业人员1.19万条。实有房屋中采集图片1.85万条，实有单位中采集图片1759条，实有人口中16周岁以上人员8.7万人中采集照片6.1万条，采集联系方式2.2万条。

【刑侦、经侦工作】 2014年，木里县局标准化信息采集785人，手机信息采集499人，DNA采集759份；跨区域协作办案平台调取户籍前科回复64人次，制作协查笔录回复11份，案件核实回复9次。抓获上网在逃人员20人，其中协助外地公安机关抓获3人。县公安局可勘现场119起，其中录入现场勘验系统74起，法医检验60起，活体检验人38次（其中轻微伤6起、轻伤31起、重伤1起），检验尸体22具，出具各类鉴定书及检验报告60份。2014年，木里县共立经侦案件2起，破案2起，抓获犯罪嫌疑人3人，移送起诉1人。

【网络安全与情报信息工作】 2014年，木里县公安局完成木里县已有242名重点人员基础信息的复查清理工作和在控登记，截止12月20日，实现了“身份信息准确率100%，相关背景信息准确率100%，在控率99.17%”，均高于全省平均水平。按照四川省公安厅《关于开展全省本地重点人员建库工作的通知》和凉山州公安局《关于全州本地重点人员库建设情况的通报》要求，推进本地重点人员库建设工作，将1113名本地重点人员登记入库。2014年“DQB”应用系统接收预警指令2174条，研判率、反馈率、发现率、处置率均为100%。2014年，木里县旅馆和网吧业实名登记制监管，未被四川省公安厅和凉山州公安局通报。社会资源整合工作，共协调单位20余家，采集各类信息1万余条，并按要求上报。网络舆情引导及负面舆情信息专报工作，及时发现“城关派出所无人值班”、“县城关小学学生骑摩托载人”、“麦地龙乡干部杀人不负刑责”等谣言信息，并妥善引导和处置，并上报局党委、县政府和凉山州公安局网安支队处置结果。2014年，县公安局上报重点舆情引导信息1097条，上报网络舆情专报63期，其中省厅采用6期、公安部采用1期。

【情报信息主导警务】　2014年，木里县公安局按照“紧贴实战、服务基层”的要求，编写每周警情56期，网络舆情12期，经典案例、技战法12期，案（事）件专题研判12期，每月重点人员活动轨迹分析12期，每月治安形势分析12期，每季度治安形势分析3期，为执法办案部门侦查破案提供数据。

【交通管理】　2014年，木里县公安局开展“百日安全生产整治”、“酒后驾驶专项整治”、“城乡环境综合整治”、“木里县农村地区交通违法行为集中整治”等道路交通专项行动。共出动警力1135人/次，出动警车600余台/次，查处各类交通违法行为2014起，行政案件办结58起，行政拘留4人，刑事结案10起。在符合要求的摩托车销售行推行摩托车“带牌销售”业务，建立农村交通安全机制，开展“考场下移、送证上门”，深入乡镇、牧场受理摩托车驾驶证考试、摩托车注册登记业务，解决边远山区群众办证难、消除交通隐患。与县司法局、人民法院等部门成立道路交通事故巡回法庭，实现了交通事故处理调解上的三个“零距离”（空间上“零距离”，减少了当事人的来回奔波之苦；时间上“零距离”，减少了当事人司法诉讼的时间；费用上“零距离”，减轻了当事人的经济负担）。扩建车管办证大厅，落实“一站式”服务。增加车管办证人员，车管工作人员出具一次性告知清单，办证大厅设置引导，设置书表填写区，设立违法驾驶人交通安全学习室。

【消防安全管理】　2014年，木里消防大队加强联合执法。联合文广局开展6次文化市场联合执法，联合公安局、安监局、工商局开展4次全县加油站联合执法，联合派出所开展3次寺庙安全检查，联合民宗局开展1次有关寺庙隐患专项治理的研讨工作。2014年，木里县未发生重大火灾。

【看守所安全工作】　2014年，木里县看守所刑事拘留98人，治安拘留184人，收押125名，安全投送在押人员（投牢）27人，刑满释放16人。2014年，开展安全联合大检查25次，联合武警应急演练4次，深挖狱侦信息2条。

【人事训练】　2014年，木里县公安局围绕藏区特色强化公安人员藏语训练、开展藏俗文化讲座、培训社情民意，提升维稳能力。将新招录的21名“9+3”退役士兵充实到基层一线（其中6名招录为公务员，人民警察，其余11名为事业编制人员，4名为工勤人员）。完成上级下达的各项培训、调训任务。派出5名边远派出所所长参加2014年第一批藏区公安机关派出所所长赴内地跟班学习；完成50周岁以上民警大轮训；制定符合藏区的实战方案，并于6月完成全局民警实战封闭式训练，完成上级下达2014年各项培训、调训任务。

【警务督察及内务建设】 2014年，木里县公安局贯彻凉山州公安机关行政首长兼任督察长规定，形成“督察贯穿公安工作”模式，制定督察工作细则、现场督察制度、督察工作报告审批制度、督察情况报告制度和情况反馈报告制度等，并制定工作程序，建立督察建议书、督察档案等一系列规定，结合《民警请休假制度》《绩效考核管理》《财务管理制度》等工作开展督查。针对纪律作风问题向社会各界公开“五项承诺”。2014年，木里公安警务督察工作受到凉山州公安局肯定，被评为督察先进单位称号，并荣立集体三等功。

【光荣榜】 2014年，在四川省公安机关行风政风满意指数测评中，木里县公安局安全感测评全省第二，满意度测评全省第五，综合排名全省第五，凉山州第一；木里县公安局被凉山州委、州政府评为“凉山州第七次民族团结进步模范集体”、被凉山州公安局评为“2014年度藏区稳定工作先进集体”、被凉山州公安局授予凉山州17县唯一的“优秀县公安局”称号、被凉山州公安局授予“2014年全州公安工作目标绩效考核先进单位”、被凉山州公安局授予“2014年全州公安机关维护社会稳定工作先进单位”、被凉山州公安局授予“2014年全州公安机关实现4年命案全破先进单位”、被凉山州公安局授予“2014年全州公安机关队伍建设先进单位”；木里县公安局督察大队被凉山州公安局授予三等功；木里县公安局政务中心公安窗口被凉山州妇女联合会授予“巾帼文明岗”荣誉称号。木里县公安局网安情报大队获得凉山州公安局颁发的集体嘉奖，胡宗敏被四川省妇女联合会评为“全省三八红旗手”；钟家伟获得四川省公安厅颁发的个人二等功；韩素珍被凉山州公安局评为“杜萍式优秀民警”；瞿发清被凉山州公安局授予“2014年度全州公安机关突出贡献人物”荣誉称号；苏朗扎西、陆晓枚被凉山州公安局授予全州岗位能手荣誉称号；毛阿呷（马金权之妻）被凉山州公安局授予“全州十佳警嫂”荣誉称号；刘兴燕、李晓玲、邹林荣获凉山州公安局颁发的个人嘉奖，宁思伟、冉启伟、甲呷扎西获得凉山州公安局颁发的个人三等功，阿子拉、王志军、曹俊、刘德祥、仁青偏初、马金权获得木里县政府颁发的个人三等功，殷崇林、毛维勇、吴军、董仁青、扎拉、鲁爱华、沈东林、仁青次尔、苏朗扎西、仁青泽仁、扎西杜基、巴桑泽嘎、肖建峰、曾孔龙、伍银华、梁燕、王银虎、裴林、黄利军、朱华、谭清强、刘仁松被木里县委授予“2014年度藏区稳定工作先进个人”荣誉称号。

【领导人】 局党委书记、局长：赵宁；局党委副书记、政委：鲁绒里莫（藏族）；局党委副书记、副局长：邱友华（彝族）；局党委委员、常务副局长：王智；局党委委员、副局长：郑永忠仁青泽仁（藏族）；局党委委员、纪委书记：张平清；局党委委员、政工室主任：胡宗敏（女）

（审稿：胡宗敏/撰稿：陆晓枚）

司法行政工作

【概况】 2014年，木里县司法局设办公室、政工股、法制宣教股、基层管理股、法律援助工作股（公证律师工作管理科）5个职能股室，共有政法专项编制43人，实际在岗人员43人（其中：行政工人3人，局机关行政人员9人，公职律师2名，法律援助律师2名，公证员1名，基层司法助理员26人）。

【人民调解】 2014年，木里县司法局规范调解，强调调解程序，调解范围、原则、效力及工作制度、工作纪律。开展矛盾纠纷“大排查、大调处”专项活动，2014年木里县司法局完成了2个司法所和35个乡村人民调解室的规范化建设，发挥基层人民调解组织的作用，调处各类矛盾纠纷，把矛盾纠纷化解在最基层。2014 年全县共调解纠纷 271 件，调处成功 259 件，涉及当事人数 606 人，协议涉及金额 62.62 万元，其中签订书面调解协议 83 件、口头协议 160 件，调处重大疑难纠纷 37 起，防止和排查纠纷 113 起。调处成功率达 95% 以上。防止矛盾激化 15 件 35 人，防止群体上访 6 件 56 人，防止非正常死亡 5 件 8 人，发挥人民调解工作维护藏区作用。

【法制宣传】　2014 年，木里县司法局编印 2 万份藏汉双语普法资料，通过“法制宣传月”、“法律八进”等活动将普法资料发放到了社区、乡镇、寺庙、牧场、企业；开通法制宣传手机短信平台，增强法制宣传的形式；在全县机关 63 个单位 1227 人开展依法治县法制宣传月法律知识竞赛活动，主要包括：《宪法》、《刑法》、《行政复议法》、《行政处罚法》、《行政诉讼法》、《道路交通法》等与行政执法相关的内容；开展“法律八进”工作。县司法局法律服务队与“三下乡”工作配合，深入到茶布朗镇、瓦厂镇、乔瓦镇、固增乡、屋脚乡、后所乡及立州电站开展法律进乡村、进社区、进校园、进寺庙、进企业、进机关、进单位“法律八进”工作，主要宣传《木里藏族自治县自治条例》、《国家安全法》、《未成年人保护法》、《中华人民共和国行政强制法》、《劳动合同法》等法律法规。在宣传形式上，采取自编自演与相关法律法规有关的相声、文艺进行演讲，做到通俗易懂，使广大群众乐意接受，取得较好成效，并发放宣传书籍及资料 4500 份、法律常识“100 问”6000 册，法律挂历 1000 份，六五普法农民法律知识读本 1000 份，普法漫画 1000 份，出动宣传车 6 台次，播放普法教育录音 48 小时，受教育人数达 24000 余人；县司法局在 29 个乡镇党委书记、副书记及 113 个村支部书记、三个社区党组织书记共计 160 余人的培训会上开展了法律知识培训；加大藏区普法力度，县司法局将法律进寺庙、进牧场、进学校作为法制宣传工作的重点，一是以统战、民宗为主要力量印制了藏汉双语普法资料，对寺庙僧人开展有针对性的法制宣传教育，县司法局与统战、民宗配合，7 月 4 日先后深入到洼多寺、瓦尔赛大寺、木里大寺、苦巴店大寺开展法制宣传。3 月 6 日，由县委统战部牵头，组织了“爱国爱教持戒守法专题培训会”，要求寺庙僧人在爱教的同时也爱国爱己，潜心修行，增强法律意识，在国家法律法规允许的范围内开展法事活动。二是以畜牧局为主要力量，对全县九个牧场的牧民开展法制宣传教育。三是以教育局为主要力量，对在校学生和失学儿童开展多形式的法制宣传教育，为全县 35 所中小学校补充完善了法制副校长和法制辅导员。5 月 15 日至 21 日木里县司法局普法小分队协同康巴卫视《法制明镜》栏目组先后到县中学、乔瓦镇锄头湾村树珠组等地开展了“送法进校园”、“送法进乡村”活动，进行法律知识讲座、普法小品、相声表演、村级人民调解员法律知识培训，并与村民、学生进行互动，让他们能从互动回答中更贴切的理解法律知识的内涵和作用，受教育人数 1150 人。木里县司法局与县级相关部门配合，利用“3.15 消费者权益保护日”、“6.5 环境保护日”、“7.28 安全生产日”、“6.26 禁毒日”、“12.1 艾滋病宣传日”、“12.4 法制宣传日”等认真开展不同形式的法制宣传活动，发放宣传资料 5800 余份，提供法律咨询服务共计 830 人次。

【法律服务】　2014 年，木里县司法局共办理各类公证 64 件，其中合同协议公证 6 件、继承公证 4 件、委托公证 43 件、声明公证 6 件、亲属公证 1 件、有无违法犯罪记录公证 1 件、监护公证 3 件、解答法律咨询 495 人次，收取公证费 8700 元，其中为弱势群体提供法律援助公证 32 件，并为重大项目和重点工程服务，维护稳定发挥作用。律师工作。担任常年法律顾问、代理民事诉讼和担任刑事辩护等业务，参与县委、县政府信访接待及疑难矛盾纠纷的调处，律师共担任政府及企业法律顾问数量达7家，为企业挽回直接经济损失1200万元，办理民事代理10件，刑事辩护12件，代写法律文书30件，法律咨询1425件，参与培训授课1次676人次。法律援助工作，将农民工返乡创业、就业，征地拆迁、劳动争议等纳入了法律援助补充事项，将农民工、残疾人、零就业家庭、未成年人等列为重点援助对象，降低门槛，做到应援尽援。为全县各类群众办理法律援助案件33件，其中民事案件18件，刑事案件15件，办理其他法律援助事项267件，提供法律援助558人次，解答群众法律咨询1845余人次，为群众挽回各项损失200余万元，发放法律援助服务指南及各种法律援助宣传资料达1000余份，上千人接受了法律援助宣传服务。“148”专线服务，木里县司法局推行“148”法律服务专线，2014年为广大群众解答法律咨询达226人次。县司法局印制“法律咨询联络卡”，发放到广大群众手中，方便群众咨询法律。

【安置帮教】 2014年，木里县司法局加强刑释解教人员的安置帮教工作，做到底数清、情况明，做好回归社会的刑释解教人员排查清理工作和刑满释放解除劳教时的衔接工作。2014年共收到刑释解教人员通知书23份23人，接收的人员都做到了强化帮教措施，坚持“一帮一”、“一带一”的管理模式，实行重点对象、重点帮教，耐心做好重点对象的思想转化工作，有效防止刑释解教人员重新违法犯罪现象发生。

【社区矫正】 2014年，木里县司法局对社区矫正前期工作细致的部署，将相关工作进行分工，责任到人，保证了社区矫正筹备工作的开展，2014年接收社区矫正人员21人，其中：缓刑16人，假释4人，保外就医1人。

【“挂、包、帮”活动】 2014年，木里县司法局对口克尔乡阴山村的“挂、包、帮”工作。木里县司法局党员职工在局党组书记、局长的带领下先后到克尔乡、苦巴店寺庙开展了“走基层解难题办实事惠民生”和“法律进乡村、进寺庙”活动，推进党的群众路线教育实践活动，为阴山村20户贫困户带去了大米、清油等物资，落实干部职工每人帮扶1户贫困户的“一帮一”工作。2014年，县司法局党员职工为贫困户共捐款3500元，单位为贫困户捐款捐物7000元，解决阴山村人民调解经费5000元，彭古村人民调解经费5000元，宣瓦村人民调解经费5000元，解决苦巴店寺庙维修费1万元，共计捐款捐物3.55万元。5月木里县司法局党组书记、局长还带领基层股刑释解教管理人员一行人到克尔乡阴山村化眉龙组实地看访正在四川省荞窝监狱服刑的即将于2015年4月释放的关押17年的犯人李某（原籍木里县克尔乡阴山村栈房组村民）的家属，了解详细家庭情况，对于李某的回归安置问题与乡党委政府和村组干部协商落实，和其家属沟通协调后，家人愿意接受监管。

【光荣榜】 2014年，木里县司法局被四川省“平安家庭”创建活动领导小组评为四川省“平安家庭”创建工作；被凉山州司法局评为2014年度凉山州司法行政系统目标考核先进集体；被木里县委、县人民政府评为木里县2014年迎新春民族服饰广场舞大赛精神文明奖；被木里县人民政府评为2013年政府信息公开目标考核先进单位；被木里县人民政府评为木里县2014年统计基础建设先进单位。仁青拉姆被中共木里县委、木里县人民政府评为藏区维稳工作先进个人。

【领导人】 局长：杨忠友；副局长：杨国华（彝族）；纪检组长：仁青拉姆（女，藏族）

（审稿：杨国华/撰稿：沙正凤）

军　事

Military

木里藏族自治县人民武装部

【概况】 2014 年，木里县人武部设军事科、政工科、后勤科，民兵训练基地 1 个、民兵武器仓库 1 个，下设 26 个乡、3 个镇、6 个企业武装部，设武装部长 35 人。

【思想政治建设】 2014 年，县人武部坚持以党的十八大和十八届三中、四中全会精神为指导，深入学习习主席系列重要讲话精神，扎实开展第二批党的群众路线教育实践活动，开展第二批党的群众路线教育实践活动与“牢记强军目标、献身强军实践”主题教育、“讲党性、立规矩、治歪风、树正气”专题教育和“学习弘扬焦裕禄精神，争做勤政务政廉政的党员领导干部”专题教育结合。人人学理论、撰写心得体会，深入基层调研，听取意见建议，全面查摆问题，认真分析查找单位和个人在“四风”方面存在的突出问题，制定整改措施，教育实践活动取得成效。学习教育、听取意见阶段，采取个人自学、集中学习、专题辅导、讨论交流等方式，干部职工平均每人记录读书笔记达 2 万余字，撰写心得体会共 20 余篇。部党委先后召开教育实践活动形势分析会 3 次，召开干部职工大会进行心得体会交流 2 次。与每名干部职工谈心均在 2 次以上。结合“走基层、解难题、办实事、惠民生”活动，到乔瓦镇、固增乡、俄亚乡等 10 余个乡镇走访调研，与乡镇党政班子、专武干部、村组干部、民兵代表、群众代表等座谈 5 场次。查摆问题、开展批评阶段，组织干部职工、基层专武部长、民兵预备役人员进行问卷调查，收集并梳理出意见建议 22 条。每名班子成员的对照检查材料修改均在 5 次以上。7 月 14 日，县人武部召开了教育实践活动专题民主生活会，开展了批评与自我批评。研究制定单位《党的群众路线教育实践活动存在问题整改方案》，明确了整改任务、整改时限、整改责任人，坚持上下结合原则，把存在的问题分工到科室、分工到人，对问题逐条逐项进行整改。10 月 17 日，人武部召开总结大会，对党的群众路线教育实践活动梳理总结，巩固活动成果，促进各项工作落实。

【军事斗争准备】 2014 年，木里县人武部军事斗争准备。县人民政府、县人武部共同制定下发《关于二〇一四年度民兵军事训练安排意见》，明确 2014 年民兵军事训练的对象、时间、内容和方法。全年完成训练任务近 500 人。3 月 5 日，县人武部组织乡（镇）专武部长及民兵应急队伍综合应急连 125 人召开 2014 年度民兵军事训练开训动员大会，明确训练任务，训练教案，提出训练标准要求。3 月 5 日至 19 日，由乔瓦镇、李子坪乡、列瓦乡基干民兵组成的综合应急连 125 人在县民兵训练基地进行了为期 15 天的集中训练。3 月 10 日至 4 月 30 日期间，由各乡镇组织，县人武部分组指导训练，对瓦厂镇、茶布朗镇、沙湾乡、东朗乡、麦日乡、唐央乡、麦地龙乡、固增乡、下麦地乡 9 个重点乡镇对民兵应急排进行了 15 天的训练，屋脚乡进行了基干民兵储备队伍（独立步兵连）30 人的训练。5 月，对支援分队中的医疗救护分队、工程抢修分队各 20 人进行了为期 10 天的训练，其中前 5 天进行队列、应急行动常识、法规政策的训练和学习，后 5 天进行在岗训练和参加军地综合演练。在“3. 10”、“3. 14”、“7. 5”等重要敏感时期，县人武部、各乡镇组织民兵参训人员协助地方党委、政府开展维稳处突工作。县人武部组织民兵应急连人员在县城进行巡逻，在乔瓦镇、下麦地、东郎、麦地龙、屋脚、唐央 6 个乡镇组织民兵配合武警、公安参加地方设卡检查工作。县人武部利用训练期间加强民兵情报信息培训，建立情报信息登记制度，在俄亚、卡拉、水洛、三桷垭、麦地龙、李子坪等乡（镇）先后发生森林火灾，组织参训民兵及各乡镇民兵6300余人参加扑救森林火灾行动。

县人武部积极搞好训练保障，为参加训练的民兵发放迷彩服、胶鞋、民兵标志等物资，高标准地做好训练期间医疗、生活住宿等保障工作，及时发放参加训练民兵误工补助及车旅费、共计使用训练经费近33万元，训练期间共组织实弹射击3次，动用56式冲锋枪20支，消耗56式步机弹训练弹药1500发，动用保障车辆28台/次，消耗油料3400升。2014年，完成39名藏区"9+3"学生选征入伍和31名普通兵征集任务。至此木里县人武部已经连续55年保持无责任退兵的光荣历史。

【维护藏区稳定】 2014年，县人武部主动维稳，一是注重抓好日常维稳情报信息的收集工作。在每个村社都培养安排民兵信息员，及时了解社会动态，掌握预警性情报信息；建立奖励激励机制，对收集上报情报信息及时的专武部长和民兵信息员给予一定的物质奖励。二是协助地方做好设卡工作，3月10日至20日和7月12日至20日，在6个纯藏乡（东朗乡、麦日乡、唐央乡、博窝乡、水洛乡、宁朗乡）和重要交通要道（下麦地乡、屋脚乡）上安排民兵设立卡点，检查过往车辆和行人。三是加强民兵维稳处突技能训练。结合民兵军事训练，专门聘请县武警中队战士担任教员，教授警棍盾牌术、防暴队形等防暴处突基本技能；针对藏区"3.10"、"3.14"、达赖生日、时轮金刚法会等敏感时期，组织县城周边乡镇和纯藏乡的应急民兵进行军事训练，并安排民兵上街巡逻，守卡设点，促进民兵维稳处突的能力；重大节庆活动组织民兵担负巡逻值勤任务。春节、藏历年期间，组织乔瓦镇和6个纯藏乡东朗乡、麦日乡、唐央乡、博窝乡、水洛乡、宁朗乡的应急民兵280余人次，在扎昌街、荣林路、银行、广场、公园等人员密集地方昼夜巡逻，在与甘孜州交界处的东朗乡设卡执勤，确保节日期间的社会稳定。四是及时甄别处理情报信息。3月8日，稻城县1名喇嘛带几名随从到木里县麦日乡呷古寺，活动内容不明，得到情报信息后，乡武装部长带人了解跟踪情况，确保不从事非法活动。6月15日，获知5名外籍人员在县城从事非法传教活动的情报后，立即配合公安部门对他们进行盘查，并予以遣返。7月8日，俄亚、依吉乡8名村民因项目分包方未支付报酬准备到成都讨薪，获知情报后，及时与工程项目部经理陈刚取得联系，责成他专程陪同村民到成都，与分包方达成支付协议，及时化解纠纷。

【后勤装备保障】 2014年，县人武部严格执行财务管理规定和财经纪律，严格"三公"经费的开支，对单位多占住房清理清退，对去年火把节及"8.1"发放的过节费进行收回。对单位水电线路改造，更换破旧窗帘，配备购置净水器，协调经费32万元将职工公寓楼改造为民兵训练基地住宿楼，生活环境、工作条件得到改善，让干部职工更安心、尽心。

【装备管理】 一是安防设施设备完善，民兵武器装备仓库严格落实安防规定，达到"六面坚固"、"三铁两锁一器"、"三门"、"三窗"、"三防"的要求。二是武器装备账、物、卡相符，对各类武器装备建立账、物、卡，及时准确统计掌握数质量情况，各类手续齐全，无"账外枪、账外弹"的情况。三是严格仓库保管人员的教育管理。对仓库管理人员进行专业教育、安全教育和法纪教育，定期组织政治考核，确保保管人员政治合格，不出问题，达到"三熟悉、四会"的要求。四是搞好武器装备的检查保养，仓库严格落实出入库登记、工作交接等制度，部领导定期开库对武器装备的数质量及保管保养情况进行检查，定期组织人员对武器装备进行维护保养，确保武器装备的完好率和战备率，武器仓库达到"四无"标准。

【参建参治】 2014年，县人武部组织广大民兵预备役人员参建参治，完成扶贫攻坚、抢险救灾、扑灭山火、维护社会治安、为木里藏区社会稳定等任务。3月16日，肖玉成到县完小看望慰问贫困学生，送去慰问金1万元，解决贫困学生缺乏学习用具，购买学习资料、图书难等问题，结合走基层的时机看望慰问杨德仁、呷拉仁青等困难农户，给他们送去大米、食用油等生活物资。

【护林防火和抢险救灾】 2014年，县人武部发挥民兵在完成急难险重任务中的骨干作用。2月13日8时，木里县沙湾乡发生森林火灾，出动民兵950余人，经过4天3夜的扑救，终将大火扑灭，此次火灾过火面积23公顷。3月26日13时，木里县卡拉乡发生森林火灾，人武部第一时间组织民兵600余人，经过3天3夜的扑救，终将大火扑灭，此次火灾过火面积16公顷。3月19日17时30分，木里县俄亚乡发生森林火灾，人武部第一时间组织民兵900余人，经过4天3夜，终将大火扑灭，2014年，县人武部先后组织部队和民兵7000余人次扑灭卡拉乡、沙湾乡、俄亚乡等27起森林大火，保护了木里藏区森林安全。8月30日，乔瓦镇娃日瓦村发生一起严重的山体滑坡，人武部组织应急民兵400人次投入抢险救援，共搭建救灾帐篷12顶，抢运物资120余吨，帮助避险搬迁100户345人，撤除危房1座，发挥民兵在藏区维稳中的卫士作用。

【光荣榜】 2014年12月，县人武部被四川省政府表彰为“四川省第七次民族团结进步模范单位”；被凉山军分区表彰为“要讯工作先进单位”；被凉山军分区表彰为“情报信息工作先进单位”；彭朝元被四川省军区表彰为“情报信息工作先进个人”；梅歧被凉山军分区表彰为“优秀共产党员”；赵紫阳被凉山军分区表彰为“新闻宣传工作先进个人”；姜荣志、彭朝元被凉山军分区表彰为“要讯工作先进个人”。

【领导人】 部长：沐年若（~2014.1）、梁宏柱（2014.1~）；政治委员：肖玉成；副部长兼军事科长：李品富；副部长：姜荣志；政工科长：刘建国；后勤科长：梅歧

（审稿：肖玉成/撰稿：彭朝元）

武警木里森林大队

【概况】 武警木里森林大队隶属凉山州森林支队，2014年设1个营级党委、下辖3个连支部，主要任务是森林防火灭火、野生动物保护、抢险救灾、双拥共建、维护木里藏区稳定和谐。

【政治教育】 2014年，武警木里森林大队着眼“培养人、教育人、塑造人”理念，突出把政治工作做实做精做活和向中心靠拢，发挥服务保证功能。以习主席强军目标重要讲话精神为主线，坚持用党的创新理论武装官兵头脑，大力加强党委（支部）班子和干部队伍的能力建设，严密组织全体官兵学习领会十八大和习主席建军治军创新理论，提升理性思维水平。开展“牢记强军目标、献身强军实践，永远做党和人民的忠诚卫士”主题教育和新兵“第二适应期”及战斗精神、密切内部关系等经常性思想教育，广大官兵献身强军实践的行动更加自觉。充分发挥警营文化的育人功能，教唱强军战歌、敲响威风锣鼓、弘扬石头文化，提振了官兵精气神。2014年，有9篇关于武警木里森林大队经验做法论文被总部、总队、支队转发，有207篇稿在局域网上刊发，7篇在中国军网、新华网上刊发。

【军事训练】 2014年，武警木里森林大队结合防区山高坡陡谷深，防火任务繁重的实际，认真

落实每周五机具车辆保养维修制度，坚持每月开展军事会操和体能测试，重点突出5公里越野、负重登山、入山进林等针对性训练和紧急避险、火场自救、灭火战术等专业技能训练。针对“两会”和“3.14”、“7.5”等敏感期，藏区维稳形势严峻的实际，及时搞好战备等级转换，严格落实三人应急小组、三班四哨等措施，坚持每周组织不少于两次紧急拉动和营区防袭击演练，确保有情况能够立即处置。2014年，武警木里森林大队完成“2014—砺剑行动”综合演练、大型防火宣传、野外驻训、灭火作战等大项任务，并参加了木里县2014年5月12日，模拟乔瓦镇6.9级地震应急联动演练。

【防火执勤及灭火】　2014年，武警木里森林大队在防火执勤中，自觉坚持“双重领导”，积极与森林公安局、县国土局等部门开展防火执勤工作，利用“元旦”、“清明”、“五一”等重大节日，派出宣传小分队、巡逻车等，深入重点林区、路段和检查站等实施防火宣传和林政执勤检查等任务。2014年，武警木里森林大队累计出动兵力483人次，长途行军2700余公里，圆满完成了“2·10”李子坪乡、“2·15”沙湾乡和“3·21”俄亚乡、“3·27”卡拉乡、“4·25”茶布朗镇、“5·31”唐央乡等8起森林火灾扑救任务，受到地方党委政府和人民群众的高度赞誉。木里县政府下发第31号红头文件专门发出通知，强调：“大队要发挥主力军、突击队的作用，本着‘小火当大火打’的原则，第一时间参加森林草原火灾扑救。”

【后勤保障】　2014年，武警木里森林大队注重加强后勤专业人才岗位练兵活动，定期开展炊事技术、驾驶技术和通信通联等评比竞赛，促进后勤人员技能提升。狠抓基础设施建设，投入45万余元，自主改建了环形跑道和果园休闲小道，并按照群众路线教育实践活动要求，积极为官兵解难题、办实事。先后更换了大队车库卷帘门16扇、营区路灯18盏，太阳能保温桶2个、电动门1扇，改善了营区环境，方便了官兵生活。2014年，武警木里森林大队狠抓“两业”生产，共出栏生猪43头，鸡80只、鸭50只，鹅20只、兔30只，种植白菜、豆角、萝卜、豌豆尖等10余种蔬菜。

【双拥工作】　大队官兵把驻地当故乡、视群众为亲人，同木里各族儿女结下深情厚谊，军爱民、民拥军，军民团结一家亲。2014年，武警木里森林大队官兵广泛开展“中国梦·强军梦·我的梦”系列主题团日和“强军目标”签名宣誓、主题演讲等强军风采系列文化活动，增强教育感染力。开展爱民助民活动，深入藏乡宣讲“两会”精神，爱心捐助贫困学生4名，为县中学高中部学生军训，为中藏医院开展爱民助民劳动，融洽警政警民关系。

【光荣榜】　2014年，武警木里森林大队被凉山州森林支队评为“基层建设先进大队”、“先进基层党组织”；被木里县委县政府表彰为“社会治安综合治理模范单位”、“防火先进单位”；赵龙、姚磊、喻泽波分别荣立支队三等功一次。

【领导人】　代理大队长：荀宁波（~2014.2）；大队长：李继斌（2014.2~）；教导员：薛晓波（~2014.2）；教导员：赵龙（2014.2~）；副大队长：赵万昆

（审稿：李继斌、赵龙/撰稿：蔡云飞）

武警木里消防大队

【概况】　木里公安消防大队主要履行着木里消防保卫和抢险救援等职能。2014年，县公安消防大队有现役干警4人，政府专职队18人（与公安局特巡警一同使用)；辖区消防安全重点单位43个。

【消防设备】 2014年，木里公安消防大队配置东风水罐消防车1辆、豪沃大功率消防车1辆、解放-6消防车1辆、生命探测仪三台、手持钢筋速断器二部、抢险救援包60套、手抬机动泵3台、二节拉梯2把、软梯1个、无齿锯1个、机动链锯2个、排烟机1台、救生气垫1套、帐篷1套、手动液压钳1套、机动液压破拆工具组1组、战斗服10套和抢险救援服10套等灭火、抢险救援装备。

【消防宣传】 2014年，木里公安消防大队举办消防知识培训10余次，设立藏汉双语消防宣传栏，制作、发放简单、易懂、实用的藏汉双语消防宣传资料和安全提示卡。通过电视、LED显示屏、短信、宣传册、上课等方式，先后为乡镇两委、酒店、学校、医院、电站、寺庙等开展消防培训，全县1万余人接受县消防大队免费举办的消防知识技能培训，并发放消防宣传资料6万余份。

【消防隐患整治】 2014年，木里公安消防大队检查各类场所460家（次），发现火灾隐患310处，整改隐患280处，发放责令改正通知书310份，发放处罚决定书13份，临时查封3家，三停4家，罚款8.85万元。

【寺庙和农村消防】 9月，针对木里藏区寺庙消防力量薄弱这一实际情况，大队提请政府由财政拨款48.75万元元为辖区14座寺庙配备手抬机动泵、水枪、水带、干粉灭火器，解决了消防水池，完善寺庙消防硬件设置；大队花10万元为10个乡镇配备手抬机动泵、水枪、水带。印发汉藏双语的消防宣传资料，将寺庙纳入网格化管理，保障14座寺庙和10个乡镇不发生火灾。

【光荣榜】 在支队2014年度目标任务考核中取得类区第一，凉山州第二；被省总队评为“先进基层单位”，被支队评为“好班子”，被县公安局评为“先进集体”，大队军政主官被支队评为“一对好主官”，被总队评为优秀干部并嘉奖一次。

【领导人】 大队长：周永良；教导员：王伟强

（审稿：周永良/撰稿：刘纯渔）

武警木里县中队

【概况】 武警木里县中队主要担负木里县看守所的外围武装警戒、维护木里县的社会治安秩序稳定、城市武装巡逻、武装设卡、安全保卫和处置突发事件等任务。2014年，县中队配置副营职中队长、副营职政治指导员、副连职副中队长以及副连职排长，全队3个排共有120人组成。

【军事训练】 2014年，武警木里县中队遵循“任务牵引、思想指导、科技推动、保障支持、人才为本、周期循环”的训练规律，坚持“四个贴近”，军事训练“八落实”加强基础科目和应急班训练，不断提高部队执勤和“处突”能力。中队始终坚持“仗怎么打、兵就怎么练”的原则，加强各类突发事件的情况处置演练，进一步提升了官兵能力素质，实现了“召之即来，来之能战，战之必胜”的要求。8月份，中队5名反恐队员代表中队参加支队反恐比武，取得团体总分第二的佳绩，2人获得单项第一。

【思想政治】 2014年，武警木里县中队围绕政治工作，用科学的理论武装官兵头脑、弘扬光荣优良传统净化官兵心灵、践行革命军人价值观，夯实“忠诚卫士”思想根基，培育战斗精神，进一步激发官兵立足警营，献身部队建设的热情，用实际行动践行“永远做党和人民忠诚卫士”的铮铮誓言。2014 年，县中队建立和完善荣誉室、文体馆、卡拉 OK 厅、营区政治文化环境建设，立足长远，开展警地“两用人才”培养，举办文化知识、摄影、新闻写作以及各种实用技能等培训，使官兵走向社会后基本拥有一技之长。

【执勤战备】　2014 年，武警木里县中队从严、从难要求，以练为战，锤炼和摔打部队，不断夯实官兵遂行任务本领。日晒雨淋、寒风冷冽，一线执勤官兵昼夜携枪带弹坚守在木里藏族自治县看守所，2014 年未发生过执勤事故，确保执勤目标万无一失。在木里藏区维稳当尖兵，受到四川省、凉山州、县领导的好评。2014 年县中队圆满完成了“3.01”“3.14”、“7.5”等敏感期城市武装巡逻和武装设卡任务。期间，中队始终保持“箭在弦上，引而待发”的高压态势，共出动 300 余人次，历时 65 天。出色完成任务，发挥好了拳头和尖刀的作用。

【后勤保障】　2014 年，武警木里县中队在县委、县政府的大力支持下，累计投入 30 万元，修建室内训练馆、文体馆、会议中心，抓好看守所执勤点的执勤隐患改造，进一步规范“四防一体化”建设，实现监区白昼化和 AB 门改建，筑牢物防屏障。推进后勤科学化管理，进一步规范战备物资以及枪支弹药管理，逐步实现生产生活、文体、训练，执勤设施“四配套”，努力提升综合保障能力。修建 200 平方米的蔬菜大棚，保障官兵吃上时令蔬菜，丰富官兵的菜盘子，并开辟草坪 300 平方米，营区绿化率高达 40%。同时中队开展勤俭节约活动，管好用好营产营具，加强后勤队伍建设，构建过硬的后勤保障。

【拥政爱民】　2014 年，武警木里县中队官兵“把驻地当故乡、视人民为父母”，扎根木里，倾注着自己的心血，树好文明新风，以实际行动推动和谐木里建设。开展拥政爱民活动，与残疾贫困户周长河、杨日丰结成帮扶对子，义务照料他们的家庭；向贫困学生捐钱捐物累计达 6 万余元。与文广局、地税局、县农行、移动公司、县医院等单位共建，举办联欢会 6 场，为县委、县政府举办的各类晚会、庆典中奉献压轴大戏 5 次。为木里藏族自治县民族中学义务军训 15 天 120 人次，军训学生超过 1000 人次。义务清扫公园 30 余次，主动承担县城最脏最臭街道的环境整治，共清理垃圾达 900 余立方米。

【光荣榜】　2014 年，武警木里县中队党支部被武警四川省总队评为先进基层党组织和基层建设标兵中队、被武警凉山州支队授予集体三等功、在凉山州支队第十届反恐集训中荣获团体二等奖；宋保兵、周鹏鹏、陈令、程林志四名同志被武警凉山州支队授予三等功；程林志被武警凉山州支队评为“十大优秀训练标兵”。

【领导人】　中队长：袁一力；指导员：宋保兵，副中队长：滕　虎

（审稿：宋保兵　姚敦根/撰稿：陈聪）

经济　贸易

Economic Commerce

统计管理

【概况】 木里县统计局是县人民政府主管统计和国民经济核算工作的政府组成部门，按《中华人民共和国统计法》履行工作职责。2014年，木里县统计局内设办公室、综合股、法规政策股（挂县统计执法队）、普查中心，共有干部职工14人。

【专业统计调查】 2014年，木里县统计局以GDP核算为龙头，全面开展农业统计、农村住户调查、城镇住户调查、工业统计、批发和零售业住宿和餐饮业统计、固定资产投资统计、消费价格指数调查、服务业调查、劳动工资统计、旅游业统计调查等20余套常规专业统计报表工作。开展妇女儿童发展纲要、全社会用电数据统计、文化产业统计、非公有制人才资源统计调查、保障性安居工程统计、人才资源状况调查、全面建设小康社会监测、城乡一体化调查等各项调查工作。

【普查】 2014年，木里县统计局全面完成第三次全国经济普查工作。全面登记调查全县辖区内涉及从事第二产业和第三产业的全部法人单位、产业活动单位和个体经营户，暨除第一产业以外的所有单位和个体经营户共计4600多家单位，全面了解掌握全县第二产业和第三产业的发展规模及布局及发展状况；强化普查督察督导，组成督察工作组深入全县乡镇实地督察督导第三次全国经济普查工作，保障乡镇普查工作开展，确保普查数据质量；层层审核把关，反复修订错误，召开第三次全国经济普查领导小组会议，通报数据情况，进行查漏补缺，召开数据评估会议，在保障数据质量前提下，全面完成全县经济普查数据审核上报工作；专项执法检查全县的2家限额以上企业、6家规模以下企业、2个国家机关单位、2个事业单位、10户个体经营户第三次全国经济普查数据质量工作，对被选中的乔瓦镇居委会、保波乡干海子村、茶布朗镇燃面村普查区全面开展自查，并通过了省州的检查验收；开展“最美普查员”“普查先进集体、先进个人”评选活动，评选出“最美普查员”1名，普查先进集体8个，普查先进个人22名。

【统计执法宣传监督】 2014年，木里县统计局由年度集中执法检查方式向常态化执法方向转变，营造良好的统计法制环境，以统计执法推动全县统计工作规范运行。以第三次全国经济普查、党的群众路线教育实践活动走基层活动等工作为契机，多形式开展《统计法》、《统计法实施细则》和《四川省统计管理条例》、《统计违法违纪行为处分规定》的宣传工作。在开展依法治县宣传教育月活动中，制作跨街标语二幅，印发普法宣传资料1000余份，开展了一场普法街道宣传，组织干部职工参加法治知识竞赛，参赛16人，答题16份，开展法律“七进”活动，开展一次法律进乡村活动（组织普法宣传队下到西秋乡日布佐村开展普法宣传）。

开展“12.4”国家宪法日暨全国法制宣传日宣传活动。宣传发放了内容有《统计法》条款、《统计违法违纪行为处分规定》条款统计宣传标语的宣传单1000份，在全县张贴《统计违法违纪行为处分规定》100份，发放《统计违法违纪行为处分规定》小册子150份，同时对22个投资入库单位、5家规模以上工业企业、8家限额以上批发零售和餐饮企业、24户服务业单位在《统计上严重失信企业信息公示暂行办法》的公告进行了网上发布。

对俄亚乡等20个基层统计执法重点检查单位进行执法检查，内容涉及能源消费情况、农村经济、工业、批发零售、劳动工资等专业统计报表，并对执法检查中发现的违法行为立案查处。

【统计基层基础工作】　深入开展调查研究，组成工作组对白碉、三桷垭、倮波、麦日等乡镇的大春播种生产等相关工作进行调研，了解掌握包括大春作物的种植结构、播种面积、播种物资的储备情况和大春播种用水情况等情况。深入后所乡田坝子村、东朗乡亚英村、李子坪乡黄泥巴村开展贫困监测扩点建户工作。实地走访慰木里县贫困监测后所乡呷古村、田坝子村、克尔乡宣洼村、李子坪乡黄泥巴村四个调查点，进一步规范强化记账工作。深入各水电企业实地调研。全面了解掌握企业建设、投产、营运情况，了解掌握企业双过半完成情况。表彰了2014年度全县统计基础建设先进单位10个，统计工作先进个人21名。

【统计人员培训】　强化基层统计工作人员的业务培训。选派2名新进公务员赴成都信息工程学院就统计业务相关知识进行培训学习；选派1名工作人员参加2014年度藏区文秘班培训学习；组织16人次参加2014年全国县级统计人员岗位知识培训考核，完成相关试题；组织基层统计员开展各种形式的法律法规、业务知识和计算机实务等培训，努力提高基层统计员的业务水平。2014年全县共计24名基层统计人员参加并通过统计从业资格考试；3名部门统计人员参加凉山州统计局组织的统计初、中级职称考试，1名统计人员通过考试，获得中级职称资格；26名基层统计人员参加统计继续教育学习。

【统计服务】　2014年，统计局着力提高统计服务、提高统计服务预警监测、深度分析和快速反应，为党政领导准确把握全县经济态势、及时调整政策提供统计决策和咨询服务。积极撰写各类分析资料，对事关经济发展的主要指标（如GDP等）及时发现倾向性、苗头性，主动出击，提前介入，搞好分析研究，提出可行性意见和建议。2014年木里县统计局编发统计资料36期，报送信息简报共计216条次，总量与去年相比增长30%。编印了《2014年木里县国民经济和社会发展统计公报》、发放《2013年木里统计年鉴》200余册，按季发放《木里统计》700余份。拓宽统计服务途径、延伸统计服务领域，创新统计服务方式，通过报纸、电视、网络、手机等形式及时向社会发布时效性强的统计信息，免费提供统计数据信息咨询共计6000余条。

【统计方法制度改革】　2014年，县统计局在全县开展第五届“中国统计开放日”活动。围绕“统计人、统计情、统计梦”这一主题和统计工作重点，以第三次全国经济普查、现代服务型统计、统计改革创新等为内容开展活动。积极挖掘第三次全国经济普查“最美普查员”的典型事迹，广泛地进行宣传报道，展示统计人创新进取的精神风貌和坚定不移推进统计改革的坚定信心，反映服务型统计的新举措、新进展、新形象。充分利用本系统的网络优势，在统计内网开辟“中国统计开放日”专栏。同时，利用政府门户网站、LED电子显示屏、横幅等宣传手段，发布相关活动内容，对“统计开放日”活动进行全面宣传报道，提升宣传的吸引力和感染力。普及推广统计知识，使统计工作更“接地气”。利用统计从业资格考试培训及统计继续教育培训的有利时机，宣传、普及统计知识和“依法治省”、“依法治州”知识，展现服务、诚信、专业的核心价值，积极传播统计正能量。根据基层和群众的需求，充分利用现有条件，通过科普读物、宣传展板、统计咨询等多种方式，以“法律七进”为载体，为基层及服务对象送统计法律法规知识。开展“走基层、摸实情、解难题、推改革、促发展”调研活动。结合走基层活动，多层次开展基层调研活动，实地调研近20户服务业企业、投资企业、限额以上工业企业及商贸企业，详细了解企业投资营运情况；走访慰问40户城乡住户一体化调查户、召开座谈会，并发放慰问品，帮助基层推动工作、解决困难。全方位、全媒体解读经济形势。及时编印和出版《木里统计年鉴》和《木里统计》月刊，不断完善充实刊物内涵，为大众提供现代化优质统计服务。

2014 年，木里县统计局加强对基层企业单位统计工作的督查、指导和管理，全力推进“企业一套表”改革。深入开展企业“一套表”联网直报“三查”工作。即：开展调查单位名录库、数据质量和贯彻落实统计“四大工程”（即：建设一个真实完整、及时更新的统一的单位名录库；建立统一规范、方便企业填报的企业统计报表制度；建设功能完善、统一兼容的统一数据采集处理软件系统；建立统一高效的统计联网直报系统。）总体部署情况等 3 个方面的检查。及时更新维护全县基本单位名录库数据，严格调查对象入库管理。坚持推行“一库在线、分级管理、资源共享”的名录库管理模式，按照“先进库、后有数”、“要进库、走程序”的原则，规范“四上企业”（既：规模以上工业企业、资质等级建筑业企业、限额以上批零住餐企业、规模以上服务业企业）等入库申报审核确认工作，建立“四上企业”入库申报责任追究制度，采取政府督查、统计巡查、专项核查、重点抽查等方式进行检查落实。

深化城乡住户一体化调查的方法制度改革，逐步完善住户调查指标体系，做好全体居民可支配收入等收入数据的测算、新老口径数据的衔接和数据报告发布等工作。

【光荣榜】 2014 年，木里县统计局被四川省人力资源和社会保障局评为四川省第三次全国经济普查先进集体；被四川省民委评为四川省民族统计先进单位；被国家统计局凉山调查队评为国家农村贫困监测调查工作一等奖；被凉山州统计局评为全州统计工作年度考核二等奖。

2014 年，李旭瑾被四川省民委评为四川省民族统计先进个人；杨德成被四川省人力资源和社会保障厅评为第三次全国经济普查先进个人、被木里县人民政府评为 2014 年度统计工作先进个人；邓一姝被木里县人民政府评为 2014 年度统计工作先进个人；邓一姝、张万林、果基吉哈子、苟明刚、李斌被木里县人民政府评为木里县第三次全国经济普查先进个人。

【领导人】 局长：詹长友；副局长：李旭瑾（女）；纪委派驻统计局纪检组长：王辉（藏族）

（审稿：詹长友/撰稿：曲各）

物价管理

【价格管理及收费管理】 2014 年，完成木里县年度行政事业性收费年审工作 27 家，年审金额为 769.66 万元，年审率达 95%。2014 年取消收费项目 1 项，取消收费金额 3 万元。降低收费项目 1 项，降低收费金额 10 万余元。2014 年共计征收价格调节基金 380.08 万元。按照四川省凉山州实行电价同网同价的通知要求，及时调整除居民用电以外的工业、商业用电价格。

【价格监督检查】 2014 年，对木里县教育收费、农用生产资料收费、成品油、电力、液化气价格、医疗服务价格、行政事业单位收费等进行了清理和检查，共出动了 70 余人次；同时与建设部门一起对全县建筑建材价格情况做了调查规范；与工商、质检、运管等单位一起开展节假日市场价格检查 35 人次，对集贸市场、商场超市、公交客运车辆、停车场、加油站的检查和巡查，重点对粮油、液化气、客运价格、停车收费等商品和服务收费进行了专项检查。

【“12358”价格举报专线】 2014 年，木里县发展和改革局价格监督检查局接到价格举报专线电话 5 件，办结数量 5 件，办案率 100%。

【价格鉴证管理】 2014年，木里县价格监督检查局为木里县公安机关办理涉案物品价格鉴证17起，涉案金额为156万元。

（审稿：黄七斤/撰稿：孙德华）

工商行政管理

【概况】 2014年，木里县工商行政管理局设办公室、企业登记管理股、市场监督管理股、经检大队，下设茶布朗工商所、瓦厂工商所、博瓦工商所、乔瓦工商所，共有职工38人。

【企业登记监管】 2014年，木里县工商局树立“有限职能，无限服力”，对木里县委、县政府确定的重点项目的注册登记，采取服务前移，提前介入的服务方式，解决登记遇到的困难和问题，为项目落户木里提供服务，2014年，新登记注册企业23户。共有各类企业210户。实行企业网上年检，并多渠道为企业年度年报提供资询服务，使企业进行企业信息公开。

【市场监管】 2014年，木里县工商局开展以化肥、农药、种子及农机配件为重点的“农资市场专项整治”，强化监管，维护农民利益。在小春生产时节抽调执法13人次，执法车辆3台次，并充分利用局域联运、局所联动的方式，重点开展与人民群众日常生活密切相关的日用品的专项检查行动，出动执法人员80人次，检查各类经营户270户。

【个体私营经济监管】 2014年，木里县工商局放宽市场准入，提高登记效率，落实支持个体私营经济发展的各项政策措施，鼓励个体私营经济涉入法律法规没有明文禁止的领域经营，促进个体私营经济快速发展。2014年，新登记注册个体工商户430户，私营企业11户。截止年底，私营企业达109户，个体工商户达2480户，从业人员3992人。

【经济合同监管】 2014年，木里县工商局加强社会信用体系建设，继续引导企业诚信经营，深入开展“守合同、重信用”活动，评选认定8户州级守合同重信用企业。同时，积极做好合同示范文本的推广工作，一是组织好合同示范文本的发放，二是深入企业推广合同示范文本，并指导其正确使用。

【消费者权益维护】 2014年，木里县工商局开展“消费与民生”消费维权系列宣传活动，提升消费咨询服务，借助3.15”及以四川省消委确定的“扩消费、惠民生、促发展”之际，采取多种有效措施开展“送知识、送服务、消费维权进万家”活动。3.15期间，木里县工商避发放各类宣传单3200份，发布消费警示1期，在有线电视上宣传1次。受理消费投诉，调解消费纠纷，2014年共受理消费者投诉3件，成功调解3起，为消费者挽回经济损失0.24万元。

【商标广告管理】 2014年，木里县工商局注重保护注册商标专用权和打击制售假冒伪劣商品，清理“傍名牌”等不正当竞争行为，2014年共出动执法人员30人次，检查个体户经营户172户次，超市、集贸市场4次。开展广告监测工作，全年共监测电视、户外等广告86件，规范广告宣传内容12条次。

【经济监督检查】 2014年，木里县工商局强化流通领域商品质量监管，开展专项整治百日行动。2014年共开展各类市场专项整治行动9次，检查经营户1310户次，检查超市和各类市场、批发部56户次，没收各类过期变质商品30公斤，查处无照经营2户，罚款3.2万元。

【领导人】 局长：米秋生（彝族）；副局长：兰贵福（蒙古族）；纪检组长：朱绍华

（审稿：兰贵福/撰稿：黄成林）

审 计

【概况】 2014 年，木里县审计局设办公室、行政事业及专项资金审计股、企业及投资审计股、经济责任审计股、审计信息中心、政策法规股，有职工 17 人，其中：公务员 9 名，事业人员 6 名，工勤人员 2 名。

【财政审计】 2014 年，木里县审计局按照《监督法》和《审计法》的规定，对县本级财政预算执行情况、县地税局的税收征管情况进行审计，全年审计查出 8 个问题：应纳入预算安排未纳入预算安排财政公共预算资金 8961 万元，应纳入预算安排未纳入预算安排基金预算 1651 万元；违规安排项目经费 500 万元，责令收回财政总预算统筹安排使用；直接向非预算单位支付财政资金 213 万元，责令自行纠正；单位往来账款长期未作清理 4241.29 万元，责令对已实施的项目暂付款项进行清理，及时办理结算；对未动工和实施的项目，收回预付资金；预算收入未及时缴库纳入预算管理 326.74 万元，限期上缴财政；部门在往来款中核算导致少计收入 262.01 万元，责令调账相关会计科目；政府性基金项目 1711.71 万元，在 2012 年和 2013 年预算执行率均未达到 80%，也未按规定调整到其他同类项目，责令按制度调整基金项目，统筹安排使用政府性基金；各部门财政结余结转资金 288.87 万元未及时清理，责令县财政再次进行清理，对违规结余结转资金收回本级财政总预算统筹安排。2014 年重点对县民宗局、县农科局、水务局和县文广局 2013 年度 4 个部门预算执行情况进行了审计。发现：虚列支出 318.12 万元；漏记固定资产 167.69 万元；固定资产未办理移交手续 65.58 万元，原始附件要素不全列支 136.54 万元；应作未作收入合计 110.86 万元；未经批准擅自收费 0.59 万元，且坐收坐支 0.1 万元；超预算支费用 7.75 万元；国税代开发票无附件清单 73.94 万元；违规发放补助合计 2.09 万元；应开未开建筑业统一发票合计 12.2 万元；挪用专项资金 27.42 万元；未执行政府采购 60.8 万元；年末未结转收入 11.35 万元。

针对问题，县审计局提出了重视部门预算编制质量，细化经费预算编报，规范费用支出列报，严格按预算标准开支各项费用，加强对往来款项定期清理，规范报账手续，杜绝无原始附件列支报账等建议意见。

【专项资金审计】 2014 年，木里县审计局根据四川省审计厅和凉山州审计局的工作安排，实施了民族地区教育发展“十年行动计划”专项资金审计、民族地区义务教育学生营养改善计划专项资金跟踪审计调查、公路局实施的 2013 年度林区通道整治专项资金审计、2009－2012 年农村饮水安全工程建设项目财政财务收支审计、木里县审计局关于对集体公益林生态效益补偿金专项审计、2014 年藏传佛教康坞大寺财务监督检查、2014 年藏传佛教木里大寺财务监督检查、2014 年藏传佛教瓦尔寨大寺财务监督检查。

审计发现主要问题 13 个，查出问题金额 896.12 万元，其中：原始凭证不合规，要素不齐全 55.05 万元；大额现金支付工程项目款 21.25 万元；地方配套资金未到位 516 万元；收入未纳入财务核算，导致银行存款账实不符 2.5 万元；多头开设银行账户，将场所资金存入个人银行账户进行往来结算 301.33 万元。提出审计建议 28 条。

【固定资产投资审计】 2014 年，木里县审计局加强政府投资建设项目上加强了审计监督力度，完善制度建设，规范政府投资行为。截至11月25日，完成政府投资建设项目审计17个，泸亚路C标段工程建设项目竣工决算审计；木里县二区（达娃）滑坡治理工程竣工决算审计；木里县食品药品监督管理局综合楼竣工决算审计；木里县计划生育服务站污水处理工程竣工决算审计；木里县步行街综合楼及界面工程竣工决算审计；木里县政务中心综合楼竣工决算审计；茶布朗镇中心卫生院业务用房工程竣工决算审计；木里县乔瓦镇卫生院综合楼竣工结算审计；木里县建设局水网改造工程竣工结算审计；木里县乔瓦镇卫生院等三个污水处理工程竣工结算审计；木里县防汛指挥中心办公大楼竣工结算审计；木里县茶布朗文化站综合楼工程竣工结算审计；茶布朗税务所工程竣工结算审计；木里县唐央乡普尔村小学工程竣工结算审计；木里县鸭嘴湿地自然保护区长海子和九一二保护站工程竣工结算审计；木里县运管所职工经济适用房工程竣工结算审计；木里县教育局06、07等年度34个“两基”工程项目。

合计送审金额1.9亿元，审减1598万元，审减率为8.4%。节约了国家建设资金，促进政府投资健康发展。

【经济责任审计】 2014年，木里县审计局受县委组织部委托，对26个部门主要负责人“一把手”经济责任进行了审计：克尔乡人民政府原乡长易远川任期经济责任审计；麦地龙乡原党委书记乔林任期经济责任审计报告；麦地龙乡人民政府原乡长杨文军任期经济责任审计报告；固增乡原党委书记袁南卡任期经济责任审计报告；东朗乡原乡长谢南卡任期经济责任审计报告；俄亚乡党委原书记代松任期经济责任审计的报告；下麦地乡原乡长罗建民任期经济责任审计；卡拉乡原党委书记沈志友任期经济责任的审计；芽祖乡原乡长向世凯任期经济责任审计；木里县博窝乡原政府乡长扎西次尔同志任期经济责任审计；唐央乡原党委书记张林清任期经济责任审计；后所乡原政党委书记何正林任期经济责任审计；后所乡原政府乡长杜晓阳任期经济责任审计；倮波乡原党委书记甘正安任期经济责任审计；三桷桠乡原乡长赵刚任期经济责任审计；三桷桠乡原党委书记扎西杜基任期经济责任审计；白碉乡原党委书记沈杰峰任期经济责任；沙湾乡原党委书记陈俊任期经济责任审计；沙湾乡原政府乡长孟宇任期经济责任审计；县中学原校长徐华贤任期经济责任审计；食品药品监督管理局原局长马金银任期经济责任审计；项脚乡人民政府原乡长游昊任期经济责任的审计；项脚乡原党委书记杨志友任期经济责任审计；防震减灾局原局长杨国华同志任期经济责任审计；经济商务和信息化局原局长董二清离任经济责任审计的审计；县委党校原常务副校长田龙秀离任经济责任的审计。

被审计领导干部26人，其中党委11人，政府10人，党委工作部门1人，政府工作部门3人，事业单位1人。审计查出主要问题金额合计1596万元（党委260万元，政府347万元，政府工作部门953万元，事业单位35万元）。其中：违规金额合计1022万元（党委13万元，政府55万元，政府工作部门952万元）；管理不规范金额合计573万元（党委246万元，政府291万元，事业单位35万元）。增收节支合计3万元，其中政府工作部门2万元（已上交财政合计3万元），查处问题82个，提出审计建议91条。

2014年，经济责任审计，强化项目管理、项目实施的审计，加大对挤占挪用专项资金的审查力度，对“三公”经费，专项资金结余额度较大的情况作了重点关注，对部分审计组无法判定税务代开发票无附件清单真实性的情况给予了罚款处理。

【其他审计】 2014年，按照凉山州审计局和木里县政府的要求，县审计局开展了县本级财政存量资金审计调查、地税局2013年度经费保障及经费存量的审计、畜牧局新村建设、草原生态奖补专项资金审计、木里县2013年城镇保障性安居工程跟踪审计。

【审计成果】 2014年，木里县审计局认真履行审计监督职能，截止2014年12月10日共完成审计项目60个，其中：计划项目23个，县政府临时安排37个，超计划完成161%。除去政府投资审计，审计查出有问题金额2.18亿元，其中：违规金额3338.69万元；管理不规范金额1.84亿元。审计查处问题罚款6.9万元。提出审计整改意见和审计建议164条，被采纳147条。政府投资审计送审金额1.9亿元，审减1598万元，审减率为8.4%，查处问题罚款0.3万元。

【互助活动】 2014年，木里县审计局以开展“群众路线”教育实践活动为契机，转变机关工作作风，深入农村、深入基层，为农民群众办实事、做好事。1月9日，县审计局组成下乡工作组，到联系点麦地龙乡，监督麦地龙乡里尼村的村主任换届选举并慰问帮扶户。给里尼村20户帮扶对象每户100斤大米、一桶食用油；给麦地龙乡人民政府护林防火经费1万元；5月29日，根据县藏区群众工作领导小组办公室的工作要求，在分管包乡领导的带队下，局机关和县民宗局组成工作组到唐央乡四撤寺和麦地龙乡圭多寺走访慰问。工作组到寺庙后及时召集四撤寺僧人20多名僧人，传达了县委有关会议精神，强调了近期寺庙群众工作要求。活动中，局机关4名副科级以上领导干部向唐央乡四撤寺5位僧人捐款1000元，包乡圭多寺捐资1000元；11月11日，局长余正莲带领审计局工作组一行5人先后走访慰问了唐央乡四撒寺的联系僧人、麦地龙乡联系寺庙洼多寺以及联系点麦地龙乡里尼村和立尔村。召集寺庙僧人以及村组干部群众，访民意、听民声、连民心、聚民力，详细了解群众生产、生活情况和存在的困难，切实解决老百姓关心的民生实际问题。连心帮扶活动中，局机关向唐央乡四撒寺，麦地龙乡圭多以及里尼村、立尔村捐赠毛毯30床。

【群众路线教育实践活动】 2014年，木里县审计局根据省、州、县的部署，开展“群众路线”教育实践活动，成立了以局支部书记、局长为组长，班子成员为副组长，局各股室负责人为成员的局机关主题教育活动领导小组并下设办公室。一是在县委群众路线教育实践活动领导小组的正确领导下，局领导班子按照“照镜子、正衣冠、洗洗澡、治治病”的总要求，认真检查遵守和执行党的政治纪律、落实中央“八项规定”和省、州十项规定以及县委六项规定，紧扣“三个环节”工作任务及步骤，精心组织，周密安排。认真学习党的十八大精神、习近平总书记的重要讲话，系统学习中央和省委印发的学习读本和有关文件会议精神，进一步提高党员领导干部对党的基本理论、基本纲领、基本路线、基本经验尤其是党的群众路线的认识。在此基础上，对照党章，对照中央和省、州、县委的有关规定、认真开展批评与自我批评，广泛在乡镇，政协、人大代表，机关企事业单位和党员干部职工和服务对象中征求意见建议，深刻查摆领导班子及班子成员在“四风”方面存在的突出问题，并对其从思想根源上进行深刻剖析，接受了一次深刻的马克思主义群众观点、群众路线和群众纪律教育，明确了今后努力方向，在县委党的群众路线教育实践活动领导小组第四督导组的正确领导和悉心指导下，局班子全体成员和广大干部职工统一思想认识，精心组织安排，认真抓好了教育实践活动各阶段的工作。利用6个半天时间组织干部职工进行了集中学习培训，以讲党课的方式对广大干部职工开展了专题教育；利用3天时间组织干部职工开展了集中讨论交流；开展了广泛听取意见活动，收集整理群众对审计局以及班子成员的意见建议；二是领导班子成员分别带队多次深入基层开展调查研究，把学习教育与查摆问题结合起来，坚持边学边查边改，围绕“遵守政纪”、“四风”、关系群众切身利益、联系服务群众“最后一公里”等方面查摆出班子存在的出问题21条，班子成员也从各个方面找出个人在“四风”等方面存在的突出问题。局班子成员对照遵守政纪、“四风”、关系群众切身利益、联系服务群众“最后一公里”等方面存在的突出问题深入开展下基层、走访，广泛在乡镇，政协、人大代表，机关企事业单位和党员干部职工和服务对象中征求意见建议，局班子成员在带头深入联系村、组，农户广泛听取各方面意见的基础上，通过开展民主评议、个别谈话等方式汇总意见，本着敢于揭短亮丑刺刀见红的态度，认真撰写对照检查材料。；三是局支部根据自身查摆的“四风”方面的突出问题及征求到的各种意见和建议，重点围绕聚焦审计为民、聚焦财政专项资金使用绩效、聚焦班子和队伍作风建设“三个聚焦”，以及推进班子作风建设、推进审计质量建设、推进审计结果运用、推进队伍素质提升、推进机关党的建设“五个推进”整改行动计划，经过集体认真讨论研究，制定出整改方案，明确整改重点、责任分工、完成时限。

【光荣榜】　2014年1月，木里县审计局被凉山州审计局评为2013年度审计信息化建设工作先进单位。

【领导人】　局　长：余正莲（女）；副局长：邓存熙、毛根宗、罗义恒（援藏干部）；纪检组长：付俊英（女）

（审稿：张晓松/撰稿：姬韦超）

国土资源管理

【概况】　2014年，木里县国土资源局设办公室、执法监察股、矿产资源管理股、地籍及建设用地股、规划股、审批股、财务股、纪检监察督查室8个股室，下属机构：木里县地质环境监测站、木里县土地矿产开发整理储备交易中心、木里县国土资源局执法监察大队、6个基层国土资源所。现有职工48人，其中：正式职工42人（公务员13人，行政执法编制人员11人，事业人员9人，工勤人员9人），征地安置临时工4人，聘请打字员2人。

【用地预审】　2014年，木里县受理的项目用地预审：木里县污水处理项目、凉山木里110千伏输变电工程、干部职工周转房（第三期）建设项目、2014年教育公共租赁住房建设项目、草地生态系统保护与建设工程项目、川西藏区生态保护与建设工程、2014年度生态保护支撑体系建设项目、木里县健身步道建设项目等17个项目的土地预审初审。

【土地报件】　2014年，木里县组织报件的项目：固增水电站报件、木里500KV变电站报件、S216线等项目的征收土地报件；依法取得木里县2013年城市批次用地、木里县2013年乡镇批次用地、阿海电站、锦屏电站库区的用地批文；为保障项目建设依法用地，启动了2015年城市批次用地和乡镇批次用地报批工作，经县人民政府批准，将县幼儿园新建项目、民族学校基建项目、殡仪馆新建项目用地纳入了2015年木里县城市批次用地报批范围，将俄亚乡政府学校搬迁项目、水洛乡小学新建项目、沙湾乡福利院建设项目、县城区二水厂新建项目、污水处理工程建设项目、核桃湾、豹子坪、烟岗变电站、后所、俄亚、白碉、唐央、宁朗输变电工程等无电地区8个建设项目、松香厂水电站、莫嘎水电站、拉吉水电站、唐央、依吉等加油站用地纳入2015年木里县乡镇批次用地报批范围，上述项目的勘测定界外业工作和勘测定界报告的编制已完成，待州国土资源局审查，其中上述项目地灾调查和地灾报告的编制已通过州国土资源局、省国土资源厅的审查。

【土地整理】 2014年，木里县将项脚乡项脚村、友友坪村的8000多亩土地纳入了农用地整理项目，现已报请政府待批准即可全面开展该项工作。

【土地开发】 俄亚乡立碧村土地开发项目于2014年5月编制完成项目施工设计报告，通过凉山州国土资源局组织专家审查，2014年9月完成项目招标控制价财政评审，同月完成招标代理机构比选工作，2014年11月编制完成招标文件并备案，已进入工程招标阶段。

【项目供地】 2014年，木里县开展原硅铁厂土地用途变更工作，供地面积7451平方米，土地用途变更为商品住宅用地，收取土地出让金补交价款303.14万元，该项目已开工建设。完成了木里县第一宗房地产项目供地。

【宅基地管理工作】 2014年，木里县严格执行国家供地政策，严格执行农村村民一户一宅基地政策，从严控制用地面积，新建、改建都必须符合总体规划，严格申请用地程序，进一步规范了村民建房报批程序和要求，并对资料齐备且符合办理条件的进行统一报批集中会审，对不符合办理条件的及时清退并讲明情况。2014年木里县国土资源局共受理村民建房手续84户，已办结53户，其余31户正在办理。

【矿业管理】 2014年，木里县境内保留探矿权147宗，采矿权2宗。截至12月顺利完成探矿权年检工作，经过严格把关审核2014年全县合法探采矿权共计135宗。对不按规定办理进场勘查手续及“圈而不探”、越界探查等行为的矿权不予年检。矿产资源管理执法大队先后4次深入水洛乡巴布沟、干海子、洼里等地，打击非法采矿行为，共销毁柴油发电机76台，汽柴油133余桶，抽水机10余台，清除非法采金人员260人。木里县强化准运制度，实行一车一单、出境过磅，有效防止矿产资源流失。邀请专家加强对工程矿的论证，防止以采代探行为。2014年木里县矿产品运销检测站依法查处非法运输金沙500余斤，其它矿石样品若干。

【地灾隐患】 截至2014年10月，木里县共有地质灾害隐患监测点320处，新增4处。全年成功避让两起地质灾害，避免可能造成的人员伤亡7户36人。

【地灾防治措施】 2014年，木里县与相关单位责任人、项目业主、涉及地质灾害隐患点的乡（镇）政府责任人签订了《木里县地质灾害监测防治责任书》，将地质灾害防治工作纳入各乡镇年度目标考核。5月7日，召开了全县地质灾害防治工作专题会议，针对不同阶段的防治重点进行安排部署，完善防灾预案，提高反应能力。5月14日，在木里县乔瓦镇韩家湾进行了地质灾害应急演练，木里县29个乡（镇）、村主要负责人现场观摩。开展地质灾害知识集中培训92场次，参加培训人员达1万余人，组织避险演练166次，参加演练人员达2万余人。

【地灾排查】 木里县分为四大片区工作组，由县委、县政府牵头，片区县委常委为组长，交通、水务、国土资源、民政等部门为小组成员，对全县进行了地质灾害巡、排查。2014年汛期共组织排查40余次，投入力量110人次，重点对沟口、沟边、崖下、斜坡地带、城镇、村庄、学校、医院、工矿、施工场地等危险区域开展隐患排查，特别是对重要天气过程中和过程后进行了核查，确保不漏灾情险情线索，做到预防在先。

【地灾治理】 2008年以来，木里县向四川省、凉山州两级争取到了6个重大地质灾害点治理工程项目，共1500万元的地质灾害工程治理经费。分别是乔瓦镇城北滑坡治理工程、乔瓦镇二区（达娃）滑坡治理工程、乔瓦镇城东休闲广场滑坡治理工程、克尔乡中心校滑坡治理工程、瓦厂镇中学后山滑坡治理工程、博科乡二、三组滑坡治理工程以及后所乡苏家湾不稳定斜坡治理工程。其中，乔瓦镇二区（达娃）滑坡治理工程已通过州国土资源局组织的初步验收，克尔乡中心校滑坡治理工程和后所乡苏家湾不稳定斜坡治理工程已经全部完工等待验收，瓦厂镇中学后山滑坡治理工程已通过比选确定了施工单位，博科乡二、三组滑坡治理工程已经通过比选确定了招标代理机构，正在编制招标文件。县国土资源局向县财政争取生态转移资金，开展了李子坪中心校滑坡治理工程和瓦厂镇拖别（龙宫）滑坡治理工程。其中李子坪中心校滑坡治理工程已开工建设，瓦厂镇拖别（龙宫）滑坡治理工程准备开展治理前的勘察设计工作。

【依法执法】 2014年，木里县先后到白碉乡、三桷垭乡、瓦厂镇、水洛乡、俄亚乡等私挖乱采现象较为严重的乡镇开展打击取缔非法采矿行为，先后出动人员100余人，出动车辆26台次，清除非法采矿点20余个，其中一起移交了司法机关。在白碉乡的卡拉店、水洛乡、下麦地卡点安排护矿队人员实行24小时值班值守，保护国家资源。2014年木里县针对国土资源土地违法行为加强动态巡查，在全县范围开展了共100余次巡查，还深入列瓦、下麦地等公路沿线查处违法建房行为，下发“国土资源责令停止违法行为通知书”50余份，共立案查处国土资源违法案12件（其中矿产资源违法案件1件，土地违法案件11件）。加大对县城周围巡查力度，发现和制止土地违法行为32起。国土资源部下发木里县疑似违法用地图斑共95个，涉及面积514.68亩，其中耕地15.84亩，县委政府高度重视，立即组织实地核查和整改，经过分割、合并后全县共有24个地块，其中有11宗违法用地，合法新增建设用地13宗。年底已完成了95个图斑的外业核查和内业审定工作，2014年卫片执法工作结束。

【光荣榜】 2014年，木里县国土资源局荣获凉山州信访工作目标考核一等奖、荣获四川省国土资源厅办公室“走基层、解忧难、化积案、维权益”主题活动成效突出单位、荣获国土资源管理综合目标考核一等奖、荣获矿产资源补偿费目标管理考核先进单位、荣获地质环境保护暨地质灾害防治工作目标考核二等奖、荣获国土资源执法监察工作目标考核二等奖，木里县成功避让乔瓦镇娃日瓦村五一组滑坡灾害荣获成功避险三等奖。

【领导人】 局长：杨雪峰；党组书记：布呷鲁茸（藏族）；常务副局长、党组副书记：张弢；副局长：偏初里（藏族）；纪检组长：陈俊（彝族）

（审稿：杨雪峰/撰稿：杨莉）

质量技术监督管理

【概况】 2014年，木里质量技术监督局设办公室、业务股、监督股3个股室，共有人员17人，其中在职12人（行政10人，事业1人，工勤1人），离退休5人。设局长一名，副局长2名，纪检组长1名。

【质量管理】 2014年，木里质量技术监督局按照国家质监总局“抓质量，保安全，促发展，强质监”方针，围绕藏区新村建设，开展建材产品质量管理工作，落实生产企业质量和安全主体责任，签订责任书3份，2014年对6户生产（销售）企业11个样品抽样送检，抽样合格率为100%，形成《2014年木里产品质量分析报告》上报县人民政府。

【生产企业状况】 2014年，木里县有生产企业3户。

【计量监督】 2014年，木里县登记造册计量器具加油机22台，检定率达100%，电表6200只，水表980只，集贸市场在用计量器具200余台，全年在用计量器具检定率在95%以上，开展计量惠民行动，对集贸市场计量器具实行免费检定。水电企业及矿山用汽车衡5台、压力表300余只。

【特种设备监察】 2014年，木里县在用特种设备92台，其中电梯17部，起重机械16台，压力容器60台，锅炉1台。全年签订特种设备安全责任书15份，开展特种设备安全执法检查11次，发出安全监察指令书7份，排查消除安全隐患7个；开展凉山州特种设备分类监管在木里县的试点工作，确定四川华润鸭嘴河水电开发有限公司、四川凉山水洛河电力开发有限公司作为首批特种设备安全风险评价的试点单位，分类等级B；加强特种设备安全监察队伍建设，9人取得特种设备安全监察证。

【组织机构代码】 2014年，木里县拥有组织机构代码共515户。换证127户，新办32户，变更29户，年检率95%；办理组织机构代码费用减免。

【行政执法】 2014年，木里质量技术监督局立案查处3件，经济处罚3.1万元。案件证据清楚、程序合法没有行政复议和诉讼案件。

【光荣榜】 2014年，木里质量技术监督局被凉山质量技术监督局评为安全监管先进单位、民生计量工作先进单位、宣传信息工作先进单位、组织机构代码先进单位、四好领导班子单位；荣获绩效管理工作二等奖、行政执法工作一等奖。

【领导人】 局长：买文权（回族，党组书记，2014.1～）；副局长：买文权（～2014.1）、马泽林（回族，党组成员）、李友臣（2014.1～）；纪检组长：张俊力（党组成员）

（审稿：马泽林/撰稿：李友臣）

食品药品监督管理

【概况】 2014年，木里县食品药品监督管理局设办公室、食品化妆品生产流通安全监管股、药品医疗器械安全监管股、餐饮业食品安全监管股、综合协调股5个股室，食品药品监督稽查大队、药品不良反应监测站为直属事业单位，下设瓦厂片区食品药品监管所、乔瓦片区食品药品监管所、茶布朗片区食品药品监管所、雅砻江流域片区食品药品监管所4个派出机构，现有在职职工22人，其中国家公务员14人，参公人员4人，机关工勤人员2人，事业编制2人。

【食品药品亮剑行动】 按照四川省食品药品监督管理局和凉山州食品药品监督管理局的统一安排部署，木里县食品药品监督管理局成立食品药品安全专项整治“亮剑行动”领导小组，制定了专项行动“实施方案”，完成了食品安全专项整治“亮剑行动”。先后组织开展食用油、乳制品、调味品、酒类、鲜活水产品、保健食品等共计6项次专项整治，出动执法检查人员244人次，车辆52台次，检查食品生产加工经营户350户次，下发责令整改通知书5份，没收销毁过期变质食品397公斤，查处食品违法案件2件，案值金额0.3万元，处罚款0.4万元。开展中药违法生产行为、药品经营企业违法行为、医疗器械违法经营行为、规范医疗机构使用行为和化妆品经营使用行为等共计5项次专项整治，出动执法检查人员389人次，车辆28台次，检查药品经营使用单位、化妆品经营单位、美容美发店等256家次，下发责令整改通知书11份，查处药品医疗器械违法案件12件，涉案金额0.93万元，处罚款2.76万元。

【食品生产环节安全监管】 2014年，木里县共有食品生产加工经营户34家，其中取得《食品生产许可证》的食品生产企业仅有六合食品公司和恰朗多吉酒厂2家，其余32户分别为酒类、卤肉、糕点、米粉、豆腐、泡菜等生产加工小作坊。对不具备取得《食品生产许可证》的食品生产加工小作坊，按国家政策和文件精神规定，实行备案制管理，要求各食品生产加工小作坊严格按照《食品生产加工小作坊登记备案制度》的规定从事食品加工服务。木里县食品药品监督管理局与全县34户食品生产加工小作坊业主签订了《食品安全责任书》。2014年县食药监局共出动执法人员86人次，检查食品生产加工经营户71户次。

【食品流通、餐饮服务安全监管】 2014年，木里县食品药品监督管理局加强对食品流通环节、餐饮服务环节的日常监管，保障食品来源可追溯、去向可查证、责任可追究。全年共出动执法人员1975人次，检查商店、超市、餐馆、小吃店等食品经营户、餐饮服务经营户1438户次。下达责令整改书332份，监督意见书176份，制作检查笔录554份。

【保健食品、化妆品安全监管】 2014年，木里县食品药品监督管理局开展减肥、辅助降血压等功能保健食品专项整治2次，重点检查销售的保健食品是否存在非法宣传和非法添加西布曲明、阿替洛尔等违法行为，并结合“亮剑行动”对保健食品夸大宣传、使用无证产品、非法传销、产品体验等违法违规行为进行了综合治理和专项整治。出动执法人员80人次，检查保健品、化妆品经营和使用单位108家次，制作现场检查记录72份。加强对化妆品经营户的日监管，对县内40家化妆品经营户、14户保健品经营户建立了监管档案。

【行政许可审批】 木里县食品药品监督管理管理局严格执行食品市场准入相关规定，严把市场准入关。对申请办理《食品流通许可证》、《餐饮服务许可证》的申请人，在对其申请材料进行严格审查的基础上，指派执法人员到现场进行指导帮扶，督促整改。严格按照食品安全许可标准，进行审查审核，对达不到食品安全要求的经营单位一律不予许可。2014年新审核办理《食品流通许可证》125户，《餐饮服务许可证》48户，《餐饮服务许可证》到期延续重新审核办证16户，变更5户。

【节假日期间食品市场安全监管】 2014年，木里县食品药品监督管理局共组织县食安委相关成员单位开展节前食品市场联合执法大检查7次，出动执法人员114人次，车辆2台次，检查食品生产加工经营户、食品流通经营户、餐饮服务经营户、农贸市场等313户次，没收销毁腐败发霉的火鸡制品12公斤，感到异常疑似病变猪肉8.5公斤，其他过期食品2.5公斤，责令整改1户。

【食品市场专项整治】 2014年，木里县食品药品监督管理局按照抓“重点时段、重点季节、重点场所、重点对象”的要求，全年共组织开展严厉打击食品非法添加和滥用食品添加剂专项行动、问题乳粉整治、违法生产经营儿童鱼肝油监督检查、夏秋季食品安全监管、食品明胶和使用明胶生产加工监管、校园周边食品安全整治、病死动物及产品监管、白酒中小企业专项整治、大米专项执法检查、农村食品安全整治、“大桶水”专项整治、“四打击四规范”专项整治行动、“鲜奶吧”食品安全监管等共计13项次食品市场专项检查（整治），出动执法检查人员498人次，检查食品生产加工经营户等共计1128户，收缴过期食品163公斤。

【学校食堂食品安全监管】 2014年，木里县食品药品监督管理局狠抓学校食堂食品安全。一是扎实开展各项专项检查。严格落实春、秋季开学前检查制度和加强营养餐监督检查，4月，与县教育局联合对全县29个乡镇的学校食堂开展了食品安全专项监督检查，重点检查食堂环境、人员培训、原料采购、进货查验、索证索票、食品加工操作、食品添加剂使用、清洗消毒和食品留样等内容。对全县5所小学“新希望”4个批次1.32万件学生饮用奶进行检查。2014年共出动执法检查人员170人次，车辆70台次，检查学校120家次，下达责令整改书68份、监督意见书60份、制作检查笔录120份，没收过期醪糟酒5瓶，对学校食堂处罚2起。并在高中考期间，组织执法人员对县城区各学校周边食品市场开展了2次专项监督检查。出动执法检查人员51人次，检查食品经营户、小吃店110家次。二是严格落实学校食堂食品安全管理办法。要求学校配备专职或者兼职食品安全管理人员，完善食品安全管理制度、应急机制建设，做到人员、责任、投入“三落实”，及时消除食品安全隐患。并加强学校食堂餐饮服务许可管理，严格按照《餐饮服务许可管理办法》规定的许可条件和程序，审查核发《餐饮服务许可证》。

【食品市场监督抽检】 2014年，木里县食品药品监督管理局组织执法人员，对一些重点品种开展了监督抽检工作，共抽取食品检测样品53个，经凉山州食品药品检验所和凉山州食品产品质量检验所检验，合格45个，不合格8个，食品抽检合格率为84.9%。

【药品市场安全监管】 2014年，木里县食品药品监督管理局共出动药品医疗器械执法人员464人次，出动执法车辆60余台次，检查药品经营企业、医疗机构337家次，制作现场检查笔录160份。组织开展了定制式义齿专项监督检查、注射用透明质酸钠、药源性兴奋剂、特殊药品监管、药品流通环节监管等12项次药品市场专项监督检查。在开展专项监督检查中依法开展药品不良反应监测，全年共上报药品不良反应病例18例。并对县城区10家西部药品零售店实施电子监管工作进行跟踪检查，7家药店已基本开展该项工作，另外3家为县批发公司门店，因公司达不到新版GSP要求而放弃经营。

【GSP跟踪检查】 2014年，木里县食品药品监督管理局加强对药品经营单位执行GSP规范情况的监督检查，在对药品经营单位开展日常监督检查和专项检查时，都将药品经营单位执行GSP情况列为检查重点进行了检查，全年共完成22家药品经营单位的GSP跟踪检查工作，跟踪检查率达100%。

【药品抽检】 2014年，木里县食品药品监督管理局完成药品计划抽检30个批次，抽检样品覆盖23个药品经营和使用单位（其中包括13个乡镇卫生院），制作现场笔录21份，药品计划抽检乡镇覆盖率44.83%，抽检结果全部合格。

【医疗器械“五整治”专项行动】 2014年，按照州食品药品监督管理局安排部署，结合木里县实际，木里县食品药品监督管理局制定了医疗器械“五整治”专项行动方案，组织开展了整治医疗器械虚假注册申报、违规生产、非法经营、夸大宣传、使用无证产品（简称“五整治”）专项行动，出动药品执法人员153人次，检查医疗器械经营企业14家次，检查医疗器械使用单位72家次。并完成二类医疗器械备案7家，现场检查7家，核发二类医疗器械备案凭证7家。

【农村食品药品市场监管】 木里县食品药品监督管理局成立为民服务队，加强农村边远地区食品药品市场监管，先后20次深入基层29个乡镇，查民情，听民意，开展食品药品市场监督执法检查工作。共出动执法检查人员328人次，车辆42台次，监督检查范围覆盖29个乡镇，乡镇监督检查覆盖率达到100%。共检查医疗机构、零售药店、学校食堂、餐饮服务经营单位、商店超市等约1000余户。完善乡镇食品安全体系建设，将食品安全工作纳入年度目标考核体系，与各乡镇政府和食安委成员单位签订了食品安全责任，修订了《木里县食品事故应急预案》，制定了监管员、协管员工作职责。2014年，木里县在乡镇增加食品药品监管职能，设立了乡镇食品安全委员会，在29个乡镇各聘请食品药品监管员1名，在全县113个行政村和9个国营牧场各聘请食品药品协管员1名，全县共成立食品安全委员会29个，聘请监管员、协管员151名，由财政拨款支付每人每月100元，构筑起纵向到底、横向到边、反应敏捷、全覆盖的县、乡（镇）、村三级食品药品监管网络。各乡镇食品安全委员会发挥职能，积极开展了学校食堂、卫生院、商店及餐饮服务企业的检查，开展了农村自办群体性宴席的申报、乡村厨师的登记等工作。

【食品生产经营主体调查工作】 按照四川省食品药品监督管理局的统一安排部署，2014年7月底开始，木里县食品药品监督管理局在全县范围内组织开展食品生产经营主体调查工作，历时4个月完成，共出动执法人员1026人次，车辆103台次，检查食品流通经营户684户（其中无证383户），餐饮服务经营户236户（其中无证56户），生产企业1户，生产小作坊33户（无证），收缴过期食品300余斤，填写现场检查笔录79，下发监督意见书79份。现场收集数据完成后，调查人员完成了数据录入工作，共计录入数据997条。

【行政执法】 木里县食品药品监督管理局2014年查处案件数破历史最高。全年共查处案件27件，是2013年查处案件数的13.5倍，共处罚款5.5万元，是2013年的6.5倍。受理凉山州食品药品监督管理局12331转办案件1件、受理群众举报5件，做到件件有回复，案件办理情况反馈率达100%。

【光荣榜】 2014年，木里县食品药品监督管理局被凉山州食品药品监督管理局评为食品安全“亮剑行动”工作先进单位和药品安全“亮剑行动”工作先进单位。

【领导人】 局长：乔林（彝族）；副局长：张军民、殷光琪（女）

（审稿：乔林/撰稿：丁昭琪）

安全生产监督管理

【概况】 2014年，木里藏族自治县安全生产监督管理局设办公室，政策法规股，监督管理股，安全生产监察执法大队。在岗人员9名，退休人员1名。其中，国家公务员5人，机关工勤人员1人，参公类事业人员3名。

县政府安全生产委员会办公室设在县安监局，承担县政府安全生产委员会具体工作。

【安全生产目标管理】 2014年，木里县安全生产监督管理局依据《木里县安全生产目标管理考核办法（试行）》，对全县安全生产目标管理74个考核单位进行目标考核，其中：县级部门34

个，乡镇29个，企业10个，森工企业1个。对15家水电开发企业及矿山企业实行安全生产目标考核，进行安全生产监督监查，强化领导安全责任制，坚持“安全第一、预防为主、综合治理”，降低伤亡事故。

【安全事故】 2014年，木里县发生伤亡事故189件，死亡为零，受伤144人，直接经济损失76.9万元。与上年同期相比，事故件数下降1%，受伤人数下降9.1%，直接经济损失下降0.1%。

【监督执法检查】 2014年，木里县安监局加强安全隐患和违规违章行为检查力度，对检查中发现的安全生产违规违章行为和安全隐患，依法责令企业及时整改，确保安全。对拒不整改或整改不力的，依法进行立案查处。2014年对6家生产经营单位进行立案查处，共开具整改指令书21份，整改复查书21份，检查30余家单位，制作调查笔录10余份，累计进行7次行政处罚，罚款15.99万元。按照“四不放过”和“科学严谨、依法依规、实事求是、注重实效”的原则，组织事故调查组对2起生产安全事故进行调查处理，严肃追究责任单位和有关责任人的责任。

【安全生产法规宣传教育培训】 2014年，县安监局强化企业安全教育培训。组织乡镇长和街道办主任共7人到省安监局参加为期5天的全省安全生产重点乡镇（街道）安办主任专题培训班；乡镇安监员共60余人参加由县安监局组织的安全生产监督管理执法证培训班。增强了乡镇（街道）的安全生产意识和执法能力。根据省、州安监局的统一安排，组织非煤矿山企业负责人、安全管理人员参加省、州安监部门组织的安全教育培训，提升企业负责人、安全管理人员的安全素质。开展“安全生产月”“新修订《安全生产法》宣传”活动，在木里电视台开办专题节目《安全在线》加大宣传力度，组织观看《生命的红线》等安全警示片，提高全民安全意识。

【重点行业安全监督管理】 2014年，木里县安监局狠抓非煤矿山安全生产执法检查和整顿工作。累计检查非煤矿山企业20个（次），查出隐患16处，督促整改16处。在执法工作中，要求非煤矿山企业的管理人员系统地学习了安全生产方面的法律法规及行业标准，积极开展隐患自查自纠工作。在检查中指导木里县砖瓦厂、簸箕箩砖瓦厂进行了安全预评价工作。指导容大梭罗沟金矿安全生产二级达标建设及职业卫生标准化建设工作。强化烟花爆竹经营管理。加强监督检查，安监局坚持每个节庆检查一次。对烟花爆竹经营户经常性明查暗访，督促经营户消除安全隐患。加强对零售网点安全检查，在今年春节前后经营旺季和烟花爆竹零售经营许可证换证期间，对全县21家烟花爆竹零售网点安全条件进行逐一审查，对不符合安全条件的一律不得审批。并加强对违规产品清理。加强危化品安全管理。加强危险化学品生产经营企业安全检查，以各加油站为重点，多次开展检查。坚决查处取缔无证、非法、违法生产经营建设行为，加强危险化学品使用企业安全检查，会同质检、环保、经信局等部门对使用危险化学品的企业进行检查。

【综合监管协调管理】 2014年，木里县安监局加强综合安全生产监管工作，配合交通局、交警大队深入开展了道路交通的安全整治，特别是对S216线公路扩建工程进行安全跟踪大检查；配合规建局对建筑行业的专项检查；配合消防大队组织开展了重点消防单位、公共场所、宾馆、文化娱乐场的安全检查；配合公安局，重点开展了爆炸物品的专项检查；配合教育局，加强了对学校、教室、校舍及校车的专项检查；配合经信局，开展了系统内的工矿商贸等行业的专项检查。组织开展“安全生产大检查回头看”、“六打六治”和重点行业领域的专项整治行动。2014年出动执法检查150余人次，通过整改复查和企业自查，指导和帮助全县非煤矿山、危险化学品经营企业排查发现安全隐患以杜绝事故。专项行动取得实效。开展用人单位职业卫生基础建设。从责任体系、规章制度、管理机构、前期预防、工作场所管理、防护设施、个人防护、教育培训、健康监护、应急管理10个方面开展建设活动。以容大梭罗沟金矿作为试点，以点带面，形成辐射效应。并于7月6日组织20余家企业管理人员进行职业病防治专项培训。

【审查与行政许可】 2014年木里县安监局继续派员进驻县政府政务服务中心窗口服务，管理非煤矿山、烟花爆竹、危险化学品的行政审批与行政许可工作。全年烟花爆竹经营申请20户，审查后办证20户，办证率达100%。

【事故调查】 四川省岳池县石垭建安总公司普安分公司承建木里县2013年无电地区电力建设专项工程，2014年8月2日上午11时左右，从业人员沙马衣布子、张阿鹏，施工作业现场负责人袁诗灿三人在木里县瓦厂镇桃巴村四组施工作业场所从事架线作业，此时，施工队的安全管理人员张辉全在距他们三人大概二百米左右的地方，沙马衣布子在电线杆上做抱箍作业，张阿鹏在杆下埋拉线拉墩，将临时拉线换为永久性拉线，袁诗灿在电线杆旁，在作业过程中，因头天晚上下雨，地面松软，致使电杆倾斜，使新建线路搭在带电10KV线路上，发生沙马衣布子触电身亡的事故的一般生产安全责任事故。此次事故经县安监局组成的事故调查组调查处理，对四川省岳池县石垭建安总公司普安分公司给予肆万元的行政处罚。现已结案。

【领导人】 局　长：罗海鹏（彝族）；副局长：赵友清（苗族）

（审稿：罗海鹏/撰稿：王红英）

国有资产监督管理

【概况】 2014年木里县国有资产监督管理办公室根据县政府授权，依照《公司法》及《企业国有资产监督管理暂行条例》等法律、法规履行出资人职责，指导推进木里县国有及国有控股企业的改革和管理，指导和促进国有及国有控股企业建立现代企业制度，推动国有经济布局和结构的战略性调整。

【国有资产概况】 2014年，木里县23户国有企业年末资产总额为：4亿元，负债总额为：1.97亿元，所有者权益为：2.06亿元，资产负债率48.9%；2014年全年实现营业务收入：0.65亿元，实现利润总额：0.34亿元，净利润：0.33亿元。

【企业国有资产管理】 2014年，按照《公司法》、《企业国有资产管理法》、《企业国有产权暂行规定》等法律法规的规定，木里县国资办履行出资人职责，参与和指导县域水电支流开发、企业国有资产处置，规范国有资产管理。指导县国资公司开展经营工作，2014年完成房租收入316万元，投资收益0.33亿元，实现净利润0.35亿元；指导县电力公司完成划转国家电网公司，并已挂牌运营。

【基层政权建设】 2014年，县国有资产管理负责：后所、项脚、牦牛坪乡基政建设工程完成工程验收交付使用，卡拉、博窝已完工待验收；2014年已完成唐央乡、三角垭乡基政初步设计和地勘工作；县城区、瓦厂镇、茶布朗镇164套干部职工周转房项目已完成代理机构招标，现正由代理机构组织公开招标。

（审稿：李开禄/撰稿：曹俊松）

经济商务和信息化管理

【概述】 木里藏族自治县经济商务和信息化局，主管全县工业经济和经济运行，负责全县的内外贸易，经济合作、无线电管理、供销合作社工作等。2014 年，木里县经济商务和信息化局设办公室、综合股、商务股，在编职工 19 人，其中局长 1 人，副局长 2 人。

【工业经济】 2014 年，木里县工业经济在水电资源开发的拉动下完成工业增加值 6.73 亿元，同比增长 7.5%。还成功签约了投资 150 亿元的风电合作开发项目，将为木里工业经济注入了新的动力。

【商务工作】 2014 年，木里县完成社会消费品零售总额 5.39 亿元，同比增长 9.3%；第三产业实现增加值 72221 万元，同比增长 5.9%，拉动全县经济增长 2.5 个百分点。

【供销合作社】 2014 年，木里县完成经营服务销售总额 700 万元，完成目标任务数 460 万元的 150%；连锁经营销售额完成 25 万元，完成目标任务数 20 万元的 125%；再生资源回收额 32 万元，完成目标任务数 20 万元的 160%；助农增收完成 165 万元；农业资料销售额完成 400 万元，完成目标任务数 240 万元的 166%；发展农村专业合作 5 个。

【民生工程】 2014 年，《关于生猪定点屠宰监督管理职责划转的通知》（木编委〔2014〕5 号，将生猪定点屠宰监管管理职能划入木里县畜牧局。《关于印发木里藏族自治县食品药品监管管理局主要职责内设机构和人员编制规定》，将酒类流通食品安全监管管理职责划入了木里县食品药品监管管理局。强化成品油的经营管理和协调工作，对全县 6 户加油站（点）进行年审，确保成品油的正常供应。

【群众路线】 结合群众路线教育实践活动，走基层调查研究，征求意见，深入包乡联系点 4 次，走访群众 48 户/224 人，召开座谈会 2 次/300 人，收集意见 8 条，结成联系帮扶对子 38 人/8 对，解决民生难题 8 件，投入资金 3.38 万元，帮助完善服务制度 2 村/2 项，联户联僧活动 4 人次，维护村域稳定。

【专项资金申报】 2014 年，木里县经济商务和信息化局为木里县六合食品有限公司等 5 户小微企业争取技改资金 170 万元，并对资金管理办法和项目进度认真监管。

【安全生产】 2014 年，经济商务和信息化局充实了安全生产领导小组，完善应急预案，与系统 6 户企业签订责任书，并责任落实企业基层、人头上，形成一级抓一级，齐抓共管。一是加强汛期防汛工作落实值班人员、车辆、物资等落实；二是加强系统企业的老楼危房的安全管理，消除隐患、防止垮塌、提高消防意识；三是坚持“安全第一，预防为主，综合治理”，认真履行安全生产主体责任，严格执行各项安全措施。

【党风廉政建设】 2014 年，党风廉政建设工作，木里县经济商务和信息化局按照木委发〔2014〕10 号文件精神，一把手负总责，签订了党风廉政建设责任书，设立党务、政务公开栏，反腐倡廉工作部署、抓落实到位，抓机关、抓系统企业，确保全年无违规违纪事件。

【工业园区建设】 2014 年，按照四川省、凉山州的要求，木里、盐源两县在盐源县召开两县飞地工业园区座谈会，两县就下步飞地工业园区建设的指导思想，共建原则、发展规划、发展目标、运行方式达成初步框架协议。工业园区选址在盐源县下海乡，面积3平方公里，近期建设周期为2013—2017年，产业定位：以铁、锰等黑色金属采选冶炼、新材料加工为主导，多元发展煤、盐等化工，兼具商贸物流。成立飞地产业园区管委会，两县共同管理。木里—盐源飞地工业园区总体规划（2012—2025）已编制完成。

【万网工程建设】 2014年，经济商务和信息化局牵头继续推进机关单位网站建设，将“万网工程”列入木里县信息化建设的一项重要内容，督促尚未完成，网站建设的县级机关和乡镇加快网站建设，及时与四川机构网联系，并组织人员参加省“万网工程”培训。

【光荣榜】 2014年，县经济商务和信息化局被凉山州供销合作社评为全州系统综合目标考核一等奖。

【领导人】 局长：舒扎西（藏族）；副局长：任永生、何武力（彝族）

（审稿：舒扎西/撰稿：苏朗）

粮油管理

【概况】 2014年粮食局设：办公室、执法队、储运股、业务股、财会股、所属国有粮食企业木里县粮油有限收储公司，有在职人员28人，其中国有粮食企业在职人员16人。

【粮油购销】 2014年，凉山州发改委和县委、县政府下达木里县国有粮食企业粮食购进500吨、销售1000吨目标任务。2014年为搞好木里县粮食购销总量平衡，确保目标完成，木里粮食企业开展与西昌、盐源等地粮食主产区的购销协作，实现购进粮油1560吨、销售1547.5吨。保障了军供、城镇居民供应。争取粮食专项资金12万元，危仓、老仓维修资金6.3万元对新仓库、红科粮点维修。建立健全粮油超市和2个连锁门店，确定1个省级应急网点。木里国有粮食企业在市场购销中发挥主渠道作用，粮油市场粮源充足，市场稳定，价格平衡。国有粮食企业2014年完成营业收入280万元，实现利润5.48万元。

【储备管理】 2014年，按照四川省、凉山州财政、粮食对粮食储备仓储设施改造维修整体规划、整体推进的要求，制定木里县储备仓储设施维修方案，木里县粮食局争取维修专项资金6.34万元实行必要维修，保障粮食储备。2014年木里县粮食局对凉山州级储粮进行全面轮换，确保木里县州级储备粮的质量和数量。

【储备检查】 根据凉山州发改委、财政局、凉山分行《关于开展2013年全州粮食库存检查的通知》（凉发改粮食〔2014〕239号），木里县于5月6－8日开展自查并于5月12－14日接受上级联合检查组复查，共检查粮油1564吨，州级储备300万吨、县级小包装22吨、周转粮油42吨，实现县级储备100万斤的储备计划，粮油库存账实相符、账账相符、数量真实、库存安全、“四无”粮仓达到98%。通过联合检查组复查。2014年7月落实《国家粮食局关于对国家粮食仓库进行清查的紧急通知》（国粮检〔2014〕130）及四川省、凉山州部署，木里县于7月－8月开展自查并于8月8日接受上级联合检查组复查，彻底摸清粮食企业粮食仓库，闲置空地7647平方米，仓库11个，总容量8200吨。2014年12月完成木里县粮食仓储设设备卫星定位4个库点，占地1.51万平方米。

【粮油安全】 2014年，木里县推进依法行政依法管粮建设，完成有针对性的行政处罚12条，完善行政执法平台建设和优化审批流程，监督检查基础工作，依法加强粮食市场安全监督检查和粮油质量安全检查工作。年初与凉山州级粮食管理部门签订了《粮食食品安全工作目标责任书》和《木里县粮食企业目标责任书》、《木里县粮食食品安全责任书》，明确粮食市场和粮食食品安全的责任和义务。围绕粮食市场和粮食质量监管及粮油食品安全，加强夏季、秋季粮油收购期的监督检查力度，从购、销、调、存4个环节，确保国家粮食收购的全面落实，提高木里粮食市场、粮食质量、粮油食品安全质量。2014年累计投入检查人员12人次，累计检查粮油经营户、加工36户。确定社会粮油价格市场调查人员5户、农村6户，发放补助950元。

【领导人】 发展和改革局党组书记、粮食局局长：陈明虎

（审稿：陈明虎/撰稿：张文兵）

烟草专卖

【概况】 2014年，木里县烟草专卖局（分公司）设综合办公室、专卖管理监督科、客户服务科和派驻内部专卖管理监督工作组4个科室，实行“两块牌子、一套机构”和“统一领导、垂直管理、专卖专营”的管理体制，有干部职工15人。

【卷烟销售】 2014年，木里县烟草专卖局（分公司）按照“彝火”服务模式的要求，结合木里藏区市场实际，以“稳总量、突娇子、提结构”为导向，加强队伍建设，完善客户服务，挖掘市场潜力，促进卷烟营销。2014年销售卷烟4004.21箱，同比上升1.36%；其中，“娇子”系列销售829.03箱，占总销量的20.71%，同比增长12.03%；销售川渝中烟卷烟1792箱，占总销量的44.75%。

【专卖管理】 2014年，木里县烟草专卖局按照专卖内管“114”工作思路，以案件查处和法律宣传为主要内容，坚持“保驾护航”卷烟销售，加大市场监管力度，提升打假破网能力，2014年查获86起涉烟违法案件，总案值9.31万元，并予以处罚，确保木里藏区卷烟市场和谐、稳定。

【企业管理】 2014年，木里县烟草专卖局（分公司）加强企业内部管理，一是严格实施方针目标考核管理，抓好督察投诉受理工作，创新开展QC课题活动，企业管理成效显著。二是以全面预算管理为核心，严格控制成本费用，强化资产资金监管，规范会计基础管理，围绕生产经营中心工作，当家理财，精打细算，财务管理水平不断提升。

【安全管理】 2014年，木里县烟草专卖局（分公司）坚持安全生产标准化创建达标，开展“百日安全生产活动”、“安全生产月活动”，加强安全生产基础管理工作，加大硬件设施整改力度，强化车辆安全行驶、安全用电、防震、防汛、防雷、防火、防盗等宣传教育，有效落实“一岗双责”制，保持企业安全生产。

【政策法规宣传】 2014年，木里县烟草专卖局（分公司）以“3.15消费者权益保护日”、“6.29烟草专卖法颁布纪念日”、“12.4”法制宣传日等活动为契机，深入开展法制宣传教育活动；组织干部职工开展法律法规和行业规章制度的教育学习，增强干部职工的法律素质和法制意识，提高依法决策、依法行政、依法办事的能力；参与专卖行政执法案件的审查和评审，执行案件及其处理程序合法、事实清楚、证据确凿、适用法律正确。

【政务信息及对外宣传】 2014年，木里县烟草

专卖局（分公司）撰写了卷烟营销、专卖管理、群众路线教育实践活动、法制宣传、安全管理等工作中的突出成绩和亮点，在凉山州烟草专卖局（公司）OA 办公网刊登 36 篇政务信息，在东方烟草报、中国烟草资讯网、四川烟草等报刊上共刊登 11 篇新闻信息，展示了木里烟草良好的品质和风貌。

【光荣榜】 2014 年 3 月，四川省凉山州妇女联合会和凉山日报社联合举办、凉山城市新报承办的首届“优秀母亲”和“巾帼创业模范”评选结果揭晓，刘玉枫被评为凉山州“巾帼创业模范”。2014 年 8 月，木里县烟草专卖局（分公司）被凉山州工商局评委“凉山州 2013 年度‘守合同重信用’企业”。

【领导人】 局长、经理：刘玉枫（女）；副局长：王超

（审稿：刘玉枫/撰稿：沈小军）

汽柴油零售

【概况】 中油四川凉山销售分公司木里核桃湾加油站位于木里县乔瓦镇下核桃湾村，主要经营成品油零售业务。2014 年销售各类油品 4 千多吨，单位职工 7 人，合同化员工 4 人、市场化用工 3 人，均持有危化品行业上岗资格证。

【基础设施】 2014 年，公司拥有加油站一座，位于木里县乔瓦镇下核桃湾村，占地面积 600 平方米，网架面积 218 平方米。

【安全生产】 2014 年，公司成立了由经理罗德红为组长的安全领导小组，坚持“安全第一、预防为主、综合治理”的方针，狠抓制度落实和加油站安全隐患自查整改，确保加油站经营安全，2014 年接受上级检查 20 次，公司对加油站检查 20 余次，杜绝了安全事故的发生。

【效益】 2014 年公司完成销售 3380 万元，纳税 40 万元。近年来，公司按照“建设国际水准油品销售企业”的奋斗目标，高举中国石油大旗，紧紧围绕“发展、转变、和谐”三件大事，在未来的发展中，继续坚持“高位求进、高效发展、提升管理、争创一流”的工作方针，聚精会神抓经营、一心一意谋发展，为切实服务木里经济社会跨越发展，为全面建设国际水准油品销售企业做出更大贡献。

【领导人】 经理：罗德红

（审稿：罗德红/撰稿：罗德红）

民爆物资管理

【概况】 凉山三江民爆有限责任公司木里分公司位于木里县乔瓦镇云杉 2 路 13 号，是县内定点经营民爆物资的国有独资企业，在原木里县物资公司基础上整合建立，专营包括炸药、雷管、导爆索等民用爆炸物资，注册资金 25 万元。现有资产 2305 万元。2014 年公司员工 25 人，均持有民爆行业上岗资格证。

【基础设施】 2014 年公司拥有民用爆破器材专用仓库一座，该仓库位于木里县李子坪乡黄泥巴村，四面环山具有天然的防护屏障，周围无其他建筑物，与公路、村庄、高压输电线路的距离符合民爆储存仓库的要求。

【安全生产】 2014 年公司成立了由经理杨林为组长的安全领导小组，坚持‘安全第一、预防为主、综合治理’的方针，狠抓制度落实和仓库安全隐患自查整改，确保民爆经营安全。公司全年

接受上级检查6次、公司对仓库进行安全自查20余次。2014年没有发生任何安全事故。

【效益】 2012年、2013年、2014年公司分别完成销售收入4468万元、3428万元、1754万元，纳税分别为292万元、210万元、116万元。2014年销售炸药1561吨、雷管92万发、导爆索8万米，实现销售收入1754万元，上交各项税收116万元。

【光荣榜】 被木里县人民政府评为第三次全国经济普查先进集体。

【领导人】 经理：杨林；副经理：尼玛扎西（藏族）、李伍夏志

（审稿：杨林/撰稿：廖泽平）

德康公司生物科技开发

【概况】 木里县德康生物科技开发有限责任公司（以下简称“德康公司”）注册于2014年4月，其前身是2007年3月注册的木里县香巴拉商贸有限责任公司，是属自然人投资的木里小型个体民营企业。法人代表康其金原是国营企业木里县食品有限责任公司职工，离开企业后，独自创办木里香巴拉公司，后根据公司业务发展的需要更名为德康公司。

【经营业务】 德康公司秉承“诚信、服务”宗旨，在建材销售、野生沙棘资源开发和农副产品购销等方面发展。2013年，德康公司抓住木里县委、县政府“大力发展木里中草药，使之成为农牧民群众脱贫致富的支柱产业”的发展思路和举措以及国际需求绿色中草药的机遇，主动作为做大做强企业，首次在木里开创了企业引种示范，租用农牧民土地种植中高端药材，并对中药材进行初加工，不仅开拓了木里民营企业发展的新方向、新路子，还引导示范木里探索发展区域性中高档中药材之路。

【种植情况】 德康公司多次派人前往云南丽江、香格里拉、攀枝花等地考察中草药市场行情，学习药材栽培技术。针对木里立体型气候特征和不同海拔土质等特点，在县内外农业种植专家指导下，2013年，在木里不同区域实验性栽种了玛卡、石斛、秦艽、桴子、重楼、杜定子、木香、土三七等药材。特别是玛卡这一高海拔中药材的种植，填补了木里二半山以上广大区域种植业结构单一的空缺，取得了突破性成果。当年种植的210亩玛卡药材，已明显表现出可立即改善高海拔区域农村经济低质低效发展缓慢等问题，真正为当地农牧民群众打开了一条致富的新门路。2013年12月，经成都中医药大学采用相关国家标准，对德康公司送检的木里玛卡样品营养成分进行分析后结果表明：其营养成分与云南玛卡相似，但人体必需的氨基酸含量更高、不饱和脂肪酸更多样、高营养价值矿物元素更丰富，且玛卡活性成分玛卡酰胺和玛卡烯达到秘鲁玛卡水平。就是说德康公司栽种并打造的木里德康玛卡品质达到国际水平。从正在热门的玛卡保健品市场看，木里德康玛卡会以出色的药效，赢得市场的青睐。

2014年，德康公司已在木里建设中草药育苗基地2个。在全县8个乡镇种植有玛卡、秦艽、杜定子等药材近千亩。

【社会效益】 木里海拔2800米以上区域气候寒冷、潮湿属寒温带冷凉气候，农牧民土地种植单一，产量低，又没有其它收入来源。德康公司引种的几种中高档中药材在木里高海拔选地试种，不仅为木里县高寒地区发展农业探寻出了一条行之有效的致富门路，出租土地还增加了当地群众的收入，也给他们提供了就地务工的机会。而且德康公司作为民营企业自己出资承担风险，来打

造规模化、规范化的中药材发展方式，深受农牧民群众欢迎和信赖，大家种植中药材的积极性不断提高，药材种植初见规模，木里产业化发展中药材初见端倪。

【产品状况】　德康公司的发展得到了四川省相关科研机构和云南省知名种植企业的帮助和支持，公司除了开展生物科技化的中草药种植外，还致力打造大凉山绿色品牌“木里德康”营养品，2014 年 5 月，“木里德康玛卡酒”和“木里德康玛卡茶”问世。“德康玛卡”的声誉吸引了众多投资者和开发商到木里洽谈，寻求良好的合作方式。

【领导人】　经理：康其金

（审稿：杨静/撰稿：马惠雅）

农林牧水

Agriculture Forestry Animal husbandry
Water Conservanc

农　业

【概况】 木里县农业和科学技术局是县政府主管全县农业、农业经济和综合管理种植业、农垦及农机、科技工作的职能部门。2014年县农业和科学技术局设行政办公室（含财务室）和农能办、农技站、科教站、经作站、土肥站、植检站、农经站、种子站、农机监理站、科技管理站等，有干部职工62人（其中：公务员5人，机关工勤人员3人，参公事业人员15人，高级农艺师7人，农艺师21人，助理农艺师以下10人，事业工人1人），临时工2人，借调人员11人。原则上各站、室（办）独立完成业务工作，在工作中实行站员、站长、副局长、局长四级负责制。

【耕地面积】 2014年，木里县有耕地面积22.96万亩，比上年22.97万亩减0.038%。

【粮食作物种植】 2014年，木里县粮食作物播种面积为23.84万亩，粮食总产量达4.98万吨，大春粮食作物播种面积为19.23万亩，主要有玉米、马铃薯、水稻、杂粮等，其中：以玉米、马铃薯为主。玉米播种面积为10.78万亩，占大春粮食播种面积的56.07%，产量1.96万吨；马铃薯播种面积为6.14万亩，占大春粮食播种面积的31.9%，产量1.83万吨。水稻播种面积为0.5万亩，占大春粮食播种面积的2.62%。小春粮食作物播种面积为4.61万亩，主要有大麦、小麦、青稞等。其中：小麦播种面积为2.07万亩，占小春粮食播种面积的44.94%，产量，3550吨；大麦播种面积为0.57万亩，占小春粮食播种面积的12.37%，产量，1032吨；青稞播种面积为1.1万亩，占小春粮食播种面积的23.87%，产量1800吨。

【改田改土】 2014年，木里县完成下达的石漠化治理项目农业改田改土375亩，完成农民自发改田改土600多亩。

【农村能源】 2014年，木里县完成沼气建设项目800口，无偿发放“一炉一灶”生物质炉灶167台。

【农机购置补贴】 2014年，木里县实施农机购置补贴，全年中央补贴250.01万元，省级补贴15.3万元，县级补贴70万元，完成补贴的农业机械共667台。

【耕作推新】 2014年，木里县推广常规增产技术，在玉米生产上推广运用杂交良种、地膜覆盖栽培、宽窄行规范化种植、配方施肥、病虫害综合防治等增产措施；在马铃薯生产中推广运用脱毒种薯、洋芋高厢垄作等增产措施，小春生产中采用开厢匀播、小窝点播等增产措施。2014年，木里县完成玉米高产创建面积1万亩，洋芋高产创建面积2万亩；完成标准化示范片建设300亩（屋脚乡马铃薯高厢垄作示范片种植150亩，项脚乡玉米宽窄行规范化示范片种植150亩）。

【品种改良】 2014年，木里县由县财政补贴267万元，引进玉米良种海禾1号、川单29、楚白单4号、罗单7号、东单88、会单4号等19个品种，年用种量172吨。全年引进推广优良马铃薯脱毒品种“凉薯97、米拉”两个品种，共计225吨，县内调剂400吨马铃薯良种，马铃薯生产用种实现全面脱毒良种化。2014年，从凉山州马铃薯繁育中心调购原原种2万粒下种繁育，共生产原种595.3公斤，预计2015年可繁育一代种30吨，奠定高代薯换种改良工作。

【肥料施用】 木里县土地贫瘠，土壤品质的改良需有机肥（农家肥、绿肥），农作物的种植要求施用农家肥、绿肥，在速效肥方面要求使用的是N、P、K肥和复合肥。2014年木里县（按折纯法计算）使用N肥1084吨，P肥5吨，K肥33吨，复合肥106吨。

【测土配方施肥】 2014年，木里县开展农作物测土配方施肥运用。一是技术培训，培训人员共5500人次；二是土样采集和分析，完成土样分析化验500个，土样采集500个，植株样采集100个；三是田间试验，完成测土配方施肥“3414”田间试验10个，校正试验10个；四是完成测土配方施肥推广面积15万亩，施用配方肥5万亩。

【病虫害防治】 木里县农作物主要病虫害为水稻稻瘟病、玉米大小叶斑病、马铃薯晚疫病、马铃薯青枯病、小麦条锈病、黑穗病；粘虫、玉米螟、小地老虎、蛴螬、蚜虫、蝗虫；紫茎泽兰、水花生，兔丝子等。2014年，木里县进一步健全农业有害生物防治应急处理预案，提高应对各种突出病虫害的处置能力，完善监测点的布置，提高检测的针对性，坚持以农业防治为基础，综合应用生物防治、物理防治和化学防治等。病虫害防治面积达到种植面积90%以上，专业化统防统治面积达2.4万亩，病虫害损害率控制在4%以下。小春作物下种时期共完成粉锈灵拌种1.7万亩，小麦锈病实际发生面积为1700亩，防治面积1700亩，小麦纹枯病发生面积40亩，防治面积40亩；大春病虫害总发生面积为11万亩，防治面积5.3万亩，挽回粮食损失863.9吨。

【农民专业合作社】 2014年，木里县完成6个农民专业合作社组建工作，2014年末，全县拥有农民专业合作社24个，涉及养殖、蔬菜、核桃、中药材等方面。

【行政执法】 2014年，木里县农业行政执法队开展农业行政执法，开展送法下乡6车次，出动执法人员35人次，普法培训600人次，印发普法资料3000份，检查农资经营网点5个，开展现场咨询活动12场次。维护了木里县农资市场的规范化，保障农产品质量。

【蔬菜种植】 2014年，木里县成功引进米易县科隆农业开发公司在项脚乡合作建设标准化设施蔬菜大棚10亩，取得了农业对外交流合作良好的开端。全年发展设施蔬菜3000亩，其中大中棚200亩，小拱棚1000亩，地膜覆盖1800亩；露地蔬菜9300亩。全年商品蔬菜面积达9200亩。设施蔬菜1年3季，平均亩产达3万斤，亩产值达1.5万元，最高亩产值达3.5万元；地膜露地蔬菜1年2季，平均亩产达1万斤，亩产值达6000元。全年蔬菜种植面积达1.23万亩，总产量4.01万吨，同比增长1.4%。产值达8520万元。

【水果生产】 木里县经济型水果是柑橘、桃、李、梨、苹果、葡萄等。2014年，水果总面积达8250亩，其中柑橘类果树3525亩、梨645亩、葡萄60亩、桃315亩、苹果3030亩，水果产量达8000吨，同比增长14.29%，产值达4299万元。本地皱皮柑于2014年11月18日经国家农业部发布第2179号公告，批准“木里皱皮柑”为国家地理标志农产品，实现木里县“地标产品”零的突破。

【中药材】 木里县人工种植的经济型药材主要有续断、桔梗、板蓝根、党参等，重点以续断为主。2014年，木里县种植各类中药材4890亩（其中完成建设地道中药材以白芨、重楼、金铁锁为主的示范基地280亩），年产249吨，同比增长7.79%，总产值达722万元。

【农村经济统计调查】 木里县农村经济收入主要是种植、养殖业，务工、服务业、政策性等。

2014 年，木里县开展支农惠农项目建设，劳动就业培训和种植、养殖业的技术推广培训等，增加农民的经济收入。经过调查统计分析，木里县的农民人均纯收入每年以 600－1000 元逐年递增，2014 年，农民实际人均纯收入为 5963 元。

【科技创新宣传培训】 2014 年，木里县农业和科学技术局完成科技创新技术合同交易额 1.365 万元，较上年增长 30%，专利申请完成 2 项，科普宣传及科技培训 302 期，培训 1.8 万人次。

【光荣榜】 2014 年，木里县农业和科学技术局被中共凉山州委、凉山州人民政府评为 2014 年度马铃薯产业发展目标考核三等奖；被凉山州科学技术和知识产权局评为 2014 年度科技工作先进单位、2014 年度凉山州科技系统信息工作先进单位；被凉山州农牧局评为 2014 年度农业目标考核二等奖；邓天祥被木里县委、木里县人民政府授予 2014 年度藏区稳定工作先进个人；吴锡音被凉山州科学技术和知识产权局授予 2014 年凉山州科技系统信息工作先进个人。

【领导人】 局长：邓天祥；副局长：李俊（藏族）、罗啟华（彝族）

（审稿：邓天祥/撰稿：张武科）

林　业

【概况】 木里藏族自治县林业局是县人民政府工作部门。2014 年，设办公室、行政审批股、森林防火办公室，下属事业单位设天保办、退耕办、自然保护中心、森林病虫害检疫站、资源林政管理站、野生动物保护站，共有在职职工 67 人，其中公务员 9 人，机关工勤 2 人，事业人员 56 人。

【绿化造林】 2014 年，木里县完成义务植树雨季造林 11 万株，其中县级机关、企事业单位、部队、社会团体等完成 1.5 万株。编制完成了《木里县 2012 年州级森林植被恢复费项目实施方案》，项目造林 1 万亩，由县属 4 个森工企业分别在芽祖乡实施 1600 亩冷杉、云杉，西秋乡实施 600 亩核桃，卡拉乡实施 1000 亩核桃，后所乡、牦牛坪乡实施 4000 亩核桃，瓦厂镇实施 1600 亩冲天柏、直干桉和 1400 亩核桃。项目总资金 400 万元。

【石漠化治理（林业部分）】 2014 年，县林业局编制完成《木里县岩溶地区石漠化综合治理（林业）工程作业设计》。在木里县后所乡境内完成 2012 年石漠化综合治理封山育林面积 466.66 公顷、人工造林 315.66 亩。完成《木里县 2013 年石漠化综合治理工程（林业）》的招投标比选工作，项目规模 437.4 公顷，投资 147.24 公顷。编制完成《木里县石漠化综合治理工作方案（2014～2016）》，治理总面积 1386 公顷，投资 145.6 万元（2014 年 466.67 公顷、49 万元，2015 年 500 公顷、52.5 万元，2016 年 420 公顷、44.1 万元）。2014 年 6 月，完成《木里县岩溶地区石漠化综合治理（林业）工程作业设计（2014 年）》，计划在西秋乡和项脚乡实施。配合四川省发改委对木里县 2011 ~2013 年的石漠化综合治理工程督查，组织工作组于 2014 年 10 ~11 月，对石漠化综合治理林业项目进行了检查。2011 年的石漠化治理工程（林业部分），人工造林 164.58 公顷、封山育林 666.67 公顷，验收合格。

【退耕还林】 2014 年，木里县退耕还林工程建设以巩固 2000－2005 年退耕还林成果为主，督导各乡镇、退耕农户加强补植补造、抚育施肥、松土除草、病虫害防治。通过各种管护工作，使之达到国家、省州验收标准并顺利通过验收。

2014 年 3～5 月，组织开展 2000 年度 2 万亩退耕还林到期自查验收，对不合格的地块进行督促整改，面积保存率已达100%，株数保存率为83%。2014年4~5月，对2005年度到期的退耕还林地未合格的7.5亩进行了州、省、国家三级补查验收，经验收已合格。配合国家林业局验收组，对去年到期验收未达到标准的沙湾乡53.6亩退耕还林进行了核查验收，验收合格。

完成2014年度的退耕还林工程检查验收，木里县10万亩退耕还林，保存面积10万亩，合格面积9.95万亩，不合格面积500亩（麦地龙乡，2001年实施）。配套荒山造林6.7万亩，合格面积5.86万亩，不合格面积0.84万亩。

经实物量调查，大项目建设征占用退耕还林地4551.156亩。由于退耕还林地置换，对有关乡镇的退耕还林工程资金发放表进行了重新登记和整理。2014年对博科乡、茶布朗镇、沙湾乡、唐央乡的退耕还林地进行了异地置换，对1456.9亩征占用退耕还林进行转换补偿资金的兑现，8734元/亩，合计0.13亿元。完成乔瓦镇8亩退耕还林地置换，并兑现了补偿资金6.99万元。配合四川省、凉山州验收组对木里县2011年巩固退耕还林成果补植补造2.95万亩任务，进行检查验收，成活（保存）率在85%以上，达到省、州标准。

兑现完成2013年10万亩退耕还林工程建设补助资金2600万元。及时开展退耕还林置换设计工作。

【新一轮退耕还林】 中央财政对新一轮退耕还林补助为1500元/亩（含种苗费300元/亩），分三次下达补助资金，第1年拨付800元/亩，第3年拨付300元/亩，第5年拨付400元/亩。2014年，上级下达木里县新一轮退耕还林2900亩，项目补助资金147.78万元，其中还林补助145万元，工作经费补助2.78万元。县林业局已完成《木里县2014年新一轮退耕还林工程工作方案》，上报县人民政府。

【资源保护】 2014年，县林业局组织县属林业企业对木里县699.34万亩国有林和18.54万亩集体生态公益林进行常年有效管护。编制完成《木里县天然林资源保护工程2014年国有林森林管护实施方案》《木里县天然林资源保护工程2014年国家和省级集体生态公益林生态效益补偿基金实施方案》《木里县天然林资源保护工程2013年国家级集体生态公益林生态效益补偿基金补充实施方案》《木里县2014年度森林抚育补贴项目作业设计》。严格按批准的实施方案和作业设计组织施工，项目实施过程中，技术人员现场指导，发现问题及时整改，项目实施完成后及时组织自查，并报上级核查，合格后方可兑现工程资金。

按时完成了2013年国家和省级集体生态公益林生态效益补偿基金的兑现工作，木里县共兑现国家和省级集体生态公益林生态效益补偿金180.75万元，涉及全县29个乡镇、113个村、608个组（包括九国营牧场）2.67万户，12.1万人。及时全额兑现了2013年国家级集体公益林提标补偿金76.89万元，2014年国家和省级集体生态公益林生态效益补偿基金273.4万元。

根据国家林业局的要求，组织林业企业开展2013年天然林资源保护工程二期实施情况自查，按时完成县级自查工作，上报自查资料。根据四川省天然林资源保护工程二期“四到县、市”考核办法，完成了对木里县2013年天保工程建设目标、任务、资金、责任的全面考核工作，各项指标均达到要求，自我考核结果为优。

对2014年度天保工程管护单位的管护责任落实情况、管护任务完成情况、管护质量等综合考评，等级为优。2006年由桃博林场实施的封山育林，其中的38.5公顷为乔木型，到2014年封育期已满，面积合格率为100%。

为全面了解木里县2013年国家和省级集体生态公益林生态效益补偿基金的兑现情况，木里县林业局成立由纪检组长为组长，天保办、林政资源站、财务室、退耕办负责人为成员的林业项目检查组，到后所、列瓦、下麦地、李子坪等乡，对2013年国家和省级集体生态公益林生态效益补偿基金的兑现情况和林业项目进行检查。经自查，木里县2013年国家和省级集体生态公益林生态效益补偿基金（第一批资金）已全部兑现到农牧民手中。

根据凉山州林业局要求，组织县属四个林业企业完成了木里县2013年中央财政森林抚育补贴项目的实施和自查验收工作，自查成果资料按时上报凉山州林业局。2014年10月，配合国家核查组进行核查，检查结果为合格，通过国家检查验收。

【森林火灾】 2014年，木里县共发生27起一般森林火灾。在发生森林火灾时，木里县做到了“早发现、早汇报、早扑灭”。在扑救森林火灾时，没有出现人员伤亡和重大事故。森林火灾损失率、发生率、控制率均在省州控制指标内。为减少森林火灾，在森林防火期对林区从事水电、矿产资源开发、筑路等服务对象，提供方便快捷的服务，严格依法依规办理入山证56件。

【森林病虫害防疫】 2014年，木里县林业局加强森林病虫害防治，防止森林病虫害大面积传播，编制完成《木里县2014年度林业有害生物防治实施方案》，经上级主管单位批准后组织实施。拟定《木里县2014年度松材线虫病防治（预防）实施方案》，并由木里县政府下发。完成2014年度春秋两季松材线虫及疑似松树病害调查，未发现松材线虫及疑似松树病害。推进森林病虫害鼠害调查、防治和林业植物及其产品检疫工作。

2014年，森林病虫鼠调查和监测工作，共完成线路调查104个，设标准样地306个，实施人工监测面积26万亩，监测覆盖率为100%，测报准确率为100%。2014年，森林病虫鼠害发生面积为8800亩（轻度发生），占监测面积598.4万亩的0.15%，无森林病虫害灾害面积，成灾率为零。全年有效防治面积8800亩，森林病虫害防治率达100%，其中化学防治5200亩，防治效果达85 ~95%，人工防治2000亩，防治效果达85%，仿生防治700亩，防治效果达90%以上。其它防治900亩（生物防治400亩、其它防治500亩），防治效果达70%。共实施产地检疫苗木230株，检疫率达100%。共办理调运检疫药材458.5吨、林木种子0.5吨、果品5吨、苗木12万株，检疫率为100%。2014年度森林病虫害检疫工作经上级主管部门考核检查后评为合格。

【木材限额采伐和运输管理】 县林业局严格执行民用材采伐限额管理制度，规范审批。2014年，发放采伐证2330份，采伐蓄积9644m^3，其中下达29个乡镇和9个国营牧场生产生活用材采伐限额指标8470m^3（出材量4235m^3），发放采伐证1929份，对急需的救灾用材指标实行单报单批。2014年，未超过凉山州下达的采伐限额指标。

2014年，县林业局办理旧家具出境木材运输证6份。办理卡基瓦库区清理木材出境运输证100份，出材量2117.63m^3。

【征占用林地】 2014年，木里县受理占用征收林地项目16个，完成现场勘验及上报面积213.9公顷，上报率100%。其中包括S216线李子坪到棉垭路段改建工程、卡基娃水电站项目续办临时使用林地、立洲水电站项目续办临时使用林地、莫嘎拉吉水电站项目续办临时使用林地、固增水电站项目续办临时使用林地、上通坝水电站临时使用林地、无电地区电力建设项目35KV项目使用林地等。规范和登记了130宗矿山普查和详查项目。

2014年，县林业局完成征占用退耕还林地实物量指标调查638.77亩，其中S216线改建工程李子坪到棉垭路段征占用37.95亩，李子坪到桃坝段征占用72.99亩，锦屏库区滑坡16.5亩，卡拉电站376.5亩，杨房沟水电站134.8亩。

【资源管理】 开展征占用林地（永久部分）核减公益林工作，2014年核减国家级和省级公益林113.5公顷。2014年，县林业局已着手开展新一轮森林资源规划设计调查工作。

【林政执法】 2014年4～5月，对木里县水电开发、输电线路、矿产开采、公路修建等项目的占用征收林地情况进行了全面摸排和检查。查处2起非法采砂、取石案（发放了暂停使用林地通知书，并进行了行政处罚），3起未批先占违法使用林地案件。对临时使用林地到期的，要求业主尽快恢复林业生产条件并归还，确需继续使用的，要求补办临时占用征收林地手续。无电地区电力建设项目未批先占林地，木里县林业局发放了暂停使用林地通知书，并协助办理相关手续。

围绕保护森林资源、维护生态安全，打击破坏森林资源和野生动植物资源的违法行为，2014年森林公安局出动警力2430余人次，车辆670余人次，办理涉林案件160件（刑事案件23件、林业行政案件128件、治安案件9件），打击处理违法犯罪人员146人（刑事拘留8人、逮捕5人、已送起诉12人、林政处罚128人、治安处罚9人），行政罚款27.7万元，累计为国家挽回经济损失近450万元。

【木里县川西藏区（2013－2020年）生态保护与建设规划】 完成《2014年木里县川西藏区生态保护与建设实施方案（林业部分）》，涉及8项目，总投资1865万元。其中，人工造林400公顷、330万元，封山育林1500公顷、270万元，改造核桃基地200公顷、120万元，改造花椒基地100公顷、40万元，森林火险预警监测系统21套、840万元，检疫检查站1个、58万元，检验实验室1个、92万元，红外相机500台、115万元。

【光荣榜】 2014年，木里县林业局被凉山州林业局评为林业有害生物管理优秀单位；被四川省人力资源和社会保障厅省林业厅评为四川省森林资源保护管理工作先进集体；被凉山州森林草原防火指挥部评为林业部门防火目标任务考核先进单位（二等奖）。李云秀被木里县人民政府评为2014年统计工作先进个人；巫海强被木里县委、县政府评为藏区稳定工作先进个人。

【领导人】 局长：何呷绒（蒙古族）；总支书记：马松鲁茸（藏族）；副局长：刘明友（常务副局长）、杨达瓦（藏族，兼护办主任）、孙根（蒙古族）；纪检组长：易争扎西（藏族）

（审稿：刘明友/撰稿：巫海强）

川林木里林业局

【概况】 2014年，四川省木里林业局设党委办公室、局长办公室、纪委、政治处、工会、计划处、天保工程管理处、护办、安全设备处、劳资劳险处、保障房领导小组办公室、财务处等12处室，下属单位有第一营造管护处、第二营造管护处、第三营造管护处、第五营造管护处、第六营造管护处、第八营造管护处、凉山州木里中心苗圃、专业扑火一、二队、林业调查规划设计队，多种经营项目有后勤管理服务中心、西昌绿宝石大酒店和成都蜀光特种工程塑料厂。共有在职职工571人（其中专业技术人员150人），离退休人员3764人。

【天保工程目标】 2014年，四川省木里林业局完成363.06万亩国有林管护、105.8万亩森林生态效益补偿等项目的编制、评审、批复工作，并对其常年有效管护。3万亩中幼林抚育项目的编制、评审、批复，正有序实施中。完成森林资源二类调查招标和森林火灾受害面积测设工作。完成移床1.2亩，留床管理0.6亩，维修围栏2875米。核减公益林林地2466.6亩。实现森林面积增加3.12万亩和森林蓄积增加61.4万立方米的“双增”目标。

【森林管护】 2014年，四川省木里林业局森林管护工作，实行局长总责制，企业与局属单位签订《天保工程二期2014年目标责任书》7份；落实各级行政一把手负责制，签订管护责任书和填写责任卡，执行四川省木里林业局关于印发《森林管护人员管理办法》的通知（木林发〔2014〕6号）文件，把国有林、公益林管护责任落实到人头和山头地块；局级工作组深入到各管护处的水电开发、矿山开采、公路修建、输电线路等建设单位进行宣传、检查林政管理工作，对采矿、占用林地、滥砍乱伐林木等不法行为现场制止并如实报与木里县森林公安局查处；12月中下旬，由一名局长助理带队，对非法侵占林地予以专项清查；做实巡山日志；加强了森林管护综合质量的考评工作，全局自查综合得分94.5分；对363.06万亩的国有林进行了常年有效管护。

【森林防火】 2014年，四川省木里林业局认真落实局长负责制，执行《森林防火工作预案》。一是强化领导，落实责任，分别与营造管护处、划片包干工作组、职工签订责任书；二是开展防火工作法律法规宣传、培训5场次；三是采取超短波、电话、飞信等方式发布短信600多条次，制发防火工作动态简报，使其上下共享；四是强化值班值守与督导巡查工作；五是为421名职工办理了森林防火人身意外保险；六是加强基础设施建设。“重点森林火险综合治理三期工程”，除1套视频监控设备和部分瞭望台未施工外，其他项目已完成投资计划；凉山州西部高山峡谷森林防火通讯系统建设，除海事卫星电话外，企业辖区基站调整、改迁、升级和通讯车完成建设计划；七是制定非常规措施。森林防火警戒期，全局冻结一切有薪假；除开展党的群众路线教育实践活动外，不召开大型会议；指挥部成员对责任片区负责督查基层在岗、工作开展和派驻人员到位情况；八是加强扑火队伍的常规训练，着力提升科学扑救森林火灾的能力。发生森林火灾，贯彻科学扑灭的方针，将森林受灾损失降至最低，全年共发生一般性森林火灾5起，其损失率在州级考核指标≦0.8‰的控制范围内。

【森林有害生物防治】 2014年，四川省木里林业局林业有害生物发生面积1.37万亩，完成防治面积1.36万亩，防治率99.27%，产地检疫率100%。经凉山州林业局验收达到了省州森林病虫害防治目标管理要求。

【野生动植物保护】 2014年，四川省木里林业局加强野生动植物保护工作的法律法规宣传，对其不法事件，按程序报与木里县森林公安局查处，全年发生一般林政、刑事案件各1件，无重特大林政案件发生。

【森林保险】 2014年，四川省木里林业局森林参保面积共计349.18万亩，保费总额252.8万元；全年发生火灾损失面积5999.7亩，受赔金额300.02万元。

【棚改工程】 2014年，四川省木里林业局在西昌市高枧乡张林村建设棚改工程，新建住宅230户，基础工程实施；新建经济适用住房929户，已进行配套设施施工，两项项目预计2017年9月完工。木里县城2010年新建棚改房待分配入住，2011年新建棚改房项目临近完工。

【工资收入与保险】 2014年，四川省木里林业局年平均人数572人，开支总额2055万元，人均3.59万元/年。按照上级政府部门的参保精神，企业在岗职工571人全员参加了基本养老、医疗、失业、工伤、生育保险和住房公积金缴存。基本养老保险实缴604.3万元，缴费率100%；基本医疗保险实缴725万元，缴费率100%；失业保险实缴10.8万元，缴费率100%；工伤保险实缴21.6万元，缴费率100%；生育保险实缴10.8万元，缴费率100%。

【安全生产】 2014年，四川省木里林业局贯彻落实了上级关于安全生产工作的系列决策部署，严格按照安全生产工作要求，深化执法检查、隐患治理、宣传教育，突出安全生产大检查活动，加强安全生产管理制度、目标管理控制，全局安全生产事故处于受控状态，总体形势趋于稳定，发生各类生产安全事故2起，零死亡、零重伤、零轻伤；道路交通事故2起，经济损失约12万元；全年未发生重特大安全生产事故。

【党建】 2014年，四川省木里林业局党委根据《凉山州国有企业2014年度党建工作目标责任书》的规定和要求，局党委与局属总支、支部责任人签订党建工作目标责任书，召开党委会11次（其中专题研究党风廉政建设的党委会议3次）、党建工作专题会16次、领导小组会议6次，实施了党委成员联系单位、部门制度，落实了领导干部“五个一”蹲点制度。认真开展“走基层”“党的群众路线教育实践活动”“正风肃纪”“庸懒散浮拖专项整治活动”“践行党的十八届三、四中全会学习活动”等主题活动，充分发挥党组织的战斗堡垒作用和优秀党员、先进工作者、劳模的示范作用，让职工树立了正确的世界观、人生观、价值观，助推企业生态文明建设的新风尚，共建和谐新林区。全年为职工、家属、离退休等85户家庭发放困难补助4.89万元，为11名困难职工子女发放助学金2.2万元。为木里县麻撒和央沟村帮扶引水管9000余米及贫困生助学金3200元；帮扶博科乡八科村小寄宿制学生70床绒毯及贫困生和高考状元姚龙梅助学金各3000元。中层以上干部捐款3.47万元，帮扶木里县麻撒和央沟村的困难党员、村民、残疾、孤寡等人员和企业困难职工。

【光荣榜】 2014年，四川省木里林业局被四川省人力资源和社会保障厅、四川省林业厅评为四川省森林资源保护管理工作先进单位。

【领导人】 局长（兼党委副书记）：杨仁奎；党委书记（兼副局长）：张鑫；副局长：黄军、邓远明、任军；党委副书记（兼纪委书记）：颜正生；工会主席：胡万强

（审稿：黄军//撰稿：蒲孝国）

县森林公安局

【概况】 2014年，木里县森林公安局设局办公室、法制政工科、刑侦治安队，下辖博瓦、鸭嘴、瓦厂、茶布朗4个派出所，年末有在职人员52人，其中民警30人、协警20人、其他人员2人。

【执法办案】 2014年，木里县森林公安局把握县委县政府“生态有效保护”的宗旨，保护森林资源，维护生态安全，结合林区实际，严厉打击破坏森林资源和野生动植物资源的违法犯罪活动。2014年，共出动警力2430余人次，车辆670余台次，查处涉林案件160件，打击处理违法犯罪人员151人，行政罚款27.7万元。

【护林防火】 2014年，木里县森林公安局护林防火工作做到抓紧、抓好、抓实。一是加强领

导，明确措施和要求，实行局领导24小时带班制度，民警备勤制度；二是开展森林防火宣传。木里县森林公安局结合日常工作深入林区，向企事业单位、水电建设项目、林区群众发放防火通知书、宣传单（册）等5000余份，讲解森林防火和相关法律法规知识，提高群众的防火意识和法制意识。

【林区维稳】 2014年，木里县森林公安局组织警力对林区内重点区域、人群较集中地区深入排查各种涉暴涉恐涉稳隐患，开展矛盾纠纷排查化解，加强管辖区内治安情况和网络舆情监管，发现苗头性问题及时果断处置。木里县森林公安局在“林区缉枪治爆专项行动”中收缴小口径枪支1支、雷管732发、炸药433支。为做好林区管控工作，森林公安民警深入乡镇村组、林业企事业单位、水电开发建设工地开展林业法律知识宣传、消防安全检查、开展“四民”服务活动，提高林区群众的满意度，切实维护林区和谐稳定。

【队伍建设】 木里县森林公安局配合县委组织部门，严格按照组织程序对拟任科所队负责人进行了民主测评和考察、考核。2014年3月，木里县森林公安局配齐了刑侦、法制和四个派出所领导干部。9月，木里县森林公安局根据工作需要，新招聘协警人员10名，以缓解警力不足问题。

【基层基础建设】 木里县森林公安局按照《四川省森林公安机关“十二五”警务保障建设规划提纲》，6月完成茶布朗、瓦厂、鸭嘴3个森林派出所的内务建设工作。8月新购置警务车辆2台，解决了基层派出所无警务车辆问题。2014年初，县委、县政府将原县农机局办公楼划拨与县森林公安局，并由县财政解决了局办公楼改造及购置办公设备资金140余万元，10月，木里县森林公安局办公楼外观标示和内部改造工程完成。

【党的群众路线教育实践活动】 2014年，在木里县委的统一安排部署下，木里县森林公安局按照习近平总书记“照镜子、正衣冠、洗洗澡、治治病”的总要求，以查找“四风”突出问题为切入点，扎实开展党的群众路线教育实践活动。一是在活动中，全局集中学习8次，开展专题讨论5次，党员干部撰写心得体会43篇。以“走基层”活动为载体，筹集资金1万余元为白碉乡洞龙沟村斯毛草组学校解决了缺电脑、缺教学黑板、缺体育用品等实际问题。为李明芬等5户困难群众送去帮扶资金各1000元。党支部书记何树清深入麦日乡呷古寺看望慰问寺庙僧人，为僧人送去了大米、清油、茶叶及慰问金，了解僧人们的生产、生活情况，为寺庙和僧侣解决实际困难；二是局领导班子带头聚焦“四风”开展“六查”，查找在宗旨意识、纪律作风、廉洁自律等方面突出问题。先后4次组织开展“四风”具体表现大讨论，对问题一项一项议，一条一条查，找准共性问题，查实个性问题，梳理查找在形式主义、官僚主义、享乐主义、奢靡之风方面具体表现，着力解决民警群众观念淡薄，工作能力不强，责任心不强，组织纪律不严，乱执法、执法不公等问题，规范财经管理、公务用车；三是按照“重在写问题、重在找原因、重在查自身”的要求，党员干部对照自我，从理想信念、宗旨意识、党性修养、政治纪律和组织纪律、财经纪律以及“三严三实”要求等方面深挖问题根源，全局29名党员结合自身实际认真撰写了对照检查材料；四是森林公安局党支部认真贯彻落实《关于建立健全作风建设长效机制的意见》和《关于认真贯彻“三严三实”要求进一步加强党员干部教育管理监督的意见》，贯彻执行中央八项、省州十项、县委六条规定，围绕加强自身建设，规范公务接待，规范“三公经费”，建立行为规范，建立奖惩办法，建章立制，巩固教育实践活动成效。

【光荣榜】 2014年1月，木里县森林公安局被木里县委县政府授予木里藏族自治县2014年“迎新春民族服饰广场舞大赛”精神文明奖。4月，木里县森林公安局被凉山州森林公安局评为队伍正规化建设先进单位；被凉山州森林公安局评为信息化建设先进单位；被凉山州森林公安局评为2013年度全州森林公安工作综合考评先进单位并嘉奖一次。12月，木里县森林公安局在开展“亮剑行动”中成绩突出，被四川省森林公安局记集体三等功一次。2月，木里县森林公安局民警何小平荣获“2013年感动凉山十大人物”奖。4月，木里县森林公安局民警何小平、陈小东分别被凉山州森林公安局评为全州森林公安工作先进个人。

【领导人】 局长：何树清（藏族）；政委：仁青次尔（藏族）；副局长：何海峰（满族）；纪检组长：吴晓军（藏族）

（审稿：仁青次尔/撰稿：牛小林）

凉北林业局管护处

【概况】 凉北林业局管护处成立于2001年，二期天保工程实施后，于2011年12月30日由会理县转到木里县施业区负责森林管护和公益林建设。2014年，凉北林业局管护处机关设综合办、护办、财务股三个股室共9人（支部书记兼行政主任一名，副主任一名，综合办公室主任一名，驾驶员2名，财务2名，后勤2名）；下设博窝管护站、麦日管护站，共有管护人员52人（其中麦日管护站11人，博窝管护站41人）；管护总面积57.47万亩，分属博窝、白水河两个林场四个乡，其中博窝林场包括博窝乡39.55万亩、麦地龙乡8.61万亩、沙湾乡3.11万亩，白水河林场只有麦日乡哈朗村俄西组6.19万亩。

【党建工作】 凉北林业局管护处有中共党员19人（含退休7人）。2014年，管护处支部贯彻党的十八大、十八届三中、四中全会和四川省委十届五次会议、凉山州委七届六次会议精神，认真开展党的群众教育实践活动，坚持以人为本、严管林、慎用钱、质为先的工作方针，加强内部管理，坚持用制度管人，用制度管事，扎实组织开展整治个别党员干部在工作中出现的庸懒散浮拖问题，加强和改进新形势下党的组织建设工作。在党员中开展“学习型、服务型、创新型、纯洁型四型党组织创建活动，保证党员干部队伍的工作积极性，夯实“走基层、实现群众路线”，纠正庸懒散浮拖问题。

【管护与防火】 2014年，凉北林业局管护处完善《森林火灾应急处理办法》，添加了两台车载电台、40部对讲机、5台背负式风水灭火机，加大扑火机具、通信、车辆的配备，提高扑救森林火灾的调控能力。组建61名责任心强、身强体壮的干部职工和群众担任半专业扑火应急分队，保持备战状态。

加大护林防火宣传力度。2014年，凉北林业局管护处通过多种宣传形势搞好护林防火宣传工作，与所在乡、镇、村组和学校开展护林防火宣传会议10余次；在重点林区联合博窝政府、博窝乡中心小学校开展“小手拉大手，森林防火知识进校园”活动；刷新固定标语50余条，书写临时标语100余条，并在交通要道树立警示牌30余面，制作宣传横幅5副，走村串户发放户主通知书1500余份。

加强火源管理。2014年，凉北林业局管护处从源头消除火灾隐患，狠抓火源管理，特别是护林防火警戒期，在进山交通要道恢复设置护林防火临时检查站两座，24小时对进山车辆和行人做好登记和宣传工作；召开专题会议安排部署护林防火工作，做到信息互通，群防群治；在防火期内杜绝一切野外用火，对林区内痴、呆、傻等特殊人群登记造册，监督和落实特殊人群监护人，做到“护林防火，人人有责”。

落实责任，加大巡查、督导力度。2014 年，凉北林业局管护处落实管理责任，与职工和外聘人员层层签订森林防火责任书 61 份，将护林防火责任纳入年底考核，严格执行奖惩制度。实行 24 小时值班制度和领导带班制度，安排专人专职 24 小时职守，做好每天的森林防火值班记录，要求带班领导和当班人员每天签字。要求各管护站点每天有事报事，无事报平安。要求全处干部职工 1—6 月 24 小时通讯畅通，节假日期间，严格执行领导带班制度。

【安全工作】 2014 年，凉北林业局管护处强调车辆行驶安全，注重检查维修，绝不允许车辆带病运行，要求驾驶员开车不饮酒，饮酒不开车，不开赌气车，杜绝违章操作，不定期召开安全工作会议，认真排查安全隐患。要求各管护站职工巡护必须两人以上，并要求通信畅通；要求职工对生活用火、用电、用气，始终保持紧张状态，防止事故发生，保障职工生命财产安全。

【领导人】 主任：刘晓林；副主任：高原

（审稿：刘晓林/撰稿：何光跃）

雷波林业局木里管护处

【概况】 雷波林业局木里森林资源管理保护处，是驻木里县四大森工企业第二大森林资源管理保护单位，2014 年设处长一名、支部书记一名，副处长一名，办公室主任一名，业务两名，财务一名。处下设三个管护站，管护人员 80 人，其中水洛管护站 42 人，宁朗 13 人，俄亚 25 人。管护总面积 134.9 万亩，其中水洛管护站 78.08 万亩，宁朗管护站 14.3 万亩，俄亚管护站 42.51 万亩。

【党建工作】 2014 年雷波林业局木里管护处支部有党员 7 人，入党积极分子 3 人。2014 年 4 月 12 日至 9 月 30 日处党支部先后组织全体党员干部开展了“党的群众路线教育实践活动”，重视党的队伍建设发展，稳妥推进积极分子的培训工作，使其党员后备力量得到有效保证。在党员干部队伍中开展传达、学习“八项规定”。贯彻党的十八大精神，扎实组织开展整治个别党员干部在工作中出现的庸懒散浮拖问题，加强和改进新形势下党的组织建设工作。在党员中开展“学习型、服务型、创新型、纯洁型“四型”党组织创建活动，提出“提升境界、转变作风、增强能力、工作措施”方针，保证党员干部队伍的工作积极性，夯实“走基层、实现群众路线”，纠正慵懒散浮拖问题，树立好形象。

【管护与防火】 2014 年，雷波林业局木里森林资源管理保护处加强森林管护和护林防火工作。一是在森林重点防火期间，特别是春节、清明、五一等长假期间，处领导到各管护站点与职工同吃住，加强对管护站点护林防火工作的督促检查，并与当地乡党委、政府配合，坚持“专群结合，以专为主”的原则，认真落实行政领导责任制、24 小时值班制度和火情、火警报告制。二是增加防火物资储备，加大森林防火工作的宣传力度，在管护区的主要路口悬挂各类宣传横幅，张贴各类宣传标语，大力宣传，提高全民防火意识，减少森林火灾的发生。三是配合地方林业公安、林政执法部门严厉打击违法犯罪分子。四是配置专用摩托车和防火设备，保证管护人员深入区域巡山，加强巡山护林防火工作的力度。五是增加护林防火人员，加大防火护林力度。

【安全工作】 2014 年木里森林资源管理保护处强调车辆行驶安全，注重检查维修，绝不允许车辆带病运行，要求驾驶员和摩托车使用者开车不饮酒，饮酒不开车，不开赌气车。落实新安全法规，层层签订《安全责任书》、《道路交通安全责任书》，杜绝违章操作，不定期召开安全工作会议，认真排查安全隐患。由于辖区战线长、路况差，对职工每天的巡山护林工作在出发前班组都召开“安交会”，绝不允许职工独巡，并要求通信畅通，对职工的生活用火、用电、用气，要求始终保持高度安全状态，防止事故发生，保障职工生命财产安全。

【领导人】 处长：王二飞；书记：黄杰；副处长：李仁森

（审稿：王彬、黄杰/撰稿：黄勇）

川林五处木里管护处

【概况】 川林五处驻木里办事处是四川省林业第五筑路工程处的一个下属机构，驻木里办事处是川林五处驻木里县从事森林资源保护的单位。驻木里办事处在木里县的水洛乡、卡拉乡和三桷垭乡设三个森林管护队。2014 年，川林五处驻木里办事处共有森林管护职工 53 名，其中办事处机关 8 人，管护员 45 人（其中水洛管护队 12 人，卡拉管护队 14 人，三桷椏管护队 19 人），外聘当地协管员 48 人，设主任 1 名，副主任 3 名，财务人员 2 名。

【管护面积】 2014 年，川林五处驻木里办事处在木里县境内实施森林管护的总面积共计 77.09 万亩，其中水洛乡管护面积 21.92 万亩，卡拉乡管护面积为 23.22 万亩，三桷垭管护面积为 31.98 万亩。

【党建工作】 2014 年，川林五处驻木里办事处党支部有支部成员 10 人。2014 年 4 月 20 日至 9 月 30 日，工程处党委组织驻木里办事处党支部全体党员干部开展了“党的群众路线教育实践活动”。办事处全体党员干部多次召开民主生活会，对“四风”问题，开展批评和自我批评，做了学习笔记，写了学习心得和群众路线教育实践活动对照检查材料，查摆出个人和班子在“四风”方面存在的突出问题。完成学习教育、征求意见、查摆问题、批评教育、落实整改和建章建制的各项教育任务。在本年度中，办事处学习贯彻党的十八大会议精神，深入广泛的开展慵懒散浮拖问题的专项整治，认真学习和反思，努力改进工作作风，坚持“党要治党，从严治党”的工作方针，通过庸懒散浮拖专项整治，提高办事处党员干部的工作热情，使大家克服了工作环境艰苦，工作生活单调的困难。全身心投入林业工作建设，为保护木里县良好的生态环境做出贡献！

【森林管理】 2014 年，办事处加强森林管护和森林防火、林政资源管理。一是搞好护林防火工作。办事处 2014 年的防火工作起步较早，在防火期未来之前，就开展护林防火工作。要求办事处森林管护的相关人员和各地方的村组干部一起参加护林防火大会，对过去的护林防火工作进行总结，取长补短，提前布置今年护林防火的工作。聘请当地有威望村民 48 人，作为办事处外聘防火管护员，和他们签订防火责任书，落实了护林防火的各项制度和职责，对各各管护站管护员的职责任务进行明确和细化，把管护区内的每个山头地块的防火责任，落实给每一位在岗职工，职工和外聘人员互动，并监督外聘人员的防火工作情况；二是加强护林防火和林政管理宣传，提高全民保护森林的意识。办事处职工通过发放护林防火户主通知书，书写保护森林的宣传标语，给林区内中小学生发放漫画版护林防火宣传手册，给当地村民宣讲《森林法》和《四川省森林防火条例》等形式广泛的宣传；三是强化林区巡护力度，加强火情预警监测，重点部位死看死守。严格控制林区野外火源，加大森林火灾隐患排查整改力度。四是加强和地方党委政府的配合，共同联防，联治。聘用地方推荐的森林协管人员，积极参加他们的护林防火会议，参与和配合他们的林业工作，积极参与地方相关部门的林政案件查处，配合地方林政执法部门严厉打击破坏森林植被，乱捕滥猎野生动物的违法行为。

【安全工作】 2014 年，川林五处管护处拥有防火专用车 4 辆，办事处要求车辆驾驶员牢固树立“安全第一”的思想，开车不违章，严格遵守交通规则，认真执行安全操作规程，认真遵守《交通法规》，按时参加交通安全学习，不断提高自身的业务素质和驾驶技能，并做到每次安全行车，返回后进行检查、维修，决不允许车辆带病运行，严禁疲劳驾驶。不开“英雄”车、不开斗气车、不开带病车上路，杜绝各种事故的发生。办事处管护人员在巡山护林期间，统一着装，必须穿戴好安全鞋帽，带好标有单位的袖章，服从管护站负责人的安排，每一路巡山队员至少在 2 至 3 人一起巡护，巡护过程中特别注意自身安全，决不允许职工单独出巡，酒后出巡。巡山护林过程中要求通信畅通，必须带上对讲机。在生活中，处处注意自身安全。

【领导人】 办事处主任：郑军；副主任：江大勇、李强、吴小林

（审稿：郑军/撰稿：江大勇）

县第一林场

【概况】 木里县第一林场为县属林业企业。2014 年林场设办公室、财务股、技术股、造林队、骨干苗圃队，专业扑火队和管护大队。管护大队设康坞、李子坪、阿比店、乔瓦镇、列瓦、芽祖、下麦地、项脚、鸡依、唐央 10 个管护站并在下麦地、场部和李子坪黄泥巴村设护林防火检查站，在职职工 126 人。2014 年，木里县第一林场森林管护总面积为 225.96 万亩。

【护林防火】 第一林场为搞好森林管护、护林防火、野生动植物保护、生态有效保护的常年管护工作，完善森林管护体系，领导全面负责，部门齐抓共管，社会广泛参与，强化宣传教育工作，完善防火预案，提高应急反应能力。对管护辖区实行长年管护，管护人负责每天填写由林场统一印制的巡山记录，每月巡山不得少于 25 天，月底要审查，并签署审查意见，评定护林效果。2014 年木里县第一林场管护辖区内未发生重大森林火灾。

【绿化造林】 2014 年，木里县第一林场完成 5000 亩的县级森林植被恢复的地块选择、设计等各项工作。完成州级森林植被恢复项目，人工造林完成了 5000 亩。经林业主管局组织检查验收，合格率达到 90% 以上。对 1868.7 亩石漠化综合治理进行人工造林补植，通过林场及主管部门的检查验收。

【森林管护】 2014 年，县第一林场对仙里沟、康乌、长海子、丁冬、黑杉林、鸭棚沟发生的森林病虫害 1800 亩、鼠害 1000 亩进行防治，各项指标全面达标。

【林政管理】 2014 年，县第一林场狠抓民用材的管理和林区的各施工单位的管理。为了有效制止超指标采伐，林场管护人员采取指定择采地点，现场检尺验收和限定采伐期限的办法，要求有民用材指标的农牧民在指定地点、规定时间择采，并由管护人员现场收方，对有超指标的行为，上报森林公安局处理。辖区 2014 年共 12 起林政案件；李子坪 5 起、乔瓦镇 3 起、阿比店 2 起、项脚 1 起、下麦地 2 起。

【资金管理】 2014 年，木里县第一林场加强天保工程资金管理使用，一是建立会计机构，对工程资金的使用和管理实行专人、专账、专户和报

销制核算管理，对资金的拨付、报销制定具体规定。二是根据工程实施进度和资金预算向天保工程建设分期分批拨付资金，对管护人员工资、补助按月发放，养老统筹，医疗保险、失业保险、生育保险、公伤保险、住房公积金等政策制社会性支出，按政策规定向有关部门及时缴纳。

【领导人】 场长：施小炼（藏族）；书记：杨德清（蒙古族）；副场长：董永安、王斌

（审稿：杨德清/撰稿：泽仁扎西）

县桃博林场

【概况】 木里县桃博林场是县属林业企业，场部位于木里县瓦厂镇，距离县城126公里；场部有职工宿舍一栋、办公住宿楼一栋。2014年县桃博林场设办公室、财务室、天保办、电厂、管护队、造林队。管护队下设博科、瓦厂、屋脚、依吉、水洛等5个管护站，并在屋脚设木材检查站、都口瞭望台，在职职工71人（其中男职工63人、女职工8人），退休职工21人。2014年，桃博林场管护总面积为206.4万亩，森林总蓄积为1525.02万立方米。

【护林防火】 根据《天保工程二期森林管护规划方案》，在巩固天然林停采成果的基础上，对119418公顷的森林实行长年管护。1至6月组织人员到管护辖区内各乡、村、组、牧场、独家独户进行护林防火宣传，并与村、组相关人员签订《护林防火和森林管护协议》，对辖区施工单位和采脂人员进行护林防火宣传，并签订《护林防火和森林管护协议》。2014年管护辖区内依吉乡发生森林火灾1起。

【林政管理】 2014年，桃博林场林政管理重点是民用材的管理、野生动植物的保护制止乱砍乱伐等工作。桃博林场实施管护人员年度考核，对管护质量高的班组、个人进行表扬，对管护质量差的按年初签订的《管护合同》给予处罚。2014发现并协助森林公安处理两起发生在屋脚乡经堂组偷伐、盗运木材的林政案件。

【林业棚户区】 桃博林场林业棚户区（危旧房）改造项目，于2013年4月在木里县乔瓦镇红科正式开工，2014年10月竣工，共计大户型60套，小户型2套，总面积为6477.48平方米。经木里县发改、财政、审计、城建、林业、环保、消防、气象等各部门组成的验收小组验收合格，现正进入审计决算阶段，已具备入户条件。

【自身建设】 2014年，桃博林场大力压缩招待费、车辆使用费，把节约下来的资金用于基础设施建设。对职工俱乐部、瞭望台房屋维修翻新，购买发电机解决瞭望台、依吉管护站、博科站的照明问题，并给5个管护站、1个瞭望台配备了卫星接收机、电视等，购买台球桌、乒乓桌等娱乐设施，极大丰富了职工的文化生活。为解决新安置职工的住房问题，投资5万余元对10间破旧危房进行了维修并为新安置职工购买床铺。屋脚管护站的房屋建设已纳入项目建设，正在建设中。

【领导人】 场长：胡仁才；书记：黄东；副场长：陈海涛；工会主席：杨扎拉

（审稿：胡仁才/撰稿：李云华）

县茶布朗林场

【概况】 木里县茶布朗林场系县属林业企业，场部位于木里县茶布朗镇，海拔2650m，距离木里县城168公里。2014年，茶布朗林场设办公室、财务室、天保办、管护大队，管护队下设东

孜一村管护站、东孜二村管护站、梨儿坪管护站、唐央管护站、东朗管护站、麦日管护站及杜基瞭望台、东朗防火检查站、梨儿坪防火检查站，在岗职工 81 人（男职工 68 人，女职工 13 人），退休人员有 15 人。在岗大专以上学历人员有 17 人，高中学历 20 人，初中学历 44 人，平均年龄为 40 岁，中级职称人员有 6 人，初级职称人员有 46 人。2014 年，茶布朗林场森林管护面积 163.6 万亩。

【护林防火】 全面落实“九长”责任制，加大护林防火宣传。防火期间，防火领导小组明确分工、划片区负责，各管护组进入林区、辖区各乡村组进行定期宣传和不定期检查。及时清查各乡、村、组、牧场管护区内“痴、呆、聋、哑、精神病患者”落实监护人监督管理，并造册登记；管护人员利用岩石、桥墩、居民住房围墙等书写醒目警示宣传标语 900 余条，参加大小联系会议 90 余次，全年累计发放防火宣传单 5000 余份；加强火源管理，杜绝一切违章用火，依法治火。对管护区内施工工程承包方要求必须具备“入山证”和用火“许可证”方可入山施工作业；加强专业扑火队伍建设，扑火队年轻人员始终保持在 30 人，全系退伍转业军人，全面经过扑火技能培训上岗；严格火情监测。在防火期内坚持 24 小时值班，防火期 12 个对讲机联络员坚持靠前值班，规定每一小时开机联络一次，及时准确汇报林区动态，并做好记录登记。在各村设有火情联络员一名，保证火情的及时发现和报告；利用无线电进行通讯联络，防火期按规定时间开机与县主台联系，辖区内如发现山火，电台每隔一小时联系一次，坚持 24 小时值班，火线扑火队伍配备对讲机一部，扑火指挥部配备对讲机每一小时联系一次。

【资金管理】 2014 年，县茶布朗林场全年完成天然林资源保护工程建设年度全部林业投资 614 万元。其中森林管护 499 万元，社会保险（养老、医疗、失业、工伤、生育）19 万元。

【封山育林森林抚育】 2014 年，县茶布朗林场完成封山育林面积 200 公顷，投资 96 万元。实施中幼龄抚育 533.3 公顷。

【领导人】 场长：格绒朗真（藏族）；副场长：杜基扎西（藏族）、苏朗温珠（藏族）；工会主席：偏初仁顶（藏族）

（审稿：格绒朗真/撰稿：石发鑫）

县林产公司

【概况】 木里县林产公司是县属林业企业，主要从事天然林保护工程的森林管护、病虫害防治、公益林建设、野生动植物保护等工作。2014 年，公司设办公室、管护大队（下辖后所、巴钦、牦牛坪、博窝管护站）、天保办、野保站、财务室、电台联络室、造林队、档案室，现有在职职工 73 人、退休职工 24 人。

【森林管护】 2014 年，县林产公司管护总面积 8.98 万公顷（134.69 万亩亩），采取设卡管护与巡山管护相结合的的管护方式。2014 年，公司管护区内没有发生 1 起林业行政案件，野生动植物得到保护，有效防治森林病虫鼠害。

【护林防火】 2014 年，认真贯彻“预防为主、积极消灭”的森林防火方针，层层签订《护林防火责任书》。制定并落实《木里县林产公司森林火灾扑救预案》，坚持“预防为主、积极消灭”的工作方针，有力的保护森林资源。

【森林抚育】 2014 年，县林产公司在牦牛坪乡实施的 2013 年中央财政森林抚育补贴项目（4000

亩），通过国家林业局检查验收。完成2014年下达的中央财政森林抚育补贴项目（5000）亩的规划设计工作，项目总投资60万元。

【绿化造林】 2014年，县林产公司在卡拉乡、后所乡实施的2010年省级森林植被恢复费项目（3000）亩，通过县林业主管部门验收，合格率86%；在西秋乡实施的2011年石漠化综合治理工程（林业项目、封育1万亩），利通过县林业主管部门验收，合格率86%；在后所乡实施的2012年石漠化综合治理工程（林业项目、人工造林4735亩），当年造林成效通过县林业主管部门验收，合格率85%；在后所乡实施的2012年石漠化综合治理工程（林业项目、封育7000亩），封育成效顺利通过县林业主管部门验收，封育率达100%；在后所乡实施的2013年中央财政造林补贴项目（2100亩），通过县林业主管部门当年检查验收，合格率88%。

【林业棚户区】 2014年，木里县林产公司与桃博林场共建的林业棚户区改造工程竣工验收。该工程项目于2013年4月在乔瓦镇红科开工建设，共新建房屋5幢120套，砖混结构，工程总投资1915万元，工程面积1.24万平方米。2014年9月26日，由木里县发改、审计、城建、林业、环保、消防、气象等各部门组成的验收小组，对工程进行现场检查验收。

【光荣榜】 2014年12月，县林产公司被木里县委、县政府评为2014年度护林（草原）防火工作先进集体。

【领导人】 经理兼书记：霍明勇；副经理：谭勇

（审稿：霍明勇/撰稿：杨艳丽）

畜牧业

【概述】 木里藏族自治县畜牧局是县人民政府工作组成部门，是全县畜牧兽医行政主管部门，在行政上管理9个国有牧场。2014年县畜牧局设有行政办公室（挂行政审批股牌子）、畜牧局审计股、动物疫病预防控制中心、动物卫生监督所、草原工作站（挂草原监理站牌子）、畜牧站、畜牧业经济管理站、畜牧科教站；10个派驻机构（乔瓦镇畜牧兽医站、列瓦乡畜牧兽医站、白碉乡畜牧兽医站、倮波乡畜牧兽医站、瓦厂镇畜牧兽医站、屋脚乡畜牧兽医站、水洛乡畜牧兽医站、茶布朗镇畜牧兽医站、东朗乡镇畜牧兽医站、麦地龙乡畜牧兽医站）。局机关设有党总支、党支部、工青妇等党群组织和畜牧兽医协会学术交流组织。共有人员86人，其中行政管理人员8人，行政工勤人员1人，专业技术人员63人，参公管理6的人，事业工勤人员6人；临时聘用人员2人；在专业技术人员中副高职称3人，中级职称23人（含参公管理的6人）。

【畜牧生产】 2014年，木里县整合“攀枝花援助项目”、“畜牧产业化项目”、“草补省级配套项目”、“基层畜牧兽医推广体系建设”等项目资金，加大养殖户的支持力，发展适度规模养殖，推进畜牧业产业化发展。2014年在木里县发展适度规模畜禽养殖1178户，其中年出栏20头以上生猪规模养殖户260户，年出栏30只以上优质山羊规模养殖户658户，年出栏5头以上规模养牛户260户，改造生猪圈舍2360平方米、肉羊圈舍4200平方米，配套种植优质牧草2632亩；在乔瓦镇、西秋乡、鸭嘴牧场新建3个生猪规模养殖场；重点扶持打造10户生猪标准化养殖示范户和30户生态鸡养殖示范户，新建生猪标准化圈舍1972平方米，生态鸡棚圈1020平方米，年出栏生猪3500多头，出栏生态鸡3万多羽；在康坞、鸭嘴、巴尔、屋脚、依吉等牧场乡镇建设冬季暖棚270个2160平方米。2014年木里县新增2个养殖专业合作社，规范和完善1个藏鸡养殖专业合作社。

2014年末，木里县大牲畜存栏15.06万头（匹），同比增长1%，其中牛存栏11.45万头，同比增长1%；猪存栏15.77万头，同比增长3%；羊存栏20.76万只，同比增长1%；家禽存栏30.72万羽，同比增长2%。猪出栏11.23万头，同比增长4%；牛等大牲畜出栏2.13万头，同比增长1%；羊出栏8.77万只，同比增长1%；完成肉类总产量1.1万吨，同比增长3%；禽蛋产量311吨，同比增长2%；牛奶产量4813.2吨，同比增长3%。全县牧业总产值预计达4.45亿元，同比增长5%。

【畜种改良】 2014年，木里县畜牧局引进优质南江黄羊105只，县内调剂种羊37只，改良本地山羊6500多只；引进九龙牦牛100头，改良本地牦牛2800多头；引进优良肉牛冻精2000剂，完成肉牛人工授精356头，产犊206头；引进杜洛克等种猪113头，完成品种改良1000窝；投资15万元，在康坞、让白、争西建成三个人工授精点；加大南江黄羊的本土化选育工作，在茶布朗镇新建1个南江黄羊纯繁基地，种羊存栏达25头。

【草原建设与保护】 2014年，木里县规范草原征占用审批程序，对部分采矿探矿企业（人员）的合法性及手续完整性开展核查，对违反草原禁牧管理规定、乱采滥挖、超载过牧等违法行为予以处罚，对草场纠纷问题及时调处；修订完善《草原防火应急预案》，制定草原防火制度措施，层层签订防火责任，将其草原防火责任落实到乡、村、组、户，2014年发放草原防火知识和管理法律法规资料1200余份；完成草原灭鼠30.3万亩（生物灭治20万亩，化学灭治10.3万亩），完成草原治虫10.2万亩，并编制《2015年草原鼠虫害实施方案》。继续落实草原生态保护补助奖励机制工作，组织专业技术人员，深入乡（镇）、牧场调查统计项目实施基本要素，反复论证修改，编制《2014年实施方案》加强完善基础信息系统建设，对2.25万户牧户基础信息系统开展复核、更正等工作，完善牧户基础信息系统建设，开展基本草原划定和上图工作；以一卡通的形式，向农牧民兑现生产资性料综合补贴等资金共2216.2万元；实行禁牧封育管理和推行草畜平衡，认真监管划定禁牧草地和草畜平衡草地，完成减畜43.66万个羊单位；在康坞、鸭咀、让白3个牧场以户为单位建设户营打贮草基地115户，完成营打贮草基地建设1.53万亩。在康坞牧场一队建设标准化草场2000亩。全年开展技术培训2期加强草管员监督管理和培训工作，推行草管员乡聘乡管的管理措施，实行聘用制。

【饲草饲料】 2014年，木里县种植优质牧草15.32万亩，其中以光叶紫花苕为主的一年生优质牧草11.7万亩，多年生牧草保留达面积3.62万亩（当年新增多年生牧草0.74万亩）；苕种地留种面积0.9万亩，自产苕种36万公斤；调进优质牧草种子11.58万公斤，其中一年生牧草种子10.54万公斤，多年生牧草种子1.04万公斤，全年完成牧草种子调节47.58万公斤。

【动物疫病防控】 2014年，木里县认真落实动物疫病防控工作确保免疫质量，开展免疫抗体监测工作。完成对列瓦乡、下麦地乡、后所乡、博科乡、康坞牧场等乡镇牧场养殖场户重大疫病免疫抗体水平检测，送检血样：猪血清60份、羊血清60份、鸡血清60份、牛血清60份；送检病原学监测采样90份；开展突发疫病的防控工作，木里县及时将小反刍兽疫疫情时向各乡镇牧场发了紧急通知，及时组织开展小反刍兽疫疫苗强制免疫工作，关闭木里县羊及羊产品交易市场，禁止活羊及产品的交易流通；完善村级防疫人员工资管理，与县农行恰谈，统一办卡，补助直接兑现到村防疫员卡中。

【畜产品质量监管】 2014 年，木里县规范动物卫生监督执法。一方面严格把控动物及动物产品的检疫和出证条件，乡镇动物防疫监督人员对未佩戴二维码标识的动物，运载动物及动物产品的车辆做好查证验物，消毒等工作，详细登记检查记录，发现问题按有关规定严格处置，确保动物产品质量安全；规范动物防疫条件合格证审核发放工作，全年审核发放动物防疫合格证 22 份；加大监督检查力度，坚持每个月监督检查不放松，节假日重点监管的方式，实现市场监督率达到 100%，对全县畜禽调运经济人进行调查摸底，并加强监管；电子出证工作有序推进，通过多方筹措，完成了 4 个点电子出证网络建设；加快兽药 GSP 认证工作，对具备兽药经营条件的两户经营户的软硬件建设进行了兽药 GSP 认证指导工作；加大“瘦肉精”等违禁添加物的监测、检测工作，全年共检测瘦肉精 972 头/份，其中：猪 388 头/份，牛 431 头/份，羊 153 头/份，检测过程中全县未发现“瘦肉精”阳性案例。全年开展生猪 6150 头，牛 380 头屠宰检疫；开展兽药、饲料执法检查 4 次，开展市场检查 5 次，检查生猪标准化养殖小区动物防疫条件 3 次，检查养羊专业户动物防疫条件 4 次，开展屠宰场执法检查 4 次。

【牧场管理】 2014 年，木里县 9 个国有牧场总面积 507.3 万亩，其中草地面积 319.6 万亩。9 个国有牧场总人口 2307 人，在职职工 401 人，退休工人 401 人；四畜存栏总数 3.74 万头（只），其中牦牛 3.18 万头，完成肉类产量 765.5 吨，奶产量 1794 吨，畜牧业产值达到 1573 万元，职工人均收入达 2.5 万元，亏损降至 8.5 万元。县畜牧局对牧场的政务事务指导，年初木里县畜牧局与各牧场签订“生产管理目标责任书”，检查监督牧场财务、生产、经营等方面，指导牧场做月报、季报和财务结算工作，督促牧场及时公开政务财务事务。

【牧场基础设施建设】 2014 年，木里县以草原生态补奖省级配套项目、现代畜牧业发展项目，投资 432 万元，建设冬季暖棚 181 个 1.45 万平方米，其中巴尔牧场 42 个 3360 平方米，卡尔牧场 66 个 5280 平方米，卡拉牧场 34 个 2720 平方米，争西牧场 35 个 2800 平方米，陇撒牧场 4 个 320 平方米。

【畜牧技术培训与推广】 2014 年，木里县在攀枝花农牧局的资助下选派 8 人到陕西等地考察现代畜牧业，选派 1 人到农业部培训中心学习，选派 2 人到攀枝花学习农产品检测技术；邀请对口支援单位——攀枝花农牧局、西昌学院和州局动物卫生监督所专家教授到木里县开展畜牧兽医知识讲座 3 次。县畜牧局结合木里畜牧生产实际，利用“群众路线走基层”、“三下乡”、县委党校举办“乡村级干部”培训等机会，开展疫病防治、牧草栽培、养殖技术、圈舍设计等方面的农村实用知识技术培训；组织科技人员开展“畜牧科技助农增收”活动，畜牧技术人员在生产一线，指导农牧民养殖技术。2014 年培训农牧民 5600 多人次，印发宣传资料 7000 余份。

【光荣榜】 2014 年，木里县畜牧局被凉山州畜牧局评为 2013 年度草原防火工作目标责任考核一等奖；木里县畜牧局被凉山州畜牧局评为 2013 年度动物疫病防控重点工作绩效评价三等奖；木里县畜牧局被凉山州畜牧局评为 2013 年度动物卫生监督目标考核三等奖；木里县畜牧局被凉山州畜牧局评为 2013 年度畜产品质量安全监管考核二等奖；木里县畜牧局被木里县档案局评为2014年度机关、企事业单位档案工作规范划管理满三年复查达省三级；木里县畜牧局被凉山州畜牧局评为凉山州2011－2013年度草补政策实施绩效考评二等奖；木里县畜牧局被四川省实施草原生态保护补助奖励机制政策领导小组办公室评为四川省2013年度草原生态保护补助奖励机制政策绩效考评良好奖；木里县畜牧局被凉山州畜牧局评为2014年度草原防火工作目标责任考核一等奖。

【领导人】 局长：向友色（彝族）；党总支部书记：何正林（彝族，2014.3～）；纪检组长：杨三祖（藏族）；副局长：次尔偏初（蒙古族）、海祖里（藏族）

（审稿：蒲治斌/撰稿：蒋阿志）

康坞牧场

【概述】 县康坞牧场地处木里县城东北部，全场平均海拔在3667米以上，场部驻寸多海子，海拔3648米，离木里县城38公里。全场幅员面积为56.9万亩，其中草场面积为35.9万亩。2014年，康坞牧场有3个牧业生产队，87户牧民，总人口276人，其中藏族275人，蒙古族1人，其中人在本场户口不在本场的7户25人，在职职工54人，退休职工49人，牧场设有党支部、管委会、工会、妇联、青年等组织机构。管理人员11人。2014年，全场四畜存栏达4174头（只），其中牛3444头，其它牲畜存栏730头（只）；四畜出栏648头（只）。全年肉类产量79吨，奶产量235吨，总产值198.5万元，实现利润0.52万元。收取奶渣3014公斤，酥油2260公斤，牛肉9000公斤，折合现金65万元。

【牧场经营管理】 2014年，康坞牧场执行场长负责制，对重大事项、大笔开支实行集体研究决策制，推行场务、财务公开，建立健全各项规章制度；继续执行家庭承包经营管理制，探索家庭牧场经营管理体制度，严格执行目标管理责任制，牧场支部、管委会与县委、县政府以及主管单位签订相关工作目标责任，牧场又与队长、牧户签订相应的工作目标管理责任。

【牧场基础建设】 2014年，康坞牧场争取项目资金65.6万元，为牧民新建标准化棚圈41个。

【草原生态保护】 2014年，加大草原防火、灭鼠治虫、草地补播、围栏封育工作，划定禁牧草地10.7万亩，草畜平衡草地19.8万亩，加强草原禁牧和草畜平衡管理工作。2014年草原生态保护补助奖励机制政策受益户41户，补助资金为101.25万元。在一队建设标准化草场2000亩。

【畜种改良】 2014年，康坞牧场以项目资金和牧民集资方式引进牦牛12头，投资5万元建成1个人工授精点。开展九龙牦牛与本地牦牛杂交工作，防止近交衰退。全年改良本地牦牛856头，产仔745头。

【牧民生活】 2014年，康坞牧场牧民以畜牧业生产，销售牦牛奶制产品、肉类为主要经济收入来源。牧民定居行动、草原有偿补助奖励机制、城镇居民最低生活保障等一系列惠民政策的实施，使牧民生产、生活条件改善，生活水平提高，全年职工人均年收入为2.2万元。

【领导人】 场长：沈从秀（女，蒙古族）；党支部书记：边玛扎西（藏族）

让白牧场

【概述】 木里县让白牧场地处木里县城东北部，

全场平均海拔在3800米以上，场部驻在榜朗尔，海拔3580米，离木里县城76公里。牧场幅员面积为48.5万亩，其中草场面积为30.5万亩。2014年末全场有2个牧业生产队，42户牧民、总人口195人，均为藏族，在职职工37人，退休职工36人，牧场设有党支部、管委会、工会、妇联、青年等组织机构。管理人员8人。2013年末全场四畜存栏达2607头（只），其中牛3320头，其它牲畜存栏619头（只）；四畜出栏412头（只）。全年肉类产量68.5吨，奶产量240.0吨，总产值为192.0万元，实现利润0.1586万元。

【牧场经营管理】 2014年，让白牧场执行场长负责制，对重大事项、大笔开支实行集体研究决策制，推行场务、财务公开，建立健全各项规章制度，执行家庭承包经营管理制，探索家庭牧场经营管理制度，严格执行目标管理责任制。牧场支部、管委会与县委、县政府以及主管单位签订相关工作目标责任；牧场又与队长、牧户签订工作目标管理责任，做到层层落实。加强项目的监督和管理，加强财务内控制度建设，规范财务管理，规范财政补助资金管理，做到财政财务公开、公平、公正。加强票据管理，强化财务管理监督责任。

【牧场基础建设】 2014年，争取项目资金40万元，为牧民新建标准化棚圈25个。

【草原生态保护】 2014年，让白牧场加大草原防火、灭鼠治虫、草地补播，围栏封育工作。划定草原禁牧11.1万亩，草畜平衡草地19万亩，加强草原禁牧和草畜平衡管理工作，全年草原生态保护补助奖励机制政策受益牧户33户，补助资金为96.75万元。

【畜种改良】 2014年，让白牧场开展九龙牦牛与本地牦牛杂交工作，建成1个人工授精点。改良本地牦牛542头，产仔368头。投资5万元。

【牧民生活】 2014年，让白牧场牧民以畜牧业生产，以销售牦牛奶制产品、肉类为主要经济收入来源。畜产品按承包任务上交的50%上交实物牧场，50%牧民个人处理，交现金执行。随着牧民定居行动、草原有偿补助奖励机制、城镇居民最低生活保障等一系列惠民政策的实施，财政性补贴收入比重越来越高，使牧民生产、生活条件不断改善，生活水平不断提高，全年职工人均年收入基本达到2万元以上。

【领导人】 场长：马三祖（藏族）；党支部书记：扎西龙布（藏族）

争西牧场

【概述】 木里县争西牧场地处木里县城北部，全场平均海拔在4650米以上，场部驻在塞梗，海拔3748米，离木里县城158公里。2014年争西牧场牧场幅员面积为102.5万亩，其中草场面积为64.6万亩。2014年末全场有2个生产队、89户牧民、总人口413人，其中藏族412人，汉族1人，在职职工51人，退休职工70人，牧场设有党支部、管委会、工会、妇联、青年等组织机构，办有2所学校，管理人员12人。2014年末全场四畜存栏达8202头（只），其中牛7116头，其它牲畜存栏1086头（只）；四畜出栏930头（只）。全年肉类产量156吨，奶产量380吨，总产值450万元，实现利润2.4万元。

【牧场经营管理】 2014年，木里县争西牧场执行场长负责制，对重大事项、大笔开支实行集体研究决政策，推行场务，财务公开，建立健全相应管理制度，执行家庭牧场承包经营管理制度，严格执行目标管理责任制，牧场支部，管委会与县委，县政府以及主管单位签订工作目标责任，牧场又与队长、牧民签订工作目标管理责任书。

【牧场基础建设】 2014年，争西牧场完成89户棚户区改造配套设施建设任务，建防护栏3500平方米，购活动中心桌椅40套；在草原生态补奖省级配套项目支撑下，投资56万元，建设冬季暖棚35个2800平方米。

【草原生态保护】 2014年，争西牧场实施草原生态保护补助奖励机制80户，草原禁牧17.7万亩，补助106.2万元，草畜平衡27.5万亩，补助资金41.25万元，牧草良种补助4000元，牧民生产性资料综合补贴4万元，牲畜良种补贴2.1万元。加大草原防火、灭鼠治虫、草地补播、围栏封育等草原生态保护工作。

【畜种改良】 2014年，争西牧场畜种改良工作主要开展牦牛品种的选育提纯，在上级项目支撑下实施畜牧良种工程从九龙引进种公牛30头，每头种牛牧民个人出资2000元，投资5万元，建成1个人工授精点，培育优良牦牛。

【疫病防治】 2014年，争西牧场坚持牲畜疫病防治配备了2名防疫员，负责全场四畜疫病防治工作，并与组长及管理人员签订责任书，对重大疫病实施强制免疫，牛出败、五号病、驱虫等防治工作达到98%以上。

【牧民生活】 2014年，争西牧场牧民以畜牧业生产，以销售牦牛奶制产品，肉类为主要经济收入来源。在退牧还草工程、牧民定居行动、草原有偿补助奖励机制、城镇居民最低生活保障等一系列富民、惠民政策的扶持下，牧民生产、生活条件得到的改善，牧民生活水平得到提高。2014年人均收入达3510元，职工均收入为2.84万元。

【领导人】 场长：扎西仁青（藏族）；党支部书记：格绒达瓦（藏族）

卡拉牧场

【概述】 木里县卡拉牧场地处木里县城东部，全场平均海拔在3700米以上，场部驻在所在地为小栏包，海拔3214米，离木里县城210公里。是不通公路、不通电话、不通电的唯一一个牧场。2014年牧场幅员面积为29.8万亩，其中草场面积为18.8万亩，2014年末全场有2个生产队、46户牧民、总人口212人，均为藏族，在职职工33人，退休职工22人，牧场设有党支部、管委会、工会、妇联、青年等组织机构，管理人员8人。2014年底全场四畜存栏达4768头（只），其中牛2236头，马骡102匹，猪265头，羊2115只；四畜出栏896头（只），其中牦牛643头。全年肉类产量65.5吨，奶产量82吨，总产值110.2万元。收取管理费2.67万元，支出36.83万元，亏损6.22万元。

【牧场经营管理】 2014年，卡拉牧场实行自付营亏，独立核算的管理体制，实行家庭联产承包责任制，场长负责抓经济，书记负责抓政治，牧场制定内部规章制度，财务报表由四川金达会计师事务所审计。

【牧场基础建设】 2014年，卡拉牧场在草原生态补奖省级配套项目、现代畜牧业发展项目的支撑下，投资54.4万元，建设冬季暖棚34个2720平方米，

【草原生态保护】 2014年，卡拉牧场实施草原生态保护补助奖励机制42户，草原禁牧5.7万亩，草畜平衡13万亩，国家补助资金58.6万元。

【畜种改良】 2014年，卡拉牧场畜种主要以改良绵羊为主，改良本地绵阳658只；牦牛改良主要是牧民内部调节使用种公牛，防止过度近交退化。

【牧民生活】 2014年，卡拉牧场在棚户区改造、牧民定居行动、草原有偿补助奖励机制等一系列富民惠民政策的扶持下，牧民生产、生活条件改善，牧民生活水平提高，职工均收入为1.8万元。

【领导人】 场长：张偏初（藏族）；党支部书记：呷绒扎西（藏族）

陇撒牧场

【概述】 木里县陇撒牧场地处木里县城西部，全场平均海拔在3800米以上，场部驻在莫嘎拉，海拔3746米，离木里县城210公里。2014年牧场幅员面积为57.3万亩，其中草场面积为36.1万亩。2014年末有2个生产队、38户牧民、总人口235人，均为藏族，在职职工40人，退休职工47人，牧场设有党支部、管委会、工会、妇联、青年等组织机构。管理人员9人。2014年全场四畜存栏达2853头（只），其中牛2340头，马骡172匹，猪136头，羊205只；四畜出栏793头（只）。全年肉类产量88.5吨，奶产量183吨，总产值132万元，实现利润2.1万元。收取奶渣2146公斤，酥油1824公斤，牛肉6350公斤，折合现金42万元。

【牧场经营管理】 2014年，陇撒牧场坚持实施家庭牧场经营管理指导、引导牧民发展多种经营，建立完善内部管理机构和规章制度，严格执行工作目标责任。

【牧场基础建设】 2014年，陇撒牧场投资6.4万元，完成牧民暖棚建设4个，320平方米。

【草原生态保护】 2014年，陇撒牧场实施草原生态保护补助奖励机制33户，草原禁牧10.7万亩，补助64.2万元，草畜平衡19万亩，补助资金28.5万元，牧草良种补助1.1万元，牧民生产性资料综合补贴1.65万元，合计补助94.35万元。

【畜种改良】 2014年，陇撒牧场牦牛改良工作以牧民内部调节使用种公牛，达到血缘更新建成1个人工授精点，防止过度近交造成品种退化，同时开展牦改犏工作。

【疫病防治】 2014年，陇撒牧场坚持开展牲畜疫病防治，在春秋两季安排管理人员陪同防疫员深入牧户开展作牛出败、五号病等免疫接种工作，保障疫病防治。

【牧民生活】 2014年，陇撒牧场在棚户区改造、退牧还草工程、牧民定居行动、草原有偿补助奖励机制、城镇居民最低生活保障等一系列财政惠民政策扶持下，牧民生产、生活条件改善，牧民生活水平提高，全年职工人均年收入为2.5万元。

【领导人】 场长：扎西（藏族）；党支部书记：央青拉姆（女，藏族）

麦日牧场

【概述】 木里县麦日牧场地处木里县城西北部，全场平均海拔在3800米以上，场部驻在茶布朗镇然面村银戈组，海拔2430米，距离木里县城175公里。2014年全场幅员面积为19.4万亩，其中草场面积为12.2万亩。有2个生产队，21户牧民，总人口147人，均为藏族，在职职工28人，退休职工28人，牧场设有党支部、管委会、工会、妇联、青年等组织机构。管理人员5人。2014年末全场四畜存栏达1982头（只），其中牛1581头，其它牲畜存栏255头（只）；四畜出栏405头（只）。全年肉类产量63吨，奶产量122吨，总产值151.5万元，亏损3万元。

【牧场经营管理】 2013年，麦日牧场执行场长负责制，对重大事项、大笔开支实现集体研究决策制，推行场务、财务公开，建立健全各项规章制度；执行家庭承包经营管理制，执行目标管理责任制，牧场支部、管委会与县委、县政府以及主管单位签订工作目标责任，牧场又与队长、牧户签订工作目标管理责任，做到层层落实。

【牧场基础建设】 2014年，麦日牧场对2013年实施的牧民定居行动计划公共配套设施建设工程进行整改，为31户棚户区牧民安装防护栏260平方米，为活动中心购置桌椅40套。在党的群众路线教育实践活动，组织党员干部投工投劳为牧民维修14.8公里路，保障牧民出行。

【草原生态保护】 2013年，麦日牧场加大草原防火、灭鼠治虫、草地补播、围栏封育工作，划定一定区域的禁牧区域，加强草原禁牧和草畜平衡管理工作，全年草原生态保护补助奖励机制政策受益户21户。

【畜种改良】 2014年，麦日牧场借项目资金实施畜牧改良工程，通过国家补贴，个人出资方式，从九龙引进种公牛19头，杂交改良本地牦牛220头，产仔106头。

【牧民生活】 2014年，麦日牧场牧民以畜牧业生产，以销售牦牛奶制产品、肉类为主要经济收入来源。在一系列优惠政策、扶持下，牧民生产、生活条件改善，生活水平提高。

【领导人】 场长：朗杰次尔（藏族）；党支部书记：布呷杜基（藏族）

巴尔牧场

【概述】 木里县巴尔牧场地处木里县城西北部，全场平均海拔在4300米以上，场部驻在丙沃，海拔3856米，离木里县城225公里。2014年巴尔牧场幅员面积为38.8万亩，其中草场面积为22.8万亩，2014年末全场有3个生产队，59户牧民，总人口279人，均为藏族，在职职工39人，退休职工47人，牧场设有党支部、管委会、工会、妇联、青年等组织机构，管理人员8人。2014年底全场四畜存栏达3893头（只），其中牛3646头，骡马247匹，猪259头，羊28只；四畜出栏789头（只）。全年肉类产量88吨，奶产量189吨，总产值132万元，实现利润1.7万元。收取奶渣1583公斤，酥油2631公斤，牛肉8280公斤，折合现金52.81万元。

【牧场经营管理】 2014年，巴尔牧场实施家庭牧场经营管理指导、引发牧民发展多种经营，建立完善内部管理机构和规章制度，执行工作目标责任。

【牧场基础建设】 2014年，巴尔牧场在草原生态补奖省级配套项目、现代畜牧业发展项目的支撑下，投资67.2万元，建设冬季暖棚42个3360平方米。

【草原生态保护】 2014年，巴尔牧场实施草原生态保护补助奖励机制42户，草原禁牧7.2万亩，补助43.2万元，草畜平衡14.8万亩，补助资金22.2万元，牧草良种补助2万元，牧民生产性资料综合补贴2.1万元，合计补助84.3万元。

【畜种改良】 2014年，巴尔牧场在上级项目支撑下，通过国家补贴，个人出资方式，从九龙引进种公牛39头，杂交改良本地牦牛530头，产仔408头。

【牧民生活】 2014年，巴尔牧场在棚户区改造、退牧还草工作、牧民定居行动、草原有偿补助奖励机制、城镇居民最低生活保障等一系列财政惠民政策护持下，牧民生产、生活条件改善，牧民生活水平提高，全年职工均年收入为2.1万元。

【领导人】 场长：打针旦珠（藏族）；党支部书记：次尔者姆（女，藏族）

卡尔牧场

【概述】 木里县卡尔牧场地处木里县城西部，全场平均海拔在3650米以上，场部所在地为苦普米，海拔3126米，离木里县城165公里。2013年卡尔牧场幅员面积为91.4万亩，其中草场面积为57.5万亩。2013年末全场有3个生产队、71户牧民，总人口288人，均为藏族，在职职工57人，退休职工47人，牧场设有党支部、管委会、工会、妇联、青年等组织机构。管理人员10人，学生18人。2014年底全场四畜存栏达4120头（只），其中牛3519头，骡马241匹，猪236头，羊124只。总产值161.5万元，亏损2.7万元。

【牧场经营管理】 2014年，卡尔牧场执行场长负责制，对重大项目、大量开支实行集体研究决策制，推行场务、财务公开，建立健全各项规章制度，执行家庭承包经营按理制，严格执行目标管理责任制，牧场支部、管委会与县委、政府以及主管局签订相关目标责任，牧场又与各队、队长、牧户签订工作目标管理责任，做到层层落实。

【牧场基础建设】 2014年，卡尔牧场在国家、四川省、凉山州、木里县关心支持下，被纳入国家国有农场财政扶贫单位，总投资150万元，实施危房改造300平方米，道路改造800米，人畜引水3个点，畜种改良100头；新建牲畜越冬暖棚66个5280平方米。

【草原生态保护】 2014年，卡尔牧场实施草原生态补助奖励机制66户，草原禁牧14.4万亩，补助资金86.4万元，草畜平衡23.5万亩，补助资金35.25万元，牧草良种300亩，补助资金3000元，牧民生产性资金综合补助户数66户，补助资金3.3万元。

【畜种改良】 2014年，卡尔牧场在国有农场财政扶贫项目的支持下，从争西牧场购进公牦牛100头，改良更新本地牦牛血缘355头。

【牧民生活】 2014年，卡尔牧场在党和国家对农垦企业扶贫、牧民定居工程、草原补助奖励机制、城镇居民最低生活保障等一系列优惠政策的扶持下，使牧民生产、生活改善，生活水平提高。人均收入1.8万元，新农合参合率达100%，基本达到病有所医。

【领导人】 场长：扎西降初（藏族）；党支部书记：杨打珍（藏族，2014.2～）

鸭嘴牧场

【概述】 木里县鸭嘴牧场地处木里县城东北部，全场平均海拔在3500米以上，场部驻在鸭嘴牧民新村茸苦道，海拔3510米，距县城70多公里处。2014年鸭嘴牧场幅员面积为65.04万亩，其中草场面积为41.2万亩。2014年末全场有2个生产队，74户牧民，总人口264人，均为藏族，在职职工61人，退休职工50人，牧场设有党支部、管委会、工会、妇联、青年等组织机构。管理人员10人。2014年底全场四畜存栏达3936头（只），其中牛3374头，其他牲畜562头（只）；四畜出栏812头（只）。全年肉类产量81.3吨；奶产量241.1吨；总收入为57.49万元，支出管理费及职工养老金61.14万元，职工生育保险1万元，亏损3.67万元。

【牧场经营管理】 2014年，鸭嘴牧场执行法人负责制，对重大事项，大笔开支实行场委会研究决定的财制，推行场务、财务公开，建立健全各项企业内部管理制度，执行家庭承包经营管理体制，严格执行目标管理责任制，牧场支部、场委会与县委、县政府以及县畜牧局签订工作目标责任，牧场又与各队队长签订工作目标管理责任，做到层层落实。

【牧场基础建设】 2014年，鸭嘴牧场在县委、县政府、县畜牧局的关心支持下对原有基础设施进行修缮，在定居点内建了1个公厕、做了200多米的饮水工程及活动中心背面排水沟1条。

【草原生态保护】 2014年，鸭嘴牧场加强草原生态保护工作，一是强化草原防火、灭鼠治虫、草地补播、围栏封育等草原生态保护工作措施；二是认真组织实施好草原生态保护补助奖励机制政策的项目，划定草原禁牧12.5万亩，划定草畜平衡草地20.5万亩，全场草补受益牧户41户，补助资金为105.75万元。

【畜种改良】 2014年，鸭嘴牧场全年杂交改良本地牦牛620头，牦改犏200多头。

【疫病防治】 2014年，鸭嘴牧场狠抓牲畜疫病防治工作，牧场成立以场长、书记为正副组长的防疫工作领导小组，执行分片分户负责制，对规定疫病实施强制免疫，做到“五统一、五不漏”，实现了全年无重大动物疫病发生、流行。

【牧民生活】 2014年，鸭嘴牧场牧民在党和政府实行牧民定居行动、草原有偿补助奖励机制、城镇居民最低生活保障等一系列藏区富民、惠民政策的扶持下，使牧民生产、生活大大改善，生活水平提高，全年职工人均收入为1.9万元。

【领导人】 场长：廖忠义（藏族）；党支部书记：穆科（女，藏族）

水　利

【概况】 2014年，木里县水务局（含电力职能）设综合办公室（内设行政审批股）、水利管理服务站、水资源管理站、水产渔政管理站、水土保持管理站、规划计划中心、地方电力管理所等7个机构。木里县人民政府防汛指挥部办公室设在木里县水务局。行政编制6名，其中：局长1名，副局长3名（其中1名为攀枝花援藏干部），纪检组长1名，调研员1名（于2014年5月退休）。机关后勤编制1名，事业编制28名。

【安全饮水】 农村安全饮水工程是“民生工程”。2014年，木里县安全饮水工程主要实施

2013年度上报的计划建设任务，工程总投资717万元（其中中央574万元，省财政50万元，要求地方配套83万元），在全县18个乡（镇）的27个村和20个村小学，共解决1.7万人的安全饮水问题，改善了项目区农牧民及村小学的生产生活及学习条件。

【小水利设施】 2014年，木里县狠抓农村节水灌溉、抗旱水源等工程为重点的农田水利基本建设，投入中央抗旱资金40万元，农民投劳45000个工日，在4个村实施建设项目，共建设5口蓄水池和5公里渠道，工程建成确保1200亩田地灌溉用水和1000人饮水困难。2014年全县共新增有效灌面100亩，恢复灌面300亩，超额完成目标任务。

【防汛抗灾】 2014年，木里县进一步强化责任，切实搞好防汛抗旱工作。一是健全组织机构，落实防汛责任。调整了县、乡（镇）两级防汛指挥机构，制定并落实了以行政首长负责制为核心的各项防汛责任制，指挥部领导职责等各项防汛工作责任制；二是加强宣传教育，提高全民防汛意识。多渠道、多形式地向公众发布防汛信息，宣传防汛法律法规，提高全民防汛意识，营造人人关心防汛、全社会共同参与防汛的防汛氛围；三是科学安排，认真落实安全度汛措施。为确保汛期人民群众生命财产安全，全县29个乡镇编制了2014年防汛预案，特别要求各村组对重点防洪区编制重点防汛预案。落实到户，明确撤离路线、撤离方式、安全地点、监测员、信号员、预警信号等。四是突出重点防护对象检查，及时消除各种安全隐患。全县各类水库（水电站）制定了汛期调度运行计划。汛前、汛中、汛后水务局领导带队，组织技术人员对全县防洪工程进行全面检查，发现问题及时处理。加大了河道“三乱”的治理力度，加强了对河道采砂的管理。四是严格值班制度，确保信息畅通。从5月1日至10月1日，县、乡（镇）村组严格落实24小时值班制度，特别是县防汛指挥部和县水务局实行领导带班和值班责任追究制度，确保了各种防汛信息的及时传递；五是认真落实抢险队伍，积极储备抢险物资。全县共组织抢险队伍30支，抢险人员900余人。储备抢险运输车、指挥车等3辆、铁丝3吨、编织袋2万根、救生衣15件、应急电筒6套。在全县29个乡镇、8个国营牧场、三大寺庙、各电站及重点山洪沟段安装了100套双面山洪灾害知识宣传栏板。2014年木里县未出现任何险情，末发生防汛安全事故。

【水土保持】 2014年，木里县以小流域为单元，实行山、水、田、林、路、沟综合治理规划设计工作。一是完成木里县岩溶地区综合治理2013年牦牛坪乡小型水利水保工程前期实施方案规划设计工作，计划新建引水管道17.5公里，新建100立方米蓄水池5口，沉沙池5口，拦砂谷坊10座。二是完成木里县岩溶地区综合治理2014年西秋乡、项脚乡小型水利水保工程前期实施方案规划设计工作，计划新建引水管道55公里、蓄水池5口、沉砂池5口、拦砂谷坊10座。三是完成川西藏区生态功能区2014年小流域综合治理工程规划设计工作，计划新建坡改梯108公顷，治理流域28平方公里。四是完成国家重点生态功能区转移支付资金项目博瓦河小流域治理工程规划设计工作，计划完成治理面积164.34公顷，新建堤防2.64公里，谷坊18座，抗滑挡墙718米。五是完成探矿企业在木里县水务局登记备案140家。六是参加木里河沙湾水电站工程水土保持验收工作。七是全面监督检查全县开发建设项目水电站，矿山开发、基建项目的水土保持监督能力建设检查任务，下发整改通知书5份。

【水资源管理及水政执法】 2014年木里县水务局全面开展水法律法规宣传贯彻落实，加强水行政巡查执法力度，有效预防和减少水事违法行为的发生。5 月县水务局完成行政权力依法规范公开运行平台建设工作，已完成 81 条常用涉水事务行政权力录入。编制了木里县水务局各行政执法股、站、室行政执法职责及工作流程，将执法的职责范围、内容、权限进行分解和具体化，做到了行政执法公开、透明，职责、权力、义务明确。一是利用 3.22 “世界水日”、“中国水周”（3 月 22 日至 28 日）、“全国食品安全宣传周”、12.4 法制宣传日和禁渔期等时机，在县城街道设立咨询点，宣传《水法》、《防洪法》、《水土保持法》、《渔业法》、《电力法》和涉水条例、法规，以及防洪安全、计划用水、节约用水、安全用电等知识；全年出动宣传车 85 台次深入各乡（镇）村组、学校及水电、矿山资源开发工地进行宣传，发放通俗易懂的水务行业法规资料、图片共 3600 余份，刷写张贴标语 100 余条，悬挂横幅 20 余条，张贴、散发《禁渔通告》200 份，二是加大水行政执法力度，严厉打击了水事违法行为和渔事违法行为及河道非法采砂行为。三是依法征收水资源费，县水务局始终把水资源费征收工作摆在水资源管理的突出位置，采取多种措施解决征收执行过程中遇到的新情况、新问题，进一步规范了水资源费征收管理程序。2014 年年初争取到烟岗、跑马坪、撒多三座电站水资源费的委托征收工作。木里县全年共征收水资费 507.94 万元，按规定及时上缴中央国库 50.79 万元，四川省国库 168.09 万元，凉山州国库 122.6 万元，木里县国库 166.46 万元。

【水产渔政】 木里县水务局 2 月 1 日至 5 月 1 日开展了“春季禁渔”宣传活动，加强渔业法律法规的宣传，并与公安、工商等部门联合执法，禁止捕捞野生水生动物，使全县江河内的野生渔类得到保护。2014 年木里县水产品总产量达 50 吨，渔业总产值 50 万元，完成池坝塘养殖面积 100 亩。水洛河渔业增殖站正在建设之中，木里河卡基瓦水电站渔业增殖站第二次人工放流成功，沙湾水电站渔业增殖站和呷姑水电站渔业增殖站首次放流成功。项脚乡金凡水产养殖合作社已在工商注册，2014 年县政府发放给该合作社无息贷款 30 万元；项脚乡金凡水产养殖合作社和俄亚乡爪子水产养殖合作社的建设计划已列入藏区项目并报省上待批。在开展保护渔业资源“打非”专项行动中，建永久性宣传标语牌 10 幅，出动宣传车辆 15 辆次，发放禁渔通告 500 余份；查处非法捕捞天然水生野生动物一起，没收渔具并对捕捞人员批评教育。

【光荣榜】 1. 被凉山州水产渔政局评为“渔政执法先进集体”。2. 被凉山州水务局评为“2014 年度水利信息工作先进集体”。

【领导人】 局长：李伍各（彝族）；副局长：罗武君（蒙古族）、杨晓彬（藏族）、王平（援藏干部）；纪检组长：何克若（蒙古族）

（审稿：李伍各/撰稿：杜惠明）

工　　业

Industry

县电力公司

【概况】 四川省木里藏族自治县电力公司属国有电力企业，担负着全县地方电力网建设、维护及供用电经营管理。2014年，公司设办公室、人力资源部、生技部、财务资产部、安监部、营销部；锄头湾110K变电站、母猪坪35KV变电站、豹子坪35KV变电站、鸭嘴河变电站、梭罗沟变电站下设到生技部；收费营业大厅、营销运维检修班、县政府政务中心电力公司窗口服务台、茶布朗镇供电所、瓦厂镇供电所、倮波供电所下设在营销部。有职工157人，其中全民职工127人，农电工30人。截止2014年底，固定资产原值4203.77万元（净值2411.87万元）。拥有110千伏变电站1座，线路1条，全长79.11千米；变电容量12.5兆伏安；35千伏变电站3座，变电容量11.9兆伏安，线路3条，全长52.35千米；10千伏线路17条，全长399.72千米。

【人事任免】 为了成立国网四川木里县供电有限公司过渡期作准备，根据木里县政府与西昌电业局（注：2013年西昌电业局更名为凉山供电公司）签订的代管协议规定代管期间凉山供电公司有人事任免权。2014年4月22日，国网四川省电力公司凉山供电公司人资部等部门到木里县电力公司宣布：聘任王龙生为四川省木里藏族自治县电力公司总经理，杨聪为常务副经理，胡宗智为副经理，李珩、赵旭晖为经理助理，成立木里县电力公司党委和纪委，任命凌绪康为党委副书记，免去马旦珠木里县电力公司党支部书记，任命马旦珠为纪委书记。

【援藏帮扶】 四川省电力公司南充供电公司2012年3月委派的5名业务骨干人员所组成的援藏工作队，2014年2月两年时间到期，2014年3月又委派5名业务骨干，继续对木里县电力公司对口帮扶，特别是对2013年无电地区电力工程建设项目的对口帮扶。

【经营管理】 2014年属四川省木里藏族自治县电力公司向国网四川木里县供电有限公司过渡时期，按设立的办公室、人力资源部、生技部、财务资产部、安监部、营销部六个机构开展国网公司的管理模式进行经营管理，与以前管理不同的是，首先联通内网网络，每周一早上都要进行国网省州公司的电视电话例会，2014年增设无电地区电力建设工程推进例会。

营销部应用186系统对机关事业单位商业等非居民用户进行售电管理，2013年县城已进行智能电表安装的8240户，暂时在SML智能卡表售电管理系统中售电管理，强化新入户业扩报装业务，95598工单等优质服务工作，以及加强乡镇供电所管理农村电费及农维费催收。人资部启动人员信息管理和工资薪酬保险的ERP软件系统，负责招收新员工，公司职工学习、培训、任用工作，2014年委派人资财务生技营销5人到成都，用2个月时间学习培训ERP软件系统、各变电站人员到凉山供电公司上岗培训。财务部应用财务管控软件及SAP（ERP）软件系统对公司整个财务进行监督控制管理。生技部在PMS1.0软件系统中录入公司变电站、线路等资产，启动全县每个台区每基电杆重新编号喷字的营配工作，物资材料也进入了ERP系统，项目储备，各变电站运行情况的运行监视记录、汇报，电网运行维修停电检修等预警预报工作。安监部开展安全工器具校验，设备线路巡视，安全检查，安全生产法、安规的学习宣传贯彻考试，编制防洪防火防盗等预警预案方案。办公室负责公司各部门之间协调工作，贯彻执行国网公司的各种方针政策，接待、车辆、文书档案管理，日常事务及规范性文件处理等工作，2014年增加无电地区电力建设公文处理、片区工作人员费用、租用车辆管理工作，各乡镇供电所基础建设项目既小型基建管理工作。

【**高压线路升级改造**】　2014 年，在国网凉山供电公司支持下，木里县电力公司对盐源至木里 110kV 的盐锄线路，由原来的 35kV 等级降低运行升压改造为 110KV 等级运行。2014 年 8 月 23 日 3：04 时，木里县锄头湾变电站 110kV 线路升级成功并入国网凉山供电公司盐源 220kV 变电站，从而降低木里县电力公司的高压线损，节省供电成本。

【**电价调整**】　2014 年 9 月 15 日，凉山州发展改革委员会《关于对木里县电力公司调整部分售电电价的批复》（凉发改价格〔2014〕755 号），调整部分销售电价，从 2014 年 10 月 1 日执行。

木里县电力公司销售电价表

单位：元/千瓦时

序号	分类电价	现行电价	调整后电价	备　注
1	居民生活和农村生活用电	0.43		以上电价均不包括 0.02 元还贷基金
2	一般工商业及其他用电			
	其中：商业用电	0.63	0.68	
	其中：非工业、普通工业	0.63	0.68	
	其中：非居民照明用电	0.48	0.58	
3	农业生产用电		0.54	

【**无电地区电力建设管理**】　2014 年，木里县无电地区项目实施进度：10kV 线路应完成 978.8km，已完成 755.73km，完成率 77.21%；低压线路应完成 2057.72km，现已完 1650.61km，完成率 80.22%；配电台区应完成 480 个，现已完成 295 个，完成率 61.46%；户表安装应完成 1.56 万户，现已完成 8727 户，完成率 55.94%。

无电地区项目实施：一是物资方面还有部分增补材料未到货，难免影响工程施工进度。二是部分施工地段因洪水、泥石流、滑坡等自然灾害导致道路损毁，项目被迫停工。2014 年底仍有部分道路未得到修复，施工单位无法进场作业。三是林木砍伐手续审批复杂，虽经省公司和州公司多次与相关职能部门协调，但因木里县 10 千伏及以下项目林木砍伐量巨大，需国家林业局审批，造成各施工点至今还未办理完成相关砍伐手续，影响工程进度。四是农电资产分布较为分散，运维及抄表收费困难且成本较高。无电项目完工后，公司所属农村电网覆盖 24 个乡（镇）、87 个行政村，供电面积 0.9 万平方公里。目前公司农电工仅 30 名，人均运维面积达到 30 平方公里，远远不能满足农村电网正常运行维护需求。五是农网设备及运行指标较低。无电项目完成后，公司 10kV 及以下线路将达到 3886.09 公里，线路供电半径长，农村线损高，供电可靠率、电压合格率较低。

【**挂牌**】　2014 年 1 月 16 日，国务院国资委正式批复同意木里县电力公司地方国有 100% 产权无偿划转给国网四川省电力公司。2014 年 12 月 29 日，在木里县党校电教会议厅，举行了国网四川木里县供电有限责任公司成立大会，会上举行了授牌和授印仪式，聘任杨聪为国网四川木里供电公司执行董事总经理，凌绪康为国网四川木里供电公司党委书记。木里县电力公司正式成为国网四川省电力公司的全资县级子公司，也是国网四川电力公司凉山供电公司管辖的第一家全资县级子公司，标志着木里县电力体制改革完成。

【售电量及售电收入】 2014 年，木里县电力公司销售电量总计 49606.6 千千瓦时，售电总收入（含税含基金）0.26 亿元。

木里县电力公司 2014 年电力销售明细表

序号	用电项目类别	售电量（千千瓦时）	售电收入含税含基金（元）
1	大工业用电量	4594.41	3081341.20
2	非工业、普通工业用电	14555.02	9696775.04
3	居民生活用电	17419.54	7838793.95
4	非居民照明用电	1992.89	1033372.85
5	商业用电	4772.01	3147791.88
6	其他用电（上西昌电网）	6272.73	1057406.56
	合计	49606.60	25855481.48

【购电量及购电成本】 2014 年木里县电力公司购电量总计 59402.96 千千瓦时，购电费 17418822.61 元，购电成本（不含税）15657309.80 元。

木里县电力公司 2014 年购电成本情况表

序号	电量分类	供电电站及单位	购电量（千千瓦时）	购电成本不含税（元）
1	水电	木里县达娃电站	38578.26	6944924.80
2	其他能源	四川西昌电力股份公司	19595.40	8349957.46
3	系统内购电	国网越西县供电公司	1229.30	362427.54
	合计		59402.96	15657309.80

【线损】 2014 年，木里县电力公司购买电量总计 59402.96 千千瓦时，销售电量总计 49606.60 千千瓦时，供电线路损失电量总计 9796.36 千千瓦时，线损 16.49%。

【财务状况】 2014 年，木里县电力公司资产总计 3788.72 万元，其中流动资产 841.41 万元，非流动资产 2947.31 万元（其中可供出售金融资产 360 万元、固定资产净额 2411.87 万元）。负责合计 5363.54 万元，非流动负债 5363.54 万元，其中应付账款 1201.52 万元，其他应付款 3706.13 万元；净资产 -1574.82 万元。

【经营状况】 2014 年，木里县电力公司营业总收入 23003460.89 元，营业总成本 35802506.71 元，营业利润亏损 12799045.82 元，营业外收入 16248000.00 元，利润总额 3448499.64 元，净利润 3448499.64 元。

【工资福利社保】 2014 年，木里县电力公司实际支付职工工资总额 6750300.00 元，福利费 461，170.00 元，缴纳税金 2477001.67 元，缴纳养老保险 1203471.65 元，医疗保险 465583.99 元，住房公积金 719732.16 元。

【领导人】 总经理：王龙生；常务副经理：杨聪；副经理：胡宗智；党委副书记：凌绪康；纪

委书记：马旦珠（藏族）

（审稿：王龙生/撰稿：董毅）

华电木里河水电开发公司

【概况】　四川华电木里河水电开发有限公司（以下简称木里河公司）于2005年11月在四川省凉山州注册成立，现由华电四川发电有限公司、成都康利斯水电开发有限公司、凉山金源电力开发有限责任公司、西昌电力股份有限公司共同出资组成，负责凉山州境内木里河流域上通坝、卡基娃、俄公堡和立洲电站开发建设和生产运营。

2014年，木里河公司设总经理工作部、计划合同部、工程技术部、安全监察部、生产技术部、财务资产部、人力资源部、市场营销部、政治工作部，卡基娃、立洲、上通坝、俄公堡四个电站建设分公司，以及检修维护部、水工部和俄公堡电厂、卡基娃电厂、立洲电厂，共有在册正式员工210人。

【电站建设】　木里河流域是雅砻江中游右岸最大支流，流域面积为1.91万平方千米，河口多年平均流量为142立方米每秒，年径流量为44.8亿立方米，干流全长387.5千米，落差2210米。上通坝—阿布地河段规划开发“一库六级”方案，木里河公司负责开发建设的上通坝、卡基娃、俄公堡和立洲四级电站，总装机容量为117.94万千瓦，静态总投资158.11亿元，多年平均发电量49.05亿千瓦时。

2014年，木里河公司完成投资27.2亿元，累计完成工程投资117.8亿元。

【生产经营】　2014年，公司完成发电量4.07亿千瓦时，完成年度计划电量目标，平均售电单价232.7元/千千瓦时（不含税），实现销售收入9370万元。

【光荣榜】　2014年木里河公司被四川省总工会授予“四川省劳动竞赛优胜单位”称号；侯忠发被全国总工会授予“全国五一劳动奖章”。

【领导人】　木里河公司党委委员、总经理：汪良；党委书记：杨建华；党委副书记、纪委书记、工会主席：杨兵；党委委员、副总经理：孟吉、向富权、徐孝刚、田德伟、邱宁；总工程师：陆义松；总会计师：张晓曦

（审稿：杨建华/撰稿：刘斌）

水洛河电力开发有限公司

【概况】　四川凉山水洛河电力开发有限公司（以下简称水洛河公司）于2006年1月在四川省凉山州注册成立，由六家股东单位共同出资组建，2011年9月，华电国际电力股份有限公司通过收购四川活兴投资有限责任公司、四川协兴投资有限公司100%股权，成为公司实际控制人。公司注册资金4亿元人民币，主要负责四川省凉山州木里县境内水洛河干流的水电开发建设和运营管理。

水洛河是金沙江中游左岸的一级支流，多年平均流量201m^3/s，年径流量63.4亿m^3，为四川省中型河流中径流量较大的河流之一，开发条件较为优越，干流老林口道班—河口河道总长273.8千米，落差2547.9米，平均比降9.31‰，项目具有资源丰富、各梯级水库淹没损失小、单位千瓦投资指标优良以及有较好调节性能“龙头”水库电站的特点（龙头水库为东朗混合式开发梯级）。2007年4月26日，四川省发改委以川发改能源

【2007】　154号文批准水洛河干流水电规划报

告，同意水洛河干流按“一库十一级”开发，总装机容量129.3万千瓦，经（预）可研阶段优化已达148.8万千瓦；多年平均发电量65.113亿千瓦时（单独运行/联合运行），工程静态总投资约156亿元，平均单位千瓦投资1.05万元。

2014年底水洛河公司在册职工147人，其中女职工23人，男职工124人。

【电站建设及运营】 宁朗电站概算投资10.12亿元，其中建筑工程5.43亿元，安装工程0.68亿元，设备1.56亿元，其他2.44亿元。2009年3月16日主体工程开工，2012年7月1#机组投入商业运行，2013年12月三台机组全部并入国家主网运行，已完成资产转固工作。

撒多电站概算投资17.97亿元，其中：建筑工程10.75亿元，安装工程0.85亿元，设备2亿元，其他4.36亿元。2010年1月26日主体工程开工，2014年6月22日，三台机组全部正式投产发电，已完成资产转固工作。

2014年在建电站有固滴和新藏电站，固滴电站概算投资17.73亿元，其中建筑工程9.7亿元，安装工程0.77亿元，设备1.49亿元，其他5.76亿元。2013年11月22日工程动工，现各施工支洞已基本完成，已进入主洞开挖。正在进行3#渣场治理和左右岸取水口边坡治理，左岸保通公路总长约1700米，于9月10号贯通并具备通车条件。

新藏电站概算投资24.07亿元，其中建筑工程15.1亿元，安装工程0.84亿元，设备2.17亿元，其他5.97亿元。2014年6月8日工程动工，现右岸施工便道修至坡顶，1#－6#施工支洞已完成进场施工准备工作。厂区枢纽工程已完成项目部营地、临时炸药库房、施工供电线路架设、1#贝雷桥土建施工等前期施工准备工作。

【效益】 2014年，宁朗电站发电量为3.49亿千瓦时，实现销售收入0.9亿元。撒多电站发电量为9.49亿千瓦时，实现销售收入2.33亿元。

【安全工作】 2014年，公司安全工作紧紧围绕确保撒多电站3台机组投产发电，宁朗电站安全顺利运行，固滴电站工程建设顺利进行，新藏电站顺利开工的目标开展工作，重点抓好春季安全大检查工作、安全生产月活动和防洪度汛准备工作，确保各项工作绝对安全，有效开展。一是建立完善安全组织体系并制定安全管理部分制度、措施、规定和各种应急预案，及时调整安委会、防汛领导小组、安全网络组织机构，同时督促各施工单位成立和完善了相应的安全组织体系。二是认真组织开展安全生产月活动，组织实施春季安全大检查工作，认真开展查禁违章和安全隐患排查治理活动，狠抓防洪度汛工作。针对存在的隐患，责令施工单位限期整改完成并拟定预防措施。

【思想文化工作建设】 一是加强组织建设。广泛开展员工思想动态调查、一线员工座谈会，定期召开支部“三会一课”、政工例会、党委会及党政联席会，领导干部严格按照《公司领导工地值班表》的要求轮流在工地现场值班，深入基层了解员工的工作情况，解决员工最关心、最直接的问题，增强了工作责任感，提高了工作效率。二是狠抓党风廉政建设。坚持经营管理与反腐倡廉工作的同步推进，把反腐倡廉工作贯穿于公司发展的各个方面，各级层层签订《党风廉政建设责任书》及《廉洁从业承诺书》，每季召开廉政例会，对重点岗位人员进行反腐倡廉警示教育。三是宣传阵地发挥作用。公司网站2014年上半年共上稿101篇，编印公司内刊《水洛河通讯》（季刊）2期、《工作简报》6期、《工程建设月报》6期、《安全生产月报》6期，《物资简报》6期，为公司经营管理工作提供坚实的思想保证、精神动力和舆论支持。四是充分发挥工会组织对生产运营的促进作用。积极开展丰富多彩、积极向上的文体活动与青年志愿者活动，有效促进干群交流，增强团队凝聚力。五是高度重视团青工作。成立团组织，召开团代会。

【光荣榜】 2014年，陈鹏被华电集团公司评为安全生产先进个人；王军、陈立成被华电国际公司评为先进工作者；万连彬被华电国际公司评为成立20周年、上市15周年“最美员工”；魏晓清被华电国际公司评为优秀党务工作者；何宇被华电国际公司评为家庭文明标兵。

【领导人】 总经理、党支部书记：蒲春雨；副总经理：蒋达；副总经理、党委副书记：李宏国；副总经理、总工程师：康玉峰；副总经理、总会计师：王永珍；副总经理、工会主席：周有志

（审稿：涂才文/撰稿：谢宁辉）

民和水电开发有限公司

【概况】 木里县民和水电开发有限公司（以下简称木里民和公司）成立于2007年10月19日，2014年设有综合管理部、计划部、物资部、工程部、财务部、安全生产部等六个部门，现有员工49人，其中：基建管理人员31人，生产运行人员18人；有各类专业技术职称的29人，其中：高级6人，中级10人，初级13人，其中技师2人，高级工3人，中级工6人。

2014年，木里民和公司顺利完成年度经营目标，实现连续安全生产1907天。

【电站建设】 木里民和公司开发的东义河木里段干流上的益地水电站，装机容量为18万千瓦；东义河支流龙达河拟建设洋那水电站、俄亚水电站，装机容量分别为2.5万千瓦和3.2万千瓦；投资估算约15.3亿元。2014年已经完成1#、2#、3#、4#、5#支洞施工，全年基建完成投资2745万元，完成全年计划的96.6%，预计2018年投产发电。

【前期工作】 2014年俄亚水电站已完成水资源论证、水土保持、行洪论证、职业病危害预评价、地质灾害危险性评估和压覆矿产资源调查等十几个可研专题的审批。环境影响评价报告已完成编制，正在积极协调审查事宜。

洋那电站已取得四川省发改委同意开展前期工作的通知，并委托设计单位完成了预可研阶段的外业勘测工作。

益地电站完成施工规划专题报告的复核、审查及渣场、料场优化调整报告的审查工作。

【安全工作】 2014年，民和水电开发有限公司强化组织，进一步完善公司安全生产管理体系，成立安全生产管理办公室，配齐安全生产管理人员；落实安全生产责任制，逐级签订安全生产目标责任书，落实一岗双责安全生产责任制；开展“百日安全大检查”、“红线意识”大讨论、夏季汛期灾害防范、安全生产月等多种形式的安全生产活动；重抓交通安全管理，落实交通出行制度，确保出行安全；狠抓现场稳定工作，化解民工工资和地方材料供应商欠款稳定风险，预先排查不稳定因素，确保现场工作安全稳定。2014年公司未发生安全事故，实现连续安全生产1907天。

【投资控制】 2014年木里民和公司获得集团公司下达工程投资计划5332万元，前期费700万元。全年累计资金到位7126.9万元。

【光荣榜】 2014年，木里县民和水电开发有限公司本部党支部被国电四川公司评为先进党支部；肖艳被国电四川公司评为优秀党务工作者；袁超林被评为国电四川公司优秀新闻宣传工作

者、国电四川公司优秀共产党员、中国国电集团“思享家园”先进个人。

【领导人】 总经理、党委副书记：谭宝宝；副总经理、工会主席：李守建；副总经理、纪委书记：苏波；副总经理：夏永成

（审稿：肖艳/撰稿：袁超林）

固增水电开发有限责任公司

【概况】 木里县固增水电开发有限责任公司（以下简称固增公司）负责木里河固增水电站的开发建设管理。2014 年公司设行政科、工程科、财务科，共有员工 22 人，其中具有专业技术职称的 18 人（高级 1 人，中级 10 人，初级 7 人），工人 4 人。

【固增电站】 木里河固增水电站位于四川省凉山州木里县境内的木里河干流上，系木里河干流（上通坝—阿布地河段）水电规划“一库六级”的第五个梯级，采用引水式开发方式，上游与俄公堡电站衔接，下游与立洲电站相联。固增水电站正常蓄水位 2215 米，最大闸高 27 米，水库总库容 48.4 万立方米，具有日调节能力，利用落差 127 米。电站装机容量 172 兆瓦（4×43MW）年平均发电量 7.39 亿千瓦时，年利用小时数 4325 时，建成后供电西昌电网。工程概算投资 21.6 亿元。工程施工总工期为 40 个月，其中准备工程占直线工期 3 个月，主体工程工期 31 个月，从施工准备到第一台机组发电 34 个月，完建期 6 个月。

【前期工作】 2014 年，固增水电站工程施工临时变电站及线路建成投运、施工进场公路永久桥梁建成通车、完成现场施工营地建设，西昌电力正在对前期招标遗留问题进行依法处理，处理完成后全面开工建设。

【安全工作】 2014 年，公司全面落实安全生产和防火等安全责任书，签订专项安全生产责任合同。加强爆破物品等危险品的管理；加强车辆管理，全面落实公司车辆管理制度，严防车辆交通事故发生。制定了应急预案 5 项，并组织相关人员参加了防地质灾害应急避险专题培训活动。完成全年安全生产任务，年内未发生重大安全生产事故，未发生交通安全事故。

【思想文化工作建设】 2014 年，公司以党的十八届三中、四中全会精神为指导，以党的群众路线教育实践活动为契机，认真落实党风廉政建设责任制，始终以“照镜子、正衣观、洗洗澡、治治病”为总要求，开展批评与自我批评。加强“反腐倡廉”教育，实施“党员示范岗”，积极组织开展面对面“谈心谈话”“党员义工日”等活动，全年无党员干部违规违纪现象。做好与木里县瓦厂镇纳子店村定点帮扶工作，建立“连心牵手”一对一帮扶计划，利用 6.1 节慰问和帮扶活动，向村民和学生发放了图文并茂的安全用电知识以及电力设施保护的宣传画和小册子。

【领导人】 董事长：何永祥；总经理：古强；副总经理：陈昌元（主持工作）、万鲁（兼支部书记）、龙剑（兼工会主席）

（审稿：陈昌元/撰稿：张志琼）

华润鸭嘴河水电开发有限公司

【概况】 2006 年 4 月 30 日四川华润鸭嘴河水电开发有限公司（以下简称华润鸭嘴河公司）成立，为有限责任公司（台港澳与境内合资），注册资本金 4.74 亿元，是华润电力（水电）开发

有限公司（隶属华润电力）控股的国有控股企业。企业持股为华润电力（水电）开发有限公司51%、四川关家实业有限公司19%、木里县国有资产经营管理有限责任公司5%、成都福瑞鼎盛投资有限责任公司25%。主要经营水电站建设、电力生产、销售及电力相关产业的开发与经营。

2014年，公司设综合部、财务部、发电部、技术支持部、工程竣工验收工作组，共有员工98人，其中具有专业技术职称的36人（高级3人，中级18人，初级15人），技能人才34人（高级技师1人，技师1，高级工2人，中级工12人，普通工18人）。

【电站建设及运营】　华润鸭嘴河公司开发的鸭嘴河布西、烟岗、跑马坪三级水电站，装机容量分别为两台1万千瓦、两台6万千瓦、两台6万千瓦，总装机容量26万千瓦，总投资约33亿元人民币。全部6台机组于2012年11月6日通过72小时试运行投入商业运营。2014年共发电9.68亿千瓦时，实现利润4483万元。

【安全工作】　公司高度重视安全管理工作。实行三级安全管理体系，签订年度安全目标责任状并全面落实安全责任制；修编并发布了公司《安健环管理标准》、《交通安全管理标准》等共计24个安健环管理标准，并按照相关规范要求对公司《应急预案》进行了全面修编，发布了鸭嘴河公司《安全生产综合应急预案》、《专项应急预案》、《现场处置方案》；公司组织开展了春、秋季安全大检查及防洪度汛、交通、消防、食品等多项专项安健环检查，对安全隐患严格排查整改；公司于2014年度开展了安全生产标准化达标（二级）工作，已顺利通过安全生产标准化达标（二级）现场评审；通过实施提升“本质安全”，确保了年度安全生产，未发生安全事故。

【思想文化工作建设】　2014年公司认真落实党建及精神文明建设目标责任制，深入宣贯十八大精神，执行中央“八项规定”，不断加强党风廉政建设；开展了党组织关系属地化管理工作，已取得县委组织部同意挂靠管理的批复；开展了“一件事一片心”关爱员工活动、“阳光宣言”活动、“两个务必”经常性教育活动、党的群众路线教育实践活动等活动；对《华润十诫（新版）》进行了学习宣贯。

【光荣榜】　2014年，来定成获华润电力“2013年度优秀员工”荣誉称号。

【领导人】　总经理、党支部书记：蔡承德；财务总监：杨长德；总经理助理：唐占达、刘城芳；技术副总监：高斌；经营副总监：仪红卫

（审稿：蔡承德/撰稿：周强）

中广核亚王木里县沙湾电力有限责任公司

【概况】　中广核亚王木里县沙湾电力有限责任公司（曾用名：木里县木里河大沙湾水电开发有限责任公司。简称“沙湾公司”）于2005年11月在木里县工商行政管理局注册成立，法人代表曾武，注册资本5亿元，分别由四川九龙电力集团公司持股60%、西昌电力公司持股40%。

2008年底，中广核能源开发有限责任公司（简称“中广核能源公司”）收购四川九龙电力集团公司持有的沙湾公司50%股权，成为沙湾公司的控股股东，并合并报表。

2010年底，西昌电力公司将持有的沙湾公司40%股权全部转让给四川九龙电力集团公司，至此中广核能源公司、四川九龙电力集团公司各持沙湾电站50%的股权。公司主要经营水电站投资、开发、建设和经营管理；电站到木里500千伏变的输电线路投资、建设、运行、维护。电能

的生产和销售；水利水电工程技术咨询服务；水利水电物资、设备采购。

【沙湾电站】 沙湾电站位于四川省木里藏族自治县境内，系雅砻江中游右岸最大支流木里河干流（上通坝－阿布地）水电规划一库六级方案中的第三梯级电站，采用引水式开发。沙湾电站于2004年开展施工准备工作，2006年实现项目核准后开工建设，2012年9月21日投产发电，历时8年。电站设计年发电量14.0亿千瓦时，设计装机容量为28万千瓦，年利用小时数达5000小时，设计多年平均发电量12.5亿千瓦时，电站具有日调节能力。

沙湾电站2014年总发电量9.12亿千瓦时，上网电量9.02亿千瓦时，利用小时为3800小时，完成集团公司上网电量目标11.61亿度的77.7%，完成经信委电量目标91701亿度的98.37%，年利用小时达到3800.12小时。

【公司效益】 2014年，沙湾公司营业收入20538万元，营业总成本2.56亿元，净利润－5207万元，缴纳增值税3316万元，实现增值税抵扣193万元。

【安全生产】 2014年，沙湾公司安全生产形势和各项指标基本稳定，沙湾公司及电站均未发生负有责任的人身伤亡事故和集团考核范围内的其他安全事件，未发生工程建设及运营质量事故，未发生环境污染事故，各项重点工作基本完成或正按计划实施。

【领导人】 总经理：廖宗成；副总经理：马小青、刘永梅；财务总监：戴延军

（审稿：廖宗成/撰稿：展庆鹏）

莫嘎拉吉水电开发有限责任公司

【概况】 木里县莫嘎拉吉水电开发有限责任公司为四川兴澜实业集团有限公司持股84%，木里县国有资产经营管理有限责任公司持股16%。主要经营水电开发、技术咨询。2014年，公司设西昌办事处、总工办、财务部、发电部、协调部、工程建设指挥部，共有员工23人，其中有专业技术职称的9人（高级2人，中级4人，初级3人），生产运行人员13人（高级1人，中级工3人，初级工6人）。

【电站建设】 莫嘎拉吉公司开发的木里木里河上游支流莫嘎拉吉沟上的莫嘎水电站（装机容量为1.6万千瓦）及拉吉水电站（装机容量为2.48万千瓦），投资估算约4.08亿元。

【生产效益】 拉吉电站两台机组于2013年11月12日顺利并网发电，截至2014年12月31日，拉吉电站共发电979.52万度，上网电量926.18万度。

【安全工作】 2014年，公司注重安全管理。全面落实安全责任制，严格执行安全生产规定，开展安全隐患排查，加强安全思想教育。修编完善安全管理制度12项、制定应急预案8项，排查安全隐患30起，增设防洪设备，防汛项目施工，安全度汛。季节性安全大检查和“安全生产月”及“打非治违”、“平安创建”等安全专项工作，强化安全及防灾避险和安全警示教育工作。制定交通安全管理管控措施，落实行车安全防范细则，实现每日出车检查制度，使安全管理可控在控。2014年底工程现场安全形势总体平稳，未发生各类安全生产事故。

【投资控制】　公司进一步加强投资控制。采取“全过程、全流域、全方位”的优化设计。并依托外聘律师事务所和审计事务所，对工程建设合同及设备采购合同签订全过程跟踪审计，有效控制工程建设投资。

【领导人】　总经理：王史波；常务副总经理：胡太成

（审稿：胡太成/撰稿：王敏忠）

县自来水厂

【概况】　木里县自来水厂主要从事自来水生产供应和管道安装，设财务股、供水组、安装组、后勤组，有在职工人数25人，退休职工3人，其中临时工3人，男职工15人，女职工10人。并成立了一个党支部，一个工会组织。

【经济效益】　木里县自来水厂以售水收入为主，有少量的安装工时和材料销售收入。2014年水费收入190.9万元，管网安装和开户收入30.8万元，材料销售16.5万元，完成供水量120万立方米。

【管理模式】　2014年，木里县自来水厂坚持安全生产工作保障全县自来水供应。执行厂长负责制，施行厂务公开制度，实行班组管理制度，层层签订责任书，保障安全与生产。

【光荣榜】　2014年，四川省总工会、四川省安全监督管理局授予自来水厂2013年度四川省“安康杯”竞赛优胜班组奖；木里县委授予杨济2013年度木里县维稳工作先进个人。

【领导人】　厂长：杨济；副厂长：唐建

（审稿：杨济/撰稿：余央茜）

县达尔吉砂石开发有限责任公司

【概况】　木里县达尔吉砂石开发有限责任公司于2013年3月14日正式挂牌成立，是木里藏族自治县国资公司下属的国有独资子公司是木里县唯一一家合法的砂石生产、加工经营企业。具有独立的企业法人资格，是实行自主经营、独立核算、自负盈亏、自我约束的经济实体。2014年公司设经理办、副经理办、公司行政办公室、公司财务室、生产营销科，有人员22人。

【生产效益】　2014年，木里县达尔吉砂石开发有限责任公司在列瓦乡洼下村铧口砂场，完成砂石生产$56585m^2$，销售砂石$62150m^2$的砂石，实现销售收入455万元，上缴国家税收55万元，实现净利润81万元。

【领导人】　经理：霍明勇

（审稿：霍明勇/撰稿：李勇）

公共建设

Public Construction

交通运输

【概况】 木里藏族自治交通运输局主营全县公路和水路交通行业的职能部门。2014年，县交通运输局设办公室、交通运输股、工程管理股、农村公路管理股、法规股等5个机构和海事处（副科级），实有在职人员34人。其中，行政人员12人，事业人员18人，工勤人员4人。

【交通状况】 2014年，木里县公路里程3816.2公里，其中省道省养54公里，省道县养168公里，县道县养94公里，乡道965.2公里，村道690公里，林区便道1845公里，有路面的公路里程199公里，占总里程的5.2‰。安保工程50.8公里。全县29个乡镇中，除三桷桠（以卡扬公路与修通乡政府的断头路，但未经验收）外，其余28个乡镇全部通车，113个行政村中有72个村通公路，发展客运线路15条，建立农村客运站点21个，初步形成“人字形、三纵加水运”的木里县交通网络线。

【国省干线建设】 S216线李子坪至棉垭段改建工程于2013年3月开工建设，现已完成建设投资1.77亿元。征地拆迁及协调工作工程全长67.6公里，已交付65公里红线内土地供工程建设使用。交付率达96%；S216棉垭至梅雨段公路改建工程项目于2014年6月全面完成前期工作，2014年12月完成施工、监理招标工作，施工队伍已进场；S216线桃坝至李子坪段于2014年10月全面完成前期工作，施工、监理进场建设；国道227线麦日至巴亨垭口段已完成工可报告编制工作，并通过行业评审、处于根据评审意见修编阶段，工可阶段各项专题报告正在编制中；国道227巴亨垭口至桃坝段已完成工可报告编制工作，并通过行业评审、处于根据评审意见修改阶段，工可阶段各项专题报告正在编制中；稻城亚丁至云南三江口公路（木里境）新建工程项目工程工可审报告已通过评审，工可阶段的10项专题报告除用地预外都获批文；木里王顺友“马班油路”新改建工程，现已完成预可报告、并通过评审，处于待批复阶段；工可报告正在编制中，工可阶段的各项专题报告均已委托，正在编制阶段。

【交通运输管理】 2014年，木里县运管所年审客运车辆52台，年审面达100%，货运车辆482台，年审面达80%，全年稽查人员参加检查达2000人次，共检查车辆1.2万次，其中查处违章车辆208人次，处罚金额9.2万元。全年共组织安全检查20余次，检查运输企业3家、汽车维修厂家30家、驾驶员培训20余次、达800人次参加安全培训。

【公路养护】 2014年，木里县公路养护部门圆满完成了主干线公路养护的保通保畅任务，总共修补砂石路面36.63万 m^2/80KM，疏通涵洞42道，填补路基195m/0.1KM，清理泥石流坍方25.17万m/1002处，使用资金926.85万元；农村公路养护：完成了太阳山环线48公里、唐央至东朗63公里、县城至白碉81公里的通乡道路雨季保通保畅任务；完成了康坞牌坊梁子至田镇纤维沟84公里、唐央至博窝60公里、让白牧场至沙湾40公里、915至麦日俄西桥128公里的乡村道路整治工程；完成了芽根寺10公里、呷古寺10公里、瓦尔寨5公里三座寺庙的通寺道路的整治；完成了博窝档杠梁子至唐央布昌沟32公里通村道路、麦日乡哈朗村十家村自然点10公里通组道路的新建工程。

【水上交通安全管理】 2014年，木里县地方海事处与涉水乡镇签订水上交通安全管理责任书10份，渡船安全管理责任书1份，签订率达100%。

全年共出动检查车辆22趟76人次，检查船舶78艘158次，整改隐患8起；完成船运公司引进前期工作，协助县人民政府确定船运企业。顺利完成锦屏蓄水至1880高程期间水上交通安全工作管理。向四川省、凉山州航务局争取小码头建设8个，海事工作船码头1个；选送乡镇40多人参加了凉山州海事局举办的船员培训班；2014年木里县实现水上交通安全无事故。

【路政管理】 2014年，木里县路政大队配合县公路局参加水毁抢险、维护公路养护。全年累计公路巡查192天、630人次；利用广播电视、宣传媒体电视宣传6天、120分钟、发放宣传资料1200余份；出勤执法车辆142人次、出勤执法人员240人次；清理路边沟内土、石、生活垃圾100米，校正波形护栏20米，清理乱堆乱放2处、在红线管理控制区搭建临时建筑物2处；清理加水点3处，依法查处超限车辆7500台次，卸载车辆50台次；收取公路占用路产补偿费140万元；办理临时许可证6件，2014年行政执法无过错案件。

【领导人】 局长：杨文忠（白族）；交战办主任：仁青偏初（藏族）；纪检组长：向英功（彝族）；副局长：余涛、陈江、刘军（援藏干部）

（审稿：杨文忠/撰稿：毛小华）

公路养护

【概况】 2014年，木里县公路管理局设181、下麦地、洼下、簸箕洛、博瓦、红科、纸厂、阿比店、台杠、宣瓦、阳山、甫列瓦、博科、安定桥、豹子坪、四合、绒杲、梨儿坪、东孜19个公路养护管理站，1个机械班，实有在职职工109人（其中中共党员29人），退休职工78人。

2014年，木里县公路局管养省道S216线222公里，泸亚路175公里，农村公路（通乡公路）996公里。S216线稻攀路管养桥梁26座，短隧道1座。

【公路养护】 2014年，木里县公路局修补砂石路面36.63万 m^2/80KM，疏通涵洞42道，填补路基195m/0.1KM，清理泥石流坍方25.17万 m^3/1002处。对管养的175公里泸亚路全线坍塌方进行清理，坑槽修补，保障畅通。完成通乡公路工程太阳山环线48公里、唐央至东朗63公里、县城至白碉81公里的通乡道路雨季保通保畅工作、康坞牌坊梁子至田镇纤维沟84公里、唐央至博窝60公里、让白牧场至沙湾40公里、915至麦日俄西桥128公里的乡村道路整治工程；完成芽根寺10公里、呷古寺10公里、瓦尔寨5公里三座寺庙的通寺道路的整治工程；完成博窝档杠梁子至唐央布昌沟32公里通村道路、麦日乡哈朗村十家村自然点10公里通组道路的新建工程。

【安全管理】 2014年，木里县公路管理局制定了《2014年度安全生产目标责任书》和《2014安全生产管理工作安排》，将安全生产管理责任从局领导一直细化到每个养护管理站和职工，确定安全生产工作由主要领导亲自抓，分管领导和技安员具体抓，落实到各养护管理站和每个职工，明确谁主管，谁负责的安全生产管理并与全局职工及机驾人员和家属签订了安全生产目标责任书。开展“春运”和“百日安全生产月活动”，安全生产领导小组对S216线稻攀路（县城至茶布朗）进行道路安全检查，2014年，共安全检查36次，专程大检查12次，共计185人（次）。对危险路段、危桥、路基缺口处及时进行整治，增设警示标牌28对，增补安全警示桩458根，处治道路安全隐患24处，全年共组织落实对桥梁、涵洞定期不定期检查15次，计60人（次），确保公路行车安全。2014年，县公路局未发生任何安全责任事故和治安刑事案件。

【抢修水毁】 2014 年，木里县公路管理局成立了防汛领导小组并制定了防汛抢修预案，对机械进行了维修，分工负责，派专人对所管辖区内公路的路基缺口、山体滑坡、路基沉陷、桥涵、挡墙和管理站房屋周围进行了大检查，对检查发现有安全隐患的路段和危桥、危涵及时整治。截止雨季结束统计：冲毁涵洞 42 道，水毁冲毁砂石路面 36.63 万 M^2/80KM，冲毁路基 195M^3/0.1KM，冲毁沥青路面 1250M^2/0.2KM，冲毁挡墙及护坡 3170M^3/19 处，发生坍塌方、泥石流、山体滑坡共计 25.17 万 M^3/1002 处，造成直接经济损失达 1629.9 万元，木里县公路局 2014 年共投入 1481 人次参加抢修公路水毁，投入机械台班 839 个，投入抢修资金 926.85 万元。5 月至 10 月，木里县公路局职工放弃星期天和节假日加班加点抢修恢复公路水毁，做到了公路水毁受阻时快速抢修，并安排 3 台挖掘机、10 台装载机、8 台运料车，分成四个抗洪抢险小组做到了公路水毁受阻时快速抢修确保县城至茶布朗、卡基瓦道路的通畅。

【群众路线教育实践活动】 2014 年，中共木里县公路局成立活动领导小组，制定实施方案，传达学习近平总书记的重要讲话，设置“党的群众路线教育实践活动”主题教育活动的宣传栏，张贴宣传标语，制作大型海报。成立以一把手为组长的“党风廉政建设领导小组”，制定“党风廉政建设责任制”，分工明确，责任落到实处，制度公开上墙，实行党务公开制。坚持“首问责任制，限时办结制，责任追究制”，按时上下班和严格请假制度，提高办事效率。订购各种报刊杂志分发到各公路养护管理站、各办公室、联系包乡单位，确保业务学习。

【联乡包村】 2014 年，木里县公路局抽专人到联系的麦日乡哈朗村宣传贯彻党的十八大精神及十八届三中、四中全会精神、国家法律法规、党的宗教政策；掌握僧人思想动态，协助乡党委、政府开展好护林防火、藏区稳定、扶贫帮户、走家入户搞民情调查、收集民情民意、建立三本台账、建立联户联僧台账、建立心连心牵手卡；协助乡党委政府规划设计开展藏区新村建设工作。4 月县公路局自筹资金 1.68 万元购买 50 圈饮水胶管、三吨水泥解决哈朗村农户人畜饮水困难。5 月县公路局自筹资金对呷古寺到原麦日通乡公路 3 公里通寺道路加宽，改善僧人和百姓的出行，6 月联户联僧工作组到木县公路局联户联僧活动的呷古寺，看望寺庙僧人，宣传法律法规，并向寺庙僧人送去茶、大米、清油等慰问品，并给结对帮扶的 3 位困难僧人每人 300 元慰问金。

【养护机械】 2014 年，木里县公路局拥有各种筑养路机械车辆 22 台，其中行政生活车 4 台，压路机 2 台，装载机 10 台，生产养护车 3 台，挖掘机 3 台。

【光荣榜】 2014 年，木里县公路局参加木里藏族自治县“迎新春民族服饰广场舞大赛服饰表演”被中共木里县委、木里县人民政府评为二等奖，李良平被县人民政府评为 2014 年度统计工作先进个人，姚隆洋被中共木里县委评为藏区稳定工作先进个人。

【领导人】 局长：熊正华（藏族）；书记：沈志友（蒙族）；副局长：王永强、吴红璋、王玉成（~2014.7）；工会主席：王央青（女，藏族）

（审稿：熊正华/撰稿：王莲群）

公路运输管理

【概况】 木里县公路运输管理所于 19 世纪 50

年代初成立，当时称为“群众运输管理委员会”，负责驮马运输和货物的调运；1963年更名为“木里藏族自治县交通运输管理站”，简称“交管站”；1987年5月，根据凉山州交通局凉发人64号文件通知精神，并经县政府同意，将交管站更名为“木里藏族自治县交通运输管理所”，后更名为“木里藏族自治县公路运输管理所”，简称“运管所”，为事业副科级单位。根据凉山州公路管理系统和公路运输管理系统体制改革的实施意见，木里县公路运输管理所机构编制及人员于2010年10月划归木里县交通运输局领导和管理，经费由木里县财政全额补助，行使政府对道路运输行业的行政管理职权，负责全县道路运输行业的指导、统筹、协调、服务监督等管理工作。

2014年，木里县运管所设办公室、财务股、维修股、客货股、稽查股五个股室，有职工16人，其中正式职工7人，临时工9人。

【客货运输与汽车维修管理】 2014年，木里县注册的道路客运企业2户，其中，农村客运企业1家，三级汽车客运站1个；全县拥有营运货车722辆，其中普通货车713辆，危险品运输车辆9辆；营运客车52辆，2014年完成货运周转量6996万吨公里，比上年增长9.45%，完成客运周转量438万人次，比上年增长7.9%；共发送客运班车4.2万余次，春运期间共投入客运车辆1795班次（其中加班车48班次），共完成客运量3.24万人次，满足了广大人民群众出行需要；注册的机动车维修企业63户，其中二类维修企业5家，专项维修点9户，摩托车维修点49户。

【农村交通运输】 至2014年，木里全县已开辟15条农村客运线路（木里至一林场、木里至李子坪乡、木里至跑马坪、木里至西秋乡、木里至白碉乡、木里至瓦厂镇、木里至茶布朗镇、木里至水洛乡、木里至麦地龙乡、木里至下麦地乡、木里至卡拉乡、屋脚至泸沽湖、木里至麦日乡、下麦地至181棉布新村、三区至唐央），拥有52辆农村客运车辆，其中，中型22辆，小型30辆，基本解决群众乘车问题。

至2014年，木里县已建成20个五级农村客运站和一个简易站，其中12个已投入使用。

【农村客运安全监管】 2014年，木里县公路运输管理所对全县52辆客运车辆安装了GPS运行监控系统，加强监管力度。并与交警队、当地派出所联合开展乡镇区乡间农村客运市场客运专项整治行动，打击各种非法从事农村客运的行为，严肃查处农村客运经营者的违法违章，维护农村客运市场秩序。

【道路运输市场监管】 2014年，木里县公路运输管理所开展了百日安全生产活动、交通运输安全大检查、道路旅客运输和危险品货物运输安全管理专项整治、机动车维修企业非法改装货车排查工作专项整治和治理公路运输超限超载专项整治等道路运输专项整治行动，全年共检查过往车辆1.5万余台，查获道路运输违章案件810件。

【文明建设】 2014年，木里县公路运输管理所积极响应精神文明建设各项文件，一是健全组织领导机制，建立以所长为组长，各科室负责人为成员的精神文明建设领导小组。二是建立学习制度，制定学习计划，坚持集中学习与自学相结合，每年每人学习时间不少于10个工作日，以学习活动带动全所职工学习邓小平理论、“三个代表”、科学发展观等重要理论以及党的基本理论和基本路线，帮助干部职工树立正确的人生观、世界观和价值观。三是加强法制教育，以行政法规和道路运输法规为内容，采取案例分析、集中讨论和考试的形式，组织运政执法人员进行执法培训，提高依法办事、依法管理的水平和能力。四是开展典型教育，通过向爱岗敬业驾驶员楷模吴斌、驾驶员职业道德楷模罗康平、袁彬等先进人物学习活动，用先进典型的思想品质、精神作风、道德情操激励全体职工。五是开展职业道德教育，以学习、讨论和收听收看反腐倡廉专题片等形式，净化广大职工思想品质，以四川省政府行政执法“十不准”和交通厅文明执法“六不准”作为行为准则，杜绝野蛮、粗暴执法和吃、拿、卡、要的不正之风，全年无一起行政诉讼、行政赔偿案件和违法违纪事件发生。

【宣传整治工作】 2014年，木里县公路运输管理所对新《四川省道路运输条例》进行宣传，向各运输业户及广大民众发放宣传资料，共发放宣传资料200余份，多次对各运输企业及修理厂开展专项整治工作。

【帮扶活动】 2014年县运管所对木里县麦日乡困难群众实施对口帮扶，帮扶金额1000元。

【领导人】 所长：胡亚洛（女）；副所长：杨定川

（审稿：胡亚洛/撰稿：王明春）

规划建设与住房保障

【概况】 2014年，木里县城乡规划建设和住房保障局（以下简称木里县住建局）设办公室（挂行政审批股牌子）、政策法规股（挂建设监察大队牌子）、住房改革和保障办公室、城乡规划建设管理股、建筑管理股（挂木里藏族自治县人民政府抗震防灾办公室牌子）、勘察设计管理股（挂木里藏族自治县测绘地理信息局、木里藏族自治县人民防空办公室牌子）6个行政股室以及建设工程质量安全监督站、招投标站、房地产管理所三个事业股室，共有职工24名，其中行政人员10名，事业人员11名，工勤人员3名。

【建设项目管理】 2014年，木里县住建局结合四川省纪委等7个部门对木里县藏区项目督查情况通报，组织人员对木里县在建工程再次检查、清理，对个别存在问题的工程采取停工整顿。同时借鉴攀枝花市城乡建设的先进管理经验，结合木里县实际，完善建设项目管理程序，并在年底采取以会代训的方式，对建设业主、施工单位和监理单位进行培训。对县境内规模以上的在建项目全部纳入工程报建备案、招投标管理和质量安全监督。2014年，监督工程59个，面积21.55万平方米。其中新开工工程28个，面积7.87万平方米，概算投资2.32亿元；续建工程31个，面积13.68万平方米。2014年木里县竣工工程25个，面积9.93万平方米，工程合格率100%，全年无一例建筑安全事故发生。

【城市集镇规划和项目规划编制】 2014年，木里县完成瓦厂镇桃坝旅游新村规划编制及民居新建改造工作；投入30万元完成木里县排污、排水规划编制；投入40万元完成瓦厂镇、茶布朗镇“藏区风情小镇”的风貌打造工作。

【大项目规划及建设管理】 木里县民族体育场建设项目计划总投资2333万元，后根据城市发展需要，经木里县委、县政府研究，决定新增地下停车库，并将青少年活动中心并入体育场建设项目合并实施，调整后项目概算总投资3563万元，2014年完成看台初装及广场和地下车库、1#楼主体的施工，青少年活动中心主体施工已完成，预计2015年内竣工；特勤消防站建设项目总投资1125万元，已完成基础、主体以及屋内填充墙和装饰施工，至2014年底除外墙装饰、安装工程外已基本完成，预计2015年初竣工；攀枝花援藏干部周转房建设项目总投资800万元（全部为攀枝花援藏资金），已完成挡土墙、主体及装饰工程施工，至2014年底除外墙装饰、安装工程外已基本完成；木里大寺曲拉僧舍建设项目总投资300万元，已竣工验收并投入使用；垃圾填埋场建设项目总投资1300万元，已通过竣工验收并投入使用；县城自来水厂改扩建及配套管网建设工程项目总投资2900万元，已竣工验收并投入使用；健身步行道建设项目总投资1600万元，已完成可研评审、施工图设计。

【市政维护和建设】 为强化防灾抗灾能力，木里县住建局编制《木里县住建局综合防灾应急预案》，组织包括挖掘机等机械和100余人的应急抢险队伍，参加县“5.12”应急抢险联动演练，得到肯定。为加强县城防汛工作，先后出动检查50人（次），全面对县城主要排水设施运行情况进行排查，对发现的问题及时清理。投入196万元，新建敬老院至消防队处钢筋混泥土排水沟，以增强城市防洪排水能力。对地质灾害诱发建筑安全事故的现场加强排查，消除不安全隐患。

【城乡环境综合治理】 2014年，县住建局完成了下麦地乡棉布村、下麦地乡上麦地村、列瓦乡洼下村、李子坪乡黄泥巴村四个“美丽乡村”的示范村庄创建的申报工作；新配置微型垃圾车3辆，洒水车1辆，装载机1辆，安装果皮箱80个，铁皮垃圾桶40个，可卸式垃圾箱3个，手推垃圾车100辆；开展城乡环境综合整治，全年开展“六清”活动3520次，清除垃圾、杂物5800余吨，深入村庄、林盘，帮助农户规范园内杂物堆放和农产品晾晒，清理村道、沟渠沿线杂草、白色垃圾，打捞漂浮物。

【住房保障工作】 县住建局严格廉租住房使用管理及入住审查制度，2014年木里县共纳入租赁补贴927户，全年发放租赁补贴236.3余万元。2012年144套廉租住房续建项目已竣工验收，计划2015年初开展实物配租工作。

【房屋产权产籍管理】 木里县住建局按照四川省、凉山州房产管理要求，2014年完成木里县城市老楼、危楼排查工作；完成县第一宗商品房开发项目（高原明珠）的预售许可证工作；完成县农村低保、城镇低保、二期廉租住房年审、三期廉租住房入住等信息查询工作；完成房地产市场运行、市场调查上报工作，并规范办证流程。

【人民防空工作】 2014年，木里县修订完善《木里县人民防空工作计划》，组建人防专业抢险队伍，并按凉山州人防办“六个一”建设要求，安装短波电台、预警警报一套。2014年收取人防易地建设费80余万元。

【测绘管理工作】 2014年，木里县全面贯彻落实《凉山州测绘管理办法》，严格执行测绘备案制度，严格按有房产测绘资质机构出具的测绘成果办理房屋权属登记和产权证明，2014年共办理房屋产权登记91宗、抵押登记28宗。

【光荣榜】 2014年，木里县被凉山州委、凉山州人民政府评为城乡环境综合治理考核（2013年度）二等奖；县住建局被凉山州委、凉山州人民政府评为2013年度平安建设先进集体；县住建局被凉山州住建局评为凉山州住房城乡建设系统目标考核（2013年度）二等奖。

【领导人】 局长：戴军（蒙古族）；副局长：扎拉泽仁（藏族）；副局长：熊娜姆（女，藏族）；纪检组长：苏朗央青（女，藏族）

（审稿：戴军/撰稿：马杰）

住房公积金管理

【概况】 凉山州住房公积金管理中心木里管理部是由凉山州住房公积金管理中心下设的分支机

构，负责木里县辖区内行政、企事业单位职工住房公积金归集、提取、贷款的管理工作。2014 年管理部人员共 4 人。

【归集业务】 2014 年，木里县缴存职工人数 4722 人（新增缴存 380 人，同比增长 20%），缴存额 1. 13 亿元，较去年同期增长 3. 5%。

【个人贷款业务】 2014 年，木里县发放职工个人住房贷款 62 笔，共计 1148 万元，比去年同期增长 13%。

【提取业务】 2014 年，木里县缴存职工提取住房公积金共计 4974 万元，比去年同期增长 14%。其中购房提取 1382 万元，偿还房贷提取 2163 万元，离退休提取 1316 万元。

【领导人】 主任：张建平

（审稿：张建平/撰稿：姚敏）

环境保护

【概况】 2014 年，木里环境保护局设办公室（挂行政审批股牌子）、污染防治股，下设县环境监察执法大队、县环境监测站两个事业单位，共有干部职工 16 人。

2014 年，木里县环境保护工作局杜绝新增污染源确保主要污染物总量减排；拓宽环境监管面，采取环境监察日常巡查、例行执法检查、突击检查等结合的方式，确保县域环境安全；定期开展生态环境质量状况监测工作，确保人民饮水安全；开展生态家园、生态村、生态乡镇等创建工作，推进生态县建设；加强生态文明建设和环保法制的宣传教育，提高全社会生态文明理念和环保意识。

【空气质量】 2014 年，木里建设于县政府办公楼上的空气自动监测站正式投入运行，可自动连续监测 SQ_2、PM_{10}、NO_2 等指标。全年运行情况良好，各评价指标均达标，未见异常现象，二氧化硫、二氧化氮指标达一级标准，PM10 两项指标达二级标准，综县城区环境空气综合质量优于《环境空气质量标准》（GB3095 - 1996）二级标准。

【县域水质】 2014 年，采样送样监测县城鲁珠沟饮用水源，29 个乡镇集中式饮用水源，均达水质Ⅱ级标准，饮用水源水质达标率为 100%。2014 年全年委托监测，雅砻江、木里河等主要河流水质均达到国家水质Ⅲ类标准，过境地表水各项监测指标均未超标，个别指标达Ⅱ类标准，综合看木里县境内地表水质量较好，主要江河水质均达《地表水环境质量标准》（GB3838 - 2002)》中Ⅲ类水质标准。

【生态创建】 2014 年，木里县环境保护局开展西秋、列瓦、固增、克尔、后所 5 个乡开展生态乡镇创建工作，由凉山州环保局对西秋、固增、克尔的 11 个村及牧场进行州级生态村命名，截止 2014 年底共命名生态家庭 3202 家；完成县城饮用水源保护区划分前期的资料收集、现场踏勘工作，划分技术报告委托省环科院编制。

【建设项目环境管理】 2014 年，木里县环境保护局强化建设项目环评审批工作，严把项目审批关，针对重金属重点防控区、饮用水源保护区、自然保护区等环境容量不足或环境敏感的地区实施"高门槛"。2014 年县环保局共办理审批建设项目共 41 个，其中审批建设项目登记表 39 份、报告表 2 份，办结率达到 100%。协助州局办理建设项目 15 个，其中登记表 13 份，报告书 1 份、报告表 1 份。

【环境监管执法】 2014 年，木里县环境保护扎实开展环保专项行动。联合发改、经信、司法、住建、工商、安监六部门严格按照《2014年木里县"整治违法排污企业保障群众健康环保专项行动"工作方案》(木环发〔2014〕38号)开展环境保护专项检查、"安全生产月"活动、饮用水源保护区环境安全隐患集中排查、环境风险隐患排查、县城区垃圾堆放场环境安全隐患集中排查、核技术利用单位辐射环境安全专项检查、环境噪声监督管理、生态和农村环境监察等工作,并按照县政协十三届三次会议第42、44、49、59号提案开展整治,2014年出动监察车辆50余次,出动监察执法人员200余人次,针对生产经营单位环境违法行为发整改通知书5份,监察通知单3份,开展环境监察执法后督查工作,全年县辖区内无重大环境污染事故、核与辐射安全事故、生态破坏事件和饮用水源地水质污染事件发生。

【污染源的日常监管】 按照制定的《2014年全县环境监察执法工作方案》,对辖区内污染源及采(探)矿、水电、道路、医疗卫生、房地产等建设项目按照监察内容、监察频次进行监管。2014年,木里县环境保护局重点对水电建设项目开展了检查,重点检查了建设中的污染防治、生态保护,恢复措施设施及油库、炸药库的环境安全。6月,按凉山州环保局《关于进一步加强突发环境事件应急预案管理的通知》(凉环发〔2013〕126号),木里县环保局及时督促木里县容大矿业有限责任公司梭罗沟金矿重新编制应急预案,通过凉山州上专家组的评审,按相关程序备案。木里县环保局联合水务局对锦屏库区开展执法检查,对库区内形成的大量漂浮物情况实地调查,11月18日木里县环保局与锦屏水电站方进行友好协商,协定由雅砻江公司锦屏水力发电厂支付清理资金,木里县环保局组织实施打捞清理,12月底,清理完工,通过凉山州三江办、州环保局、县环保局、锦屏一级电站的联合验收,保障了木里县域水质安全和流域沿岸群众身体健康。

【排污申报和征收工作】 开展排污费的征收。以B/S版排污费征收管理系统为平台,做好年度排污申报和审核,排污量核定和计算、开单、解缴入库、银行对帐等工作。按要求所有程序采用电脑直接开单,所有排污费收纳并缴入县财政国库中心。

【环境监察队伍建设】 2014年,木里县环境保护局派员参加上级主管部门组织的环境监察业务培训,逐级上报环境监察执法人员上岗培训计划,全年共参加四川省、凉山州培训六次,15人次。县环保局环境监察大队工作人员6人,大专以上学历100%,环保相关专业人员达到33%以上,监察执法大队队伍能力提升,环境监察执法能力加强。

【重金属污染防控总量减排】 2014年,木里县环保局对主要污染物总量减排涉及的相关统计指标在调查、汇总后进行联合评估,确保数据来源真实准确反映实情,保证建设项目中没有重金属的新增。严格把好建设项目的环保准入关,杜绝新增重金属排放的项目,严格监管,确保现有企业重金属排放量不增加。2014年,完成木里县乔瓦镇1#污水处理站的建设,该污水处理站及附属管网工程共完成投资193.93万元,日处理量500吨,处理后外排水质达到了国家《城镇污水处理厂污染物排放标准》(GB18978-2002)一级B标准,每年可削减COD36.5吨,氨氮4.92吨。

【光荣榜】 2014年,木里县被凉山州政府评为2013年度环境保护工作先进县并获三等奖。

【领导人】 局党支部书记、局长:扎西旦珠(藏族);县纪委派驻环保局纪检组长:李芸(女);副局长:公布次尔(藏族)

(审稿:扎西旦珠/撰稿:蒋鹏)

邮　政

【概况】　2014 年，木里县邮政局内设置一部一室，2 个支局、2 个班组。在职职工 24 人，劳务用工 4 人。其中大专以上学历 8 人，中专、高中学历 11 人。退休职工 25 人，内部退养人员 7 人。

【邮政业务】　2014 年，县邮政局推行金融类业务、速递物流类业务、邮务类业务、项目营销类业务营销奖励激励机制。组织开展邮储短信、网上银行、手机银行、邮政金融理财产品、代理保险、邮政分销、寄递业务（重点是经济快递和国内小包）等营销活动。2014 年，邮政储蓄余额达 5633 万元，全年完成业务收入 231 万元，比上年下降 2.9%。

【职工培训】　2014 年，县邮政局组织职工参加四川省邮政公司和凉山州邮政公司的集中业务培训达 11 人，通过“中国邮政网络学院”平台参远程业务培训 5 人，2 人通过职业资格技能鉴定的升级考核，生产人员职业资格持证率达 100%，其中持高级证的占比达 54.55%，持中级证占比达 36.36%，持初级证占比达 9.09%。

【邮路与投递】　2014 年，县邮政局保障投递质量，县城至瓦厂和茶布朗支局由县邮政局给予一定费用委托汽车运输投递；城市投递设 2 个城市投递段道，由邮政局职工坚持每天投递；乡邮投递分 4 个投递线路由县邮政局职工按作业计划进行投递：县城至李子坪乡；县城至列瓦乡、下麦地乡、芽租乡；茶布朗支局至博窝乡、唐央乡；茶布朗支局至东朗乡麦日乡。后所乡、俄亚乡、西秋乡、项足乡、卡拉乡、牦牛坪乡、麦地龙乡、水洛乡、依吉乡、宁朗乡、屋脚乡、三桷垭乡、白碉乡、倮波乡、沙湾乡、木里道班由县邮政局与乡政府或单位签订委托代办协议，乡政府或单位指定人员到邮政局领取邮件，县邮政局给予一定费用的方式投递。

【光荣榜】　木里县邮政局行政组荣获 2014 年度凉山州邮政企业安全生产“先进集体”。

【领导人】　局长：李荣川

（审稿：李荣川/撰稿：柏玉琼）

电　信

【概况】　2014 年，中国电信股份有限公司木里分公司主要经营国内、国际各类固定电信网络设施；基于电信网络的语音、数据、图像及多媒体通信与信息服务；根据市场发展需要，经营国家批准或允许的其他业务。

2014 年，木里电信分公司设：综合办、市场经营部、运维分局、财务室，下设营业、网格、装维班组，共有正式员工 27 人。

【经济效益】　2014 年，木里电信分公司累计完成收入完成收入 792.9 万元，完成全年计划的 77.8%。

【工程建设】　完成盐木专项传输设备升级，更换华为波分设备并新建 90KM 光缆杆路，开通集团对口扶贫投资援建的木里县城至瓦厂镇、茶布朗镇沿线牦牛坪、博科、固增 C 网基站；S216 线升级改造，迁改杆路 7.8KM；新建县城至布西通信杆路 13.4KM，新建冕宁大托至木里蔡家坪、木里县城至蔡家坪波分设备，形成环路，开通卡杨管理局专线及 H 业务；完成达瓦电站、砖瓦厂、经营所、瓦日瓦村、大林业局、财政局、文教局、老工商局、政府、红科林产公司住宿楼片区的“H”新建补点；使木里县城区“H”覆盖率达到 99% 以上；整治和扩容党政内外网由原有的 192 家单位增加到现在的 216 家。

【业务品牌】 2014年，木里电信分公司充分利用“FTTH（光纤到户）和高清影视ITV”创新融合模式，加大“e169、爱家、合约购机”等重点业务宣传。聚焦“智能机改变生活”，融入健康、环保概念，加大引导客户从“天翼空间”运用平台下载丰富多彩3G应用软件，拉动流量经营为核心的创新业务发展，持续提升品牌营销拉力。

【服务管理】 2014年，木里电信分公司本着“用户至上，用心服务”理念，进一步优化各个渠道，创新管理模式，为用户提供优质服务，自有营业网点在行风测评中均取得较好名次。不断强化硬件建设，改善服务环境，倡导明明白白消费，设置人性化营业厅功能区，方便用户体验新业务。推介和使用网上营业厅和手机掌上营业厅，让用户享受到足不出户的电信服务。持续组织对光纤宽带小区用户开展169用户免费升级20M体验活动。在建立全流程服务过程管控体系基础上，进一步细化服务流程，规范服务标准。

【人才培养】 木里电信分公司坚持以人为本、实行科学合理的绩效考核。推进学习型企业建设、注重为员工创造宽广的学习成长环境，2014年组织员工参加各类培训达60余人次，实现员工与企业价值共同成长。

【光荣榜】 2014年，木里电信分公司被凉山州电信公司工会授予“优秀职工之家”，在全州存量工作中名列前茅。杨德学、扎西拉初、英支塔等7位员工被凉山州电信分公司评为年度优秀员工称号。

【领导人】 总经理：刘伟；副总经理：袁明能

（审稿：刘伟/撰稿：夏朝阳）

移 动

【概况】 中国移动四川凉山木里分公司位于木里县扎昌街，是中国移动四川公司在凉山的分支机构。2014年公司设网络部、政企部、市场部、综合部等机构。有员工33人，设经理1名。

【网络基站建设】 2014年，移动木里分公司在木里区域规划了个26个4G基站，预计投资1040万元。4G问题，提升通信质量。

2014年，移动木里分公司，移动互联网发展个人宽带400户。通22个LTE4G基站及室分，分别是：郎根、西秋乡、卡基瓦、卡基瓦大坝、上通坝、县医院室分、公安局、二区、妇幼保健站、廉租房、公路局、县政府、县中学、一兴宾馆、物资局、下撒瓦、木里营业厅、一兴宾馆室分、斯毛草、公安局大院及法院室分、木里县大院1号室分、木里县大院2号室分。

【经济效益】 完成年竞争上网用户3600余户，移动集团客户发展200户，发展代办代销网点3个。2014年移动木里分公司公司完成年收入3600万元。

【业务经营】 2014年，移动木里分公司新推出的凉山风情卡业务、各种套餐资费业务、目标V网、动感地带、IP商务电话、数据业务、移动梦网、短信、彩铃、集信通、移动信使、集团V网、集团彩铃、存费送费等业务，全县党政重要客户29个集团，全年办理业务及上门服务达1500次；事业重要客户28个集团，全年办理业务及上门服务达2000次；企业重要客户14个集团，全年办理业务及上门服务达5000次；商务重要客户6个集团，全年办理业务及上门服务达4100次。全年受理客户业务咨询达5万余起，解决客户投诉1600多条。移动木里分公司为县委、县政府、县委宣传部、木里县水务局、木里县国土局、县林业局等单位开通MAS、ADC短信群发平台，为维稳工作提了方便，还积极配合公、检、法工作，为木里的水电开发市场服务，提升了企业形象。

【营业窗口】 2014年，移动木里分公司代办代销网点，发展到县城合作营业厅8个，排他性合作营业厅16个。县分公司对城区客户提供电话及上门服务，发展各乡镇协管员46户，乡镇一村一店共88个，形成分布广泛的营销服务网络。

【资费】 2014年，移动木里分公司新推出凉山风情卡业务、集团V网、动感地带、数据业务、短信、彩铃等各种套餐资费业务。神州行畅听卡（09）版资费月租10元，按天收取，赠送彩铃、来电显示，本地市话主叫0.18/分钟；州行轻松卡30版月功能费30元/月，按天收取，送来电显示，赠送本地主叫市话时长210分钟，5M省内GPRS流量、超出分钟数外本地主叫市话费0.2元/分钟，本地被叫免费，下半月人网分钟数减半、GPRS流量减半；动感地带音乐套餐月基本费20元/30元（月）300条/400条（短信），月租30元/月，送20分钟基本通话主叫长；拨打本地电话全天0.15元/分钟；本地拨打国内长途加拨17951国内长途，全价包0.25元/分钟，本地接听免费；国内漫游主叫0.6元/分钟（全包），国内漫游接听0.4元/分钟（全包）。手机上网移动数据流量5元套餐30M国内流量，移动数据流量10元套餐70M国内流量，移动数据流量20元套餐150M国内流量，移动数据流量50元套餐500M国内流量。

【领导人】 经理：马杂莫（彝族）

（审稿：马杂莫/撰稿：谢君怡）

联　通

【概况】 中国联合网络有限公司凉山州分公司木里业务部为州属驻县机构，负责凉山联通分公司在木里县的通信发展规划、工程建设、网络运营。2014年，木里业务部有正式员工4人。

【业务宣传】 2014年，木里业务部发展业务、开展宣传，让人们获得实惠与知识。3月15日，国际打假日，联通业务部开展了通讯手机真假的辨别、手机诈骗短信电话、通过手机套取银行存款等的识别活动。5月，劳动节期间，联通木里业务部组织人员到下麦地乡进行手机调换、辨真伪、送温暖活动。9月，业务部人员在县中学、县民族中学等第进行宣传、讲解如何识别手机短信、电话的诈骗知识。

【业务经营】 2014年，联通木里业务部为木里人民提供移动通信业务（GSM网和3GWCDMA网、4G网）、数据通信业务、电信增值业务的电信综合业务。新建6个4G基站，开通手机百兆网速。开通“10010”统一接入号码的客户服务中心，以www.10010.com为平台的网上自助营业厅；木里2G用户由2013年3000户增加到2014年3400户，3G用户由2013年1500户增加到2014年1800户，4G用户新增260户；数据通信专线接入业务由2013年20户增加到2014年26户。

【经济效益】 2014年，中国联合网络通信有限公司凉山州分公司木里业务部综合收入由2013年的320万增加到了340万。

【领导人】 总监：张芸芳（女）；业务经理：吕霞（女）

（审稿：张芸芳/撰稿：贾生媛）

财税·金融·保险

Taxation Bank Insurance

财 政

【概况】 2014年，木里县财政局设办公室、预算股、行财股、会计与税收制度管理股、农业股、经济建设股、企业与统计评价股、国有资产管理股、综合股、国库股、财政国库支付中心等11个股室，木里县国有资产监督管理办公室（副科级）、木里县财政监督检查局（挂靠县财政局），共有职工41人。

【财政收入】 2014年，木里县2014年公共财政预算总收入为5.62亿元，其中地方公共财政预算收入4.84亿元，上划中央两税收入5404万元，上划中央所得税收入2475万元。预算执行中，根据州委、州政府下达的收入奋斗目标任务和我县经济社会发展的需要，县十二届人大常委会第十五次会议批准地方公共财政预算收入调增950万元，调整为4.93亿元，较年初预算增长1.96%。2014年，木里县公共财政预算总收入完成7.09亿元，为年初预算的126%，较上年增长33.66%，其中地方公共财政预算收入完成4.94亿元，为预算数的102.27%，较上年增长10.45%（其中税收收入完成4.1亿元，为预算数的124.15%，较上年下降2.28%，非税收完成8414万元，为预算数的54.99%，较上年增长202.99%）；上划中央两税收入完成1.74亿元，为任务数的322.19%，较上年增长543.66%；上划中央所得税收入完成3993万元，为任务数的73.89%，较上年下降27.86%。

【财政支出】 2014年，木里县公共财政预算支出为9.99亿元，预算执行中发生以下变动：上级财政增加我县各类转移支付收入5.56亿元（其中返还性收入878万元，一般性转移支付收入1.6亿元，专项转移支付收入3.87亿元）；动用当年超收收入1097万元增加支出预算；三是上年项目结转878万元并入当年预算；四是财政部代理发行地方政府债券收入1200万元；五是增加攀枝花市援助收入2523万元，六是调入资金695万元，以上六项增减项目品迭后共调增支出预算6.2亿元，支出预算变动为16.19亿元。2014年公共财政预算支出实际完成15.92亿元，为变动预算数的98.35%，较上年增加1.42亿元，增长9.77%。公共财政预算支出项目见2014年木里县公共财政收支决算表。

【财政收支平衡情况】 2014年，木里县地方公共财政预算收入完成4.94亿元，加上转移支付收入10.65亿元、攀枝花市援助收入2523万元、财政部代理发行地方政府债券收入1200万元、一般预算上年滚存结余收入2137万元、调入资金695万元，全年收入总计16.25亿元，减去当年公共财政预算支出15.92亿元、上解支出42万元、地方政府债券还本付息支出500万元、调出资金627万元，2014年滚存结余2092万元，2014年净结余2092万元，实现了当年收支平衡略有节余的目标。2014年基金预算收入完成1709万元，为预算数的237.69%，上级基金补助收入1568万元，基金支出完成2012万元，为预算数的42.15%，加上基金预算结余收入1496万元，调入资金627万元，基金收支品迭结余3388万元，将在2015年继续安排使用。

【预算超收收入和新增财力安排使用情况】 2014年，木里县地方公共财政预算收入与年初预算相比，超收1097万元，上级转移支付增加可安排财力4876万元，重点解决：我县电力与国家电网并网资金1000万元，提高藏区津补贴水平标准2779万元，2013年目标绩效责任管理考核1109万元，农村教师生活补助325万元等。地方公共财政年初预算安排预备费2000万元，主要用于：水洛乡学校建设项目缺口资金459万元，康坞梁子牌坊至卡拉纤微桥通乡公路水毁整治工程资金250万元，县医院住院综合楼200万元，县属林业企业森林防火经费217万元，安排城市基础设施建设公共停车场工程及太阳能路灯采购、安装工程资金111万元，开展永久基本农田划定保护资金108万元，安排2014年困难群众安全温暖越冬和元旦春节慰问97万元，增加113个村及社区办公经费119万元等。

【上级补助收入】 2014年初预算为5.09亿元，在预算执行中发生以下变动：根据凉山州财政局2013年政府收支预算编制关于上级补助收入口径的要求及政策因素，增加一般性转移支付收入4346万元，专项转移支付收入955万元。根据2013年财政年终结算批复通知，调减我县上解支出5万元。1－11月上级财政部门下达我县专项资金补助3.07亿元。2014年1—11月一般预算上级补助收入变动为8.69亿元，加上年初地方公共财政预算收入4.84亿元，上年专项结转878万元，攀枝花市援助收入2523万元，减去上解支出200万元，1—11月公共财政预算支出变动为13.84亿元。1—11月因上述因素增加的预算收入，按预算口径安排相应支出，调整出的新增可用财力，已报经县财经领导小组批准，将新增财力安排到相应的支出项目上。

【城乡统筹协调发展】 2014年，木里县落实农业补贴政策。全年兑付草原生态补偿资金、粮食直补资金、综合直补资金、成品油价格财政改革补贴资金、大中型水库移民后期扶持资金等9700多万元。整合财政支农资金，加大扶贫开发力度。全年财政安排扶贫开发资金2710万元、“新农村”建设资金3000万元、农村沼气建设资金365万元、农村公路“通畅工程”资金1.22亿元、农村安全饮水工程资金646万元，农村村级公益事业建设一事一议项目113个、财政奖补资金1430万元，乡镇城乡环境综合治理专项经费367万元，中小河流域治理、小农水经费2732万元，金融机构涉农贷款增量奖励资金49万元，新农村建设专项贷款利息贴息资金32万元，牧民定居计划贷款担保基金借款200万元。

【扎实推进保障性住房建设】 2014年，木里县筹集公共租赁住房资金334万元，保障性安居工程资金664万元发放廉租住房补贴926户，补贴资金236万元。

【重点项目和基础设施建设】 2014年，木里县安排重点工程建设资金9049万元，解决县委党校、县影剧院、农副产品交易市场、县幼儿园、县医院、县中藏医院、特勤消防站、东朗库绒寺庙恢复重建、寺庙基础设施、县城前缘滑坡治理、乔瓦镇锄头湾村垃圾填埋场建设、城市供水改扩建及管网改造、石漠化综合治理工程、易地扶贫搬迁试点工程等建设；安排资金1900万元，解决县城旧城改造旧房拆迁、补偿安置等；安排交通基础建设资金1.1亿元，用于通乡油路改造940万元，农村公路建设1.01亿元；安排资金2472万元，启动博瓦河一林场至红科桥头堤防工程建设；从省核定木里县的地方政府债券转贷资金中安排沿河路“安保”工程建设557万元，项脚乡通乡油路建设943万元；从一次性促进发展补助资金中安排沿河公路“安保”工程250万元。

【科学技术的投入】 2014，木里县年科学技术支出达到839万元，较2012年增长691.51%，增加733万元，其中安排玉米良种价差补贴267万元、粮油高产创建资金100万元、农业科技成果转化资金50万元、农业科技创新专项基金50万元、中草药产业示范基地建设100万元、农业新品种试验推广经费15万元等项目支出。

【保障干部职工待遇】 2014年，木里县安排资金7227万元保证职工住房公积金和职工基本医疗保险缴纳标准；在保证乡镇上年专项经费的同时新增部分专项资金，安排乡镇“群团”工作经费15万元、“交通安全管理”经费15万元、“关心下一代”经费58万元；安排资金2480万元兑付高海拔地区折算工龄和高海拔乡镇临时岗位补贴；推进乡镇基层政权建设及干部职工周转房建设。后所、项脚、牦牛坪3个乡镇基政建设工程已完成工程验收交付使用，卡拉、博窝已完工待验收；完成唐央乡、三角垭乡基政初步设计和地勘工作；县城区、瓦厂镇、茶布朗镇164套干部职工周转房项目已完成代理机构招标，现正由代理机构组织公开招标。

【财政改革】 2014年，木里县重点开展公务卡制度改革试点工作，全县县级63家预算单位参加公务卡试点改革，共开卡419张，激活卡数419张。开展地方财政对外借款清查工作，清理了全县自1997年至2012年期间的财政借款，通过制定催款方案等措施，全年清理回收额达到4773万元，全县财政对外借款余额已由2013年5775万元减少到1566万元。实施财政支出绩效评价改革工作，2014年全县共确定财政支出绩效评价项目15个，资金总量为2.02亿元。从15个项目中选取了8个省定项目作为复评项目，资金总额为9017.58万元。加强政府采购的监督管理，2014年全县共受理政府采购201批次，预算采购金额5933万元，完成采购金额3996万元，节约资金803万元，资金节约率15.6%。加大财政投资评审力度，严格实施重大投资项目招标、工程监理、竣工验收等管理制度，继续对单个投资超过100万元（不考虑资金来源因素）的基本建设项目的概、预算及招标控制价均由县财政局审核后委托凉山州财政投资评审中心协作评审。全县共上报100万元投资以上评审项目43个，送审总额2.37亿元，审定金额2.12亿元，审减金额2513万元，审减率为10.59%。

【部分预算收支调整】 一是根据《凉山州财政局关于核准2014年地方政府债券资金安排使用方案的通知》（凉财外投〔2014〕91号），2014年四川省下达木里县地方政府债券资金1200万元。根据地方政府债券收支必须纳入财政预算并报同级人民代表大会批准之规定，特提请本次人大常委会议批准将1200万元地方政府债券资金用于唐央乡通乡油路工程建设项目。根据对今年财政收入形势的分析和最后一个月收入的预判，难以完成县十二届人大三次会议批准的公共财政预算总收入、地方公共财政预算收入任务，拟将2014年地方公共财政预算收入调整为4.5亿元，较年初预算减收3350万元，下降6.93%，减收的收入项目为非税收入中的专项收入（矿产资源专项收入）。调减涉及的项目将按预算口径进行调整，特提请人大常委会批准地方公共财政预算收入由年初4.84亿元调整为4.5亿元，相应地公共财政预算总收入由年初5.62亿元调整为5.29亿元。因收入调减相应调减的支出项目为：调减年初预算中安排的藏区项目配套支出项目3350万元。

由于上述两项收入调整，公共财政预算支出相应调整为13.63亿元（11月公共财政预算支出变动数13.84亿元，加上本次批准增加地方政府债券资金1200万元、公共财政预算收入调减3350万元），收支平衡。尚未到位的专款和上级追加的补助，将按《预算法》的规定自然列入当年财政收支预算，并编制年度决算。

【光荣榜】 社会保险基金预、决算报表被凉山州人力资源和社会保障局、凉山州财政局评为二等奖；被木里县人民政府评为2014年度统计先进集体、木里县2014年度消防工作先进单位（不完整）。

【领导人】 局长：武金（藏族）；副局长：张庆（常务副局长）、李开禄（兼木里县国有资产监督管理办公室主任）；县纪委派驻县财政局纪检组长：伍庆；财政监督检查局局长：陈湖贵

（审稿：武金/撰稿：苏玥）

国家税务

【概况】 木里藏族自治县国家税务局驻于木里县城扎昌街227号，担负全县616户纳税人的国税征管任务。2014年，木里县国家税务局设办公室、政策法规科、纳税服务科、税源管理科、人事教育科等5个机构，下属稽查局和信息中心（事业单位），有正式职工30名，其中有中共党员13人，占职工总数的43%；妇女14人，占职工总数47%。

【税务登记】 税务登记包括开业登记、变更登记、重新登记和注销登记，是税务机关对境内负责征收管理的纳税人实施统一代码，分别登记，分别管理的法定程序。2014年，木里县国家税务局对全县50户企业，566户个体工商户进行了税务登记。

【国税收入】 2014年，木里县国税局按照收好税、执好法、服好务、带好队的工作总体要求，强化征管保收入，2014年木里县有一般纳税人28户，征收酒类消费税户数4户，并征收车辆购置税。全年完成国税收入2.69亿元，其中所得税2616万元，增值税3647万元、消费税4万元、车辆购置税76万元。

【纳税服务】 2014年，木里国税局按照《四川省国家税务局关于加快全职能办税服务厅的通知》精神，理顺大厅内部分工、整合窗口职能、优化办税流程，做到一人多岗，涉税业务“一窗通办”、一厅办结、一次办完，实现纳税人在综合服务窗口通办（主要针对企业）申报纳税（含车辆购置税征收），认证报税、发票发售、代开（含专用发票发售、代开业务）、税务开业注销登记、文书受理、部分税收优惠备案等业务，减轻纳税人的办税负担和征税人的工作负担。优化税收环境，完善服务制度，改进工作作风、履职尽责，杜绝推诿扯皮、庸、懒、散、浮、奢等现象。严格监督制度，增强责任意识，提升服务效能、加大外部监督。推进内控机制。落实纳税服务制度和措施，保证服务质量，构建和谐征纳管理。

【税收减免】 2014年，木里县国家税务局严格遵守法律法规、国家税务总局和四川省国税局政策规定，并根据管理权限的要求，严把减免税的申请、核实、审批、核算关，保障无违规审批。2014年木里国税局。企业所得税方面累计减免1561.27万元。其中享受西部大开发所得税优惠政策。减免1560.89万元。增值税方面累计减免384.13万元，其中支持文化事业发展减免19.69万元、改善民生244.1万元、促进中小微企业发展（提高起征点优惠）117.64万元、支持其他各项事业发展2.7万元。

【小微企业增值税和营业税政策】 小微企业的税收支持，经国务院批准，自2014年10月1日起至2015年12月31日，对月销售额2万元（含本数，下同）至3万元的增值税小规模纳税人，免征增值税；对月营业额2万元至3万元的营业税纳税人，免征营业税。

【税收宣传】 2014年，木里国税局搞好税收政策的宣传，一是充分利用办理大厅对纳税人作好耐心细致的宣传、教育、解释，争取社会各界人士和纳税人的理解、支持在税款征收，代开发票、办证、领购发票等主要开展常规宣传项目；二是张贴标语条，悬挂横幅条；三是出动宣传车沿公路沿线乡镇开展税收宣传；四是参与县上统一组织的“3.15”法制宣传日活动，悬挂横幅、设立税收知识咨询点，解答群众的咨询问题，重点宣传税收优惠政策。

【绩效管理】 2014年，木里国税系统实施绩效管理，围绕“实现税收现代化”主题和“提升站位、依法治税、深化改革、倾情带队”主线，坚持“强基础、重服务、优管理、争一流”工作思路，按照凉山州国税局“内外兼修、大小并重、上下同心、提升站位”工作要求，努力推动全凉山州国税收入上新台阶、征管服务上新台阶、基层建设上新台阶、队伍建设上新台阶。绩效管理遵循的原则：统一领导、分级管理，改革引领、重点突出，过程控制、动态管理，科学合理、客观公正，正向激励、持续改进。

【领导人】 局长：杨兴明（藏族）；副局长：刘仁平、田龙清、刘树华（2014.10～）；纪检组长：李波（2014.5～）

（审稿：杨兴明/撰稿：陈华）

地方税务

【概况】 木里藏族自治县地方税务局实行地方政府和上级地税机关双重领导，以地方政府领导为主的管理体制。2014年木里县地方税务局设：办公室、人事（监察）股、收入核算与财务股，综合税政股、服务征管股、政策法规股等6个股室；派出及直属机构：稽查局及第一、二、三、四税务所。共有职工55人，其中在职51人；退休4人。

【税收征管】 2014年，木里县地税局共完成收入3.95亿元，其中税收完成3.63亿元（营业税1.34亿元、企业所得税1332万元、个人所得税1483万元、资源税833万元、城市维护建设税447万元、房产税121万元、印花税367万元、城镇土地使用税29万元、车船税89万、耕地占用税1.82亿元、契税19万元）；基金附加3115万元。

【税务稽查】 2014年，木里县地税局全面提高稽查工作的质量和效率。截止2014年12月30日共查补、催缴入库地方各税、附加、滞纳金及罚款205.57万元，其中资源税6459元，印花税（税款、罚款、滞纳金）74.57万元，营业税69.42万元，企业所得税34.67万元，个人所得税18.2万元，城建税1.09万元，房产税（税款、罚款、滞纳金）1.26万元，地方教育费附加1.39万元，教育费附加1.94万元，价调基金2.18万元，发票违章罚款2000元。按照《国家税务总局关于开展2014年全国税收专项检查工作的通知》（税总发〔2014〕31号）、《四川省地方税务局关于开展2014年税收专项检查工作的通知》、凉地税督〔2014〕011号的要求，做好税收检查工作，2014年共检查户数为7户，组织自查32户，立案户为2户、有问题户2户、结案户2户，查补入库3264.39元。

根据《国家税务总局关于认真做好2014年发票违法犯罪活动工作的通知》，2014年木里地税局开展打击发票违法犯罪专项整治行动。对辖区内建筑安装发票、餐饮和代开发票等各类发票进行检查；对经营户发票的领购、保管、使用进行了详细检查，逐笔进行查验比对，共计比对发票300份。未发现违规使用发票和假发票现象。

【税收宣传】 4月是全国第23个税收宣传月，县地税局严格按照四川省、凉山州地税局的统一部署和安排，围绕“税收、发展、民生”的宣传主题，开展了税收宣传活动。由办公室、法制股、综合股、征管股、管理所等组成税收宣传领导小组开展税收宣传工作。

邀请木里电视台对税收宣传月活动进行报道，并在木里县电视台播放税收宣传月活动的宣传标语。

到华电木里河、水洛、沙湾电站，卡杨专用公路等企业进行税收法规宣传工作和税源调查工作。构建税收宣传气氛。树立全社会诚信纳税的意识。

【扶贫帮困】 2014 年，木里县地税局继续开展“挂、包、帮”活动和“走基层、解难题、办实事、惠民生”活动。与联系的三桷垭乡里普村开展“连心共建”行动，帮助解决影响制约发展稳定的突出问题；一是建立民生诉求、困难群众、稳定的“三本台账”，做到一户一页、详细清楚；二是为开展好“万名干部下基层”活动，派送一名优秀的中层干部到里普村任职，担任村党支部第一书记，谋划发展；三是机关干部职工与联系的 14 户建卡贫困户开展“连心牵手”行动，3 月 15 日组成“连心牵手扶贫帮困”小组，对 17 户贫困户逐户走访，了解他们的生产、生活情况，爱心捐款 8500 元；四是累计投入帮扶资金 4 万元，帮助里普村、高房子村建立核桃、花椒产业化基地 400 亩，并组成工作组加强对核桃、花椒产业化基地的后期管理的监督检查，使帮扶资金用到实处。五是投入帮扶维修资金 1 万元，维修三桷垭乡高房子村村房。

【廉政建设】 2014 年，木里县地税局贯彻落实党风廉政建设和反腐败工作，扎实开展专项整治工作。一是开展“为政不为”专项整治。坚决纠正工作落实不力，执行“中梗阻”，对上级交办任务顶着不办等问题；坚决纠正对待纳税人态度生硬、口大气粗，服务不主动，办事效率低，推诿扯皮等问题。二是开展“为税不廉”专项整治。坚决纠正对纳税人的事情拖着不办，甚至故意刁难，不给好处不办事、给了好处乱办事问题。严肃查处暗箱操作、权力寻租，收回扣、拿红包，办“关系案”、收“人情税”，违规收费、强行指定税务代理、利用便民服务谋取不正当利益等行为。三是开展公款吃喝专项整治，坚决纠正公务接待超规格、超标准、超范围，或借各种名义变相安排公务接待等问题；坚决纠正公款大吃大喝、违规参与娱乐活动等问题；四是开展“庸懒散”专项整治。坚决纠正不遵守工作纪律，工作时间上网聊天、购物、玩游戏、炒股票，无故旷工、迟到早退、擅离职守等问题。召开了专题组织生活会。每名党员干部提前认真准备和撰写对照检查材料，从自身作风建设的基本情况，“四风”方面存在的突出问题，产生问题的根本原因以及今后整改方向等四个方面深入挖掘自身问题并提出了切实可行的改进措施。提高党群关系的认识，认清自身存在的“四风”问题，提升严守中央“八项规定”、省委“十项规定”和县委“六项规定”的自觉性。

【税制改革】 2014 年，县地税局开展“营改增”工作。认真梳理，将电信、移动、联通 3 户企业的纳税户信息填写《营改增信息统计表》后转交国税管理。

【领导人】 局长：胡兴华（蒙古族，党组书记）；副局长：王培勇、董华海（藏族）；纪检组长：央 宗（女，藏族）

（审稿：董华海/撰稿：黄朝松）

农业银行木里县支行

【概况】 2014 年，中国农业银行股份有限公司木里藏族自治县支行（简称县农行）设综合管理部、财会运营部、风险管理部、客户部 4 个部门，营业网点 2 个：支行营业部、扎昌街分理处，在行式自助网点 2 个、离行式自助网点 2 个。在职员工 58 人，其中长期合同工 48 人、储蓄合同工 10 人；离休干部 1 人，退休职工 35 人。

【存贷款】 2014 年，县农行存款各项存款余额 25.03 亿元，比年初增加 2.84 亿元，其中：对公存款 17.62 亿元，比年初增加 2.44 亿元，完成计划的347.85%，储蓄存款7.42亿元，比年初增加4146万元；各项贷款余额为16.53亿元，其中企业法人贷款余额16.46亿元，个人贷款余额621万元（较年初增加190万元，其中农户贷款发放195万元，小企业贷款增量7660万元，小微企业主贷款增量10万元）。2014年向莫嘎拉吉河电站贷款400万元，木里运能水电开发有限公司贷款7250万元，香巴拉青稞酒厂贷款10万元。县农行与住房公积金合作，截止12月末住房公积金委托贷款余额6202万元，今年新发放贷款1148万元。

【中间业务】 2014年，县农行加强与财产保险公司、人寿保险公司深层次合作，增加柜台保险代理业务品种，满足客户的需求；加强代收代付类业务，推广网银、现金管理客户端等产品，有效提升代发工资等中间业务收入贡献度；拓展新兴中间业务，加强贵金属实物营销和存金通定投业务，做大做优分期业务。2014年县农行中间业务收入337万元。

【三农服务】 2014年，县农行加大服务三农力度，加强木里藏区项目的重点工程和三农金融服务，提前组织营销团队介入，全面做好项目对接，其中与中国移动共同推广惠农银讯通产品，累计布点86个，累计覆盖全县113个自然村中的56个，为农户小额存取款提供了极大便利；大力推广惠农卡，累计办理惠农借记卡2200余张，惠农贷记卡215张，以惠农卡为载体发放“三农”贷款，年末各项贷款余额为16.53亿元，比年初增加4243万元，其中个人贷款发放198万元，农户贷款发放195万元，小微企业贷款增量7660万元。2014年新安装智付通12户、pos机14台，新增工商e线通14户，手机银行1359户，发放452张公务卡，社保IC卡3500张，住房公积金联名卡2282张。

【网点建设】 2014年，县农行加大网点建设力度，县农行在支行营业部增设发卡机一台；扎昌街分理处（步行街政务中心一楼）完善窗口服务规范，添置排号机、电子银行体验机、LED显示器等服务终端设备，设立高柜服务区3个柜台，低柜服务区2个柜台，VIP服务区1个柜台，大客户理财室1间，24小时自助银行服务区存取一体机1台、取款机1台、穿墙式自助终端1台，增添了服务窗口、设备；在木里县新兴路93号新建一个离行式自助银行，存取一体机、取款机、穿墙式自助终端各1台，该网点覆盖木里县财政局、教育局、移民局、大项目办、县幼儿园、县疾病预防控制中心、县医院家属区、县电力公司家属区、电信局家属区，周边还有众多的餐饮店、商业门面和广大乔瓦镇达瓦社农户，极大地方便了广大人民群众。

【内控管理】 2014年，县农行将案件防控责任贯穿于经营管理全过程，构建案件防控长效机制，确保各项案件防控措施落实到位。一是开展形式多样的教育活动。通过开展企业文化和合规文化建设活动，让员工树立“合规创造价值、安全就是效益”的风险理念，增强员工的风险防范意识，提高员工的职业道德水平，促全行内控管理水平提高。二是切实做好案件防范工作，从源头上防范案件风险。认真开展各项检查和案件专项治理，加大案件查防工作力度，规范业务经营行为，保证经营安全，树立廉洁、勤政、务实、高效的农行形象。三是认真抓好各项检查发现问题整改。对“三项治理”活动、“三铁三化”、“三化三达标”、内部综合评价以及其它各项审计检查中发现的问题，召集相关部门，逐条逐项研究，认真落实整改，杜绝再范。四是把藏区维稳工作与业务经营同步安排，确保藏区干部员生命安全和国家财产安全，确保实现每年无经济和刑事案件发生。

【党风廉政建设】 2014 年，县农行继续把党风廉政建设、安全保卫与业务经营管理工作紧密结合，同部署，同落实，同检查，同考核，加大教育监督和专项治理工作力度，全面落实中央“六项禁令”、“八项规定”，开展正风肃纪，努力实现辖内无经济案件、无刑事犯罪案件、无重大违规违纪问题和无重大责任事故的目标。加强信访维稳工作，把维稳作为“一把手”工程，与业务经营同步安排，抓好藏区维稳工作，确保藏区干部员生命安全和国家资产安全。

【光荣榜】 阿的说尔获得第四届“中国农业银行四川省分行十大员工之星”荣誉称号。

【领导人】 行长：阿的说尔（彝族）；副行长：周敏、罗跃春、崔凯文

（审稿：阿的说尔/撰稿：崔凯文）

县农村信用社

【概况】 2014 年，木里县农村信用联社有营业结构 15 个（包括芽祖乡简易服务网点），其中，独立核算信用社 12 个，信用社分社 1 个、储蓄所 1 个。有在职工 89 人（其中内退人员 2 人），退休职工 20 人。在职职工中本科学历 15 人、专科学历 52 人、中专及以下学历 22 人。

【信贷】 2014 年，木里信用联社各项贷款 3.5 亿元，各项存款 11.13 亿元，较年初增加 9.21 亿元，完成全年贷款净增任务 1.92 亿元的 20.87%，同业市场份额 27%。较年增加 1.6 个百分点。

【存款】 2014 年，木里信用社各项存款余额 8.06 亿元，较年初净增 1.43 亿元，增长率为 30%，同业市场份额 26%，较上年增加 3.6 个百分点。

【支付结算业务】 2014 年，木里信用社行中国人民银行印发的《银行结算办法》和《支付结算办法》中规定使用的结算种类：银行汇票、商业汇票、银行本票支票、汇总、委托收款、异地托收承付。县联社银行业网店根据需要，选择适合的票据种类，通过 SC6000 网内汇收兑、大小额支付系统、农信银、柜面通、网银、POS、EPOS、ATM、结算方式为木里县城的单位、个体经济户和个人的商品交易、劳务结算以及其它收款项进行金融服务。

【代理业务】 2014 年木里信用社的代理业务主要是代发涉农资金（两补资金、退耕还林粮食补助、退牧还草工程补贴、嫩滑繁母猪养殖补助、良种补贴）以及代理“新农保”业务。

全年代发涉农资金共计 8500 余万元。共开立了三个“新农保”账户，包括财政专户、收入账户和支出账户，共发行“新农保”专用蜀信卡 3 万余张。

【党风廉政建设】 2014 年，木里信用社按照坚持“标本兼职、综合治理、惩防并举、注重预防”的方针，加大教育监督和专项治理工作力度，层层签订《党风廉政建设及案件事故防范目标责任书》，进一步明确在党风廉政建设工作中的责任。开展纪委书记巡查监督工作，加大电话查岗监督工作力度，支行把维稳作为“一把手”工程，与业务经营同步安排，抓好藏区维稳工作，确保藏区干部员工生命安全和国家资产安全，实现了辖管内无经济案件、无刑事犯罪案件、无重大违规违纪问题和无重大责任事故的目标。

【光荣榜】 2014 年，木里信用社俄亚分社巴交龙布被评为四川省第七届“劳动模范工作者”。

【领导人】 主任：吉布吕刚（彝族）；副主任：宋加次尔（藏族）、董光荣

（审稿：宋加次尔/撰稿：余红兰）

人寿保险

【概况】 2014年，中国人寿保险股份有限公司木里县支公司，设经理室，客户服务中心、营销服务部。员工3人，保险营销员18人，设理赔、保全、收付费业务办理点3个。中国人寿保险股份有限公司木里县支公司主营人寿保险、养老保险、健康医疗及人身意外伤害保险等，涵盖教育、养老、疾病、医疗、身故、残疾等保障，满足客户在人身保险领域的保险保障和投资理财需求。

【险种】 2014年，中国人寿保险股份有限公司木里县支公司推出首款费改型理财保险《国寿鑫如意两全》保险组合计划，该产品的个人“金账户”，可复利滚存，双重保底收益。开办比较适合工薪族和才参加工作人群，按月交费的《国寿康宁定期重大疾病保险（B款）》，专门针对癌症的《国寿防癌疾病保险》等，与州政府、州财产保险公司联合开发开办“惠农保”保险。

【理赔】 2014年，中国人寿保险股份有限公司木里县支公司赔付案件393件，赔付金额77.44万元，医疗类单笔最高赔付1.55万元。意外医疗单笔最高赔付1.5万元，意外身故赔付26.4万元，单笔赔付最高金额10万元。

【保费】 至2014年中国人寿保险股份有限公司木里县支公司累计完成总保费收入847.4万元，其中普通寿险保费完成422.5万元，长期健康险保费收入63.8万元，分红保险保费收入182.2万元，短期险保费178.7万元。

【领导人】 经理：徐迅

（审稿：徐迅/撰稿：徐迅）

财产保险

【概况】 中国人民财产保险股份有限公司木里支公司属县局级非银行金融部门，受州、县双重领导，业务上受中国人民财产保险股份有限公司凉山彝族自治州分公司领导，行政上受县人民政府领导，其经济性质为：非独立核算，独立经营的非银行金融机构。2014年内设业务、签单、理赔等岗位，有职工8人，其中大专文化5人，职工总数中少数民族7人，汉族1人。

【险种】 2014年，木里县人保财险支公司开展机动车商险、机动车交强险、意外伤害险、团体意外伤害险、建筑工程险、火灾公众责任险、四川道路客运险、校（园）方责任险、道路危险货物险、个人房屋抵押货款综合险、家庭财产险、种植业险、养殖业险、吉安居家险、团体城镇职工补充医疗险等15个险种。

【理赔】 2014年，木里县人保财险支公司赔案金额为727.37万元，其中政策性农险赔付550.06万元；非车险18.88万元；机动车险赔付158.40万元。车险赔款较大案件有：扎西降初川WH0333号车1.9万元；木里县公安局川W1261警号车2.08万元；吕忠富川WAA523号车15.68万元；纪军华暂W3745Z号车2.4万元；周兴友暂W00485号车3.67万元；王德强川WDJ351号车3.17万元；王福莲川A4KK32号车2.82万元；木里县人民政府办公室川WF3317号车7.61万元；木里县贡嘎农村客运有限责任公司川W52606号车8.47万元；中国水利水电第七工程局有限公司川WB5035号车5.16万元；木里县公路管理局川WF1299号车5.56万元；杨国庆暂

W32399号车6.42万元；木里县茶布朗中心卫生院川WR1203号车4.12万元；杨玉华川W27128号车8.41万元。

【保费收入】 2014年，木里县人保财险支公司保费收入1397.51万元。其中机动车险542.2万元；非车险290.55万元；意外伤害险50.21万元；团体意外伤害险7.7万元；建筑工程险48.52万元；种植业险194.28万元；养殖业险370.38万元；家庭财产险44015万元；吉安居家险0.02万元；个人抵押货款综合险34.49万元；道路危险货物险1.16万元；校（方）方责任险17.19万元；火灾公众责任险28.55万元；四川道路客运险4.49万元。

【效益】 2014年，木里县人保财险支公司实现利润53.36万元，上缴税金36.08万元，赔付客户727.37万元，其中，政策性农险赔付了550.06万元；机动车158.4万元；非车险18.88万元。

【光荣榜】 人保财险木里县支公司降初扎西（舒德华）被中国人民财产保险股份有限公司授予“感动中国人保财险·2014年度人物”荣誉称号。

【领导人】 经理：马文斌（彝族）

（审稿：叶惠琼/撰稿：马阿质）

教育　文化　科学技术

Education Culture Science Technology

教　育

【概述】 木里县教育局是木里县人民政府教育行政管理部门，2014 年县教育局设办公室（信访股）、计划基建财务股、人事师训股（监察室）、基础教育股、职业教育与成人教育股、教育督导室、安全管理股、审计股；设直属事业单位为教育技术装备所、学生资助管理中心、青少年活动中心，教育支付中心，共有人员 45 人（其中行政人员 13 人，事业人员 5，工勤人员 3 人，临时工 3 人，借调 21 人）。

【办学现状】 2014 年，木里县有中学 12 所（普通高完中 1 所，初级中学 2 所，九年一贯制学校 9 所），小学 23 所，教学点 166 个；幼儿园 1 所；教师培训和教研中心 1 所。在校小学生 13214 人，在校初中学生 5025 人；幼儿园在园幼儿 636 人，乡镇学校学前班 371 人，在校生高中达 1432 人。

【两基工作】 2014 年，木里县小学入学率达 100%，初中阶段入学率达 98.8%，小学辍学率 0.48%，初中辍学率 2.16%，残疾儿童入学率 84.33%，小学毕业率达 100%，初中毕业率达 99.57%，15 周岁完成率达 99.77%，17 周岁完成率达 96.43%，15 周岁文盲率控制在 0.15%。2014 年，木里开展各种农村实用技术培训 20 多期，培训人数达 4427 人次，扫除文盲 510 人，全县青壮年非文盲率达 99%。

【教育基础设施建设】 2014 年，木里县继续抓好 9 个续建项目，包括高中部教师周转宿舍；县中学校务办公综合楼 500 平方米，配电房、1000 千伏安变压器、学生宿舍太阳能、校园安保监控设施等；县城关小学综合楼、学生食堂、学生宿舍、运动场建设等；后所乡学校学生宿舍、学生食堂，教师周转宿舍；倮波乡学校等 31 所学校（村小）建设标准化食堂及伙房；教师周转房建设，包括茶布朗中学、依吉乡小学、城关小学、民族学校、县中学初中部；屋脚乡学校综合楼；茶布朗幼儿园、克尔乡教师周转宿舍。共计投入资金 7053 万元，建设面积 2.48 万平方米。新建项目 9 个，包括：倮波乡学校学生宿舍、俄亚乡小学教师周转宿舍；宁朗乡学校；倮波乡学校教师周转宿舍；民族学校等 19 所学校建设标准化食堂及伙房；博科八科村小教师周转宿舍；教师周转房建设，包括幼儿园、白碉乡学校、西秋乡学校、屋脚乡学校；水洛乡基础设施建设；俄亚乡学校周转房，倮波乡学校学生宿舍。共计投入资金 8804 万元，建设面积 3.07 万平方米。木里县幼儿园于 2014 年 3 月正式启用，2014 年 9 月高中部正式启用。

【民生工程】 2014 年，木里县教育局抓好中小学教师工资、生均公用经费、贫困生寄宿生生活补助等经费按时足额发放工作。一是“两免一补”工作。享受寄宿制生活补助学生达到 16054 人次，下拨资金 1170.87 万元；补助生均公用经费 3.65 万人次，下拨资金 2224 万元；享受免费教科书为 4.94 万人次，资金 213.59 万元。二是生源地信用助学贷款，2014 年受理 153 人，其中已放款的 109 人，申请贷款 60 万元。三是补助高中困难学生 540 人次，资金 72.62 万元；资助义务教育阶段在校残疾学生 81 人，特殊教育学生公用经费提标资金为 14 万元，三儿资助资金 30.7 万元，资助人数 508 人。四是义务教育阶段营养改善。2014 年春季享受学生 1.88 万名，秋季享受学生 1.82 万名，下达学生营养改善资金 1130.77 万元。2014 年，整合寄宿制补助、营养改善计划补助和县财政专项补助，全县各乡（镇）中心校在校生享受食堂免费就餐。五是 2014 年木里县参加平安保险学生人数 2.09 万人，资金 104.37 万元；教师校责险 1725 人，资金 14.66 万元；学生校责险人数 2.09 万人，资金 16.72 万元。

【各类考试】 2014 年，木里县教育局认真实施各级各类考试工作。参加高考学生为 520 名，本专科及“1 + 2”高职共录取 491 名，录取率达 94.4%，其中本科以上录取 64 人。参加自考报考人数 264 人次，报考科目 519 科。参加中考人数 1357 人。

【教师队伍建设】 2014 年，木里县教育局进一步加强师资队伍建设和教育系统人才工作，加大师德师风建设和校长、教师人事管理工作力度，狠抓教师继续教育管理工作，开展中小学校长、教师各级各类培训工作，力创从事素质教育的新型民族地区教师队伍。一是认真执行国家《教师资格条例》和《四川省教师资格制度实施细则》，对 2014 年春季申请并符合教师资格认定条件的 49 名申报人员进行认定。二是全面推行新任教师公开招聘制度，认真落实“特岗”计划教师招聘政策，坚持公开招聘，择优聘用，合同管理。2014 年木里县新招录 14 名特岗教师、人才引进教师 29 名，并正在组织参加 2014 年 12 月全省公开招聘中小学教师考试拟招聘 50 名乡村小学教师，做到及时补充缺编人员，缓解教师紧缺问题。三是加强中小学事业单位岗位设置管理，完善中小学教职工全员聘用制。完成 2014 年全县各中小学校及教育事业单位的岗位小等级晋升调整工作，对编制变动的学校的事业单位岗位设置重新调整，及时落实教职工相关待遇。2014 年，完成教育系统教师系列专业技术职务高级职务 19 名、中级职务 41 名的评审上报工作。四是加强教育人才培养工作。认真抓好校长、教师培训工作，完成上级下达的各级各类校长、教师培训计划和任务。2014 年木里县实际完成国培计划 33 人次、四川省培计划 52 人次、凉山州培计划 54 人次、县培计划 347 人次，在攀枝花市人才办和县人才办及攀枝花市教育局帮助下，完成“管理人才培训计划”学校后备干部跟班培训 5 人次、中小学校长岗位培训 15 人次、教师信息技术培训 35 人次，共计完成校长教师培训 541 人次。五是完成木里县 40 个教育事业单位及教育局机关机构编制人员核查工作。完成了网上登记管理系统中的信息录入及年检等相关工作。六是建立和完善《木里县学校综合考核评估管理办法》、《木里县学校综合评估实施细则》，通过看、听、查、访、评等工作方式，11 月至 12 月对全县各级各类学校进行综合评估，对评估过程中存在的问题进行现场反馈，并提出整改要求。七是建立健全奖惩激励机制，2014 年，县委、县政府建立了教育系统优秀人才评选办法和教学质量奖励机制，对评选出的优秀教育工作者和教育教学质量进步学校予以表彰奖励，有效调动广大教师工作的积极性和主动性。八是建立健全公开公正合理有序的教师流动机制，新分教师一律到边远艰苦乡镇任教，农村教师到条件相对较好的乡镇或县城学校，必须通过公开考试，2014 年公开考调 9 名农村教师到条件较好的乡（镇）学校任教，公开考调 27 名乡村教师到县城学校任教。九是加强对校长的监督管理，对在同一学校任职时间较长或任职期间工作推动不力的校长予以交流或免职，2014 年，对 18 位校长进行了交流，对 9 名校长进行了降职或免职处理。十是逐步改善教师的工作生活条件，通过多种方式和途径关心关爱各类教师。改善教师的安居环境，木里县共建设教师周转房 751 套，面积达 3.51 万平方米，投入资金达 6858 万元；通过多种途径提高教师待遇，2014 年木里县投入资金 617.15 万元，落实了乡村教师生活补助，惠及在艰苦乡村任教的 949 名教师；投入资金 247.32 万元落实了 1374 名教师取暖补助；教师节期间投入资金 74.45 万元看望慰问基层一线教师。

【教育技术装备】 2014 年，下达木里县技术装备项目资金 1318 万元，主要用于小学计算机教室设备采购、学生课桌、学生餐桌、交互式液晶、电子白板、学生用床等设备的采购，其中包括十年行动计划项目，薄弱学校改造项目，藏区项目。

【“9 +3”免费职业教育】 2014 年，木里加大宣传力度，认真贯彻执行藏区“9 +3”免费职业教育政策，确保应读尽读。2014 年木里县招录 501 名“9 +3”学生。

【安全工作】 2014 年，木里县教育局狠抓学校安全管理，将学校安全工作纳入学校的工作重点，及时开展各时期、时段的安全工作。2014 年木里县新招聘校园保安 15 名，全县共有保安 120 名，争取上级资金为全县 8 所学校安装监控系统。全年木里县教育系统没有发生任何责任事故、恶性刑事案件、重大治安案件和严重人员伤亡及火灾事故。

【“教育管理年”活动】 2014 年，在各学校开展“学校管理年”活动，从校务管理、教师管理、学生管理、科学研究管理、校园管理几方面对学校管理工作进行自查并改进。学校“教育管理年”活动，增强了学校领导的管理意识和教师的教学质量意识，提高了学校管理水平和教育质量的内部活力。

【党建工作】 2014 年，木里县教育局积极推进党风廉政建设责任制落实，严格遵守“八项规定”等廉洁从政的各项规定，在年初教育工作会议上和各学校签订了《党风廉政建设责任书》。6 月 4 日，召开了木里县中小学校长廉政约谈会，县委常委、纪委书记贾德全作重要讲话，为校长们上了重要的一课，让其树立“居安思危”的意识，在工作中理性履职，抓好党风、政风建设。二是认真开展群众路线教育实践活动。从 2014 年 2 月开始，教育局按照中央和省、州、县的统一部署，在县委党的群众路线教育实践活动办公室第四督导组的精心指导下，贯彻落实“照镜子、正衣冠、洗洗澡、治治病”的总要求进行教育实践活动。在坚持边学边查边改和开好民主生活会的基础上做好整改落实、建章立制工作，切实提高了新形势下服务基层、服务师生、服务群众的能力。三是以服务群众、做好群众工作为主要任务，引导广大党员干部和干部扎根基层、深入群众，在和群众同吃、同住、同工作中深入细致地了解他们的实际困难和意愿诉求。认真践行“五个一”直接联系服务群众工作制度和“一线工作法”，深化“挂包帮”和“下基层”活动，真心实意关心群众疾苦，真正让群众得到实惠。教育局 6 个下基层服务队深入基层，查看危房改造、指导课程改革、督查学校管理、营养改善等工作，解决学校民生难题 23 件，投入资金约 271 万元；组织开展党员进社区活动，开展社区服务活动 3 次，参与人数 23 人次。四是参与社区组织的各项活动。通过散发教育传单、帮社区发展出谋划策，帮社区困难党员解决困难等方式来提供服务，促进社区的发展。认真填写“机关党组织到社区报到登记表”，对党员电话号码，工作单位、居住地址、个人特长、志愿服务项目等个人信息进行登记，接受监督管理，服务居民群众，八小时之内努力工作在单位，八小时之外志愿服务在社区。五是结合“挂包帮”工作，做好“连心牵手”民情卡建立工作。为做好包乡单位的帮扶工作，教育局将所包村的每户基本情况都进行登记造册并填写“连心牵手”民情卡，共填写“连心牵手”民情卡 500 余份，覆盖率达到 100%。教育局根据所填写的民情卡基本情况对困难农户和教育局职工进行了“一帮一”活动，特别困难的由单位职工定期开展帮扶，解决困难农户的生活等实际情况。年初，教育局和相关部门负责人组成工作组到东朗乡开展了“走基层、解难题、办实事、惠民生”活动，并指导换届选举工作。年中，结合党的群众路线教育实践活动开展一系列帮扶活动，组织党员职工开展捐款活动，共捐款4000余元，并购买一定数量的生活必需品，为东朗乡困难村民送去了温暖。

【教育支付管理中心】　2014年3月17日，教育局教育支付管理中心正式成立开展工作，有效保证各项资金的规范运作，专款专用，防止资金被挤占、截留和挪用；有利于对资金的管理，提高资金使用效益；能够对学校的收支情况有效监控，从根本上制止学校违规使用资金。教育局设置教育审计股，配备一定基础的财务人员，便于深入学校开展财务检查。2014年，教育局专门成立学校校长离任审计工作小组，对木里县离任校长进行严格的财务审计。11月4日，对教育系统财务人员进行培训，提高财务人员的业务水平。

【依法治县】　2014年，木里县教育局开展形式多样的法制宣传教育，提高广大干部、师生的法律素质，结合教育系统实际，推进依法治县的各项工作。一是学校依法制定本校内部章程及规章制度，做到“有法可依，有法必依”。二是健全完善学校、家庭、社会“三位一体”的青少年法制教育格局。充分发挥学校、家庭、社会“三位一体”对青少年法制教育的积极作用。三是利用教职工会及集会时间组织广大师生认真学习《宪法》、《刑法》、《教师法》、《义务教育法》、《预防未成年人犯罪法》、《道路交通、消防安全法》、《中小学生守则》、《中小学生日常行为规范》及反邪教和禁赌条例等，全面提高师生的法治观念、法律素质和公民意识，将“依法治县”活动具体落实为教师“依法执教”，师生“学法懂法”。四是在教育系统中开展师德师风承诺活动。让教师将法律意识深入内心，自觉以教师高尚的道德情操和职业道德去教书育人。五是按规定开设法制教育课。做到“计划、课时、教材、教师、教案、考核”六落实。六是开展法制演讲（征文）比赛、法制文艺、法制课堂、法制主题班队会等活动。将法制教育列入学校教育计划并组织实施，积极开辟法制教育第二课堂。七是加强学校法制宣传专栏、法制宣传板报、法制宣传手抄报、黑板报等法制文化建设；利用校园之声、国旗下的讲话等形式对学生进行法制教育；要求小学中高年级学生、初高中学生到家与父母、亲戚、邻居等讲法律故事，法律案例，形成“一生带一片”的“学法、知法、守法、护法、用法”的法律意识。八是学校重视对学生的德育教育、行为习惯及养成教育，加强学生校园安全防范宣传教育及“禁毒防艾”教育。九是学校主动邀请法制副校长、法制辅导员，为师生进行法制宣传及法制教育。每期至少对学生进行2次以上法制教育辅导，稳步推进“警校共建”活动。十是结合“依法治县”在学校管理工作中具有长期性和长效性的特征，常抓不懈，形成长效机制，扎实有效开展各项工作，教育局将各学校开展“依法治县”工作情况纳入学校综合评估。

【光荣榜】　2014年，木里县教育局被四川教育报刊社授予四川教育宣传工作先进单位；被语言文字委员会授予社会用字规范管理先进单位；被凉山州教育局授予技术装备目标考核二等奖；被凉山州招考委员会授予招生考试一等奖；被木里县政府、县人民武装部授予征兵先进工作单位。

【领导人】　局长：胡启华（兼县中学校长、党总支书记）；副局长：曾贤裕（兼招办主任、党支部书记）、熊德新、叶辉、王兴龙（援藏干部）（~2014.7）、何锦红（援藏干部）（2014.7~）；语言文字委员会主任：李宁林；督学：徐华贤；纪检组长：杨建军

（审稿：胡启华/撰稿：张晓鹏）

县教师培训和教研中心

【概况】 木里县教师培训和教研中心是木里县人民政府教育事业业务管理、指导部门，2014 年设教研股、培训股、教学质量监测股、财务股等股室和瓦厂、博凹、茶布朗三个学区办事处，共有 21 人，其中，领导 1 人，教研、培训人员 12 人，学区办事处主任和工作人员 6 人，工勤人员 1 人，临时工 1 人。

【教育教学理念】 2014 年，木里县教师培训和教研中心深入学习贯彻落实党的十八大及十八届三中全会精神，以及习近平的系列讲话，加强工作作风和行风建设，以深化课改为重点，以巩固“两基”成果，发挥县级教师培训机构指导、服务的职能，开拓教师培训的新路子，整合县内外优秀培训资源，把实施中小学教师素质提升工程作为加强教师队伍建设的突破口，通过请进来、走出去的教师培训战略，以新课改精神为导向，以新课程培训为重点，紧紧围绕“课改”、“质量”、“创新”、“提升”的工作思路，提高教师的教育教学技能和业务素质，力求达到以研“导”训，以研“促”训，以研“优”训的目标。

【教师培训】 2014 年，木里县教师培训和教研中心，开展校长、副校长管理能力的提高培训，教导主任、副主任的业务培训，教师学科培训，骨干教师培训，班主任培训，班级管理培训，新招教师岗前培训，现代教育技术培训，教师基本技能培训等内容，形式上利用“请进来”“走出去”的办法采取远程培训、集中培训、校本培训、现场培训等培训。2014 年共组织教师各级培训 1153 人次，其中参加国培 33 人次；省级培训 52 人次；参加州级培训 54 人次；组织实施县级培训十期，全县受训教师 1014 人次，其中特岗教师岗前培训 14 人次；全县中小学校长培训 35 人次；学校财务人员及后备力量培训 75 人次；学籍管理培训 35 人次；统计人员培训 35 人次；结合攀枝花市援藏项目组织实施学科培训和信息技术培训 120 人次；结合泸县援藏项目组织实施学科培训及师生心理健康培训 200 人次；组织县级教师心理健康辅导培训 200 人次；组织教师电子白板使用技术培训 100 人次；根据学校教师存在的实际问题组织现场培训达 200 多人次。

【教学研究】 2014 年，木里县教师培训和教研中心。培训工作重点为基层教师，提高教师提高教育教学技能和业务素质。一是组织教师参加凉山州组织的教学竞赛和教学交流、观摩活动。组织、推荐、带领教师参加凉山州教育局组织的全州中小学教师技能竞赛及优质赛课活动。其中城关小学的李晓琴参加了凉山州教育科学研究所主办的“2014 凉山州中小学美术、音乐教师基本功展评”活动，荣获小学美术组个人一等奖；克尔小学的柳明杰、民族学校的李虹玉分别荣获美术组个人二等奖。城关小学谢明娟荣获小学音乐组个人二等奖；县中学陈倩荣获中学音乐组个人三等奖；列瓦小学仁青次尔老师荣获小学音乐组个人三等奖；县中学高中部的霍洋参加凉山州教科所举办的“2014 年凉山州高中青年数学教师优秀课展评”活动，荣获二等奖；城关小学的陈素梅参加四川省教育厅举办的“2014 年四川省藏区中小学校生命教育优质课展评”活动，荣获三等奖。城关小学的钟霞、姚兴芬，州教科所谌业锋，分别荣获指导教师三等奖。培训中心胡丽娟代表凉山州在培训会上作了题为《为民族塑魂为藏区强本》的报告，此文收集在省教厅学习培训资料中；县中学晓卓玛、席近超参加凉山州教科所举办的“历史教师优质课展评”活动，分别荣获初中组、高中组二等奖；城关小学陈素梅参加凉山州教育科学研究所举办的“小学英语教学案例评比”活动，荣获一等奖；

凉山州教育局举办全州高中教师教学技能竞赛活动，木里中学龚圆英、卞仁民、杨丽娟参加高中教师技能竞赛。龚圆英荣获普通模式和二类模式生物学科二等奖、卞仁民荣获普通模式和二类模式物理学科二等奖、杨丽娟荣获普通模式和二类模式地理学科三等奖。龚圆英、卞仁民还代表凉山州队参加省级比赛，分别荣获四川省民族地区高中教师教学技能竞赛综合叁等奖；培训中心配合城关小学，精心组织了“城关小学青年教师优质课展评”活动。高段数学组杨成桂荣获一等奖，低段语文组的胡志宏和副科组的刘毅荣获二等奖，低段数学组的杜建青、中段语文组的黄朗杰、中段数学组的宋平美、高段语文组的马丽荣获三等奖。

二是组织教师参加论文竞赛活动，木里县中学王显武的《思路提示卡片背诵法》，荣获凉山州优秀教育成果三等奖；城关小学次伦央宗的《论提高少数名族低年级口算兴趣》、祁天云的《用爱教学以情转化》、姜万英的《浅谈藏区低年级数学学习兴趣的激发》、董达华的《捕捉资源温暖童心》、次里杜基的《公开课后的感受》、周学萍的《培养兴趣引领阅读》、张俊梅的《让阅读教学绽放闪光思维》、杨广琼的《小学阅读教学之我见》分别荣获凉山州教育科研课题研究论文评选二等奖。

三是进行教育教学常规、教学质量抽查，深入学校指导教学、教研工作。2014 年木里县教师培训和教研中心教研员深入教研员以开学视导、参与素质教育督导、参与中小学课业负担调研等形式，人均听课均在 60 节以上。小学段组织各科教研员先后下到倮波中心校、三桷桠中心校、城关小学、西秋中心校、后所学校、李子坪等 35 所学校听课、评课、检查指导教科研档案。检查教师教案 1600 多本，检查学生作业及评改情况 4000 多本，检查学校班子的管理情况，检查学校教学“六认真”情况，校园卫生情况，并对教师工作笔记近 600 多本、班主任工作笔记近 600 多本，教师听课笔记近 800 多本，教学日志近 800 多本。初中段针对木里中学教学实际，采用集体研讨、教研员做示范课、做讲座等丰富多彩的方式，帮助学校提升教研质量，转变教师的理念，强化学生意识，提升课堂质量。并在各校召开全体教职工信息反馈交流会，明确指出学校、教师在实际工作中存在的问题，要求及时整改，对以后工作提出指导性意见，同时，针对教师情况，及时开展有效的培训讲座，起到了很好的指导作用，为开展全县教学研讨工作以及学校常规管理工作，提供了更明确的方向。

四是组织完成第二批县级优秀教师和优秀班主任的评选、考核工作。

五是组织、指导学校进行课题研究。2014 年按照省、州的统一部署，木里县申报了 10 个一般规划课题，1 个教师个人课题。2 个课题申报成功（城关小学衡梅担任主研的《藏族聚居区利用本土资源优化作文教学的实践研究》小专题，乔瓦镇小学朗依次姆担任主研的《小学数学课堂有效提问的策略研究》小专题），并进行了开题仪式。

六是发挥校本基地校的示范作用，扎实开展校本培训。利用援藏项目，将外地专家请进来讲课，将教师送出去跟岗学习或挂职锻炼等，突出培训的实用性。邀请对口支教攀枝花市的优秀教师、专家到县城关小学、民族学校、县中学献课，举办讲座，组织全县学校 300 多人次骨干教师观摩学习，多次请四川省凉山州教科所专家、学者和西昌市名校优秀校长、教师到木里献课、说课，举办讲座等。

七是县教师培训和教研中心认真组织统测、阅卷质量分析工作。搞好全县中小学年末统测阅卷工作，细心组织订卷、取卷、运卷、分发卷、收卷、阅卷、成绩汇总、上报、质量分析等工作，编制《木里县 2013 至 2014 学年度成绩册》下发各学校。教育局组织召开小学段、初中毕业班教学质量分析会以及凉山州高三年级学科教学质量分析会，全县小学段分管教学的业务领导、专兼职教研员、部分小学校长总计近40人参加会议。会议从数据中梳理出木里县教学中存在的问题，并从教科研的角度提出建设性建议。

八是宣传质量意识，认真分析全县教学质量，严格兑现《木里县教学质量奖励办法》，充分调动广东教师的工作积极性，2014年有2名考生考入重本，小学全县生均平均成绩较上年提高4.65分。

【光荣榜】 2014年，田维清被凉山州评为第十三届有特殊贡献拔尖人才；王拉初、李文德、胡丽娟、杨建莉被县人民政府评为县级优秀教师。

【领导人】 主任：田维清

（审稿：田维清/撰稿：田维清）

县中学

【概述】 木里藏族自治县中学校是一所全日制高级完全中学，现有两个校区，初中部位于木里藏族自治县乔瓦镇校园路7号，高中部于2014年8月搬迁至木里藏族自治县乔瓦镇龙钦北街249号。全校占地面积7.53万平方米，其中运动场地8000平方米，教学及辅助用房1.48万平方米（教室1.17万平方米、实验室2344平方米、图书室300平方米、微机室390平方米），行政办公用地、教师办公室1211平方米，生活用房1.71万平方米（其中教师周转房2807平方米、学生宿舍1.16万平方米、浴厕456平方米），其他用房（治安室）58平方米。

2014年，木里县中学设行政办公室、教导处（下设教科室）、德育处、安保处、总务处、工会委员会、团委、妇代小组。教学班55个（初中27个、高中28个），学生3054人（初中1610人，高中1444人），在职教职工180人，专任教师163人，行政人员5人，教辅人员6人，工勤人员7人；中学高级教师21人，中学一级教师74人，中学二级教师63人。

【基础设施】 2014年，木里县中学初中部有教学楼2幢，综合楼1幢，男、女生住宿楼各1幢（床位1080个），师生食堂1个，标准化物理、化学、生物实验室各1个，语音教室1间，计算机教室1个（70台计算机），多媒体教室2间，农村现代远程教育设备5套、教室5间，图书室（藏书7.47万册）、阅览室各1间，200米环形跑道运动场1个；高中部有教学楼2幢，实验楼1幢，行政楼1幢，教师周转房2幢，男、女生住宿楼各1幢（床位1568个），师生食堂1个，标准化物理、化学、生物实验室各1个，多媒体教室22间，农村现代远程教育设备6套、教室6间，音乐教室、美术教室各1间，计算机教室1个（80台计算机），200平方米橡胶运动场1个。

【制度措施】 2014年，木里县中学坚持“以加强德育教育为载体，着力培养学生的行为习惯，以提高教育教学质量为核心，着力提高教育教学质量，以强化教研科研活动为平台，着力提升教师的专业技能和业务水平，以强化安全管理为保障，着力构建和谐平安校园”的教学理念，实施依法治校，先后制定《木里县中学教职工师德师风考核办法》、《木里县中学学生操行分量化及奖惩实施细则》、《木里县中学领导干部值日巡查制度》、《木里县中学安全工作各项制度及应急预案》、《木里县中学初高中教学目标任务制度》、《木里县中学日常教学巡查制度》、《木里县中学印信管理制度》、《木里县中学重大事项议事制度》、《木里县中学考务管理制度》、《木里县中学教师培训管理方案》等制度措施，并汇编成《木里县中学制度汇编》。保障学校依法执教、科学管理。

【德育教育】 德育工作是学校的首要工作，是保证学校正确的办学方向和保证学生健康成长的重要环节。2014年，木里县中学狠抓学生常规管理，加强养成教育；加强班主任、年级主任常规管理；注重班主任、年级主任队伍建设。制定《木里县中学校学生操行量化实施细则（试行）》、《木里县中学环境卫生学生检查评比管理办法》、《木里县中学宿舍考核量化实施细则》、《年级主任工作管理职责及考核细则（试行）》、《班主任量化考核方案（试行）》，使学校班风、校风、教风、学风转变显著。学校定期加强班主任队伍的培训，形成有系统讲座，优秀班主任经验介绍，案例研究等，提高班主任队伍的素质，增强班主任的责任心和管理班级的能力。通过国旗下讲话、班级卫生活动评比、12·9广播体操比赛等活动，践行“活动中育德，活动中育人”的理念，突出“活动”与“渗透”，强调“实践”与“体验”，提高学生的修养。

【教学管理】 2014年，木里县中学制定和完善各项教学常规管理制度，提升教学质量。制定《木里县中学教学常规管理制度》、《木里县中学周练、月考制度》、《木里县中学日常教学巡查制度》、《体育教师上课的要求》、《教研组长职责》、《备课组长职责》、《木里县中学师徒结对方案》、《县级优秀教师评定管理细则》；完善《绩效管理考核方案》、《教学质量考核奖励方案》和《中高级职称评定方案》。

2014年，木里县中学重视初高中新生的招生工作和分班工作。学校初一年级招生526人，高一年级招生552人。木里县中学初中共27个教学班、高中28个教学班。完成初高中学生学籍的省级管理变更和国家学籍管理的录入工作，选出各个教研组的组长，新成立各学科备课组，并选出各备课组组长。

2014年，木里县中学狠抓常规管理，加强课堂教学巡查，加大对课堂教学的监控力度。学校每天安排人员在规定的时间进行教学巡查，发现的问题及时反馈，在每月月底将巡查的结果统计后在教导处进行公示。

2014年，木里县中学实施月考、周练制度。学校高初中各年级每月进行一次月考，根据所开设的学科情况每周进行周练。

2014年，木里县中学加强对教师教案、听课记录、教研组活动的检查，抓实教师对学生作业的布置和批改。学校对教师教案、听课记录、教研组活动、学生作业批改进行4次认真检查。

2014年，木里县中学全面推进集体备课制度，学校组织教师每周利用2－3节课集体讨论、备好下周教学内容，安排行政人员监督。期末将集体备课教案制作成电子文档交教科室存档。

【法制教育】 2014年，木里县中学构建校园安全管理网络，成立领导机构，制定制度、方案，层层落实安全工作责任制，责任到岗，责任到人。组织召开法制安全教育大会及家长会；组织开展“校园安全隐患大排查”；组织开展全校教职工法律知识竞赛活动；组织学生3000人进行“6.9级地震模拟演练”；组织召开全校法制禁毒教育及艾滋病宣传教育活动，邀请城关派出所民警和疾控中心专家参会。

【教师队伍建设】 2014年，木里县中学注重转变教师观念，让教师自主学习深造，提升教师总体素质。

2014年，木里县中学组织教师学习相关专业理论书籍，替教师订阅各学科教育杂志，为教师印制初高中《新课程标准》；安排教师参加四川省、凉山州、木里县的各种继续教育和公开课活动；

2014年，木里县中学坚持“走出去，引进来”，借鉴他人，取长补短，不断提高教师的业务能力和专业水平。2014年9月13日木里县中学组织学校大部分中层和各年级主任及部分网班教师到邻县盐源中学和盐源民族中学参观学习；2014年10月14日，木里县中学邀请棠湖中学教学专家何群和李春华到木里中学指导教育教学；2014年11月20日，木里县中学组织部分中层和各年级主任及部分教师到双流县棠湖中学学习。

2014年，木里中学建立师徒结对制度，实施35岁以下青年教师参加高三诊断考试制度，提高青年教师的业务素质。

【光荣榜】

2014年3月，木里县中学参加凉山州第三十二届运动会男子排球比赛获得冠军，男子篮球比赛获得第五名，女子篮球比赛获得第四名；

2014年9月，木里县中学高2014届理科（2）班被凉山州人民政府评为先进班集体；扎巴益鑫、马云峰、扎西仁青被评为优秀班干部；张煜、马小勇、仁青祝玛、邱子布被评为三好学生；

2014年9月，木里县中学罗建英、卓玛、张怀敏、王长发、周时德、程长寿、任吉洪、杨淑珍、王清华、朱霞、谭海军、赵正云、徐万雄、张明书、周兴艳被木里县政府评为县级优秀教师；姚芹、杨建湘、王友春、魏建平被木里县政府评为优秀班主任；

2014年8月，木里县中学李正琪被四川省人力资源和社会保障局、四川省教育厅授予特级教师称号；

2014年11月，木里县中学龚圆英参加四川省省级赛课被四川省教育厅评选为三等奖；

2014年10月，木里县中学霍洋、卞仁民、席进超、龚圆英参加凉山州州级赛课分别被凉山州教育局评选为二等奖；

2014年10月，木里县中学魏大全、杨丽娟参加凉山州州级赛课分别被凉山州教育局评选为三等奖。

【领导人】 校长：胡启华；副校长：黄河、黄晓莲（女，藏族）、李挖合（彝族）；党支部书记：王志明（藏族）

（审稿：黄河/撰稿：岳贵敏）

县民族学校

【概况】 2014年，木里藏族自治县民族学校按照学校发展、教育教学和管理的要求，设置教务处、总务处、行政办、政教处、工会、团委、少先队、妇代小组等机构，发挥职能作用。

2014年学校有33个教学班，学生2010名。其中，小学生702人，中学生1308人。有正式教职工92人，借用、借调教师3名，专任教师85人，工勤人员4人。其中，中学高级教师11人，中学一级教师和小学高级教师39人，专任教师学历合格率为100%。

【教师队伍建设】 2014年，木里藏族自治县民族学校通过实施青年教师成长计划、骨干教师培养计划，促进教师整体素质的提高。注重说课、听课、评课及课题研究等形式的校本研修活动的开展，以教研组为单位，利用教研活动课组织教师听学科带头人和骨干教师的示范课，每学期所有教师上好一堂公开课，各教研组完成一个课题研究，加强教研组之间和教师之间的合作与交流，提高教师队伍的整体素质。全年有11名教师被评定为县级优秀教师，15名教师的学术论文在国家级和省级刊物上发表。学校有1名县政协常委和1名县政协委员，代表教职工参政议政。

【教育教学】 2014年，木里藏族自治县民族学校以全面提高教育教学质量，创建平安、和谐校园为目标，依法执教、依法治校。进一步完善学校的各项规章制度和激励机制，重新拟定了《木里县民族学校教职工请假管理办法》和《木里县民族学校教职工考勤管理办法》，完善了《木里县民族学校绩效工资方案》和《木里县民族学校县级优秀教师评选办法》，为教职工管理、评优、晋级、考核等提供了依据。加大教学巡查和教学“六认真”检查力度，实现课前准备、课堂教育及学生辅导、评价的规范化和制度化。注重未成年人思想道德建设，建立校讯通平台，加强警校联系（每学期邀请公安局民警到校举办法制讲座）和家校联系（每学期召开一次家长会），营造学校、家庭、社会三位一体的教育阵地，净化育人环境，创建平安、和谐校园。通过心理辅导、养成教育等措施，帮助学生形成健康的心理和良好的行为习惯。

2014 年，木里藏族自治县民族学校中考有 124 名九年级毕业生被县中学高中正式录取，2 名学生以优异成绩被凉山州民族中学高中录取。一年级语文、数学，五年级二班语文，七年级一班英语，八年级一班语文在学年度全州统测中列全县第一。

【学校设施】 2014 年，木里藏族自治县民族学校有教学楼三栋，共 36 间教室和 8 间教师办公室，所有教室配备电子白板；

综合楼一栋；学生宿舍两栋，可满足 1200 余名学生住宿；学生食堂一栋和一个运动场。其中，综合楼配置多媒体室、语音室、理化生实验室、微机室、图书室、远程教育室等功能教室和各职能部门办公室。

【光荣榜】 2014 年，木里县民族学校在木里县学校综合考核评估中荣获二等奖。

【领导人】 校长：仁青杜基（藏族）；党支部书记：康明智；副校长：吕忠黠（彝族）、徐小龙（藏族）

（审稿：仁青杜基/撰稿：何兴国）

县城关小学

【概况】 2014 年，木里藏族自治县城关小学增设了一个分校区，主校区一至六年级有 31 个教学班；分校区有一年级 4 个教学班，2 个学前班，共计在校生 2360 人，2014 年，县城关小学设工会、职代会、少先队大队部、教导处、德育处、总务处、教科室、党务办、政务办等机构，有教职工 110 人，其中专任教师 108 人，高级职称 2 人，中级职称 56 人，初级职称 50 人，医师（校医）1 人，普通工人 1 人；专任教师具有专科及以上学历的比例达 99.09%，具有本科学历的比例达 27.8%。

【学校管理】 2014 年，木里县城关小学秉承“办品质学校，为未来奠基”的办学理念，始终立足于学生的全面发展、教师的专业发展、学校办学的可持续发展。坚持以“五化”管理学校，一是管理人性化，做到以人为本，以情治校，注重激励，形成民主、平等、和谐的校园人际环境；二是管理服务化，强化服务意识，为教师和学生提供高质量的管理服务；三是管理科学化，以科学发展观为决策指导，以前瞻的眼光规划学校的未来；四是管理和谐化，学校班子和教师以高度的大局意识，紧密合作，艰苦奋斗，采取专家引领、同伴互助、专业扶持等形式加快青年教师的专业成长，共同提高，和谐发展；五是管理制度化，学校紧紧围绕“以法治校”“以德治教”的办学思路，制定切实可行的各项规章制度和管理细则，使学校管理有章可循，有法可依，成为木里县一流的窗口学校。

【师资队伍建设】 2014 年，木里县城关小学制定《城关小学教师队伍发展规划》，构建“教研训一体化”校本研训模式，组织听课、评课、说课、专题培训、业务辅导、教科研讲座等继续教育活动，完善“学科带头人”和“骨干教师”的评审机制，健全骨干教师“传帮带”工作制度和教育教学奖励评价制度。注重青年教师和骨干教师的培养，组织教师参加业务进修，重点采取“走出去，请进来”的方式，2014年，学校先后选派65名教师参加国家不同级别的培训和观摩活动；召开班主任例会4场，组织班主任工作培训4期，提高班主任管理的理论水平和管理能力。2014年，学校培养凉山州学科带头人2人，省级骨干教师5人，凉山名师坊2人，四川省教科研人才1人，凉山州教科研骨干人才2人，县级骨干教师16人，县级优秀班主任5名。

【德育工作】 2014年，木里县城关小学实施《中共中央国务院关于进一步加强和改进未成年人思想道德建设的实施意见》和《小学德育纲要》，坚持“德育为首，以人为本，全程育人，个性发展”的育人理念，把“养成教育”作为德育教育的切入点，探索新课程理念下的校园文化建设，加强学生自主管理，推广开展赏识教育，以“育健全少儿、创特色学校”为目标，充分发挥校园文化的育人优势。开展“法制”、“安全纪律”、“文明礼仪”、“爱国主义”、“集体主义”、“诚信”、“廉政文化进校园”、“党的群众路线教育实践活动”等一系列主题教育活动。2014年，学校重点开展“班风示范班”的评选活动，学校每月对各班自治管理进行一次综合性评价，每个年级评选出一个班作为班风示范班，树为班风典范，并挂牌奖励，在班风示范班带动下形成良好的校风。

【教育教学】 2014年，木里县城关小学坚持“创造适合学生和谐学习的教育，创建适合教师和谐发展的管理”的教学管理理念；深化课程改革，优化课堂教学，强化教学“六认真”，对教师备课、上课、作业布置与批改、辅导、检测等提出指标和量化要求，打造“高效课堂”，促进教育教学的发展。

2014年，学校开展第三届和第四届中青年教师优质课竞赛活动、请西昌四小两位优秀教师到校上交流展示课、请成都实验小学和棠湖小学两位老专家到校开展了听评课活动、请泸县支教团到校开展课堂互动交流等一系列教学研讨互动活动，带动教师们的专业提升。毛敏参加凉山州数学优质课竞赛获得州级二等奖；陈素梅代表木里县参加四川省《生命教育》优质课比赛，获得省级二等奖；李晓琴参加2014年凉山州中小学美术教师基本功展评活动获得一等奖；谢明娟参加2014年凉山州中小学音乐教师基本功展评活动获得二等奖。

【教学成果】 2014年，木里县城关小学参加凉山州统考，全校语数平均成绩达81.25分，比2013年增加了0.23分，优生率达62.83%，比去年增长了0.58%，及格率达88.83%，比2013年增长了0.05%，巩固率达100%，没有一个流失生，全校语数总平成绩名列全县第一。二年级数学、三年级语文、四年级语数、五年级语数和六年级语数均获得全县年级学科总平第一名，一年级语数、二年级语文、三年级数学获得全县年级学科总平第二名。2014年，六年级毕业考试成绩创历史新高：293名毕业生中，204人进入了全县前500名，超额完成了木里县教育局下达的培养优秀生进入前500名163人的目标任务，完成目标率达125%。有86名双农和双下岗职工子女以优异的成绩考进木里县中学和民族学校的励志班，其中前十名中，城关小学占8人，前20名中城关小学占18人；城镇职工子女73人考入县中重点班；80余名优秀生参加西昌俊波中学、阳光学校、州民中和川兴中学择校考试被录取，部分尖子生获得了西昌俊波中学和阳光学校的奖学金。2014年，县城关小学被木里县教育局授予

"学校管理综合评估"一等奖和"教学目标考核质量"一等奖。

【教育科研】　2014 年，木里县城关小学坚持开展教育科研课题研究，学校首先对教研组进行调整，组成了同年级同学科为一个教研组的小型化模式，每周坚持开展教研活动，做到教科研工作"六有"即：有目的、有组织、有计划、有主题、有内容、有记录。组织开展教材解读、专题业务学习、"同课异构"听评说课和试卷分析以及教学实践问题研讨等教研活动，教师们在活动和研讨中踊跃发表自己的观点，对困惑问题进行资料查阅和交流研讨，2014 年，县城关小学进行教材解读 54 节次，业务专题学习 108 节次，同课异构听课 168 节次，评课 168 节次，说课 168 节次，问题研讨 216 节次，试卷分析 72 节次。

2014 年，木里县城关小学承担的 4 个州级教育小专题有两个顺利结题，其中，由张俊梅主研的《通过编辑书（报）促进小学生有效阅读的策略》获得科研成果一等奖；由祁天云主研的《少数民族地区小学低年级数学口算能力的培养研究》获得科研成果二等奖；两个"跟进式培训"州级教育小专题仍在研究中。2014 年 10 月学校申报的州级科研课题《藏族聚居区利用本土资源优化作文教学的实践研究》已经获得立项。学校还组织教师开展撰写教育叙事、教学反思、教学案例、教学经验论文和教学心得等教育科研论文 30 余篇，分别获得国家、省、州等不同级别的一、二、三等奖，校级经验交流论文 103 篇。12 月 31 日学校举办"《藏族聚居区利用本土资源优化作文教学的实践研究》开题报告暨 2014 年教科研交流年会"，获奖的两个科研课题组组长和教研组长分别交流了一年来开展校本研训和课题研究的体会与收获，展示了学校一年的科研成果。

【设施设备】　2014 年，木里县城关小学主校拥有 1 幢四层高的教学大楼，共 36 间教室，可容纳 1800 - 2000 名学生，6 间教室办公室。一幢四层高的综合大楼，有 4 间音乐室，室内有 2 部钢琴，2 部电子琴供教师教学用；科学实验室 2 间，室内有实验桌 60 张，供学生实验用；2 间信息技术室，室内有 120 台电脑，供学生学习电子信息技术；1 间图书阅览室，藏书 2.82 万册。综合楼 9 间功能教室内可容纳 500—800 学生上课；有大小会议室各 1 间，1 间档案室，8 间部门办公室，1 间医务室，1 间少先队大队部陈列室。有 1 幢学生住宿楼，可容纳 250 名住校生。水、电、路都已通。分校有一幢三层高的教学楼，19 间教室，1 间会议室，1 间电子琴房，60 部电子琴，3 间部门办公室，2 间教师办公室，每间教室内有黑板、教师讲桌、学生课桌凳、电灯、吊风扇等设备，有 35 个教室安装了电子白板，配有 1 台电脑和 1 个展示台；教师办公室内每人有 1 套办公桌椅、1 台办公电脑和取暖电炉、烧水器等设施。主校有一个 2500 平方米的体育活动场，分校有 1200 平方米的体育活动场。

【校园文化氛围建设】　2014 年，木里县城关小学坚持营造浓郁的校园文化氛围。一是温馨提示系列化，走进校门四处分布温馨系列牌，时时处处提示师生言行举止；二是校风、学风张贴醒目；三是墙壁文化丰富，在不同位置分别张挂经典诵读，爱国教育，古诗文欣赏，名人名言等系列宣传画；四是教室文化特色化，分年级设评比台、展示台、读书寄语、学习园地等专栏，体现儿童拼搏，发展的个性天空；五是课余时间书香化，学校每天下午 4：00 - 5：00 利用课余时间向学生开放图书室，让学生畅游书海，拓展课外知识，养成热爱读书的良好习惯；六是校园环境优美化，学校种植花草树木，使校园一年四季鲜花不断，成为花园式学校；七是第二课堂丰富化，依托音乐、美术、英语、体育、信息、科学等特色科目，组建了鼓号队、声乐组、美术组、书法组、篮球队、乒乓球队等第二课堂兴趣小组，开展形式多样、丰富多彩的活动。

【光荣榜】 2014 年，城关小学被木里县政府评为“木里县统计先进单位”。

【领导人】 校长：邱拉金（彝族、党支部书记）；副校长：姚兴芬（女，回族）、鲁绒扎西（藏族）、高自兵（回族）

（审稿：邱拉金/撰稿：姚兴芬）

县幼儿园

【概况】 木里县幼儿园位于新兴路，占地面积 7200 平方米，总投入 1000 万，其中国家藏区项目 850 万，攀枝花援建 150 万；2014 年，县幼儿园有两栋各三层的教学楼，园内配备卫生保健室、奥尔夫音乐教室、活动室、午睡室、幼儿厕所、洗漱室、功能齐全的现代化厨房。活动室均配有多媒体教学设备、电子钢琴、图书架、消毒柜、玩具柜，午睡室配有适合幼儿使用的床铺、被褥、枕头。

【幼儿园办学】 2014 年，木里县幼儿园开设幼儿班 6 个、学前班 5 个共 11 个教学班，在园幼儿 637 名。其中学前班 291 名、大班 128 名、中班 121 名、小班 97 名；男生 327 名、女生 310 名，入园率为 99%。在园就餐幼儿 130 余名。2014 年，幼儿园在岗在编教职员工 34 名，配置为园长 1 名，财务人员 2 名、教研组长 1 名、总务主任 1 名、后勤保障 5 名、任课教师 24 名；保安 3 名，临时保教人员 6 名。其中高级职称 1 名，中级职称 20 名，初级职称 13 名，教师学历全部达标。

【师资队伍建设】 2014 年，木里县幼儿园组织教师参加国培 9 人次 504 个学时，攀枝花市对口支援培训 2 人次 130 个学时，园长培训 1 人次 60 个学时。幼儿园要求教师每月每人写一篇教养笔记、心得体会等方式以提高师德修养和业务水平。教研组每周组织教师开展一次集体的教研讨论及集体备课活动，园本培训达 40 余人次，详尽记载每次活动。

【安全工作】 2014 年，木里县幼儿园加强门卫管理，实行进出来访登记制度。有健全的卫生保健制度，幼儿生理、心理卫生保健工作措施，幼儿入园体检率达 100%，年度体检率达 100%，教职工体检率达 100%，体检合格率达 100%。每日检查，每周一、五定期对全园消毒，及时消除隐患。厨房按规定设置，并获卫生许可证。建立食堂食品卫生检查管理制度、食品安全制度，食品、餐具、炊具按规定消毒，幼儿一人一碗一杯按规定消毒。每周对幼儿生活常规培养工作进行定期、不定期检查与指导，每天检查幼儿食堂的食品采购和操作过程，坚持食品 48 小时留样制度，严防食物中毒发生。

【教育教学】 2014 年，木里县幼儿园结合各年龄幼儿的特点，确定各年龄班常规教育重点，开设语言、健康、社会、科学、艺术等五大领域课程。

【光荣榜】 2014 年 1 月，县幼儿园被评为木里县 2014 年迎新春民族服饰广场舞大赛优秀组队奖三等奖；2014 年 12 月 31 日，张茂玉被凉山州教科所评定为凉山州优秀教育活动指导一等奖；杨建华（小）被凉山州教科所评为凉山州优秀教育活动评选一等奖；田央青获凉山州优秀教育活动评选二等奖；杨梅、阿青被木里县人民政府评为优秀班主任；苏朗祝玛、彭黎萍、韩丽英被木里县人民政府评为优秀教师。

【领导人】 园长：张茂玉（女）

（审稿：张茂玉/撰稿：杨建华）

文化广播影视与新闻出版

【概况】 2014年，木里县文化影视新闻出版局设办公室、广播电视管理股、文化宣传管理股、新闻出版股（扫黄打非办），下属文化市场综合执法大队、文化馆（由文化馆、图书馆、文物管理所组成）和农村电影放映服务中心，共有干部职工49名（含文化馆、农村电影放映服务中心职工、零时聘用人员）。

【新闻宣传】 2014年2月，木里县文化影视新闻出版局选送6个节目参加每年一度的凉山广播电视新闻类优秀节目评选，经专家评审《深山校点》获广播优秀新闻专题二等奖，《木里德康玛卡》获电视优秀新闻专题二等奖，短消息《木里为农民工追回工资及补偿金1000万元》、长消息《木里县开展无电地区电力建设工作》均获广播、电视消息类三等奖，电视连续报道《木里县廉租房建设系列报道》获三等奖。记录片《巴交龙布纳西农信人》获得2013年国际金熊猫入围奖。

2014年，木里县文化影视新闻出版局在《木里新闻》中设立“党的群众路线教育实践活动”、“正风肃纪”、“曝光台”、“学习十八届四中全会精神”等专栏。

2014年，木里县文化影视新闻出版局制作播出《木里新闻》137期，播出新闻649条，制作播出《学习专栏》137期。送凉山州新闻稿件448条，凉山州电视台采用216条，名列全州第一名。送康巴卫视新闻稿件142条，用稿67条，名列五省藏区县级台第三名。制作专题片8部。

【广播电视事业建设】 2014年，木里县文化影视新闻出版局实施完成木里县十大民生工程内容之一的广播电视“村村通”10421套直播卫星设备的分发安装工程，解决了1万多户农民群众收听收看广播电视难问题，使全县农村人口（按2013年末的统计户数）实现100%的覆盖；继木里牧区、寺庙实现“直播卫星”设备全覆盖的又一次全覆盖。

2014年，木里县文化影视新闻出版局在年初完成45个行政村广播“村村响”的建设，投入正常使用，年底完成28个行政村广播“村村响”建设。完成政府采购1400套“户户通”设备，完成800多户地面数字电视的建设。

2014年，木里县文化影视新闻出版局派遣技术人员对县城区老化的有线电视线路和落后系统的维护，全年累计出勤维护电视网络达6000余人次。

2014年10月，木里县文化影视新闻出版局投资10余万元整改、维修县城区有线电视网络，提升信号质量。启动实施县城区有线电视数字化改造工程。

【电影放映】 2014年，木里县农村电影放映服务中心完成29个乡镇1356场的放映工作，100%完成四川省凉山州下达全年放映任务。成功开展29个乡镇农村电影放映员的遴选及培训工作；30套农村数字电影放映设备采购到位。

藏区项目——县影剧院改造装修工程在2013年底完成，2014年春节后，在县“两会”期间正式投入使用。4月初，四川省发改委及凉山州级领导来木检查藏区项目建设情况时，对影剧院改造装修工程予以高度评价，称之为藏区项目建设花小钱办大事的典范。

【文学艺术创作】 2014年，《云杉》杂志进一步丰富内容，受到县内外读者、作者欢迎和喜爱，成为宣传木里的一个重要窗口。2014年《云杉》杂志出版4期，每期发行1000册，共发行

4000册，其中，发表短篇小说100篇，诗歌200首，散文100篇，新闻类20篇，歌曲4首，图片250幅。定期举办橱窗宣传，丰富宣传形式和内容。2014年编撰完成反映木里民主改革及木里风情的报告文学《喇嘛山风云》。

【文艺活动】 2014年，木里县举办第七届民族服饰大赛，20多个单位、社会团体参赛，数千名干部群众观看大赛；开展迎新春大型游园活动（20余个健康有趣的文体项目），丰富广大干部群众的节日文化生活；开展送文艺到基层。文化馆组织与农民艺术队联合、与驻县部队携手，先后送文艺节目、送图书到乡镇、村、牧区、寺庙及驻县部队共10场次，送图书1000册；举办每年一度的“三下乡”活动；5月，发掘木里本土原创歌曲及各民族优秀原生态歌手，组织“木里首届原创、原生态歌曲演唱大赛”，以传承、弘扬木里本土民族文化，其中两个节目送凉山州参赛，并获两个优秀奖；组织参加的凉山州第四届民族文化艺术节比赛，节目荣获一个二等奖、两个三等奖，一个组织奖；邀请西昌市摄影协会摄影师为木里县40多名摄影爱好者免费培训摄影技术两天；举办2场免费健康知识讲座，开办多次免费舞蹈、合唱培训班。

【文化个体户】 2014年，木里县歌舞娱乐场所7家（县城区6家，倮波乡龙沟桥1家）。网吧7家（县城区6家，倮波乡1家）。音像制品租赁店4家（县城区2家，茶布朗镇和瓦厂镇各1家）。打字复印门店11家（县城区7家，茶布朗镇2家，瓦厂镇1家，倮波乡1家）。桌球室8家（县城区3家，茶布朗镇2家，瓦厂镇2家，倮波乡大坨组1家）。印刷经营单位2家。书刊经营单位4家（书刊零售2家，报亭2家）。

【文化馆工作】 2014年，木里县文化馆、图书馆免费开放，实现月月有活动；已建的乡镇文化站力所能及地开展一些群众文化活动。强化基层文化站建设，采取与基政建设捆绑实施和木里县文化影视新闻出版局自行建设相结合的方式，推进乡镇文化站建设，2014年完成克尔、项脚、东朗、牦牛坪、卡拉、后所、沙湾、博窝8个乡镇文化站建设；为9个已建乡镇文化站配送价值100万元的设备，并完成安装、调试、培训。完成24个村级文化室的设备（每个村设备价值3万多元）配送、安装、培训。

5月，凉山州文化影视新闻出版局“六大重点”工作督查组检查，肯定了木里县省级示范站的建设工作，认为瓦厂镇文化站建设的规模、风格功能及开展的活动质量达到凉山州之最。

【文化市场管理】 2014年，木里县文化市场执法大队，联合公安、消防、工商等，以文化整治为核心，以专项治理为重点，开展娱乐场所安全、卫星电视广播地面接收设施、查堵违禁书刊、音像制品检查整治行动10次。先后清缴农牧民自行购买、安装、使用的非法卫星地面接收设施5700多套，阻断境外敌对势力的文化渗透，维护了藏区稳定。

【文物工作】 2014年，开展木里县文物安全巡查，对木里大寺、瓦尔寨大寺、牙根寺、苦巴店寺等重点文物保护单位进行文物安全大检查，对瓦尔寨大寺、牙根寺、苦巴店寺无灭火设施且存在安全隐患问题，提出整改要求，确保文物安全。

制作安装木里县九个省级文物保护单位标牌；木里大寺遗址保护亭建设竣工验收；完成省级文物保护单位俄亚大村消防设施建设工程；完成省级文物保护单位屋脚仁江寺文物保护工程，并验收。

2014年10月底，正式启动实施木里县第一次可移动文物普查外业工作，完成主要以木里大寺为主的500多件文物实地勘测、摄像、摄影、登录等工作。

【非物质文化遗产工作】 2014年4月22日《四川省第四批非物质文化遗产代表性项目名单》公布，木里县申报的“木里桑股头饰”名列第1项，“木里麻布手工纺织技艺”、“木里藏族民居建造技艺”被列入扩展项目名录。

2014年，全面发放2013年省级“非遗”传承人经费，并对各“非遗”项目点及传承人情况开展进一步检查登记。采集3个申报第九批省级文物保护单位的外业资料。

【公共图书机构】 2014年木里县乡镇、农村（社区）农家书屋、寺庙书屋等图书服务机构129个，其中县图书馆1个、农家书屋114个、寺庙书屋14个。图书经营户4户（其中书刊经营户2户，报刊亭2个）。

【图书利用】 2014年，县文化馆购置图书2500册，使县图书馆藏书达到1.8万余册，乡镇文化站累计有藏书4万余册，全县农家书屋累计有藏书6万余册，全部无偿开放。据不完全统计，年图书借阅达5万余人/次，图书借阅流量达6万余册/次。利用“三下乡”向广大农牧民无偿发放图书达5000余册。

【“挂包帮”活动】 2014年，木里县文化影视新闻出版局局班子成员多次赴包乡单位白碉乡，听心声，了解困难、问题和诉求，先后投入10余万元为白碉乡办理10件惠民实事。

组建四支“为民服务队”，走基层新闻宣传队、有线电视服务队、走基层文艺服务队、农村电影放映队扎实开展服务基层活动。

【光荣榜】 2014年，木里县文化影视新闻出版局被凉山州委外宣办、凉山州广播电视台评为“电视新闻工作先进集体”、“广播新闻工作先进集体”；被四川省新闻出版广电局、四川省广播电视学会评为“全省广播新闻专题类提名奖”；送凉山州电视好稿评选参评节目荣获2个二等奖、3个三等奖；参加凉山州第四届民族文化艺术节汇演，被凉山州政府评为一个二等奖、两个三等奖，一个组织奖。

【领导人】 局长：罗永忠（彝族）；副局长：马惠雅（女，藏族）、温珠（藏族）、唐宗贵（援藏干部，~2014.7）；纪检组长：杨自洋

（审稿：马惠雅/撰稿：王定兵）

四川省广播电影电视局535台

【概况】 原木里县藏族自治县中波转播台于1992年10月1日建成开播，2001年上划四川省广播电影电视局，更名为四川省广播电影电视局535台，2014年广播电影电视局535台由台机关、办公室、535台机房、815台机房组成。有干部职工22名。

【535台播出工作】 2014年535台坚持“十六”字（各就各位，坚守岗位，正常工作，安全播音）和“十二”字（不间断，高质量，既经济，又安全）方针，全年中波机房所有发射机共播出时长3.09万小时50分钟，其中两套中波发射机共播出时长15435小时25分钟，中央人民广播一套节目播出时长8462小时55分钟，四川人民广播一套节目播出时长6972小时30分钟，两套调频发射机共播出时长1.54万小时25分钟，中一调频播出时长8462小时55分钟，川一调频播出时长6972小时30分钟，全年调幅度异态1次，0.51小时；全年停播3次，天气因素1次，0.12小时，外电因素1次，0.05小时，机器故障1次，0.27小时，台内停播率0秒/百小时，台外停播率0.0014秒/百小时，完成“满时间、满功

率、满调制度”播出任务。

【535 台服务】 815 台远离县城，是新建台站，很多基础设施有待加强，2 月 20—21 日和 10 月 15 日共投入职工 54 人次到短波天线场地割草和清除 815 台围墙外枯枝及人为垃圾，并共植枇杷树、桃树、柏树和桂花树 67 株。

2014 年，535 台分别于年初和年末沿着 3.7 公里的管道逐一排查，经排查共有 4 处被火灾烧毁，6 处人为破坏，2 处被滚石砸破。根据排查的结果前往成都和西昌购置发电机、热熔器、胶管和接头等材料，共修复 20 处，清理沉砂池和排污池 3 个，安装排污堵头 1 个，新安装闸阀 1 个，修建闸阀、清污池各 1 个。

修筑 18 米上房楼梯和不锈钢护栏，焊接了 2.8 米铁楼梯，修筑 20 多米长的混凝土道路，解决了到天调室的道路；分别在男女值班员休息室和机房保管室定制了三个大衣柜，给厨房添置了太阳能热水器，修筑洗衣板洗衣池各一个。

【精神文明工作】 2014 年，535 台贯彻落实开展“强化宣传引导，破除陈规陋习”专项整治活动，“提倡勤俭节约风尚、整治封建迷信活动、倡导文明生活方式”，“反对陈规陋习，提倡文明新风；反对大操大办，提倡节俭之风”主题活动。

“社区双报到”活动。组织党员和志愿者到乔瓦镇德瓦金社区开展 2 次文明劝导和政策法规宣传活动；同木里县法院举办篮球友谊赛 1 次；多次到红科到项脚乡公路卫星站坟头周围开展垃圾清理；参与“四川志愿·码上学雷锋”主题志愿服务活动，完成 10 份知识竞赛试题；10 名职工参加四川省公务员培训中心举办的社会主义核心价值观网上继续教育；3 次开展 815 台绿化、美化工作，共植枇杷树、桃树、柏树和桂花树 67 株，2 次清理天线场地杂草 5 千斤。

成立凉山州州级精神文明单位复查领导小组，结合藏区中波广播台站实际，整理开展精神文明单位建设工作材料，组装成卷，通过木里县文明委的复查，继续保持州级精神文明单位。

【党风廉政工作】 2014 年，535 台严格执行“一岗双责”，强化一把手的行政责任和党风廉政责任，明确党支部主体责任，纪检监督责任，严格贯彻落实“中央八项规定”、省委、州委“十项规定”和省广电局“九项规定”，严格执行《四川省广播电影电视局藏区中（短）波台管理规定》、《关于领导干部操办婚丧喜庆等事宜的暂行规定》（木纪〔2014〕16 号）、《结合群众路线教育实践活动强化机关形象和干部作风建设的紧急通知》、《中共木里县委关于建立健全作风建设长效机制的意见》、《关于严肃财经纪律加强财务管理的规定》等制度，确保政令畅通，用制度管人，用制度管事，正风肃纪，廉洁从政。清退违规发放过节费，控制领导干部出差时间，狠刹公款大吃大喝风，按制度管理车辆和车辆维修，三公经费下降。严格按照《中共四川省新闻出版广电局党组关于藏区中（短）波发射台落实“三严三实”要求进一步加强党员干部教育监管监督的实施意见》（川新广党〔2014〕21 号），在涉及台工程建设、物资采购和财务管理进行分工细化，实行集体领导，共同负责，杜绝权力集中化。

【档案规范化管理工作】 2014 年，535 台为了规范化管理档案，在木里县档案局的指导下，成立档案规范管理领导小组，配置专用计算机、打印机和档案柜，采购一套《四川省电子文档档案管理系统》，制定档案规范管理工作计划安排和进度表，抽调人员，开展档案规范管理工作。完成 1989 年至 2013 年文书档案 91 卷、科技档案 26 卷、基建档案 5 卷、照片档案 30 张和财务档案 171 卷的整理和目录信息录入工作，使 535 台档案管理工作达四川省档案规范管理二级标准。

【安全生产工作】　2014 年，535 台改道架设营盘村 10KV 农网线路跨越 815 台机房线路。修建 1 处储沙池，在发电机房和油库粘贴“严禁烟火”标示 2 处，配置柴油专用二氧化碳灭火器、消防用沙和推车式灭火器。职工投入 54 人次到短波天线场地割草和清除 815 台围墙外枯枝及人为垃圾，消除火灾隐患。

【机房搬迁工作】　2014 年，为实现 535 台机房搬迁制 815 台合并值班，7 月 23 日起，协助成都凌风天线设备有限公司开展中波天线和调频铁塔的架设工作。

在完成了天调网络的安装调试，调频天线的架设，设备搬迁，旧中波发射机改阻抗、遥控站和采集点的搬迁任务后。12 月 23 日 8：30 在新机房中波调频广播恢复播出，提前 24 小时播出，运行良好。

【纪录片拍摄工作】　2014 年，535 台动员部署，结合日常值班值机、机房搬迁、中波小天线架设和增设堡坎工程、815 台饮用水管维护、岗位练兵、消防安全演练、设备维护和精神文明建设完成了纪律片《坚守》的素材拍摄工作。

【人才建设工作】　2014 年，535 台重视人才队伍建设，结合设备检修工作开展岗位练兵，更新和提高职工排除故障能力。争取省局安排的培训机会，全年共派出 9 人次参加业务技术培训，培训率占全台职工的近 50%。外出学习的职工回来后，把所学的知识在台里进行讲课传授，既复习巩固所学知识，又使职工的讲话交流能力得到了提高；购买了一批元器件安装一台市电停电报警器，通过安装给年轻职工讲解其工作原理，帮助认识电路图和相关元器件等，提高兴趣爱好，锻炼职工队伍。

【光荣榜】　2014 年四川省新闻出版广电局 535 台荣获四川省广播电影电视局目标考核一等奖；四川省新闻出版广电局 535 台档案规范化管理达省二级标准；鲜新宇被四川省政法委和四川省人力资源和社会保障厅评为维稳先进个人”

【领导人】　台长：鲜新宇（朝鲜族）；副台长：姬永和（回族），杜平凡

（审稿：鲜新宇/撰稿：朱晓峰）

气象服务

【概况】　木里藏族自治县气象局受气象部门和地方政府双重领导，以气象部门的管理体制为主，2014 年木里县气象局下设办公室、气象台、气象服务中心及地方气象事业（防雷中心、农业经济开发中心、人工影响天气办公室）。共有职工 20 人，在职职工 12 人，退休职工 8 人。在职职工中本科学历 9 人，大专学历 3 人；中共党员 8 人；汉族 7 人，藏族 2 人，蒙古族 2 人，彝族 1 人。

【气候状况】　2014 年，木里县年平均气温 15.0℃，与历年的平均值 14.0℃ 比较，偏高 0.1℃；年极端最高气温 34.2℃，与历年极端最高值 33.4℃ 比较，偏高 0.8℃；年极端最低气温 -2.9℃，与历年极端最低值 -6.5℃ 比较，偏高 3.6℃。年总降水量 780.0 毫米，与历年降水量平均值 810.3 毫米比较，偏少 30.3 毫米，距平百分率为 9%；年日照总时数 2532.3 小时，与历年日照平均值 2214.7 小时比较，偏多 317.6 小时，距平百分率为 14%。

年内气温偏高，日照偏多，降水偏少，降水量比常年偏少 30.3 毫米，降水主要集中在 5－10 月，最长连续降水日数为 12 天，降水量为 133.6 毫米。最长连续无降水日数为 53 天。

【气象预报服务】 2014年，木里县气象局发布气象预报手机短信22万条，制作和发布《春播适播气象预报》3期、《高森林火险橙色预警确认信息》2期、《森林扑火专题预报》61期、《干旱监测分析报告》3期、《重要气象信息特报》4期、《重要天气警报》18期、各类预警信号6期。

【气象行政执法】 2014年，木里县气象局按照审批程序及流程办理防雷设计审核和竣工验收检测，全年共办理防雷设计审核21件，竣工验收检测11件。对县物资公司炸药库、石油公司加油站、县医院等20家单位开展防雷安全执法检查。对县城区4所中小学和29所乡镇中小学校开展防雷安全专项检查。对检查过程中发现的防雷设施不全，防雷设备老化，防雷接地装置锈蚀等防雷安全隐患问题及时发布整改通知。

【人工影响天气】 2014年，木里县发生多起森林火灾。木里县气象局开展人工影响天气作业12次，耗用JFJ火箭弹36发，BL—1车载火箭弹62发。

5月8日，木里县气象局举办第四期人工影响天气培训班，县人影办作业人员、全县各乡镇作业点分管领导和全部作业人员共35人参加培训，凉山州气象局和凉山州人影办领导到会指导、授课。

【气象灾害】 2013年12月至2014年5月，降水严重偏少，旱情十分严重，导致沙湾乡、卡拉乡、李子坪乡、博窝乡、三角桠乡、白碉乡、茶布朗镇、俄亚乡卡瓦村发生森林火灾，火场过火面积96.6公顷，11.17万人受灾，农作物受灾1.9万公顷，经果林受灾严重，牲畜饮水困难，经济损失1.2亿元。

7月14至15日屋脚乡发生严重泥石流、滑坡、洪灾，冲毁耕地20亩，20户38人受灾，受灾房屋21间，冲毁垮塌通村路3公里，经济损失65万元。

8月11日至12日出现了一次中到大雨过程，西秋乡玉米地5亩绝收；屋脚乡一农户房屋被泥石流冲毁，麦日乡、唐央乡受灾人口260人，农作物受灾面积138亩，成灾面积89亩，绝收面积49亩，两乡直接经济损失135万。

9月15－17日两次大雨天气过程共造成木里县319户1456人受灾，房屋严重受损3间，农作物受灾面积11.0公顷，冲毁通组公路1.1公里，冲毁1座桥梁2座木桥，安全饮水管道0.5公里，水堰0.2公里，1口蓄水池，冲走核桃树60株，花椒树95株，直接经济损失39.3万元。

9月底至10月初，克尔乡遭受暴雨和大风灾害，致使54户238人受灾，农作物受灾面积6.67公顷，4间房屋垮塌、16间房屋严重受损，12只山羊死亡、16只山羊受伤，冲毁人畜安全饮水管道0.2公里、树木6株，直接经济损失22.5万元。

【党风廉政建设】 2月18日，木里县气象局正式启动党的群众路线教育实践活动工作。集体学习4次，举办专题党课2堂，集体观看警示教育片2部，举办先进事迹报告会1场，制作发放19份调查问卷和征求意见函，召开1次座谈会，开展交心谈心活动5次，整理出领导班子“四风”方面的问题22条，包括形式主义方面6条，官僚主义方面7条，享乐主义方面6条，奢靡之风方面3条，班子成员提出相互批评意见共10条，每位同志都收到3条以上的意见和建议，确定了25项整改任务，制定了47条整改措施，逐条进行整改。

【光荣榜】 2014年，木里县气象局被四川省文明委复核为“省级文明单位”。

【领导人】 局长：潘开春（2014.11～）；副局

长：潘开春（主持工作~2014.10）、何乃彦、央青祝玛（女，藏族，2014.4~）

（审稿：潘开春/撰稿：陈俊）

防震减灾

【概况】 木里藏族自治县防震减灾局为县人民政府直属参公事业单位，具体从事防震减灾管理工作，业务由上一级防震减灾工作主管部门指导。2014年下设办公室、综合管理股，共有职工9人，其中在职职工6人，退休职工3人。在职职工中大专学历5人，中专学历1人；中共党员5人，汉族3人，藏族2人，蒙古族1人。

【地震监测预测】 2014年，木里县地震观测资料的采集分为自动记录人工量算读数和自动记录与CDMA、ADSL（网络通讯）、DDN（数字数据网）通迅自动收集及完全人工记录，读数收集三部分。木里县防震减灾局按照地震观测技术规范，在规定时次内进行地震活动与地震前兆的信息检测、信息传递、信息的分析与处理、对可能发生地震的时间、地点和震级三要素进行预测。每天进行24小时自动记录观测和09时一次定时观测；严格执行地震预报统一发布制度，根据全国和省地震监测预报方案作出的长期（10年以上）中期（1至2年）预报、结合木里地震震情趋势的发展和各监测手段观测的具体情况，加强与丽江、盐源、冕宁等周边地区地震部门的监测预报工作联系，互通情况、交流信息，充分实现资源共享和优势互补，针对木里县城——项脚乡一带，小震群活动频繁，有感地震增多、增强的严峻震情形势，加强和加密了震情短，临预报和跟踪分析研究工作，及时调查核实突发宏、微观异常，强化余震监测和震情趋势分析研究判定，及时组织开展震情周、月、半年、年度震情会商以及重大震情紧急会商。填报《四川省地震局短临预报登记表》，提出《木里震情分析》、《木里震情监测工作快报》等地震短临预报意见，上报县人民政府和上级防震减灾业务部门。2014年，木里县防震减灾局提出的预报意见，多次较好的对应地震为木里及邻区地震预报工作提供了第一手资料，对木里及邻区防震减灾决策起到了重要作用。2014年10月16－17日木里县防震减灾局召开锦屏库区震情跟踪研判会，对库区水位升至最高和放水后，小震活动情况及发展趋势进行了研判，对灾情速报等工作开展了培训。

2014年9月锦屏电站蓄水位达到1880米高水位和放水后，有感地震和强有感地震频率高，县防震减灾局加大和加密了震情监测预测、震情跟踪和分析速报工作力度，进一步跟踪和掌握区域地震活动指标的起伏变化，并针对下麦地龙洞水等水点出现的异常现象，进行异常幅度的跟踪分析，多次深入项脚等乡进行地震监测预测、震情跟踪和分析会商，并将震情会商意见及时向县委、县政府作了汇报，为领导决策起到了参谋助手作用。同时每天都将地震信息报给县政府应急办、民政局和相关乡镇，对有感地震更是加强了速报，在第一时间将地震“三要素”速报给有关领导和相关单位。

2014年，县防震减灾局协助中国地震局和四川省地震局在木里县开展地震裂度网建设、大中型水库地震监测网络建设等工作。

【地震应急】 按照《凉山州人民政府办公室关于印发<凉山州2014年地震应对工作方案>的通知》（凉府办函〔2014〕85号）的要求，结合木里实际印发了《木里县人民政府办公室关于印发<木里县2014年地震应对工作方案>的通知》（木府办发〔2014〕64号），要求各乡镇人民政府、县应急委成员单位结合实际制定相应工作方案并认真执行；组建了木里县防灾救灾综合救援大队，2014年6月3日重新修订和进一步完善《木里县地震应急预案及实施方案》（木府办发

〔2014〕65号)，制定《木里县重点危险区地震应急专项预案》(木府办发〔2014〕73号)、《木里县应急停机坪建设实施方案》(木林〔2014〕40号)，做到责任明确，措施具体，便于操作。

加强地震应急工作调研督查，针对锦屏电站蓄水位升至最高和放水后木里县小震群活动频发的严重震情背景，由分管副县长带队对全县生命线、教育、卫生系统、交通、重点乡镇的《地震应急预案》和粮食、民政、县医院、消防队、人武部防震减灾物资储备情况，防震减灾演练开展，进行了一次全面检查督导，对发现问题及时进行整改，提升全县开展地震现场工作能力。

2014年5月，木里县人民政府拨付73万元专项经费购置生命探测仪、地震应急包、重型多功能支撑套具、凿岩机、救援支架、钢筋速断器等17种抢险救援设备，提升了木里县地震地质灾害的应急救援和现场处置能力；将地震应急避难场所建设和应急疏散通道纳入木里县城乡规划。结合广场、绿地、公园、学校、体育场馆等公共设施，因地制宜按照国家标准完成了城乡应急避难场所规划，划定出休闲公园、体育场等应急避难场所，加强了应急避难场所建设管理，做到应急避难场所建设都有明显标识。

结合木里县新农村建设项目推进，搞好木里县农村民居抗震设防安全适用技术推广，提高农村居民居住安全，逐渐将乡村公共设施和农村民居纳入抗震设防管理范围。2014年木里县在乔瓦镇娃日瓦村，瓦厂镇桃坝村开展农村民居抗震设防安全示范工程项目建设。

3月至11月完成木里县防震减灾综合能力建设项目工作。包括基础设施及技术系统建设中的信息节点、地震实时监控与速报共享系统、应急指挥技术系统、抗震设防信息管理与服务系统四个部份。信息节点及局域网与地震信息网相连，实现灾情速报以及各种防震减灾信息共享。地震实时监控与速报共享系统，实现5分钟内获得本区3级以上地震实时自动处理结果，15分钟内获得省局经修订后的地震速报参数，为当地政府决策，社会稳定提供及时的震情信息服务。地震应急指挥系统，具备快速震害评估以及提供辅助决策信息功能。抗震设防信息管理与服务系统，实现在线联网审批管理，借助综合统计分析辅助领导科学决策，提升社会服务效率及业务管理水平。

1—12月，木里县小震活动频繁，多次发生强有感地震，主要集中在沿小金河断裂带的项脚乡等周边乡一带(北纬27.9度、东经101.4度)截止2014年12月31日共发生地震1.11万次。其中：2.0－2.9级549次，3.0－3.9级26次，4.0－4.9级2次造成部份房屋开裂、墙体挎塌、瓦口脱落等震灾，特别是5月5日22时34分，项脚乡发生的ML＝4.0级地震、12月21日13时09分项脚发生的ML＝4.0级地震，震情发生后，县防震减灾局及时向县政府提出地震应急，救援处置建议意见，在第一时间迅速带领工作组赶到地震现场，按照地震应急工作快速、高效、有序的要求，按规范进行了地震现场考查，并提交了《地震灾害损失评估报告》《地震科学考查报告》和工作总结，圆满完成了地震现场处置，地震科学考查，地震灾害损失评估等工作。在重点乡镇配备灾情采集PDA信息系统。完成并通过凉山州人民政府防震减灾领导小组对木里县防震减灾工作的考核检查工作。

【防震减灾执法检查】 根据凉山州政府办《关于开展全州水库地震监测执法检查工作的通知》(凉府办函〔2014〕83号)要求，2014年2月21日，由分管副县长率县政府应急办、县防震减灾局等部门组成执法检查工作组，协同盐源县执法检查工作组到锦屏电站开展水库地震监测执法检查工作。检查组先后深入“木落脚”台站和“大沱”台站，对台网的建设运行、数据传输、管理维护等情况进行了实地检查，听取了雅砻江流域水电开发有限公司相关负责人关于锦屏电站地震监测工作情况汇报。检查组对锦屏电站地震监测台网建设运行管理情况总体评价良好。同时对存在的四个方面的问题提出了整改要求。

【防震减灾宣传】　2014年，木里县防震减灾局，在“防震减灾日”、“防震减灾宣传周”和“世界标准日”之际，在县城区和重要乡镇开展了形式多样的宣传活动，发放地震科普知识、防震抗震知识、应急避震知识、防震减灾法律法规知识等各类宣传资料，并现场答疑和咨询；2014年4月30日木里县政府以木府办发〔2014〕48号印发《木里县2014年模拟乔瓦镇6.9级地震应急联动演练实施方案》，并于5月12日开展木里县史上最大规模的地震应急联动演练；按照凉震防发〔2014〕9号要求，木里县防震减灾局以木震防〔2014〕5号印发了《关于做好2014年度全县防震减灾宣传教育工作的安排》，制作了防震减灾宣传手册和展板，印刷《防震减灾科普宣传读本》近万册，防震减灾知识宣传挂历一万张，发放到重点乡镇、县城学校、医院、公共场所等人员密集地所。5月12日，县政府应急办、县文广新局、科协等相关部门通力协作，在“5.12”六周年纪念暨国家防灾减灾日宣传周期间，在扎昌街中心地段、县有线电视台、文化公园县科协LED大屏幕开展以“城镇化与减灾”，“识别灾害风险，掌握减灾技能”为主题的大型防震减灾宣传活动。开展防震减灾知识进学校、进社区、进寺庙、进乡村、进机关，进厂矿活动，开展创建防震减灾科普示范学校和示范社区活动，联合县教育局、县科协建立了防震减灾科普示范学校5所，其中省级1所、县级3所，新增县中学为凉山州级科普示范学校。

【地震观测台点布局】　2014年，木里县防震减灾局在木里弧形构造断裂带、李子坪断裂带、雅砻江断裂带等县境内主要活动断裂带以及水电开发区域建立台点，为木里境内的水库地震分析及结构抗震方法检验、地震定位、地震活动性、地震趋势、地震裂度，提供研究资料。

【光荣榜】　获凉山州2014年度县市防震减灾目标考核二等奖。

【领导人】　局长：蒲治斌；党支部书记：杨国华（藏族）

（审稿：蒲治斌/撰稿：唐小林）

医疗卫生　旅游体育

Health Care, Tourism Sports

卫　生

【概况】　木里藏族自治县卫生局负责全县卫生系统行政综合管理、制度建设、综合协调等工作。2014 年，卫生局设办公室、人事股、医政股、防保股、应急办、项目办、审计股、行政审批股、计划财务统计股、会计核算中心、卫生系统信息中心，县委政府设：木里县人民政府防治艾滋病工作委员会、医改办、爱委会、新农合管理中心、重点疾病领导小组、重点疾病防治局在卫生局。共有在职职工 14 人。

【医疗机构队伍】　2014 年，木里县医疗卫生机构有县医院、中藏医院、妇幼保健院、木里博爱医院，中心镇卫生院 3 所、乡卫生院 26 所、村卫生室 121 所（含 9 个国营牧场），共计在岗医护人员 431 人，其中，高级职称 19 人，中级职称 74 人，初级职称 139 人。

【新农合工作】　2014 年，木里县参加新农合人数 11. 7 万人，参合率 99. 48%。2014 年共报销参合农民医疗费用 4399. 12 万元，其中住院 1. 97 万人次，报销金额 3620. 01 万元；门诊统筹和一般诊疗费 11. 31 万人次，报销金额 557. 52 万元；慢性病 904 人次，报销金额 221. 59 万元。

【项目工作】　县卫生局成立卫生项目建设管理中心，负责管理卫生项目的建设工作。茶布朗镇卫生院住院综合楼等一批基础设施建设项目完成并投入使用，投资 3200 万元的中藏医院整体搬迁、投资 3000 万元的县医院新住院大楼、200 万元的县疾控中心综合楼已完成主体建设。

【计划免疫】　2014 年，县卫生局贯彻《疫苗流通和预防接种管理条例》，加大计划免疫工作监督检查，完成冷链运转四次，累计发行疫苗数：百白破：9050 人份，乙肝：9852 人份，卡介苗：4200 针次，乙脑：5400 针次，A 群 2500 针次，A + C 群 5570 针次，脊灰：3. 02 万人次（包括强化免疫），白破二联：2980 针次，含麻制剂 1. 6 万针次（包括强化免疫），甲肝：4000 针。推进预防接种门诊规范化建设和预防接种信息化建设，2014 年完成 28 个乡镇（目前仅倮波乡卫生院还未建设）的预防接种信息化建设。

【传染病工作】　2014 年，县卫生局贯彻执行《中华人民共和国传染病防治法》和《突发公共卫生事件应急条例》，加强传染病监督管理。把艾滋病、霍乱、结核病、麻风病作为重点的传染病防治。坚持 24 小时疫情值班制度，坚持传染病零报告制度，加强传染病网络直报工作，按时审核直报单位的传染病卡片，搞好医疗卫生单位的卡片录入工作。2014 年木里县共报告法定传染病 370 例，无甲类传染病报告，其中甲肝 1 例、乙肝 46 例、艾滋病 1 例、HIV3 例、肝炎未分型 2 例、痢疾 126 例、肺结核 41 例、其它感染性腹泻 20 例、梅毒 11 例、流行性腮腺炎 5 例、手足口病 50 例、水痘 60 例、其它疾病 4 例。

【妇幼保健工作】　2014 年，木里县妇幼保健站住院分娩 1096 人，住院分娩率达 68. 58%；孕产妇系统管理率 38. 67%，儿童系统管理率 62. 96%；新生儿死亡率 5. 63‰，婴儿死亡率 9. 39‰，5 岁以下儿童死亡率 10. 00‰，孕产妇死亡率 187. 73/十万；住院产妇三病检测率 100%，孕产妇三病检测率 90%，完成 HIV 孕产妇母婴阻断 1 人，梅毒孕产妇母婴阻断 2 人，乙肝孕产妇母婴阻断 27 人，母婴阻断率 100%，新生儿疾病筛查率 8. 94%。《出生医学证明》首发和换发安排专职人员直接办理，并配置复印机免费复印。

【卫生宣传监督及防治】 2014年，木里县卫生局完成凉山州下达的枯水期的监测任务；开展食品从业人员的健康检查，排除五病（痢疾、伤寒、戊肝、乙肝及有碍食品卫生的疾病）人员带病上岗，共检查从业人员906人，查出五病患者10人予以调离，对合格的从业人员进行食品卫生、公共场所知识及相关的法律、法规、条例等培训；完成水源监测点的监测工作：对县自来水厂的水源水、消毒池水、末梢水及各监测点进行监测，丰水期、枯水期各1次，共计水样10份，并出具卫生学评价报告，对消毒药物投放等技术工作进行指导，对瓦厂镇四个监测点两个水期的8个水样的水质进行监测。

【卫生检验】 2014年，木里县卫生局对全县生活饮用水、城市污水、医院污水、公厕、餐饮及从业人员共计164份，进行霍乱弧菌分离，均未检测出霍乱阳性；对自来水厂、其他委托检测水、城市及农村生活饮用水水样检测29份；食用盐碘含量定量分析300份，均为合格碘盐；对食品、公共场所从业人员健康体检肝功、乙肝两对半、大便带菌检查635人次；HIV抗体检测快诊1488人次，其中监管人员54人、娱乐场所服务人员4人、TB病人27人、婚前检测1人；检测梅毒、HCV、1461人份；对包虫病调查中B超异常血清21份、学生血清617份及犬粪1460份，进行抗原抗体检测。

【医疗体制改革】 为推进公立医院人事制度改革，体现公立医院公益性。2014年，木里县取消县医院职工差额工资，差额部分全部纳入财政预算并实行绩效工资。加强医疗质量管理，规范诊疗行为，改进医疗质量；以党的群众路线教育实践活动为契机，努力开展“廉政文化进医院”活动。

探索公立医院管理体制、补偿机制、人事分配、药品供应、价格机制等综合改革模式，完善各项规章制度，规范诊疗行为，保证临床用药安全，提高服务水平和服务质量。县人民医院、县中藏医院两家公立医院自2013年10月1日正式实施取消药品加成工作，县中藏医院取消药品加成品规数263个，占40.97%；县人民医院取消药品加成品规数西药201个，中成药154个，占60%，调整医疗服务价格，2014年省级财政补偿资金到位13万元，资金下拨后，县级按照年初预算已拨付。

推进木里县分级诊疗工作，2014年9月28日，按照省州统一安排部署，成立领导小组，安排部署分级诊疗相关工作，木里县基层医疗卫生机构分别和州中西医结合医院、州第一人民医院、州第二人民医院、攀枝花市中心医院、攀枝花第二人民医院、攀枝花市中西医结合医院、攀枝花市妇幼保健院签订双向转诊协议。转发相关分级诊疗文件精神，确保木里县基本药物制度规范运行。2014年10月20日，制定下发《木里县卫生局关于调整新农合报销规定推进分级诊疗工作的通知》（木卫发〔2014〕92号）。10月21—22日木里县开展新农合、分级诊疗、药品配送等工作培训会，就分级诊疗相关知识、调整新农合报销规定推进分级诊疗工作、完善药品配备政策支持分级诊疗制度等进行培训。

【安全维稳信访】 2014年，木里县卫生局重视安全信访维稳，实行“一把手”亲自抓，分管领导具体抓，签订年终考核目标责任书。与各医疗卫生单位院长签订安全信访维稳工作和安全生产目标责任书，严格落实安全生产和信访维稳责任制。

【卫生执法工作】 2014年，县卫生局加强对公共场所卫生监督检查，对公共场所经营单位的三证管理（卫生许可证、从业人员健康证和卫生知识培训合格证）、环境卫生（包括就餐环境），消毒设施的配备和使用等检查。全年累计检查经营单位10家，要求立即整改2家，下达卫生监督意见书10份，加强学校卫生、生活饮用水、消毒产品的卫生督查。

【光荣榜】 2014年卫生局被凉山州人民政府评为2014年度艾滋病防治单项工作先进集体；被中共木里县委、木里县人民政府评为2014年迎新春民族服饰广场舞大赛最佳服饰表演奖三等奖。

【领导人】 局长：杨扎西（藏族）；副局长：陈春林（布依族）、杨正明（彝族）、陶祖秋（援藏干部）；纪检组组长：扎拉（藏族）

（审稿：杨扎西/撰稿：党达瓦）

县人民医院

【概况】 木里藏族自治县人民医院位于木里县乔瓦镇新兴路16号，是集医疗、教学、科研为一体的医疗中心，是县内唯一一所“二级甲等”综合医院，承担全县突发公共卫生事件现场、院前、院内医疗救护任务，及全县各类体检，是城镇职工医疗保险、新型农村合作医疗、人寿保险、城镇居民医疗的定点医疗机构，是政府举办的非营利性医院，县120急救中心。

2014年，县人民医院占地面积1.51万平方米，建筑面积2.02万平方米，业务用房建筑面积1.63万平方米。

2014年，县人民医院实行院长负责制，院科两级分级管理模式。设住院部、门诊部，设有内科（含儿科、传染科）、外科、妇产科、中医科、检验科、放射科、手术室、麻醉科、药剂科、五官科、门诊治疗室、胃镜室、B超心电图室、微创泌尿外科技术中心等临床科室及院办公室、医务科、护理部、院感科、财务科、新农合医保办、信息科、保卫科等职能科室，其中重点专科是骨科、泌尿外科。职工总人数105人，其中专业技术人员98人，副高级职称10人，中级职称40人，初级职称31人，后勤人员12人。

【诊疗统计】 2014年，木里县人民医院完成门、急诊诊疗5.16万人次，其中门诊4.74万人次，急诊4212人次。入出院4057人次；业务收入达到2850万元，同比增长4%。

【医疗设备】 2014年，木里县人民医院拥有贝克曼6800全自动生化分析仪、半自动细菌鉴定药敏分析仪、贝克曼血球计数仪、贝克曼血凝仪，尿十项分析仪，电解质分析仪，GE双排CT机，DR机，牙片机，柯达相机，B超，彩色多普勒诊断仪，日本原装电子胃肠镜，全电脑麻醉机，腹腔镜，心电监护仪，24小时动态血压心电监护仪，洗胃机，呼吸机，新生儿胎心监护仪，新生儿恒温箱，脑外手术包，SC3200型牙科治疗机，新生儿呼吸机（进口），婴儿培养箱，婴儿辐射保暖台，新生儿动态心电图分析系统，新生儿动态血压分析系统，新生儿电动吸引器，新生儿12导心电图机（进口），新生儿监护仪，新生儿心电监护仪，新生儿吸痰器，日本奥林巴斯等离子电切镜、德国狼牌输尿管镜、气压弹道碎石系统、体外震波碎石机、三晶片高清摄像系统、美国史塞克膀胱镜系统、低温等离子灭菌器等等。

【医疗技术】 2014年，木里县人民医院以“二甲”综合医院持续整改为契机，对医院管理、医疗质量、制度完善落实进行了全面规范，持续改进医疗服务质量，确保医疗安全。成功开展了首例后腹腔镜肾囊肿去顶减压术、腹腔镜阑尾炎切除术、脑外科手术，并成熟开展包皮环扎术等新业务。

【护理技术】 2014年，木里县人民医院在全院拓展优质护理、微量输液泵、微量注射泵、静脉留置针、小儿股静脉采血、新生儿足底采血、新生儿电脑培养箱、持续胎儿母亲监护、新生儿经皮黄疸测试、超声雾化吸入、氧驱动雾化吸入治疗、疾病健康教育、小儿静脉留置针穿刺等的护理技术。品管圈 QCC 管理（质量控制圈）培训。

【援藏医疗】　1 月—2 月，攀枝花市中心医院派出第二批援藏医疗队：普外科主治医师颜璟；麻醉科副主任医师沈娟；胸外科副主任医师陈有东；麻醉科副主任医师赵清林；护理副主任护师周富瑾；急诊科主治医师谢德东；护理主管护师王萍到木里县人民医院开展“万名医师支援农村卫生工程”项目。

3 月—8 月，攀枝花市中心医院派出第三批援藏医疗队：心内科主治医师曾晓斌；麻醉科主治医师朱峰；普外科医师罗涛；检验科主管技师李靖；护理主管护师彭丽娟；药械科主管药师黄建蓉到木里县人民医院开展为期半年的“万名医师支援农村卫生工程”项目。

7 月 14 日，四川省委组织部下派的援藏挂职干部蒲文（攀枝花市中心医院中医科）、邓志鑫（攀枝花市中西结合医院普外科）、严石春（攀枝花市传染病医院）来木里县人医院挂职院长助理，开展为期两年的援藏工作。

9 月—12 月，攀枝花市中心医院派出第四批援藏医疗队：风湿免疫科主治医师余素君；神经外科主治医师张明；普外科医师罗涛；儿科护理专业主管护师谭微；药械科主管药师祝秀珍；消化科护理专业主管护师张世琼到木里县人民医院开展“万名医师支援农村卫生工程”项目。

【医院评审】　依据《四川省卫生和计划生育委员会关于关于同意成都市第五人民医院等 95 所医院等级评审和复查（复核）结论的通知》（川卫办发〔2014〕138 号）精神，木里县人民医院“二级甲等”综合医院评审合格。

依据《四川省卫生和计划生育委员会关于公布 2013 年四川省数字化医院评审结果的通知》（川卫办发〔2014〕228 号）精神，木里县人民医院通过四川省一级（★）数字化医院评审。

【光荣榜】　木里县人民医院被木里县人民政府、木里县人武部授予“2013 年度征兵工作先进单位”；边玛被凉山州人民政府、凉山军分区评为“2013 年度征兵工作先进个人”，次尔央初被中共凉山州委、凉山州人民政府评为“2011—2013 年度艾滋病防治工作先进个人”，邵笠被木里县人民政府、县人武部评为“2013 年度征兵工作先进个人”。

【领导人】　院长：边玛（藏族）；书记：陈冬莲（女）；副院长：次尔央初（女、藏族）、优若（藏族）、须民武、邓志鑫（援藏干部）、蒲文（援藏干部）、严石春（援藏干部）

（审稿：陈冬莲/撰稿：彭辉）

县疾控中心

【概况】　木里县疾病预防控制中心是从事疾病预防控制工作的专业机构，2014 年设八科一室，其中急慢性病防治科 3 人、免疫规划科 3 人、食品卫生科 3 人、卫生检验科 3 人、健康教育科 2 人、艾滋病科 2 人、地方病科 3 人、财务科 2 人、中心办公室 7 任，共计在职职工 28 人，其中二线老领导 2 人。专业技术职称：有副高 4 名，中级职称 16 名，初级职称 6 名，高级工 2 人。

【党风廉政建设】　2014 年，县疾控中心狠抓反腐倡廉工作。一是加强组织领导，明确分工，一把手是第一责任人，承担着领导、教育、监督和示范的责任，分管领导直接抓好日常工作，并认真督促，组织完成工作任务；二是定时召开职工大会，传达贯彻县纪委会议精神，党风廉政建设常态化；三是疾控中心与科室签订廉政建设《目标责任书》，细化党风廉政责任制目标任务，提出具体要求和措施，形成齐抓共管，共同促进的局面。四是党风廉政宣传教育，加强党员干部队伍教育的管理和监督。

【传染病报告】 2014 年，县疾控中心加强传染病监督管理，开展麻疹防控及脊灰麻疹疫苗补充免疫接种工作和以艾滋病、霍乱、结核病、麻风病以及扩大免疫规划等为重点的传染病防治工作。实行 24 小时疫情值班制度，坚持传染病网络直报及零报告制度，按时审核直报单位的传染病卡片，搞好其它医疗卫生单位的卡片录入工作。2014 年木里县共报告法定传染病 370 例，无甲类传染病报告，其中甲肝 1 例、乙肝 46 例、艾滋病 1 例、HIV3 例、肝炎未分型 2 例、痢疾 126 例、肺结核 41 例、其它感染性腹泻 20 例、梅毒 11 例、流行性腮腺炎 5 例、手足口病 50 例、水痘 60 例、其它疾病 4 例。

【麻疹防控】 2014 年 3 月，县疾控中心开展了麻疹疫苗补充免疫活动，木里县麻疹疫苗应种 5640 人，实种 5416 人，接种率 96.03%。

【脊灰疫苗强化免疫】 2014 年 3－4 月木里县疾控中心开展两轮脊灰疫苗补充免疫工作，第一轮应种 6562 人，实种 6319 人，接种率 96.29%，第二轮应种 6640 人，实种 6366 人，接种率 95.82%，达到国家标准要求。

【艾滋病防治与宣传】 2014 年，木里县加强艾滋病防治，组织乡镇卫生院院长、部分村医、部分村民、学校校长、教师及县城区初中以上学生、乡团委书记、乡妇联主任 1200 余人进行艾滋病知识培训；2014 年木里县共发现 HIV34 例，新增感染者 3 例，其中死亡 1 人、随访到位 11 人。利用宣传日发放宣传资料 2000 余份、安全套 1000 只、现场咨询 300 余人，增加其知晓率；对监管场所进行 5 次干预、共干预 35 人（次），完成在校青少年、城镇居民、农村居民 1200 人的问卷调查。

【结核病防治】 2014 年，木里县采用多种形式开展结核病防治知识和“双免”政策宣传活动，提高广大群众知晓率，加强就医意识，共发放宣传资料 2000 多份，卫生知识咨询 200 余人。

【麻风病防治】 2014 年，按照县疾控中心计划和方案，对全县乡镇党委书记、副书记和各村支书共 168 名进行了麻风病防治知识培训，并发放宣传单 1000 余份、防治手册 300 余份。

【计划免疫和强化免疫】 木里县疾控中心按《疫苗流通和预防接种管理条例》，加大计划免疫工作监督检查力度。2014 年完成冷链运转四次，累计发放疫苗 8.98 万人（份），其中：（百白破：9050 人（份），乙肝 9852 人（份），卡介苗：4200 针次，乙脑：5400 针次，A 群 2500 针次，A＋C 群 5570 针次，脊灰：3.02 万人次（包括强化免疫），白破二联：2980 针次，含麻制剂 16010 针次（包括强化免疫），甲肝：4000 针）；2014 年培训督导四次，参加人员 324 人，乡级督导 60 余次；2014 年累计上报各种报表 112 期（其中常规报表 12 期，疫苗库存 12 期，简报 2 期，麻疹、脊灰强化免疫 4 期，AEFI 一例，AFP 旬报 36 期，冷链 1 期，相关绩效报表 5 期，新生入学入托查验预防接种证及补种 3 期，开展麻疹、乙肝、AFP 主动监测 36 次，上报 AFP 一例）；2014 年接种狂犬疫苗 114 人（份）；按照凉山州卫生局要求加快推进预防接种门诊规范化建设和预防接种信息化建设，完成 28 个乡镇的预防接种信息化建设。

【食品卫生】　2014 年，木里县疾控中心完成凉山州下达的枯水期的监测任务；开展食品从业人员的健康检查，排除五病（痢疾、伤寒、戊肝、乙肝及有碍食品卫生的疾病）人员带病上岗，共检查从业人员 906 人，查出五病患者 10 人，并给予调离，对体检合格的从业人员进行食品卫生、公共场所知识及相关的法律、法规、条例进行培训；完成水源监测点的监测工作：对县自来水厂的水源水、消毒池水、末梢水及各监测点进行监测，丰水期、枯水期各 1 次，共计水样 10 份，并出具卫生学评价报告，对消毒药物投放等技术工作进行了指导，对瓦厂镇四个监测点两个水期的 8 个水样的水质进行监测。

【卫生检验】　2014 年，木里县疾控中心对全县生活饮用水、城市污水、医院污水、公厕、餐饮及从业人员共计 164 份，进行霍乱弧菌分离，均未检测出霍乱阳性；对自来水厂、其他委托检测水、城市及农村生活饮用水水样检测 29 份；食用盐碘含量定量分析 300 份，均为合格碘盐；对食品、公共场所从业人员健康体检肝功、乙肝两对半、大便带菌检查 635 人次；HIV 抗体检测快诊 1488 人次，其中监管人员 54 人、娱乐场所服务人员 4 人、TB 病人 27 人、婚前检测 1 人；检测梅毒、HCV、1461 人份；对包虫病调查中 B 超异常血清 21 份、学生血清 617 份及犬粪 1460 份，进行了抗原抗体检测。

【包虫病防治】　2014 年，木里县疾控中心开展包虫病防治项目工作。完成中央补助包虫病 B 超检查 4494 人次，103.31% 完成了中财任务，B 超发现肝脏、肾胀异常者 73 人，对异常者疾控中心采集血清 12 人，包虫病抗体检测 12 人份，发现包虫病血清抗体阳性 4 份，请国家、四川省及凉山州专家予以确诊后及时进行药物治疗；收集犬粪 1450 份，100% 完成任务；儿童血清学采集血清 617 人份，完成任务的 106.38%。犬驱虫全县 1—10 月完成 20 万次。完成四川省省财补助包虫病 B 超检查 2826 人次，其中成人 616 人，儿童 795 人（发现肝囊肿 1 人，已采集血清），家禽调查牦牛 100 头、发现肝囊肿 2 头，包虫病防治知识和行为调查 1411 人次，健康教育 2000 人次。

【公共卫生均等化服务指导】　2014 年，木里县疾控中心提高基本公共卫生服务水平的效率和水平，做好资金和档案清理的工作。2014 年，木里县建立居民健康档案 11.46 万份，建档率为 88.16%，其中电子建档 9.98 万份，建档率为 76.78%；对 8025 儿童、516 孕产妇、2585 高血压患者、360 例 II 型糖尿病患者进行了健康管理；免费为 8171 位 65 岁以上老年人进行管理及健康体检；发放 33121 册健康教育资料；开展 277 次公共健康咨询活动，受益群众 1.85 万人；开展 151 次健康知识讲座，受益群众为 1.097 万人；共为 2.93 万人次的儿童做了免疫接种。

【领导人】　主任：周源桂；副主任：杨伟（蒙古族）；书记：周伟

（审稿：周源桂/撰稿：周伟）

县妇幼保健站

【概况】　木里县妇幼保健站集医疗、预防、保健、健康教育、培训为一体，承担着全县 29 个乡镇卫生院 112 个村 9 个国营牧场卫生所的妇幼保健技术指导和宣传教育工作。2014 年木里县妇幼保健站开设妇科、儿科、产科、妇女保健、儿童保健以及常见病的诊治。设保健科、医疗科、检验科、影像科、信息科、健康教育科、婚检科、新筛办、财会室、办公室等科室，在职职工 16 人，其中医务人员 14 名（副主任医师 1 名，主治医师 2 名，主管护师 5 名，医师 3 名，医士

2名，检验士1名），会计员1名，工勤人员1名。

【婚前医学检查】 2014年，木里县妇幼保健站规范服务流程，利用有线电视、宣传折页、发放宣传资料等宣传婚前医学检查的重要性、必要性及婚前保健知识和免费婚前保健服务政策措施，倡导文明、卫生、科学的婚育观念。2014年婚检共免费婚检720对，婚检率提高至58.1%。

【社区卫生服务中心】 2014年，木里县妇幼保健站继续兼职木里县城镇社区卫生服务中心工作，兼职完成城镇社区卫生服务中心清理档案7021份，换档案114份，清理不规范档案306份，新建档案701份，其中老年人管理206份，高血压管理321份，糖尿病管理70份，0－6岁儿童管理672份，老高糖管理164份，孕产妇管理120份。随访重点人群556人次，重点人群体检412人次，免费糖尿病筛查324人，免费高血压筛查824人，社区健康教育6次，社区宣传活动8次，进行预防接种5002人次。

【健康教育宣传】 2014年，县妇幼保健站实施农村孕产妇住院分娩补助、增补叶酸预防神经管缺陷、预防“艾滋病、梅毒、乙肝”母婴传播、新生儿疾病筛查、免费婚检、儿基会项目等国家惠民项目政策的宣传与咨询。利用各种宣传日上街、下乡面对面宣传、到学校对学生进行健康教育共计5次，开展入托前儿童心理健康咨询教育、儿童保健、“小手拉大手共育幸福家”、千校万生“禁毒防艾”等内容的健康教育活动，义诊800余人次；发放叶酸药品2100瓶，各类宣传折页、挂历、印有宣传文字的实物共11000份。

【业务培训】 2014年，木里县妇幼保健站共开展42次妇幼卫生县、乡、村级督导和培训工作，督导工作共覆盖全县三分之二的乡、镇、村，内容涉及农村孕产妇住院分娩项目、叶酸增补预防神经管缺陷项目、预防“艾滋病、梅毒、乙肝”母婴阻断项目、新生儿保健、儿童健康管理、儿童疾病综合管理、孕产期保健等。2014年培训县级妇幼人员20人次，乡级妇幼人员30人次，村级妇保人员50人次。并在培训后从理论知识和操作技能方面测试，从而改善妇幼保健服务能力。

【孕产妇及儿童保健管理】 2014年，木里县住院分娩1096人，住院分娩率达68.58%；孕产妇系统管理率38.67%，儿童系统管理率62.96%；新生儿死亡率5.63‰，婴儿死亡率9.39‰，5岁以下儿童死亡率10.00‰，孕产妇死亡率187.73/十万；住院产妇三病检测率100%，孕产妇三病检测率90%，完成HIV孕产妇母婴阻断1人，梅毒孕产妇母婴阻断2人，乙肝孕产妇母婴阻断27人，母婴阻断率100%，新生儿疾病筛查率8.94%。《出生医学证明》首发和换发安排专职人员直接办理，并配置了复印机提供免费复印。

【绿色星期五】 2014年，木里县妇幼保健站开展“绿色星期五”活动——每周星期五在固定公众场所开展慢性病随访、筛查工作，在广众媒体上开展社区健康教育活动，全年共筛查35岁以上高血压、糖尿病800人次，随访1300人次。为居民健康提供优质服务。

【儿童基金会项目】 2014年，木里县妇幼保健站继续开展联合国/儿童基金会母子健康综合项目、母子健康促进项目及有条件现金转移支付项目（以下简称CCT项目）。全年组织完成乡村医务人员逐级培训，以讲授、考核、操作、现场演示等方式培训乡级产儿科医务人员118人次、村医135人次，配合联合国儿基会专家组完成2个乡2个村，往返行程480公里路程的典型案例采集和督导，CCT 入册登记 215 人，总放款金额为 64880 元，项目受益覆盖率为 63%。通过对试点乡的乡村骨干的培训，带动目标人群按核心信息进行活动，以提高基层保健服务的可及性，促进提高项目地区妇女儿童对妇幼保健及相关服务的利用，提高试点乡农村人口对妇幼保健及相关服务的利用率，提高住院分娩率，降低孕产妇、新生儿及五岁以下儿童死亡率。

【光荣榜】　2014 年 12 月，木里县妇幼保健站被凉山州“巾帼建功”活动领导小组评为“2014 年凉山州巾帼文明岗”。

【领导人】　站长：陶祖秋；副站长：仁青拉姆（女，蒙古族）

（审稿：陶祖秋/撰稿：徐志珍）

县中藏医院

【概况】　木里藏族自治县中藏医院，开设中医内科、藏医专科、针灸理疗康复科、中医心血管专科、西医内儿科等特色临床门诊科室，开设放射科、检验科、超声诊断室、电子胃镜诊断室、超声碎石治疗室等辅助诊断治疗科室，在编人员 36 人，其中各级医务人员 34 人（高级职称 2 人，中级职称 10 人，初级职称 22 人），其它技术人员 2 人。

【医疗设备】　2014 年，中藏医院拥有全自动数字摄影系统（DR）、500 毫安高频 X 光机、飞利浦彩超、奥林巴斯电子胃镜、全自动血液生化分析仪和 50 多台（套）各型中医康复理疗设备等一批先进的医疗设备。

【医疗服务】　中藏医院坚持“传统医学和现代诊疗技术相结合”的医疗服务宗旨，在发展西医、中医、藏医的同时，走突出中医、藏医特色的医疗服务。

2014 年接诊 1.41 万人次，业务收入 150.65 万元。

【藏药制剂】　2014 年 8 月中藏医院试制院内藏药制剂“查梅芒觉”一批。

【搬迁建设】　2010 年 7 月，凉山州发展和改革委员会批准“四省藏区专项项目《木里县中藏医院基础设施（整体搬迁）建设项目》”，项目总投资 2900 万元，占地面积 5000 平方米，房屋建筑面积 9000 平方米，设立 120 张病床。建设项目于 2014 年 10 月竣工验收，建成建筑面积 9810 平方米，总投资约 3180 万元。

【光荣榜】　2014 年县中藏医院被木里县政府通报表扬“消防工作”先进集体；刘光杰被县政府授予“统计工作先进个人”。

【领导人】　院长、支部书记：黄华高；业务副院长：杨自莉（女）；行政副院长：扎西拉姆（女，藏族）

（审稿：黄华高/撰稿：解直刚）

旅游体育

【概况】　2014 年，木里县旅体局设有办公室、财务室、体育股和青少年活动中心，有在职职工 15 人。其中国家公务员 3 人，参照公务员管理 2 人，事业干部 3 人，工人 2 人，借调 2 人，聘用人员 3 人。

【旅游宣传】　2014 年，县旅体局为宣传报道木里，让游客了解木里，结合群众路线教育实践活动，强化跟踪督查项目推进，随时宣传报道亮点工作，定期反馈项目推进情况和阶段性成果。凉山州旅游局、木里县旅体局邀请中国摄影家协会会员、上海市《解放日报》记者崔益军、《凉山日报》新闻中心副主任冷文浩、凉山州文化馆馆长郭建良等人在凉山州旅游局领导和县旅体局相关人员的陪同下，历时半个月，穿越荒芜人烟的原始森林区和崇山峻岭，深入到木里腹心地带、寻找顶级旅游景点，进行全面采风，掌握第一手资料，把所获资料和精美图片在《凉山日报》以“金秋木里、纯净大美”，“木里大山、魂系马帮”，“初冬木里、景色诱人”等为题，以广度和深度的视角整版推出，并在各种媒体上广为发布宣传，全面宣传木里。充分利用广播、电视、报刊等传媒开设旅游专栏、专版、专题节目；发挥网站、移动载体等新媒体的作用，提高旅游宣传覆盖面、影响力；开展旅游服务法制宣传，解决广大居民和游客身边的涉法问题，形成社会舆论氛围和法治环境。

【旅游驿站建设】 2014 年，县旅体局启动木里 200 家旅游休憩驿站建设工作，并加快推进中国木里“洛克九百里生态旅游线路”沿线 100 户旅游驿站建设。多次派调研组沿木里旅游线路深入有关乡镇旅游节点实地调研，实地考察讨论形成《木里“洛克九百里”旅游休憩驿站建设实施方案》，上报县政府通过后实施。5 月 20 -27 日，旅游局工作组一行 4 人，深入到屋脚、依吉、俄亚、水洛、唐央等乡镇，落实了木里旅游驿站选点和建设工作，确定每户旅游驿站接待点投入 2 万元，100 户，共投入 200 万元政府旅游基础设施建设资金，基本完成木里“洛克旅游线路”沿线旅游驿站建设。

【旅游法实施】 2014 年，县旅体局加强开展《旅游法》宣传学习培训，狠抓《旅游法》贯彻实施工作。召集旅体局干部职工认真学习《旅游法》，成为《旅游法》推动者、解释者。组织旅游执法人员和单位广大党员干部职工学习《旅游法》专题讲座 4 期，参训人数 60 人次，对旅游管理部门工作人员进行专题培训，在木里县有线电视台进行为期一个月的宣传，把《旅游法》深入人心，提高群众对《旅游法》的知晓率，增强维权意识；强化旅游行政人员法制观念，树立依法兴旅、依法治旅的观念。

【旅游招商】 2014 年，县旅体局包装打造木里旅游招商引资项目，参加以“西博会”为平台的招商引资活动；接待到县踏点考察的各界旅游开发商，力争成熟旅游线路和成熟景区的打造开发，将“重走洛克路”旅游线路（木里—稻城）纳入“藏区 2014 年十大精品旅游线路”打造，以“藏区 2014 年十大精品旅游线路”为抓手，推动跨越式“旅游突破”工作。

【旅游管理】 2014 年，县旅体局加大节庆等专题活动的组织，吸引目光、营造人气，促进木里知名度、美誉度的快速提高；加快招商引资步伐，促进成熟景区的早日建成开发；加大对宾馆、饭店，农（藏）家乐等涉旅企业和个体户旅游市场监管力度，提高乡村旅游管理者和经营者的素质，组织相关人员参加攀枝花旅游考察和培训，提高旅游从业人员和管理人才的业务技能素质和服务水平；认真做好各个黄金周及节假日的旅游管理和市场整治工作，建立健全规章制度，坚持 24 小时值班和领导带班制度，热情接待入境旅游游客。2014 年木里县未接到无任何旅游安全事故，无旅游投诉。

【旅游服务】 2014 年，木里县加紧通乡通村公路工程建设。打破木里的交通瓶颈，增多出入境途径，改善区乡镇的交通状况，缩短周边景区和境内各旅游景区（点）之间距离，拓伸木里旅游发展。木里县接待设施主要集中在县城乔瓦镇、各乡（镇）也有招待所，但规模小、档次低。乔瓦镇有木里大酒店、卡桌大酒店、一兴宾馆、山城宾馆、华泰宾馆等33家宾馆饭店，共1473个床位。其中，三星级酒店2家，100个房间，183个床位。住宿费用：豪华套间，标准间，普通间，单间，双人间300－80元/人不等，最高300元/人，最低80元/人。木里饮食丰富，大小饭店、小吃店近50家。各民族各有各的饮食特色，突显民族风味和地域特点，主要佳品为牦牛肉干巴、猪膘、酥油茶、青稞酒、白黄酒、奶制品和麻糖等。

【旅游考察】　2014年，凉山州旅游局副局长李进一行先后2次深入木里实地采风，对木里洛克900里各路线进行考察，特别是对环太阳山自驾道旅游资源进行深入的实地考察，分别到中国木里香格里拉腹心地的寸冬海子、机依原始森林、木里大寺、利加嘴母系部落等10多个景点实地考察，感受木里人文自然风光。为推广木里旅游线路，发展旅游产业打下了基础。6月上旬，攀枝花市旅游专家、旅游企业负责人到木里县实地调研木里旅游发展存在的优势、劣势、机遇、挑战，为木里旅游发展把脉，形成调研成果，为木里旅游发展垫定“基石”。

【旅游项目建设】　2014年，木里县加大项目和资金的建设投入，已完成游步道、梯步道、旅游公厕、停车场、2公里油路等建设，启动木里100家旅游休憩驿站建设。积极配合有关部门，按要求申报好旅游开发建设项目，抓好项目库筹备和申报工作。申报木里县乔瓦镇锄头湾村等14个美丽乡村旅游扶贫重点村建设。做好2015年省重点项目建议名单报送工作。

【旅游培训】　2014年，木里县旅体局加强从业人员培训，开办好旅游从业人员培训班，逐步提高餐饮、宾馆、农家乐的管理水平和服务质量。组织木里旅游行政管理干部参与攀枝花市旅游项目策划、包装、推介、招商等工作，以指导木里旅游项目推进工作。培养一批能懂规划、抓项目、搞建设的旅游行政管理人才；培训一批素质较高、技能过硬、服务意识强的旅游从业人员。组织旅体局干部职工16人次到杭州、上海、浙江等地参观学习培训。组织县城农家乐、藏家乐业主及从业人员20人，参加学习培训。组织县相关部门、节点乡镇、试点新村10人考察学习组，实地考察攀枝花市旅游新村，学习攀枝花旅游新村建设及管理相关经验。攀枝花市旅游局派攀枝花学院旅游规划博士任宣羽等旅游专家在木里举办1期旅游发展战略及乡村旅游发展讲座。

【旅游执法】　2014年，木里县旅体局组织执法人员定期不定期地对城区宾馆、饭店，农家乐等涉旅企业进行全方位的旅游安全执法检查。特别是针对低价恶性竞争、强迫或变相强迫购物及增加自费项目等违法违规经营行为检查，打击“黑车”、“黑社”、“黑导”，为旅游者创造规范有序的市场环境。县旅游执法支队加强对游客密集场所涉旅企业和个体户等重点环节的安全督导，以及安全管理措施安全大检查、监控，做好旅游安全隐患排查治理工作。组织开展大小节假日节前旅游市场和旅游安全大检查，针对涉旅企业的食品卫生安全、服务质量、消防设施、安全应急预案、安全生产以及火源和电源等全面排查。加强对假日旅游市场的规范和引导，努力营造和谐、文明、有序的旅游环境。2014年木里没有发生任何旅游安全事故。共督查旅游企业34个（次），排查一般隐患13项，已整改13项，整改率达100%。

【旅游统计】　2014年，木里县旅体局坚持24小时值班和领导带班制度，热情接待国内外入境旅游游客。据统计，2014年旅游总收入1.3亿元，同比增长60%；旅游人数达15.07万人次，同比增长14.34%；其中一日游9.00万人次，同比增长17%；过夜游6.07万人次，同比增长13%，自驾车辆为860余辆。

【旅游环境整治】 2014年，木里县旅体局把城乡环境综合治理“进景区”作为提升旅游景区形象、使景区脏乱差得到全面治理，安全状况得到改善。坚持以棉亚吉祥塔至寸冬海子旅游线路和景区为重点，将环境卫生整治工作与群众的生产生活进行有机结合，旅游线路及景区落实环卫工作由相关乡镇村组负责。对景区沿线近100公里路道和近500余户农居进行改造，实现旅游景区的洁净、规范、优美。

【旅游促销】 2014年，木里县旅体局组织参加在浙江义乌举办第五届中国国际旅游商品博览会（以下简称“旅博会”）。参加四川代表团参展参会。扩大木里展区规模、创新展陈方式、精心布展等方式展示木里美丽、安全的旅游形象。按名优土特产、工艺品和旅游纪念品三类分别提供3个旅游商品展品在四川展区展示，展览展示和交易洽谈的平台。加大旅游资源的宣传促销力度，加强旅游资源开发的招商引资力度，力争有优秀的投资商落户木里，开发木里旅游资源。派员参加了攀枝花市＋木里藏族自治县浙江市场旅游营销推介会，发放木里旅游宣传资料3500份。强化对外宣传。将木里浓郁的人文风情，奇幻的自然景观通过图文并茂的方式在各级报刊杂志上进行多视角的宣传，提高木里的知名度，吸引国内外游客，促农牧民创收。

【全民健身】 2014年，木里县旅体局坚持开展群众体育、农村体育、学校体育、竞技体育、老年体育和业余训练等工作，增强身体素质。抓好寒暑假期短训班；抓好竞技体育的选材输送工作。抓好业余体校的业余训练工作，进行田径、篮球、摔跤、跆拳道等4个体育项目的训练，参加训练135人，向省摔跤队输送优秀运动员6名。积极参与指导和协助城区各种体育运动会的召开，举办小型多样的体育活动，健壮干部群众体质。

【体育人才培养】 2014年，木里县旅体局加强体育人才培养。把训练成绩优秀的运动苗子送到西昌较好的学校学习培训，从木里县完小，县城周边各乡镇中心校和瓦厂镇、乔瓦镇、茶布朗镇等小学选送30多人到凉山州青少年业余体校、西昌市第二中学和西昌市川兴中学等学校进行重点培养；开展“体教结合”共同培养国家高水平体育后备人才，将人才送入培养青少年体育人才学校，并实行“三集中”管理。2014年，分两批向四川省、凉山州两级输送优秀体育苗子20余人。

【体育场地普查】 2014年，木里县旅体局认真开展全国第六次体育场地普查木里县体育场地的普查工作，组织人员对29个乡镇中小学校，113个行政村农民体育健身工程，9个国营牧场，14座寺庙和行政事业单位（部门）体育设施，进行详查，统计出木里县有各类体育场地91个，占地面积5.96万平方米，场地面积5.26万平方米（其中篮球场79个、小运动场2个、乒乓球场1片、其他类体育场地44个），全民健身路径9条，共144件。

【体育活动】 2014年7月9日，组团参加了在凉山州民族体育馆举行的凉山州第一届老年人体育健身大会开幕式，参加了健身秧歌项目比赛，取得了较好的成绩。7月9日至11日，木里老年人代表队15人参加了健身秧歌规定动作及自选套路的比赛，木里代表队荣获自选套路二等奖，全队荣获优秀组织奖和体育道德风尚奖等三个奖项的成绩。

【社会体育】 县旅体局以增强体质、丰富余暇生活、调节社会情感为目的，开展形式多样的体育运动。狠抓了群众体育和大众体育工作，取得了较好的成绩。积极支持和配合县级各相关单位举办小型多样的体育活动，广大各族干部群众的健身意识不断增强，取得了较好的社会效益。根据《四川省体育局关于开展2010—2014年度全省群众体育先进单位和先进个人评选表彰工作的通知》精神。并按照文件要求，认真评选全省群众体育先进单位和先进个人，及时上报有关材料。

【农民体育】 2014年，木里县旅体局实施农民体育健身工程，加强农村体育健身设施建设，搞好木里全县范围内20个农民体育健身工程，组织检查验收工作完毕。完成了9个牧民定居点的体育健身设施建设。加强该项目资金的管理，保证项目资金的安全使用，发挥出应有的功能和作用。

【体育器材】 2014年，县旅体局加强农民体育场地、体育健身器材的保护和管理，发放篮球架22套（付），资金投入每个2.4万元，总投入48万元。

【领导人】 局长：杨林（藏族）；副局长：王翁丁（藏族）、李荣（彝族）

（审稿：杨林/撰稿：向永贵）

人民生活

People's Life

人口和计划生育

【概况】 2014年，木里县人口和计划生育局设办公室、政策法规股、规划统计股、财务股、流动人口管理办公室、宣传教育科技股6个职能股室，有职工16人，其中行政人员10人，事业人员5人，工勤人员1人。

【生育状况】 2014年，木里县出生婴儿1710人，其中一孩出生783人，占出生人数的45.79%；二孩出生650人，占出生数的38.01%；三孩出生238人，占出生人数的13.92%；多孩32人（其中5人为政策内出生），多孩率1.87%，出生婴儿中男婴921人，女婴789人，新生婴儿性别比为117：100，出生率为12.69‰，死亡人口812人，死亡率6.02‰，自然增长率6.67‰，符合政策生育率95.10%。

【计划生育奖励扶助】 2014年，木里县享受农村部分计划生育家庭奖励扶助的777人，每人每年享受960元的奖励金，全年发放奖励金74.6万元。享受“少生快富”的农户186户，每户享受国家一次性奖励金3000元，全年发放奖励金55.8万元。享受特别扶助的117人，其中子女伤残的2人，每人每年发放3360元扶助金，子女死亡的115人，每人每年发放4200元扶助金，全年发放奖励金48.9万元。

【计生宣传】 2014年，木里县人口和计划生育局推行“计生宣传教育工作要贴近实际、贴近生活、贴近群众，着力发挥宣传教育先导作用”，在29个乡镇“六个一”的基础上，新建人口婚育学校58所，生育文化大院3个，生育文化中心户65户，利用“三下乡”活动、“5.29”计生协会纪念日、“7.11世界人口日”、“10.28男性健康日”、“12.4法制宣传日”等，举办人口计生集中宣传活动5场次，出动宣传车6余辆次，发放宣传资料4万余份；征订中国人口报80份，家庭与生活报300份，人口与计生杂志80份，人口文摘120份；借助木里县委、政府网站加强对外宣传报道，向省、州、县外媒体、报刊杂志投稿，让外界了解木里县人口计生工作，2014年省级刊报采用计生稿件3篇，凉山日报采用7篇，政府网站采用10篇。

【计生管理】 2014年，木里县围绕凉山州委、州政府下达的人口计生工作目标任务，召开了两次人口计生领导小组和全县人口计生工作会议，明确工作思路，确定工作重点，县人民政府制发《关于做好2014年人口和计划生育工作安排意见的通知》与各乡镇和县直机关各单位签订2014年目标责任书，形成党委、政府一把手亲自抓，各部门配合共同抓，社会各界参与抓的格局；根据年初签订的目标责任书，县四大班子分管领导对全县29个乡镇人口计生工作进行专项督查，并根据督查情况，定思路、指方向、提要求，解决工作中的实际困难和问题，进一步完善评价体系，确保调控更加有力，严格逗硬奖惩，坚持计划生育工作“一票否决”，推进人口计生工作。

【人口基本情况】 据县公安局年报统计，2014年木里县总人口13.88万人，比2013年末增加421人，年末总数3.56万户，比2013年末增加523户。全县共有的21个民族中有藏族4.55万人，占总人口的32.76%；彝族4.28万人，占总人口的30.80%；汉族2.59万人，占18.66%；蒙古族8997人，占6.48%；苗族8910人，占6.42%；纳西族4830人，占3.80%；其它少数民族1935人，占总人口的1.39%。

木里县人口自然变动情况表

（2014 年）

表 1

各乡镇名称	总户数	总人口			人口自然变动												自然增长率（‰）	符合政策生育（%）
		合计（人）	其中		出生率								死亡率					
			男	女	合计（人）	男	女	一孩	二孩	三孩	多孩	出生率（‰）	合计（人）	男	女	死亡率（‰）		
全县	35591	138788	70914	67874	1710	920	790	783	650	245	32	12.69	812	481	331	6.02	6.67	95.10
瓦厂镇	1593	5934	3069	2865	45	22	23	27	16	2		8.15	32	21	11	5.79	2.35	88.89
博科乡	1316	5172	2621	2551	60	39	21	29	24	6	1	11.95	22	11	11	4.38	7.57	70.00
宁朗乡	505	2178	1125	1053	18	13	5	6	12		2	8.24	24	16	8	10.99	-2.75	100.00
依吉乡	619	3495	1820	1675	46	23	23	7	23	16		12.94	16	13	3	4.50	8.44	97.83
俄亚纳西族乡	1075	5894	3034	2860	74	44	30	44	22	7	1	12.26	48	37	11	7.95	4.31	100.00
水洛乡	1120	5770	2875	2895	75	35	43	37	33	8		13.83	34	20	14	6.03	7.80	100.00
牦牛坪乡	936	3675	1864	1811	75	37	38	29	21	21	4	20.18	18	15	3	4.84	15.33	92.00
屋脚蒙古族乡	650	2460	1244	1216	29	11	18	10	12	5	2	11.63	19	10	9	7.62	4.01	82.76
乔瓦镇	7549	20395	10462	9933	224	112	112	112	92	17	3	12.19	105	44	61	5.71	6.47	96.88
项脚蒙古族乡	814	3558	1857	1701	31	17	14	14	8	9		9.13	25	15	10	7.36	1.77	93.56

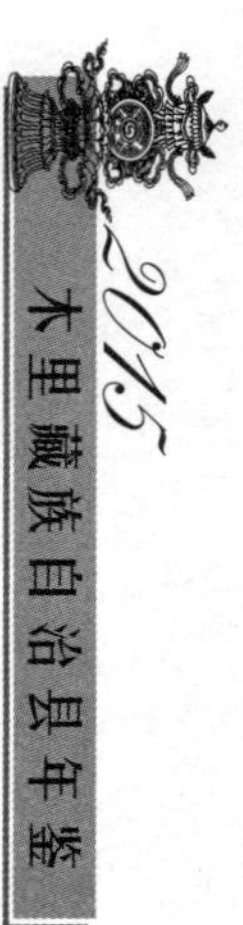

续上表

各乡镇名称	总户数	总人口			人口自然变动													
		合计(人)	其中		出生率								死亡率				自然增长率(‰)	符合政策生育(%)
			男	女	合计(人)	男	女	一孩	二孩	三孩	多孩	出生率(‰)	合计(人)	男	女	死亡率(‰)		
李子坪乡	1153	4328	2169	2159	80	40	40	42	21	16	1	19.33	20	14	6	4.83	14.50	95.00
列瓦乡	1084	4273	2188	2085	31	18	13	13	10	5	3	7.64	22	15	7	5.43	2.22	100.00
芽祖乡	988	4008	2066	1942	52	28	27	15	21	16		13.49	9	5	4	2.33	11.15	100.00
下麦地乡	1061	4023	2048	1975	46	27	19	12	19	13	2	11.72	7	5	2	1.78	9.93	95.65
西秋乡	805	3159	1618	1541	45	24	21	26	15	4		14.56	22	15	7	7.12	7.44	93.33
克尔乡	1062	4269	2233	2036	47	29	18	22	19	5	1	10.89	25	15	10	5.79	5.10	100.00
白碉苗族乡	1354	6152	3189	2963	66	37	29	36	20	9	1	10.89	51	30	21	8.41	2.47	98.48
三桷垭乡	1062	4926	2591	2335	67	38	29	15	28	17	7	13.44	26	15	11	5.22	8.23	89.55
倮波乡	1593	6111	3187	2924	95	49	46	43	23	28	1	15.95	38	18	20	6.38	9.57	91.58
卡拉乡	1242	5044	2511	2533	42	19	23	31	10	1		9.66	44	22	22	10.11	-0.46	92.86
后所乡	1700	6925	3523	3402	109	57	52	35	52	20	2	16.66	41	20	21	6.27	10.39	89.91
茶布朗镇	988	3458	1737	1721	55	29	26	27	27	1		9.73	27	20	7	3.34	6.38	100.00

续上表

各乡镇名称	总户数	总人口			人口自然变动													
		合计（人）	其中		出生率								死亡率				自然增长率（‰）	符合政策生育（%）
			男	女	合计（人）	男	女	一孩	二孩	三孩	多孩	出生率（‰）	合计（人）	男	女	死亡率（‰）		
沙湾乡	1244	5337	2706	2631	57	34	23	27	23	7		12.12	14	10	4	2.98	9.14	100.00
固增苗族乡	830	3580	1807	1773	33	15	18	14	17	1	1	10.05	15	8	7	4.57	5.48	100.00
麦日乡	579	2871	1426	1445	42	25	17	22	18	2		15.44	26	15	11	9.56	5.88	100.00
东朗乡	496	2628	1302	1326	25	16	9	15	8	2		9.62	17	10	7	6.54	3.08	100.00
唐央乡	983	4723	2405	2318	86	55	31	51	28	7		20.13	26	13	13	6.08	14.04	100.00
博窝乡	453	1853	954	899	29	12	17	13	14	2		15.49	21	14	7	11.22	4.27	96.55
麦地龙乡	737	2589	1283	1306	23	15	8	9	12	2		8.45	18	15	3	6.61	1.84	100.00

木里县各民族人口及比重表

(2014 年)

民族	2014 年	
	人数（人）	占总人口（%）
汉族	25895	18.66
藏族	45470	32.76
彝族	42751	30.80
苗族	5910	6.42
蒙古族	8997	6.48
纳西族	4830	3.48
布依族	1087	0.78
壮族	456	0.33
回族	123	0.09
傈僳族	147	0.11
白族	79	0.06
满族	14	0.01
土家族	15	0.01
瑶族	1	—
傣族	4	—
羌族	2	—
朝鲜族	1	—
黎族	1	—
布朗族	2	—
普米族	2	—
侗族	1	—

木里县各乡镇民族人口比重表

(2014 年)

	合计	汉族	彝族	藏族	蒙古族	苗族	纳西族	其它
全县	138788	25895	42751	45470	8997	8910	4830	1935
瓦厂镇	5934	2405	58	2904	151	226	31	159
博科乡	5172	1823	982	971	709	331	8	338

续上表

	合计	汉族	彝族	藏族	蒙古族	苗族	纳西族	其它
宁朗乡	2178	3	139	2031	1	3	1	—
依吉乡	3495	194	4	2065	702	—	529	1
俄亚乡	5894	723	1	1550	11	3	3603	3
水洛乡	5770	33	5	4947	279	2	502	2
牦牛坪乡	3675	86	2998	584	3	2	—	2
屋脚乡	2460	11	1659	10	780	—	—	—
乔瓦镇	20395	7683	4082	5011	2265	913	141	300
项脚乡	3558	370	1587	121	1437	38	1	4
李子坪乡	4328	114	3686	261	12	253	1	1
列瓦乡	4273	345	2307	316	557	731	—	7
芽祖乡	4008	10	3269	75	53	600	—	1
下麦地乡	4023	303	3307	225	157	20	—	11
西秋乡	3159	1065	535	295	491	766	4	3
克尔乡	4269	1329	1794	1008	105	20	—	13
白碉乡	6152	625	1572	742	435	2531	—	247
三桷垭乡	4926	1227	1863	690	265	182	—	699
倮波乡	6111	1354	2917	1613	213	5	—	9
卡拉乡	5044	1557	236	3179	21	5	—	46
后所乡	6925	1254	4969	374	312	7	—	9
沙湾乡	5337	1175	1661	1716	7	773	—	5
茶布朗乡	3458	669	763	1696	17	286	—	27
固增乡	3580	689	427	1215	1	1208	5	35
麦日乡	2874	5	1	2862	—	2	—	1
东朗乡	2628	6	5	2617	—	—	—	—
唐央乡	4723	58	1907	2755	1	—	—	2
博窝乡	1853	355	4	1485	6	2	—	1
麦地龙乡	2589	414	13	2152	6	1	1	2

注：21 种民族人口中，回族 123 人，布依族 1087 人，傈僳 147 人，白族 79 人，壮族 456 人，满族 14 人，傣族 4 人，土家族 15 人，布朗族 2 人，羌族 4 人，朝鲜族 2 人，黎族 1 人，瑶族 1 人，普米 2 人，侗族 1 人。

木里县人口密度及海拔高度表

(2014 年)

全县各乡镇名称	人口数（人）	面积（平方公里）	人口密度（人/平方公里）	乡镇所在海拔高度（米）
全县合计	138788	13252	10.47	—
瓦厂镇	5934	196	30.28	2600
博科乡	5172	337	15.35	2250
宁朗乡	2178	608	3.58	1780
依吉乡	3495	261	13.39	2320
俄亚纳西族乡	5894	591	9.97	1980
水洛乡	5770	1343	4.30	2420
牦牛坪乡	3675	237	15.51	2760
屋脚蒙古族乡	2460	307	8.01	2880
乔瓦镇	20395	241	84.63	2240
项脚蒙古族乡	3558	142	25.06	2100
李子坪乡	4328	198	21.86	2440
列瓦乡	4273	105	40.70	2020
芽祖乡	4008	179	22.39	1920
下麦地乡	4023	117	34.38	2440
西秋乡	3159	135	23.40	2560
克尔乡	4269	251	17.01	2550
白碉苗族乡	6152	380	16.19	2100
三桷垭乡	4926	352	13.99	2700
倮波乡	6111	471	12.97	2700
卡拉乡	5044	1239	4.07	2620
后所乡	6925	214	32.36	2320
茶布朗镇	3458	308	11.23	2400
沙湾乡	5337	653	8.17	2760
固增苗族乡	3580	472	7.58	2400

续上表

全县各乡镇名称	人口数（人）	面积（平方公里）	人口密度（人/平方公里）	乡镇所在海拔高度（米）
麦日乡	2781	625	4.59	2720
东朗乡	2628	574	4.58	2810
唐央乡	4723	1251	3.78	2960
博窝乡	1853	805	2.30	3200
麦地龙乡	2589	660	3.92	2040

【光荣榜】 2014年12月，多杰扎西从事人口计划生育工作满十五年，被国家人口计划生育委员会授予计划生育工作者荣誉证书。

【领导人】 局长：多杰扎西（藏族）；副局长：撒打尔玛（女，藏族）、杨长林（藏族）；纪检组长：苟晓峰（藏族）

（审稿：多杰扎西/撰稿：王平）

县计划生育服务站

【概述】 木里县计划生育服务站位于木里县乔瓦镇龙钦南街313号，属于全额免费非营利公益性计划生育医疗卫生正科级事业单位。2014年服务站设男性科、女性科、妇科、计划生育科、门诊手术室、住站手术室、抢救室、治疗室、检验室、B超室、乳腺病诊断室、不孕不育诊断室、悄悄话室、消毒供应室以及受术者康复病室等，有病床50张，有彩色多普勒超声诊断仪、红外线乳腺诊断仪、YKS－1000系列蓝氧妇科生殖道康复治疗仪、微波治疗仪等设施设备。在岗职工22人，其中副主任医师2人，主治医师2人，检验师1人，医师7人，医士3人，护士3人，管理人员2人，工勤人员3人。

2014年，县计划生育服务站下设一个避孕药具部、瓦厂片区计划生育中心服务站和茶布朗片区计划生育中心服务站。避孕药具部编制数为二人，设站长一名；瓦厂片区计划生育中心服务站有医务人员1人；茶布朗片区计划生育中心服务站有医务人员2人，其中1名医士，1名护士。

【宣传教育】 2014年，县计划生育服务站利用“环孕情监测”、“三下乡”、“5.29”计生协会纪念日、“6.26”国际禁毒日、“12.1”世界艾滋病宣传日等为宣传教育之机，在全县各乡（镇）、街道为育龄群众宣传计划生育法律法规、优生优育、生殖健康保健、节育技术、避孕药具使用、禁毒防艾等知识。累计发放各种宣传手册20000册，宣传率达90%。促进了育龄群众婚育观念的转变，提高育龄群众对自身生殖健康保健意识。

【技术服务】 2014年，县计划生育服务站按质按量完成木里个县29个乡（镇）一年两次的“环孕情监测”工作，累计为2.56万名已婚育龄妇女进行“环孕情监测”。按照《计划生育技术服务管理条例》，各项手术严格按照手术操作流程执行。2014年县计划生育服务站实行女性绝育术300例、中孕引产术20例、药流术28例、安环术200例、取环术172例，综合服务率达86%，免费基本技术服务项目落实率达100%，全年无医疗差错及医疗事故发生。

【药具管理】 2014年，县计划生育服务站药具管理规范，发放通道畅通，年初有计划，推行育龄群众知情选择，提供适合自身的药具服务，及时随访药具使用效果，随访率达85%。利用“环孕情监测”对乡（镇）及村级计划生育服务人员培训药具知识保证基层药具发放畅通，育龄群众在家门口就能享受到便捷的药具服务。

【优生指导】 为提高出生人口素质，降低出生儿缺陷率。县计划生育服务站向基层向育龄群众宣传优生优育知识，讲解生殖道感染的危害和性病、艾滋病传播的严重性；指导预计怀孕的妇女在孕前、孕期等方面需要注意的事项，提倡适当补充叶酸以预防出生缺陷儿和胎儿神经管畸形的发生，累计发放叶酸1600瓶。

【信息咨询】 2014年，县计划生育服务站各项手术严格把关信息采集的准确性和真实性，及时收集育龄群众采取各种避孕和节育措施的效果。为育龄妇女提供各种计划生育服务信息咨询，及时答复育龄群众咨询的问题，咨询率达85%。

【随访服务】 2014年，县计划生育服务站对接受计划生育免费技术服务的育龄妇女加强随访服务工作，有效掌握计划生育各项免费技术服务的效果。对实施绝育术、药流术、引产术、安环术、取环术的育龄群众要求术后一个月到站内复查，交通不便、路途遥远的患者采用电话随访形式同时做好随访记录，随访率达82%。

【人员培训】 2014年，县计划生育服务站结合一年两次的“环孕情监测”工作培训乡（镇）、村级计划生育服务人员业务知识两次，配合主管局对29个乡镇，9个国营牧场的计生专干进行药具管理培训工作1次。开展乡（镇）孕前优生健康检查培训工作1次。

【艾滋病防治】 2014年，县计划生服务站积极开展艾滋病防治工作。开展艾滋病的宣传教育工作，讲解艾滋病的防治知识和艾滋病传播的严重性，提升群众的保护意识，正确对待艾滋病患者。提倡安全套的使用，站内结合“环孕情监测”、“三下乡”、 “5.29”计划生育协会日、“6.26”禁毒日、“12.1”世界艾滋病宣传日等在各乡（镇）、县城各街道、宾馆、旅社等公共场所免费发放安全套，2014年累计发放安全套4万只。在站内对前来接受计划生育手术的所有育龄群众免费进行HIV快诊检测，累计检测631例，检测率达100%，未发现一例阳性。

【队伍建设】 2014年，县计划生育服务站为加强医务人员专业技术水平，先后选派医务人员到北京、省、州等地参加专业技术知识培训，学习新技术、新知识，提升了县计划生育服务站医务人员的实践技能水平。

【孕前优生健康检查】 2014年县计划生育服务站免费孕前优生健康检查在凉山州计生委、西昌市计生指导站“手牵手”帮扶下、医务人员到乡（镇）向育龄群众宣传孕前优生健康检查的意义和重要性，引导育龄群众主动参与孕前优生健康检查。2014年对乔瓦镇、列瓦乡、下麦地乡、芽祖乡、李子坪乡的70对符合生育政策，计划怀孕的夫妇免费孕前优生健康检查，超额目标任务20对。

【领导人】 站长：马各各（女，彝族）

（审稿：马各各/撰稿：扎西央宗）

居民消费

【城镇居民消费】 2014年，木里县城镇居民人均可支配收入2.13万元，比2013年增加1629

元，增长8.3%。从城镇居民收入构成看，人均工薪收入和转移性收入成为居民家庭收入的主要来源，占家庭总收入的九成以上，人均工薪收入1.87万元，家庭总支出1.95万元，比2013年减少14.66%，其中消费支出1.43万元，增长2.49%。城镇居民恩格尔系数为54%。

【农村居民消费】 2014年，木里县农民人均纯收入继续保持增长态势，全年农民人均纯收入达5963元，比2013年增加996元，增长20.05%，增速位居全州第一。农村居民消费水平继续提高，人均生活消费支出5198元，比2013年增加1705元，增长48%。其中，人均食品消费支出4050元，增长55%；衣着消费支出364元，增长2%；家庭设备及用品消费支出119元，交通和通讯消费支出持续增长，全年人均交通和通讯支出达401元，增长45%；农村居民子女考入高等院校人数增加，农村文化娱乐水平提高的影响，农民家庭用于教育文化娱乐费用逐年递增，年人均文化教育娱乐消费支出79元，增长526%；年人均医疗保健消费支出40元，增长14%。

（审稿：詹长友/撰稿：曲各）

社会保障

【就业与再就业】 2014年，木里县超额完成凉山州委、州政府和州人社局下达的就业与再就业目标任务，全年新增就业223人，城镇失业人员再就业113人，就业困难对象再就业12人，分别完成全年目标任务的111%、141%和120%，超额完成目标任务；城镇登记失业率控制在3.23%；举办青年劳动者技能培训和“千名藏区群众职业培训行动计划”培训共1500人，其中120名农民工选送到攀枝花参加技能援助培训，切实提升就业能力；建立2个毕业生见习基地，促进高校毕业生1人实现创业，发放创业补贴8000元；开展转移就业农村劳动力登记入库工作，涉全县15个乡镇，共登记入库农村劳动力3.33万人，完成州下达任务的141%。

【社会保险】 2014年，木里县城镇职工基本养老保险参保人数5113人（其中在职职工3711人，退休职工1402人），完成年初凉山州下达任务5000人的102%，全年共征收养老保险金3881.6万元，完成年初凉山州下达任务3000万元的129%，征收额较去年增长12%；共支付养老金3686.2万元，平均月发放养老金307.18万元，基本养老保险基金结余达2812万元。

2014年，木里县工伤保险参保人数3654人（其中企业参保职工1411人，事业单位参保职工2243人），完成年初凉山州下达任务3050人的120%，全年征收工伤保险金95.54万元，完成年初凉山州下达任务94万元的102%，征收额较去年增长0.7%。完成工伤保险支付3人次，支付金额59.16万元，工伤保险基金结余229.54万元。

2014年，木里县生育保险参保人数1560人，完成年初凉山州下达任务1220人的128%，全年征收生育保险基金36.37万元，完成年初凉山州下达任务26万元的139%，征收额较去年增长了42%。完成生育保险支付7人次，支付金额达17.22万元，生育保险基金结余71.63万元。

2014年，木里县失业保险参保单位86个，参保人数3123人，完成年初凉山州下达任务3000人的104%。

2014年，木里县城乡居民养老保险参保总人数达到5万人，完成年初凉山州下达任务5万人的100%，征收城乡居民养老保险金504.39万元，全县符合条件的城乡居保待遇享受者1.16万名，发放养老金共计852.61万元，因死亡退保金额16.03万元，截至2014年底前城乡居保基金结余4012.14万元。

2014年木里县职工参加医疗保险人数为

7315人，共征缴医疗保险基金2756.5万元，为1469名住院患者支付医疗费用1856.7万元；城镇居民参加医疗保险5250人，共征缴医疗保险基金181.16万元，为275名住院患者支付医疗费用150.3万元。

（审稿：毛小珍/撰稿：马龙）

老龄工作

【老龄工作】 2014年，木里县加大宣传力度，提高全社会的敬老意识。落实老年人优待政策，全年办理《老年优待证》41本。并对891个80周岁以上老人发放高龄补贴金58.2万元。2014年新开展居家养老服务工作，全年累计向27个乡镇发放居家养老金29.25万元。

（审稿：杨兴军/撰稿：苏朗仁青）

乡、镇概况

Overviews of the Villages and Towns

乔瓦镇

【概况】 乔瓦镇是全县政治、经济、文化、金融的中心，位于木里县东南部，镇政府驻娃日瓦村娃日瓦组韩家湾，海拔高2300米。2014年，乔瓦镇辖娃日瓦村、锄头湾村、簸箕箩村3个行政村，26个村民小组，3个社区居民委员会，5个居民小区，共7536户2.04万人，其中农村人口2844户9583人。全镇幅员面积241平方公里，人口密度每平方公里85人。是一个由藏、汉、彝、蒙、苗、纳西、壮、布依等十一个民族构成的杂居镇。

2014年，乔瓦镇设党政办、经济发展办、群众工作办、城区管理办、社会事务办和综合服务中心，共在编在岗职工39人，其中行政27人，事业12人。

【农业和农村经济】 2014年，乔瓦镇耕地面积1.15万亩，全镇实现农业增加值6634万元，比2014年增加1472万元。粮食总产量2472.2吨，比2013年增加485吨，其中小春粮食433吨，比2013年增加14.2吨，全镇种植杂交玉米3400亩，地膜玉米3000亩，推广洋芋高箱垄作2300亩，农作物综合防治病虫害2200亩，种植蔬菜4842亩，种植中草药40亩，有果园627亩，大力发展畜牧业，开展重大动物疫病防治和良种改良，实施能繁母猪保险工作，肉类总产量754吨，比2013年增加179.9吨，牲畜存栏4.18万头（只），其中猪1.25万头、牛6253头、羊2.3万只；鸡存栏20万只，农民人均收入6250元，比2013年增加1087元。

【社会事业】 2014年，乔瓦镇有中心校一所，村小七所，学校教职工47名，学生513名，在校学生享受营养餐。入学率100%，巩固率100%，毕业率100%。有中心卫生院一所，医务人员12人，病床25张，村级医疗站三所，村医3人，全年接诊1650人次，住院203人次，报销费用48.34万元。全镇参加新农合8724人，参合率98.5%；参加新农保3210人，参保率69%；农村低保317户974人，五保48人。

【农村能源建设】 2014年，乔瓦镇共完成沼气建设70口。

【草原生态补偿】 2014年，乔瓦镇全面实施草原生态奖补工程，发放补偿款73.1万元。

【大棚蔬菜】 2014年，乔瓦镇在下核桃湾组新增大棚蔬菜面积400平方米。

【劳务输出】 2014年，乔瓦镇实施农村剩余劳动力转移2000人次，创收6000万元。

【新村建设】 2014年，乔瓦镇娃日瓦村新村建设“美丽新村”工程总投资340万元，已挂网招投标。红科精品新村建设工程全面启动，涉及农户199户，投入资金1700万元。

【挂包帮工程】 2014年，乔瓦镇开展“领导包村、部门挂点、干部帮扶”工程，西昌市对口援建红科新村，省农科院对口帮扶娃日瓦村，县科协帮扶簸箕箩村，县水务局帮扶锄头湾村。

【“一事一议”项目】 2014年，乔瓦镇一事一议财政奖补资金共95万元，实施农村水、电、路等基础设施建设，三个村受益人群2547户9313人。

【民生工程】 2014年，乔瓦镇实施太阳能热水器推广项目，娃日瓦村娃日瓦组43户困难户免费领取太阳能43台，价值9.29万元；全镇实施核桃嫁接10万穗；实施电网改造工程9.55公里（7个台区）；实施节能灯照明工程，免费为2856户农户发放节能灯；实施村村通工程，发放接收机1100套；实施藏区新居建设项目170户773人，投入资金340万元。

【社区“双报到”】 2014年，乔瓦镇社区开展社区“双报到”，县级66个机关单位参加，17个单位结对帮困，投入资金2.62万元。德瓦金社区办公区维修竣工投入使用。

【省道S216线】 2014年，乔瓦镇辖区实施省道S216线改扩建工程，涉及三个村，包括簸箕萝、红波、达瓦、红科、锄头湾、鲁珠沟六个村民小组175户农户。征地拆迁及协调服务有序推进。

【光荣榜】 2014年5月，乔瓦镇被凉山州委、州政府评为2013年度平安建设先进集体；7月乔瓦镇政府被木里县政府、木里县人武部评为2013年度征兵工作先进单位；12月乔瓦镇机关被凉山州政府评为2013年度计生工作合格单位。

【领导人】 镇党委书记：陈俊（藏族）；镇长：央宗娜姆（女，藏族）；副书记：罗七斤米（女，蒙古族）、曹春富；人大主席：杨盛华；副镇长：杨八斤（藏族）、南伍吉（女，彝族）

（审稿：央宗娜姆/撰稿：马景斌）

瓦厂镇

【概况】 瓦厂镇地处青藏高原横断山脉的南端，凉山彝族自治州的西部，木里藏族自治县的西北部。镇政府驻地君依村沙湾组，海拔2630米，平均气温13℃，距县城117公里。2014年底，全镇辖桃巴村、君依村、夺卡村、纳子店村，共4个行政村，18个村民小组，共1492户，5562人。总人口中：汉族2369人，藏族2870人，其他少数民族323人。全年人均纯收入6215元。

【农业与农村经济】 2014年瓦厂镇农林牧渔总产值3075.8万元，比上年增5%，其中农业产值1482.2万元，比上年增4%；林业产值127.5万元，比上年增6%，牧业产值1339.5万元，比上年增7%；渔业产值17.4万元，比上年增16%。全乡粮食播种面积1.34万亩，粮食总产量2208.4吨，其中小春粮食产量544.7吨；大春粮食1663.7吨，人均占有粮食435.5公斤。年末四大牲畜存栏4636头（匹）比上年减4%，牛存栏2140头，马存栏2387匹，骡存栏106匹，驴存栏3匹，生猪存栏7787头，羊存栏3870只。

【退耕还林】 2014年，瓦厂镇退耕还林2193.8亩，其中：荒山造林550亩。保存率达94%，每亩补贴260元，共计补助资金57.04万元。

【草原生态补奖】 2014年，瓦厂镇草原生态补奖享受补助农户共1035户，其中，牧户540户，非牧户495户。发放资金共计40.05万元，其中，牧户34.25万元，非牧户5.8万元。

【双增项目】 2014年，瓦厂镇种植经果林9696亩，核桃成片面积3.5万亩，花椒零星株数3.25万株，年核桃产量460.7吨，年花椒产量19.3吨，黑木耳产量0.6吨，蘑菇产量0.5吨，松茸产量1.6吨。

【社会事业】 2014年，瓦厂镇卫生院有医务人员31人，病床25张，设有急诊、内科、外科、妇幼、化验室，能进行普外、妇科的常规手术。全年接诊8085人次，住院766人次，新农合报销1733人，共计报销医药费用27.78万元。

医院居民健康档案管理4912人次，健康教育宣传3058人次。

2014年，瓦厂镇有中学一所，教师39人，入学人数498人，升学率100%，有498名在校贫困学生享受国家寄宿制经费补贴，498人享受“营养餐”补贴。瓦厂镇中心小学教师43人，入学人数461人，升学率100%，有157名在校贫困学生享受国家寄宿制经费补贴，403人享受“营养餐”补贴。

2014年，瓦厂镇五保供养39人，享受供养18.72万元；农村享受低保人员117户，362人，年人均低保金1082.02元，共计低保金39.17万元。

【光荣榜】 2014年，木里县委、县政府赠瓦厂镇“21年无森林火灾”锦旗一面。

【领导人】 瓦厂片区党工委书记：杨晓军（藏族，县委常委）；人大主席：扎巴（藏族）；党委副书记：布果高龙（藏族）、次尔温珠（藏族）；镇长：施毅（藏族）；副镇长：杨伍军（藏族）、杨龙布（藏族）

（审稿：施毅、杨龙布/撰稿：熊鑫）

茶布朗镇

【概况】 茶布朗镇位于木里中部，镇政府驻然面村然面组，距县城168公里，2014年茶布朗镇有3个自然村分别是然面村、东孜村、娃子店村，共18个村民小组，988户、计3473人，其中农村人口724户，2937人，总面积308平方公里，人口密度为每平方公里11人，境内居住着藏族、汉族、苗族、蒙古族、彝族等6个民族。

2014年，茶布朗镇党政机关及党委、政府人大主席团、团委、妇联、武装部、综合服务中心等，共有职工39人，其中公务员22人，事业人员15人，工勤人员2人。

【农业与农村经济】 2014年茶布朗镇农林牧渔业总产值为2009.7万元，同比增长5.6%。其中农业产值为763.5万元，同比增长3.5%，林业产值49.8，同比增长5.7%，畜牧业1109.4万元，同比增长6.9%。2014年农民人均收入6258元，同比增长14%；2014年完成粮食播种面积7709亩，同比减少16亩，减少0.2%；粮食总产量达1337.5吨，同比增加1.3%，其中小春粮食产量263.1吨，比上年增长1.8%，大春粮食产量1074.4吨，比上年增长1.2%。2014年小大牲畜存栏数4491头（匹、只），同比增加61头，增长1.3%。其中：牛存栏数3867头，同比增加57头，增长1.4%；马存栏数500匹，骡存栏数127匹，猪存栏数4576只，减少87，减少1.9%；羊存栏数4761，同比增加113头，增长2.4%。2014年退耕地面积6556亩，主产玉米、洋芋和麦类。

【退耕还林】 2014年，茶布朗镇退耕还林面积达2500亩，配套荒山造林4000亩，经果业3300亩，退耕还林款发放率100%。

【双增项目】 2014年，茶布朗镇核桃成片面积3428亩，花椒零星株数1.29万株，核桃产量42.6吨，年花椒产量13.3吨，黑木耳产量0.6吨，磨菇产量1.6吨。

【社会事业】 2014年，茶布朗镇有镇小学1所，镇初中一所，镇小学教师32名，教学班级16个，在校学生有504人，镇初中教师30名，在校生287人，学生入学率99.6%，巩固率100%，毕业率100%。全镇卫生院1所，在职员工33人，病床一张，全年接诊8021人，住院405人。全镇参加新型农村合作2841人，医院参保率达97.7%，享受农村低保153人，参加农村社会养老保险有1150人，五保户37人。

【光荣榜】 2014年，茶布朗镇被凉山州委、州政府评为2013年年度平安建设先进集体；茶布朗镇财政所被木里县政府评为2013年统计基础建设先进单位；茶布朗镇被凉山州政府评为2013年度计生工作合格单位；茶布朗镇被县政府评为木里县第三次全国经济普查先进集体。

【领导人】 茶布朗镇片区党工委书记兼镇党委书记：甲央其扎（藏族，县委常委）；镇长：谭志强；副书记：尼恩次尔（藏族）；副镇长：杨烨、龚永祥

（审稿：谭志强/撰稿：仁青偏初）

博科乡

【概况】 博科乡地处青藏高原横断山脉的南端，凉山彝族自治州的西部，木里藏族自治县的西北部，乡政府驻地博科村二组，海拔2460米，距离县城乔瓦镇95公里。2014年，全乡辖博科村、八科村、日古村、洛纳村、干海子村5个行政村，23个村民小组，共1072户5125人，其中，汉族1783人，藏族980人，蒙古族724人，彝族775人，壮族226人，纳西族10人，苗族319人，其他民族118人；藏族占全乡总人口19.03%；全乡总面积439.87平方公里，人口密度为每平方公里11.58人。

2014年，博科乡党政机关设党委、人大主席团、政府、纪委、团委、妇联、武装部、综合服务中心等，共有职工21人，其中公务员14人，事业人员7人。

【农业与农村经济】 2014年，博科乡农林牧渔总产值（现价）1965.8万元，比上年增加24%。其中农业产值686.8万元，比上年增加30%；畜牧业产值996.6万元，比上年减少10%。农民人均纯收入达到5860元，比上年增加8.5%。全乡粮食播种面积1.08万亩，粮食总产量2289.3吨，比上年增加2.3%，其中，小春粮食产量5148吨，大春粮食产量1.77万吨，比上年增加2.7%。人均占有粮食449斤，比上年年增加4.2%。年末四大牲畜存栏4645头（匹、只），比上年增加4.6%；其中，牛2985头，马1426匹，骡230匹，驴4头；生猪7122头，比上年年增加4.8%；羊7071只，比上年增加4.5%；年末家禽存栏4006只；全年肉产量766.6吨，比上年增加3%。

【基层设施建设】 2014年，博科乡争取项目资金，完成安全饮用水管道建设1.7千米，总投资28万元；通组公路建设22千米，总投资112万元（其中群众投劳折资56万元）；新村建设69户每户1.6万元，合计110.4万元；藏区新居建设50户，总投资100万元；建设玻璃缸沼气池126口，水泥沼气池22口，共投资51.8万元。

【补贴补偿金】 2014年，博科乡兑现集体林生态效益补偿金7.3万元；水稻良种直补458.3亩，资金0.69万元；玉米良种补贴7560亩，资金7.56万元；小麦良种补贴面积2600亩，资金2.6万元。

【退耕还林】 2014年，博科乡严格按照《博科乡退耕换林管理制度》，截止2014年底全乡退耕还林面积达5124亩，退耕还林资金发放率达100%。

【双增项目】 2014年，博科乡发展核桃、花椒等经济作物。全乡核桃面积11997亩，年核桃产量151.1吨，比上年增加3%亩，花椒面积3897亩，花椒产量17.8吨，比上年增长1%。

【社会事业】 2014年，博科乡有中心校1所，村小1所，专任教师28名，在校学生480人，小

学入学率达100%，巩固率达100%，毕业率为100%。有乡卫生院1所，村级医疗点5个，专职医护人员7名，产床1张，病床5张，全年门诊6387人次，住院912人次，报销费用48.64万元。全乡累计出生55人，人口出生率为10.8‰，死亡39人，死亡率7.5‰；人口自然增长率为3.3‰。新增农村“少生快富”户6人，“奖励扶助”3人，“三结合”10户。全乡享受农村低保人员571人，五保户供养28人，发放资金114.81万元。合法办理结婚35对。参加新型农村社会养老保险1435人，参保率达75%。

【光荣榜】 2014年，博科乡被木里县人民政府评为“统计工作先进集体”；唐德强被木里县委评为“2014年维稳工作先进个人”；罗文林被凉山州委评为“2014年民族团结先进个人”。

【领导人】 乡党委书记：罗文林（壮族）；人大主席：次里杜基（蒙古族）；乡长：唐德强（藏族）；党委副书记、纪委书记：熊宁英（女，苗族）；副乡长：杨柳

（审稿：罗文林、唐德强/撰稿：马国斌）

水洛乡

【概况】 水洛乡位于木里县西部边缘，乡政府驻平翁村，海拔2420米，距县城210公里。2014年全乡辖6个村，27个村民小组，51个自然点，共981户5587人，辖区总面积1343平方公里，是县内总面积最大的乡，人口密度为每平方公里4.17人，境内居住着藏族、纳西族、蒙古族、汉族、彝族、苗族等6个民族。其中，藏族人口4833人，占总人口的86.2%。2014年水洛乡党政机关设党委、政府、人大主席团、团委、妇联、武装部、综合服务中心，共有职工22人，其中，公务员14人，事业人员6人，工勤人员2人。

【农业与农村经济】 2014年，水洛乡农林牧渔总产值3799.3万元，比上年增23.1%，其中，农业产值831.4万元，比上年增加17.2%；林业产值76.5万元，比上年增加7.1%；畜牧业产值2786万元，比上年增13.3%；渔业产值33.5万元，比上年增加6.5%。农民人均纯收入达到6013元，比上年增1.9%。全乡粮食播种面积1.06万亩，比上年减1.1%，粮食产量1900.1吨，比上年增加0.03%，其中，小春粮食产量640.1吨，比上年减0.9%；大春粮食产量1260吨，比上年减0.7%。人均占有粮食340公斤，比上年增加0.8%。种植杂交玉米4466亩，比上年减少0.1%，产出835.3吨，比上年减2.6%；种植高产洋芋675亩，比上年减4.9%，产出221吨，比上年增加9.4%。年末四大牲畜存栏11268头（匹），比上年增加1.2%，其中，牛8647头，比上年增加1.5%，马832匹，比上年增0.2%，骡1789匹，比上年增加0.6%，驴2头；生猪7860头，比上年减1.8%，羊1.63万只，比上年增加1.5%。

【基础设施建设】 2014年，水洛乡向政府争取89万用于维修寺庙及新建通寺公路；向发改局争取45万元用于东拉村四翁组环线公路修建，120万用于严保村易地移民项目搬迁；向财政局争取资金70万元用于“一事一议”项目，20万元用于古尼村公路建设，30万元用于村公共运行经费；向县农办争取资金98万元用于新农村建设；向县扶贫办争取资金274万元用于藏区新居建设；向县水务局争取资金10万元用于平翁村联木组水堰维修。

【粮食直补】 2014年，水洛乡实施国家粮食直补5639.63亩，直补资金4.66万元。综合直补5639.63亩，直补资金37.26万元。

【退耕还林补贴】 2014 年，水洛乡退耕还林 2450 亩，每亩补助 240 元，共计 58.8 万元。

【农业机械】 2014 年，水洛乡拥有小型拖拉机 113 辆，人力喷雾机 13 台，磨面机 365 台，青饲料机 242 台，微耕机 370 台，微型小水电 298 台。

【经济林木】 2014 年，水洛乡实有核桃成片面积 6063 亩，核桃零星株数 501（百）株。年末实有花椒成片面积 355 亩，花椒零星株数 258（百）株。

【社会事业】 2014 年，水洛乡农业人口 5587 人，新增人口 65 人，出生率为 11.6‰，死亡 25 人，死亡率为 4.5‰。全乡已婚育龄妇女人，其中，女扎 32 人，使用避孕药具 58 人。全乡有 1 所中心校，9 个教学点，24 个教学班，有教职工 35 人，在校学生 483 人，其中，寄宿制 185 人，入学率达 99%，巩固率为 97.5%。有乡中心卫生院 1 所，村合作医疗站 1 个，医务人员 7 人，村医 4 人，全乡“新农合”参合人数为 4965 人，参合率达 97%。全年接种计划免疫 1681 人，接种麻疹疫苗 1021 人，接种百白破 96 人，接种乙肝疫苗 63 人，麻风腮疫苗 67 人；发放“脊灰糖丸”434 人。全乡住院人数 486 人，报销药费 8.57 万元；门诊治疗 1215 人，报销治疗费 5.86 万元。全乡五保户供养 22 人，享受供养资金每月 441.6 元；少生快富 15 户，户补助资金 3000 元，共计资金 4.5 万元；奖励扶助农户 4 户，每户年补助资金 1800 元，共计资金 7200 元。

【光荣榜】 2014 年，水洛乡被木里县委、县政府评为藏区稳定先进集体；伍兴智、宋贵朝被木里县委、县政府评为藏区稳定先进个人。

【领导人】 乡党委书记：伍兴智（藏族）；党委副书记：降初扎西（藏族，纪委书记）、达理偏初（藏族）；人大主席：冯仁先；乡长：宋贵朝；副乡长：仁青偏初（藏族）、扎拉（藏族）

（审稿：宋贵朝/撰稿：扎西央金）

宁郎乡

【概况】 乡政府驻甲店村拉根娃组，海拔 1780 米，距木里县城 219 公里距瓦厂镇 120 公里，位于木里县北部。2014 年，辖下博瓦村，甲店村，则洛村，12 个村民小组，22 个自然点；有 458 户，总人口 2128 人，男 1082 人，女 1046 人，其中劳动年龄内人口数 1294 人。居住着藏族、汉族、蒙古族、纳西族、彝族 5 种民族。2014 年全乡全乡总面积 608 平方公里，人口密度为每平方公里 3.5 人。

2014 年，宁朗乡党政机关设党委、政府、人大主席团、团委、武装部、综合服务中心等，共有职工 26 人、其中公务员 13 人，事业人员 10 人，村官 3 人。

【农业与农村经济】 2014 年，耕地面积 3839 亩，其中水田 18 亩，旱地 3821。林地面积 1.68 万亩。草地面积 54150 亩。设施农业用地 440 亩，农用化肥施用量 24.3 吨。农用塑料薄膜使用量 5.6 吨，地膜使用量 4.1 吨，地膜覆盖面积 1100 亩。农民人均纯收入达 5692 元。全乡粮食播种面积 6518 亩，粮食总产量 1286.1 吨，其中，小春粮食产量 530.2 吨，大春粮食产量 755.9 吨。人均占有粮食 604 公斤。果园 183 亩，其中苹果 53 亩，柑橘 43 亩，梨园 34 亩，其他果园 53 亩，水果产量 78 吨，其中苹果 29.7 吨，柑橘 11 吨，梨 3.7 吨，其他 33.6 吨。

【畜牧业状况】 2014 年，宁朗乡四大牲畜年末存栏 3088 头，牛存栏 2026 头，其中能繁母畜 744

头，仔畜455，黄牛1647头，牦牛379头，年出售牛318头。马存栏500匹，其中能繁母畜92头，仔畜43头。骡子560头。生猪存栏3942头，能繁母畜894头，仔畜2328。羊存栏4134只，能繁母畜1436头，羔羊557头，年出售羊1317头。年末养鸡8743只，年末自宰量2245只，出售448只。鱼产量5.9吨，肉类总产量228吨。

【粮食直补】 2014年，宁朗乡玉米补贴面积2558亩，直补资金2.56万元；青稞补贴1290亩，补贴1.29万元；小麦补贴1605亩，直补资金1.61万元。粮食和农资补贴2794亩，农资补贴21.02万元，粮食补贴2.3万元，共23.32万元。

【退耕还林】 截至2014年宁朗乡共实施退耕还林面积2000亩，荒山造林1000亩，兑现资金52万元。完成生态草原补偿417户。

【应算农业农业经济的细化】 2014年，宁朗乡小春定案面积3117亩，其中建成小麦面积1376亩、产量236吨，大麦面积669亩，产量119.4吨，青稞面积1065亩，产量173.7吨，胡豆面积7亩，产量1.1吨，蔬菜面积18亩，产量21.5吨。大春面积3401亩，其中完成水稻面积18亩，产量5.3吨，玉米种植面积2548亩，产量497吨，荞子39亩，产量3.7吨，黄豆95亩，产量15.7吨，洋芋面积692亩，产量232.7吨，油料33亩，产量4.7吨，蔬菜面积93亩，产量464.3吨，青饲料面积10亩，海椒面积57木，产量15.6吨。共调进良种玉米种子8750公斤，马铃薯种子3吨，配套调进尿素肥6吨。

【农业机械】 2014年，宁朗乡拥有农用载重汽车21辆，小型农用拖拉机297台，人力脱粒机46台，机座柴油机57台，磨面机153台，青饲料机293台，粉粹机24台，农耕机29台，机耕面积1200亩。全年创收约900万元。

【经济创业】 2014年，宁朗乡共有核桃4872亩，产量160.4吨，零星花椒9100株，产量4.9吨。药材26.46吨，虫草21公斤，松茸1.7吨，干菌1.7吨，黑木耳0.3吨，蘑菇2.3吨

【社会事业】 2014年，宁朗乡农业总户数458户，2128人。出生13人，死亡26人。全乡已婚育龄妇女565人，采取避孕节育措施458人，其中，安环17例，男扎7人，女扎221人，使用避孕药具156人，计划生育率达97%，计划生育独生子女16人。2014年有中心校1所，村小6所，全乡在职教师28人，在校生141人，乡中心校学校操场一个，图书室1个。有乡医院一所，职工共7人，其中医生3人，护士4人，对全乡麻疹预防接种225人。2014年新农合参合人数1976人，占全总人数的92%。2014年全乡拥有电视机434台，通讯设备手机1852部，全乡五保户供养32人，享受供养资金16万元；农村享受低保人员397人，补助共计42余万元。

【光荣榜】 2014年，宁朗乡被木里县委、县政府评为连续32年无森林火灾乡称号。

【领导人】 乡党委书记：伍明才（藏族）；乡长：张正权（藏族）；人大主席：郑天霞（女，藏族）；纪委书记：宋丽（女，藏族）；副乡长：边玛扎西（藏族）、马次尔（藏族）

（审稿：张正权/撰稿：蔡俊、张任川）

俄亚纳西族乡

【概况】 俄亚纳西族乡位于木里藏族自治县西南边缘，乡政府驻大村五组，距县城286公里。2014年，俄亚乡辖大村、苏达村、立碧村、俄碧村、卡瓦村、鲁司村6个行政村，28个村民小组，50个自然村，总户数989户，总人口6006

人，总面积587平方公里，人口密度为每平方公里10人。境内居住着纳西族，藏族、汉族、白族四种民族，其中纳西族4121人，占总人口的68%。

2014年，俄亚纳西族乡党政机关设党委、政府、人大主席团、团委、妇联、武装部、综合服务中心等，共有职工26人，其中公务员10人，事业人员9人，工勤人员1人，大学生村官6人。

【农业与农村经济】 2014年，俄亚乡农林牧渔总产值2420.6万元，比上年增1.3%，其中农业产值1085.6万元，比上年增7.3%；林业产值401万元，比上年减3.2%；牧业产值952.3万元，比上年增4.2%。农林牧渔服务业产值15.9万元，比上年增8%。农民人均纯收入达3965.5元，比上年增3%。粮食播种面积1.38万亩，粮食总产量2561.3吨，比上年减0.4%。其中小春粮食产量667.6吨，比上年增0.9%；大春粮产量1893.7吨，比上年减0.85%。人均占有粮食426.5公斤，比上年减0.19%。大牲畜存栏9786头（匹、只），比上年减7.58%，牛存栏7242头，马存栏876匹，生猪存栏1.23万头，羊存栏1.92万只。

【粮食直补】 2014年，粮食和农资综合补贴6992.57亩，直补资金74.95万元。

【新农村建设】 2014年，俄亚乡投入一事一议资金共51万，其中17万元扩修大村马路8公里；10万元完成苏达组通组公里；11万元完成立碧村抓子组通组公路；16万元建成俄碧组通组公路；10万元完成卡瓦组通组公路；4万元完成色苦组通公路。另外45万元建成卡瓦村纳窝组3公里通组环线公路；20.8万元完成13户地质灾害搬迁安置工作；20万元建成大村10户“洛克九百里”旅游休闲驿站。

【农业科技】 2014年，俄亚乡小春定案面积3688亩，建成小麦高产片855亩；大春定案面积9079亩，种植良种杂交玉米7400亩，推广洋芋脱毒薯面积210亩，种植洋芋高产片80亩。共调进良种玉米种子31吨，配套调进化肥8.5吨，薄膜6吨。

【农业机械】 2014年，俄亚乡拥有农用载重汽车21辆、农家私人小汽车8辆，小型农用拖拉机26台，人力脱粒38台，机座柴油机142台，磨面机141台，青饲料机46台，粉碎机128台，农耕机172台。

【双增项目】 2014年，俄亚乡共有核桃3949亩，零星株数4.8万株，产量311.1万公斤，花椒46亩，花椒零星株数4.36万株，产量85.1吨。蘑菇产量6900公斤。

【社会事业】 2014年，俄亚乡农业总户数989户，6006人。出生81人，死亡14人。全乡已婚育龄妇女1648人，其中安环19例，女扎287人，使用避孕药具326人，节育率达96.8%，计划生育率达97%，计划生育独生子女12人。2014年，俄亚乡有中心校1所、村小3所，32名教师，在校生629人，其中住校学生402人，入学率达98%，巩固率99%。有乡中心医院1所，医生6名，病床5张，全年接种计划免疫1330针次，麻疹强化免疫292针次。2014年门诊治疗795人次，报销治疗费8.25万元；住院治疗562人次，输液2249人次，报销医药费14.692万元。2014年新农合参合人数5933人，占全乡总人数的99%。全乡五保供养26人；农村享受低保人员1298人。

【光荣榜】 2014年，俄亚乡人民武装部被木里县委、县人民政府、县人民武装部评为“武装工作先进单位”；俄亚乡中心校校长王偏初被凉山州委、州政府授予“凉山州第四届州劳动模范”荣誉称号；荣获第十九届“中国青年五四奖章”、四川省第十七届“五四”青年奖章；评为“全国最美乡村教师”。央章被县委、县人民政府评为藏区稳定先进个人；郑国强被县人民政府评为木里县第三次全国经济普查先进个人。

【领导人】 乡党委书记：扎西次尔（藏族）；乡党委副书记：央章（藏族）；乡长：棒布次尔（纳西族，~2014.10）；副乡长：高树强（藏族）、旦珠里（藏族）、杜基次尔（藏族，兼专武部长）

（审稿：扎西次尔/撰稿：杜基次尔）

依吉乡

【概况】 依吉乡政府驻雨初村依吉组，距县城244公里，距离瓦厂镇约120公里。2014年依吉乡辖3个行政村，15个村民小组，21个自然点，幅员面积261平方公里，耕地面积4300亩，人口密度为每平方公里13人，境内居住着藏、蒙古、纳西、汉、彝等5种民族，总户数582户，人口3433人。其中，藏族2069人，占总人口60%。

2014年，依吉乡党政机关设党政办、人武部、便民服务中心、综合服务中心、交管办、残疾人联合会、农经农技站、兽医站、文化站等，在编人员共18人，其中公务员10人，事业单位7人，村官1人。

【农业与农村经济】 2014年，依吉乡农林牧渔业总产值为2576.69万元，同比增长8.1%。其中农业产值为836.52万元，同比增长12.2%；林业产值为99.01万元，同比减少5.9%；畜牧业产值为1641万元，同比增长8.6%，农民人均收入5607元，同比增长17%，2013年完成粮食播种面积6313亩，同比减少160亩，同比减少2.5%；粮食总产量达1270吨，同比增长1.7%，其中主要粮食作物产量：水稻产量68吨，减少1.5%；麦类产量279吨，增产2.6%；玉米产量575吨，减产0.9%；豆类产量38吨，增产1.7%。2014年年末大牲畜存栏数3418头，同比增加150头，增加4.3%。其中：牛存栏数1997头，马存栏数312匹，骡存栏数1006匹，猪存栏数7202头，羊存栏数8591头。家禽存栏数7689只。

【退耕还林】 2014年，依吉乡退耕还林面积2100亩，配套荒山造林510亩，经果业5360亩。2014年依吉乡核桃种植面积达8428亩，产量达98吨，种植花椒620亩，产量达23吨，中药材玛咖、重楼示范地12亩，皱皮柑1000多亩。

【社会事业】 2014年，依吉乡有中心校1所，村小8处，教师在编21名，教学班级中心校7个，村小8个，共15个，在校学生中心校324人，村小117人，共441人，入学率达100%，巩固率100%，毕业率100%，教育资金投入加大，教育基础设施改善，教师宿舍已接近完工。依吉乡有卫生院1所，在编医生8名，村医3名，参加新农村合作医疗保险的人数有2915人，参合率为99%，享受农村低保有934人，残障人士116人，五保34人，享受新农合补偿人数共计3225人，依吉乡计划生育率达99%；参加农村社会养老保险达1376人，含60岁以上享受农村社会养老保险396人。

【劳务输转】 2014年，依吉乡加强核桃花椒嫁接和普及畜牧业实用技术培训，累计举办各类知识讲座10余场600多人（次），向农牧民免费发放有关劳务、科普书刊资料以及劳工信息300余分。2014年依吉乡外出务工人员达500余人，在加大向外输转劳务的同时，依托重点项目建设和境内水电开发，无电地区农网改造、公路、旅游等项目实施的有利时机，组织群众积极从事劳务经济，共输出劳务900余人（次），增收630万元。

【基础设施建设】 2014年，依吉乡争取到雨初村大堰维修资金63万元，共解决雨初村各里大堰水泥三面光2公里、安装1.2公里PE管道，修建2口大水塘；依吉大堰水泥三面光4·5公里、普珠大堰3公里、蚕多大堰4公里、蚕多人畜饮水30公里、后所组人畜饮水3公里、胶管2000米，水依组通组公路6公里，亲自发放6.5万米PE管道，有效解决了部分困难群众饮水难得问题。3月为雨初村争取到了体育健身项目篮球器材一套。6月25日，依吉大堰、普珠大堰、蚕多大堰维修工程正式启动，8月16日，堰渠维修完成，为群众解决了困难。

2014年，依吉乡争取项目，解决315户，2000人的人畜安全饮水问题；维修改造6条大堰15000米；50户养殖户的畜圈改造；解决麦洛村8个村民小组305户核桃嫁接困难；新修水依组5.9公里通组路；驿道26公里；解决了蚕多村级活动场所建设资金15万元，完成蚕多村的村两委建设，蚕多村活动场所面积达300平方米，建筑面积达120平方米。实现了2个村党支部都有活动室、桌椅、学习书籍等。为依吉乡3个村配发放了“村村通”设备556套，发放太阳能电视机16套。

【安全生产】 2014年，依吉乡狠抓安全生产工作，落实领导干部村组干部和相关工作人员的职责，深入开展百日安全活动和安全隐患大排查，强化安全生产目标考核管理，强力整治非法客运和建筑、学校、卫生院、消防安全等重点隐患，有效地遏制了安全事故的发生。

【群众路线工作】 2014年，依吉乡成立党的群众路线教育实践活动领导小组，通过实施“连心牵手”活动，依吉乡所有党员划片包户，包发展、包稳定、包民生。每个班子成员分别联系1个村和2户困难群众，每个干部职工联系结对帮扶1户群众，共联系困难群众21户，班子成员带点开展专题调研、民情访谈、讲党课，帮助联系点解决困难和问题。

【帮扶工作】 2014年，依吉乡为200户贫困户拟定1年、3年、5年的脱贫致富规划，其中特困户由党员干部结对帮扶，每年至少落实1个以上的脱贫致富项目，每月至少看望慰问1次贫困户。所有干部手机每天保持24小时开机状态，畅通“民心热线”，大力推广皱皮柑、中药材种植和核桃花椒产业化发展；在依吉乡范围培育、发展、扶持100户养殖户和60户运输专业户、发挥区位优势发展有条件的10户农户进行旅游餐饮服务行业、组织外出务工人员1000人；2014年农民人均纯收入比2013年增收1000元以上，依吉乡党员干部工作上做到尽职尽责，尽心尽力。

【基层党建工作】 2014年，依吉乡抓好各党支部建设。依吉乡共有6个党支部，110名党员，占依吉乡人口总数的4%。从组建“格扎察突”支部至今，共发展党员13名，后备优秀青年50人。成立了拉伯乡依吉乡“携手共建”联合党支部，大力开展边界区域党组织“携手共建”工作，召开联席会并与拉伯乡签订了共建协议，定期与拉伯乡党委书记充分沟通，重点抓好重大工程项目、护林防火、地质灾害、社会治安等工作，全面排查解决影响边界区域和谐、稳定的各类隐患。其次，建立和完善各项党建工作考核制度，规范办事程序，严肃工作纪律，严格执行中央八项规定和省州十项规定，进一步增强了依吉乡机关干部的勤政廉政意识。

【光荣榜】 2014年12月依吉乡被木里县人民政府评为木里县2014年统计基础建设先进单位；孙根若被中共四川省人民政府评为四川省民族团结进步模范先进个人；旦珠扎西被木里县人民政府评为2014年度藏区稳定工作先进个人；何林美被中共木里县政府评为木里县第三次全国经济普查工作先进个人。

【领导人】 乡党委书记：孙根若（纳西族）；乡长：旦珠扎西（蒙古族）；副书记：邦布若（纳西族）；副乡长：打珍拉初（女，藏族）、余显奎

（审稿：孙根若、旦珠扎西/撰稿：邱浩）

屋脚蒙古族乡

【基本情况】 屋脚蒙古族乡位于木里藏族自治县西南面，为两省三县（四川省、云南省、盐源县、木里县、与宁蒗县）交界处。屋脚乡政府位于屋脚村屋脚组，距木里县城174公里。2014年全乡辖2个行政村，12个村民小组，居住着蒙古族、彝族、藏族、汉族四种民族，共有595户、总2442人，其中：农业人口570户，2387人。总人口中，蒙古族785人、占全乡总人口的32.88%，藏族12人、占全乡总人口的0.50%，彝族1590人，占全乡总人口的66.61%。汉族10人，占全乡总人口的0.41%。全乡总面积307.8平方公里。2014年，屋脚蒙古族乡党政机关下设“三办一中心”，即党政综合办、党建办、群众工作办公室、便民服务中心。共有职工：21人，其中公务员16人，事业干部5人。

【农业与农村经济】 2014年，屋脚乡乡粮食播种面积3597亩，粮食总产量92.99万公斤，其中小春粮食产量5.48万公斤，大春粮食产量87.51万公斤，圆满完成全年的粮食产量目标。年末大牲畜存栏2331头（匹），其中牛1781头，马407匹，骡142匹；年末生猪存栏3526头，羊6367只。

【退耕还林】 2014年屋脚乡退耕还林总面积4000亩，国家补贴农民资金96万元。

【良种补贴】 2014年，屋脚乡玉米直补面积693亩，每亩直补10元，直补资金6930元；小春种植面积423亩，每亩直补10元，直补资金4230元。

【基础设施建设】 2014年，屋脚乡加大了对基础设施的投入力度，在纳布村整村推进项目中投入65万元（其中农户自筹25万元），完成纳布村瓦堵组，瓦坪组、纳布组的通组道路建设，新修通组公路5公里，维护14公里；投入41.6万元，完成了纳布村阴山组26户藏区新居建设。

【经济发展】 在纳布村整村推进项目中，投入106.6万元（其中农户自筹46.6万元），发展了20亩中药材种植，50户养羊户，极大的带动了全乡经济。屋脚乡自然风光秀丽迷人，人文景观瑰丽神奇，乡土风情淳朴浓郁，旅游资源异常丰富。2014年屋脚乡加大了对旅游事业的支持，在旅客来往较多的屋脚组和利加咀投入了26万元，发展了13户旅游驿站。

【社会保障】 2014年，屋脚乡有777人享受农村最低生活保障金，农村最低生活保障金得到及时足额发放。全乡共有五保户13户，13人。完成了全乡125户581人的精准扶贫工作，扶贫户信息按时录入了扶贫系统。

【教育事业】 2014年，屋脚乡有中心校1所，村小4所，教师18名，其中大学专科12人，本科1人，全乡适龄儿童254人，入学254人，入学率100%，在校学生全部享受营养餐。

【卫生事业】 2014年，屋脚乡有乡卫生院一所，有一幢投资23万元的门诊大楼，有门诊室1间，病房1间，病床3张，缝合包2个，产包2个，冰箱2个，抢救床1张，手提消毒锅1个，妇科检查床1张，同时已建立及时供药机制。乡卫生院有职工7人，其中医生4人，护士3人；大学专科以上文化程度3人。12个村民小组村民积极参加新型农村合作医疗，参合率95.2%。

【领导人】 党委书记：蒋武翔（彝族）；乡长：杨来林（蒙古族）；副书记：苏群英（女，彝族）；副乡长：周小刚、胡麑

（审稿：蒋武翔、杨来林/撰稿：花春龙）

牦牛坪乡

【概况】 牦牛坪乡位于木里县境南缘，乡政府驻叶村村中村组，海拔2760米，距县城78公里。2014年牦牛坪乡辖叶村村、泥珠村、下坪子村3个行政村18个村民组，共903户3690人。境内居住着彝族、藏族、汉族、蒙古族4种民族，以彝族为主。其中彝族人口3002人，占总人口82%；藏族人口593人，占总人口16%；汉族人口95人，占总人口2%。全乡总面积240平方公里，人口密度为每平方公里16人，2014年乡党政设党委、政府、人大主席团、团委、妇联、武装部、司法所、兽医站、便民服务中心（含国土、民政、林业、农经、农技、计生、卫生、安全生产及农村道路交通安全办公室、新农合、新农保），有在职职工22人，其中公务员13人，事业人员6人，村官3人，退休人员3人。

【农业与农村经济】 2014年，牦牛坪乡农林牧渔总产值1274万元，比上年增0.5%，其中农业产值572.4万元，比上年增0.3%；林业产值54.6万元，比上年增2.6%；畜牧业产值647万元，比上年增0.5%。农民人均纯收入达到4200元，比上年增4.5%。牦牛坪乡粮食播种面积7180亩，粮食总产量19828百公斤，比上年增11.6%，其中小春播种面积747亩，粮食产量1287百公斤，比上年增0.2%；大春粮食面积8117亩，产量18544百公斤，比上年增12.5%。人均占有粮食544公斤。林地面积16.94万亩，草地面积2.46万亩，年末四大牲畜存栏5197头（匹），比上年增7.8%，其中牛4478头，马576匹，骡149匹，生猪5207头，羊5488只。

【农资综合补贴】 2014年，牦牛坪乡国家“两补”资金58.78万元。良种补贴：小麦350亩，青稞1498亩，玉米2678亩，共4526亩，45260元。

【退耕还林】 2014年，牦牛坪乡退耕还林保持总面积4000亩，补贴资金104万元。

【农田基本建设】 2014年，牦牛坪乡引进3180公斤杂交玉米，玉米种植面积达到2380亩，较往年相比稳中有升，玉米亩产在660公斤左右，产量大幅增长。

【农业机械】 2014年，牦牛坪乡拥有农用载重汽车9辆，农家私人小汽车21辆，小型农用拖拉机58台，家用磨面机680台。

【双增项目】 2014年，牦牛坪乡核桃成片面积6865亩，花椒成片面积349亩。零星核桃株数累计147株，花椒654株。年核桃产量971百公斤，花椒产量20百公斤，木耳产量16百公斤，蘑菇14百公斤。

【社会事业】 2014年，牦牛坪乡农业总人口3690人，县计生局下达出生人口自然增长率控制

在10‰以内；全乡已婚育龄妇女698人，其中安环119例，女扎374人，使用避孕药具140人，节育率达89.4%。牦牛坪乡中心校1所，村小4所，在职教师27人，代课教师4人，临时炊事员4人，在校学生440人，小学入学率达100%。2014年县教育局投入资金20余万元，完成村小学校的维修，4所村小教学条件得到改善。牦牛坪乡有卫生院1所，医生7名，全年接诊2000人次，门诊1500人，住院500人次，报销费用20多万元。全年接种甲类疫苗1000多人次，1000针次；麻疹强化免疫900人次，900针次。2014年新农合参合人数3620人，占牦牛坪乡总人数的98%。牦牛坪乡五保户共有29人，农村享受低保人员792人，共计112万元。

【光荣榜】 牦牛坪乡被木里县委、县人民政府评为2014年藏区稳定工作先进集体和护林防火先进集体。

【领导人】 乡党委书记：杨次尔（藏族）；人大主席：吕正清（彝族）；党委副书记：马佐所（彝族）；政府乡长：马佐所（彝族）；副书记兼纪委书记；央章（藏族）；副乡长：仁青偏初（藏族）

（审稿：杨次尔、马佐所/撰稿：刘拉布）

李子坪乡

【概况】 李子坪乡位于木里藏族自治县东南部，乡政府驻白草坪村李子坪组，海拔2440米，距县城乔瓦镇10公里。2014年辖3个行政村，21个村民小组，共1120户、4199人，其中汉族105人、彝族3591人、藏族238人、苗族255人、蒙古族10人，彝族占全乡总人口的86%。全乡总面积175平方公里，人口密度每平方公里约24人。

2014年，李子坪乡党政机关设党委、政府、人大、团委、妇联、武装部、综合服务中心等，共有职工25人，其中公务员16人，事业单位7人。

【农业与农村经济】 2014年，李子坪乡农作物播种面积为6962亩，粮食播种面积6462亩，粮食总产量1.22万吨，小春播种面积129亩，小春产量20.3吨，小麦面积26亩，产量4吨，大麦面积18亩，产量1.7吨；青稞种植面积18亩，产量2.6吨；胡豆面积28亩，产量4.7吨；洋芋种植面积39亩，产量7.3吨；大春种植面积6333亩，产量1198.4吨；玉米面积1915亩，产量279.9吨；荞麦种植面积305亩，产量32.5吨。农民人均纯收入5964元，人均占有粮食272公斤。全乡四大牲畜年末存栏量为2497头，牛存栏量为1956头，马存栏量为533头，骡存栏量6头，驴存栏量2头，生猪3782头，羊存栏数8321头。当年出售鸡568只，出售牛333头，出售羊1709头。

【支农惠农】 2014年，李子坪乡粮食直补4097.4亩，每亩补助98元，共计40.15万元。全年退耕还林4960亩，每亩补助240元，共计119.04万元，退耕还林种苗补贴4960亩，每亩补助20元，共计0.99万元。全年藏区新居47户，金子沟村整村推进项目156户。

【农业科技】 2014年，李子坪乡杂交玉米1200亩，地膜玉米1200亩，洋芋脱毒薯3600亩，高厢垄作3300亩，玉米高产片创建“万工程”300亩，洋芋高产创建“千工程”300亩，“万工程”600亩，荞麦高产片150亩，带状种植1200亩，配方施肥1650亩，病虫防治1000亩。农民培训2250人次，科技入户40户。全乡小麦补贴3个村3个组，19户，共计53亩，每亩补助10元，补助金额共计530元；青稞补贴3个村17个组，461户，面积为214亩，每亩补贴10元，补助金额共计2140元；玉米补贴3个村19个组，569户，面积2364亩，每亩补助10元，补助金额共计2.36万元。

【群教活动】 2014年，党的群众路线教育实践活动开展以来，李子坪乡各级党员干部扎根基层，蹲点问计，服务群众。一是畅通便民服务渠道。自实践活动开展以来，按照党员干部连心牵手直接服务群众工作机制，将原有“三办一中心”8个老服务窗口整合为3个新综合性服务窗口，创新组建畜牧业、经果业、中药材3支产业服务队和1个外出务工服务站。全乡组建党员服务队12支，“四民”服务队4支，老党员感恩教育宣传队4支，老干部民间纠纷义务调解队4支，马背服务队3个和摩托车服务队3个，便捷村民办理农村低保、新型合作医疗证、计生证等，解决了群众办事难问题。二是建立完善服务群众机制。建立和完善“3个10天”工作机制，全乡所有乡、村干部每个月前10天集中下组寻难题，深入农户收集社情民意，建好“1+3台账”，建立“民生诉求信息登记卡、困难群众及帮扶记录卡、稳定工作信息登记卡”，中间10天集中为民办事解难题，后10天集中学习总结拟定工作目标。活动开展以来，共走访农户1108户，搜集汇总民生诉求上千条，乡干部每人撰写民情日记10篇以上，集中听取意见6次，解决一般问题160多个，群众反映强烈的重难点问题13个。三是组建苏施体都支部，2014年发展青年党员6名，全乡共有党员295名，占全乡总人口的6%。四是坚持规划引领突出产业支撑。因地制宜制定本乡产业发展规划，按产业规划，全乡发展核桃9610亩、花椒1308亩、中药材550亩；培育扶持养殖户100户、运输专业户100户、旅游餐饮服务行业10户；组织外出务工人员达1300人。五是建立长效机制创新乡村治理。乡党委政府把贯彻落实县委、县政府《七项维稳长效机制》，召集党员干部、村组群众认真学习贯彻，并且作为硬性制度建章立制上墙，不断加以完善，有效发挥矛盾纠纷调解“三三制”机制，做到小事不出组、中事不出村、大事不出乡、矛盾不上交。2014年，全乡无一例刑事和治安案件，无一例上访事件，全乡各族群众和睦相处、安居乐业。

【社会事业】 2014年，李子坪乡农业人口4125人，实际生育70人，人口自然增长率为16‰，死亡20人，死亡率为5‰，全乡已婚育龄妇女863人，其中已安环的213例，女扎276人，使用避孕药具150人，节育率达85%；在已婚育龄妇女中，无孩41人、一孩171人、二孩241人，少数民族三孩410人。计划生育独生子女14人，少生快富5户，奖励扶助1户，特别扶助2户。全乡共有五保户38人；享受农村低保749户1155人，发放低保金121.28万元，高龄补贴1.2万元；新农合参合人数有4000人，参合率达95%。

2014年，全乡有中心校一所，村小一所，有在编教师38人，其中中级职称20人，初级职称18人，学历合格率100%；本科学历10人，专科学历22人，初中及高中学历6人。正校长1人，副校长2人，教导主任1人，接受岗位培训均达100%。全乡7—12周岁正常儿童368人，已入学315人，入学率达85.6%；正常女儿童168人，已入学137人，女儿童入学率达81.5%。13—15周岁正常少年250人；初中阶段在校生有190人（其中：初中阶段入学率达76.4%。7—15周岁残疾儿童16人，随班就读8人，特殊儿童入学率达50%）。上学年初有小学生291人，学年内辍学4人，小学辍学率1.4%；上学年初初中在校生有190人，学年内辍学0人，初中辍学率为0。全乡15周岁少年人口总数79人，小学毕业、结业、修业等完成人数73人，15周岁完成率为92.4%。17周岁少年人口总数84人，初中毕业、结业及读满修业年54人，17周岁完成率64.3%。15周岁文盲率为0。全乡上学年初小学毕业生83人，毕业82人，毕业率98%。初中毕业50人，毕业率达100%。

2014年，全乡有乡医院一所，医生3人，护士3人，村医3人。其中医师2人，医士1人。病床8张，全年共接种计划免疫1035次，补充免疫220次。住院人数32人，门诊治疗875人。

【光荣榜】 2014年，李子坪乡被凉山州人民政府表彰为2013年度人口和计划生育工作合格单位；被凉山州委、州政府表彰为2013年度平安建设先进集体；李子坪乡黄泥巴村被凉山州政府表彰为2013年度州级信用乡镇村。

【领导人】 乡党委书记：沈杰峰（彝族）；副书记：刘雪梅（女，藏族）、杨群英（女，藏族）；人大主席：李友色（彝族）；乡长：刘雪梅（女，藏族）；副乡长：边玛扎西（藏族）、李云花（女，藏族）、杨降初玛（女，蒙古族）

（审稿：沈杰峰、刘雪梅/撰稿：甘泉）

项脚蒙古族乡

【概况】 项脚蒙古族乡位于木里县东南边缘，乡政府驻项脚村上沟组，距县城38公里。2014年，辖羊窝子村、项脚村、友友坪村3个行政村、19个村民组、24个自然村，居住着蒙古族、彝族、汉族、藏族、苗族、壮族、纳西族等7种民族共814户3578人。幅员面积145平方公里，人口密度每平方公里25人。2014年乡党委政府设党委、政府、乡人大主席团，下设团委、妇联、武装部、综合服务中心等机构。有职工22人，其中公务员有13人，事业人员5人，工勤人员3人，村官2人。

项脚蒙古族乡地势北高南低，最高海拔4085米，最低海拔1700米，年降水量800—1000毫米，平均气温13℃，无霜期200天左右。

【农业与农村经济】 项脚蒙古族乡以农业为主，2014年全乡农林牧渔业总产值为2078.5万元，同比上年增长7.46%。其中农业产值为716.0万元，同比上年增长3.52%；林业产值为58.0万元，同比上年增长5.84%；畜牧业产值为853.0万元，同比上年增长6.99%；渔业386.1万元，同比上年增长17%。农民人均纯收入5868元，同比上年增长20.5%。

2014年，项脚乡主要种植麦类、水稻、玉米、土豆、蔬菜、药材等作物。农作物播种总面积7354亩，耕地面积6974亩，比上年增加9.2%。完成粮食播种面积6687亩，粮食总产量达1.56万吨，其中小春粮食播种面积1062亩，产量1896吨；大春粮食播种面积5625亩，产量1.37万吨。2014年全乡蔬菜总播种面积115亩，产量5752吨。2014年全乡果园面积503亩，其中苹果种植329亩，梨种植38亩，柑橘种植61亩，石榴种植20亩，其他果园面积55亩；全乡零星果树共10.16万株，其中苹果5.18万株，梨2.22万株，柑橘2.22万株，石榴2600株，其他果树2800株；全乡水果产量达7165吨，其中苹果5766吨，梨158吨，柑橘979吨，石榴108吨，其他154吨。

2014年，全乡年末大牲畜存栏数2233头，其中：牛存栏数1498头；马存栏数653匹；骡存栏数28匹8；驴存栏51头；猪存栏数6622头；羊存栏数3785头；家禽存栏数1.41万只。牛出栏数622头；生猪出栏数4936头；羊出栏数1231头。

2014年，全乡农用化肥施用量658吨，农药使用量12吨，农用塑料薄膜使用量65吨，地膜使用量57吨，农用柴油使用量41吨；地膜覆盖面积1530亩。

【基础设施建设】 2014年，项脚乡争取项目、资金，加强基础设施建设。3个村19个组基本通电。“一事一议”项目资金维修和新建通村通组公路8公里。其中项脚村上沟组新修两座桥梁及河堤200米，维修通村公路1公里；友友坪村友友坪组新修水堰5公里；羊窝子村羊二组新修通组公路7公里。完成县城至项脚乡通乡油路路基工程建设29公里。

【退耕还林】 2014年，项脚乡继续贯彻落实《项脚蒙古族乡退耕还林管理制度》，全乡退耕还林面积达3700亩，配套荒山造林1000亩，退耕还林款发放率达到100%。

【双增项目】 2014年，项脚乡发展核桃花椒产业，其中核桃年末成片面积9700亩，减少170亩，同比上年减少1.75%；花椒年末成片面积1690亩，同比上年减少28亩，减少1.65%。全年核桃产量378吨，花椒123吨。采集松脂385吨，零星道旁植树1.91万株。

【社会事业】 2014年，项脚乡有中心校1所，村小3所，教师28名。全乡有乡卫生院1所，医生5名，B超1台，产床1张，病床6张，生化分析仪1台，全自动洗胃机1台，紫外线消毒灯1盏。全乡累计出生31人，人口出生率9.13‰，死亡25人，死亡率7.36‰，自然增长率1.6‰，低于县下达指标。全乡享受居民低保391人，五保户10人。全年参加农村社会养老保险1014人，参保率为46%。新农合参合人数3200人，参合率为89.21%。

【领导人】 书记：游昊（蒙古族）；乡长：熊杰（蒙古族）；副书记：杨撒达（蒙古族）、袁在华（汉族）；副乡长：次尔杜基（藏族）

（审稿：游昊、熊杰/撰稿：周小路）

白碉苗族乡

【概况】 白碉苗族乡位于县城东南部，乡政府驻白碉村，海拔2100米，距县城83公里。2014年，白碉乡辖白碉村、阳山村、呷咪坪村、洞龙沟村4个行政村、26个村民小组，是汉、苗、彝、藏、蒙古、布依、回七种民族混居，总户数1278户，总人口6225人，其中农业人口6116人。全乡其中苗族2539人，占总人口的40.8%。幅员面积379.6平方公里，人口密度为每平方公里约17人。2014年，白碉乡党委、政府设党政办、便民服务中心、纪委办、团委、妇联等机构。共有职工22人，其中公务员15人，事业技术4人，工勤3人。

【农业与农村经济】 2014年，白碉乡农林牧渔总产值2253万元，比上年增121万元，其中农业产值898万元，比上年增长3万元；林业产值390万元，比上年增5万元；畜牧业产值768万元，与上一年持平；渔业产值1.9万元，比上一年减少0.3万元，农林牧渔服务业产值80万元，与上一年基本持平。全乡粮食播种面积1.11万亩，粮食总产量2526.9吨，其中小春粮食产量4105吨，比上年增加100吨。年末四大牲畜存栏3859驴3匹；生猪6303头，羊6111只，农民人均纯收入8230元，比上年增加450元。

【粮食直补】 2014年，白碉乡水稻补贴面积750.6亩，每亩直补15元，直补资金1.13万元；玉米补贴面积7560亩，直补资金7.56万元；青稞补贴面积2140亩，补贴2.14万元，小麦补贴面积623.4亩，直补资金6234元。

【退耕还林】 2014年，白碉乡退耕还林总面积6200亩，每亩补助260元，共计补助资金161.2

万元。完成荒山造林4700亩，每亩50元，共补贴23.5万元。

【农业科技】 2014年，白碉乡小春定案面积2610亩，建成小麦高产片340亩；大春定案面积9687亩，种植良种杂交玉米2530亩，推广洋芋脱毒薯面积120亩，种植洋芋高产片110亩。发展中草药续断、重楼等试验地48亩。共调进良种玉米种子8670公斤，高产创建调进化肥6吨。

【双增项目】 2014年，白碉乡核桃总面积1.69万亩，花椒面积3225亩，核桃结果株数1.66万株，产量24.4万公斤；花椒零星株数0.28万株，产量7.03万公斤。药材0.56万公斤，松茸1.90万公斤，干菌1.86万公斤，创收586万元。

【社会事业】 2014年，白碉乡农业总户数1278户，6116人。出生30人，死亡43人，迁出101人。已婚育龄妇女1253人，其中安环16例，女扎20人，使用避孕药具451人，节育率达94%，计划生育率达95%。全乡现有中心校1所，村小5所，在职教师38人，在校生881人，入学率达95%，巩固率96%，2014年村小校点维修投入25万元。有乡卫生院1所，有9名医护人员，病床4张，全年接诊4210人次，住院175人次，报销医药费16.75万元，接种计划免疫710人，接种麻疹365人次，乙肝330人次。2014年新农合参合人数5399人，占全乡总人口的88.2%。

2014年，五保供养128人，农村享受低保人员1226人，共计165万元。计划生育独生子女45人，月补助38元，少生快富25户，户补助资金3000元，奖励扶助农户30户，年补助资金700元。

【光荣榜】 熊金祥被凉山州民族宗教局评为2014年度民族团结先进个人。

【领导人】 乡党委书记：易远川；乡长：熊金祥（苗族）；党委副书记兼任纪委书记：杨拉初（女，藏族）；副乡长：八且挖体（彝族）、扎西泽丹（藏族）

（审稿：易远川/撰稿：郑洪林）

三桷垭乡

【概况】 三桷垭乡位于木里藏族自治县东部，雅砻江东岸，2014年全乡辖5个行政村，22个村民小组，总户数1011户，总人口4843人。乡政府驻里普村亚拉组，距县城90公里，幅员面积352平方公里，人口密度每平方公里14.4人。境内居住着藏、蒙古、苗族、汉、彝等多种民族。2014年，三桷垭乡党政内设机构包括党政办、人武部、便民服务中心、综合服务中心、交管办、残疾人联合会、农经农技站、兽医站、文化站等。共干部职工25人，其中公务员16人，事业单位9人，村官2人。

【农业与农村经济】 2014年，三桷垭乡粮食播种面积8241亩，同比增长37亩，同比增长0.4%；粮食总产量达1778吨，同比增长0.5%，其中主要粮食作物产量：水稻产量50.4吨，增长3.6%；麦类产量150吨，同比增长0.4%；玉米产量872吨，同比减少0.14%；豆类产量50.7吨，增产0.5%。农民人均收入5710元，同比增长10.5%。

【双增项目】 2014年，三桷垭乡种植核桃面积16131亩，花椒面积1225亩，零星核桃株数累计3127百株，花椒772百株，年核桃产量21.3万公斤，花椒产量1.55万公斤，木耳产量0.72万公斤，采松脂9.6万公斤，松茸0.23万公斤。

【基础设施建设】 2014年，三桷垭乡党委政府争取资金，建设各项基础设施，完成鸡毛店村55户农户新村建设工程、高房子村通村公路、里普大堰维修工程、学校道路硬化工程、大铺子组防洪堰沟建设工程等民生工程，受益达2000多人。

【社会事业】 2014年，三桷垭乡执行农村义务教育政策，施行学生营养餐。全乡有中心校1所，村小4所，教师57名21个教学班（含一个初中部，6个教学班）；2014年三桷垭乡九年制学校新设一个学前班，共计有在校学生678名，入学率达99%，巩固率100%，毕业率100%；乡中心校有教学楼、学生宿舍各1栋，新修厕所4个。全乡青壮年脱盲率98.1%，脱盲人员巩固率95%。

2014年，三桷垭乡有医院1所，医务人员7名，村合作医疗站5个，乡村医生3名。2014年全乡已参合4219人，参合率91%。新农合对参合农民门诊统筹补偿减免4310人次，（含家庭帐户补偿人次），参合人员补偿人次覆盖率为100%，累计补偿基金25.86万元；累计住院400人次，参合人员补偿人次覆盖率为100%。

2014年，三桷垭乡享受农村低保有1042人，残障人士人90，五保22人，参加农村社会养老保险2033人。

【护林防火】 2014年，三桷垭乡重视护林防火工作，以宣传教育为基础，加大执法力度，全面落实护林防火领导责任制，与各村委会、巡山员、防火检查站签订森林防火目标管理责任书。2014年三桷垭乡境内共计发生3起火灾，2起火情，在发生火灾后三桷垭乡党委、政府立即启动应急预案，及时组织人员赶扑现场，通过努力最终将伙扑灭，火灾造成经济损失20余万元。出动1200多人次。

【信访维稳】 2014年三桷垭乡成立维稳防邪调查小组，三桷垭乡党委、政府把开展反邪警示教育列入下村宣传工作之中，组织干部职工学习农村反邪教警示教育宣传12次。深入村、组、农户进行明查暗访，经严厉打击现辖区内已没有邪教组织活动。开展定期或不定期的矛盾纠纷排查分析会，了解群众关心的热点、难点问题，矛盾纠纷排查调解上报24件，涉及人口86人。

【光荣榜】 2014年，三桷垭乡被凉山州人民政府评为信访维稳先进集体；2014年，赵刚被木里县委、县政府评为年度武装工作先进个人；2014年，胡心金被木里县委、政府评为信访维稳先进个人。

【领导人】 乡党委书记：赵刚（藏族，兼乡人大主席）；党委副书记、政府乡长：毛才孜（彝族）；纪委书记：伍杰（彝族）；副乡长：申东山（蒙古族）、罗文学（彝族）

（审稿：赵刚、毛才孜/撰稿：李廷军）

列瓦乡

【概况】 列瓦乡位于木里藏族自治县南部，乡政府驻地暂租住于列瓦乡小学，距离县城19公里，2014年，列瓦乡辖列瓦、碾水、羊棚子、洼下4个行政村，19个村民小组，24个自然点1033户，共4173人，有汉族、藏族、彝族、蒙古族、苗族、壮族6个民族，总面积101平方公里，人口密度为每平方公里41人。

2014年，列瓦乡党政机关设党委、政府、人大主席团、团委、妇联、武装部、综合服务中心等，共有职工29人，其中，公务员18人（含司法员），事业人员7人（含畜牧员）、工勤人员2人、村官2人。

【农业与农村经济】 2014年，列瓦乡农牧林渔业总产值2402万元，其中农业产值945.8万元，比上年增加2%，林业产值175.8万元。比上年增长2%；畜牧业产值1283.3万元，与上年持平，农民人均纯收入3056元。全乡农作物播种面积8836亩，比上年增加1%。粮食总产量达1801.5吨，比上年增加3%。其中主要粮食作物产量：小麦产量90.1吨，比上年增加8%。大麦产量15.2吨，与上年持平。玉米产量833.2吨，比上年减少2%。豆类产量98.2吨，与上年持平。其他经济作物1.9吨，比上年减少50%。全乡各类牲畜存栏2.24万头（匹，只），比上年增加9%。其中，牛存栏1685头，比上年增加1%。马存栏877头，比上年增加1%，骡存栏110匹，与上年基本持平。驴存栏3头，与上年基本持平。猪存栏8512头，比上年增加15%。羊存栏8403只，与上年基本持平。全年肉食产量846吨，与上年基本持平。

【基础设施建设】 2014年，列瓦乡4个村19个组基本通电，完成列瓦村2014年藏区连片开发项目、列瓦乡藏区新居改造项目、呷咪坪组新农村建设项目等。县财政拨款“一事一议”工程资金45.5万元，新建和改造乡村道路等基础设施。

【退耕还林】 2014年，列瓦乡退耕还林工程制定《列瓦乡退耕还林管理制度》，截止2014年底，全乡退耕还林面积3900亩，配套荒山造林1050亩，退耕还林款发放率达到100%。

【双增项目】 2014年，列瓦乡注重核桃、花椒等经济作物创收。2014年全乡核桃产量42.3吨，与上年基本持平，花椒产量11.2吨。与上年基本持平。松茸产量3.22吨，基本和上年持平，创收200万元。

【社会事业】 2014年，列瓦乡有中心校1所，村小4所（碾水村3所，羊棚子村1所），专任教师32名，在校学生228人，小学入学率达100%，巩固率达100%，毕业率达100%。有乡卫生所1所，村级医疗点1个，专职医护人员4名，产床1张，病床4张，全自动洗胃机1台，紫外线消毒灯1盏。参加新农合人数为4023人，参合率达98%。全乡累计出生56人，人口出生率13.4‰。死亡32人，死亡率0.7‰，自然增长率8‰。新增农村“少生快富”3户，“三结合”9户。全乡有五保户48户52人。发放资金19.76万元。享受低保249户821人，发放资金68.72万元。合法办理结婚53对。参加农村社会养老保险有1006人，参保率达37%。

【光荣榜】 2014年，列瓦乡被中共木里县委、木里县人民政府评为2014年森林草原防火工作先进集体；被中共木里县委、木里县人民政府、木里县人民武装部评为2014年度武装工作先进单位。

【领导人】 党委书记：代松（汉族）；乡长：扎西龙布（藏族）；党委副书记：熊友珍（女，蒙古族、兼纪委书记）、沈友若（蒙古族）；副乡长：罗晓贵（女，彝族）、付康莉（女、彝族）

（审稿：代松、扎西龙布/撰稿：江亮）

下麦地乡

【概况】 下麦地乡位于木里藏族自治县的东南边缘，乡政府驻上麦地村上麦地组，距县城27公里，有木里“南大门”之称，是木里的出入境必经之路。2014年辖3个行政村24个村民小组，居住着彝、汉、藏、苗、蒙古、壮等6种民族，幅员面积120.6平方公里，共992户3877人，其中彝族人口3213人，占总人口82.9%，其他民族664人，占总人口17.1%。2014年，下麦地乡党政机关设党委、政府、人大、妇联、武装部、便民服务中心，共有职工31人，其中公务员23

人，事业人员6人，工勤人员2人。

【农业及农村经济】 2014年，下麦地乡实有耕地面积6579亩，粮食播种面积5821亩，粮食总产14189百公斤，比上年增加5.53%。其中小春粮食产量472百公斤，比上年增加2.61%；大春粮食产量13717百公斤，比上年增加5.63%。人均占有粮食353.8公斤，比上年增加2.67%。全乡年末统计牛1500头，马574匹，骡27匹，驴9匹；生猪2806头，羊8621只。

【农业机械】 2014年，下麦地乡拥有客运4辆、新型货车6辆、拖拉机7辆、两轮摩托车142辆、轿车11辆，人力脱粒机14台，人力喷雾器8台，电动柴油机3台，碾米磨面机325台。

【双增项目】 2014年下麦地乡实有核桃16.06万株，其中未结果15万株，产量5.67万公斤，产值39.69万元；花椒2.13万株，其中未结果1.08万株，产量1.04万公斤，产值37.99万元；药材产量1.08万公斤，产值27.6万元。

【教育工作】 2014年，下麦地乡中心校推行素质教育，在校学生338人，按照国家“两免一补”政策，学生所有费用尽免，补助寄宿贫困学生生活费并资助贫困家庭子女上学20人。

【医疗卫生】 2014年，下麦地乡有医疗卫生机构3个，专业卫生人员5名，接生46人，计划生育率86%；全年接种计划免疫425人；农村孕产妇住院分娩率达到62%，婴儿死亡率低于1‰。

【文化工程】 2014年，下麦地乡有农家书屋3个，藏数5230套，为努力提高党员干部的科学文化素质，组织全体党员干部开展“借书日”活动，要求每名党员干部每月至少借阅图书1本，真正用活用实农家书屋。

【劳务工作】 2014年，下麦地乡开展农村劳动力技能培训450人次；新型农民工培训860人次；农民实用技术培训570人次；外出从业人员1192人，其中出省39人，创收175万元。

【基础设施建设】 2014年，下麦地乡将2个村级活动室列入重点建设项目，切实发挥村级活动室阵地作用。为切实做好联系服务群众“最后一公里”，在党的群众路线教育实践活动期间全乡投入资金1795.2万元，实施民生工程14个。

【平安建设】 2014年，下麦地乡成立了由乡党委书记任组长，乡长任副组长的平安创建领导小组；各村相应成立由村支部书记任组长的领导小组。同辖区内各单位签订了平安创建责任书，建立由主要领导亲自抓，分管领导具体抓，相关职能部门配合，全民共同参与的创建活动机制。同时，加大普法力度，扎实开展“六五普法”活动，创建群众调解领导小组。2014年下麦地乡及时化解各类矛盾纠纷共25起，下麦地乡派出所共破获1起刑事案件，30起治安案件，拘留19人，对破坏“三电”设施进行专项整治，对入室盗窃的严打管理。

【光荣榜】 2014年5月，下麦地乡政府被四川省团委授予“五四红旗团委”荣誉称号；12月，下麦地乡被木里县委、县政府授予“实现30年无森林火灾”荣誉；乡党委副书记黄凤君被木里县委、县政府评为“藏区稳定工作先进个人”。

【领导人】 书记：向世凯（彝族）；乡长：邓天云；人大主席：杨友姆（女，藏族）；乡党委副书记：黄凤君（回族）；乡党委副书记、纪委书记：央青（女，藏族）；副乡长：李发祥、胡金凤

（审稿：向世凯、邓天云/撰稿：范蓉蓉）

芽祖乡

【概况】 芽祖乡位于木里藏族自治县东南部，小金河沿岸，乡政府驻地热地村芽祖组，海拔1920米，距县城乔瓦镇27公里。2014年，辖4个行政村，27个村民小组，共951户，3866人，其中彝族3146人，藏族69人，蒙古族52人，苗族585人，汉族14人，全乡总面积为179平方公里，人口密度为每平方公里22人。

2014年芽祖乡党政机关设党委、政府、人大、团委、妇联、武装部、纪委、便民服务中心等，共有职工24人，其中公务员15人，事业人员6人，工勤人员1人，大学生村官2人。

【农业与农村经济】 2014年，芽祖乡农林牧渔总产值1678.34万元，比上年增0.8%。其中农业产值545.6万元，比上年增加0.8%；林业产值71.6万元，比上年增8.2%；牧业产值989.24万元，比上年增0.2%；农林牧渔服务业产值71.9万元，比上年增加3.8%；农民外出务工收入639万元，比上年增加59.7%。农民人均纯收入达4965元，比上年增20.3%。全乡粮食播种面积8695亩，粮食总产量1904.8吨，比上年增加5.5%。其中小春粮食产量36.1吨，比上年增加2.3%；大春粮食产量1868.7吨，比上年增加5.6%。培育小春高产片150亩，比上年增加50亩；种植高产杂交玉米2752亩，比上年增加152亩；杂交水稻58亩，比上增加18亩。人均占有粮食492.71公斤，比上年增加5.8%。年末四大牲畜存栏3071头，比上年减少16.2%，其中牛存栏2233头，马存栏623匹，骡存栏205匹，驴存栏9匹，生猪存栏3228头，羊存栏7860只。

【补贴资金】 2014年，芽祖乡水稻良种直补13亩，资金195元；玉米良种补贴2950.5亩，资金2.95万元；小麦良种补贴面积174亩，资金1740元；3项直补总计3.14万元。全乡退耕还林总面积4000亩，每亩补贴240元，补贴资金96万元。退牧还草补贴资金7.11万元。生态补奖资金48.4万元。

【新农村建设】 2014年，芽祖乡新农村建设项目完成滚子棚村93户的房屋改造，新建滚子棚村村活动室1处，共投入资金236万元，截止12月30日，各农户房屋改造工程已完工，村活动室建设预计于2015年3月30日全面竣工。利用一事一议财政奖补资金，投入44万元扩建长12.8公里，宽4米的通组道路，新建长14.3公里，宽4米的通组公路。

【藏区新居改造】 2014年，芽祖乡共投入资金124.8万元对78户村民的房屋进行藏区新居改造。其中热地村32户、滚子棚村27户、周家坪村19户。截止12月30日，已完成42户。

【农田基本建设】 2014年，芽祖乡投入劳动力1150个工日，维修水堰6条，小水塘4口，清溢除埂土石方700立方米，防渗补漏1.88万米。

【农业机械】 2014年，芽祖乡拥有农用载重汽车3辆，私人小汽车15辆、小型农用拖拉机17台，人力脱粒机5台，小型碾米磨面机225台，青饲料机660台，微耕机9台，机耕面积1100亩。

【双增项目】 2014年，芽祖乡核桃面积9626亩，花椒面积781亩，零星核桃株数累计4.12万株，花椒8600株。年核桃产量2.6万公斤，花椒产量5900公斤。

【社会事业】 2014年，芽祖乡农业人口3866人，新增人口41人，出生率为9.8‰，计划生育率100%；死亡8人，死亡率2.7‰；人口自然增长率7.2‰。全乡育龄妇女绝育115例、安环306人、口服避孕药165人、使用药具避孕56人、其他4人，综合避孕率98%。女性初婚三查服务达99%。有乡中心校1所，村小2所，教职工27人，全乡适龄儿童（7—12岁）240人，其中在校生238人，入学率达99.2%。有乡卫生院1所，医生5名，病床6张，乡卫生院发放脊灰糖丸、接种麻疹腮腺炎等共计1635人次，门诊人数749人次，总药费4.63万元；住院人数为176人次，住院总费用达6.64万元；医疗总收入2.03万元。新农合参合人数3264人，参合率达84%，新农保参保人数为1250.2人，参保率达35%。

【民政救助】 2014年，芽祖乡五保户人数为26人，享受最低生活保障的村民727人，残疾人数为117，全年共发放民政款98.24万元。

【光荣榜】 2014年，芽祖乡被木里县委、县政府评为“2014年度护林防火先进集体”。

【领导人】 乡党委书记：杨强（蒙古族）；乡人大主席：沈瓦作（彝族）；乡长：喻安霞（女）；副乡长：杨布若（蒙古族）；纪友胜（蒙古族，2014.11～）

（审稿：杨强/撰稿：李红娇）

卡拉乡

【概况】 卡拉乡乡政府驻卡拉村卡拉组，海拔2620米，距木里县城146公里。2014年辖7个村，27个村民小组，50个自然村，有1042户4264人，全乡幅员面积1294平方公里，人口密度为每平方公里3.3人，共居住着藏、汉、蒙古、布依、苗、彝等6种民族。境内分布着国营卡拉、鸭咀、康坞牧场、鸭咀养鹿场，及鸭嘴河电站和卡拉电站，木里林业局林业管护二处、三处。2014年，乡党委政府设“党政综合办公室”、“经济发展办公室”、“社会事务办公室”、“群众工作办公室”、“农业综合服务中心”，共有干部职工32人，其中公务员15人，事业单位人员10人，工勤人员2人，村官5人，借调2人，跟班学习2人，办理退休1人。

【农业与农村经济】 2014年，卡拉乡乡农林牧渔总产值2650万元，同比增长5.3%，其中农业产值870万元，同比增长13.9%；林业产值145万元，同比增长6%；牧业产值1760.5万元，同比增长10.1%。农民人均纯收入达5963元，同比增长20.05%。全乡粮食播种面积8275亩，粮食总产量1794.7吨，比上年增3.6%，其中小春粮食产量63.8吨，比上年增1.3%；大春粮产量1730.9吨，比上年增3.7%。人均占有粮食421公斤，比上年增4.3%。全乡大牲畜存栏5032头，牛存栏4121头，马存栏821匹，生猪存栏4812头，羊存栏13652只。

【粮食直补】 2014年，卡拉乡玉米补贴面积4107亩，直补资金4.1万元；青稞补贴350亩，补贴3500元，小麦补贴425亩，直补资金4250元。粮食和农资补贴6699.9亩，农资补贴50.82万元，粮食补贴5.57万元，共56.4万元。

【退耕还林】 2014年，卡拉乡兑现退耕还林款132万元、集体林补偿资金12.75万元、草原生态奖补资金55万元；省级、县级返森林植被恢复造林设计6800亩，总造价272万元，已兑现40%的启动资金108.8万元；2014年卡拉乡完成7个村12万穗经果林免费嫁接统计规划上报工作。

【新农村建设】 2014年，卡拉乡争取强农惠农项目，推进新农村建设，加强增产增收。其中一事一议项目投入资金55万元，完成5个村10公里的村内驿道路维修，在苦苦村岩脚组建成1座长30米宽1.5米的铁索桥；利用浙江省对口帮扶项目计200万资金，解决玛瑙村106户群众的房屋改造。投入100万元立项实施藏区连片开发项目，其中60万元用于新修4公里通组公路，利用40万元培育10户养羊专业户，建成160亩中药材种植示范基地。投入19.6万元为107户村民安装107台太阳能热水器；争取藏区新居建设项目资金共计156万元，解决6个村78户村民房屋改造；争取新农村建设项目资金49.6万元，完成卡拉村31户村民房屋改造。在县扶贫办、农办的支持下投入100万元，拟规划建设卡拉、玛瑙村的村活动室；争取47万元藏区项目，解决康坞大寺基础设施、安全饮水及僧舍改善；争取安全饮水项目资金8万元，解决麻撒村和卡拉村的人畜饮水问题；完成田镇村、草坪村和苦苦村共52公里的通村公路设计规划及招投标工作，项目总投资600余万元，已在施工建设。

【公共文化服务建设】 2014年，卡拉乡投入资金15万元，在田镇村建设里汝文化保护发展项目，成立里汝文化文艺表演队，并发挥他们在基层宣传党的方针政策、科普知识、法律知识，丰富活跃群众文化生活等方面的作用。

【农田基本建设】 2014年，卡拉乡建成苦苦村30万的种植业配套灌溉工程，央沟村、田镇村17万的经果业配套灌溉工程，解决了全乡基本灌溉引水问题；完成小春定案面积540亩，大春定案面积6709亩，调进玉米良种4.5吨，洋芋种5吨，地膜2吨，复合肥1吨，新推广罗单7号、靖丰8号、云试5号、万单4种品种。无偿分配尿素5吨，调运发放救灾物资尿素5吨、地膜3吨及复合肥2吨。

【农业机械】 2014年卡拉乡拥有农用载重汽车12辆、农家私人小汽车29辆，小型农用拖拉机74台，人力脱粒12台，机座柴油机123台，磨面机287台，青饲料机280台，粉碎机23台，农耕机80台，机耕面积964亩。

【双增项目】 2014年，卡拉乡种植核桃6758亩，零星株数4.6万株，产量21.28万公斤，花椒868亩，花椒零星株数8万株，产量6.96万公斤。药材9.6万公斤，松茸0.87万公斤，干菌0.23万公斤。

【社会事业】 2014年，卡拉乡完善计划生育基层基础工作，全年出生42人（包含往年出生未报4人），其中一孩33人，两孩4人，三孩1人。死亡44人，奖励扶助新增1户、少生快富新增3户、特别扶助3户。加大新型农村合作医疗保险费收缴工作，全年参合人数3876人，收缴资金24.57万元，其中低保、五保1146人，参合率达到90.9%，解决了农民就医难、看病贵的问题；有乡卫生院1所，医生9人，病床9张，全年门诊、住院享受减免报销4324人次，报销总金额35.74万元，统筹支付30.88万元，为0至6岁儿童完成计划免疫接种2396针；有中心校1所，校点2个，有教师22人，在校生265人，学龄儿童入学率97%，巩固率98%。2014年乡学校投入约12.98万元资金用于维修学生住宿楼及教师，改善学生住宿和学习环境，投入20.61万元实施九年义务教育“营养餐”计划，改善在校贫困学生生活；2014年全乡开展残疾人调查摸底工作，为全乡87名残疾人建档案，完成个人信息网上录入。为所有持有二代残疾证的46名一、二残疾人提供生活补助资金，县残联为全乡40名残疾人发放1万元的“助残日”慰问金，为6名残疾人发放3600元“居家托养”补助资金，为5名残疾人提供2500元“居家灵活就业”创业补贴。为全乡贫困家庭发放贷款利息补贴18.04万元，发放救灾救济款9万元，低保资金116.68万元，并为39名80岁以上老人发放补贴2.46万元。所有涉农资金都实现了“一卡通”发放；全乡参加养老保险和续保1612人，60周岁到龄11人，上缴资金22.64万元，参保率为32.5%；2013年能繁母猪入保1099户，入保金额13188元，入保率为69.2%，全年能繁母猪死亡理赔36例，涉及理赔资金3.6万元，全乡农房保险入保258户，入保资金11610元。全乡小额保险入保429人，入保资金1.16万元。完成全乡林业保险和土地保险的入保续保工作和全乡1042户农户的基础信息收集工作，为农户办理社会保障卡487张；组织协调卡杨公路施工影响区遗留问题复核兑现工作，兑现资金87.23亿元，解决草坪村村民房屋、土地被施工单位永久性征占用问题，协调卡杨公路土建六标赔偿草坪村220万的引水灌溉项目，骆驼组11万的灌溉引水项目。2014年乡政府办公楼、住宿楼主体工程修建完成投入使用，总投入资金500余万元。

【光荣榜】 2014年，卡拉乡人民政府被木里县委、县政法委、县公安局授予“维稳先进乡（镇）”荣誉称号；卡拉乡康坞大寺驻寺工作组被中共木里县委、县政府授予“先进集体”荣誉称号；公务员李文芬被县妇联评为“优秀妇女工作者”。

【领导人】 党委书记：扎西杜基（藏族）；党委副书记、纪委书记：杨斌（藏族）；乡长：秦朝华；副乡长：罗洪霞（女）、汤成华

（审稿：秦朝华/撰稿：吕世玉）

倮波乡

【概况】 倮波乡位于木里县东北边缘，乡政府驻地瓦岗村瓦岗组，海拔2700米，距县城180公里。2014年辖5个行政村、25个村民小组、41个自然村，共1449户6043人。居住着汉族、藏族、彝族、蒙古族4种民族，其中彝族2544人，占总人口的42%；藏族1713人，占总人口的28%；汉族1567人，占总人口的26%；蒙古族215人，占总人口的3.5%。全乡总面积316平方公里，人口密度为每平方公里19人。

全乡共有工作人员27人，其中公务员16人（其中选调生3人，督导员4人），事业人员4人，村官5人，工人1人。

【农业与农村经济】 2014年，倮波乡耕地面积9575亩；全乡农业生产总值达3432.4万元，其中农业产值1498.1万元；牧业产值1801.3万元；林业产值82.8万元；渔业产值10.9万元；农林牧服务业产值39.2万元。粮食总产量达1971.6吨，其中小春粮食达262.6吨。全乡种植杂交玉米3780亩，地膜覆盖面积1207.6亩，推广洋芋高箱垄作600亩，农作物综合防治病虫害1250亩，种植蔬菜194亩，种植核桃10898亩，花椒15亩。2014年，倮波乡农民人均纯收入已达到5842元。引进良种猪种22头，全年出栏肥猪5164头；养殖本地土鸡1.1万只。2014年全乡肉类总产量806吨，牲畜存栏2.26万头（只），其中猪5164头、牛7064头、羊8952只。

【退耕还林】 截止2014年，倮波乡共实施退耕还林工程面积3000亩，共两批涉及农户610户，第一批面积3000亩经济林已初见成效，成为农牧民增收致富的重要产业，国家每年补贴78万元。

【退牧还草】 截止2014年底，倮波乡共实施退耕还草工程3200亩，其中禁牧区2500亩，休牧500亩，涉及全乡102户504人，国家每年补贴11万元，在防止草场沙化和永续利用上起到了良

好作用。

【社会事业】 2014年倮波乡有中心校1所；锦屏希望小学1所；村小4所；共有教职工75名，中心校设有1个小学部和1个初中部。共有教职工75名，在校学生1071名，入学率达99%，巩固率达98%；毕业率达100%。全乡青壮年脱盲率达86%，脱盲人员巩固率100%。

2014年底倮波乡参合率已达100%，有乡卫生院一所，医生7名，病床5张，全年接诊病人2464人，住院527人，共计报销费用22.35万元。另全乡还有四个村级卫生站，共有持证乡村医生4人。

全乡人口自然增长率控制在6‰以内，计划生育率95%，节育率91%。新农合参保1321户，5137人，五保户50人，补助26.5万元，享受农村低保1280人，发放低保资金133.68万元。

【基础设施建设】 2014年，倮波乡人畜安全饮水工程和水源维修工程。共投入资金180多万元。对重点区域的蓄水池、堰沟、管道进行维修、加固，对境内两条大堰（干海子大堰、瓦岗大堰）进行加固维修。

2014年，倮波乡被纳入基政建设项目实施乡镇，通乡油路项目立项。倮波乡龙卧洞村被纳入藏区整村推进计划，投入资金100万元，其中60万元用于交通项目建设，40万元用于扶持全村重点养殖户，主要以山羊养殖为主。

“光明工程”建设。干海子村和瓦岗村由村民自发组织修建，率先实现电网基本改造，用上了锦屏电站输送的稳定电。龙卧洞村和磨子沟村也正在进行农网改造。

【护林防火和防汛】 倮波乡重视护林防火工作和防汛工作。2014年，全乡未发生一起森林火灾，创造了连续39年无森林火灾的新记录。

防汛期，全乡共设置29个观测点，对重点区域进行全时的观测。对地质条件确实存在严重隐患的区域，由乡政府牵头，相关村组干部具体负责，协调该区域的居住群众。进行科学的防范教育，尽力向上级争取相关项目，辅助有序搬迁。2014年，全乡发生小规模的泥石流滑坡3次，造成实际经济损失8万多元，未造成人员伤亡。

【党的群众路线教育实践活动】 2014年，倮波乡党的群众路线教育实践活动在县法院、县计生局和县新农合管理办等包乡单位的协调组织之下，下派工作组，对全乡5个村挨户走访，了解民情，倾听民声，汇集民心。共收集建议和意见20余条，重点包括公路、电力等方面。对于能够解决的问题，第一时间安排专人进行解决，对无法解决的问题，已收集整理，及时汇报。各负责领导深入开展批评与自我批评，建立问题清单，认真落实，对照检查，按时按质整改落实，截至2014年底，对所有发现的问题进行了整改。

【党风廉政】 2014年，倮波乡按照“坚持标本兼治、综合治理，惩防并举，注重预防的方针”，党委成立了领导机构，明确了责任分工，建立了党务、政务公开的各项制度，与各村及乡级部门签定廉政责任书。年初个人及班子进行承诺，年底班子及成员进行述职述廉，认真监督了各村及乡级部门的各项工作，做到了党务、政务公开、村务公开及校务、院务公开，有效地遏制了违纪违规案件的发生。

【光荣榜】 2014年，倮波乡被木里县委、县政府评为护林防火先进集体，创造连续39年无森林火灾的纪录。

【领导人】 乡党委书记：杨文军（藏族）；副书记：罗德（彝族）；乡长：罗德（彝族）；副书记、纪委书记：李春华（彝族）；副乡长：陈

卫华；乡人大主席：朱长清（藏族）

（审稿：杨文军/撰稿：李雪松）

后所乡

【基本情况】 后所乡位于木里县城西南边缘，木里河与卧罗河汇流的三角地带，乡政府驻田坝村田坝组，距县城35公里。2014年，后所乡幅员面积214平方公里，全乡辖呷古村、岩理村、中心村、田坝子村、上野洛村5个行政村，33个村民小组，共有1576户6695人，人口密度每平方公里31人。

2014年，后所乡党政设党委、政府、武装部、团委、妇联、党政办、民政办、农业综合服务中心、畜牧兽医站、国土站、交管办、计生办，共有职工33人，其中公务员15人，事业人员6人，村官5人，工勤人员4人，三支一服1人，畜牧兽医1人，司法员1名。

【农业与农村经济】 2014年，后所乡农林牧渔总产值为2903.2万元，其中农业产值为1574.3万元；农民人均纯收入5994元，比上年增20%。粮食播种面积1.51万亩，比上年增长1.6%，粮食总产量3260.1吨，比上年增长7.9%；其中小春粮食381.5吨，比上年增2.7%，稻谷173.3公斤，与上年持平；玉米944吨，比上年增长1%，洋芋46.4吨，比上年增18.3%；荞类23.7吨，与上年持平；豆类161.8吨，比上年增3.9%。年末大牲畜存栏3705头（只），比上年增14%；其中牛存栏2485头，比上年增8.2%，马存栏1040匹，比上年增1.7%，生猪存栏8987头，比上年增5.8%，羊存栏1.15万只，比上年增1%。

【退耕还林】 2014年，后所乡退耕还林总面积4900亩，补助资金127万元。

【退牧还草】 2014年，后所乡禁牧草场面积4万亩，休牧草场面积4万亩。

【基础实施建设】 2014年，后所乡5个村完成通村公路建设10.6公里，通组32公里，架设人畜饮水管道71公里，蓄水池36个，全乡5个村农户基本饮用上安全优质水，改造水堰5条27公里，保证了18个组2539亩耕地的灌溉。

【双增项目】 2014年，后所乡核桃面积2.33万亩，花椒面积2922亩，零星核桃株数累计41.64万株，花椒17.18万株。年核桃产量26.54万公斤，花椒产量5.98万公斤，木耳产量400公斤，采松脂300公斤，蘑菇800公斤。

【社会事业】 2014年，后所乡有学校5所，教师53名，在校学生有902人，入学率达99%，巩固率100%，辍学率为0.44%，毕业率100%；全乡有卫生院6所，医生7名，产床1张，病床7张；全年门诊2701人次，住院510人次，新农合报销总费用34.2万元；全年人口出生82人，出生率12‰，死亡48人，死亡率8‰，自然增长率8‰，低于县下达指标，新增农村“少生快富”7人，“三结合”4户；全年共有五保户59户59人，人均年发放生活补助4800元；享受农村低保有796人，发放低保资金85.97万元；新农合参合人数有5848人，参合率达到88%。新农保1685人，参保率为25%。

【光荣榜】 2014年，李勋友被木里县人民政府评为武装工作县级先进个人；陈宽鑫被木里县人民政府评为经济普查县级先进个人。

【领导人】 党委书记：罗建民（兼人大主席）；政府乡长：马泽富（彝族）；副书记：毛正发（彝族）、杨菁菁（女，蒙古族）；副乡长：仁青祝玛（女，藏族）、李勋友

（审核：罗建民、马泽富/撰稿：陈宽鑫）

西秋乡

【基本概况】 西秋乡位于木里县西部，乡政府驻地咪核村西秋组，海拔2560米，距县城55公里。2014年西秋乡下辖3个行政村，15个村民小组，共765户3431人，居住有汉、苗、彝、藏、蒙古、壮、纳西七种民族，其中汉族人口1199人，苗族人口798人，彝族人口570人，蒙古族人口539人，藏族人口322人，其它民族3人，其中藏族人口占全乡总人口的9.3%。全乡幅员面积132.33平方公里，人口密度为24人/平方公里。

2014年西秋乡党政设党政办、武装部、综合服务中心、民政办、计生办、司法所、派出所，年末有职工24人，其中公务员18人，事业人员6人。

【农业与农村经济】 2014年，西秋乡农林牧渔总产值（现值）1315.4万元，比上年增28%，其中农业产值699.8万元，比上年增25%；林业产值69.7万元，比上年减少36%；畜牧业产值480.35万元，比上年增30%。农民人均纯收入5988元．全乡粮食播种面积9797亩，粮食总产量2094.66吨，比上年增8%，其中小春粮食产量325.38吨，比上年增2%，大春粮食产量1831.5吨，比上年增12%，人均占有粮食679.7公斤，比上年增15%。年末四大牲畜存栏3679头（只），比上年增35%，其中牛存栏数2236头，马存栏1164匹，骡子存栏25匹，驴存栏3匹；羊存栏5216只，猪存栏6028头。

【粮食直补】 2014年，西秋乡水稻良种补贴面积207.9亩，每亩补贴15元，合计补贴0.3万元；玉米补贴面积3079.5亩，每亩补贴10元，合计补贴3.1万元，粮食直补和综合直补总面积4952.68亩，共计惠农资金53.08万元。

【林业产业】 2014年，西秋乡国家补贴退耕还林补助每亩260元，全年国家补贴资金52万元。完成经果林种植5001.9亩；完成全民义务植树任务1万株，占任务的80%。

【护林防火】 共张贴护林防火永久性宣传标语60条，张贴省、州、县森林防火命令20张，发放防火通知书600份，刷新宣传牌15块，召开专题会议4次，签订《森林防火责任书》15份，全乡年内无火警和森林火灾。共审批民用材63证130立方米（蓄积量）。

【草原生态补奖】 2014年，西秋乡草原生态补奖总面积4.4万亩，其中禁牧3.5万亩，休牧9000亩，补贴资金4.01万元。

【“一事一议”项目】 2014年，西秋乡“一事一议”项目实施15个村民小组，其中咪哑村安全饮水工程、日布佐村水堰建设工程、咪核村管网建设工程现大部分工程已基本竣工。

【基础设施建设】 2014年，西秋乡完成新修公路6公里，维修公路24公里，在咪核村完成3.5公里的泥结碎石通组公路，1.2公里入户路硬化；完成两个村10个组的安全饮水工程，解决了2000余人的安全饮水，完成一个移民后靠点的安全饮水工程建设；保障县城到西秋乡的两条主干道在汛期间畅通；做好无电地区电网改造工程。

【科技和培训】 2014年，西秋乡完成沼气池建设87口，全乡沼气覆盖率将达到30%以上。组织开展新型农民培训和各类科技培4期1100余人（次）。

【双增项目】 2014年年末，西秋乡实有核桃成片面积5736亩，年末实有核桃零星株数9.2万株，核桃产量79.5吨；年末实有花椒成片面积712亩，年末实有花椒零星株数1.32万株，花椒产量20.5吨。

【社会事业】 2014年，西秋乡有中心卫生院一所，共有医务人员5人，病床9张，全年接诊2752人（次），其中住院治疗415人次，门诊治疗2337人次，全年总收入33.42万元，其中药剂费24.3万元，住院费1.67万元，治疗费2.15万元，材料费0.51万元，护理费0.83万元，氧气费0.57万元，检查费0.12万元，一般诊疗费2.34万元，农民直接受益29万元。入住院分娩45人，住院分娩率达98%，新法接生率达98%。2014年计划免疫：0—4岁儿童脊灰强化免疫接种277人次，接种率达96%，于2014年5月完成了第一轮次；接种麻疹疫苗139针次，接种率98%；接种卡介苗42针次，接种率达100%；接种白百破疫苗400针次，接种率达98%；接种乙肝疫苗265针次，接种率达98%。开展对“艾滋病、肺结核”等重大传染病和野生菌中毒的防治知识宣传，累计开展培训14次，老年人健康免费体检管理177人，公共卫生服务12次，高血压管理88人次，孕产妇管理随访42人次，直接受训3000余人次。

2014年，全乡出生人口45人，计划生育率为91.8%；死亡人口22人；2014年全乡成功办理《独生子女父母光荣证》4户；全乡已婚育龄妇女636人，已落实各种避孕节育措施568人，综合节育率为90.4%。享受“奖励扶助”4人，补助金额0.4万元，“少生快富”8户，补助资金2.4万元。

2014年，西秋乡有中心中小学校一所，村级小学校点2个，有教师51人，在校学生556人（其中中学生有208人，小学生348人），入学率为100%，小学巩固率为100%，初中巩固率为99%，成功动员流失学生1名返校继续求学。全乡低保人数578人，享受补助资金60.53万元，农牧民救助金13.47万元，五保28人，补助资金9万元。全乡能繁母猪参保924头，其中报销保险能繁母猪27头；农村养老保险参保人数1310人，参保金额为18.82万元。全乡农村新型合作医疗保险参合人数731户，2937人，参合率99.49%。

【光荣榜】 2014年，西秋乡政府被县人民政府评为27年无森林火灾先进集体；被县人民政府评为2014年统计基础建设先进集体；2014年西秋乡政府被县人民政府评为2014年藏区稳定工作先进集体。

【领导人】 乡党委书记：周大顺；政府乡长：张明秀（女，蒙古族）；纪委书记：纪友胜（蒙古族，～2014.11）；政府副乡长：晓央宗（女，藏族）、王春贵（苗族）

（审稿：周大顺、张明秀/撰稿：杨建国）

克尔乡

【概况】 木里藏族自治县克尔乡位于县城西北部，乡政府所在地阴山村阳山组，海拔2550米，距县城67公里，全乡总面积252.5平方公里，人口密度为每平方公里17人。2014年克尔乡辖3个行政村18个村民小组，共995户4167人，聚居着彝族1775人，占总人口的42.9%；汉族1362人，占总人口的32.5%；蒙族107人，苗族20人等6个民族。

2014年，克尔乡党政机关设党委、政府、人大主席团、团委、妇联、武装部、纪委、综合服务中心、司法、畜牧兽医等，共有职工21人，其中公务员15人，事业人员6人。

【农业与农村经济】 2014年克尔乡农林牧渔总产值2924.2万元，比上年增长4%，其中农业产值1349.9万元，比上年减少13%；林业产值101.2万元，比上年减少7%；畜牧业产值1414.4万元，比上年增长47%；渔业产值6.4万元，比上年增加8.4%；农林牧渔服务业52.3万元，比上年减少37%。农民人均纯收入达到5828元，比上年增长2.7%。克尔乡粮食播种面积1.07万亩，粮食产量2002.13吨，比上年减少3%，其中小春粮食产量1724.3吨，比上年减少4%，大春粮食产量1737.8吨，比上年减少9%。人均占有粮食496公斤，比上年减少2%。年末四大牲畜存栏3758头（匹、只），比上年减少7%，其中牛2581头，马1085匹，骡89匹，驴3头，生猪7203头，羊9036只。

【新农村建设】 2014年，克尔乡“一事一议”资金20万元用于阴山村道路建设；20万元用于宣洼村道路建设；20万元用于彭姑村村道路建设；20万元用于宣洼村2号桥建设。

【农田基本建设】 2014年，克尔乡种植杂交玉米3000亩，完成玉米地膜种植面积3000亩；推广洋芋脱毒薯面积2500亩，种植洋芋高产片100亩。建成小麦高产片100亩。

【农业机械】 2014年，克尔拥有小型拖拉机68辆，人力喷雾机13台，磨面机8台，粉碎机5台，青饲料机254台，微耕机121台，微型小水电165台。

【双增项目】 2014年，克尔乡实有核桃成片面积6198亩，核桃零星株数1344株，年产核桃15.09万公斤，年产值150.09万元；克尔乡实有花椒成片面积1646亩，花椒零星株数8.97万株，年产花椒1.92万公斤，年产值19.2万元。

【社会事业】 2014年，克尔乡农业人口4167人，新增人口47人，出生率为10.89‰，死亡25人，死亡率为5.79‰，自然增长率为5.10‰，符合政策生育率为100%。克尔乡已婚育龄妇女816人，其中安环9例，女扎3人，使用避孕药具769人，节育率达98.58%。克尔乡在校生392人，中心校353人，村小52人，入学率100%。克尔乡全年接种计划免疫476人，接种麻疹疫苗421人，接种百日破365人，接种乙肝疫苗387人，麻疹腮腺炎疫苗397人，甲肝疫苗374人，全年发放“脊灰糖丸”227人。克尔乡住院人数476人，报销药费12.3万元；门诊治疗475人，报销治疗费6.8万元。克尔乡拥有电视机998台，电话座机32部，手机2597部。克尔乡五保户供养27人，享受供养资金每年4800元；享受低保257户630人，克尔乡全年低保补助66.68万元。少生快富4户，户补助资金3000元，共计资金1.2万元；奖励扶助农户2户，每户年补助资金720元，共计资金1440元。

【光荣榜】 2014年，毛龙布被木里县人民政府评为“第三次经济普查先进个人”。

【领导人】 乡党委书记：兰纪体（彝族）；人大主席：王志坚（彝族）；乡长：李源；党委副书记、纪委书记：孙丽（女）；副乡长：呷茸（藏族）、毛古哈（彝族）

（审稿：李源/撰稿：毛龙布、付子木）

东朗乡

【概况】 东朗乡是一个藏族聚居乡，位于木里县西北部，乡政府驻地绒佐村绒佐组，海拔2810米，距县城271公里。2014年东朗乡辖绒佐、亚英、向阳3个行政村，12个村民小组，共506户2752人，全乡幅员面积574平方公里，人口密度为5人/平方公里。居住有藏、汉、彝、纳西、蒙古族五种民族，其中汉族13人，彝族12人，蒙古族4人，纳西族1人。藏族人口为2722人，占全乡总人口的99%。2014年东朗乡党政机关设党委、政府、人大主席团、团委、妇联、武装部、纪委、综合服务中心等，共有职工28人，其中公务员15人，事业人员12人，工勤人员1人。

【农业与农村经济】 2014年，东朗乡耕地面积3581亩，人均1.34亩，全为旱地，种植小麦、大麦、青稞、玉米、荞子、燕麦、洋芋为主，蔬菜种植极少。2014年，农林牧水渔产值1555.7万元，其中农业产值361.3万元，林业产值52.4万元，牧业产值1025.4万元，渔业产值72.1万元，农林牧渔服务业产值44.5万元。2014年，产粮食5027百公斤，人均1.88百公斤。其中小麦2073百公斤，大麦317百公斤，青稞899百公斤，玉米2299百公斤，荞子256百公斤，燕麦5百公斤，洋芋3785百公斤、蔬菜1795百公斤，其他谷物420百公斤。畜牧业以牛、猪、羊、家禽为主。2014年牦牛年末存栏为385只；猪年末存栏为3057只；马年末存栏为540只；骡年末存栏为72只；羊年末存栏为673只；家禽鸡年饲养量2472只。其中具有特色的是藏香猪、藏香鸡。2014年，东朗乡农民人均收入6000元。

【林业工作】 2014年，东朗乡国家补贴退耕还林补助每亩260元。生态补助8.34万亩，其中禁牧3.34万亩，每亩6元，平衡5万亩，每亩1.5元，共27.54万元。全年国家补贴资金579.54万元。完成义务植树任务2万株，占任务的98%；张贴护林防火永久性宣传标语18条，张贴省州县森林防火命令89张，发放防火通知书450份，刷新宣传牌19块，召开专题会议5次，签订《森林防火责任书》10份。2041年，全乡无火警和森林火灾。

【“一事一议”项目】 2014年，东朗乡“一事一议”项目资金实施3个村，安装太阳能452台，涉及资金12万元。三个村农田灌溉设施建设涉及资金24万元。

【农业机械】 2014年，东朗乡拥有农业载重汽车20辆，小型拖拉机232辆，座机柴油机137台，抽水机5台，人力喷雾器7部，磨面机6台，粉碎机8台，脱壳机7台，旋根机115台，

【双增项目】 2014年，东朗乡核桃产量945公斤，花椒产量105公斤。核桃种植成片面积5108亩，零星309百株，花椒种植面积零星312百株。鸡自宰及出售1790只，猪出售及自宰2892头；羊出售及自宰259只，牛出售及自宰444头。

【社会事业】 2014年，东朗乡有乡、村级医疗卫生机构4个，共有医务人员7人，其中护士4名，执业助理医师3名，病床4张。接诊1344人次，住院323人次，报销费用21.35万元。全乡村民全部参加农村新型合作医疗保险，参合率100%。开展对“艾滋病、肺结核”等重大传染病和野生菌中毒的防治知识宣传，累计开展培训6次，艾滋病防治知识培训3次，直接受训2500余人次。

2014年，东朗乡有中心中小学校一所，村级小学校点4个，教师27人，在校学生292人，小学适龄儿童入学率达99.8%，升学率达99.8%，巩固率达100%。

2014年，东朗乡享受低保人数314人，五保25人；农村养老保险参保人数1722人，参保金额为14.48万元，全年60周岁以上老人享受养老保险费的345人，领取养老保险金23.8万元。

【新农村建设】 2014年，东朗乡争取到全乡318户卫生间太阳能安装，人畜分居、分道及乡村道硬化，院坝硬化等项目建设，共投入使用水

泥863吨。

【供电】 2014年，东朗乡有五个光伏聚集点，小水电25个，保证全乡照明。

【光荣榜】 2014年，东朗乡政府被凉山州委、州政府评为凉山州十年扶贫开发工作先进集体；被木里县委评为藏区维稳先进乡；被木里县委、县政府评为全县维稳综治信访工作先进集体。龙布泽仁、翁苏杜基、杜基被木里县人民政府评为木里县护林防火先进个人。

【领导人】 乡党委书记：鲁绒研珠（藏族）；党委副书记：次尔拥宗（女，藏族）；人大主席：益西吉村（藏族）；乡长：扎西龙布（藏族）；副乡长：何文华（彝族）、严若（纳西族）、张林俊

（审稿：扎西龙布/撰稿：方帮燕）

麦日乡

【概况】 麦日乡位于木里藏族自治县西北部，乡政府驻麦日乡曲公村曲公组，海拔2720米，距木里县城297公里、距茶布朗镇120公里。2014年，麦日乡辖4个村，13个村民小组；全乡共有559户，总人口2854人，其中农业人口2854人，藏族人口为2854人，占全乡总人数的100%。全乡总面积625.2平方公里。

2014，年麦日乡党政机关设党委、政府、人大主席团、团委、妇联、武装部、纪委、综合服务中心等，共有职工22人，其中公务员10人，事业人员8人，工勤人员1人，村官3人。

【农业和农村经济】 2014年，麦日乡全乡粮食播种面积6357亩，人均2.23亩，全为旱地，以种小麦、大麦、青稞、玉米、洋芋为主。生产粮食总产量11011百公斤，人均4.26公斤，其中小麦2200百公斤，大麦400百公斤，青稞1000百公斤，玉米2480百公斤，洋芋3500百公斤，农业产值366.2万元。畜类以牛、羊、猪、马、家禽为主。2014年，牛存栏4224头，马存栏435匹，生猪存栏3450头，羊存栏2968只，家禽鸡存栏1600只。牧业产值1342.6. 其中具有特色的是藏香猪、藏香鸡。全乡农民人均收入为5668元。农林牧渔总产值1805.9万元。

【新农村、藏区新居建设】 2014年，实施麦日乡格伊、日龙两个村新村建设项目137户、藏区新居50户，新村落实配套187户的卫生间太阳能热水器的安装，两村实现人畜分居、入户路及村道硬化、院坝硬化等项目，共投入水泥1148吨，共投入资金337万。争取哈朗村易地移民40户，投入资金120万。

【双增项目】 2014年，麦日乡种植核桃零星株树3.06万株，产量4.14万公斤，花椒1836株，产量1868.9公斤。松茸581公斤，虫草89公斤，干菌42公斤。

【退耕还林】 2014年，麦日乡退耕还林共1500亩，每亩补助260元，共计补助39万元。

【草原生态补奖】 2014年，麦日乡草原生态补奖补助共计52.2万元。

【农业机械】 2014年，麦日乡拥有农用载重汽车14辆，小车49辆，小型农用拖拉机319台，摩托652辆。

【社会事业】 2014年，麦日乡农村享受最低生活保障143人，五保19人，有乡中心校1所，村小7所，在职教师30人，教学班11个，在校学生181人，学龄儿童入学率100%，巩固率100%。全年新型农村合作医疗参合人数2600

人，占全乡总人数的90%。有乡卫生院1所，医生3人，护士2人，病床4张，全年接诊1850人，收入9.78万元，报账8.3万元，住院437人，收入14.7万元，报销金额14.66万元。2015年新安装电视接收机150套。

【光荣榜】 2014年，麦日乡政府被木里县委、县政府评为护林防火先进集体，实现无森林火灾58年。

【领导人】 党委书记：张文生（藏族）；副书记（纪委书记）：朗杰公布（藏族）；副书记（代乡长）：仁青扎西（藏族）；副乡长：王小龙（藏族）、品初益西（藏族）、扎西偏初（藏族）

（审稿：张文生/撰稿：陈付英）

唐央乡

【概况】 唐央乡位于木里藏族自治县境北部边缘，乡政府驻地普尔村瓦朗组，距县城269公里。2014年唐央乡辖普尔、格若、桐窝、里多4个行政村，25个村民小组、41个自然村，居住着藏族、彝族、汉族、蒙古族等4种民族，共898户4391人，其中藏族2451人，占总人口的55.82%；彝族1884人，占总人口的42.9%，其他民族56人，占总人口的1.28%。2014年唐央乡幅员面积1251.93平方公里，人口密度为每平方公里3.3人。其中农业人口4339人，占总人口98.8%。

2014年唐央乡党政设党委、政府、团委、武装部、综合服务中心，年末有职工30人，其中公务员15人，事业人员10人，工勤人员1人，村官4人。

【农业与农村经济】 2014年，唐央乡农林牧渔总产值1937.6万元，比上年增收0.9%，其中农业产值557.3万元，比上年增15.7%；林业产值30.1万元，比上年增2.3%；牧业产值1278.1万元，比上年减21.6%，渔业产值11.6万元，全乡农民人均纯收入达5567元，比上年增20.7%。全乡粮食播种面积7529亩，粮食总产量1497吨，比上年增4.7%，其中小春粮食产量33.4吨，比上年增0.3%；大春粮产量1415.2吨，比上年增4.7%。年末大牲畜存栏9448头，比上年增加13%，其中牛存栏7813头；马存栏1324匹；骡存栏316匹；生猪存栏9275头；羊存栏6341只。

【补贴项目】 2014年，唐央乡发放粮食直补4.32万元和综合补贴51.88万元；发放良种补贴5.16万元，退耕还林补贴80.6万元；完成家电下乡补贴3.5万元，汽车、摩托车下乡补贴1.3万元。

【农林管种】 2014年，唐央乡农作物总播种面积8043亩，林地面积7500亩。其中粮食播种面积7458亩，经济作物播种面积800亩，实现核桃产量2万公斤，花椒产量0.31万公斤，松茸9万公斤。全乡推广新机具21套，补植补造1200亩，全年实现森林管护面积4.67万亩，巩固退耕还林成果3100亩。

【基础设施建设】 2014年，唐央乡投入劳动力2600多个工日，新建设朗根组通组公路5公里，维修桥梁1座。沿河公路至日窝组，四撒寺的乡村公路正式开建，全长23公里。昏纱一组和撒窝、恩地组藏区新居改造101户，日窝、然里新农村建设改造54户。全乡4个行政村已实现村村通公路，25个村民小组通组公路改扩建有序推进，农村生产生活条件得到极大改善。加强饮用水源保护，确保饮用水安全，新建房屋统一规范建设化粪池，人畜分离，杜绝垃圾下河，全年无污染事故发生。

【环境整治】 2014年，唐央乡继续把城乡环境综合治理工作作为“一把手”工程，采取有力措施，狠抓城镇“五乱”和农村“三乱”治理工作，分别修建了普尔村下通坝组、里多组垃圾池，生活垃圾无害化处理达率98%。建设农村无害化卫生厕所78座。

【社会事业】 2014年，唐央乡狠抓“精准扶贫”工程和社会保障工程，扶贫户建档立卡220户，1056人。2014年全年减少贫困人口156人。农村医疗人均救助达到150元，城市医疗人均救助达到150元；全面完成低保人数扩面，做到应报尽保，农村低保人员人均救助90元/月；供养五保户40人，全乡农村合作医疗参合率98.5%。

2014年，唐央乡计划生育率90%，避孕节育落实率和及时率分别达到94%、95%，流出育龄妇女寄证率97%，流入人口持证率100%，流入育龄妇女“三查率”100%，人口自然增长率控制在2‰以内。

2014年，唐央乡实现农村新增就业35人，失地无业农民再就业解决6人。开展农村劳动力职业技能培训，转移农村劳动力完成412人次，实现劳务收入368万元。广播电视村村通工程有序推进，发放卫星接收设备76套，丰富了农民的文化生活。

2014年，唐央乡卫生院有医生2名，护士3名，床位5个，全年门诊治疗近2000人次，门诊、住院报销12万余元。全乡老年人、孕产妇健康档案整理完成70%。拥有乡中心校1所，村小7所，共有教师30人，学生419人，适龄儿童入学率100%，小升初升学率达85%。

【安全维稳】 2014年，唐央乡狠抓安全生产和藏区维稳，落实领导干部和工作人员“一岗双责制”，深入开展百日安全活动和安全隐患大排查，强化安全生产目标考核管理，强力整治非法客运，和建筑安全、学校安全、消防安全等重点隐患，有效地遏制了较大安全事故的发生。扎实开展寺庙维稳和矛盾大调解活动，创新社会管理，共排查调处矛盾纠纷198件，调解率100%，成功率95%；做好被征地农民征地补偿及安置兑付工作，维护了社会大局的稳定。

【党的建设】 2014年，唐央乡在党委、政府的领导下，深入践行党的群众路线，切实转变干部作风，入村入户开展“民情调查”，努力增强机关干部的主动为民服务意识，建立和完善各项工作考核制度，规范办事程序，严肃工作纪律，严格执行中央“八项规定”，省委“六条禁令”进一步增强全乡机关干部的勤政廉政意识。

【光荣榜】 2014年，罗华被木里县委、政府评为藏区维稳先进个人；辖区牙根寺和四撒寺被木里县委、政府评为平安寺庙。

【领导人】 乡党委书记：谢南卡（藏族，兼乡人大主任）；乡长：罗正华（~2014.12）；副书记：泽仁旦珠（藏族）；副乡长：何勇、罗华（彝族）

（审稿：谢南卡/撰稿：刘磊）

博窝乡

【概况】 博窝乡位于木里县北部，乡政府驻坑古村坑古组，海拔3500米，距木里县城280公里，距茶布朗镇170公里。2014年辖3个行政村、14个村民小组，境内居住有汉族、彝族、藏族、苗族、蒙古族等5种民族409户，共1939人，其中藏族1583人，占总人口81.6%。总人口中农业人口1834人，占总人口的94.5%。全乡幅员面积805平方公里，人口密度为每平方公里2.4人。2014年，博窝乡党政机关设党委、人大主席团、政府、纪委、团委、妇联、武装部、综合服务中心，共职工 19 人，其中公务员 11 人，事业人员 8 人。

【农业与农村经济】 2014 年，博窝乡农林牧水渔总产值 800 万元，粮食总播种面积 4598 亩，粮食总产量 893.4 吨，其中大春粮食 773 吨，小春粮食 120.4 吨，人均占有粮食 460 公斤。年末大牲畜存栏 3237 头（匹），其中牛 2244 头，生猪 1911 头，羊 2723 只，马 556 匹。农民人均纯收入达 2500 元。

【退耕还林】 2014 年，博窝乡共有退耕还林 2800 亩，退耕还林补助资金每亩 260 元，共计 72.8 万元。

【新农村建设】 2014 年，博窝乡争取县农办下拨藏区新农村建设资金 538.4 万元，通过藏区新村建设基本改变我乡广大群众艰苦、落后的生活环境。发放光伏太阳能 347 户，解决我乡 3 个村 13 个组村民照明难问题。发改局下拨田埂村易地移民工程 150 万元。

【社会事业】 2014 年，博窝乡有中心校 1 所，村小 4 所，教师 26 人，共有适龄儿童（7—12 岁）230 人，其中在校生 229 人，入学率达 99%。乡医院 2 所，医生 5 人，病床 4 张，2014 年接诊住院人数 320 人。新农合参合数 1715 人（不含户籍在博窝人不在博窝居住的）参合率达 100%。

2014 年人口出生 24 人，出生率为 12.4‰，符合政策生育率 100%，自然增长率 7‰，综合节育率 90%。全年上报“少生快富”工程 11 人；上报农村部分计划生育家庭奖励扶助对象 8 户。全乡共有五保户 28 人，农村享受低保人员 490 人。计划生育独生子女 6 人。

【光荣榜】 2014 年，博窝乡被木里县委、县政府评为藏区维稳工作先进集体、博窝乡被木里县政法委、县公安局评为维稳先进乡。

【领导人】 乡党委书记：偏初翁杰（藏族）；人大主席：次尔龙布（藏族）；乡长：中央次尔（藏族）；副乡长：长生（藏族）、达瓦扎西（藏族）、苏伍达（彝族）

（审稿：偏初翁杰、中央次尔/撰稿：鲁绒次尔）

麦地龙乡

【概况】 麦地龙乡位于木里县东北边缘，乡政府驻下铺子组，海拔 1964 米，距县城 152 公里。2014 年辖 4 个行政村，15 个村民小组，33 个自然村，居住着藏族、汉族、彝族、蒙古族、纳西族等 5 个民族共 737 户 2589 人，其中藏族 1899 人。全乡幅员面积 660 平方公里，农业总人口 2533 人，人口密度为每平方公里 3.8 人。

2014 年麦地龙乡党政机关设党委、政府、人大主席团、团委、妇联、武装部、综合服务中心等；共有职工 33 人，其中公务员 18 人（选调生 3 人），事业单位 11 人，村官 4 人。

【农业及农村经济】 2014 年，麦地龙乡农林牧渔总产值（当年价）1503.2 万元，其中农业产值 683.0 万元，林业产值 218.5 万元，畜牧业产值 601.7 万元，农民人均纯收入达到 5934 元，比上年增收 594 元。全乡粮食播种面积 5962 亩，粮食总产量 1.13 万吨，其中小春粮食产量 2204 吨，大春粮食产量 9051 吨，人均占有粮食 4.4 吨。

年末全乡四大牲畜存栏 2403 头（匹），其中牛 1671 头，马 542 匹，骡 190 匹，生猪 1943 头，羊 4141 只。

【退耕还林】 至 2014 年年底麦地龙乡共有退耕还林总面积 2500 亩，其中每年每亩补贴 260 元，

2014 年全乡退耕还林共补助资金 65 万元。

【新农村建设】 2014 年，麦地龙乡利用整村推进和异地扶贫两大项目在立尔村实施村民房盖改造，并完成立尔村房盖建设工程、中铺子村饮水改造工程、新建沼气 80 口、通组路的新修与维护等工程建设。

【农业机械】 2014 年麦地龙乡拥有农用载重汽车 17 辆、小型农用拖拉机 100 台，人力脱粒 50 台。

【双增项目】 截止 2014 年年底，麦地龙乡有核桃成片面积 4115 亩，零星核桃株数累计 2.2 万株，花椒 99 万株。年核桃产量 460 百公斤，花椒产量 162 百公斤。

【社会事业】 2014 年，麦地龙乡有 1 所中心校，2 所村小。在校学生 145 人，专任教师 23 人，其中村小 2 人，小学适龄儿童入学率 98%。

2014 年，麦地龙乡新生育 18 人，人口自然增长率控制在 6.8‰；死亡人 20 人，人口死亡率为 7.6‰。

麦地龙乡有乡级医疗卫生机构 1 个，其中村医疗 4 个，有床位 6 张。专业卫生人员 7 名。2014 年全乡全年接种计划免疫 400 人。

2014 年，麦地龙乡拥有电视机 712 台，95% 的农户已安装微型接收器。通讯以手机为主，其中手机 2500 多部农民的文化生活和通讯信息得到改善。2014 年，麦地龙乡共有五保户 33 人，享受低保待遇 388 人。

【劳务工作】 麦地龙乡发展劳务经济，建立劳务工作组织网络和运行机制，有组织、成建制、规模化输转劳动力。2014 年累计输送 1000 名青年赴成都、浙江等地务工，劳务收入达到 700 万元。

【精神文明建设】 2014 年，麦地龙乡抓好“城乡环境”整治工作，成立整治工作领导小组和督查组，与各村组和施工项目单位签订责任书，加大管理力度。麦地龙乡致力于深化基层文化阵地建设和文明创建工作，在各个村筹建农家书屋，收集获取各类书籍 1 万多册，丰富人民群众的精神文化生活。

【平安建设】 2014 年，麦地龙乡建立平安防范新体系，层层签订平安建设目标管理责任书，明确责任，一级抓一级，层层抓落实，完善检查考评机制。形成以政府牵头、派出所为核心、社会联动的防控体系，构建维稳工作“四大机制”即：预警机制、调处机制、应急机制、责任机制；建立不稳定因素定期排查分析制度，实行半月一次不稳定因素排查分析；构建纵向到村、横向到部门单位的多方面、多层次的情报信息网络；建立完善应急处置预案，成立应急小分队，确保一旦发生群体性事件能够立即启动，快速反应，依法妥善处置。乡综治工作中心及时排查疏理出各类疑难重大纠纷和社会不稳定因素如移民问题、大项目工程建设中的安全问题、婚姻家庭等。

【信访工作】 2014 年，麦地龙乡围绕四川省委、省政府提出的“五个坚决防止”和“三个不发生”目标任务，认真贯彻落实“七项”维稳长效工作机制，把维护麦地龙乡社会稳定工作摆在突出位置，扎实做好信访维稳工作。从狠抓信访工作机制入手，强化对信访工作督办力度，以责任制为抓手，实行领导包村联系制度，定期研究解决重大信访案件，多次召开信访工作专题会议，布置信访工作，最大限度地减少集体上访、越级上访和重复上访现象。

【光荣榜】 2014 年，麦地龙乡被木里县人民政府评为木里县 2014 年统计基础建设先进集体；被中共木里县委、县人民政府、县人民琥装部评为武装工作先进单位、被木里县委、县政府评为2014年度木里县藏区稳定工作先进集体。

【领导人】 党委书记：杨单祖（藏族）；乡长：陈志军（彝族）；副书记：彭显文；副乡长：张绍军、次尔央青（女，藏族）、游波（蒙古族）

（审稿：杨单祖、陈志军/撰稿：张丽萍）

固增苗族乡

【概况】 固增苗族乡政府驻地固增村布垭组，海拔2200米，距木里县城121公里，距离茶布朗镇42公里，幅员面积388.87平方公里，人口密度为每平方公里8.7人。乡。2014年辖4个行政村、19个村民小组，境内居住有苗族、汉族、彝族、藏族、壮族等五种民族，共777户，总人口3313人。其中苗族1071人，占总人口32.4%，汉族796人，占总人口24%，藏族1071人，占总人口32%，彝族349人，占总人口10.5%，壮族20人，占总人口0.6%。其中农业人口3186人，占总人口的96%。2014年固增苗族乡党委政府设党委、政府、人大主席团、团委、妇联、武装部、司法所、派出所、服务中心，共有职工26人，其中公务员16人，事业人员6人，工勤人员1人，大学生村官3人。

【农业与农村经济】 2014年，固增苗族乡粮食播种面积9278亩，粮食总产量1709吨，比上年增长22吨，其中大春粮食1401吨，比上年增长16吨，小春粮食299吨，比上年增长7吨。人均占有粮食516公斤。年末大牲畜存栏2969头（匹），比上年增长1%，其中牛2021头，马935匹，生猪4443头，羊6961只。2014年全乡农林牧渔总产值1516.7万元。其中农业产值596.4万元，林业产值73.1万元，牧业产值764.8万元，渔业产值3.4万元，农林牧渔服务业产值78.8万元。农民人均纯收入达3868元，人均现金收入3780元。全乡种植小春面积1731亩，种植高产杂交玉米5663亩，洋芋脱毒薯面积1478亩。

【粮食直补】 2014年，国家“两补”资金37万元；玉米补贴4.44万元，小麦良种补贴资金1.97万元。

【新农村建设】 2014年固增苗族乡从凉山州民委争取到资金100万，用于开展撒洼村整村推进项目。从县新农村建设办公室争取到资金120万，用于开展撒洼村新农村建设；从州民委申请到资金15万，用于改善故拉村通村公路，从州民委申请到资金10万用于改善乡机关饮水困难的现状；从木里县水务局申请到资金25万，用于开展固增村约呆组及利念村模冲组人畜饮水工程；投资50余万元开展全乡一事一议及饮用水工程项目建设。

【水利基本建设】 2014年，固增乡在冬春农闲时间组织村组农民进行农田水利基本建设，投入1648个工日，维修7条水堰，小水塘5口，清溢除埂土石方779立方米，防渗补漏886米。

【社会事业】 2014年，固增苗族乡有中心医院一所，医生5人，收治住院病人723人次，报销治疗费26万元，门诊治疗1029人次，报销门诊医疗费8万余元，“五苗”接种率达95%。全乡育龄妇女977人，落实政策24人，女扎6人，安环12人，使用药具162人，及时率30%，三查服务率达93%。有中心校1所，教师24人，10个教学班，在校学生324人，入学率达95%。全乡五保供养32人，年供养6万元；全乡农村低保人员166（1-3月份为922人，经过低保年审复核后，低保人数为154人），共计低保资金20.33万元。全乡参加农村新型合作医疗3269人，参加农村社会养老保险1568人。享受居民最低生活保障166人，其中农村居民人数166人。

【财政状况】 2014年，固增苗族乡财政总收入336.7万元，财政总支出336.7万元。其中：基本支出259万元，项目支出71.4万元，年末资产总额542.1万元。

【交通设施】 2014年，固增苗族乡乡镇公路里程95公里，其中乡道路里程60公里，村道路里程35公里。

【乡府风貌】 2014年，固增乡政府办公环境、居住环境都得到了极大的改善。由过去低矮潮湿的房屋变成了窗明几净的小楼。

【光荣榜】 2014年，固增苗族乡被木里县人民政府评为连续20年无森林火灾乡；被木里县人民政府评为护林防火先进集体。

【领导人】 乡党委书记：杜晓阳（藏族，兼乡人大主席）；乡长：杨春海（苗族）；乡党委副书记：毛古哈（彝族，兼纪委书记，2014.11～）；副乡长：陈宗华（兼乡专武部长）、周文秀（女）

（审核：杨春海/撰稿：殷明亮）

沙湾乡

【概况】 沙湾乡位于木里藏族自治县中部，木里河东岸，乡政府驻地麻窝村八一组（海拔2760米），距县城159公里，2014年沙湾乡辖4个行政村，28个村民小组，39个自然点，2个国营牧场，境内居住着汉族、彝族、藏族、苗族、蒙古族等多种民族，共1197户，总人口5247人，其中汉族人口1190人，占总人口的22.7%；彝族人口1603人，占总人口的30.6%；藏族人口1671人，占总人口的31.8%；苗族等其他民族人口共783人，占总人口的14.9%。其中农业人口4735人，占总人口的89.3%。全乡幅员面积652.87平方公里，人口密度为每平方公里8.04人。

2014年沙湾乡党政设党委、政府、武装部、团委、妇联、党政办、民政办、农业综合服务中心、畜牧兽医站、国土站、交管办、计生办，共有职工22人，其中公务员14人，事业人员5人，村官3人。

【农业与农村经济】 2014年，沙湾乡农林牧渔总产值2902.8万元，比上年增加4.8%，其中农业产值1260.9万元，比上年增加7.2%；林业产值67.1万元，比上年减少15.3%；牧业产值1678.6万元，比上年增加18.6%。农民人均纯收入达5896元，比上年增加14.1%。全乡粮食播种面积10792亩，粮食总产量17767百公斤，比上年增加3.1%。其中小春粮食产量2640百公斤，比上年增加2.4%；大春粮产量15127百公斤，比上年增加2.7%。年末四大牲畜存栏4954头，比上年增加17.4%。其中牛存栏3248头，比上年增加22.6%；马存栏1456匹，比上年增加9.3%；骡存栏240匹，比上年增加4.8%；驴存栏10匹，比上年增加25%；生猪存栏7290头，比上年增加32.4%；羊存栏8151只，比上年增加8.5%；禽类存栏14628只，比上年增加4.6%。

【粮食直补】 2014年，沙湾乡国家“两补”资金，71.72万元；玉米良种补贴4935.5亩，资金4953元；青稞良种直补面积332亩，资金3431元；小麦良种补贴面积594亩，资金5847元。

【退耕还林】 2014年，沙湾乡退耕还林总面积3815亩，每亩补贴240元，共发放补贴资金

91.56 万元。

【农田基本建设】 2014 年，沙湾乡共投入资金 41.5 万元，完成了总长 44.6 公里的人畜安全饮水工程建设，维修蓄水池 154 个，安装引水管道 49 公里，新修水堰 5.1 公里。

【农业机械】 2014 年，沙湾乡拥有农用载重汽车 6 辆，农家私人小汽车 6 辆，小型农用拖拉机 142 台，微耕机 116 台，机耕面积 2000 亩。

【双增项目】 2014 年沙湾乡核桃面积 6934 亩，花椒面积 1089 亩，零星核桃株数累计 14 百株，花椒 12 百株。年核桃产量 855 百公斤，花椒产量 264 百公斤，木耳产量 7 百公斤，蘑菇产量 9 百公斤。

【交通道路】 2014 年，沙湾乡共投入资金 100 万元，完成了纳瓦村 4.3 公里村通道路建设和沙湾村云南堡组 3.4 公里通村公路建设。

【社会事业】 2014 年，沙湾乡农业人口 4688 人，新增人口 64 人，出生率为 13.7‰，计划生育率 100%；死亡 17 人，死亡率 3.6‰；自然增长率 10‰。全乡育龄妇女 1385 人，落实政策 910 人，其中女扎 563 人、安环 212 人，使用药具 140 人，及时率 95%。女性初婚 53 人，三查服务达 98%。全乡共有教学班 21 个，学生 387 人，享受寄宿制学生 141 人，入学率达 96%。其中乡中心校 8 个教学班、247 人，村小 13 个教学班、140 人，；在编教师共 26 人，中心校 20 人，村小 6 人。乡卫生院医生 7 人，病床 15 张，接种甲肝疫苗 13 人次，乙肝疫苗 196 人次，百白破 233 人次，卡介苗 29 人次，麻疹 54 人次，脊灰 202 人次，“五苗”接种率 93%。全年收治住院病 385 人次，门诊治疗 6012 人次，共报销治疗费 6.24 万元。全乡拥有电视机 1212 台，手机 2353 部，丰富了村民的文化生活和通讯交往。全乡五保户 38 人，共发放资金共计 14.4 万元；全乡农村低保 199 户、833 人，共发放低保资金 109.53 万元，缓解了弱势群体的生活困难。

【光荣榜】 2014 年，沙湾乡被木里县委、县政府评为藏区维稳工作先进集体。

【领导人】 党委书记：陈俊（？2013.5）、孟宇（2013.5?）；人大主席：马咱么（彝）；乡长：孟宇（？2013.5）、魏志贵（2013.5?）；副乡长：斯达扎西（藏）、彭华平

（审稿：孟宇　魏志贵/撰稿：孙华）

附　　录

Appendix

木里县藏区项目工程

截止2014年12月底，我县藏区项目有序推进。现将各项目进展情况通报如下。

2014年藏区项目12月工程进展情况

序号	项目业主	项目名称	项目投资（万元）	到位资金（万元）	建设规模及内容	项目形象进度安排	工程形象进度	完成投资（万元）	联系领导	纪委常委联系人员	备注
一	正在实施的项目（13个）		17890	16028				7014			
1	规建局	城市道路一期工程	2800	1900	改造乔瓦镇新兴路，云杉一、二路3.4公里。	云杉一路2014年12月完工。	新兴路1.1公里已完工；云杉一路400米改造已完成82%；云杉二路改造正在开展前期工作。	1390	沐年若 陈继川	谢菊琳	中央资金：2010年下达1300万元，2012年下达600万元。
2		饮用水源地保护	200	100	建设取水点上下游护岸河堤1600米，保护区围栏36000米，维修沉淀池320立方米，水源涵养区人工造林180亩，保护区内农户沼气池等附属工程建设。	2015年12月完工。	现已完成前期工作及预算控制价财政评审等。正在进行招投标工作。	0	沐年若 陈继川	代云康	中央资金：2013年下达100万元。
3	城投公司	体育广场建设	2333	2900	估计建筑面积为18888平方米。	2015年4月完工。	完成看台初装及广场、地下车库、1#楼主体施工，青少年活动中心基础、主体完成三层。正在进行广场和地下车库装修工程和1#楼填充墙、青少年活动中心四层主体及屋顶工程的施工，已完成工程总量的70%。	1257	沐年若 陈继川	降初拉姆	中央资金：2011年下达1000万元。2013年12月地方配套1900万元。
4		文化图书馆建设项目	1013	800	建筑面积4050平方米。	2015年12月完工。	现已完成征地拆迁和施工图审查及预算控制价的编制，拟进行预算控制价的财政评审工作。	0	沐年若 陈继川	代云康	中央资金：2012年下达800万元。
5		特勤消防站	1125	1000	建筑面积4500平方米及配套工程。	2014年12月完工。	完成基础、主体及屋内填充墙和装饰施工，正在进行外墙装饰及安装工程施工，已完成工程总量的95%。	570	沐年若 陈继川	沙马 周强	中央资金：2013年下达900万元，2014年州级补助100万元。

续上表

序号	项目业主	项目名称	项目投资（万元）	到位资金（万元）	建设规模及内容	项目形象进度安排	工程形象进度	完成投资（万元）	联系领导	纪委常委联系人员	备　注
6	教育局	县城关小学建设	1500	1200	建筑面积4500平方米，含综合楼、宿舍、食堂及附属设施建设。	2015年12月完工。	综合楼已竣工验收，学生宿舍进入二层施工中，食堂一层施工中，塑胶运动场在前期工作中。	600	阿央青	苏　祎	中央资金：2010年下达1000万元。2014年浙江省对口支援200万元。
7		民族中学建设	1556	1250	建筑面积4800平方米，包括两幢教学楼、女生宿舍、设备购置及附属设施建设。	2015年12月完工。	女生宿舍楼，教学楼B幢、教学楼A幢主体均已竣工验收，塑胶运动场在前期工作中。	639	阿央青	降初拉姆	中央资金：2010年下达1250万元。
8		宁朗乡学校	728	580	总建筑面积2812平方米，其中：教学楼1159平方米、综合楼179平方米、学生食堂及浴室厕所474平方米、学生宿舍1000平方米以及相关配套附属工程。	2015年12月完工。	已开工，三通一平中。	50	阿央青	向国清	中央资金：2013年下达580万元。
9	民政局	殡仪馆基础设施建设项目	249	200	建设火化区用房及业务用房729平方米，购置火化设备1台（套），以及公用辅助工程。	2015年12月完工。	已完成招投标，正在进行三通一平施工。	47	李金智 包小强	谢菊琳	中央资金：2012年下达200万元。
10		木里县福利中心乔瓦镇敬老院建设项目	625	500	建筑面积2413平方米。	2014年12月完工。	已完成三层主体建设，正在装饰装修。	265	李金智 包小强	向国清	中央资金：2012年下达500万元。
11	国资局	干部周转房宿舍	3501	4300	新建400套（一期和二期各200套）干部周转房，每套35平方米，总面积14000平方米，及给排水、消防、电气等配套设施建设。	2014年12月完工。	一期：与基层政权建设捆绑实施，固增18套、博科15套、项脚18套、后所18套、牦牛坪18套已完工交付使用；博窝18套、卡拉18套完工待验收。水洛乡22套、西秋乡20套已完成基础开挖及浇筑；倮波乡20套、三桷垭乡24套正在做施工图设计及预算控制价编制；唐央20套、俄亚24套正在做前期规划。二期：县城区67套、瓦厂镇37套、茶布朗镇60套已完成代理机构招标，正由代理机构组织公开招标。	1101	贾德全	降初拉姆	中央资金：2012年12月下达1400万元，2013年下达1400万元。县级配套资金：2013年12月下达1500万元。
12	工商局	县城农副产品交易市场建设项目	1500	670	新建三层框架结构的农副产品交易市场6050平方米，室外停车场500平方米。配套建设围墙、大门、绿化亮化、道路、给排水、电气、消防等工程。	2014年12月完工。	正在进行主体四层封顶施工。	510	沐年若 陈继川	沙马周强	中央资金：2012年下达300万元，2013年下达350万元。县财政配套20万元。

续上表

序号	项目业主	项目名称	项目投资（万元）	到位资金（万元）	建设规模及内容	项目形象进度安排	工程形象进度	完成投资（万元）	联系领导	纪委常委联系人员	备注
13	各相关乡镇政府及交通局	寺庙基础设施建设	760	628	木里大寺、瓦尔寨大寺、仁江寺、丁央寺、柯拉寺、洼多寺、苦巴店寺、库绒寺、四撒寺、呷古寺、呷鲁寺、都鲁寺基础设施建设，包括供水管网、供电线路。维修入寺道路26.8公里，新建入寺道路1.6公里，新建僧舍1990平方米，维修僧舍2396平方米，饮水管道6公里及水池，寺庙围墙2.5公里。	2014年12月完工。	完成维修入寺道路26.8公里，新建僧舍1590平方米，维修僧舍2396平方米，饮水管道6公里及水池，寺庙围墙2.5公里。其余工作正在有序推进。	585	杨文才 黄龙布	张晓松	中央资金：2013年下达628万元。
二	暂缓实施的项目（4个）		5914	3314				2783			
1	城投公司	统战民宗等政权业务用房建设项目	1124	900	新建木里县统战民宗等业务用房4500平方米及附属工程。		已完成招标控制价财评及招标文件备案。因受国家政策影响，暂缓实施。	0	沐年若 陈继川	谢菊琳	中央资金：2012年下达900万元。
2	国资局	基层政权建设	3010	1250	在瓦厂、茶布朗、下麦地、麦地龙、东朗、麦日、沙湾、依吉、宁朗、水洛、屋脚、倮波、克尔、芽祖、博窝、固增、博科、卡拉、后所、牦牛坪、项脚、唐央、列瓦、三桷桠、俄亚25个乡实施基层政权业务用房建设。	2014年7月卡拉完工，2014年12月博窝完工。	瓦厂、茶布朗、下麦地、麦地龙、东朗、麦日、沙湾、依吉、宁朗、水洛、屋脚、倮波、克尔、芽祖、西秋、固增、博科、项脚、后所19个乡已完工交付使用；博窝、卡拉2个乡完工待验收。	1923	贾德全	苏祎	中央资金：2010年下达1250万元。因唐央、列瓦为库区复建项目，三桷桠乡未通公路，暂未实施。现受国家政策影响，暂缓实施。
3	国资局	乡镇办公接待服务设施建设	1000	670	新建后所、卡拉、项脚、列瓦、牦牛坪、博科、固增、博窝等八个乡办公接待服务设施，每个乡800平方米。	2014年7月卡拉完工，2014年12月博窝完工。	与基层政权建设捆绑实施。固增、博科、项脚、后所、牦牛坪5个乡已完工交付使用；博窝、卡拉2个乡完工待验收。	469	贾德全	苏祎	中央资金：2012年下达670万元。因列瓦为库区复建项目，暂未实施。受国家政策影响，暂缓实施。

续上表

序号	项目业主	项目名称	项目投资（万元）	到位资金（万元）	建设规模及内容	项目形象进度安排	工程形象进度	完成投资（万元）	联系领导	纪委常委联系人员	备　注
4	国资局	空白乡镇邮政局所补建项目	780	494	建设26个乡镇邮政所，150平方米/所，总建筑面积3900平方米。	2014年7月卡拉完工，2014年12月博窝完工。	与基层政权建设捆绑实施。已完工20个；博窝、卡拉2个乡完工待验收。	391	贾德全	苏祎	中央资金：2012年下达209万元。因唐央、列瓦为库区复建项目，三桷桠未通公路暂未实施。现受国家政策影响，暂缓实施。
三	已完工的项目（11个）		13144	11704				8305			
1	卫生局	茶布朗卫生院	600	430	建筑面积1660平方米，含电梯、中央供氧和设备采购。	2013年11月完工。	已完工，准备开展工程审计。	343	阿央青	向国清	中央资金：2010年下达400万元。县级配套资金：2013年10月下达30万元。
2	水务局	县城区防洪工程	1000	500	整治中咪山坪塘及新建管理房，新建排洪沟894m、经营所沟防洪堤818m，溢洪道371m，并对后坝坡加固，对前坡削坡，库内清淤。	2012年5月完工。	已竣工验收，已完成审计。	301	王开军	谢菊琳	中央资金：2010年下达500万元。
3	教育局	县中学高中部建设	1200	1000	建筑面积4500平方米，含附属设施建设及设备购置。	2013年4月完工。	已竣工验收，准备开展工程审计。	715	阿央青	张晓松	中央资金：2010年下达800万元，2012年下达200万元。
4	教育局	县幼儿园建设	1000	1100	建筑面积3760平方米，含综合楼及食堂、附属设施设备购置。	2013年9月完工。	已竣工验收，准备开展工程审计。	718	阿央青	张晓松	中央资金：2010年下达400万元，2012年下达450万元。攀枝花对口支援150万元。县级配套资金：2013年6月下达100万元。
5	党校	县委党校基础设施建设	750	700	建筑面积2067.33平方米，含综合楼、大门、堡坎、排水沟、围墙建设和绿化工程。	2013年8月完工。	已竣工验收，准备开展工程审计。	428	陆建平	沙马周强	中央资金：2011年下达600万元。县级配套资金：2013年9月下达100万元。

续上表

序号	项目业主	项目名称	项目投资（万元）	到位资金（万元）	建设规模及内容	项目形象进度安排	工程形象进度	完成投资（万元）	联系领导	纪委常委联系人员	备注
6	文广局	县城剧院改造（含数字影院）建设项目	800	700	改造业务用房2133平方米。	2013年10月完工。	已竣工，正在开展工程审计。	700	李金智 包小强	张晓松	中央资金：2012年下达300万元；州级配套资金：2012年下达200万元；县级配套资金：2013年下达200万元。
7	旅游局	木里大寺旅游景区基础设施（一期）项目	1554	1050	新建景区道路2.5公里、人行步道600米、停车场、堡坎、路灯、厕所。	2013年12月完工。	已完工，待验收。	1040	李金智 包小强	代云康	中央资金：2010年下达900万元。2012年下达150万元。
8	规建局	城市供水改扩建及管网改造工程	2900	2550	改造原水厂供水规模达到0.4万立方米每天，新建第二水厂供水规模0.7万立方米每天，改造县城供水管网。	2014年5月完工。	已完工，正在办理工程结算。	1320	沐年若 陈继川	代云康	中央资金：2011年下达1750万元。2012年攀枝花对口支援600万元，2013年支援200万元。
9	各相关乡镇政府	村（社区）办公场所和综合服务设施	200	184	项脚乡友友坪村、后所乡田坝村、固增乡故拉村、茶布朗镇东孜村、沙湾乡打卡村建办公场所和综合服务设施各200平方米。	2014年12月完工。	已完工。	184	贾德全	降初拉姆	中央资金：2013年下达184万元。
10	木里大寺寺管会	寺庙管委会建设	240	560	木里大寺管委会业务用房800平方米及附属设施建设。	2014年12月完工。	已完工，待验收。	450	黄龙布	谢菊琳	中央资金：2013年下达160万元，县级配套资金400万元。
11	中藏医院	中藏医院整体搬迁	2900	2930	医院整体搬迁建设一、二期工程，一期工程含门诊医技和住院大楼、发热门诊、污水处理中心、消毒供应中心、大门，二期工程含营养食堂、配电房、挡土墙、锅炉房。	2014年12月完工。	已完工，待验收。	2106	阿央青	向国清	中央资金：2010年下达1500万元，2012年下达850万元；县级配套资金：2013年8月下达第一期配套资金200万元。2013年烟草公司捐赠180万元；2014年攀枝花市援助资金200万元。

木里县政府投资项目

截至2014年12月底，我县政府投资项目（不含藏区项目）有序推进，现将2014年1－12月各项目进展情况通报如下。

政府投资项目2014年1－12月进度情况表（不含藏区项目）

2014年藏区项目12月工程进展情况

序号	项目业主	项目名称	项目投资（万元）	到位资金（万元）	规模及内容	项目进度安排	项目进度	完成投资（万元）	县级联系领导	实施单位	资金备注
一、	正在实施的项目（158个）		384093.86	156741.07				103754.1			
1	扶贫办	2014年“四小”工程项目	45	45	水洛乡东拉村建设一条长3公里，路面平均宽度为4.5米的泥结碎石通组环线公路。	2014年6－7月完成前期工作，8月启动实施，2015年11月底完工。	已完成20%。	14	李金智包小强	扶贫办和相关乡镇	2014年6月下达
2			45	45	三桷垭乡三家铺子村建设一条长3公里，路面平均宽度为4.5米的泥结碎石通组环线公路。	2014年6－7月完成前期工作，8月启动实施，2015年11月底完工。	规划设计中。	0			
3			30	30	博科乡洛纳村建设一条长2公里，路面平均宽度为4.5米的泥结碎石通组环线公路。	2014年6－7月完成前期工作，8月启动实施，2015年11月底完工。	规划设计中。	0			
4			45	45	瓦厂镇夺卡村水利灌溉，安装PEφ50管9.8公里，新建蓄水库1个，维修改造蓄水库2个。	2014年6－7月完成前期工作，8月启动实施，2015年11月底完工。	规划设计中。	0			
5			45	45	东朗乡绒佐村水利灌溉，安装PEφ50管6公里，新建蓄水池3个。	2014年6－7月完成前期工作，8月启动实施，2015年11月底完工。	规划设计中。	0			
6			80	80	购买安装标准型太阳能热水器400台，补助给卡拉乡玛瑙村98户98台；俄亚纳西族乡立碧村160户160台；博窝乡坑古村49户49台；唐央乡普尔村朗根组93户93台。	2014年6－7月完成前期工作，8月启动实施，2015年11月底完工。	已完成70%。	22			

续上表

序号	项目业主	项目名称	项目投资(万元)	到位资金(万元)	规模及内容	项目进度安排	项目进度	完成投资(万元)	县级联系领导	实施单位	资金备注
7			46	46	芽租乡周家坪村水利灌溉，安装 PEф70 管 9.86 公里、PEф32 管 5 公里、PEф20 管 4 公里，新建蓄蓄水池 5 个。	2014 年 11 月完成前期工作，12 月启动实施，2015 年 11 月底完工。	规划设计中。	0	李金智包小强	扶贫办和相关乡镇	2014 年 6 月下达
8		藏区新居建设项目	3530	3530	在乔瓦镇、瓦厂镇、列瓦乡等 20 个乡（镇）的 69 个村中对 1765 户农户房屋进行改造：换西式瓦、室内外地面硬化、内外墙塘糊、配套厨房厕所、人畜分居。	2014 年 9 月完成前期工作，10 月启动实施，2015 年 6 月底完成。	已完成 70%。	1202	李金智包小强	扶贫办和相关乡镇	2014 年 8 月下达
9		2013 年浙江省对口帮扶项目	200	200	茶布朗镇东孜村农户 129 户五改三建。	2014 年 11 月底完工。	已完成 40%。	100	李金智包小强	扶贫办和相关乡镇	2013 年浙江省对口帮扶资金
10		2014 年浙江省对口帮扶项目	200	200	卡拉乡玛瑙村全覆盖农户房屋改造 107 户：盖西式瓦、吊顶、内外墙抹灰上漆、混凝土硬化室内及院坝。	2014 年 9 月启动实施，2015 年 6 月完工。	已完成 50%。	100	李金智包小强	扶贫办和相关乡镇	2014 年 7 月下达，浙江省对口帮扶资金
11			100	100	卡拉乡全覆盖高接换种改良嫁接现有的实生铁核桃 40 万穗，接穗品种为目前公认最好的“盐源县大优 1 号”泡核桃。	2014 年 9 月启动实施，2015 年 6 月底完工。	已召开村民大会，制定了实施方案。	0	李金智包小强	扶贫办和相关乡镇	
12		民族文化建设项目	15	15	增加、完善卡拉乡文化音响设备 8 套，功放设备 8 个，话筒 8 只，民族演出服饰 30 套。	2014 年 9 月启动实施，2015 年 6 月底完成。	规划设计中。	0	李金智包小强	扶贫办和相关乡镇	2014 年 7 月下达
13		支援不发达地区发展资金项目	49	49	在下麦地乡棉布村棉布组、浪子杠组安装 PEф70 管 13 公里。	2014 年 10 月启动实施，2015 年 6 月底完工。	规划设计中。	0	李金智包小强	扶贫办和相关乡镇	2014 年 7 月下达
14			45	45	在俄亚纳西族乡卡瓦村纳窝组建设一条 3 公里，路面平均宽度为 4.5 米的泥结碎石通组环线公路。	2014 年 10 月启动实施，2015 年 6 月完工。	已完成 80%。	25	李金智包小强	扶贫办和相关乡镇	

续上表

序号	项目业主	项目名称	项目投资(万元)	到位资金(万元)	规模及内容	项目进度安排	项目进度	完成投资(万元)	县级联系领导	实施单位	资金备注
15		州本级财政配套基础设施建设项目	15	15	三桷垭乡高房子村矮子沟组新修通组公路。	2014年12月完成前期工作,2015年1月启动实施,2015年6月底完成。	规划设计中。	0	李金智 包小强	扶贫办和相关乡镇	2014年12月下达
16			10	10	水洛乡平翁村平翁组维修大堰,更换胶管。	2014年12月完成前期工作,2015年1月启动实施,2015年6月底完成。	规划设计中。	0	李金智 包小强	扶贫办和相关乡镇	2014年12月下达
17			10	10	三桷垭乡里铺子村湾子组通组路维修。	2014年12月完成前期工作,2015年1月启动实施,2015年6月底完成。	规划设计中。	0	李金智 包小强	扶贫办和相关乡镇	2014年12月下达
18			30	30	水洛乡两保组通组公路。	2014年12月完成前期工作,2015年1月启动实施,2015年6月底完成。	规划设计中。	0	李金智 包小强	扶贫办和相关乡镇	2014年12月下达
19			10	10	卡拉乡草坪村下苦苦组解决人畜饮水困难。	2014年12月完成前期工作,2015年1月启动实施,2015年6月底完成。	规划设计中。	0	李金智 包小强	扶贫办和相关乡镇	2014年12月下达
20	以工代赈办	2013年预算内以工代赈工程	240	240	在乔瓦镇锄头湾村和俄亚乡卡瓦村各新建桥梁一座。	2014年完成设计和招标工作,15年开工建设。	正在进行设计评审。	0	贾德全	以工代赈办	2013年12月下达
21		2014年以工代赈示范工程	240	200	在下麦地棉布村新建饮水管道44公里;蓄水池28口。	2014年完成设计和招标工作,15年开工建设。	乡镇正在进行具体实施方案编制和预算。	0	贾德全	以工代赈办	2014年8月下达
22		2012年易地扶贫搬迁工程	1700	1700	在9个乡个村实施;在东朗、唐央、固增、俄亚、三桷桠、下麦地6个乡10个村安置搬迁安置300户1500人。新建乡村公路4公里;新建住房24000平方米,附属设施12000平方米。	2014年12月完成建设并完成验收及报账。	除俄亚乡大村外已全部完成建设。部分工程待验收完成报账手续。	1400	杜基次尔		2012年第一期下达800万元、第二期下达900万元

续上表

序号	项目业主	项目名称	项目投资(万元)	到位资金(万元)	规模及内容	项目进度安排	项目进度	完成投资(万元)	县级联系领导	实施单位	资金备注
23		2013年易地扶贫搬迁工程	1110	1110	安置搬迁安置370户1850人;建设水池1000立方米;灌溉渠23公里;新改建乡村公路和入户路20.5公里;新改建饮水渠45公里;新建住房29600平方米;附属设施20400平方米。	2014年3月开工建设,12月底完成建设,2015年初完成验收及报账。	大部分工程已完工,待竣工验收。	700	杜基次尔		2013年9月下达
24	发改局	2012年石漠化综合治理工程	720	720	治理岩溶面积30平方公里。主要建设内容:实施人工造林315.66公顷,封山育林467公顷;草地建设247公顷,坡改梯25公顷,建田间生产道路1.2公里,输水管11.7公里,蓄水池和沉砂池各13口。	因农业和水利设施建设要求设计变更,上级未批复,进度不能安排。	除农业部分工程外,其它工程已完工并进行了县级初步验收,正在进行决算审计等工作。	376.44	仁青偏初	农科局 林业局 畜牧局 水务局	2012年下达
25		2013年石漠化综合治理工程	840	840	治理岩溶区面积35平方公里;实施人工造林157.04公顷,封山育林280公顷,草地建设116.67公顷,坡改梯30.33公顷,建田间生产便道1.4公里,输水管17.5公里,拦沙谷坊/坝10座,蓄水池和沉砂池各5口。	2014年4月开工建设,2015年底完成建设。	已确定招标代理机构,即将挂网招标。	0	仁青偏初	农科局 林业局 畜牧局 水务局	2013年下达
26		2014年石漠化综合治理项目	880	180	治理岩溶区面积35平方公里;封山育林466.7公顷,人工种草266.7公顷;坡改梯40公顷;配套便道2.5千米、建排灌沟3.0千米、蓄水池5口、沉沙池5个,拦沙/谷坊坝10座、输水管55千米。	2015年12月完工。	计划于2014年底下达,目前已转下达到各实施单位。	0	仁青偏初		2014年国家重点生态功能区转移支付资金(第一批)
27	农办	乔瓦镇锄头湾村红科新村建设	1700	700	在乔瓦镇锄头湾村红科组实施村落民居建设199户,配套建设相关基础设施和服务设施。	2014年12月完成。	开工新建23户,完成3户,开工提升改造27户,完成14户。	630.5	呷绒翁丁	相关乡镇	2013年西昌对口支援500万元。浙江省援助资金200万元。
28		瓦厂镇桃坝村新农村建设	500	500	建设瓦厂镇桃坝村藏区新村,民居建设60户,修建村两委活动室等公共服务设施,建设人行步道、停车场等基础设施。	2014年12月完成。	完成60户提升改造民居的验收。	100	杨晓军	相关乡镇	2013年攀枝花市对口支援500万元。
29		2014年藏区新农村建设	2500	2000	提升改造藏区新村48个,其中新建3个,涉及22个乡镇29个行政村2170户、9826人,幸福美丽新村建设2个。	2014年6月完成前期工作,2014年12月底完成。	已完成新建3个村389户,提升17个村改造1087户。另外提升改造的20个村将于2015年完成。	2000	呷绒翁丁	相关乡镇	县级资金1000万元已到位。

续上表

序号	项目业主	项目名称	项目投资(万元)	到位资金(万元)	规模及内容	项目进度安排	项目进度	完成投资(万元)	县级联系领导	实施单位	资金备注
30	交通局	S216线李子坪至棉垭段升级改造工程	70700	20000	66.533公里,路基、路面、边沟、挡墙、涵洞、桥梁、隧道、安全设施。	3月份开工,年内完成路基土石方工程的60%,15年底完成路面工程,16年底完工。	完成路基挖方的88.51%,涵洞完成65.38%,挡墙完成78.69%,隧道完成18.55%。	17737	伍松	交通局	
31		S216线桃巴至李子坪段升级改造工程	70300	0	90.0公里,路基、路面、边沟、挡墙、涵洞、桥梁、安全设施。	6月完成工可,8月完成施工图设计及批复,9月完成招标,年内开工建设。	施工、监理进入招标阶段。	0	伍松		
32		S216线棉垭至梅雨段升级改造工程	22800	0	38.423公里,路基、路面、边沟、挡墙、涵洞、桥梁、安全设施。	4月完成代理机构比选,5月完成施工招标,年内开工。	C1、C2段已进场开工。	0	伍松		
33		S216线甘凉界至桃巴段升级改造工程	10500	0	122.0公里,路基、路面、边沟、挡墙、涵洞、桥梁、安全设施。	7月完成8大评审,9月完成施工图设计招标,12月完成初设及批复,15年2月施工图及批复,15年上半年开工。	工可已完成评审,现按审查意见修编阶段。	0	伍松		
34		亚三路	47000	0	61.5公里,路基、路面、边沟、挡墙、涵洞、桥梁、安全设施。	7月完成工可及批复,10月完成施工图设计,11月完成施工招标年内开工建设。	工可评审通过,待批复,所有要件已完成。	0	杨文才		
35		王顺友"马班邮路"	0	0	109.727公里,路基、路面、边沟、挡墙、涵洞、桥梁、隧道改造、安全设施。	8月完成工可,12月完成勘察设计,15年开工建设。	预可审查。	0	杨文才		
36		2012年通乡油路工程	5546	4486.6	项脚乡通乡油路32.8公里。	2014年5月开工,2015年4月完工。	完成路基挖方的90%,挡墙完成80%,涵洞完成80%。	2000	杨文才	交通局	中央资金:2012年下达1968万元,省级资金:2012年12月下达570万,农村公路建设65.6万元。2013年5月下达943万元。2013年攀枝花援助954万。

续上表

序号	项目业主	项目名称	项目投资(万元)	到位资金(万元)	规模及内容	项目进度安排	项目进度	完成投资(万元)	县级联系领导	实施单位	资金备注
37		2013年通乡油路工程	5040	2688	唐央乡通乡油路33.6公里。	2015年9月完工。	施工设计图已完成,在评审阶段。	50	杨文才		中央资金:2013年12月下达2688万元。
38		2014年通乡油路工程	4096	2048	麦日乡通乡油路25.6公里,路基、挡墙、涵洞、桥涵、路面。	2016年12月完工。	环评、水保已批复。	0	杨文才		2014年9月省级下达车购税资金2048万元
39			96	48	桃巴乡通乡水泥路0.6公里,路基、挡墙、涵洞、路面。	2016年12月完工。	环评已批复,水保设计阶段。	0			2014年9月省级下达车购税资金48万元
40			80	40	屋脚乡通乡水泥路0.5公里,路基、挡墙、涵洞、路面。	2016年12月完工。	环评已批复,水保设计阶段。	0			2014年9月省级下达车购税资金40万元
41		2013年通村通达工程	212	212	后所乡岩里村10.6公里。	2014年6月完工。	已完成90%。	190	杨文才	交通局	2013年12月下达
42			198	198	列瓦乡碾水村新建公路10.9公里,路基、边沟挡墙、涵洞。	2014年6月完工。	已完成50%。	100			2013年12月下达
43		2014年通村通达工程	774	516	芽租乡关门村25.8公里,路基、边沟挡墙、涵洞。	2015年12月完工。	已开工建设。	36	杨文才		2014年9月省级下达车购税资金

续上表

序号	项目业主	项目名称	项目投资(万元)	到位资金(万元)	规模及内容	项目进度安排	项目进度	完成投资(万元)	县级联系领导	实施单位	资金备注
44			681	454	芽租乡滚子棚村22.7公里,路基、边沟挡墙、涵洞。	2015年12月完工。	外业设计完成。	0			
45			885	590	三桷垭乡茶地沟村29.5公里,路基、边沟挡墙、涵洞。	2015年12月完工。	已开工建设。	45			
46			872	436	三桷垭乡鸡毛店村21.8公里,路基、边沟挡墙、涵洞。	2015年12月完工。	已开工建设。	32			
47			537	358	三桷垭乡三家铺子村17.9公里,路基、边沟挡墙、涵洞。	2015年12月完工。	外业设计完成。	0			
48			888	592	卡拉乡玛瑙村29.6公里,路基、边沟挡墙、涵洞。	2015年12月完工。	已开工建设。	42			
49			828	552	卡拉乡田镇村27.6公里,路基、边沟挡墙、涵洞。	2015年12月完工。	已开工建设。	24			
50			813	542	唐央乡同窝村27.1公里,路基、边沟挡墙、涵洞。	2015年12月完工。	已开工建设。	41			

续上表

序号	项目业主	项目名称	项目投资(万元)	到位资金(万元)	规模及内容	项目进度安排	项目进度	完成投资(万元)	县级联系领导	实施单位	资金备注
51		2013年通村通畅工程	65	65	后所乡田坝子村1.3公里。	2015年12月完工。	设计已完成,待政府同意后实施。	0	杨文才	交通局	2013年12月下达
52			310	310	乔瓦镇锄头湾村6.2公里中。	2015年12月完工。	设计已完成,待政府同意后实施。	0	杨文才		2013年12月下达
53			190	190	乔瓦镇娃日瓦村3.8公里。	2015年12月完工。	设计已完成,待政府同意后实施。	0			2013年12月下达
54		大寺路	742	380	3.24公里,路基、挡墙、涵洞、桥涵、路面。	2015年12月完工。	已开工建设。	50	杨文才		2013年藏区项目资金80万元,2014年攀枝花援助300万元013年8月下达
55		2014年乡镇客运站建设	70	50	三桷亚乡客运站建设,占地面积500平方米,建筑面积200平方米。	2015年12月完工。	正在开展前期工作。	0	杨文才		2014年9月省级车购税资金
56			70	50	东朗乡客运站建设,占地面积400平方米,建筑面积180平方米。	2015年12月完工。	正在开展前期工作。	0	杨文才		
57	教育局	2011年十年行动计划	542	542	博窝乡中心校综合楼、宿舍、食堂、厕所。	2014年9月竣工验收。	学生宿舍、教学综合楼、食堂已完工。	335	阿央青 陈进	教育局	2011年下达

续上表

序号	项目业主	项目名称	项目投资(万元)	到位资金(万元)	规模及内容	项目进度安排	项目进度	完成投资(万元)	县级联系领导	实施单位	资金备注
58			220	220	瓦厂镇幼儿园综合楼。	2014 年 12 月竣工验收。	装饰装修阶段中。	180	阿央青 陈 进		2011 年下达 150 万元,中国电信援助 70 万元
59		2012 年十年行动计划	644	611	水洛乡中心校教学大楼、附属配套设施和综合楼。	2014 年 6 月开工,2015 年 9 月竣工。	已施工放线。	70	阿央青 陈 进	教育局	2012 年下达
60		2013 年十年行动计划	264	264	屋脚乡小学综合楼。	2014 年 12 月完成主体工程,2015 年 4 月竣工验收。	已进入装饰装修尾期。	168	阿央青 陈 进		2013 年下达
61			133	133	茶布朗幼儿园综合楼。	2014 年 5 月完成前期工作并进场施工,年内竣工验收。	已开工放线。	10	阿央青 陈 进		2013 年下达
62		校舍改造	200	200	沙湾乡中心校综合楼、木里县中学、茶布朗完小。	2014 年 12 月竣工验收。	沙湾乡小学综合楼竣工前卫生清理工作。	190	阿央青 陈 进		2012 年 12 月下达
63			83	83	瓦厂镇小学食堂、列瓦乡小学浴室、唐央乡小学食堂、瓦厂中学学生宿舍。	唐央乡小学食堂、瓦厂中学学生宿舍 2014 年 12 月完成主体工程,其余工程 2014 年 12 月内竣工投入使用。	瓦厂镇小学食堂正在施工、列瓦乡小学浴室已竣工、唐央乡小学食堂拟与该校迁建工程一并实施、瓦厂中学学生宿舍已完成地勘,计划近期开工。	12	阿央青 陈 进		2012 年下达
64			308	308	后所乡教师周转宿舍。	2014 年 8 月竣工投入使用。	已竣工验收。	425	阿央青 陈 进		2012 年 12 月下达

续上表

序号	项目业主	项目名称	项目投资(万元)	到位资金(万元)	规模及内容	项目进度安排	项目进度	完成投资(万元)	县级联系领导	实施单位	资金备注
65			316	316	后所乡中心校学生宿舍1500平方米、学生食堂450平方米。	2014年8月竣工投入使用。	已竣工验收。	280	阿央青 陈 进		2012年12月下达
66		薄弱学校食堂改造计划	419	419	在倮波乡等8所学校建设标准化食堂,建筑面积3248平方米。	2015年5月内全部竣工验收。	倮波乡学校食堂主体已完工,乔瓦镇、项脚小学食堂已竣工验收,查布朗、依吉、牦牛坪、屋脚、固增小学已开工,拟于2015年6月前全部竣工。	260	阿央青 陈 进	教育局	2012年12月下达
67		薄弱学校食堂改造计划	240	240	在卡拉乡小学等24所学校(村小)建设标准化食堂,建筑面积1854平方米。	2015年5月内全部竣工验收。	沙湾乡中心校食堂主体完工,纳瓦、博科洛纳、乔瓦镇树珠、水洛乡两保和东拉、屋脚乡水洛和黄斯洛、芽租乡周家坪和热地教学点食堂建设已进入基础开挖;西秋乡咪哑、白碉斯毛草和阳山、麦架坪、倮波乡磨子沟和俄公、迁移、后所乡岩理、东朗乡习绒、向阳、亚英、克尔乡思洛教学点食堂开工。	105	阿央青 陈 进		2012年12月下达
68		薄弱学校食堂改造计划	2412	2412	瓦厂镇中学等18所学校食堂建设。	2015年6月内全部竣工验收。	瓦厂镇中学、博科乡中心校、水洛乡中心校、项脚乡优优坪校点、列瓦乡中心校及羊棚子校点食堂进入一层主体建设中,芽租乡、下麦地、西秋乡、克尔乡中心校、白碉乡中心校及呷米校点食堂在图纸设计中,三桷垭中心校及高房子校点、倮波瓦岗、后所呷咕校点、东朗中心校、唐央乡华电希望小学食堂基础已开挖。	150	阿央青 陈 进	教育局	2013年下达

续上表

序号	项目业主	项目名称	项目投资(万元)	到位资金(万元)	规模及内容	项目进度安排	项目进度	完成投资(万元)	县级联系领导	实施单位	资金备注
69			618	618	城关小学、县中学食堂建设。	2015年6月内全部竣工验收。	城关小学食堂一层建设中,县中学食堂近期开标。	60	阿央青 陈　进		2013年10月下达
70		十年行动计划教师周转房项目	250	250	博窝乡中心校教师周转房建设,建筑面积960平方米,共16户。	2014年12月内竣工投入使用。	装饰装修中。	160	阿央青 陈　进		2012年下达
71		中央教师周转房项目	40	40	博科乡八科村小教师周转房200平方米。	预计5月中旬完成前期工作,年内竣工验收。	施工图方案设计中,预算中。	4	阿央青 陈　进	教育局	2012年12月下达
72		重点生态功能区转移支付教师周转房项目	2264	2264	查布朗中学、依吉乡小学、县中学初中部、民族学校、城关小学、克尔乡小学、白碉乡小学、西秋乡小学8所学校教师周转房,总面积为10505平方米。	茶布朗中2014年7月竣工收。依吉2014年8月竣工验收。县中学初中部、民族学校、城关小学、克尔乡小学2014年12月竣工验收。	茶布朗中学在验收准备中,依吉乡小学进入竣工验收前卫生清理工作,民族学校教师周转房、城关小学教师周转房已竣工交付,克尔乡小学教师周转房主体已完,白碉乡小学、西秋乡小学教师周转房招标失败,正在二次招标工作中。	970	阿央青 陈　进		2011年下达重点生态功能区配套资金1400万元,2012年6月下达重点生态功能区配套417万元,2013年8月下达重点生态功能区配套447万元。
73		2013年新增边远艰苦地区教师周转宿舍	308	308	倮波乡1400平方米的教师周转宿舍。	2014年12月完成主体工程,2015年4月竣工验收。	三层主体已完。	160	阿央青 陈　进		2013年8月下达
74			445	445	县中学教师周转宿舍建设。	2014年10月竣工验收。	已竣工验收	400	阿央青 陈　进		2012年12月下达
75		浙江省对口支援教师周转房项目	200	200	木里县幼儿园教师周转房建设1924平方米。	2014年12月完成主体工程,2015年6月竣工验收。	招标准备工作中。	2	阿央青 陈　进		2013年浙江省对口支援项目

续上表

序号	项目业主	项目名称	项目投资(万元)	到位资金(万元)	规模及内容	项目进度安排	项目进度	完成投资(万元)	县级联系领导	实施单位	资金备注
76		“6.24”灾后重建工程	26	26	依吉乡甲区村小学维修加固教学楼 150 ㎡,屋脚乡利家嘴小学维修加固教学楼 150 ㎡。	2014 年 12 月竣工。	屋脚利家嘴维修加固已完成,维修中的依吉甲区村小因道路逢雨季垮塌,施工材料无法进场,待道路通后,即刻继续维修。	13	阿央青 陈 进	教育局	2012 年 9 月下达
77		俄亚乡学校	68	68	272 平方米的男生宿舍。	2014 年 12 月完成 40% 主体工程,2015 年 10 月竣工验收。	已施工放线。	34	阿央青 陈 进		2013 年下达
78		三桷垭学校	515	416	1890 平方米的学生宿舍。	2014 年 12 月完成 50% 主体工程,2015 年 9 月竣工验收。	完成项目规划,设计中。	10	阿央青 陈 进		2013 年下达,其中中央资金 174 万元。
79	水务局	2013 年农村安全饮水工程	657	574	解决 18 个乡 27 个村 9250 村民及 20 个乡村小 6382 名学生的饮水问题。	2014 年 12 月完工。	管材采购招标已完成,土建部分工程设计已完成,待财政评审。	0	马国发	水务局	2013 年 8 月下达
80		2013 年度山洪灾害防治工程建设	267.5	267.5	山洪灾害非工程措施补充完善、预警系统补充完善,县级山洪灾害监测预警平台完善、群测群防体系完善。	2014 年 7 月 3 日完成招标代理机构比选,预计 2014 年 12 月 30 日完工。	已完成 85%。	10	王开军 鲜小林		2013 年 12 月下达
81		固增乡固增村节水灌溉项目工程	288.6	200	实施灌溉总面积 900 亩,新建拦河坝 1 处;新建引水 ¢219 镀锌钢管 390 米;新建蓄水池 28 口;架设 PE 管 ¢110 总长 2110 米,¢75 总长 4050 米,¢32 总长 16431.3 米。	2014 年 6 月完工。	已完成 70%。	90	王开军 鲜小林		2013 年下达
82		2013 年州级水资源费超收收入安排项目资金	10	10	博科乡日古村布拉大堰水毁修复。	2014 年 12 月完工。	已完成 50%。	0	王开军 鲜小林	水务局	2014 年 3 月下达

续上表

序号	项目业主	项目名称	项目投资(万元)	到位资金(万元)	规模及内容	项目进度安排	项目进度	完成投资(万元)	县级联系领导	实施单位	资金备注
83		2014年度山洪灾害防治工程建设	202	202	山洪灾害非工程措施补充完善、预警系统补充完善，县级山洪灾害监测预警平台完善、群测群防体系完善。	预计2014年8月底前完成初步设计，招标工作由州水务局统一实施。	完成财评。	0	王开军 鲜小林		2014年6月下达
84		博瓦河小流域治理项目	1183	1183	河道治理2600米(红科桥至达瓦电站厂房)。	预计2015年6月完工。	正在进行设计工作。	0	王开军 鲜小林		2014年国家重点生态功能区转移支付资金(第一批)
85		茶布朗镇饮水扩建工程	85.93	70	取水设施一处、沉砂池一口、输水管道6020米、配水管网13139米。	计划于2014年8月开工，2014年12月底完工。	已全部完工并验收。	70	王开军 鲜小林		2014年8月下达
86		2014年农村安全饮水工程	2014	1835	解决全县29个乡镇94个行政村(含国有林场)3.3798万农村居民饮水问题。	2015年12底完工。	进行工程设计中。	0	王开军 鲜小林		2014年下达
87	国网木里供电公司	簸箕箩电站	1000	100	装机4000千瓦。	开工时间未定。	正在开展前期工作。	65	杨文才	国网木里供电公司	2011年下达
88		2012年农网改造项目	664	664	后所乡田坝村农网改造工程10千伏线路14.3公里，低压线55公里，台区14台。	2014年5月完工。	已完成工程的98%。	600	熊帷茗		2012年下达
89		2013年无电地区电力建设项目	8737	8737	后所35kv输变电工程，变电容量6.3兆伏安，线路23.9km，克尔35kv输变电工程，变电容量6.3兆伏安，线路33km，13个10kv及以下项目，10kv线路长78.8km，低压线路长1217.624km，变电台区51个。	2014年12月完工。	完成工程的80%。	6580	熊帷茗	国网木里供电公司	2013年下达

续上表

序号	项目业主	项目名称	项目投资(万元)	到位资金(万元)	规模及内容	项目进度安排	项目进度	完成投资(万元)	县级联系领导	实施单位	资金备注
90	文广新局	2013年无电地区电力建设增补项目	66106.53	66106.53	宁朗、俄亚，唐央3、白碉35kv输变电工程，变电容量4兆伏安，线路分别为38.7km、31.2km、24.5km、28.5km，65个10kv及以下项目，10kv线路长901.44km，低压线路长1787.35km，变电台区429个。	2014年12月完工。	完成工程的78%。	54500	熊帷茗		2013年下达
91		2013年无电地区电力建设光伏项目	4423	4423	在11个乡镇发放户用式光伏设备，在9个乡开展集中式光伏建设，解决3951户无电地区群众的用电。	2014年12月完工。	已发放2543套户用设备，集中式电站53座设备安装工作。	3586.32	熊帷茗		2013年下达
92		2011年综合文化站	20	20	麦日乡文化站232.43m。	2015年5月完工。	动工，并完成基础工程。	0	李金智 包小强	文广新局	2011年下达
93			20	20	宁朗乡文化站。	2014年9月动工，2015年6月底竣工。	动工，并完成基础工程。	0			
94			20	20	依吉乡文化站。	2014年9月动工，2015年6月完工。	动工，并完成基础工程。	0			
95	国土局	2011年第三批地质灾害防治项目	687.23	687.2	在克尔乡中心校打抗滑桩18根，建截水沟85m。在城东休闲广场打抗滑桩18根。	2014年12月完工。	克尔乡中心校项已完工，城东休闲广场项目已开工。	50	沐年若 陈继川	国土局	2012年下达
96		瓦厂中学后山滑坡治理	237.67	237.67	打抗滑桩15根，建挡墙62.5米。	2014年12月完成招标，2015年完工。	已开工。	0	沐年若 陈继川	国土局	2012年下达

续上表

序号	项目业主	项目名称	项目投资(万元)	到位资金(万元)	规模及内容	项目进度安排	项目进度	完成投资(万元)	县级联系领导	实施单位	资金备注
97		滑坡治理及地质灾害易发区群众防灾避险搬迁安置工程	420	420	实施30户地质灾害易发区群众防灾避险搬迁安置工程,其中水洛乡20户、宁朗乡10户。	2015年12月完工。	方案正在报县财政局审批。	0	沐年若 陈继川	国土局	2014年国家重点生态功能区转移支付资金(第一批)
98		2014年地质灾害避险搬迁安置	136	136	在乔瓦镇:打岗组、吉降组、银盘组、鲁祖沟组滑坡等6个乡镇、25个地灾避险点、85户搬迁安置。	2015年12月完工。	实施方案评审中。	0	沐年若 陈继川	国土局	2014年6月下达
99		县城区滑坡自动监测预警示范系统建设工程	258.58	258.58	建设自动雨量站6部、深部位移仪10根,并安装卫星导航系统。	2015年12月完工。	准备实施中。	0	沐年若 陈继川	国土局	2014年6月下达
100		县城区地质环境综合评价	414.6	414.6	对县城区地质环境进行综合评价。	2015年12月完工。	红科、韩家湾已进行地质勘查。	0	沐年若 陈继川	国土局	2014年6月下达
101	卫生局	县医院综合楼	2752	2350	建筑面积9677平方米。	2014年8月完工。	主体已完工,正在进行装饰装修。	2050	阿央青 陈　进	卫生局	中央资金:2010年下达2000万元;县级资金:2010年下达50万,2013年9月下达300万。
102		县疾控、卫生执法监督所综合建设	246	246	建筑面积1600㎡。	2014年4月完成主体施工,2014年12月投入使用。	主体已完工,正在进行装饰装修。	242	罗天志	卫生局	2012年下达
103		县医院综合楼建设配套污水处理及消洗工程	377	377	按照国家有关标准建设县医院医疗污物洗涤、消毒及医院污水处理中心。包括消洗设备设施安装,污水处理设备及安装。	2014年8月完工。	污水处理工程,施工队进场。消洗工程,开展招标前期工作。	0	阿央青 陈　进	县医院	2013年国家重点生态功能区转移支付资金

续上表

序号	项目业主	项目名称	项目投资(万元)	到位资金(万元)	规模及内容	项目进度安排	项目进度	完成投资(万元)	县级联系领导	实施单位	资金备注
104		卫生室建设项目	63	45	实施9个村卫生室建设，建筑面积450 ㎡。	2014年6月开工，2014年12月投入使用。	正在开展招投标。	0	阿央青 陈 进	卫生局	2013年下达
105		乡镇卫生院周转宿舍建设项目	175	125	实施5个乡镇卫生院周转宿舍建设，建筑面积875 ㎡，包括土建施工及生活设施配置。	2014年6月开工，2014年12月投入使用。	正在开展招投标。	0	阿央青 陈 进	卫生局	2013年下达
106	畜牧局	游牧民定居工程	233.6	233.6	在9个牧场建公共救灾饲草基地0.3万亩、青稞基地0.5万亩，饲草基地和青稞基地分别按每亩112元和400元的标准给予补助。	2014年12月完工。	正在实施中，已完成草种、围栏等物资的政府统一采购工作。	0	王开军 鲜小林	畜牧局	2012年10月下达
107		农产品质量检验检测站	240	240	建实验区211.08平方米，建公用区102.57平方米，购买检测仪器79台，购买检测车1台。	2014年6月完成土建工程，2014年10月完成设备采购。	实验室装修已完成。	60	王开军 鲜小林	畜牧局	2013年8月下达
108		木里县牲畜短期育肥项目	50	50	该项目建设肉牛标准化圈舍300 ㎡、标准化肉羊圈舍200 ㎡，活动场200 ㎡、饲料青贮窖(池)30立方米。兽医诊疗室20 ㎡、厕所一座。	2014年6月开工，2014年12月完成。	已完成前期规划设计相关工作，等待政府批示。	0	王开军 鲜小林	畜牧局	2014年2月下达
109	移民局	列瓦集镇迁建	1082	400	水、电、路基础设施配套工程。	未定。	设计已完成。由于地质问题，地址未确定。	0	李金智 包小强	移民局	2012年复建项目
110		唐央乡集镇迁建	956.12	0	修建乡政府、小学、卫生院、派出所、司法所、法庭等。	2014年12月完工。	业主正在委托成都院开展相关设计工作。	0	甲央其扎		2013年复建项目(业主代建)

续上表

序号	项目业主	项目名称	项目投资(万元)	到位资金(万元)	规模及内容	项目进度安排	项目进度	完成投资(万元)	县级联系领导	实施单位	资金备注
111		卡基娃电站库区吊桥复建	2667	0	色翁桥230m,1116万元;洼桥228m,851万元;桐窝桥116m,700万元。	2014年12月完工。	桐窝桥左岸桩基、承台、塔墩、索塔、钢横纵梁安装、栏杆安装等工程已完成。色翁桥左岸桩基、下塔柱、桥道梁、部分上塔柱、右岸基础、塔墩部分塔柱,3#桥台已完成混凝土浇筑。	0	李金智包小强		2013年复建项目(业主代建)
112		立洲电站库区夺卡通乡公路复建	1819.01	0	复建夺卡通乡公路8.28km。	2014年12月完工。	完成全部路基土石方,累计完成8.9公里,边沟完成4500米,挡墙完成2850立方米,沙湾桥已完成0号桥台、1号桥台施工,正在进行拱圈钢筋安装,共计完成640立方米。	0	李金智包小强		2013年复建项目(业主代建)
113		锦屏电站库区分散安置配套基础设施建设	1131	1000	乔瓦镇娃日瓦博凹老大堰恢复重建等20个锦屏电站库区分散安置配套基础设施建设。	2014年8月完工。	簸箕箩村电网改造、碉瞒组道路整治、公里店基础设施扩容、簸箕箩村医疗点扩容、芽祖乡移民搬迁道路维修、白碉乡烂房子组和拖沟组人畜饮水工程、磨房沟组灌溉引水工程、磨房沟组道路整治、列瓦乡羊棚子村小和毛家坪教学点扩容、后所乡呷古村谷科组及上野洛村大湾子组饮水工程等工程全面开工;西秋乡咪桠村咪桠组饮水工程已完成。博瓦大堰复建、五一供水站改造以及下核桃湾蓄水塘正在开展前期工作。	0	李金智包小强	移民局	2013年复建项目

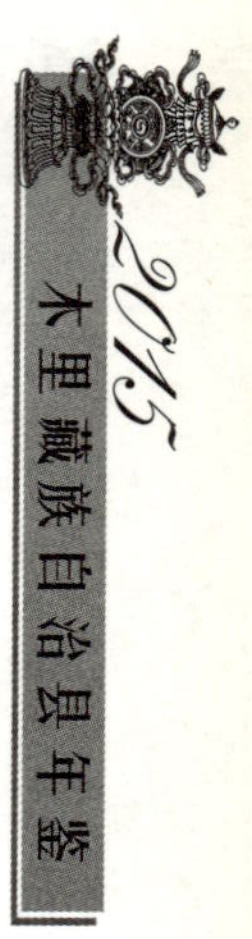

续上表

序号	项目业主	项目名称	项目投资(万元)	到位资金(万元)	规模及内容	项目进度安排	项目进度	完成投资(万元)	县级联系领导	实施单位	资金备注
114	规建局	青少年校外活动中心建设	300	300	活动中心综合楼总建筑面积1800平方米,配套建设活动中心设备、环境绿化及周边体育设施建设。	预计2015年4月中旬完工。	与县民族体育场工程捆绑实施,已完成施工和监理招标,正在进行施工。	并入县民族体育场工程一并统计	沐年若 陈继川	规建局	2012年12月下达
115		县城前缘滑坡治理工程	1554	1554	对县城前缘滑坡进行治理。	2015年12月完工。	准备进场施工。	0	沙马周强		2013年7月下达国家重点生态功能区转移支付资金1554万。
116	城投公司	木里县攀枝花援藏干部周转房工程	800	0	总建筑面积2104.00平方米及附属工程。	2014年3月施工及监理单位已进场施工,2014年12月完工。	进行外墙装饰和安装工程施工,占工程总量的93%。	367	沐年若 陈继川	城投公司	2013年攀枝花援藏项目
117		木里县健身步行道工程	1620		建自县烟草公司到县绿化公园的长1080米,宽3米健身步道及两边的景观绿化、亮化等工程。	预计在2014年10月中旬完成财评工作,11月上旬进行招标。	正在进行施工及监理的招标工作。	0	沐年若 陈继川		2014年下达
118	林业局	林业企业棚户区(危旧房)改造	5866	828.4	林业企业棚户区(危旧房)改造357户。其中,一林场163户,桃博林场59户,茶布朗林场80户,林产公司55户。	桃博林场和林产公司2014年7月完工。一林场和茶布朗林场2014年年内开工,2015年12月完工。	桃博林场和林产公司已完工;一林场主体已完工,茶布朗林场预计今年2月开工。	3000	王开军 鲜小林	林业局	2012年12月下达
119		棚户区改造基础设施建设	114.4	114.4	用于棚户区配套基础设施建设。	2015年12月完工。	桃博林场和林产公司已完工,第一林场正在施工,茶布朗林场未开工。	36.5	王开军 鲜小林	林业局	2012年10月下达78万元,2012年12月下达36.4万。
120		重点火险区综合治理三期工程	525.99	525.99	建瞭望台6座、营房600平方米、宣传碑600座、检查站30处,购置摩托车9辆、运兵车4辆、消防车3辆、水罐车1辆、监控系统1套。	2014年12月完工。	扑火营房县政府牵头正在研究方案;运兵车项目,上级一直未审批。视频监控系统设备已安装。其余工程已完工。	191	王开军 鲜小林	林业局	2012年12月下达

续上表

序号	项目业主	项目名称	项目投资(万元)	到位资金(万元)	规模及内容	项目进度安排	项目进度	完成投资(万元)	县级联系领导	实施单位	资金备注
121		森林防火专业队装备配置	217.5	217	在14个乡镇,购置1450人的专业扑火队装备。	2014年12月完工。	正在招投标。	0	王开军 鲜小林	林业局	2014年国家重点生态功能区转移支付资金(第一批)
122		天保管护站项目	150	150	原址新建2个管护站。	2014年12月完工。	后所管护站已完工,博科管护站主体已封顶。	120	王开军 鲜小林	林业局	2014年国家重点生态功能区转移支付资金(第一批)
123	环保局	环境监察机构标准化建设补助资金项目	24	24	按照川环函〔2014〕1134号文件和凉环监发〔2014〕11号文件要求,由省、州环境监察部门按照《全国环境监察标准化建设标准》统一采购配备取证设备、通讯工具、办公设备等等。	2014年8月,编制方案,完成项目采购计划报送,2014年9月由州局开展采购工作,2015年1月之前完成装备采购到位。	已上报计划给州环境监察执法支队,待全州统一采购。	0	李金智 包小强	环保局	省财政厅下达县环保局环境监察机构标准化建设补助资金24万元
124	农科局	农技推广服务体系建设	501.6	473	在22个乡镇建设农技、农机服务站及购买设施设备。	2014年12月完工。	15个乡已完成并挂牌,5个乡正在实施,目前有2个乡未动工。设备采购实施完成。	324.59	王开军 鲜小林	农科局	2012年12月下达418万元,2014年6月下达55万元
125		农村环境综合整治项目	400	400	县级自建农村户用沼气池800口,同时配套补贴国家和省级沼气池建设项目800口。	2014年12月完工。	目前已完成前期项目论证和规划工作,正在实行政府采购。	0	王开军 鲜小林	农科局	2014年国家重点生态功能区转移支付资金(第一批)
126	民宗局	省级民族工作机金	10	10	西秋乡咪哑村人畜饮水工程。	2014年12月完成。	正在实施。	0	黄龙布	民宗局	2014年8月下达
127	检察院	木里县检察院办案及专业技术用房	435	420	木里县检察院办案及专业技术用房建筑面积2071平方米。	2014年年内动工,2015年12月完成施工。	已经完成二区派出所拆迁工程和图纸的初设计和地勘及周边的围墙建设。	9.72	张华碁	检察院	2013年12月下达中央预算内资金370万元、省财政追加50万元。

续上表

序号	项目业主	项目名称	项目投资(万元)	到位资金(万元)	规模及内容	项目进度安排	项目进度	完成投资(万元)	县级联系领导	实施单位	资金备注
128	屋脚乡	“6.24”灾后重建项目	118	118	建设屋脚乡至利加嘴四级公路31公里,路基、路面、桥涵;修复供水管道20公里,渠道防渗10.5公里,维修电站引水渠2公里、维修线路2公里。	2015年5月完工。	公路建设、电站维修和引水渠建设已完工,正在修复供水管道。	88	杨文才	屋脚乡	2013年5月下达
129	财政局	2014年“一事一议”项目	102	102	乔瓦镇娃日瓦村水渠修复820米,投资38.5万元;簸箕箩村维修8公里通组公路和3公里饮水管道,投资12万元;锄头湾村维修8公里通组公路和3公里饮水管道,投资44.5万元。	2014年12月31日完工。	已完成50%。	50		项目所在村	2014年8月下达
130			44	44	项脚乡羊窝子村维修16公里通组公路,投资13.5万元;友友坪村新修通组公路3.5公里,投资12万元;项脚村维修10公里通组公路,投资15万。		已完成34%。	15			
131			74	74	白碉乡阳山村维修电站堰沟4公里新建12公里通组公路,投资21万元;洞龙沟村新建18公里通组公路,投资11.5万元;白碉村改造大堰1公里,投资24万元;呷米坪村扩建20公里通组公路,投资16万元。		已完成50%。	20	甘正友		
132			55	55	克尔乡渲洼村新建7公里通组公路,投资19万元;彭姑村修建安全饮水管道20公里,投资15万元;阴山村维修20公里通组公路,投资20万元。		已完成65%。	30	仁青偏初		
133			44	44	芽祖乡关门山村改造大堰10公,投资9万元;周家坪村维修水堰10公里,投资8.5万元;热地村维修8公里通组公路,投资12万元;滚子棚村维修8公里通组公路,投资10万元。		已完成50%。	22	沙马周强		
134			67	67	倮波乡龙卧洞村修复大堰8公里,投资19万元;干海子村修复大堰8公里,投资20万元;陈东村新建1公里饮水工程,投资5.5万元;瓦岗村新建3公里饮水工程,投资15万元;磨子沟村新建1公里饮水工程,投资5万元。	2014年12月31日完工。	已完成50%。	38	杨单祖	项目所在村	2014年8月下达

续上表

序号	项目业主	项目名称	项目投资(万元)	到位资金(万元)	规模及内容	项目进度安排	项目进度	完成投资(万元)	县级联系领导	实施单位	资金备注
135			55	55	三桷桠乡茶地沟村维修水堰10公里,投资4.5万元;三家铺子村新建8公里水堰,投资6.5万元;鸡毛店村新建8公里机耕道,投资11.5万元;里普村维修水堰18公里,投资20万元。高房子村新建5公里机耕道,投资12万元。		已完成37%。	20	阿央青		
136			55	55	卡拉乡麻撒村新建2公里饮水工程,投资6万元;草坪村维修20公里驿道和木桥30座,投资7万元;苦苦村维修15公里驿道和木桥5座,投资4.5万元;央沟村维修50公里驿道和20公里水堰,投资7.5万元;卡拉村维修5公里通组公路和5公里驿道,投资12万元;马老村新建23公里驿道,投资7.5万元;田镇村新建5公里通组公路,投资9万元。		已完成40%。	20	李金智		
137			33	33	茶布朗镇燃面村维修水堰3.8公里,投资16.5万元;娃子店村维修12公里通组公路,投资6.5万元;东孜村新建3.5公里饮水工程,投资7万元。		已完成40%。	20	赵宁		
138			55	55	唐央乡格若村维修水堰5公里,投资15万元;同窝村维修11公里通组公路,投资12万元;里多村维修10公里通组公路,投资7万元;普尔村维修6公里通组公路,投资24万元。	2014年12月31日完工。	已完成40%。	20	贾德全	项目所在村	2014年8月下达
139			25	25	东朗乡亚英村维修水堰1公里,投资9.5万元;向阳村维修水堰0.8公里,投资7万元;绒佐村维修水堰0.6公里,投资7.5万元。		已完成60%。	20	呷绒翁丁		
140			34	34	麦日乡日龙村维修水堰2公里,投资6.5万元;格伊村维修人畜饮水水堰4公里,投资9.5万元;曲公村维修人畜饮水5公里,投资6万元;哈朗村维修水堰4公里,投资9.5万元。		已完成45%。	16			
141			21	21	博窝乡田埂村修建12公里驿道,投资5万元;关机村维修水堰8公里,投资8.5万元;坑古村维修水堰5公里,投资7.5万元。		已完成50%。	10	王开军		

续上表

序号	项目业主	项目名称	项目投资(万元)	到位资金(万元)	规模及内容	项目进度安排	项目进度	完成投资(万元)	县级联系领导	实施单位	资金备注
142			32	32	麦地龙乡立尔村新建4.5公里驿道,投资8.5万元;里尼村维修输电线路4公里,投资5.5万元;中铺子村建垃圾焚烧池,投资9万元;尼波村新建1.5公里通组公路,投资8万元。		已完成50%。	16	杨克祖		
143			56	56	沙湾乡打卡村维修人畜饮水6公里,投资11万元;沙湾村维修水堰4公里4公里通组公路,投资10万元;纳瓦村维修水堰8公里及7公里通组公路,投资17.5万元;麻窝村维修7公里通组公路,投资12.5万元。	2014年12月31日完工。	已完成50%。	28	陆建平	项目所在村	2014年8月下达
144			70	70	博科乡洛腊村维修12公里通组公路,投资12万元;八科村村维修9公里通组公路,投资23万元;干海子村维修4公里通组公路,投资1.5万元;博科村维修12.5公里通组公路,投资23万元;日古村维修9公里通组公路,投资10万元。		已完成50%。	35	阿央青		
145			36	36	依吉乡蚕多村维修水堰5公里,投资7万元;雨初村改扩建5公里通组公路,投资9万元;麦洛村改扩建水堰5公里,投资19.5万元。		已完成70%。	25	马国发		
146			39	39	固增乡一村改扩建水堰3公里及人畜饮水5公里,投资8.5万元;二村改扩建9公里通组公,投资9万元;三村改扩建7公里通组公路,投资8万元;四村改扩建11.5公里通组公路,投资13.5万元。		已完成80%。	30			
147			22	22	宁朗乡下博瓦村新建引水管道4公里,投资7万元;甲店村维修蓄水池,投资10万元;则洛村维修引水管道3.5公里,投资5万元。		已完成40%。	20	袁定强		
148			70	70	水洛乡两保村新建水堰5.2公里,投资10万元;其拉村新建水堰3公里,投资12.5万元;东拉村新建水堰5公里,投资16万元;古尼村新建水堰4公里,投资7万元;严保村维修水堰4公里,投资3.5万元;平翁村新建4公里机耕道,投资12万元。	2014年12月31日完工。	已完成50%。	35	熊帷茗	项目所在村	2014年8月下达

续上表

序号	项目业主	项目名称	项目投资（万元）	到位资金（万元）	规模及内容	项目进度安排	项目进度	完成投资（万元）	县级联系领导	实施单位	资金备注
149			33	33	屋脚乡纳布村新建8公里通组公路，投资12万元；屋脚乡新建9公里通组公路，投资21万元。		已完成30%。	10	阿央青		
150			68	68	俄亚乡卡瓦村新建引水管道6.5公里，投资10.5万元；苏达村新建1公里通组公路，投资10.5万元；俄碧村新建2公里通组公路，投资16.5万元；鲁司村维修水堰3公里，投资4万元；大村新建引水管道9公里，投资15万元；立碧村新建引水管道4公里，投资11万元。		已完成30%。	20	梁宏柱 肖玉成		
151			43	43	下麦地乡棉布村维修2.5公里通组公路和4公里驿道，投资13万元；上麦地村新建5公里和维修8公里通组公路，投资17万元；中村购买人畜饮水PE管，投资13万元。		已完成50%。	22	张振国		
152			41	41	西秋乡咪垭村修建一个蓄水池及购买饮水管道，投资7万元；咪核村扩建21公里通组公路，投资21万元；日布佐村扩建18公里通组公路，投资12万元。		已完成40%。	18	杜基次尔		
153			52	52	列瓦乡羊棚子村维修6公里通组驿道，投资7.5万元；洼下村新建2公里通组公路，投资7万元；碾水村新建4公里通组公路4公里机耕道，投资18万元；列瓦村扩建7公里通组公路，投资16万元。	2014年12月31日完工。	已完成50%。	25	伍松	项目所在村	2014年8月下达
154			81	81	后所乡中心村新修6公里通组公路，投资11万元；上野洛新建12公里通组公路，投资19万元；岩里村新建6公里，投资18万元；呷古新建5公里通组公路，投资9万元；田坝子村扩建9公里通组公路，投资23万元。		已完成50%。	40	张华暑		
155			48	48	李子坪乡金子沟村维修10公里通组公路，投资14万元；白草坪村维修9公里及新建2公里通组公路，投资13.5万元；黄泥巴村新建15公里通组公路，投资20万元。		已完成25%。	12	杨乔包		

续上表

序号	项目业主	项目名称	项目投资(万元)	到位资金(万元)	规模及内容	项目进度安排	项目进度	完成投资(万元)	县级联系领导	实施单位	资金备注
156			46	46	牦牛坪乡坭珠村新建4.3公里通组公路,投资14.5万元;下坪子村新建4公里通组公路,投资14.5万元;叶村新建4公里通组公路,投资16.5万元。		已完成70%。	32	肖启模		
157			59	59	瓦厂镇夺卡村新建1.5公里和维修4公里通组公路,投资18万元;桃坝村维修6公里全村水堰,投资14万元;君依村维修水堰7公里水堰,投资17万元;纳子村维修水堰2公里和3个水池,投资10万元。		已完成50%。	30	翁依偏初		
158		农村公共服务运行维护	565	565	全县113个行政村每村各5万元,对村内公共服务进行运行维护。	2014年12月完工。	正在实施。	0		各相关村	2014年8月下达
二、	已完工项目(108个)		31782.76	27619.52				25860.89			
1	公路局	林区公路整治	640	640	白碉林区支线通道整治64公里,让白岔路至色更坝子林区通道整治工程59公里,卡拉林区通道整治工程19公里,唐央林区通道整治工程19公里,麦日至挖拖至撒绒林区整治工程22公里。		2014年3月竣工。	320	杨文才	公路局	2013年5月下达
2		通乡公路养护整治维修工程	96	50	唐央至博窝通乡公路养护整治32公里。		2014年6月完工待验收。	96	伍松		2014年下达
3		2014年通乡水泥路工程	169.32	169.32	固增乡通乡水泥路工程1.17公里。	2014年5月20日开工,计划完工时间2014年8月5日。	2014年10月完工,待验收。	169.32	杨文才		2014年3月下达
4	教育局	高中部二期项目建设	2999	2930	建筑面积3390平方米的学生宿舍、1463平方米的学生食堂、1843平方米的综合楼。		2014年3月竣工。	1611	阿央青 陈进	教育局	2012年下达,县政府垫资1790万元,攀枝花市支援1140万元。
5		校舍安全	197	197	建设县中学校务办公室500平方米,完成学生宿舍太阳能及校园监控设备安装和用电设施建设。		2014年9月竣工。	170	阿央青 陈进	教育局	2012年下达

续上表

序号	项目业主	项目名称	项目投资(万元)	到位资金(万元)	规模及内容	项目进度安排	项目进度	完成投资(万元)	县级联系领导	实施单位	资金备注
6	国网木里供电公司	鲁珠沟水毁复建工程	123	123	修复10kv线路5.696km。低压线路12.11km,变电台区3个。		2014年3月完工待验收。	120	杨文才	国网木里供电公司	2012年下达
7	文广新局	2011年综合文化站	30	20	固增乡综合文化站312㎡。		2014年3月完工。	16	李金智包小强	国资局	2011年下达
8			30	20	牦牛坪乡综合文化站312㎡。			16			
9			30	20	博窝乡综合文化站312㎡。			16			
10			45.8253	20	项脚乡综合文化站245㎡。		2014年6月竣工验收。	34			
11			45.7218	20	克尔乡综合文化站245㎡。		2014年6月竣工验收。	36			
12			69.3233	20	后所乡综合文化站334㎡。	2014年9月完工。	2014年10月竣工并投入使用。	65	李金智包小强	文广新局	2011年下达
13			48.0246	20	沙湾乡综合文化站245㎡。	2014年11月完工。	2014年10月竣工并投入使用。	45			
14			20	20	卡拉乡综合文化站191.5m。	2014年10月完工。	2014年11月竣工并投入使用。	17.25			
15	移民局	锦屏电站下麦地中村铁索吊桥	1300	500	长度为335米,桥净宽3米。	2014年6月完工。	2014年8月竣工,待验收。	0	李金智包小强	移民局	2013复建项目
16	畜牧局	卡尔牧场2012年国有贫困农场财政扶贫项目	150	150	用于基础设施建设和发展生产。		2014年3月完工。	150	王开军鲜小林	畜牧局	2012年12月下达

续上表

序号	项目业主	项目名称	项目投资(万元)	到位资金(万元)	规模及内容	项目进度安排	项目进度	完成投资(万元)	县级联系领导	实施单位	资金备注
17		2012年草原生态保护补助奖励项目	2354.2	2354.2	完善草原禁牧186.2万亩,草畜平衡266万亩及畜品种改良补贴等。	2014年6月完工。	2014年8月完工。	2354.2	王开军 鲜小林		2012年下达
18		高原牦牛引种改良	50	50	引进九龙优良种牦牛100头,形成牦牛优势产业带。	2014年5月实施,8月完成。	2014年8月完工。	88	王开军 鲜小林		2013年攀枝花支援50万元。
19		2014年现代草原畜牧业发展专项资金	449.5	449.5	建户营人工打贮草基地0.5万亩,建270户25600平方米标准化圈舍。	2014年12月完工。	2014年8月完工。	2354.2	王开军 鲜小林		2014年1月下达
20		木里县特色藏猪、藏鸡养殖基地建设	100	100	新建5个年出栏300－499头藏香猪猪规模养殖场(小区),发展藏猪规模养殖场(户)20户、年出栏1000羽藏鸡养殖大户20户。	2014年6月开工,2014年12月完成。	2014年8月完工。	40	王开军 鲜小林		2014年2月下达
21		四川省2013年牦牛、绵羊、山羊良种补贴项目	28.4	22.4	引进牦牛种公牛100头;种公羊105只。	2014年7月完成引种。	2014年11月完成。	36.209	王开军 鲜小林		2013年8月下达
22	林业局	林区综合治理检查站	245	245	在我县东朗亚英、屋脚黄丝落和下麦地新建3个林区综合治理检查站。		2014年3月完工。	188.79	王开军 鲜小林	林业局	2012年下达
23	卫生局	基层医疗卫生机构管理信息系统建设项目	330.98	247	建立县级医疗卫生机构管理信息系统数据中心1个和29个乡镇卫生院数据系统。		2014年3月完工。	246	阿央青 陈　进	卫生局	2012年8月下达
24		县医院设备购置	300	250	购置全自动血生化分析仪1台、500毫安X光机1台、进口彩超1台、体外震波碎石机1台、膀胱镜1台、输尿管镜气压弹道碎石系统1套、前列腺电切镜1套;组织人员培训。		2014年3月完工。	219	阿央青 陈　进	县医院	2013年攀枝花对口支援250万元。
25		"6.24"灾后重建项目	16	16	依吉乡卫生院维修加固50㎡,购置便携式B超1台、血像分析仪1台,屋脚乡卫生院维修加固50㎡,购置心电监护仪1台、制氧仪1台、血糖仪1台。		2014年8月完工。	16	阿央青 陈　进	卫生局	2012年9月下达

续上表

序号	项目业主	项目名称	项目投资(万元)	到位资金(万元)	规模及内容	项目进度安排	项目进度	完成投资(万元)	县级联系领导	实施单位	资金备注
26	交通局	2010年通乡油路工程	547	395.2	芽祖乡9.5公里。		2014年4月完工。	547	杨文才	交通局	2010年下达
27		安保工程	1212	1562	建设安保设施50.8公里(铧口－安定桥)。		2014年6月完工。	1212	杨文才		中央资金:2012年下达105万元,2013年下达807万元。县级配套资金550万元。
28		2013年安保工程	2166	0	建设豹前路安保工程76.8公里,挖基、立柱、挂板。	2014年11月完工。	已完工。	1867	杨文才		2013年下达
29	民宗局	省级少数民族发展资金	20	20	卡拉乡卡拉牧场驿道维修项目补助资金。	2014年6月完工。	2014年5月完工待验收。	8	黄龙布	民宗局	2013年12月下达
30		省级少数民族发展资金	20	20	依吉乡蚕多村后所组人畜饮水管道维修。	2014年8月完工。	2014年9月完工。	15	黄龙布	民宗局	2013年12月下达
31		省级民族工作机金	15	15	固增乡故拉村通村公路1.5公里。	2014年12月完成。	2014年11月完成。	15	黄龙布	民宗局	2014年8月下达
32	扶贫办	2013年省“两项资金”四小工程	220	220	建设水洛乡两保村环线路、沙湾乡沙湾村云南堡组环线路、克尔乡阴山村环线路。	2013年7月启动实施,2014年6月底完工。	2014年4月完工。	160	李金智包小强	扶贫办和相关乡镇	2013年6月下达
33			108	108	依吉乡雨初村水利灌溉和三桷桠乡里普村水利灌溉工程。	2013年7月启动实施,2014年6月底完工。	2014年4月完工。	70			

续上表

序号	项目业主	项目名称	项目投资(万元)	到位资金(万元)	规模及内容	项目进度安排	项目进度	完成投资(万元)	县级联系领导	实施单位	资金备注
34			80	80	太阳能热水器推广工程(在项脚乡友友坪村、东朗乡绒佐村、瓦厂镇君依村安装太阳能热水器400户400台)。	2013年7月启动实施,2014年6月底完工。	2014年5月完工。	80			
35		2013年连片扶贫开发	130	130	查布朗镇然面村新建人畜饮水管道41.5公里,水池10口;农户危房改造50户;增收产业培育养羊户40户。	2013年6月启动实施,2014年6月底完工。	2014年5月完工。	100.11425	李金智包小强	扶贫办和相关乡镇	2013年5月下达
36		2013年连片扶贫开发	175	175	博窝乡关机村新修村内道路6.5公里;农户危房改造30户;增收产业培育养羊户30户。	2013年6月启动实施,2014年6月底完工。	2014年4月完工。	140	李金智包小强	扶贫办和相关乡镇	2013年5月下达
37		2013年连片扶贫开发	195	195	依吉乡麦落村新修村内道路7.5公里;农户危房改造20户;增收产业培育养羊户30户。	2013年6月启动实施,2014年6月底完工。	2014年4月完工。	110	李金智包小强	扶贫办和相关乡镇	2013年5月下达
38		国有贫困农场扶贫	150	150	卡尔牧场贫困牧民危房改造,牧场道路、水电等基础设施建设。	2013年1月启动实施,2014年6月底完工。	2014年4月完工。	150	李金智包小强	卡尔牧场	2012年下达
39		产业扶持项目	360	360	在查布朗镇、固增乡、乔瓦镇、列瓦乡、下麦地乡、后所乡、项脚乡等7个乡(镇)嫁接核桃120万穗。	2014年1月启动实施,2014年11月底完工。	2014年5月完工。	108	李金智包小强	茶布朗镇	2013年浙江省对口帮扶100万元项目、木里县农发资金260万元项目。
40		2013年州本级财政配套基础设施建设	20	20	卡拉乡玛瑙村3组通组道路建设。	2014年6月完工。	2014年6月完工。	6	李金智包小强	扶贫办和相关乡镇	2013年12月下达
41			20	20	克尔乡宣洼村苦巴店公路维修。	2014年6月完工。	2014年6月完工。	6	李金智包小强		
42			10	10	克尔乡彭姑村三家村组人畜饮水工程。	2014年6月完工。	2014年6月完工。	8	李金智包小强		

续上表

序号	项目业主	项目名称	项目投资（万元）	到位资金（万元）	规模及内容	项目进度安排	项目进度	完成投资（万元）	县级联系领导	实施单位	资金备注
43			20	20	乔瓦镇娃日瓦村三家村组道路新修维修。	2014 年 6 月完工。	2014 年 6 月完工。	0	李金智包小强		
44	扶贫办	2014 年藏区连片扶贫开发项目	100	100	博科乡日古村新修通组道路 4 公里，宽 3.5 米；养羊户 31 户，户均养基础母羊 20 只，引种公羊 31 只，户均修圈舍 40 平方米，户均种草 10 亩。	2014 年 6 - 7 月完成前期工作，8 月启动实施，2015 年 11 月底完工。	2014 年 11 月完成。	90	李金智包小强	扶贫办和相关乡镇	2014 年 6 月下达
45			100	100	列瓦乡列瓦村新修通组道路 6 公里，宽 3.5 米；养羊户 30 户，户均养基础母羊 20 只，引种公羊 30 只，户均修圈舍 40 平方米，户均种草 10 亩；发展中草药种植 40 亩。	2014 年 6 - 7 月完成前期工作，8 月启动实施，2015 年 11 月底完工。	2014 年 12 月完成。	90	李金智包小强		
46			100	100	卡拉乡玛瑙村新修村内通组道路 4 公里，宽 3.5 米；养羊户 10 户，户均养基础母羊 20 只，引种公羊 10 只，户均修圈舍 40 平方米，户均种草 10 亩；发展中草药种植 160 亩。	2014 年 6 - 7 月完成前期工作，8 月启动实施，2015 年 11 月底完工。	2014 年 11 月完成。	90	李金智包小强		
47			100	100	倮波乡龙卧洞村新修通组道路 4 公里，宽 3.5 米；养羊户 32 户，户均养基础母羊 20 只，引种公羊 32 只，户均修圈舍 40 平方米，户均种草 10 亩。	2014 年 6 - 7 月完成前期工作，8 月启动实施，2015 年 11 月底完工。	2014 年 11 月完成。	90	李金智包小强		
48			100	100	麦地龙乡立尔村新架灌溉用水及饮水 17 公里，配套接头、三通、弯管等；修建 60 立方蓄水池 2 个、10 立方小水池 4 个；养羊户 30 户，户均养基础母羊 20 只，引种公羊 30 只，户均修圈舍 40 平方米，户均种草 10 亩。	2014 年 6 - 7 月完成前期工作，8 月启动实施，2015 年 11 月底完工。	2014 年 12 月完成。	90	李金智包小强		
49	以工代赈办	2012 年预算内以工代赈工程项目	300	300	新建蓄水池 1 口 600 立方米；新改建乡村公路 16.2 公里，其中新建 10.2 公里，改建 6 公里。	2014 年 4 月完成验收，5 月完成报账。	2014 年 4 月完工。	286	贾德全	以工代赈办	2012 年下达
50		2013 年预算内以工代赈工程项目	100	100	改建灌溉渠 4 公里，建设 100 立方米蓄水池 2 口，新增灌面 300 亩，改善灌面 500 亩。	2014 年 3 月开工建设，2014 年 12 月完成建设。	2014 年 12 月基本完成建设，待竣工验收并完善报账手续。	54.5	贾德全	以工代赈办	2013 年下达

续上表

序号	项目业主	项目名称	项目投资(万元)	到位资金(万元)	规模及内容	项目进度安排	项目进度	完成投资(万元)	县级联系领导	实施单位	资金备注
51	农办	2013年藏区新农村建设	2500	2500	2013年完成32个藏区新村建设，村落民居建设1783户，完成基础设施和公共服务设施建设17个。	2013年12月完成。	2014年3月完工。	2500	呷绒翁丁	相关乡镇	2013年下达省级配套资金500万元，州新村建设资金1000万元，县财政资金配套1000万元。
52		省级投资农村沼气项目	60	60	建设200口户用沼气池。	2014年5月完成物资招标政府采购和供货，10月底前完成安装。	2014年11月完成玻璃钢沼气池安装调试工作，沼气池进入投产试运行阶段。	59.2	肖启模	农科局	2013年9月下达
53		中央投资农村沼气项目	198	198	建设600口户用沼气池，服务网点4个。	2014年5月前完成物资招标政府采购和供货，10月底前完成安装。	2014年11月完成玻璃钢沼气池安装调试工作，沼气池进入投产试运行阶段。	177.6	肖启模	农科局	2013年12月下达
54	农科局	中药材基地建设	200	200	2012年拟在后所等乡建设270亩示范基地，2013年拟在白碉、项脚、博科、克尔乡建设以党参为主的示范基地350亩。	2014年12月完工。	2014年12月完成2014年项目实施方案的编制工作。已经完成种植280亩。	0	王开军 鲜小林	农科局	攀枝花2012年对口支援100万元，2013年支援100万元。
55	水务局	博瓦河堤防工程	2295.08	2525	治理河道4.5千米，新建和整治河堤6千米。	2014年6月完工。	2014年6月完工。	1900		水务局	省级资金：2011年下达110万元，2013年12月分别下达240万和475万。县级资金：2013年10月下达1700万。
56		2013年中央财政补助县级国有公益性水利工程维修养护资金及环境污染治理项目施工	100	100	1、博瓦河堤防维修养护工程李子坪段、乔瓦镇段；2、龙达河堤防维修养护工程堤防基础维护；3、环境污染治理1项，3处。	雨季来临，为保证施工安全，工程暂停施工，计划于2014年12月底完工。	已全部完工，并验收。	80	王开军 鲜小林	水务局	2014年3月下达

续上表

序号	项目业主	项目名称	项目投资(万元)	到位资金(万元)	规模及内容	项目进度安排	项目进度	完成投资(万元)	县级联系领导	实施单位	资金备注
57	国土局	2012年第四批地质灾害防治项目	82	82	后所乡苏家湾滑坡修建格构锚杆21根，建挡墙92.9米。	2014年6月完工。	2014年6月完工。	82	沐年若 陈继川	国土局	2013年下达
58		2012年地质灾害搬迁安置	11.2	11.2	白碉乡搬迁安置7户。	2014年12月完工。	已完成40户搬迁工作，验收后拨付资金。	11.2	沐年若 陈继川	白碉乡	2012年下达
59			20.8	20.8	俄亚乡搬迁安置13户。			20.8		俄亚乡	
60			32	32	宁朗乡搬迁安置20户。			32		宁朗乡	
61		应急排危工程	49.3	0	对韩家湾不稳定斜坡工程治理。	2014年9月完工。	2014年12月完工。	0	沐年若 陈继川	国土局	2014年6月
62		李子坪乡中心校滑坡治理工程	400	339	在滑坡体中部教学楼后垂直于主滑方向约200米范围内和滑坡右侧前缘长约200米内分别布设40根抗滑桩。	2014年12月完成招标，2015年完工。	2014年12月完工。	0	沐年若 陈继川	国土局	2013年国家重点生态功能区转移支付资金
63	规建局	2012年廉租住房建设项目	1240	548.82	建设规模为144套，总建筑面积7155平方米。	2014年5月完工。	2014年8月完工，待验收。	1092	杨克祖	规建局	2012年6月下达
64		环卫设备采购	100	100	采购相关环卫设备。	2014年6月完工。	2014年6月完工。	100	沐年若 陈继川		2013年8月下达
65		县城市生活垃圾填埋场工程	1300	1570	占地面积36.2亩，库容量9.2万立方米，日处理能力15吨，服务年限15年。	2014年5月完工。	2014年11月完工，待竣工验收。	752	陈福云	规建局	2011年下达600万元，2012年下达230万元，2013年7月下达重点生态功能区转移资金740万。

续上表

序号	项目业主	项目名称	项目投资(万元)	到位资金(万元)	规模及内容	项目进度安排	项目进度	完成投资(万元)	县级联系领导	实施单位	资金备注
142			32	32	麦地龙乡立尔村新建4.5公里驿道,投资8.5万元;里尼村维修输电线路4公里,投资5.5万元;中铺子村建垃圾焚烧池,投资9万元;尼波村新建1.5公里通组公路,投资8万元。		已完成50%。	16	杨克祖		
143			56	56	沙湾乡打卡村维修人畜饮水6公里,投资11万元;沙湾村维修水堰4公里4公里通组公路,投资10万元;纳瓦村维修水堰8公里及7公里通组公路,投资17.5万元;麻窝村维修7公里通组公路,投资12.5万元。	2014年12月31日完工。	已完成50%。	28	陆建平	项目所在村	2014年8月下达
144			70	70	博科乡洛腊村维修12公里通组公路,投资12万元;八科村村维修9公里通组公路,投资23万元;干海子村维修4公里通组公路,投资1.5万元;博科村维修12.5公里通组公路,投资23万元;日古村维修9公里通组公路,投资10万元。		已完成50%。	35	阿央青		
145			36	36	依吉乡蚕多村维修水堰5公里,投资7万元;雨初村改扩建5公里通组公路,投资9万元;麦洛村改扩建水堰5公里,投资19.5万元。		已完成70%。	25	马国发		
146			39	39	固增乡一村改扩建水堰3公里及人畜饮水5公里,投资8.5万元;二村改扩建9公里通组公,投资9万元;三村改扩建7公里通组公路,投资8万元;四村改扩建11.5公里通组公路,投资13.5万元。		已完成80%。	30			
147			22	22	宁朗乡下博瓦村新建引水管道4公里,投资7万元;甲店村维修蓄水池,投资10万元;则洛村维修引水管道3.5公里,投资5万元。		已完成40%。	20	袁定强		
148			70	70	水洛乡两保村新建水堰5.2公里,投资10万元;其拉村新建水堰3公里,投资12.5万元;东拉村新建水堰5公里,投资16万元;古尼村新建水堰4公里,投资7万元;严保村维修水堰4公里,投资3.5万元;平翁村新建4公里机耕道,投资12万元。	2014年12月31日完工。	已完成50%。	35	熊帷茗	项目所在村	2014年8月下达

续上表

序号	项目业主	项目名称	项目投资(万元)	到位资金(万元)	规模及内容	项目进度安排	项目进度	完成投资(万元)	县级联系领导	实施单位	资金备注
74		空气质量自动监测站扩项建设和系统备份项目	150	150	空气质量自动监测站扩项建设和系统备份。	2014年12月完工。	2014年12月完成。	0	李金智 包小强	环保局	2014年国家重点生态功能区转移支付资金(第一批)100万,省级补助资金50万元
75	财政局	2013年"一事一议"项目	40.5	40.5	项脚乡羊窝子村维修16公里通组公路,投资13.5万元;友友坪村新修通组公路3.5公里,投资12万元;项脚村维修10公里通组公路,投资15万。		2014年3月竣工验收。	40.5		项目所在村	2013年5月下达
76			72.5	72.5	白碉乡阳山村维修电站堰沟4公里新建12公里通组公路,投资21万元;洞龙沟村新建18公里通组公路,投资11.5万元;白碉村改造大堰1公里,投资24万元;呷米坪村扩建20公里通组公路,投资16万元。		2014年3月竣工验收。	72.5	甘正友		2013年5月下达
77			54	54	克尔乡渲洼村新建7公里通组公路,投资19万元;彭姑村修建安全饮水管道20公里,投资15万元;阴山村维修20公里通组公路,投资20万元。		2014年3月竣工验收。	54	仁青偏初	项目所在村	2013年5月下达
78			31	31	麦地龙乡立尔村新建4.5公里驿道,投资8.5万元;里尼村维修输电线路4公里,投资5.5万元;中铺子村建垃圾焚烧池,投资9万元;尼波村新建1.5公里通组公路,投资8万元。		2014年3月竣工验收。	31	杨克祖	项目所在村	2013年5月下达
79			51	51	沙湾乡打卡村维修人畜饮水6公里,投资11万元;沙湾村维修水堰4公里4公里通组公路,投资10万元;纳瓦村维修水堰8公里及7公里通组公路,投资17.5万元;麻窝村维修7公里通组公路,投资12.5万。		2014年3月竣工验收。	51	陆建平		2013年5月下达
80			43	43	下麦地乡棉布村维修2.5公里通组公路和4公里驿道,投资13万元;上麦地村新建5公里和维修8公里通组公路,投资17万元;中村购买人畜饮水PE管,投资13万元。		2014年3月竣工。	43	张振国		2013年5月下达

续上表

序号	项目业主	项目名称	项目投资(万元)	到位资金(万元)	规模及内容	项目进度安排	项目进度	完成投资(万元)	县级联系领导	实施单位	资金备注
81			48.5	48.5	列瓦乡羊棚子村维修6公里通组驿道,投资7.5万元;洼下村新建2公里通组公路,投资7万元;碾水村新建4公里通组公路4公里机耕道,投资18万元;列瓦村扩建7公里通组公路,投资16万元。		2014年3月竣工验收。	48.5	伍松		2013年5月下达
82			80	80	后所乡中心村新修6公里通组公路,投资11万元;上野洛新建12公里通组公路,投资19万元;岩里村新建6公里,投资18万元;呷古新建5公里通组公路,投资9万元;田坝子村扩建9公里通组公路,投资23万元。		2014年3月竣工验收。	80	张华暑		2013年5月下达
83			45.5	45.5	牦牛坪乡坭珠村新建4.3公里通组公路,投资14.5万元;下坪子村新建4公里通组公路,投资14.5万元;叶村新建4公里通组公路,投资16.5万元。		2014年3月已完工待验收。	45.5	肖启模	项目所在村	2013年5月下达
84			63.5	63.5	瓦厂镇夺卡村维修10公里通组公路,投资21.5万元;桃坝村维修4公里通组公路,投资14万元;君依村维修水堰5公里5公里通组公路,投资17万元;纳子村维修水堰5公里,投资11万元。		2014年3月竣工验收。	63.5	杨晓军		2013年5月下达
85			95	95	乔瓦镇娃日瓦村水渠修复820米,投资38.5万元;簸箕箩村维修8公里通组公路和3公里饮水管道,投资12万元;锄头湾村维修8公里通组公路和3公里饮水管道,投资44.5万元。		2014年6月竣工。	70	苏拉志		2013年5月下达
86			39.5	39.5	芽祖乡关门山村改造大堰10公里,投资9万元;周家坪村维修水堰10公里,投资8.5万元;热地村维修8公里通组公路,投资12万元;滚子棚村维修8公里通组公路,投资10万元。		2014年4月竣工待验收。	39.5	沙马周强		2013年5月下达
87			64.5	64.5	倮波乡龙卧洞村修复大堰8公里,投资19万元;干海子村修复大堰8公里,投资20万元;陈东村新建1公里饮水工程,投资5.5万元;瓦岗村新建3公里饮水工程,投资15万元;磨子沟村新建1公里饮水工程,投资5万。	2014年6月完工。	2014年5月竣工待验收。	64.5	杨单祖		2013年5月下达

续上表

序号	项目业主	项目名称	项目投资（万元）	到位资金（万元）	规模及内容	项目进度安排	项目进度	完成投资（万元）	县级联系领导	实施单位	资金备注
88			58	58	唐央乡格若村维修水堰5公里，投资15万元；同窝村维修11公里通组公路，投资12万元；里多村维修10公里通组公路，投资7万元；普尔村维修6公里通组公路，投资24万。	2014年6月完工。	2014年6月竣工待验收。	58	贾德全	项目所在村	2013年5月下达
89			69.5	69.5	博科乡洛腊村维修12公里通组公路，投资12万元；八科村村维修9公里通组公路，投资23万元；干海子村维修4公里通组公路，投资1.5万元；博科村维修12.5公里通组公路，投资23万元；日古村维修9公里通组公路，投资10万元。	2014年6月完工。	2014年4月竣工验收。	69.5	阿央青		2013年5月下达
90			39	39	固增乡一村改扩建水堰3公里及人畜饮水5公里，投资8.5万元；二村改扩建9公里通组公路，投资9万元；三村改扩建7公里通组公路，投资8万元；四村改扩建11.5公里通组公路，投资13.5万。	2014年6月完工。	2014年5月竣工待验收。	39			2013年5月下达
91			22	22	宁朗乡下博瓦村新建引水管道4公里，投资7万元；甲店村维修蓄水池，投资10万元；则洛村维修引水管道3.5公里，投资5万元。	2014年6月完工。	2014年6月竣工。	18	袁定强		2013年5月下达
92			61	61	水洛乡两保村新建水堰5.2公里，投资10万元；其拉村新建水堰3公里，投资12.5万元；东拉村新建水堰5公里，投资16万元；古尼村新建水堰4公里，投资7万元；严保村维修水堰4公里，投资3.5万元；平翁村新建4公里机耕道，投资12万。	2014年6月完工。	2014年6月竣工。	50	熊帷茗		2013年5月下达
93			40	40	西秋乡咪垭村修建一个蓄水池及购买饮水管道，投资7万元；咪核村扩建21公里通组公路，投资21万元；日布佐村扩建18公里通组公路，投资12万元。	2014年6月完工。	2014年5月竣工验收。	40	杜基次尔	项目所在村	2013年5月下达
94			47.5	47.5	李子坪乡金子沟村维修10公里通组公路，投资14万元；白草坪村维修9公里及新建2公里通组公路，投资13.5万元；黄泥巴村新建15公里通组公路，投资20万元。	2014年6月完工。	2014年6月竣工。	40	杨乔包		2013年5月下达

续上表

序号	项目业主	项目名称	项目投资(万元)	到位资金(万元)	规模及内容	项目进度安排	项目进度	完成投资(万元)	县级联系领导	实施单位	资金备注
95			54.5	54.5	三桷桠乡茶地沟村维修水堰10公里,投资4.5万元;三家铺子村新建8公里水堰,投资6.5万元;鸡毛店村新建8公里机耕道,投资11.5万元;里普村维修水堰18公里,投资20万元。高房子村新建5公里机耕道,投资12万元。	2014年5月完工。	2014年8月竣工验收。	54.5	阿央青		2013年5月下达
96			53.5	53.5	卡拉乡麻撒村新建2公里饮水工程,投资6万元;草坪村维修20公里驿道和木桥30座,投资7万元;苦苦村维修15公里驿道和木桥5座,投资4.5万元;央沟村维修50公里驿道和20公里水堰,投资7.5万元;卡拉村维修5公里通组公路和5公里驿道,投资12万元;马老村新建23公里驿道,投资7.5万元;田镇村新建5公里通组公路,投资9万元。	2014年6月完工。	2014年7月完工,待验收。	53.5	李金智		2013年5月下达
97			30	30	茶布朗镇燃面村维修水堰3.8公里,投资16.5万元;娃子店村维修12公里通组公路,投资6.5万元;东孜村新建3.5公里饮水工程,投资7万元。	2014年6月完工。	2014年8月完工,待验收。	30	赵宁	项目所在村	2013年5月下达
98			24	24	东朗乡亚英村维修水堰1公里,投资9.5万元;向阳村维修水堰0.8公里,投资7万元;绒佐村维修水堰0.6公里,投资7.5万元。	2014年6月完工。	2014年9月完工,待验收。	24	呷绒翁丁		2013年5月下达
99			31.5	31.5	麦日乡日龙村维修水堰2公里,投资6.5万元;格伊村维修人畜饮水水堰4公里,投资9.5万元;曲公村维修人畜饮水5公里,投资6万元;哈朗村维修水堰4公里,投资9.5万元。	2014年6月完工。	2014年9月已完工,待验收。	31.5			2013年5月下达
100			21	21	博窝乡田埂村修建12公里驿道,投资5万元;关机村维修水堰8公里,投资8.5万元;坑古村维修水堰5公里,投资7.5万元。	2014年6月完工。	2014年8月完工,待验收。	21	王开军		2013年5月下达
101			35.5	35.5	依吉乡蚕多村维修水堰5公里,投资7万元;雨初村改扩建5公里通组公路,投资9万元;麦洛村改扩建水堰5公里,投资19.5万元。	2014年6月完工。	2014年7月完工,待验收。	35.5	马国发		2013年5月下达
102			31	31	屋脚乡纳布村新建3.7公里通组公路和一座便桥,投资10万元;屋脚乡新建12公里通组公路,投21万。	2014年6月完工。	2014年8月完工,待验收。	31	阿央青		2013年5月下达

续上表

序号	项目业主	项目名称	项目投资(万元)	到位资金(万元)	规模及内容	项目进度安排	项目进度	完成投资(万元)	县级联系领导	实施单位	资金备注
103			67.5	67.5	俄亚乡卡瓦村新建引水管道6.5公里,投资10.5万元;苏达村新建1公里通组公路,投资10.5万元;俄碧村新建2公里通组公路,投资16.5万元;鲁司村维修水堰3公里,投资4万元;大村新建引水管道9公里,投资15万元;立碧村新建引水管道4公里,投资11万元。	2014年6月完工。	2014年9月竣工验收。	67.5	梁宏柱 肖玉成	项目所在村	2013年5月下达
104		2013年基层政权建设补助资金	166	166	项脚乡、固增乡、博科乡、白碉乡分别维修职工宿舍办公用房593、520、553、593平方米。	2014年12月完工。	2014年8月竣工。	166	贾德全	项目所在乡	2013年12月下达
105			50	50	对博窝乡坑古村纳松云组道路和水洛乡古尼村道路进行维修。	2014年6月完工。	2014年11月竣工。	50	王开军 熊帷茗	博窝乡 水洛乡	2013年12月下达
106		2013年凉山州企业技术改造项目	35	35	恰郎多杰酒厂改扩建及增加年生产10万瓶瓶装酒生产线。		2014年3月竣工。	35	杨文才	恰郎多杰酒厂	2013年下达
107		2013年农村公路维修改造资金	15	15	克尔乡宣洼村道路维修。	2014年6月完工。	2014年11月竣工。	15	仁青偏初	克尔乡	2013年12月下达
108		2014年基层基础设施建设省级补助资金	30	30	对博窝乡坑古村村道和宁朗乡博瓦村村道维修。	2014年12月完工。	2014年11月竣工。	30	王开军	博窝乡 宁朗乡	2014年6月下达

《木里藏族自治县年鉴(2015)》审稿人、撰稿人名单

单　位	审稿人	撰稿人
大事记	曾英奎	田尚春
县委办	黄龙布	钟　然
人大办	袁定强	须发茂　肖　军
人民政府	邓洪明	鲁绒多丁
政府办	邓洪明	鲁绒多丁
政协办	杨克祖	陈兴富
纪检监察	张晓松	陈兴国
法院	王晓露	江　龙
检察院	张华碁	宋　超
组织部	杨国俊	鲁绒多丁
宣传部	马国发	马　楠
统战部	向开银	杨克若
政法委	甘正友	周朝东
编办	海顺珍	泽仁杜基
直工委	次仁祝玛	麦世云
老干局	杨严斌	张启华
群众工作局	沈　达	沈群英
关工委	向长明	向长明
农办	祁绍禄	贾　刚
党校	薛　震	高　土
总工会	毛朝安	毛朝安
团县委	胡荣军	旦　珠
妇联	宋德琼	刘泽慧
工商联	扎西拉初	张紫霞
残联	仁青拉初	三祖里

科协	杨光舟	周学凯
发改局	黄七斤	孙德华
经信局	舒扎西	苏　朗
民宗局	呷　绒	杨　秋
史志办	曾英奎	鲁绒多丁
民政局	杨兴军	苏朗仁青
人社局	毛小珍	马　龙
规划和建设局	戴　军	马　杰
财政局	武　金	苏　玥
国资办	李开禄	曹俊松
国税局	杨兴明	陈　华
地税局	董华海	黄朝松
农行	阿的说尔	崔凯文
信用联社	宋加次尔	余红兰
藏研所	汪扎多吉	格绒偏初
财产保险公司	叶慧琼	马阿质
人寿保险公司	徐　迅	徐　迅
投资促进局	詹长友	杨尚萍
政务中心	杨志友	郭小静
重点项目办	杨自宾	秦朝云
农科局	邓天祥	张武科
川林木里局	黄　军	蒲孝国
林业局	刘明友	巫海强
第一林场	杨德清	泽仁扎西
桃博林场	胡仁才	李云华
茶布朗林场	格绒朗真	石发鑫
林产公司	霍明勇	杨艳丽
畜牧局	蒲志斌	蒋阿志
水务局	李伍各	杜惠明
交通局	杨文忠	毛小华
公路管理局	熊正华	王莲群
运管所	胡亚洛	王明春
国土局	杨雪峰	杨　莉
档案局	卓　玛	周永珍
食药局	乔　林	丁昭琪
安监局	罗海鹏	王红英
质监局	买文权	李友臣

环保局	扎西旦珠	蒋鹏
工商局	兰贵福	黄成林
邮政局	李荣川	柏玉琼
旅体局	杨　林	向永贵
扶贫移民局	赵　洲	陈万和　苟明源
气象局	潘开春	陈　俊
防震减灾局	蒲志斌	唐小林
粮食局	陈明虎	张文兵
统计局	詹长友	曲　各
审计局	余正莲	姬韦超
文广局	马慧雅	王定兵
教育局	胡启华	张晓鹏
县中学	黄　河	岳贵敏
教师培训和教研中心	田维清	田维清
民族学校	仁青杜基	何兴国
城关小学	邱拉金	姚兴芬
幼儿园	张茂玉	杨建华
计生局	多吉扎西	王　平
计生服务站	马各各	扎西央宗
卫生局	杨扎西	党达瓦
县医院	陈冬莲	彭　辉
疾控中心	周源桂	周　伟
中藏医院	黄华高	解直刚
妇幼保健站	陶祖秋	徐志珍
公安局	胡宗敏	陆晓玫
司法局	杨国华	沙正凤
人武部	梁宏柱	彭朝元
森林公安局	仁青次尔	牛小林
住房公积金管理部张建平	姚　敏	
森警大队	赵　龙　李继斌	蔡云飞
消防大队	周永良	刘纯渔
县中队	姚敦根	陈　聪
“535”台	鲜新宇	朱晓峰
移动公司	马杂莫	谢君怡
电信公司	刘　伟	夏朝阳
联通公司	张芸芳	贾生媛
烟草公司	刘玉枫	沈小军

德康公司	杨　静	马惠雅
三江民爆公司	杨　林	廖泽平
电力公司	杨　聪	董　毅
石油公司	罗德红	罗德红
自来水厂	杨　济	余央茜
雷波林业局木里管护处	王　彬　黄　杰	黄　勇
凉北林业局管护处	刘晓林	何光跃
川林五处木里管护处	郑　军	江大勇
达尔吉砂石开发公司	霍明勇	李　勇
民和水电开发公司	肖　艳	袁超林
固增水电开发公司	陈昌元	张志琼
华润鸭嘴河水电开发公司	蔡承德	周　强
水洛电力开发有限公司	涂文才	谢宁辉
沙湾电力公司	廖宗成	展庆鹏
莫嘎拉吉水电公司	胡太成	王敏忠
华电木里河水电开发公司	杨建华	刘　斌
乔瓦镇	央宗娜姆	马景斌
瓦厂镇	杨龙布	熊　鑫
茶布朗镇	谭志强	仁青偏初
博科乡	罗文林　唐德强	马国斌
水洛乡	宋贵朝	扎西央金
宁朗乡	张正权	蔡　俊　张仁川
俄亚纳西族乡	扎西次尔	穆拉初
依吉乡	孙根若　旦珠扎西	邱　浩
屋脚蒙古族乡	蒋武翔　杨来林	花春龙
牦牛坪乡	杨次尔　马佐所	刘拉布
李子坪乡	沈杰峰　刘雪梅	甘　泉
项脚蒙古族乡	熊　杰	周小路
白碉苗族乡	易远川	郑洪林
三桷垭乡	毛才孜	李廷军
列瓦乡	代　松　扎西龙布	江　亮
下麦地乡	向世凯	范蓉蓉
芽祖乡	杨　强	李红娇
卡拉乡	秦朝华	吕世玉
倮波乡	罗　德	李雪松
后所乡	罗建民　马泽富	陈宽鑫
西秋乡	周大顺	杨建国

克尔乡	李　源	毛龙布
东朗乡	扎西龙布	方帮燕
麦日乡	张文生	陈付英
唐央乡	谢南卡	刘　磊
博窝乡	偏初翁杰　中央次尔	鲁绒次尔
麦地龙乡	陈志军　杨单祖	张丽萍
固增苗族乡	杨春海	殷明亮
沙湾乡	孟　宇　魏志贵	孙　华

索　引

本索引采用分析索引法，按拼音字母顺序排列。索引词条用字体表明，数字表示该词条内容所在页码。

数学

A

B

C

D

E

F

G

H

J

K

L

M

N

P

Q

R

S

T

W

X

Y

Z